U0926132

眉山東坡居士

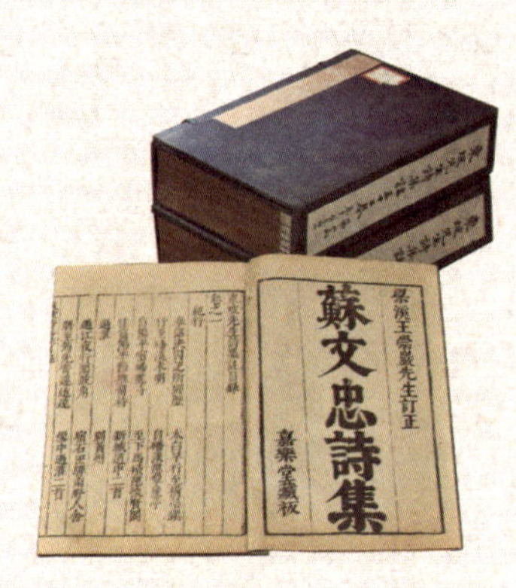

三代以下之诗人，无过于屈子、渊明、子美、子瞻者。此四子若无文学之天才，其人格亦自足千古。故无高尚伟大之人格，而有高尚伟大文章者，殆未之有也。

——王国维《文学小言》

蘇東坡大传

陈明福——著

中国文史出版社

《三苏图》

四川眉山三苏祠

凤翔东湖凌虚台

杭州西子湖畔苏东坡纪念馆

超然台（民国旧影）

徐州黄楼

黄冈东坡赤壁问鹤亭

泣如訴餘音嫋嫋不絶如縷舞幽壑之潛蛟泣孤舟之嫠婦蘇子愀然正襟危坐而問客曰何為其然也客曰月明星稀烏鵲南飛此非曹孟德之詩乎西望夏口東望武昌山川相繆鬱乎蒼蒼此非孟德之困於周郎者乎方其破荆州下江陵順流而東也

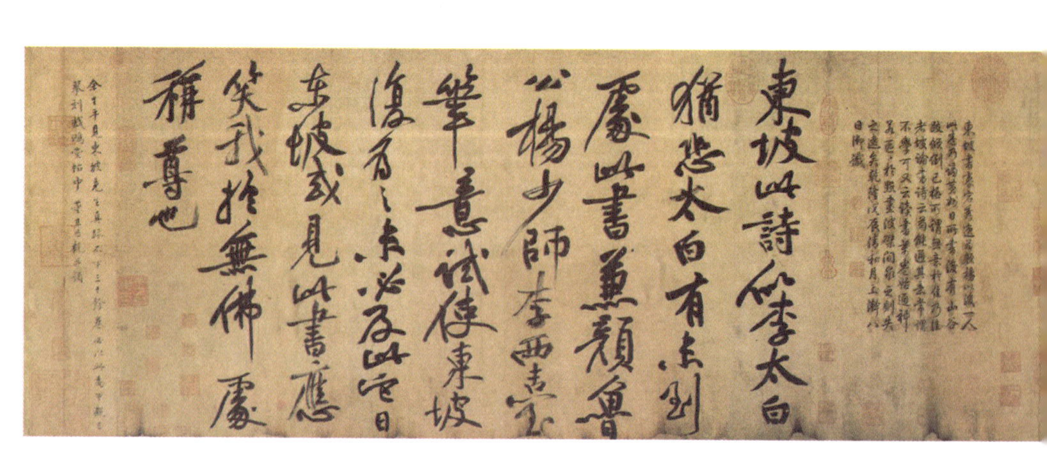
東坡此詩似李太白猶恐太白有未到處此書兼顔魯公楊少師李西臺筆意試使東坡復為之未必及此它日東坡或見此書應笑我於無佛處稱尊也

苏轼《赤壁赋》(局部)

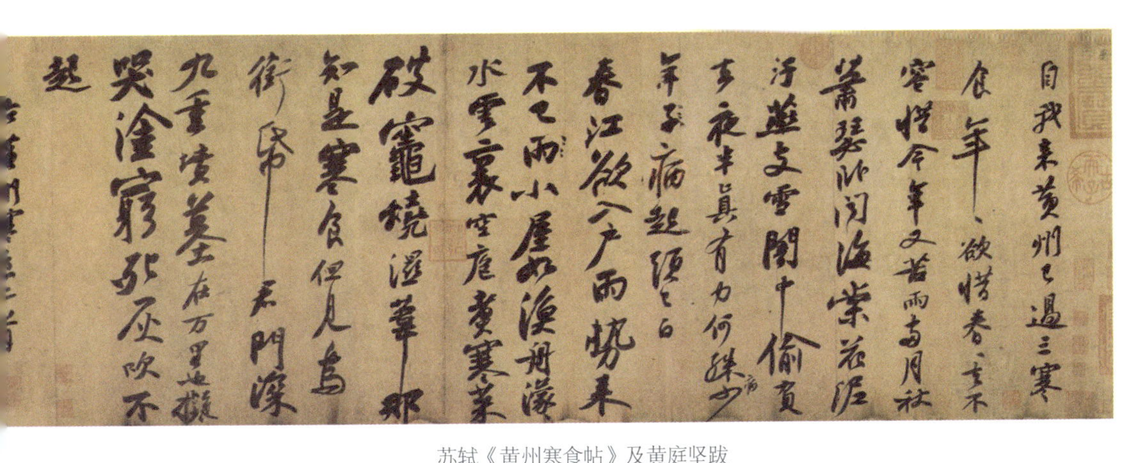

苏轼《黄州寒食帖》及黄庭坚跋

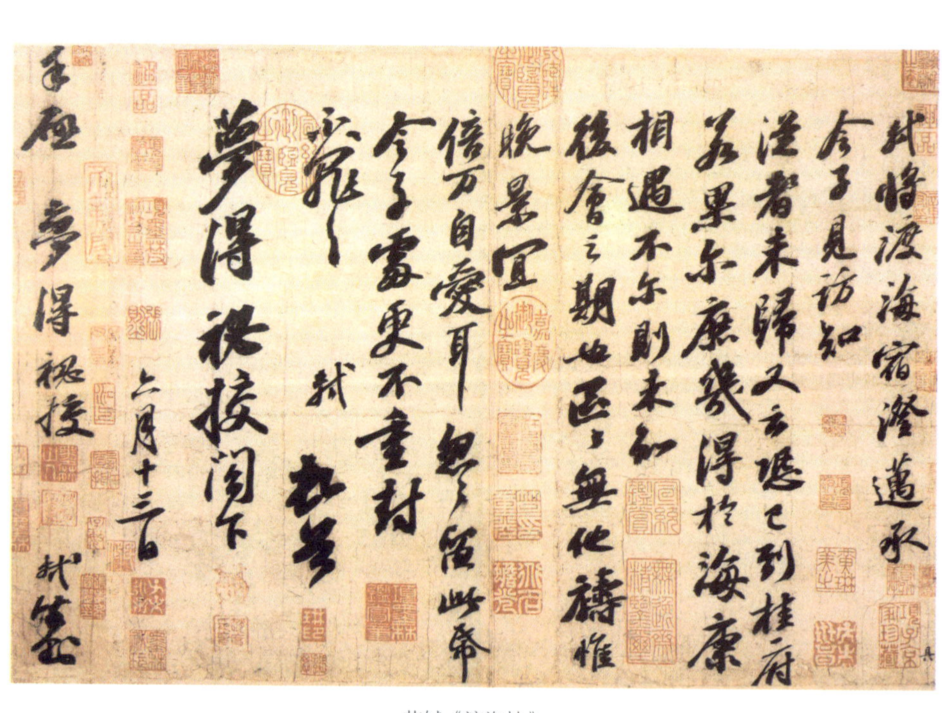

苏轼《渡海帖》

苏轼《归去来兮辞》

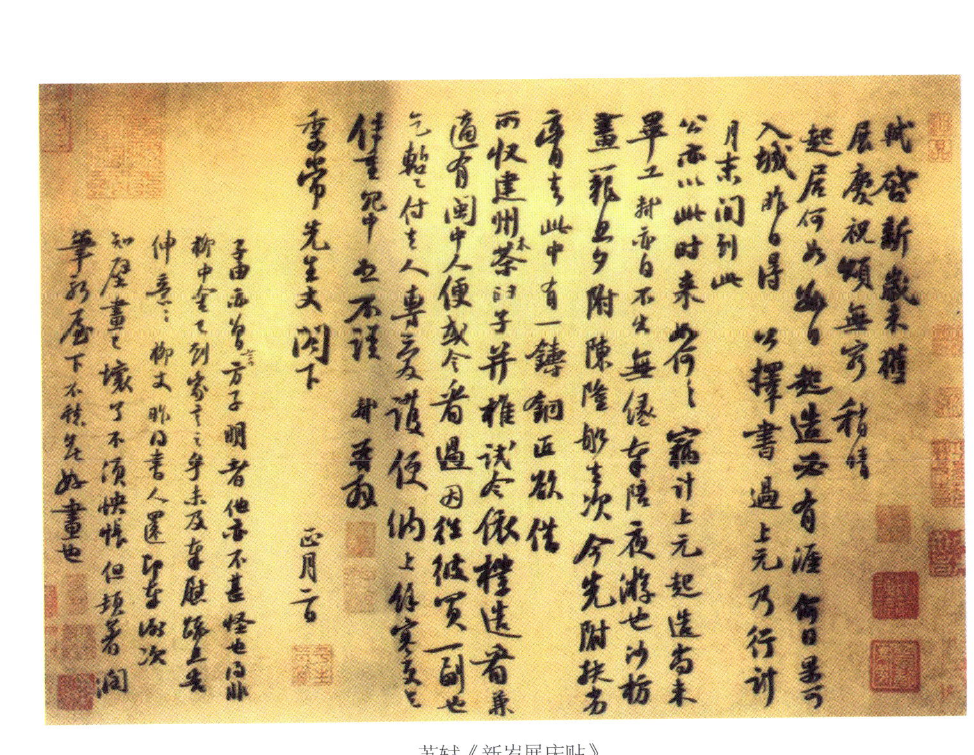

苏轼《新岁展庆贴》

苏轼《枯木怪石图》

苏轼《潇湘竹石图》

湖口石钟山

惠州王朝云墓

儋州苏东坡雕像

常州东坡园

苏东坡终老地——常州藤花旧馆

郏县三苏坟青山玉瘗坊

目录

引　言

中国是四大文明古国之一，中华民族有五千年光辉灿烂的文明史。从文学艺术领域来说，文章大师、天才诗人、学问大家、艺苑巨匠犹如河汉繁星，不可胜数；在这满天星斗之中，更有数颗大且亮者，时时闪烁着耀眼的灵光，启迪着一代又一代国人的心智。而在此巨星阵容之中，北宋号为“东坡”、字子瞻的苏轼其魅力与光芒尤其令人瞩目，是灿烂星空中最明亮的长庚星，颇值得、理应当以大书传之。

苏东坡是中国文学史上一位磨难玉成却具有多方面成就的艺文全能。他钟天地灵秀于一身，集人间才艺于掌股，堪称世间的奇才、历史的奇观、炎黄子孙聪颖巧慧的骄傲。他神奇的文笔、渊博的学识、睿智的思想、高尚的人格、丰富的人生经历，在文、诗、词、赋、书、画等文艺领域，均有鲜明的风格和独创的成就，因而被誉为“中国千古第一文人”“中国文学史上一位十项全能”“中华五千年文明史第一大才子”。还有他有永远不灭的那一份淡定，真可谓：唯大英雄能本色，是真名士自风流。《宋史·本传》论苏轼云：“器识之闳伟，议论之卓荦，文章之雄隽，政事之精明，四者皆能以特立之志为之主，而以迈往之气辅之。……神宗尤爱其文，宫中读之，膳进忘食，称为天下奇才。”林语堂先生说：“像苏东坡这样的人物，是人间不可无一难能有二的……是熠熠闪灼的天才所具有的魔力。”这位超群绝伦的全能巨匠，在历史上已产生过并将继续产生巨大而久远的影响。

苏东坡出生在四川眉山一家书香门第。父亲苏洵是他人生第一位严师，母亲程氏是位志向高洁、颇有文化教养的贤妻良母。她曾对苏轼兄弟亲自授业，教以“立志”。据苏辙在《栾城集》中回忆，程氏曾用东汉与宦官做斗争而宁死不屈的范滂作榜样，来教诲苏轼，使他自幼“奋厉有当世志”，怀匡济黎民的远大抱负。苏轼的第一志愿是当政治家，但仕途坎坷，命运多舛。他累遭贬谪，远窜蛮荒，终使他成为“失败的政治家”、成功的大文豪。尽管如此，同时代和后世对他真有认识的人，都首先从政治上来评价他、称颂他。他死后，李方叔的祭文说：“皇天后土，鉴平生忠义之心；名山大川，还千古英烈之气。”（朱弁《曲洧旧闻》卷五）陆游说：“公不以一身祸福，易其忧国之心，千载之下，生气凛然，忠臣烈士所当取法也。”（陆游《渭南文集》卷二十九，跋东坡帖）明代李卓吾认为：“世未有其人不能卓立而能文章垂不朽者。”（李贽《焚书增补》二）认为苏东坡文之不朽在于其人之不朽。

正如所言，古往今来，评价任何人，政治上的立身大节，对人民的感情和态度，都是第一位重要的。他为人光明磊落，正直坦率，在关乎国计民生的重大问题上，不计个人得失，不苟合趋利，言人所不能言，行人所不敢行。他的人格魅力，倾倒了一代又一代的中国文人。

重视文艺家的人格，作为衡量其在历史上地位高下的尺度，正是我国文艺理论批评的优良传统。苏公的高风亮节有如雄山峻峰，斟酌古今，难有这样的才人。

苏东坡在散文上与欧阳修并称“欧苏”，是“唐宋八大家”之一，也代表着北宋散文的最高成就。“其文名盖与韩、柳、欧、曾、王氏齐驱而并称，信如天之星斗，地之山岳，人所快睹而钦仰者，奚庸序为！”他的文数量甚多，兼擅各体，内容也很广阔。他广泛学习前代遗产，善于兼采众长，并不株守一家。他早年的策论，晚年虽一再表示不满意，但论事析理，词达意周，气格雄骏，实得力于先秦诸子和西汉贾、晁的政论。他的四六文字，工丽绝伦，笔力矫变，大受欧阳修赞赏，认为是“委曲精尽，不减古人。自学者变格为文，迨今三十年始得斯人，不惟迟久而后获，实恐此后未有能继者尔。……余老矣，乃及见之，岂不为幸哉！”（欧阳修《试笔·苏氏四六》）这类文章，还不足以代表东坡。他平生大多数的散文，固与学习史汉韩柳有关，但亦有《庄子》和佛书的显著影响。若无广博的借鉴，他的文章就难以达到“如万斛源泉，不择地皆可出”（《自评文》）。

苏东坡是宋代首屈一指的大诗人，也是宋诗的卓越代表。他的诗现存两千七百多首，题材异常广泛，各体兼备，尤擅七言古体和律、绝，内容广阔丰富，艺术手法变化多姿，清新俊逸，思路灵动，善用比喻，因而成为李、杜之后的又一大家。在东坡笔下，从笔墨纸砚等文房四宝、茶酒蜜鲊等生活用品到水车、秧马等农具，凡是日常生活中的物品，无论雅俗，都成了绝妙的诗料。清人李调元称："余雅不好宋诗而独爱东坡，以其诗声如律吕，气若江河，不失于腐，亦不流于郛。由其天分高，学力厚，故纵笔所之，无不精警动人。不特在宋无此一家手笔，即置之唐人中，亦无此一家手笔也。"（《雨村诗话》卷下）叶燮在《原诗》中谓苏轼之诗："无处不可见其凌空如天马，游戏如飞仙，风流儒雅，无入不得。"王若虚《滹南诗话》亦曰：东坡诗"气吞九州，纵横奔放，若游戏然，莫可测其端倪"。这些评论都从一个特殊的角度说出了东坡称雄宋代诗坛的原因。就艺术风格而言，苏诗壮阔奔放，铺叙宛转，想象丰富，奇趣横生，又长于譬喻，引人入胜。尤以七古最具特色，自然而多变化，或豪放恣肆，或刚健雄浑，或清丽秀美，或奇幻精警，或旷达放逸。构思上，往往具有新颖独特的感受、巧妙妥帖的比兴、出人意料的联想；结构上，常以自己的情感变化为主线，于跌宕起伏之中，酣畅淋漓地表情达意；语言上，注重平淡自然，尤其推崇陶渊明诗中的"高风绝尘"，他的诗中也往往蕴含着诗人的高风亮节和超越世俗羁绊的高韵雅致。

苏东坡又是一个在词史上开创新风、具有特殊贡献的大家。他以前的词作者，大多沉溺于新声巧笑于柳陌花衢，按管调弦于茶坊酒肆，雕章琢句、比声协律地填词。内容或是闺愁别恨，儿女情长，或为写景咏物，吟风嘲月，风格以婉约、柔媚、纤巧为正宗，题材范围非常狭小。到了苏轼，他才"指出向上一路，新天下耳目，弄笔者始知自振"（王灼《碧鸡漫志》）。他以其雄大的才力，开阔的胸襟变"填"词为"作"词，从而大大拓展了词的苑囿，提高了词的表现力。南宋刘辰翁谓东坡的词："倾荡磊落，如诗，如文，如天地奇观。"他"以诗为词"，用诗的某些表现手法作词，使词也像诗那样具有咏怀言志的功能。胡寅评论道："眉山苏氏一洗绮罗香泽之态，摆脱绸缪宛转之度，使人登高望远，举首高歌，而逸怀浩气，超然乎尘垢之外。"

苏东坡也是宋赋最有代表性作家。尽管他流传至今的赋只有二十五篇，但仅凭同为赋体名篇的前后《赤壁赋》，就足以使他成为赋体大家。苏赋除少数几篇颂圣论政之外，其他都是抒情寄意之作，对人情物理具有较为深刻的描写和分析。大体说来，前期赋基本上是古体赋，气势雄拔，表达的是犯难忘身、立功当世的壮志。后期赋写得自由畅朗，富于诗情画意。尤其是《赤壁赋》，表达了作者失意、苦闷和以达观求解脱的复杂心情，情感由在秀美如画的江山水月之中的潇洒转为功业破灭后的悲怆，最后缩结于物我两忘、游于方外的释负，转换自然，自由流荡，感人至深。方苞说："所见无绝殊者，而文境邈不可攀，良由身闲地旷，胸无杂物，触处流露，斟酌饱满，不知其所以然而然。岂惟他人不能模仿，即使子瞻更为之，亦不能如此调适而畅遂也。"（《评注古文辞类纂》）此话是说东坡是在特定时空、环境、感触、心态下从心灵流出的华美而慨然之文，他人不能模仿，连自己也不可再作。

苏东坡的书画艺术也取得了很高的成就。在书法上，他长于行、楷，笔法肉丰骨劲，"自言不及晋人，至唐褚、薛、颜、柳仿佛近之"，与黄庭坚、米芾、蔡襄并称为"宋代书法四家"，列为"第一"。传于今者，尚有《赤壁赋》《答谢民师论文帖卷》《与张天觉书》《洞庭春色、中山松醪二赋卷》等。在绘画上，他主张"神似""传神"，提出了"诗中有画""画中有诗"的著名论断。他善画竹石，曾自言："东坡虽是湖州派，竹石风流各一时。"今尚存有《枯木怪石图》等。

此外，在养生、饮食、烹调、茶道、酿酒、医药、禅学等方面，苏东坡也有非凡建树。

苏东坡是集"高尚伟大之文章"与"高尚伟大之人格"于一身之巨人。近代国学大师王国维说："三代以下之诗人，无过于屈子、渊明、子美、子瞻者。此四子若无文学之天才，其人格亦足千古。故无高尚伟大之人格，而有高尚伟大文章者，殆未之有也。"（《文学小言》）他对中国文化的影响是深远的、贡献是全方位的，堪称旷古绝伦、德艺双馨的全能文士。

苏东坡具有深厚的忠君爱国思想，早年便确立了"致君尧舜"的抱负；朝中重大决策表明态度，以于国于民是否有利为唯一标准，更不为个人升官发财而取媚权贵，随波逐流，改变自己的理想与丧失气节。他一生表里如一做人，直言敢谏，更不愿“视时上下，而变其学”。正如刘安世所说：“东坡立朝大节极可观，才意高广，惟己之是信。”（宋·马永卿辑《元城语录》卷上）表现了在人格与骨气方面难能可贵、异乎寻常的政治品质。他说：“昔之君子，惟荆是师；今之君子，惟温是随，所随不同，其为随一也。”（苏轼《与杨元素书》）许多朝臣不以国事为重，不以理事为先，专门讨好、附和宰相，看来只有一个目的，就是为了升官发财。苏轼自己也想过，如果一味地追随当权者，人云亦云，又觉得“内愧本心，上负明主”；如果“不改其操，知无不言，则仇怨交攻，不死即废”（苏轼《乞郡札子》）。这种不与时局合拍的后果他已经预料到了。但作为做人，正直是德之首，所以他仍然不肯顺声附和，总是“尽言无隐”，坚持实现他“致君尧舜”的理想，一步一步地走下去。南宋的孝宗皇帝，也一再肯定和表彰东坡的“忠义”“大节”，称他“忠言谠论，立朝大节，一时廷臣，无出其右”，“凛凛大节，见于立朝”，“负其豪气，志在行其所学”。（宋孝宗《苏文忠公赠太师制》《御制文集序》）

苏东坡的爱民、为民、悯民的“民本”思想根深蒂固，不论是顺达还是落魄，始终胸怀“青衫傥有济时心”，深切同情生民安危、底层疾苦，与他们同甘苦、共忧乐。他的政治品格可贵之处，还在于他是一个实干家，每到一地，都尽量做一些对人民有益的事。他在密州，带领民众灭蝗；在徐州任上，不避艰险，亲自组织指挥抗洪，事迹非常感人。且看《宋史·本传》所载的史实：苏轼自密州徙徐州。是岁，河决曹村，泛于梁山泊，洪水汇于城下。“城将败，富民争出避水。”公曰：“富民若出，民心动摇，吾谁与守？吾在是，水决不能败城。”驱使复入。公履屦杖策，亲入武卫营，呼其卒长，谓之曰：“河将害城，事急矣，虽禁军，宜为我尽力。”卒长呼曰：“太守犹不避涂潦，吾侪小人效命之秋也。”“执挺入火伍中，率其徒短衣徒跣，持畚锸以出，筑东南长堤，首起戏马台，尾属于城。堤成，水至堤下，害不及城，民心乃安。然雨日夜不止，河势益暴，城不沉者三板。公庐于城上，过家不入，使官吏分堵而守，卒完城以闻。讫事，诏褒之，徐人至今思焉。”接着又组织人并亲自去寻找煤矿，急人民最需要生活之需。

作为一个地方官，苏轼对待正在大力推行的新法，采取“每因法以便民”，除去一些弊端，灵活执行的办法，因此使“民赖以安”。其次，在执行

新法的过程中，他深深感到老百姓生活困苦，有些事不便直言指责朝廷，但“亦不敢默视”。缘诗人之义，“托事以讽，庶几有补于国”，遂写了《吴中田妇叹》《山村》《寄刘孝叔》等为民代言、为民请命的诗篇。

苏东坡在凤翔疏浚和引水东湖，在杭州疏浚西湖，增设水井，整治运河，建筑长堤，栽培杨柳，美化环境，惠泽千秋的业绩为人所共知，世代称颂。人民群众以“苏堤”命名便是对他最好的纪念。他还慷慨解囊拿出黄金五十两，在杭州城中心的众安桥附近，创办了中国最早的一座公立医院，起名叫“安乐坊”。它完全是为了给老百姓看病设立的平民医院。据《宋史·本传》载，此医院在三年内医治过一千多名病人，“活者甚众”。后来此医院搬到湖边，改名“安济坊”。他通晓医道，采药配药，业余悬壶，惠及乡里，好事、善事多得不胜枚举。他还试验出一种叫“圣散子方”的药方，是一种普及药物制剂，有多方疗效，确能退烧止汗，增进食欲，净肠和滋补。在颍州，他也兴修水利，赈救灾荒，纾民饥寒。在密州和黄州，他禁止溺婴，筹措公粮来收养弃儿，成立育儿会，自己也捐钱来收养弃婴。在谪迁岭南时，他每到一处，都热心推广木制插秧机——“秧马”，意在减轻农民的劳苦。在惠州，又介绍四川的水碾，促进生产发展，积极支持修桥……为民办好事、实事之举多得数不清。

苏东坡曾倾其积蓄，在常州宜兴托朋友买过一栋住宅，打算安置家眷和养老。搬家前，他和朋友邵民瞻月夜到村中散步。他们经过一个村屋，听到有女人悲恸的哭泣声，进屋询问结果，老太太说因儿子不肖，卖掉了祖辈相传的老宅。出乎意料，此正是他花几百缗买来的房子。苏东坡毫不犹豫，取来房契，当着老妇之面烧毁，房还原主且不退钱。这样“不可思议”的善举和风格，谁曾听说过？古今中外，几人能做到？正如著名作家李国文先生所言：“苏轼是文学家，也是政治家，他把他的文学，他的政治，和这个国家，这块土地，以及这块土地上的黎民百姓，联系在一起，这也是中国自有文学以来，自有诗人作家以来，从跳汨罗江的屈原开始，就在血管里流动着这种忧国忧民的基因。”

苏东坡的豁达大度是人们的光辉榜样，坦然人生令人钦佩。他“明济开豁，包含弘大”，不以物喜，不以己悲，不计位卑，不为财累，粗粝饱便慰，“身安一床足”，发出了“江山风月，本无常主，闲者便是主人”的警策之言；他四海为家，随缘自适，“他年谁作舆地志，海南万里真吾乡”；他辩证地看待得失，决不在困境中沉沦，初到海南，住椰子树下窝棚，食不果腹，他却坦然，“九死蛮荒吾不恨，兹游奇绝冠平生”，至于在《南行诗》中曰：“平生万事足，所欠惟一死。”则一腔英烈豪爽雄迈之气，不受那些梦幻般的欲望所困扰，是何等的胸襟和达观的人生！真是可敬可畏，令人仰望不已！

苏东坡又是中国历史上最有人气、最得民心的一位文人。“公为人英杰奇伟，善议论，有气节。所作文章，才落笔，四海已皆传诵。”（宋·晁公武《郡斋读书志》）下至闾巷田里，外及夷狄，莫不知名。他的文章不仅名冠宋王朝本土，而且对辽、金、高丽等域外也都有震动，拥有不少读者。其弟苏辙曾作为朝廷特使出访辽国，辽国太后一见面首先问他：“苏学士安好否？”甚至连统治者视作盗贼的人亦知敬重苏轼遗迹。绍兴二年（1132）冬，虔州谢达攻惠州，纵其徒焚掠，独葺苏轼白鹤观故居，祭奠而去。绍兴三年（1133）冬，以黎盛为首的海寇攻潮州，焚毁官舍和民房，毁其城。黎盛登开元寺塔，望东坡学生吴子野的故居“岁寒堂”，知是苏内翰藏图书处，即麾兵救之。苏轼三子苏过在赴定州上任途中遭强人劫，当他自谓是苏轼之子，强人立即松绑致歉，以酒饭相待，第二天这伙人悄然离去。

以号东坡闻名于世的苏轼，在生前死后都讨人喜欢。他烧的肉叫“东坡肉”，他沏的茶叫“东坡茶”，他酿的酒叫“东坡酒”，他用的砚台叫“东坡砚”等。千古文人，能受到如此待遇的，唯有苏轼一人了。正如林语堂先生所说，苏东坡留给我们的，“是他那心灵的喜悦，是他思想的快乐，这才是万古不朽的”。

苏东坡能自酿美酒。他与历史文人一样，亦爱酒、醉酒，却是喜欢与诸友开怀共饮，一直到“杯盘狼藉”之后，“相与枕藉乎舟中”，直睡到“东方之既白”。真是心如白云般洁净，情如清水般澄明。李白的洒脱，掩盖不住其内心的失落，所以喜欢“月下独酌”，充满着“举杯消愁愁更愁”的愤懑；而东坡却喝得酣畅，醉得坦然。他“诗酒趁年华”，他“把酒问青天”，他“酒酣肝胆尚开张”，他“一樽还酹江月”；即使无酒，亦可“空杯亦常持”“得之心寓之酒”，仍不乏自得其乐之雅趣和对人生的彻悟。

苏东坡的潇洒和旷达，还表现在其所追求的“猝然临之而不惊，无故加之而不怒”的境界。在其一生中，无论是得意还是伤怀，无论是辉煌还是暗淡，他从不愁眉苦脸，怨天尤人，而总是在困苦中寻觅乐趣。因“乌台诗案”获罪被捕时太守无异犬鸡，妻子伤心痛哭，他却以幽默让妻破涕为笑；贬黄州，无官俸，他开荒于团练营东坡以糊口，因而得“东坡居士”之号；途中遇雨，“同行皆狼狈”，独东坡杖藜徐步而自得其乐，好一个“一蓑烟雨任平生”，真是宠辱不惊，大无大有，举重若轻，看破万丈红尘。在几度浮沉的宦海中，他领悟到“人生如寄”，所以要“诵明月之诗，歌窈窕之章”；即使在病中，他也能安之若素：“小儿误喜朱颜在，一笑哪知是酒红。”乐观、旷达、洒脱、诙谐，真哲人也，真高士也。

视野、胸怀、才艺、睿智，与一个人的人生感受所关甚密。东坡有广阔视野，有宽广胸怀，有过人才艺，有罕见睿智，这一切使他得以涉猎广泛，所以他才可有那样丰富的苦乐悲欣，有如此深厚的人生体验，有此等非凡的才艺造诣。

苏东坡清正廉洁，认直理、不营私、不计个人得失，真如他自己所言：“谁似东坡老，白首忘机。”在自雷州赴廉州路经净行院时，却写下《雨夜宿净行院》一诗，可以说这首诗是他贬放岭南时期思想的总结。诗云：“芒鞋不踏名利场，一叶轻舟寄渺茫。林下对床听夜雨，静无灯火照凄凉。”安贫乐道如此，怪不得他自言：“只渊明，是前生。”与其结缘。

苏东坡与人为善之心是一般人难以企及。他怀着“眼前见天下无一个不好人”，向来对人不计前隙，不念其过，忘却旧恨新仇，对一向置他于死地而后快的政敌、冤家不仅持宽容态度，而且还诚心帮助，以德报怨。蔡确是制造陷害他差点送命的“乌台诗案”的重要人物，苏轼对这个专好整人的家伙当然是厌恶的。元祐年间，蔡确被贬到安州，写了《夏日登车盖亭》十首诗，被人告发，指为诬蔑太皇太后。这时，苏轼不但不落井下石，而且秘上奏章，请求不必追究，赦免蔡确。对于不念友情、多次整了他、一贬再贬直至让他到海南儋州的章惇，他也采取了宽厚的与人为善的态度。章惇的儿子章援是苏轼的门生。出于利害关系，章惇带着几分内疚写信给他，左弯右绕，嗫嚅不清。苏轼回信却是光明磊落："某与丞相定交四十余年，虽中间出处稍异，交情固所增损也。……但已往者更说何益，惟论其未然而已。"（赵彦卫《云麓漫游》卷九）南宋刘克庄读了东坡与章惇来往信件后大为感慨："君子无纤毫之过，而小人忿忮，必致之死；小人负丘山之罪，而君子哀怜，犹欲其生。此小人君子之用心所以不同欤。"在政敌也"恶有恶报"自蹈"南蛮"时，东坡无丝毫幸灾乐祸与"窃喜"之心，竟以自己的痛苦生活得来的经验，忠告他防病与医药知识，其气度足可百代垂范。

苏东坡对爱情的专一与忠诚，又是古代文人身上具备的不可多得的、令人钦佩之至的品格与道德。封建时代的文人、官僚哪个不追求妻妾成群、美色纵欲？哪个不沉迷偎红倚翠、艳歌盈耳？一些诗人也毫不掩饰他们纵情声色。李白诗中说："千金骏马换小妾，笑坐雕鞍歌《落梅》。""美酒樽中置千斛，载妓随波任去留"；杜牧在诗中说："十年一觉扬州梦，赢得青楼薄幸名"；老实巴交的白居易家蓄著名的歌妓"小口樊素""柳腰小蛮"，自得地写诗道："两枝杨柳小楼中，袅袅多年伴醉翁"；宋朝被称为"名相"的寇准写诗道："人间万事何须问？且向樽前听艳歌"；至于终生出入青楼、寻花问柳的柳永等辈，更不用说了。而东坡对结发妻王弗、续弦者王闰之和王朝云，都是充满着深沉的爱恋和真挚的感情。那首著名的《江城子·记梦》打动了历代多少男女读者的心！这样有情有义、对爱情忠贞不渝的英伟男子，世上少有。

苏东坡还有一个难得的政治品质，就是对少数民族的平等态度，从不厌弃他们落后、愚昧，这在他被贬谪到岭南惠州、海南儋州等地之后，移风易俗，教化民众，特别是传播文化方面功绩至伟。儋州自古文化落后，宋朝建国一百多年里，那里从来没有人进士及第。但在东坡待了三年之后，他的学生就举了乡贡，后来中了进士。东坡曾对他有过鼓励和期望，并在扇子上题了两句诗："沧海何曾断地脉？白袍端合破天荒。"据《琼台记事录》记载："宋苏文公谪儋耳，讲学明道，教化日兴。琼州人文日盛，实自公启之。"

苏东坡这位天才是怎么造就的？研究其人其学，不妨抛砖引玉：天资聪慧——过目不忘；转益多师——博取众长；勤奋不懈——终生苦读；知识结构——广博无涯；融会贯通——晓畅百家；源头活水——接触生活；经历坎坷——足践蛮荒；流离颠沛——体验深切；贬窜四方——命运恩赐；时不用杰——雄文留世；酷爱拈笔——兴趣极浓；虚怀若谷——海纳百川；继承创新——自是一家；等等。还可以找出很多条，即从主观与客观两个方面去分析研究，才能发现为何五千年文明史中，唯有他独出冠时，“才艺无双”。他虽然反对王安石变法，但在私交上两人却相互仰慕，王安石曾叹道：“子瞻，人中龙也！”“不知更几百年，方有如此人物。”东坡也写诗道：“劝我试求三亩宅，从公已觉十年迟。”

宋代诗坛、文坛上名家辈出，群星璀璨，为什么苏东坡能独领风骚呢？人们往往把这归因于他的才气和学力，清人赵翼的看法颇具代表性：“大概才思横溢，触处生春。胸中书卷繁富，又足以供其左旋右抽，无不如志。其尤不可及者，天生健笔一支，爽如哀梨，快如并剪，有必达之隐，无难显之情，此所以继李杜后为一大家也。”（《瓯北诗话》卷五）正所谓“屈原放逐，乃赋离骚；左丘失明，厥有国语”者也。而其感情之真挚，性格之豪爽，更属千年难觅，万古难求。

尽管“江山代有才人出”，但是亦非任何时代都能出光耀千秋的巨子，宗师百世的文豪。作为中国主流文化儒、道、佛（禅）集于一身的“文化载体”，苏东坡的出现是中国文化在北宋充分成熟的象征，达到高峰的标志。这朵奇葩在经历了大唐盛世雨露的滋润、五代十国的滚滚硝烟后，终于到了绽开怒放的季节。

综观苏东坡一生所经历的种种坎坷，在各个不同的生活阶段，接受着来自儒、道、佛（禅）以及诸子百家不同思想的影响，在这些领域都有精心的研究，这样便造就了他的思想不同于前代及当时其他文人的独有的特征。

对一个人的评价，常说“盖棺论定”，其实也难。苏东坡逝世时，已受到赦免，不再是罪人。但死后一年，宋朝政局又发生变化，大肆迫害“元祐党人”，将三百零九名元祐时期当权大臣列为奸党，刻于石碑，东坡自然列在其中。时间过了约七十年，到了南宋的孝宗皇帝时代，为他彻底平反，追封他为最高的荣誉官衔太师，编辑出版《苏东坡全集》，孝宗皇帝亲写赞语。他的孙子苏符，官拜礼部尚书。但是又过了约八百年，历史小丑“四人帮”又掀起浊流，抓住历史上东坡反对过王安石变法的把柄，硬给东坡扣上保守派、守旧派的帽子，大加挞伐。随着时间的审判，人民对苏东坡又做了公正的评价。

宋孝宗《苏文忠公赠太师制》称其“不可夺者，峣然之节；莫之至者，自然之名。经纶不究于生前，议论常公于身后。人传元祐之学，家有眉山之书”。

苏东坡受到人民深深的爱戴，除了他高尚的品德和人格魅力外，首先是他对文化作出的巨大贡献：两千七百多首诗，三百五十多首词，各种文章约四千五百篇。他的诗、词、散文里所表现出的豪迈气象和优美情致，丰富的思想内容和独特的艺术风格，在当时倾倒世人，被奉为天下文宗，死后彪炳后世，“雄视百代”（《宋史·本传》）。

苏东坡在《隆中》诗中说：“诸葛来西国，千年爱未衰。”那么，为何东坡来到世上，也能“千年爱未衰”呢？原因自然很多，例如东坡在诗、词、赋、散文、书法、绘画等各个文学艺术领域的创造性贡献等，但窃以为更重要的是东坡一生的高风亮节，赢得了人们的无限景仰。他一生为国为民，把个人祸福完全置之度外：“吾侪虽老且穷，而道理贯心肝，忠义填骨髓，直须谈笑于死生之际，……兄虽怀坎壈于时，遇事有可尊主泽民者，便忘躯为之，祸福得丧，付与造物。”（苏轼《与李公择》）正因为他把个人祸福早已置之度外，故任何逆境他都能处之泰然。然而祸福是相倚的，天道是公平的。他的坎坷颠踬的仕途和多难多舛的际遇，却有他笔底波澜壮阔、文苑成果丰硕的补偿。

著名学者王水照先生说：“苏轼的意义和价值，似不宜仅限于文学领域。他的全部作品展现了一个可供人们感知、思索的活生生的真实人生，表达了他深邃精微的人生思考。他的人生思想成为后世中国文人竞相仿效的一种典型。”

世有全才，却无“完人”。时代的局限，认识的局限也使苏东坡在某些政治见解上失之偏颇，思想略显保守，少数文字作品亦有粗浅和败笔，但我们也没有理由苛求古人完美无缺。有专讲他的缺点或“专门来揭他老底”的书，有的称其“杂耍人生”，有的甚至称其“小丑”，“足可以担当阿Q精神的原始祖先”，更有甚者竟拾起“不学无术，贩卖私盐”的话来骂他。舆论难求“一律”，各有所识，自可品评。他的作品本身胜过任何的雄辩，历代早有公论。

笔者为苏东坡的文才与人品所倾倒，决心为他立部大传。从2008年开始，深入研读东坡先生的作品全集和历代研究评论，并循着他一生的足迹，踏访四川眉山出生地，出川赴京水路，任过官职的凤翔、开封、杭州、密州（今诸城）、徐州、湖州、黄州（今黄冈）、颍州、扬州、常州、定州、惠州和海南儋州，以及河南汝州郏县茨芭乡东坡灵柩安葬地，多方搜集相关史志资料，虚心请教研究苏学的专家学者。在知行学思的基础上方动笔写作，几经修改、调整、打磨，书稿才得以完成。旨在为传世文库增添一部较为系统、全面、生动的东坡传记，让这位旷世全才、千古文士的高尚品格、伟大作为和卓越成就长留于世，为后人珍重。为弘扬和传承中华优秀文化、塑造民族灵魂尽一分微薄之力，此乃本人所怀的拳拳之心与区区志向。

第一章

三苏出川

文豪父子一路诗文动山川

两岸连山，略无阙处；重峦叠嶂，遮天蔽日；江流汹涌，轻舟直下。“众水会涪万，瞿塘争一门”的非凡气势，直扑眼底。

断岩峭壁，宛如刀砍斧劈；绿苔青藤，好似绣帘高张；峻山茂林，绝巘怪柏丛生。

湍急的江流，闯入夔门，在逼仄的峡谷中奔腾咆哮。船行峡中，真有“峰与天关接，舟从地窟行”之感。

这一带，奇峰嵯峨，座座拔地突兀摩苍穹；翠黛如屏，幅幅幽深彩锦挂天幕。

一只小船在江流中如箭疾驰，轻捷似鸟。

两岸连绵不断的山在快速地移动，像奔马在疾驰。一会儿，马连成了群，一群一群，在眼前飞快地过去。顷刻间，马便过去了数百群，且愈跑愈快，但前面出现的山高低不齐，错杂纷乱，后面的山却像受了惊的马群，失去队形乱哄哄地四散。

此时将目光转向高山绝壁之上，盘旋曲折的小径，云雾缥缈处有人行走其上，恍如上界仙人，那是上山打柴的樵夫。舟中之人情不自禁挥舞双手，想向他传递一声热情问候，然而船在奔流湍急的江面上，如飞鸟般地掠过去了……

一位头戴方巾、身材颀长、眉疏目朗、面容如圭的书生，在船头伫立，凝神观察两岸景色，饱赏一幅幅神笔绘成的山水画卷，谛听一曲曲万籁交响的乐章。山如奔马，船似飞鸟，舟移山动之际，前峰后岭，形态各异，纷至沓来，瞬息万变，带给人丰富的想象和无穷的乐趣。突然间，书生神情恍惚，幻觉浮现，灵感顿生，诗兴大发，他要用形象的文学语言“物化”眼前的奇特景象，于是立即进入船舱。书童墨郎颇知其意，立即铺纸、磨墨，书生气宇轩昂地在纸上挥毫，写下《江上看山》的诗作：

船上看山如走马，倏忽过去数百群。
前山槎牙忽变态，后岭杂沓如惊奔。
仰看微径斜缭绕，上有行人高缥缈。
舟中举手欲与言，孤帆南去如飞鸟。

此诗是二十三虚岁的苏轼作于宋仁宗嘉祐四年（1059）。此时，他正与父亲苏洵、弟弟苏辙及妻子王弗等全家十来口人，乘舟东下，江行赴荆州途中。

此诗采用的是白描手法。作者抓住急遽变化中的事物，恰当地表现出它们的形态。诗中写了船动时两岸景物所见，由雄浑廓大转为细致入微，跌宕起伏，错落有致，连贯流转，一气呵成，善用比喻，生动贴切，如技艺高超的速写画家，摄取船过三峡——蜀中奇特山水所见的一刹那，构成一种灵动飞驰、瞬息即逝的诗意境界，颇有几分李白《朝发白帝城》中“两岸猿声啼不住，轻舟已过万重山”的韵味。作者在诗歌创作的初期，已经显示出能够“因物赋形”的艺术功力。

“三苏出川”有两次。第一次是在嘉祐元年（1056）三月，苏洵送苏轼兄弟入京应试，自眉山出发，经成都、阆中，出褒斜谷，发横渠镇，入凤翔驿，途次长安，出关中，于同年五月到达开封。

这一次是在嘉祐四年（1059）十月。比起第一次来，这次赴京有以下不同：

一是成员不同，前次是父子三人，这次是全家出动，除苏洵之妻程氏已于两年前去世外，苏轼之妻王弗、长子苏迈、乳母任采莲，苏辙之妻史玉、乳母杨金蝉，老仆苏忠和两名丫鬟（一唤蓉儿，一唤眉儿）、两名书童（一叫墨郎，一叫书郎）。此外还有厨娘刘嫂和她的丈夫刘远，均一同赴京。二是路线不同，前次是北行，这次是南行，自眉山沿岷江、长江而下，经嘉州（今四川乐山）、犍为、宜宾、渝州（今重庆）、忠州（今重庆忠县）、夔州（今重庆奉节）出三峡，于同年十二月初到达江陵，并在江陵度岁。第二年（1060）正月初五从江陵出发，陆行北上，经襄阳、唐州（今河南唐河）、许州（今河南许昌），于二月十五到达京城，历经十一郡二十六县。三是费时不同，前次只花了两个多月，这次一路游山玩水，走了将近半年。四是前次因行色匆匆，加之旅途劳顿，所作诗文甚少，而这次较多。自眉山至江陵凡一百篇，汇为《南行集》，共一百七十三篇。

他们被三峡的旖旎风光、惊滩险阻所感染，为沿途风物、历史名迹所陶醉。他们耳目所接，有触于中，发为咏叹，相互唱和了大量诗篇。“江上同舟诗满箧”，这就是后人所谓的三苏“南行诗”，汇编成《南行集》。

三苏的《南行集》是有关三峡自然山水的描绘，呈现了三峡的奇峰峭壁、飞瀑流泉的物象之奇险，也再现了林寒涧肃、猿啸风凄的境界，哀伤的情感和雄奇的山水融合一体，堪称三峡山水文学的滥觞。诗作的主要特点如下：

（一）父子三人的“同题诗”

文学史上，文人间唱和常多“同题诗”。这种诗因为“同题”，除了可以相互比较优劣、参阅之外，更可以使读者欣赏到作家之间的不同风格。苏氏父子都名列“唐宋八大家”，他们作同题诗，还可以使我们窥见他们各人的学养、视角、识见和心态，既“师法其父”，又“青出于蓝而胜于蓝”，客观上又是父子间、兄弟间“赛诗”，别有一番韵味和兴趣。

“初发嘉州”，父子三人共用这个命题，各自欣然命笔。苏洵作一首七绝：

家托舟航千里速，心期京国十年还。

乌牛山下水如箭，忽失峨眉枕席间。

老苏这首七绝，简洁严整，气韵俱佳。写天伦之乐，在于对儿子前程充满乐观；写船速，写水流，写峨眉转瞬即逝，都是坐在船上看到的景物。而所有这些，无不是在抒发诗人愉悦的心境。此前游龙岩时的怅惘之情已一扫而光。

苏轼作一首五言排律：

朝发鼓阗阗，西风猎画旃。故乡飘已远，往意浩无边。
锦水细不见，蛮江清可怜。奔腾过佛脚，旷荡造平川。
野市有禅客，钓台寻暮烟。相期定先到，久立水潺潺。

这是苏轼抒情诗的开端，清新洒脱，气韵俱佳。“故乡飘已远，往意浩无边”，“奔腾过佛脚，旷荡造平川”，对仗严谨，痛快淋漓地抒发了诗人此时此地的得意心情，对仕途充满自信，就如同顺流而下的轻舟，“乘奔御风”，一往无前。

苏辙作五言古体诗：

放舟沫江滨，往意念荆楚。击鼓树两旗，势如远征戍。
纷纷上船人，橹急不容语。余生虽江阳，未省至嘉树。
巉巉九顶峰，可爱不可住。飞舟过山足，佛脚见江浒。
舟人尽敛容，竞欲揖其拇。俄顷已不见，乌牛在中渚。
移舟近山阴，壁峭上无路。云有古郭生，此地苦笺注。
区区辨虫鱼，《尔雅》细分缕。洗砚去残墨，遍水如黑雾。
至今江上鱼，顶有遗墨处。览物悲古人，嗟此空自苦。
余今方南行，朝夕事鸣橹。至楚不复留，上马千里去。
谁能居深山，永与禽兽伍？此事谁是非，行行重回顾。

这是诗人叙述举家出川时船上所见，并记述沿途的风物人情，抒发对未来的向往与期待。全诗以叙事为主，先交代从嘉州出发，继写登船的热烈场面、舟人的严厉态度、航行过佛脚时的惊险情景、经乌牛渚时想到郭璞曾在此做学问的种种传说。所有这些，都是闲闲入笔，古朴自然。诗中抒情的句子不多，但都是画龙点睛，意趣昭然。像“巉巉九顶峰，可爱不可住”，直白他急于出川的心情，反映了他的内心世界与性格。

父子三人“初发嘉州”同题诗，从艺术手法来说，各尽其长，各具风采，都称得上是佳作。

（二）歌咏“山水之秀美”

“三苏”南行诗，充分描写了蜀山楚水，俏丽多姿，神奇秀美，现摘苏轼两首五言古诗：

> 长江连楚蜀，万派泻东南。合水来如电，黔波绿似蓝。
> 余流细不数，远势竞相参。入峡初无路，连山忽似龛。
>
> ——《三峡》
>
> 苍崖忽相逼，绝壁凛可悸。仰观八九顶，俊爽凌颢气。
> 晃荡天宇高，崩腾江水沸。孤超兀不让，直拔勇无畏。
>
> ——《巫山》

（三）记述“风俗之朴陋”

在苏轼、苏辙同题而作的《夜泊牛口》里，苏轼写道：

> 日落红雾生，系舟宿牛口。居民偶相聚，三四依古柳。
> 负薪出深谷，见客喜且售。煮蔬为夜飧，安识肉与酒。

夕阳西下，暮色苍茫，三三两两的居民靠着古柳，议论着时下的庄稼，谈论着儿女家事。有几个山民劳作了一天，正从深山里伐薪归来，他们走近闲谈的人群时，一边打着招呼，一边歇下柴担。看到苏轼一行人，他们便兜售薪柴。情景如画，历历在目。苏辙的诗则写道：

> 日暮江上归，潜鱼远难捕。稻饭不满盂，饥卧冷彻曙。
> 安知城市欢，守此田野趣。只应长冻饥，寒暑不能苦。

兄弟俩各有所感：苏轼重点描写薄暮时分樵夫卖柴之乐，有旷达之风；苏辙重点描写天黑之后，居民盘腿而坐的闲散和衣不蔽体的贫困，共同点都是三峡居民质朴生活风俗的忠实再现。其他的这一类诗还有《戎州》《过宜宾见夷牢乱山》《荆州十首》等。

苏轼的许多"南行诗"已开始对贫富悬殊、黔黎多艰的现象加以描述，表示出忧愤和慨叹。他们在过黄牛峡时，看到黄牛庙里供的是黄牛神，许多香客正跪拜叩头，吹吹打打，宰羊以祭，苏轼想到农家耕牛的辛苦劳累，却忍受饥饿，便作了一首《黄牛庙》：

江边石壁高无路，上有黄牛不服箱。
庙前行客拜且舞，击鼓吹箫屠白羊。
山下耕牛苦硗确，两角磨崖四蹄湿。
青刍半束长苦饥，仰看黄牛安可及！

苏轼早期诗作就以雄健取胜，语言明快有力，毫无矫揉造作之病，为宋诗大张旗帜。这首诗就是一个例证。所谓神牛，不过是一块毫无生命意义的石头，它高高在上，既不拉车负重，反受人祭祀膜拜，却可以享受四时不断的香火供奉，情景真实如画。后四句以山下耕牛的劳苦饥寒与山上神牛相对照，寓意深刻，耐人寻味。语多怨刺，虽是写牛，所指却在劳者不获、获者不劳的人间世。

（四）寻访"贤人君子之遗迹"

这类诗在苏轼"南行诗"中很有特色，且数目较多。这是因为三苏路过三峡时，游览了丰都城、仙都观、白帝城等处，在神女峰下流连，在屈原塔前凭吊，在昭君庙前叹息，足迹所至，登临怀古，发于咏叹，写下许多咏怀诗。这些览古诗论昔人得失，多能切中要害，一针见血，如《屈原塔》开篇："楚人悲屈原，千岁意未歇。精魂飘何处，父老空哽咽。"苏轼久久徘徊于塔前，思索着生命的价值和人生的意义，悲壮遒劲的诗句从他年轻热烈的胸中喷涌而出，为此诗有力地作结：

名声实无穷，富贵亦暂热。大夫知此理，所以持死节。

无论什么人，都难免一死，只有精神和节操才是永恒的。相比之下，荣华富贵不过是过眼烟云，实在无足轻重。屈原之所以决然自沉，正是他认清了这一人生至理。苏轼思绪联翩、佳句迭出之诗，真可谓椽笔初濡！另一首《隆中》，沉雄浑厚，一咏三叹：

诸葛来西国，千年爱未衰。今朝游故里，蜀客不胜悲。
谁言襄阳野，生此万乘师。山中有遗貌，矫矫龙之姿。
龙蟠山水秀，龙去渊潭移。空余蜿蜒迹，使我寒涕垂。

武侯隐居襄阳时，人称卧龙先生。卧龙蟠曲在山清水秀之中，而山水的钟秀又孕育了他无穷的智慧，并在他的身后百代，又蒙上神异的色彩。“龙蟠山水秀，龙去渊潭移”，就是这一神异色彩的形象再现。结句是诗人在隆中徜徉，凭吊这位万乘之师。

青年苏轼的南行诗虽然无法和他后来的作品比肩，但是已经流露出大家风范，具备了作为一个大诗人所应具有的非凡学力与才力。

老爸屡铩羽，两子皆中榜

当爹难，为师难，在《三字经》中早就说了：“养不教，父之过；教不严，师之惰。”若是子不肖、生不成才，父师都有责。父亲与教师，一个重要的职责是教书育人，以身作则。自己要有本钱，成为榜样，使受教者信服。假如自己不行，却要教育儿子、弟子，那是多么尴尬！苏洵不是没有学问，也不是养儿不教、为师不严，就是在科举路上屡遭失败，实在是脸上无光，难言辛酸！

苏洵第一次参加乡试就落了榜，对他的刺激不小，感叹“吾今之学，乃犹未之学也”。回来后他把数百篇旧作一把火烧个精光，闭门不出，苦读七年。这七年里，苏洵封笔封砚，发誓读书不成，一字不写。

苏洵的文章写得不错，考试技巧就比儿子差多了，考了许多年也没中举。在给梅尧臣的信中，苏洵回忆了早年参加考试的情景："自思少年尝举茂材，中夜起坐，裹饭携饼，待晓东华门外，逐队而入，屈膝就席，俯首据案，其后每思至此，即为寒心。"

这个"茂材"指的是"茂材异等试"，是朝廷为民间高人们特设的考试，目的是网罗遗贤，布衣可以参考。这种考试，等级和水平不高，难度却很大，同当今的自学考试相仿，考试范围很广，录取率很低，苏洵同学连这样一个关口都过不去，落榜竟是惯例，"复试"成了常客，最终又一次"名落孙山"了。

饱受打击后，苏洵不考了，把希望都放到了儿子身上。后来当苏轼兄弟同时一举中高第，多年梦寐以求的夙愿得以实现时，他心情复杂地感叹说：

> 莫道科举易，老夫如登天。莫道科举难，小儿如拾芥。
>
> ——《史阙》

此诗写得坦率极了！"芥"是什么？是小草，比喻轻微纤细的事物，故有时以"草芥"二字连用。又回到本节的开头话题上，在对两个儿子兼学生来说，像路边拾根小草一样轻而易举的事，对老爸和老师来说，如登天一样难，惭愧啊！慨叹啊！

儿子是父亲的接棒者，自己跑得不好，且气喘吁吁、筋疲力尽，但"交棒"很重要、很关键，寄希望于继承者"后来居上"吧！

报春消息是花信，"绿柳才黄半未匀"。宋朝京都汴京城内，春阳洒满了位于集英殿南面的学士院，令屋面金黄的琉璃瓦更显得灿烂辉煌。

这是宋仁宗嘉祐二年（1057）二月，早春时节，这个全国的读书人心驰神往又望而却步的神秘之地，日借嫩黄初著柳，雨催新绿染梢头，细雨轻烟笼罩草树，满眼俱是盎然春色。

院子南头的一间书房里，坐着一位年约五十的官人。他头戴淡紫软脚幞头，身着淡紫褶衣，面容清癯，颧骨略高，上唇稍短，三绺学士须已见花白，有两只人称福相的大耳朵。这位外貌不算超群，但炯炯双目却透出睿智光芒的官人，便是文坛泰斗、诗词名家，做着翰林学士、侍读学士、知制诰高官的欧阳修。

欧阳修和他的十几位同僚被锁进这学士院里，已经二十多天了。这是老祖宗留下的规矩：凡礼部考试，从开考之日到放榜，即从二月初到三月初，试官一律锁入禁中，不许与外界接触，以防徇私舞弊，名之曰“锁院”。看来，封建时代的科举考试比现在高考还严格。

北宋前期，进士考试比较注重文学诗赋，而后多偏重于经义、策论，这对当时的文风自然产生了重大的影响。宋代文学长于议论，诗歌也不免带有散文化、哲理化的格调，当是与科举考试的提倡有密切关系。

这年的大考，宋仁宗——其实该称他赵祯，因为“仁宗”是他“晏驾”之后皇位继承人追赠给他的“庙号”。他于正月二十一日颁诏，任命负责考试的官员：欧阳修知贡举，也就是担任主考官；副主考官则有翰林学士王珪和龙图阁直学士梅挚等人；著名诗人、国子监直讲梅尧臣为编排评定官；另有十几位文人学士出任参详、检点等。一切准备就绪，只待开考。

那天，礼部贡院门前红灯高挂，颇有节日气氛。门前那两头巨大的石狮，扎着红绸大花，似在欢迎来自四面八方的读书人。手持戈矛的士卒神态威严地守卫在试院门首，显得十分庄严肃穆。院内的孔子牌位前，灯火通明，香烟缭绕。巳时正，只闻钟鼓齐鸣，试院中门大开，四千多名自带干粮、天未亮便在门前等候的来自全国各地的举子，怀着紧张的心情，穿过院内铜鼎中散出的檀香烟霭，鱼贯入场。在孔子牌位前行礼后，进入各自被指定的房间。大院东西两廊四千多间廊屋，登时坐满了考生。他们一个个屏声静气，竭尽才力接受决定其一生命运、为期三天的考试。此次大考，免去了帖经、墨义等靠死记项目，只考策论和诗赋。

三天试毕，四千多份试卷经弥封誊录所抄缮并密封姓名之后，随考官们一起锁进学士院中，待逐一审评之后，分取舍，定名次。这次贡试，统一出的作文考题是《刑赏忠厚之至论》。

欧阳修坐在临窗的书案后面，接连看了好几份卷子，都觉得平平常常，心头不禁有些懊恼。他知道，当今皇上爱才，此次命他做主考，是希望他为国家选拔英才，日后为朝廷出力。可是二十多天了，试卷已批阅十之八九，在近四千份卷子中，达到或接近录取水平的还不到十分之一。这十分之一中，可称为人才的则寥寥无几，而具有真知灼见才华横溢的栋梁之材，似乎还没有一个。至于那剩下的九成，更是令人生气，许多人根本就不该来京参加部试。他们的卷子，或内容可笑，或文理不通，或东摘西抄，或不知所云。有个考生，在文章中写道："学生以为：刑赏之术，犹大人之对小孩，听话则赏以果饵，顽劣则加以鞭打……"欧阳修不禁啼笑皆非，心里连骂："蠢材！朽木不可雕也！……"

自然，考生中这样的愚蠢者只是少数，更多的是文风不正：咬文嚼字，装腔作势，派头十足，一味追求辞藻华丽古奥，堆砌典故，而内容空洞，晦涩难懂。

面对此类卷子，他感到深深的忧虑，不禁长叹一声："唉！这晚唐、五代留传下来浮靡艰涩的不良文风，何时才了！"

据陆游在他的《老学庵笔记》里说，阅卷官梅尧臣第一个惊喜地发现了一篇出类拔萃之文，但在文章中有一个典故，即这篇文章中有这样几句："当尧之时，皋陶为士。将杀人，皋陶曰'杀之三'；尧曰'宥之三'。故天下畏皋陶执法之坚，而乐尧用刑之宽。"梅尧臣饱读诗书，却怎么也想不起究竟出于哪部书？"奇文共欣赏，疑义相与析。"他将此文立即推荐给主考官欧阳修。

正当欧阳修忧叹考生中鲜有好文章时，房间的门被人推开，梅尧臣边走边把手中的卷子递过来，朗声说道："欧阳公，好文章！难得的好文章！"

"什么好文章？这几天我读得多了，还不都是……"欧阳修没去接梅尧臣手中的卷子，冷冷地说。

梅尧臣没答话，却捧着那卷子高声朗读起来："尧、舜、禹、汤、文、武、成、康之际，何其爱民之深，忧民之切，而待天下以君子长者之道也……"

欧阳修没让梅尧臣继续读下去，便迫不及待地一把将那试卷夺了过来，展开一读，顿觉心头阴云被一扫而光。他眉头舒展，笑逐颜开，连忙称赞道："好！好！好！果然是脱颖而出之作！"待一口气读完，却又掩卷沉思，好半天没说话。

梅尧臣问道："欧阳公，你看如何？"

"言简意赅，行文酣畅，如黄河之水，一泻滔滔，把仁义治国之策，诠释得淋漓尽致。真个是学识渊博，文采烂然！"欧阳修赞不绝口。

梅尧臣笑道："怎么样？你的愁眉之结解开了吧！"

"不错，果然不错！"欧阳修不住地点头，"确是难得的杰作！"

梅尧臣道："阅卷已近尾声，你看把他排在第几？"

"如此佳作，理当第一！"欧阳修说着，提起朱笔要批，忽又停下笔，说道，"你看这会是谁的卷子？"

梅尧臣想了半天，也猜不出这是何人的试卷。因为卷首密封，且经人抄缮，任谁也无法得知那考生是谁。

欧阳修想了想，问道："会不会是子固的卷子？"欧阳修说的子固，名曾巩，已经四十八岁，几年前便拜在他的门下，是个文章高手。

"这种好文章，怕也只有子固才作得出来。"梅尧臣想了想，连连颔首，以示赞同。

欧阳修犹豫地搁下笔，心里说：如果把自己的门生列为第一，难免又要招惹非议。

本来，因为倡导革新文风，得罪了不少人，引来的闲话已经够多了，此事……不可授人以柄。这样想着，便把那试卷批为第二。又回头对梅尧臣道："只好委屈一下子固了。"

欧阳修，字永叔，吉州永丰人，自幼聪颖好学。因家贫，靠借书苦读，用芦荻画地学书。十岁时所作诗文，即被乡人传诵。二十四岁考中进士，做过多年州县地方官。奉调进京后，与宋祁一道负责编《新唐书》，并独自修成《新五代史》，是人所公认的当代文坛领袖。许多读书人以能当面向他请教为荣耀。因为支持和参与范仲淹革新朝政，又旗帜鲜明地反对华而不实的文风，多次遭人攻讦而被贬谪，但他从来不肯退让半步。此次受命担任主考，毫不留情地把那些一味追求险怪奇涩的"太学体"和堆砌辞藻典故的"西昆体"考卷，全部"刷"掉；明知又会有人暗中咬他几口，却义无反顾。

三月一日台官拆封，二日放榜。不少在地方上已经颇有文名的考生，因文风不正而落榜。

出乎欧阳修和梅尧臣意外，那篇被他们两人赞不绝口的好文章，并非曾巩所作，而是出自一位名未问世、来自蜀中眉州年方二十的青年士子之手。此人姓苏名轼，表字子瞻。

欧阳修知道后，感到十分愧疚，但是已无法更改，追悔莫及。他对梅尧臣道："圣俞兄，这事……真是委屈人家苏子瞻了。"

放榜这天，位于马军桥东北的兴国寺热闹非凡，除了往来香客，又添了好几起敲锣打鼓、手举大红帖子的报喜人。

原来，这兴国寺内有个浴室院，本是寺中僧人沐浴之所。由于每逢朝廷开科取士之年，那些提前进京准备参试的举子，为求得有个安静的地方读书，多喜欢寄居寺庙，久而久之，浴室院便扩建成了旅舍。苏轼和他的父亲苏洵、弟弟苏辙便住在这浴室院里。

"报！眉州苏轼高中第二名！苏辙高中第六名！"随着一棒锣响，报喜人高声喊道。

苏家父子万分欢喜地接过喜报，用赏钱打发了报子，然后接二连三地接待贺客，并向寓居同院、榜上有名的"同年"道贺，几乎忙了一整天。

晚饭后，父子三人在浴室院里痛痛快快地洗了个澡，把一个多月来的紧张和疲惫一涤而光。考试过后，虽说兄弟二人对自己的考卷心中有数，但毕竟还没放榜，到底如何，谁也无法预料。这等待的日子颇不轻松。特别是苏洵，他自己年轻时曾参加过多次考试，但科场失意，名落孙山，此后便无心由科举出仕。但对两个天赋极佳的儿子，却寄予厚望，这才亲身带领他们进京，求取功名。所以放榜之前，他心中的不安，远远超出苏轼兄弟。现在结果有了，名次还靠前，苏洵自然深感欣慰，便对苏轼道："大郎，赶快写信告知你母亲！"

第二天，吃过早饭，父子三人正商量拜见主考官欧阳修的事，不料寺院当值的僧人来说："翰林学士欧阳修大人来访！"

这完全出人意料，也超乎常理。从来都是新科进士拜见恩师，哪里有考官先访门生之理？不用说，苏家父子慌忙出迎。

欧阳修身着常服，满面春风，他进得门来，先打量一下苏洵：年龄与自己相仿，一脸沧桑，须发苍然，但器宇轩昂，眉宇间透出一股超凡脱俗之气。看那兄弟两个，略年长些的，身材修长，面容英俊，眉不浓而黝黑，眼不大而清亮，透出绝顶的聪明，而且似乎总含着笑意。欧阳修心想，这大概就是苏轼了。

再看那弟弟，个头儿比哥哥高大，却瘦瘦的；看那脸儿，几分憨厚，掩盖着几分聪慧；那眼睛，总像是想说什么，却没说出来。

苏洵请欧阳修上首坐了，苏轼捧上从家乡眉山带来的香茶。

待客人坐定，苏洵欠身道："理该犬子去拜谒宗师，怎敢劳大人屈尊枉驾，实在不敢当！"

欧阳修笑道："我为皇上搜求贤才，理当如此。苏兄，你我读书人，就不需官场那些客套了！"他抿了一口茶，又道，"子瞻的诗赋文章，拔萃超群，前途不可限量。子由也是卓尔不群的英才。兄弟二人同登金榜，皆名列前茅，可喜可贺！"

苏洵谦谢道："全仗内翰栽培。"

欧阳修对苏轼道："足下的文章不同凡响，确实难得。"

苏轼被夸得有些不好意思，便道："大人过奖，令学生惶恐不安。"

"子瞻这样的奇才，未能拔擢榜首，乃修之过也！"欧阳修语含歉意又十分诚恳地说。

苏洵摇手道："不敢当，不敢当，内翰千万不可这样说，千万不可！"

"子瞻，你觉得今日文坛，有何弊病？"少停，欧阳修突然发问。

苏轼躬身答道："恩师乃一代文宗，自然清楚。学生初出茅庐，焉敢班门弄斧？"

欧阳修摇摇头："既谈文，当不分长幼尊卑。子瞻，只管说吧！"

苏轼道："其实学生明白，恩师是要考考学生。"

欧阳修朗声一笑："权当是吧，你且说说看。"

苏轼道："自晚唐五代以来，唱和酬答之风大兴，且多偏于闺情，伤于柔弱，又往往着力于词句雕琢。一些人只求文辞华丽，音调和谐；而内容或空洞，或虚假，或险怪奇涩，或不知所云……当今的'西昆体''太学体'，其实就是五代颓靡文风的继续。"

苏轼一番话，说得欧阳修心花怒放，不禁拊掌赞道："说得好，说得好极了！”瞬间又转而黯然，“可有些人视那太学体、西昆体为至宝，死抱着不放，令人忧虑呀！”

苏轼道：“以恩师在读书人中的威望，力开新风，摒弃颓靡，定能佳作频出。”

“难哪！”欧阳修叹了一口气，“你想改变一下现状，还没动，那怨谤便纷至沓来。”

苏轼深情地望着比父亲还大两岁的文坛前辈，心中涌起一股崇敬之情，便说道：“老师的学问、文章、诗词，都是大家敬佩的。晚辈愿追随恩师，为扫除华而不实的不良文风尽微薄之力。”

欧阳修大笑而起：“足下能如此，老夫可以无忧了！”

第二天，苏洵带着苏轼兄弟同去拜谒主考大人。

欧阳修兴高采烈地把他们迎入客厅。寒暄过后，苏洵恭敬地递上自己装订成册的二十篇策论文章，诚挚地说：“请内翰指教。”

欧阳修恭敬地双手接过，说道：“容修拜读。”

苏洵又递上龙图阁直学士、成都知府张方平的推荐信。欧阳修看过之后，说道：“苏兄怎不早日送我？”

苏洵道：“我想，还是考试过后呈交内翰为好。”

欧阳修点点头。

苏家父子起身告辞。

欧阳修送走苏家父子之后，坐下来翻阅苏洵的策论，读着读着，他坐不住了，便站起来；站久累了，便在房间里来回走动，并且读出声来：“夫功之成，非成于成之日，盖必有所由起；祸之作，不作于作之日，亦必有所由兆。故齐之治也，吾不曰管仲，而曰鲍叔；及其乱也，吾不曰竖刁、易牙，而曰管仲……”“好！精辟！精妙之至！”要不是家人来请吃饭，他会一直读下去，夸下去。

就在苏轼兄弟双双中高第，还未来得及向家里报喜之时，传来噩耗，母亲程氏卒于眉山。于是父子三人回籍奔丧。三年之后，也就是宋仁宗嘉祐五年（1060）二月，当苏轼兄弟陪父亲再次抵达汴京时，一次北宋王朝最高级别的人才选拔考试——制举考试即将举行。

曾经在三年前的进士科考试中小试牛刀、一举成名的苏轼兄弟自然不会放过这次千载难逢的好机会，他们准备向这次制举考试再次发起冲击。那么，制举考试到底是一种怎样的考试制度？而苏轼兄弟在这场制举考试中又会有怎样的表现？少年成名的苏轼还会带给人们更多的惊喜吗？

制举不同于三年举行一次的“进士”“明经”一类的“常科”，它是由皇帝特别下诏并亲自主持、为选拔非常人才而特设的一种考试制度，倘若被录取，就可以获得较快的擢拔提升。参加制举考试的考生必须由朝中大臣推荐，然后由六名考官先行考核，及格者才能参加皇帝主持的考试。制举开设次数极少，两宋三百年历史中，只举行过二十二次制举考试，资格审查也极为严格，能够参加考试的人很少，能够考中的就更少，考中而成绩优异者则少而又少。宋朝三百年考中制举的才有四十人左右，而中进士的则有将近四万人，相差近一千倍。

苏轼所应考的是“贤良方正能直言极谏科”。“贤良方正”是说文学出众首先端正，“能直言极谏”是指善于策论，勇于给皇帝提意见。

宋仁宗嘉祐六年（1061）八月，苏轼兄弟经欧阳修等人的推荐参加了制科考试。荐举表说：苏轼、苏辙“学问通博，资质明敏，文采烂然，议论蜂出……堪应才识兼茂明于体用科。如有谬举，臣甘服朝典”。

四月八日，殿试在集英殿举行。众考生集于两庑，笔试之后，静候皇帝问话。

轮到苏轼，他立于丹墀，心头略有些紧张，但很快便镇定下来，从容不迫地回答问题。赵祯问道：“当今之世，当以何策治天下？”

苏轼躬身答道：“最重要的是除旧布新，反对怠惰、弛废和溺于宴安。”又道，“天下有二弊：有立法之弊，有任人之失，二者疑似而难明，此天下之所以乱也。”接着，他又从立法、任人两方面详细阐述了自己的见解。

宋仁宗看了苏轼兄弟的文章后很高兴，说：“朕今日为子孙得两宰相矣！”而王安石对苏轼兄弟的考卷却不以为然。据邵博的《闻见后录》中记载：东坡中制科，王荆公问吕申公：“见苏轼制策否？”申公称之。荆公曰：“全类战国文章。若安石为考官，必黜之。”

王安石不是考官，当然不能废黜苏轼兄弟。但当时他任知制诰，代皇帝立言。他在《应才识兼茂明于体用科守河南福昌县主簿苏轼大理评事制》的制词中，却借皇帝的口吻大大教训了苏轼一通。大意是说苏轼尚年少，还要试试他的从政之才如何。对学问要有深刻的理解得其要义然后才能不违于道等。言外之意，苏轼年少气盛，能力还差得远呢。而对苏辙，王安石就更不客气了。苏辙的试卷极言政之得失，对后宫之事尤其讲得深切，有人提出罢黜他，但宋仁宗考虑“以直言召人，而以直言去之，天下将谓我何?”于是苏辙被列为“下等”，任命他为商州军事推官。但王安石不肯为其撰词，苏辙因此未能赴任。自此，苏洵与王安石结下了深怨。

十四日，金殿唱名：本次制殿试苏轼名列第一，苏辙第八。朝散后，仁宗退入后宫，对皇后曹氏道：“今日殿试录取的进士中，有两个我最喜欢。”

曹后问：“哪两个?”

“苏轼、苏辙，一个二十岁，一个十八岁。兄弟二人，哥哥考了第一。”

曹后听了，十分欣喜地敛衽下拜：“臣妾恭贺陛下，一日得兄弟俩英才。此乃皇上洪福齐天，国家大幸!”

三日之后，皇帝赵祯在京城西南郊的琼林苑赐宴全体新科进士，自有一番热闹。接着，是同年间相互访问，不必细述。

又过了几天，赵祯召见主考官欧阳修，赞扬他为朝廷选拔英才之功。

欧阳修奏道：“陛下洪福，金榜之外，还有……”

赵祯忙问：“难道还有更出色的?”

“是的，陛下，二苏之父名叫苏洵，未曾参加今年的大考，但他学识渊博，才气横溢。臣读过他的二十篇策论，可说是篇篇俱佳。”

赵祯大喜道：“一门三杰，真正难得呀!”

第二章

苏门家风

“自是眉州始有苏氏”

中国有句成语，叫作“一朝天子一朝臣”。汤显祖《牡丹亭》第十五出：“万里江山万里尘，一朝天子一朝臣。”每一个王朝帝王登基之后，前朝的臣僚就被新的臣僚所代替。随着最高当权者的更换，就另换一批自己信任的人，引起下属层层更换。此种惯例，多含贬义。因为旧臣中不乏德才俱高、熟悉情况的治国能手，将他们都“一锅端”掉，让新任者从头开始熟悉情况，对事业无疑会有很大的损失。

公元 705 年，武则天病危，中宗李显复位，年号“神龙”。

则天女皇病危的消息传出，固然有许多人担心，但李唐王朝的子孙及当初被打击迫害的旧臣无不奔走相告，弹冠相庆，暗地里诅咒她早一天去做鬼雄。

女皇归天，中宗登基。接下来的事是什么？自然是秋后算账，曾为野心家女皇效忠之人，都是该杀的杀，该贬的贬。

有一位大周时代姓苏的宰相，他的名字叫“味道”，此人在官场绝对属于“成功人士”，他总结的一条经验便是：“处事不欲决断明白，若有错误，必贻咎谴，但模棱以持两端可矣。”此言一出，朝野哗然，于是他的新名号层出不穷，诸如“模棱手”“模棱宰相”“苏模棱”等都是。武则天朝的另一位宰相，即电视连续剧大播特播的“神探”狄仁杰，很看不起这个“模棱两可”的同行，说他是一个不足以成天下之务的“文吏”。说他是“文吏”也有人颇不以为然，是谁呢？是唐朝大诗人杜甫的祖父杜审言，他认为苏味道文的也不行！杜审言是咸亨元年宋守节榜进士，恃高才，傲世见疾。《唐才子传》中有记载：苏味道为天官侍郎，审言集判，出谓人曰：“味道必死。”人惊问何故，曰：“彼见吾判，当羞死耳！”又曰：“吾文章当得屈宋作衙官，吾笔当得王羲之北面。”

杜审言对他的贬斥，苏味道当时倒不在乎，而现在随着则天女皇的仙逝，真的尝到了贬谪的“味道”。他被贬为眉州刺史，后来就死在了眉州。

苏味道有四个儿子，老大、老三、老四都“子承父业”做了官，只有老二与众不同。这个老二名叫苏份，“份”与“粪”同音，不知是名字起得不吉利还是他故，他成了苏家之“粪”。但据苏份自己说，他一向视功名如粪土，不愿踏足肮脏的官场，而情愿在民间种田拉粪。

当然喽，也有人说苏份是当不了官才这么说，与狐狸吃不到架上的葡萄就说是酸的一样，哪有第二个傻子会说：当官做老爷比面朝黄土背朝天的种田农夫差？总之具体原因不详。苏味道死后，为官的兄弟远走他乡，只有苏份就在眉山县娶妻生子，“自是眉州始有苏氏”。

“庄稼一枝花，全靠肥当家。”中国农民历来把“粪”当作最好的农家肥，苏份果然种出了“好庄稼”。历史已证明，那些“万户侯”才是真正的粪土。

苏味道原籍赵郡栾城，眉山苏氏皆以此为祖籍。苏轼父子对祖籍有感情，题名时，常在前面加上“赵郡”二字，如苏轼有时自称“赵郡苏轼”，苏辙的文集更是取名《栾城集》。

四川有四大名胜——“夔门天下雄，剑门天下险，青城天下幽，峨眉天下秀”，其中峨眉山是大智普贤菩萨的道场，与浙江普陀山、安徽九华山、山西五台山并称“佛教四大名山”。青城山也不含糊，自东汉张道陵设坛布道以来，就成了道教圣地，与湖北武当山、江西龙虎山、安徽齐云山并称“道教四大名山”。传说当年黄帝曾封青城山为“五岳丈人”，更是一下子把青城山拔到了老太爷的地位上。

眉山县在峨眉山和青城山之间，成都之南五十公里，乐山大佛之北六十公里：这是个古老而安宁的小城，大街小巷铺满了青石板，道路两旁槐柳成荫，池塘里开满了莲花。

与峨眉、青城相比，眉山就显得太普通了，既不高耸也不险要。刘禹锡说："山不在高，有仙则名。"眉山历史上没听说出过啥著名大仙儿，其水也没有"龙"的传说，所以长期以来，夹在这一佛一道、一幽一秀两座名山之间默默无闻。

如果苏味道在九泉之下有知，他肯定会喜欢"扬眉吐气""光宗耀祖"这些词语。因为在他死后三百多年，宋仁宗景祐三年十二月十九日（1037年1月8日），在眉州眉山县这块土地上，当地著名的这户姓苏的乡绅人家，又一个男孩诞生了——这是一个集千年灵气于一身的后代，即让星月减辉、气贯长虹的苏轼横空出世。

孩子的身体包括聪明的脑瓜子，"都是爹娘给的"。从唐到宋，历时六七百年，出了无数位有名文章家，但后人好中选优，优中拔尖，只是评出了"八大家"。而八大家中"有二家是其中一家生的儿子"，故"一门三家"。此话拗口且文理不大通顺，却是实话实说。这"一家"便是苏轼、苏辙之父，名洵，字明允，但此人早年并无"天才"的表现。

苏洵少时不爱读书，专喜游侠。他十六岁那年，二兄苏涣考中了进士，成为轰动全蜀的大新闻，苏洵却毫不在意。"你中你的，我游我的"，了无愧色。他终日四处游荡，甚至在娶妻生子之后，依然独自远游四方，饱览名山大川。他在《忆山送人五言七十八韵》写道："少年喜奇迹，落拓鞍马间。纵目视天下，爱此宇宙宽。山川看不厌，浩然遂忘还。"

苏洵流连山水已到了有家忘归的程度。他所写的记载岷峨三游的诗作也可以看出他这一时期是在怎样地纵情山水。

庆历七年（1047），苏洵正在江西虔州（今江西赣州）游览，忽然接到父丧的噩耗，这才匆匆返乡奔丧，回到家里时已迟了三个月，可见他心中根本没有"父母在，不远游"的古训。

苏洵之妻是程文应之女，出身于一个富裕的书香门第，颇有家教，修养很高。当时在眉山颇有名望的"程、石、苏"三大家族中，程家可以推为首富。而苏家由于苏序乐善好施，又不善理家，家财渐尽，与程家相比，那就相形见绌多了。

苏洵的夫人乃大理寺丞（相当于今最高法院的秘书长）程文应的爱女，千金小姐又怎会嫁给衰落的苏家“游浪子”呢？不仅当地人不相信，就连苏洵的父亲苏序和二哥苏涣也不敢认同。

宋仁宗景祐元年（1034）四月，程文应回老家省亲，眉州的官员、名士都去登门拜望，想同他结交。但是爽直的苏序未去，他觉得自己同程文应地位相差太悬殊，又何必去巴结呢？然而使他未想到的是程文应却专程来家看他，而且问长问短非常友好，苏序对他不以大官自居很是佩服，不过也只认为这是他会处世的礼节性的往来，并未放在心上。

可几天后，苏洵二哥苏涣的好同学孙卞来家要为苏洵提亲，苏涣问是哪家小姐，孙卞告知说：“是大理寺丞程家。”

苏涣忙说：“门不当户不对，我家三弟又游荡不学，乌鸦怎能配凤凰？好同学不要开玩笑了！”

孙卞又很认真地说：“我怎么会开玩笑嘛，乃受程世伯之命而来。”

苏涣听了后，心想三弟有这个福分当然是大好事，但还是不敢相信，于是又问道：“程世伯怎知我三弟的德性哟？”可孙卞听后却笑着说：“程世伯与苏洵曾在京城会过面，二人很合得来，程世伯还很赞赏苏洵在政论上的见解。”

苏涣听后方打消了一些顾虑，便带好同学去见父亲苏序。

苏序得知是程文应的独生女儿后，哪敢相信，竟哈哈大笑说：“这程老头子真昏了，要送爱女进火坑吗？我那老三真很不争气啊！”

孙卞听了平静地说：“程世伯听说过苏洵的传言，但他老人家说耳听为虚眼见为实，因为他在京城与苏洵相会时，已认真进行了考察，老人家很喜欢苏洵的人品和才学。”

苏序听了依然不相信。孙卞仍平和地笑着对苏序说：“那天初春雪融、天寒路滑，程世伯一个人到京城外私查案情。他从一崎岖小道返回时，一连滑倒几次，五十余岁的他体力不支只好蹲在地上缓气。此刻恰逢三弟路过，他见程世伯周身是泥，忙跑过去扶起程世伯慢慢回城。一路上二人谈得很投机，三弟还对程世伯说：‘今以诗赋取士，学堂也只教声律属对，这对振兴国家而需要的策论无用，所以小侄不愿为此浪费时光才外出求学。’程世伯听了认为三弟有见识，并表示当今的科举考试和教学内容确实应有所改变。三弟还说自己喜游历，一是爱山河，二是想增加见识，以便能学到广泛的知识，今后好为国效力。故而程世伯很赞赏三弟的抱负与见解，当然也就很喜欢三弟了！”

苏序听后未反对，但也没有表态。

孙卞又说：“苏世伯你最清楚自己的孩子，难道三弟一无是处吗？”

苏序反复地想了想，觉得也言之有理，便转虑为喜，哈哈大笑说：“这程老头子还会看人啊！我当然求之不得了，有这么好的亲家与儿媳，怎能不高兴哟！”

不久“游浪子”苏洵成了宦门婿，苏洵也在程夫人的影响与开导下，开始收心发奋，成为一位大学问家。

程夫人从富甲一方的豪门下嫁到清贫的苏家，却无半点傲慢无礼之举，深受苏家上下的爱戴。夫婿又游手好闲不求仕进，但是她毫无怨言，独力承担了全部的家务，不但上事公婆、下教子女，还在经济上撑起这个大家庭，维持其开销。有人劝程氏向娘家要点财物以资助，但她怕别人笑话苏家，从未向娘家张过嘴。程夫人虽然长于理财，却不爱非分之财。有一次苏家的婢女在地上踩出一个大洞，洞里有一个大瓮，瓮中发出有人咳嗽似的声响，人们都认为瓮里藏有财宝，程夫人对冒出来的“横财”毫不在意，立即让人用土填埋起来。苏家的家境，通过她辛勤的劳作逐渐得到改善。

程夫人性情善良，严禁家里的儿童和婢仆捕鸟取蛋。渐渐地苏家院子里的鸟儿都把巢筑在很低的树枝上，它们想依靠人的保护来避开毒蛇猛禽的侵害。苏轼幼年时常跑到鸟巢旁边去观看那些黄口小鸟，还给它们喂食。如果说苏洵给苏轼的性格中留下了严正刚强的因素，那么程夫人是用慈爱之心滋润了幼年苏轼的心灵。

程夫人虽能忍受苏家的粗茶淡饭，但对丈夫苏洵的“游荡不学”却感到忧虑，只是在表面上却从未流露过。苏洵后来在为她写的祭文中说：“昔予少年，游荡不学。子虽不言，耿耿不乐。我知子心，忧我泯没。”对这位沉静达理的妻子表示出深深的敬意与怀念。

苏洵直到二十七岁那一年，才开始发愤向学。他对妻子程氏说："我自视，今犹可学。"

程氏回答道："我早就想这样劝你了，但我不想让你是为了我才去读书。如果你真有这种志向，我可以操持家里的生计。"此话说得多么通情达理啊！

当时，苏洵的家境确实很糟。他的老父苏序已年过六旬，并且一直不大管家里的事。母亲已经去世。他的大哥苏澹身体似乎一直不太好，在苏洵二十九岁时死去。二哥苏涣常年在外地做官，家里的生计自然就全靠苏洵维持了。现在苏洵有志向学，家庭的担子就落在了程氏的肩上，家计方面由程氏一手经管，不用他操心。苏洵为安心苦读，谢绝友人往来交游。

现代社会有一句流传甚广的话：一个成功的男人背后必有一位好女人。程氏是一位贤良而又颇有见地的女人，为了帮助苏洵实现他的志向，她"罄出服玩鬻之以治生，不数年遂为富家"。而苏洵"由是得专志于学，卒为大儒"（司马光《武阳县君程氏墓志铭》）。可见没有程氏的自我牺牲精神和持家的本领，就不会有后来的"大儒"苏洵。更值得赞扬的是，苏家还培养出两个出类拔萃的儿子苏轼和苏辙，可见，三个成功的男人、"唐宋八大家"中的三位背后，竟是一位封建社会中知书达理、纤纤柔弱、多病早逝的女子作后盾和支撑，这是中国伟大女性的代表和骄傲，理应让子孙万代感激、钦佩、学习和敬仰！

程夫人确实是一位令人肃然起敬的女性。可惜，这样一位"识虑高绝"的母亲呕心沥血培养了她的儿子，没有看到他们双双高中荣归故里，便溘然长逝了。正如司马光为她所作的墓志铭中说的那样：

> 妇人柔顺足以睦其族，智能足以齐其家，斯已贤矣。况如夫人，能开发辅导成就其夫、子，使皆以文学显重于天下，非识虑高绝，能如是乎？

这一评价言简意赅，理深意长，对程氏来说是十分恰当的。

当苏洵带着两个儿子回到四川眉山老家时，家里已是一片残败景象——

“屋庐倒坏，篱落破漏，如逃亡人家”（苏洵《上欧阳内翰第三书》）。苏洵怀着满腔的悲痛将爱妻程氏安葬在彭山安镇乡可龙里老翁泉上。苏洵在这里建了一个亭子，常常在此徘徊，缅怀妻子的过去。

从苏洵二十七岁发愤读书开始，疏远“游友”，一些“士君子”渐渐成了他的密友。

庆历新政的失败和屡试不第的结局，使苏洵痛下决心“绝意于功名而自托于学术”。从庆历七年他应制策考试不中回家，到嘉祐元年再度进京，十年中，苏洵一直再没有前往京城应试。他闭门读书，撰写文章，教育自己的两个儿子——苏轼和苏辙。

苏洵烧掉了为应付考试而写的数百篇文章，然后拿来《论语》《孟子》以及韩愈等人的文章，“兀然端坐，终日以读之者七八年”。经过反复研读这些先贤们的书，他“胸中豁然以明”。弄懂了古今治乱成败，圣贤穷达的出处，“得其精粹，涵畜充溢，抑而不发久之”，最后到了“胸中之言日益多，不能自制”时，这才挥笔作大文章。

苏洵读书的事迹被后人编进了《三字经》：“苏老泉，二十七，始发愤，读书籍。”几年后他成竹在胸，厚积薄发，下笔千言，一鸣惊人，终于得到以欧阳修为首的文坛巨子的激赏。

苏洵现存的作品主要写于庆历新政失败以后和王安石变法之前这段时间，大体上可以划分为政治主张和军事主张两大部分。

苏洵认为宋朝总的形势是“大弱之实”，具体表现是：吏治腐败，军纪松弛，府库空虚，在辽和西夏的进攻面前节节退让，忍辱偷安。那么，怎样改变这种“大弱之实”的局面呢，苏洵提出了用强政的主张，也就是“尚威”。在强政的具体施行中，苏洵认为首先要加强吏治，必须在法制上进行改革。法令不宜过于繁密，而关键在于有法必行。他还提出了改革兵制，恢复试举，信用将才等建议，以求获取对辽和西夏战争的胜利。在兵制方面，苏洵主张以兵民合一的制度逐渐取代兵民为二的制度。他还针对宋朝将武将调离军队以文臣充武将的做法提出了批评，他认为朝廷应该信任和使用那些有才能的将领，尽量发挥他们的长处，以提高军队的战斗力。此外，苏洵还对战略战术等问题进行了较为深入的论述。

苏洵的革新主张涉及政治、经济、军事等各个领域，其中包括吏治、法制、兵制、田制等，见解精辟，切中时弊，不失为治疗宋朝积弱状态的一剂良药。

按“名二子说”育英才

现代人一般只有一个名字，或在幼时呼个小名，若是文人有的用个“笔名”。相比之下，古人的名字可以说更复杂，一般是三个，即有“名”有“字”还有“号”。

“名”和“字”或有关联或互为补充，一般是父母起的，而“号”则多是自己命名的，比如东坡名“轼”字“子瞻”号“东坡居士”，这个“东坡”就是他贬谪黄州当农民时自个儿起的，当时他已经四十多了。古代书香人家对起名很讲究，谓名字将影响他一生的命运。普通百姓倒随便，什么狗剩啊驴蛋啊的先叫着，起个丑名好养活，然后才正式起名。

苏轼的小名叫“和仲”，苏辙的小名叫“同叔”。据说，这两个名字都是程夫人起的。

古人以“伯仲叔季”来代表男孩中的老大老二老三老四，苏洵共生了三个儿子三个女儿，两个女儿和长子景先都夭折。人虽然死了，指标还是要占的，所以苏轼只能是“仲”，苏辙是“叔”。

苏轼十三岁、苏辙九岁那年才有了正式的大名，都和车有关。

苏洵四方漫游返家后，开始亲自教授苏轼兄弟。他写了一篇《名二子说》，对两个儿子的名字作了一番论说，并对他们的前途作了一番预测，可见在此时他对两个儿子的脾气性格已经有了很深刻的认识：

> 轮、辐、盖、轸，皆有职乎车；而轼独若无所为者。虽然，去轼则吾未见其为完车也。轼乎，吾惧汝之不外饰也。
>
> 天下之车莫不由辙，而言车之功者，辙不与焉。虽然，车仆马毙，而患亦不及辙。是辙者，善处乎祸福之间也。辙乎，吾知免矣。

苏洵说车轮车辐车盖车轸，对于一辆车来说各有用途，缺一不可，而车轼似乎作用不大可有可无，但一辆车如果缺了“轼”，也就不是一辆完整的车。

所谓的“轼”，就是车前那根用来作扶手的横木，这根横木有些过于张扬显露，所以苏洵说“吾惧汝之不外饰也”。

给儿子取这么个名字，反映了苏洵有些矛盾的心理，既希望儿子的个性能充分发挥，又担心他过于张扬而遭人嫉妒，所以他又给苏轼起了个“子瞻”的字，希望他能高瞻远瞩，看清楚点儿。

对于另一个儿子，苏洵很放心，取名为“辙”，字“子由”。“辙”是车轮辗过的痕迹，虽然“辙”不像“轼”那样引人注目，却也不会遭人嫉恨，有事时自然也找不到它的麻烦。

苏洵这篇短文近乎测字占卜，既概括了儿子的性格，又预测了他们的命运。苏轼豪放不羁、光照千古，却屡招人妒，一生坎坷，半世流放；苏辙不像哥哥那样名满天下，那样光彩夺目，却也比他少了许多磨难。

苏洵自己在凭科举取仕道路上很不顺利，便转而把希望寄托在两个儿子身上，对他们进行严格而别具一格的教育。他亲自辑校典籍数千卷，用作二子的教材。他因材施教，精心指导二子写作古文，并与他们讨论古今治乱之理，终于把他们培养成一代名儒。

这位老书生承认“自己不行”，但他内心是不服气的，极为痛苦。尽管过不了多久，社会和官场都承认他亦是一代文豪，更有九百多年后德高望重的朱德元帅，参观其故居后题下了言简意赅、评价极高、朗朗上口的诗：

一门三父子，都是大文豪。诗赋传千古，峨眉共比高。

苏洵当上了两个儿子苏轼和苏辙的家教。他的教学特色主要有三点：其一是严，按他的要求读完诗书、文献，不然则将呵责。苏轼贬海南时，这个已是六十岁的老头儿，梦见小时在父亲监管下读书的情景，其《夜读》诗曰：“夜梦嬉戏童子如，父师检责惊走书。计功当毕《春秋》余，今乃粗及桓庄初。坦然悸悟心不舒，起坐有如挂钩鱼。”苏轼小时也贪玩，按照学习计划，当天本该读完《春秋》这部史书，结果才读到桓公庄公部分，不及全书的三分之一，见到他爹来了就吓得提心吊胆，坐卧不宁，好像嘴里挂了钩的小鱼一样。……

苏洵教学的第二个特点是博，不局限于朝廷指定的教科书，而是诸子百家、诗词歌赋样样都来。苏轼开始时最喜欢贾谊、陆贽的文章，读了《庄子》后才算是真正找到了知音，喟然叹曰："吾昔有见于中，口未能言，今见庄子，得吾心矣。"与庄子的文章产生了强烈的共鸣。此后一辈子，苏轼都受庄子的影响，文势如大海一样波澜壮阔，汹涌澎湃无际涯。事实证明，苏轼并没有因为看闲书而影响"高考"，他不但诗词写得超一流水平，还是"实际上"的全国"高考"状元。

苏洵教学的第三个特点是夸，对于儿子们取得的成绩，他总是及时地大力表扬，这一点跟其父苏序教他一样。苏轼写了《却鼠刀铭》，苏辙写了《缸砚赋》，他阅后十分高兴，夸他们写得好，就让他们用上好的纸张抄写，装裱后钉在壁上。这样的做法，对孩子有着巨大的激励作用。苏家兄弟少年时写出的文章，被眉州人四下传抄。

苏洵一向热衷政治，也注意培养孩子这方面的意识，常把朝廷高官的文字拿来当课外教材。有一次他觉得欧阳修的《谢宣诏赴学士院仍谢赐对衣金带及马表》写得好，内容更让他羡慕，于是就拿给苏轼看，让他仿作一篇念给自己听。苏轼很快完成了作业，他的"谢表"中有"匪伊垂之带有余，非敢后也马不进"一句，老苏赞不绝口，喜出望外地说："希望这句话，日后你真能用上。"

苏轼十岁的时候，苏洵让他写《夏侯太初论》，他根据史料和自己的理解，立意严谨，顷刻成章。文中写出了如下的警句："人能碎千金之璧，不能无失声于破釜；能搏猛虎，不能无变色于蜂虿。"苏洵看后赞赏不已。苏轼自己也很喜欢这句，后来做《黠鼠赋》时，又把它用了进去，在密州再次把它用到了《颜乐亭诗》序中：

……昔夫子以箪食瓢饮贤颜子，而韩子乃以为哲人之细事，何哉？苏子曰：古之观人也，必于小者观之，其大者容有伪焉。人能碎千金之璧，不能无失声于破釜；能搏猛虎之暴，不能无变色于蜂虿。孰知箪食瓢饮之为哲人之大事乎？

苏洵下功夫培育自己的两个儿子实现自己未达的理想，还得益于他还有一位贤内助、好助教程夫人。前文有述，她出身于眉山望族，从小受过良好的家庭教育。

程夫人知书明理，当苏洵外出漫游的时候，她就亲自承担起教育儿子的责任。苏轼从五六岁开始，就由母亲启蒙，背诵古诗，提笔练字。她不但教导儿子读书明理，而且勉励他们以节义自奋。《宋史·苏轼传》和《苏轼墓志铭》都记载下述一段故事：

一天，苏轼坐在书桌旁读《后汉书》中的《范滂传》。他的母亲程氏夫人和每天一样，坐在他身旁伴他读书。苏轼聚精会神地读，他被书中主人公的精神吸引住了。

后汉的皇帝昏庸，国家治理得很不好，实权掌握在宦官手中。正直的学者和官吏都反对不男不女的权奸所谓“中性人”治国管事。当时盛行贪污、贿赂，宦官结党营私，草菅人命，地方官吏也大多是宦官的亲人或亲信。皇帝根本不了解下边的情形，况且他们自己也是在宦官摆布之下生活。抗议者不少人遭到终身监禁或被处死刑，名义上都是由皇帝发布诏书加以判处的。

共同反对宦官统治的三大势力中，有一派以骨鲠著称。他们对人民有同情心，有正义感。敢于向皇帝直陈利害，著名的领袖就是河南郾城的年轻学者范滂。此人字孟传，从做小官起就以廉洁忠正闻名于乡里。后来任光禄勋主事，抑制豪强，伸张正义，并与太学生结交，反对宦官，名震一时。由于他不断地领导反对宦官的活动曾经被禁锢数年。但释放后他仍然冒险进谏，坚持和恶势力斗争。宦官们认为不杀范滂总是后患，于是串通一气，蒙蔽皇帝颁发圣旨处死范滂。

灵帝建宁二年（169），实行大逮捕。那里的督邮吴导捧着诏书到县以后，闭门伏在床上大哭，不忍投送逮捕范滂的诏书。范滂得知这是逮捕自己的圣旨，就主动到县衙投案。县令郭揖也是非常正直的人，十分支持和同情范滂。他脱掉官服，把大印悬挂在大堂上，准备拉着范滂一起逃走。

郭揖对范滂说："天下很大，我们一起走，何必在这等死！"

范滂镇定地说："我一个人死了，事情就算了，大家都安定了，怎么又好连累你们呢？况且也使我的母亲不得安宁！"（"滂死则祸塞，何敢以罪累君，又令老母流离乎？"）

范滂与母亲诀别，他对母亲说："弟弟仲博很孝敬您，也足以养您，我现在要到我死去的爸爸那里去，我是为了追求正义仁德而死的，毫无遗憾。惟有您割舍骨肉之情非常痛苦，请您保重吧！"

范滂的妈妈说："你今天已经和李、杜（按：李膺、杜密，是当时名士集团中的领袖人物）齐名了，死是值得的。一个人想得到声望，又要求活得长久，二者兼得是不可能的。我为有你这样的儿子而高兴！"

范滂伏地跪拜，向母亲辞行。（"滂跪受教，再拜而辞。"）

范滂又向自己的儿子坦陈：我不愿苟且偷生，丧失气节。既然我要走一条高尚的人生道路，就不能玷污人格，而只能慷慨赴难。

儿子跪地向父亲叩头，邻居和行路的人听到一家人的对话都很感动，流泪不止。

范滂这样的一个忠贞志士，三十三岁就被黑暗势力杀害了。

幼小的苏轼读了这段故事，抬起头来用湿润的眼睛看着妈妈，突然问："妈妈，如果我长大也学做范滂，您能允许吗？"

程氏夫人又惊又喜，她激动地抱住儿子，说："好孩子，你能当范滂，我就不能当范滂的妈妈吗？"舍生取义——一粒小小的火种，就这样埋进了幼年苏轼的心头。日后当东坡在朝廷上奋不顾身地面折廷争时，他心中肯定会回响起母亲的这番话音。关于这个故事，《宋史·苏轼传》中是这样写的：

生十年，父洵游学四方，母程氏亲授以书，闻古今成败，辄能语其要。程氏读东汉《范滂传》，慨然太息，轼请曰："轼若为滂，母许之否乎？”程氏曰：“汝能为滂，吾顾不能为滂母耶！”

苏洵还经常教育苏轼兄弟读书写文章，首先要“治气养心，无恶于身”，然后用所学到的东西教化别人，这才不算白活一回。如果不幸不为朝廷所用，也要以自己所学到的东西写成文章，让别人知道。苏轼兄弟后来都成为了朝廷重臣，他们以其高尚的修养和品性，为国为民都做了许多好事，而他们文章也被天下广闻，他们没有辜负苏洵早期的启蒙教育。

苏洵经常与两个儿子一起读书，共同探讨古今成败之得失。在苏洵的培养下，苏轼兄弟从小就饱读经史百家之书。苏辙长大后写道：“惟我与兄，出处昔同。幼学从师，先君是从。游戏图书，寤寐其中。”又说：“读书犹记少年狂，万卷纵横晒腹囊。”

在苏洵的指导下，苏轼兄弟很小就开始写文章，两人都才思喷涌，佳作迭出，苏洵内心充满喜悦。

苏洵一共生有三子三女。长子和两个大女儿都在幼年时死去了。三女儿八娘十六岁时嫁给了舅父程浚之子程正辅。婚后，八娘受到了程家的虐待，不到两年就忧郁而死。

明清时的一些小说家说苏轼有个妹妹叫苏小妹，嫁给了苏轼的朋友秦少游，并有新婚之夜三难秦少游的情节，当然是属于虚构。苏轼没有妹妹，八娘是他的姐姐，很有才气是真的。

苏洵有一组长诗《自尤诗》，沉痛叙述了女儿八娘被程家虐待至死的经过。苏洵说他的小女八娘“幼而好学，慷慨有过人之节，为文亦往往有可喜”，她喜爱读书作文而不注重华饰。程家来求婚，苏洵夫妻就答应了。但婚后不久，八娘就跑回来，哭诉程家的人如何不懂礼仪，只顾自寻快活。苏洵却让女儿独善其身。女儿照着父亲的话做了，却招来了程家的嫉恨。后来，八娘身染重病，程家却不为她治疗，苏洵夫妻只好将女儿接回家中。经过家中的精心调理，八娘的病情有所好转。但这时程家却怪她不回去拜见公婆，狠心抱走了她的孩子。八娘忧愤交加，旧病复发，三天就死了。苏洵一家悲痛欲绝，乡里的许多人也愤愤不平，为苏家感到难过。

苏洵写道：“当时此事最惊众，行者闻道皆酸辛”，“只今闻者已不服，恨我无勇不复冤”。

苏洵没有到程家兴师问罪，只是在一篇《苏氏族谱亭记》中大骂了八娘的公公、他的妻兄弟程浚一通，苏洵骂程浚“逐其兄之孤子”，“多取其先人之赀田”，“笃于声色，而父子杂处”，还说“其舆马赫奕，婢妾靓丽，足以荡惑里巷之小人；其官爵货力，足以摇动府县；其矫诈修饰言语，足以欺罔君子；是州里之大盗也！吾不敢以告乡人，而私以戒族人焉。仿佛于斯人之一节者，愿无过吾门也。”

苏家与程家断绝了往来，直到四十年以后，苏轼兄弟晚年被贬到岭南，八娘的丈夫程正辅任广东提点刑狱，他们才言归于好。

第三章

师避贤路

老师的主要职责，按照韩愈《师说》所言："师者，所以传道、受业、解惑也。"现在带硕士、博士生的都称"指导教师"，简称"导师"。师者对学生要"指路""导路"才对，假如他不"指路"而"避路"，这样做对吗？所谓师"避贤路"，出自汉武帝元鼎五年（前112）丞相石庆《上书乞骸骨》：

> 臣幸得待罪丞相，疲驽无以辅治，城郭仓廪空虚，民多流亡，罪当伏斧质。上不忍致法，愿归丞相侯印，乞骸骨归，避贤者路。

还有一则古籍文献，十分精短而厉害，是晋朝简文帝司马昱《答桓温诏》：

> 若晋室灵长，明公便宜奉行此诏。如大运去矣，请避贤路。

清朝王锡周对此诏评曰："不斧钺而股栗，非冰霜而胆寒，愈玩愈奇。"

"避贤路"，就是贤者要向前走，你要有自知之明，趁早避开，切莫挡道。做老师的也是如此，学生才华横溢，已经高出于你，你还在那里哼哼唧唧"抗颜为师"，那是误人子弟。古代当过苏轼老师的人，都及时地避了贤路；近代著名的国学大师陈寅恪先生求学多所欧美名牌大学，正因为他在短时间内修完了课程，没啥好学了，而老师们又不主动避贤路，才迫使他不得不连毕业证书也不要而频繁跳槽。现在的导师们应"以史为鉴"。

“二子皆天才，长者明敏尤可爱”

四川眉州眉山县眉山镇是个灵秀之地。这里有风光秀丽的峨眉山，南有岷江与大渡河、青衣江会合处的乐山大佛风景区，北有古今驰名的灌县都江堰，西北边便是繁华的成都。眉山镇就坐落在这依山傍水、气候宜人、富饶美丽的地域。眉山县的县城整齐幽雅，街道的两侧布满荷塘，而苏轼家，则是“门前万竿竹，堂上四库书”。

这些天来，程氏夫人对苏洵茶饭细心照料，而苏洵总是愁眉不展。

“老爷，你有什么心事？为何老是独自沉思？”

“唉”，苏洵叹了一口气，向夫人坦言道：“两小儿日有长进，亦已成人，州学教授刘微之多次与吾谓‘难以为师’，求教何人方能继续深造，指点前路？为此事常在殚思竭虑。”

“师有师的难处”，一点不假，当过少年苏轼老师的人都深有体会，且插叙两个故事。

庆历三年，宋仁宗推行新政，重用范仲淹、韩琦、富弼、欧阳修等人，山东名士石介“紧跟形势”作了一篇《庆历圣德诗》，在京城流行一时。眉山有人从京城回来，抄了这首诗，拿到乡塾给张易简老师看。在场众人七嘴八舌，热烈地讨论起这国家大事。

八岁的苏轼此时和一帮小同学也挤在人堆里听，别的小孩听不了三句就跑没影了，苏轼没跑，还拉着主讲人发问，这范仲淹、欧阳修是什么人啊，大伙儿这么歌颂他们？

张老师不想跟小孩讨论国家大事，不屑一顾地回答他：“童子何用知之！”

这句话读者定能理解，“童子”即“小孩子”，“何用”二字是“不必要”“不需要”之意，你们瞎问这干什么？这些人不用你们知道，到一边玩去吧！

苏轼小同学没有被这位“诲人厌倦”的张老师唬住，且有意见，他带着“抗议”语调，理直气壮地反问：“彼若天人，则不敢知；若亦是人，焉能不问？”

张易简老师被驳得哑口无言，很惊讶这小同学会说出这样的话来，于是认真地告诉他："韩、范、富、欧阳，此四人者，人杰也。皆倡导革新，使国富强。"

苏轼听了此话满意地点点头，向张老师表示谢意。这是苏轼的第一堂政治启蒙课，"时虽未尽了，则已私识之矣"。

苏轼小时不仅敢于向老师发问，而且还敢于为老师"纠错"。不久，苏洵送苏轼到眉山城西寿昌学院州学教授刘微之那里读书。这是州里的学校，当然又高一层。刘微之是当地最有名望的办学高手，既能讲又能写。他曾写过一首《鹭鸶诗》："鹭鸟窥遥浪，寒风掠岸沙。渔人忽惊起，雪片逐风斜。"后两句"渔人忽惊起，雪片逐风斜"，颇为得意。

苏轼看了以后觉得不妥，大胆地向老师建言："老师的'逐风斜'，没有写出鹭鸶的归宿，不如改为'雪片落蒹葭'更好。"

刘微之认为苏轼改得很有意境，赞叹道："这个少年才华出众，我难以胜任他的老师了。"

这是继张易简之后又一个"避贤路"的老师。他"推手"了，用笔者宁波的家乡话说是"吃勿落"（意为没有本事和能力）了。在苏洵没有将儿子领到更高明的老师处去求学之前，刘老师更加器重苏轼，着意培养。他认为在他的学生中，唯有子瞻、子由是高才生，他为有这样出色的学生而高兴。后来，刘微之去世，范镇写的悼亡诗中有"案头曾立两贤良"之句。

苏洵为替二子觅良师犯难，程夫人提醒道："新任益州知州张方平老爷，是位超群绝伦之人，何不领二子前去专程拜谒？"

这一提示，使苏洵恍然大悟，一拍大腿说："对了，请他指点是最合适的！"

至和二年（1055），苏轼和苏辙随父到益州谒见张方平，张方平一见苏轼和苏辙兄弟长得一表人才，惊为天上的麒麟，当即以国士相待。

张方平在与苏轼的闲聊中听说他正在重读《汉书》，觉得有点浪费时间，忍不住指导他说："书读一遍就够了，读两遍多浪费时间呀！"

苏轼说："不行，我还打算看第三遍呢！"

张方平这么说是有理由的，他小时家穷买不起书，只能向别人借阅，好在他天性聪颖，特长是速记，读书过目成诵。据说他在一个月内将《史记》《汉书》和《三国志》通读了一遍，而且“已得其详”。

苏轼一遍遍读书也不是片面追求次数，他的“每一书皆作数过尽之”的“八面受敌读书法”亦为世人所称道，他总结自己的读书经验说：“每次做一意求之，如欲求古今兴亡治乱，圣贤作用，但作此意求之，勿生余念；又别作一次，求事迹故实，典章文物之类，亦如之，他皆仿此。”

接下来张方平和苏轼交流了一下读《汉书》的心得体会，他觉得苏轼一遍又一遍还真比自己读出了新意，见解也深刻。苏轼也赞叹张公不凡，读书确实不需要第二遍。

为了进一步测试一下兄弟俩是不是确有真才实学，张方平出了六道模拟试题，限时让他们作答，他自己躲在外面，偷偷观察二人的一举一动。

考试进行到一半，苏辙有道题不知出处，于是悄悄指给哥哥看。苏轼一句话不说，把笔倒过来，用笔管敲了敲桌子。苏辙马上明白了，题目出自“管子”。这一多少带点作弊的小动作，张方平莞尔而笑，便宽容了。

通过面试和笔试，张方平对苏轼兄弟俩有了初步的认识，他对苏洵说：

二子皆天才，长者明敏尤可爱。然少者谨重，成就或过之。

告诫和鼓励的话说完，张方平还有更实际的举动，他马上给欧阳修和韩琦写推荐信。

顺便一提，张方平与欧阳修没有私怨，但政治见解有分歧，关系并不融洽，但还是以国事为重，郑重地向欧阳修举荐人才，“吾何足为重，进退天下士，固永叔之责也”。从此事可以看出张方平是多么的大公无私。

欧阳修收到举荐信后，也没有因为和张方平关系不好而置之不理，他也为三苏的才气所折服，除了在自己能力范围之内尽力相助之外，也大力向朝廷举荐。

张方平和欧阳修的这种气度，一直为人们所称道，苏轼兄弟俩更是始终对这二人恭恭敬敬，一碗水端平，“出入四十余年，虽物议于二人各不同，而亦未尝敢有纤毫轻重于其间也”。

苏洵与张方平商量，想让苏轼兄弟先在蜀中应乡试，张认为这是“乘骐骥而驰闾巷”，力劝苏洵让二子直接赴京应举。

苏洵十分高兴地照张方平指点的道路去走，领二子赴京应试。三苏赴京前，张方平还资助了盘缠。从此，苏轼与比他年长二十九岁的张方平结成忘年之交。

张方平与苏轼都反对王安石的新法，但是两人的友谊主要建立在才识、胸襟方面互相钦佩的基础上。

张方平非常欣赏苏轼的见识和文笔，他本人虽也擅长作文，但熙宁十年（1077），张方平想劝阻朝廷与西夏开战时，还是请苏轼代他撰写谏书。此书奏上朝廷，神宗非常重视。五年后宋军进攻西夏导致了“永乐之败”，神宗还回想起这封谏书来，因未采纳而抱憾。

元丰八年（1085），年近八旬的张方平请苏轼为他整理文集，并谦虚地让苏轼“删除其繁冗，芟夷其芜秽”。而苏轼也当仁不让，费了数年之力为张方平编集，并撰写了序言。

苏轼在序言中自称“门生”，张方平认为不敢当，一定要把这两字删去，所以传世的《乐全先生文集叙》中没有“门生”这个词。但张方平是苏轼的一位好老师、引路人、推荐者是名副其实的。换句话说，张方平既是苏轼的识拔者，也是他的患难之交。

苏轼十分感激张方平的知遇之恩。在张方平闲居南京（今河南商丘）的岁月中，苏轼每次路过南京，都要去看望他，有明确记载的就有五次。每逢张方平的生日，苏轼都要写诗祝贺，并寄去一些礼物以表心意，有时是一支铁拄杖，有时是两条竹席。元祐六年（1091），张方平去世，临终前还惦记着苏轼兄弟。正在颍州（今安徽阜阳）的苏轼用师生之礼缌麻三月，又到荐福禅院去进行哀吊。苏轼不但为张方平撰写了墓志铭，而且一连写了三篇祭文，来抒发对这位赏识自己的前辈和导师的深切怀念。

现录苏轼为张方平撰写的《张文定公墓志铭》片段，为了读者便于阅读，以白话翻译之：

神宗曾赐给他亲笔信说：你的文章典雅，光彩照人，颇有三代的风格。写进典册制诰中，真是尽善尽美，连西汉的文章都赶不上。

与张公交往的人，有范仲淹、吴育、宋祁三人，对他都很敬畏。说：“不动如山，安道有这样的品德。”

晚年与我先父交往，谈论古今统治的成败以及对当时人物的评论，都不谋而同。苏轼与弟苏辙因为他们的关系都得以出入于张公门下。

呜呼！士大夫不以天下大事为己任，由来已久了。他们的言语不能说不精美，处理政事、写作文章不能说不练达晓畅，然而面临大事，很少有不忘记旧交、丧失操守的，原因是他们的器量狭小。张公还是平民时，就已具备做宰相的气度，从年轻时开始做官，直到告老归来，从不为势所屈言不由衷，也从不居高临下训斥他人。就是面对君王，也一定要认为合于大道后才发表议论。

如果评论天下的伟人，那么一定会把先生放在第一位。世人都认为我的话是对张公最恰当的评论。

“老夫当避路，放他出一头地”

一个人要得志、成功，有诸多主观和客观的条件，而客观条件则既有小环境，更有大环境。假如主观条件具备了，那客观条件往往成为决定性因素，这便是人们常说的“机遇”和“时势造英雄”。“时势”也可理解为“时运”。唐朝落魄诗人罗隐在《筹笔驿》诗中有“时来天地皆同力，运去英雄不自由”之句，包含着深刻的哲理。时运是至关重要的，非“人力”可以左右。毛泽东在此诗标题前画着三个大圈。由此联想到一个问题：老师重要还是识拔者重要？我谓都重要，但若选其一，则识拔者更重要。因为没有老师教，可以“无师自通”；没有识拔者，即使你才高八斗，满腹经纶，也只能沉沦下僚，埋没终生。

所幸的是，苏轼与其弟弟苏辙既聪颖过人，又多良师指教；既才华横溢，又有人识拔；既有出色文章，又正合要彻底改变文风的时势。

三苏的成名与欧阳修的奖掖有很大关系，也与欧阳修立志革除北宋初期文坛散文写作的陋习、要求创立一种平易务实的新文风有关。

中唐时期，韩愈、柳宗元即看到了文章写作中的华靡不实的弊病，开始倡导古文运动，提出“文以明道”的口号，提倡并积极创作敛华而务实的文章，韩愈由此被称为“文起八代之衰”的领袖。随着唐代的衰亡，古文运动也销声中断，文坛之弊不但没有被彻底清除，至五代更是趋于迂腐平庸。宋初承袭唐、五代文体文风，华靡冗庸，于世无补。到北宋仁宗时，太学体盛行，士人好为险怪奇涩之文，读来不能成句，令人茫然。

欧阳修锐意革新，嘉祐二年（1057），他主持礼部贡举，决心乘此机会打击险怪诡异的“太学体”，倡导平易朴实的文风，对应举文字凡雕琢晦涩的，一律不取。

也正是在这一年，苏氏兄弟参加应试。这年贡举主要考“论”，考题是“刑赏忠厚之至”。同样是应试文，苏轼兄弟表现出不同凡俗。随后为应制科，苏轼进策论各二十五篇，嘉祐五年（1060），欧阳修在《举苏轼应制科状》中赞苏轼文：

> 学问通博，资识明敏，文采烂然，论议蜂出。其行业修饬，名声甚远。

欧阳修以慧眼认识到苏轼正是大宋所需要的人才，嘉祐六年（1061），苏轼以优异的成绩考入第三等，进一步显示了他在策论写作上的才华及其在文章中所体现出的才能和卓识。因此，苏轼因应试写作而闻名，他的出现，改变了一个时代的文风，为宋朝文坛带来了新鲜空气和活力。

欧阳修不但在文学、史学、经学、金石学、目录学诸方面都取得了非凡的成就，是当时公认的文坛领袖，而且非常注意培养后进，门下人才济济，形成了北宋成立以来的第一个文化高潮。当欧阳修发现苏轼以后，欣喜之情溢于言表，他对梅尧臣说：“取读轼书，不觉汗出，快哉！快哉！老夫当避此人，放出一头地也。可喜！可喜！”

他甚至对儿子们以感叹的语气道：“更三十年以后，无人道着我也！”（语载宋李廌《曲洧旧闻》）他预言，自己在文坛上的地位即将被苏轼超越，未来必属于他！

一位年过五旬的文坛盟主如此评价比自己年轻二十九岁的后进，这是何等的远见卓识，又是何等的坦荡胸怀！

历史证明，欧阳修确实有过人眼力，苏轼在文坛的地位和影响逐渐超过了他。但欧阳修也并非“更三十年以后，无人道着我也”，他不仅是名垂青史的文学巨子、诗文大家，也是一位品格高尚、拔擢新人的一代宗师。凡是出于公心，为国家、为民族、为大众做了好事的人，历史是不会不“道”他、忘记他的！

苏轼进士及第之后，欧阳修的识拔和奖掖使他充满了感激之情。苏轼终生敬重恩师，一直与欧阳全家保持着亲密的关系。欧阳修去世后，苏轼多次到颍州去看望欧阳修的夫人，他与欧阳修的儿子欧阳棐、欧阳辩成了不拘形迹的好友。他还与欧阳家结为婚姻之好，让次子苏迨娶欧阳修的孙女为妻。扬州的平山堂、颍州的西湖，凡是欧阳修留下足迹之地，都使苏轼低回流连，思绪绵长，依依不舍。“每到平山忆醉翁”，这句淡淡道出的诗句中包含着苏轼对恩师的无限深情。

当然，苏轼对老师的最好报答是总结其学术，传承其事业。元祐六年（1091），也就是在欧阳修去世十九年之后，苏轼为恩师的文集作序，他高度评价欧阳修在宋代文化史上的杰出地位，指出欧阳修在学术上的成就是：“论大道似韩愈，论事似陆贽，记事似司马迁，诗赋似李白”，又指出欧阳修对宋代士人的人格精神的巨大影响：“自欧阳子出，天下争自濯磨，以通经学古为高，以救时行道为贤，以犯颜纳谏为忠，长育成就，至嘉祐末，号称多士。”

苏轼还以当仁不让的积极态度对待欧阳修托付给他的历史使命，他对门人说：“方今太平之盛，文士辈出，要使一时之文有所宗主。昔欧阳文忠常以是任付某，故不敢不勉。异时文章盟主，责在诸君，亦如文忠之付授也。”

欧、苏之间的薪火相传，既体现在诗文革新的事业上，也体现在为人处世的原则上，是学业与人格精神的传递，是北宋文化史后浪催前浪地不断发展的内在动因。

第四章

名震京师

高官名士以求见“眉州布衣”为荣

皇帝赵祯与欧阳修夸奖苏氏父子的对话，不知怎的，一时竟传遍了京城，又经过一些人渲染，更添加了色彩。人们争相传抄苏家父子的诗赋文章，谈论有关他们的种种传闻，把父子三人称为老苏、大苏和小苏，合称“三苏”。

当时负责礼部考试编排详定等具体事务的国子监直讲梅尧臣，后来在《苏明允哀词》中回忆当时盛况时说：“今参知政事欧阳修为翰林学士，得其文而异之，以献于上。既而欧阳公为礼部，又得其二子之文，擢之高等。于是，三人之文章，盛传于世。得而读之者皆为之惊，或叹不可及，或慕而效之。自京师至于海隅障徼，学士大夫莫不知其名，家有其书。”可见苏洵父子的文名轰动了京城，“文章遂擅天下”。

中国古代有一句成语，叫做“母以子贵”，意为母亲的身份因儿子的地位上升而显荣。我不禁要提出一个问题，为何未称“父以子贵”？“子贵”了与父亲没有关系吗？恐怕天下的父亲们心理不能平衡。窃以为，主要是在封建社会中女人地位低下，只有她生的儿子出人头地了，母亲才会受人尊敬，改变命运。男人当然也可以子或侄而贵，不然为何有那么多“恭亲王”“醇亲王”“肃亲王”等的称呼？须知，他们大多是皇帝的生父或叔伯。

苏洵在京师没有谋到一官半职，但他的文章受到欧阳修等名人的推崇，很快在京城的公卿士大夫中间流传开来，使其名声大振。但这还不是主因，更重要的因素是他的两个儿子太“厉害”了，在很大程度上是沾了两个儿子的光，使他们的爸爸更令人肃然起敬。这么说并非不公道，也未贬低苏洵。因为老苏你文章写得好，可是为啥屡试不中？这能有人学吗？而你的两个儿子中科举如在路边拔根小草，轻而易举，这太引起社会轰动、吸引人们眼球了，即使你苏洵是个斗大的字不识半升的文盲也无妨。“有个四川眉山来的老农，两个儿子在殿试时一个中第一，一个中第八。”若有这么一个消息传开，“老农”的采访者、访问者、求教者必将如过江之鲫，忙得不亦乐乎。

谓苏洵因子添荣，虽是客观事实，但他自己的文章本来就是高水平，只是主持考试的“有司”们评判标准不当，或有眼不识泰山；现在不同了，许多名人推崇备至，特别是文坛盟主、一代宗师欧阳修大人高度评价，谁还敢说三道四？又因苏洵是苏轼和苏辙的老爸兼老师，他的两个儿子是怎样向他“师法”的，当然是人们研究的重点。总而言之，多种因素使老苏的声名大振，誉满京都。

苏洵的文章越传越广，天下许多有名望的人士纷纷予以赞扬。张方平说他像汉代的贾谊一样善于“明王道”。雷简夫说“惶惶有忧天下之心”，“真王佐才也”，“岂惟西南之秀，乃天下之奇才耳”。欧阳修说“博于古而宜于今，实有用之言，非特能文之士也。”一时后生学者皆尊其贤，学其文，以为师法。

比苏洵的文章更受追捧的是苏轼之文，认为是参加科举考试最好的范文。现在“文科”状元或作文得满分的考生，报纸常转载其文，学生们一读为快。当时没有报刊，于是便争相传抄，以口为碑。

韩愈在《师说》中说过：“是故弟子不必不如师，师不必贤于弟子。”如果真的是弟子比师高明，贤于师，则为师者挺尴尬也是毋庸讳言。欧阳修这些天来，一直在琢磨苏轼的应试文章中引证的一个典故，究竟出在何处？他搜索枯肠仍不得其解，问梅尧臣也不知道，长存疑惑。

有一次，欧阳修与苏轼见面，终于忍不住问他：“子瞻，你在试卷中写到尧帝时，皋陶担任执掌刑狱的官。一次，要判处一个罪犯，皋陶几次说要处死他，而尧帝却一再说要赦免他。这个典故你是从哪里弄来的？”

苏轼略显赧然，嗫嚅着说道：“恩师请到《三国志·孔融传》里去找吧！”

欧阳修想了想，摇摇头：“这你哄不了我，《孔融传》里绝对没有这个典故！”

苏轼笑道：“《孔融传》记载，曹操灭袁绍，将袁熙之妻赐给曹丕，孔融道，‘从前周武王也曾把妲己赐给周公。’曹操问孔融，‘你从哪本书中读到过此事？’孔融道，‘我是推断出来的。’恩师你想，孔融可以那样推断，学生不也可以这样推测吗？”

苏轼的解释，把欧阳修惊出一身汗来，这是意外惊喜的反应。他一阵哈哈大笑之后，称赞道：“好！子瞻，你有超人才华，又善于读书，善于用书，你的学问文章必将独步天下！”

苏轼被夸得不知如何是好，只躬身说：“学生不敢。”

几天后，欧阳修收到苏轼的一封信，信中除了感激知遇之恩，也表达了关于改革文风的见解。《谢欧阳内翰书》中云：

自昔五代之余，文教衰落，风俗靡靡，日以涂地。圣上慨然太息，思有以澄其源，疏其流，明诏天下，晓谕厥旨。于是招来雄俊魁伟敦厚朴直之士，罢去浮巧轻媚丛错采绣之文，将以追两汉之余，而渐复三代之故。

盖唐之古文，自韩愈始，其后学韩而不至者为皇甫湜，学皇甫湜而不至者为孙樵，自樵以降，无足观矣。伏惟内翰执事，天之所付以收拾先王之遗文，天下之所待以觉悟学者。恭承王命，亲执文柄，意其必得天下之奇士以塞明诏。……轼愿长在下风，与宾客之末，使其区区之心，长有所发。夫岂惟轼之幸，亦执事将有取一二焉。不宣。

欧阳修读后，心情十分激动。恰好梅尧臣来了，欧阳修便把苏轼的信给他看。

梅尧臣道：“我也收到了他的一封信，你看。”说着，把信递了过去。

苏洵父子初到京时，到处拜见“王公大人”，而现在许多王公大人、社会名流却纷纷前来拜见他们，这或许能使苏洵备受功名冷落的心情得到一丝

慰藉。那时，除了苏洵是名副其实的落第秀才——布衣，苏轼、苏辙虽然考中了进士，但兄弟俩并未赴外地任职，接着参加殿试，所以实际上也是“布衣”，故世称父子三人为“眉州布衣”。正因为“眉州布衣”皆是文章大师，绝世高才，有才华的名人因惺惺相惜之故愿意与他们交往，而“王公大人”们也都要冒充斯文，以与他们为友来提高“文化层次”以贵身价，所以，一时里，苏家父子的拜访者络绎不绝，应接不暇。

欧阳修曾这样形容他们父子三人在当时的影响：“眉山是个距离京城西南数千里之遥的小地方，而苏氏父子一日之内就名动京师，文章传遍天下，后生学者争相仿效学习。”

“眉州布衣”并非谁想来拜访都接待，要事先有人推荐，经得他们的“领导”——老爸同意后，还需“挂号”“预约”。至于那些欲成就功名者求教，一般来说，这是“非分之想”了。这倒不是“眉州布衣”架子大，有傲气，那是因为太忙了，确实没有工夫“侍候”他们，甚至连大名鼎鼎的人物，苏洵还拒绝见他呢！原因是“道不同，不相为谋”。

“三苏”用他们天才的文思与妙笔，一举成名天下知。就在他们春风得意、要向家里报喜的时候，传来了噩耗：程夫人去世了，他们父子三人便立即返回家乡服丧。

“苏文熟，吃羊肉；苏文生，吃菜羹”

无论古今中外，民间谚语常反映出深刻道理。吃羊肉还是菜羹都是比喻，实际上是与能否中举、仕途升迁、前途命运密切相关。“苏文”指“三苏”之文，而重点又是苏轼，试归纳六条优长。

其一是人格文品高

世界上有没有“万事不求人”或“从来没有求过人”之人？我认为不可能。求见高人，承蒙教益，指点迷津；求人推荐，“人不说不知”，“人各有能有不能”，自然是无可非议。问题是求人时也要不亢不卑，落落大方，不失人格与品格。有比较才有鉴别，且将韩愈、李白与苏氏父子的信件作点分析，读者自有品评。

韩愈的《应科目时与人书》与《三上宰相书》，历代论者多有批评，认为“事类滑稽”，予以哂笑。李白《与韩荆州书》虽借“谈士”之口格调也不高。至于“生不用封万户侯，但愿一识韩荆州”吹捧过头，“韩以其狂而不之用”。

再来读读苏洵《上欧阳内翰第一书》中道：“执事之名，满于天下；虽不见其文，而固已知有欧阳子矣。而洵也不幸堕在草野泥涂之中，而其知道之心，又近而粗成。而欲徒手奉咫尺之书，自托于执事，将使执事何从而知之，何从而信之哉？”

曾枣庄、曾弢先生认为：此书以“婉曲周折”见长，“乐道人之善而不为谄者，以其人诚足以当之也”。

现在再看看“大苏”是如何写此类信的。他在《谢欧阳内翰书》中只是说：“轼也远方之鄙人，家居碌碌，无所称道，及来京师，久不知名，将治行西归，不意执事擢在第二。”他没有埋怨之意，而欧阳大人是有愧疚的，人家本来应是状元嘛！至于今后“安排工作”要求更低：“轼愿长在下风，与宾客之末，使其区区之心，长有所发……”

大苏如此，那么小苏呢？小苏写过一篇著名的求见信《上枢密韩太尉书》：“辙之来也，于山见终南、嵩、华之高，于水见黄河之大且深，于人见欧阳公，而犹以为未见太尉也。故愿得观贤人之光耀，闻一言以自壮，然后可以尽天下之大观而无憾者矣。”

清朝李扶九、黄仁黼对苏氏兄弟的答谢或求见信评介为：“雄谈伟论，词沛气充，虽极夸人，自占地步亦不少。上书虽云求教，实是自卖弄其文也，与韩昌黎（愈）、李青莲（白）上书求荐者不同，宜其扬眉吐气，无所屈抑。读之亦可借为激发志气之一助耳。”

最后指出一点，大苏、小苏的求见信，文风各异，格调相似，关键用语如出一辙，可以看出确是“一个师傅”——老苏教出来的。

其二是学识涵养深

学识涵养是做文章的基础。博览群书，出入经史百家；读破万卷，深得内涵要旨；涉猎广泛，各科无所不通，那么写起文章来必定是左右逢源，信手拈来，落笔成章，如有神助。当然学养深厚之人古典运用恰到好处，深入浅出，不能掉书袋，卖弄渊博。谓“三苏”都是学者型作家、诗人，这点恐怕不会引起太大的争议吧？

神宗在评论李白与苏轼时，说过大意如此之语：论才气，皆天才，太白作诗灵气胜一筹，而轼全面；论学养，白逊于轼。

钱谦益在《复遵王书》中说：眉山之学，实根本六经，又贯穿两汉诸史，演迤弘奥，故能凌猎千古。

苏轼有“于书无所不通”之美称，先秦史籍无所不涉，其“论”及其他文章旁征博引，巧妙引用，就是最好的明证。在吸取儒家经典的基础上，由于其家学和个人的特殊爱好，对《檀弓》《孟子》《战国策》《庄子》及西汉的贾谊、陆贽、晁错等政论家的文章吸收较多，并能融会各家之长，由此而创造出独具风格的苏论，并为后代传诵学习。

其三是文章结构奇

苏文奇，是历来为人称道的一个典型特征。

苏洵的文章以结构严谨，曲折多变见长，例如他的《送石昌言使北引》，全文仅有四百来字，但在结构上谨严有序而又变化多端，脉络清晰，一波三折。

苏轼被人称为“奇才”“奇杰”，文章有“奇气”，人们往往以“奇峭”“雄奇”“奇伟”“奇纵”等字眼概括其文章的特点。刘熙载《艺概》：“子由曰：‘子瞻之文奇，吾文但稳耳。’余谓百世之文，总可以‘奇’‘稳’两字判之。”

苏轼的“奇”表现在多方面：在学术自由的氛围中，他思想奇，见解奇；在豪放不羁、特立独行、刚正疾恶的品性里，有人格之奇，品行之奇；在文章中，则表现出构思奇，结构奇，正是这许多方面的奇，构成了苏轼的人格魅力，构成了苏文的深邃内涵。

苏轼文章结构之奇表现在其行文如潮水，波澜起伏。达到这种效果，当然是多种手法共同作用的结果。其文在论证过程中，善于运用对比的手法进行分析论述，有破有立。

其四是立论创意新

立意创新、独特见解从哪里来？是久积于胸中自然涌出。苏洵主张文贵自然。不到不得不说时不说，蓄积日久，才一吐为快。

苏轼对散文艺术的追求一直有自己的独立见解，在此他实际上阐述了有关创作的一些深层次的理论。他讲求为文的自然流露，其创作是对人生、对社会等感悟而产生的倾诉冲动，非为文而作文，因此，其文篇篇饱含真情实感，处处闪耀思想火花。在情感意志的冲动下创作，将心中的郁闷一吐为快，苏轼在这种创作中其乐无穷。他曾对人说："某平生无快意事，惟作文章，意之所到，则笔力曲折，无不尽意。自谓世间乐事无逾此者。"

由此可见，苏轼的文是经过多方面的素质训练，才能达到如此高妙的境界。他的文，特别是"论"，对后代影响很大，学习他、追随他、模仿他的人不少，但是不少人只得之皮毛，有的甚至流于浅薄，就是因为没有经历作者写作的过程和达到高度，即"看似寻常最奇崛，成如容易却艰辛"（王安石诗）。

其五是雄辩说理透

"三苏"的论史、论人之文，都以说理见长，议论卓荦，识见精到。"三苏"都曾写过关于"六国"的史论，苏洵主要论述齐、楚、燕、赵、韩、魏六国灭亡的原因在于"赂秦"，从而得出必须团结抗敌的历史教训，借以批评北宋朝廷屈辱求和的外交路线。

此文开门见山谓"六国破灭，非兵不利、战不善，弊在赂秦"。石破天惊地提出一个崭新的见识。接着，进行层层的辨析与说理。

结语时苏洵认为：六国与秦皆是诸侯，虽其势弱于秦，但仍"可以不赂（秦）而胜之势"；如今以"天下之大"——北宋国家的版图远远大于六国，若把大宋降低到六国的地位，重蹈六国灭亡的覆辙，这又在六国之下了。可见，此文对现实的警示是多么尖锐和深刻啊！

大苏和小苏各自的《六国论》，也以雄辩说理见长，从不同角度论述六国之所以灭亡的根源，运笔简练明快，说理透彻机敏，读后令人耳目一新。

其六是言必当世过

"三苏"都写过洋洋大观的《上皇帝书》，书中都大胆陈言，切中时弊。苏洵将自己的政治革新主张归结为"重爵禄""罢任子""严考课""尊小吏""复武举""信大臣""重名器""专使节""停郊赦""远小人"十个方面，劝谏皇帝大力改革，振兴国势。

苏轼向来好讽刺朝廷、好骂，“一肚子不合时宜”。苏辙著文也与父兄相仿，言当世之过毫不留情，甚至在应试的文章也是如此。他认为仁宗皇帝春秋已高，或倦于勤，因而极言得失，而于禁廷之事，尤为切至。他写道：“近岁以来，宫中贵姬至以千数，歌舞饮酒，优笑无度，坐朝不闻咨谟，便殿无所顾问。三代之衰，汉、唐之季，女宠之害，陛下亦知之矣。久而不止，百蠹将由之而出。陛下无谓好色于内不害外事也。”简直把皇帝“揭”得颜面扫地，体无完肤。

晁公武在《郡斋读书志》中说：在北宋，苏轼名重一时，“所作文章，才落笔，四海已皆传诵”。这里所说的“四海”，不仅是宋朝的疆域内，还超出了当时的国界。苏轼于元祐四年（1089）写的《送子由使契丹》亦可旁证：

云海相望寄此身，那因远适更沾巾。
不辞驿骑凌风雪，要使天骄识凤麟。
沙漠回看清禁月，湖山应梦武林春。
单于若问君家世，莫道中朝第一人！

第五章

初试吏才

嘉祐六年（1061）八月，苏轼以“贤良方正能直言极谏科”考入第三等，被授予大理评事、签书凤翔府签判的官职。这里的“大理评事”是司法机关大理寺的属官，“签判”是“签书判官厅公事”的简称，知府的助理官。朝廷的诰命于十一月十五日下达。出自翰林学士王安石之手的制词说：“尔年尚少，已能博考群书，而深言当世之务，才能之异，志力之强，亦足以观矣。”

民劳吏羞泪沾襟

就在这年的十一月，二十六岁的苏轼遵循朝命，怀着“致君尧舜”的火热理想和政治抱负，带着妻子王弗和尚在襁褓之中的儿子苏迈，还有乳母任采莲、书童墨郎、丫鬟蓉儿等离京赴任，踏上征途。弟弟苏辙骑着一匹瘦马跟随哥哥，一直把他送到距汴京一百多里的郑州西门，兄弟俩依依不舍地在此分手。

望着弟弟远去的背影，苏轼泪眼模糊，在马上吟诗一首，后六句是：“亦知人生要有别，但恐岁月去飘忽。寒灯相对记畴昔，夜雨何时听萧瑟？君知此意不可忘，慎勿苦爱高官职！”全诗起伏跌宕，尽情抒发了兄弟间难以割舍的亲情，末句以不苦求高官厚禄互勉，读此诗可想见其初志初心与为人。清人汪师韩评此诗“诗格老成”（《苏诗选评笺释》）。

新官上任，首先遇到的第一个问题，就是你的上司是什么样的人？他的德才、个性、工作方法等这些都是不可选择的，你该怎么与他和谐相处、在他领导下开展工作？所幸苏轼运气好，他的上司、凤翔知府宋选是一位德高望重的仁厚长者，苏轼对他十分景仰，他们的相处也十分融洽。宋选为政勤谨，大小事务无不尽心，这一点从凤鸣驿在他执政前后截然不同的面貌，便是最有说服力的生动例证。

嘉祐元年（1056），苏轼进京赶考，路过凤翔，本想在官府驿站投宿，谁知里面破败不堪，无法住人。六年以后，他重来此地，发现馆舍已在新任知府宋选主持下修葺一新，入住有宾至如归的感觉。为此，苏轼专门写了《凤鸣驿记》，夸赞宋选的务实精神。

旧年刚过，春寒料峭，苏轼赴宝鸡、虢、眉、周至四县减决囚禁。

二月十三日，他从凤翔出发，来到一个名叫武城镇的地方。据说这里原是诸葛亮北伐中原时修的城寨，依山傍水，十分险要。苏轼登到悬崖绝壁之上，怀念着当年诸葛亮的功绩，心中无限感慨，正想吟几句诗时，忽见不远处一位白发苍苍的老人，颤巍巍地攀附着山岩，好像在采什么东西。过一会儿，老人从一条羊肠小道上走下来，苏轼迎上去问道：“老丈，你老人家这么大年纪还攀登悬崖，不知在做何事？”

老人笑着说道：“山里人能有什么事？采药呗！”

“老丈偌大年纪还要采药……”

“不大，不大，比我大二十几岁的采药的还有呢！”

“你今年高寿多少？”

“我才五十岁哩！”

“那怎么你的须发都白了？”

“唉！”老人长叹一声，“山里人没盐吃，都是这个样子。”

“没盐吃？”苏轼感到奇怪。

“先生是富贵人家，怎么知道百姓的苦楚。现在食盐官卖，只有府城、县城才能高价买到，山里人见不到，也买不起。”

“那为什么不让盐商卖呢？”

“据说这是朝廷规定的。”

苏轼回到寓所一打听，原来不只是盐，连茶、酒、染料等生活必需品都是官卖，这对老百姓来说是很痛苦的事。他决定回凤翔后向太守提出改革意见。

第二天，苏轼继续前行，晚上到了虢县石溪，听说这里曾是姜太公当年钓鱼之地。苏轼沿河边走着，想寻找姜太公的遗迹。这时，他看到河上划着一只小船，一个老翁在撒网，但打上来的却只有一寸长的小鱼。

询问中苏轼得知：前年，老人和儿子运送一些竹木进京，行经三门峡，竹木被冲走，爷俩差一点丧命。回来后，官府说竹木是朝廷的，要运者包赔。老翁说："我们穷人家，哪来银钱赔啊？就这样我的儿子被抓去了，这里的老百姓没法活呀！"

那天晚上，苏轼回到驿站，老翁的话使苏轼久久不能入睡。第二天，他便检查了虢县的监狱，把该放的犯人全都放了。

四县减决囚禁事毕，苏轼往游南溪，循终南山行。

抱着远大理想走上仕途的苏轼，时时感到理想与现实的巨大差异。国家如此贫弱，人民如此困穷，这是他多年来作为埋头书本的书生所未能知晓的。

苏轼深怀内心痛苦的是：他为民办事的许多努力，不是收效甚微，就是劳而无功。他很快发现，在他负责的事务中，有一项亟待改革的弊政——衙前。衙前是北宋差役的一种，职责是运送官府所需的物资。按规定，如上例所说，服役者如果不慎失陷官物，必须以家财赔偿。读者不妨联想一下《水浒传》中杨志替梁中书押送金银担，被晁盖等七雄智取了生辰纲，杨志赔得起吗？叫他怎么交差？所以他开始想"寻死"，后来投奔梁山，可谓是典型的"逼上梁山"。

上任伊始，苏轼的第一项重要工作，便是监督履行"衙前"差役。因为仁宗皇帝在嘉祐八年（1063）三月驾崩，膝下无嗣，让由曹后收为螟蛉子的赵曙登基继承皇位。新君任命韩琦为山陵使，主持修建仁宗陵墓诸事，为此，需要各地输送大批木料和石料。凤翔府附近有一座终南山，出竹木，命老百姓砍伐后，编成木筏，从渭河入黄河，经三门峡砥柱，运到京城。可是天不作美，久旱不雨，河水太浅，无法行载木之船，而耽误皇事，将受重罚。再是船过险滩，常遇险情甚至翻船，后果让百姓自理，倾家荡产赔偿亦不是个例，因此百姓苦不堪言，怨声载道。苏轼对此深感沉痛，作《和子由闻子瞻将如终南太平宫溪堂读书》。诗中道：

桥山日月迫，府县烦差抽。王事谁敢愬，民劳吏宜羞。
中间罹旱暵，欲学唤雨鸠。千夫挽一木，十步八九休。

诗中桥山即陵墓工程，府县奉皇命向老百姓下达差役，王事谁敢反对？差夫的艰难状是“千夫挽一木，十步八九休”。他深感“民劳吏宜羞”，愿作一只唤雨之鸠，以解旱情。爱民之心，痛民之苦，解民之难，渗透在字里行间。面对这种情形，苏轼难过得连饭也吃不下去，暗拭伤心之泪。

苏轼冥思苦想，终于有了办法。这就是“自择水工，以时进止”的改革措施。但是此举只有在没有紧迫的国家大事时，才收到一定的成效，一遇非常之事，衙前之役便又成了百姓的劫难，因此必须要求朝廷不要不管实际困难，只是“如火急”的“催命”，以允许“通融”。

敢于为民请命的苏轼没有停留在自己的焦虑与痛苦上，他在写给宰相韩琦的《凤翔到任谢执政启》中，便十分急切地反映了这一情况，他写道：“内有衙司，最为要事。编木筏竹，东下河渭；破荡民业，忽如春冰。于今虽有优轻酬奖之名，其实不及所费百分之一。救之无术，坐以自惭”，希望朝廷引起高度重视。与此同时，他经过调查，他发现运送木筏之害本来不至于这样严重，如果能趁黄河、渭水进入涨水期之前，由服役者考察水情，自行决定运送时间，损失便可以减轻不少。但是，长期以来，官吏们高高在上，不做具体的调查研究，任意发号施令，往往在河水暴涨的季节要求发运，或在枯水季节不顾实情催逼，所以贻害无穷。

苏轼禀明上司宰相韩琦，建议被采纳，于是修改衙规，从此衙前之害减少了一半。小试锋芒，收效显著，苏轼感到颇为鼓舞。《栾城集》中苏轼的墓志铭云：

关中自元昊叛命，人贫役重，岐下岁以南山木筏自渭入河，经砥柱之险，衙前以破产者相继也。……公即修衙规，使衙前得自择水工，筏行无虞。

苏轼首次到地方任职，能遇上宋选这样的对其赏识且很关照的上司，当然是很有幸的。但现实中不可能人人都像宋选那样的脾气与风格，事事皆合你的意、顺你的心。作为下级应主动与管你的上司搞好关系，这在当今连三岁的孩子也懂得。可是大文豪苏轼在这方面却不如现在精明的小孩。初入职场不久，他竟目无上司，与他屡次争议，甚至呕气对抗，挨了朝廷的处罚。话说回来，这表明苏轼耿直、单纯、率真和忠诚，也是他的可人、可爱、可敬和可佩之处。

苏轼到凤翔一年后，宋选离任，接替他的是陈希亮。

陈希亮字公弼，年纪五十开外，身材魁梧，面色黧黑，眼睛斜视，外貌十分威严。他的性格和宋选正好相反，争强好胜，独断专行，对下属要求极严。到任第一天，便传唤属下僚佐吏卒，到衙中听点。见签判未来应卯，查问原因，有衙役告诉他："苏贤良奉旨筹办木材，已经四个月了。"

陈希亮一听很吃惊和疑惑，下属中怎么还有此人？问道："苏贤良？谁叫苏贤良？"（按：知府陈希亮对下属中有称贤良之人吃惊之余，发问对不对？）

衙役答道："是府签判，名叫苏轼。"

陈希亮大声道："在衙中任事之人，有名有姓有职务，可以称苏轼签判或苏签判，什么苏贤良？老夫为官数十载，也未得'贤良'二字，他一个后生小吏，竟然敢称'贤良'？"（按：作为知府的陈希亮这样的质问完全对！）

衙役道："因为他办事能干，体恤百姓，前任知府宋大人说他'不愧是贤良方正之士'，所以大家都这样称呼他。"（按：宋大人的一次表扬，不能作为头衔安之若素接受下来，且任凭大家代替职务改为此称呼，你苏轼为何不敏感地觉察到这是很不妥当？）

陈希亮怒喝道："以后不许这样叫！"（按：有领导的风度和气魄，太对了！）

那衙役挺有点个性，觉得叫"苏贤良"不是他第一个，心中不服，对新来的知府大人如此武断不满，嘟嘟哝哝地说："这有什么错呢？都是这么称呼……"（按：是有点冤，可能不是他最先叫的，随了大流，却撞到陈知府的枪口上，充当了"杀鸡骇猴"的角色。）

"'都是这么称呼'都不对，现在要改过来！"陈希亮大怒，令人打了那衙役二十记板子。（按：你当着长官的面嘟哝，表示不满就不对了，说个"是!"便不会挨二十板子。陈知府怒而惩衙役有点过头，但煞此风为教训翘尾巴者。）

苏轼回到凤翔，听说来了新知府，便立即去拜见。路上，有衙役把陈希亮如何如何一五一十告诉他，嘱他多加小心。

苏轼原想，我也没做啥子错事，他能把我怎么样？本来，起初有人叫“苏贤良”，自己也觉着不好，便不肯答应；后来叫的人多了，就只好应着。

听衙役这样一说，觉得还是小心为好。他边走边想，不觉来到府署门前，令衙役入内通报。少刻，那衙役出来说：“陈大人说他有事正忙，叫苏大人改日再来。”

苏轼一肚子不高兴，觉着这知府未免架子太大，今后的日子怕要不太好过。回到家，什么也没说，倒头便睡。

王弗见丈夫闷闷不乐，不知为了何事，想问，见他已经睡去，只好罢了。

第二天，苏轼再次去见知府，又吃了闭门羹。他满肚子委屈回到家，一进门，王弗问：“又没见着？”苏轼“嗯”了一声。

“相公有事得罪他了？”王弗问。

“我与他素不相识，就只因为有人唤我苏贤良，他听了，很不高兴。”

“相公莫生气，他大概是想压压你的锐气，明天再去，一定能见到他。”年纪轻轻的王弗真聪明、贤惠，她的“猜想”是多么准确，安慰丈夫又是多么体贴！

第三天，苏轼等了近一个时辰，才见到陈希亮，向他汇报为仁宗陵墓备办木材之事。陈希亮“嗯”了几声，未置可否。

宋选在任时，苏轼拟好的文稿，他一般不做啥改动，陈希亮却完全相反，他似乎有当编辑的瘾，各类公文都要横涂竖抹，改得面目全非才能通过。这次苏轼又把自己起草的一份文稿请他审阅。陈希亮看了看，在上面改了几个字。苏轼一见，心头更添了几分不快。接过来一看，改得很不高明，有两处经改动后，反而文理不通。他毫不犹豫地把那改过的几处恢复原样，并把等候知府接见时的感受，作了一首发泄心中郁闷的诗。

没过两天，陈知府见到了苏轼那首发牢骚的诗，笑了笑，丢在一边。

看看到了中秋节，陈希亮请合署同僚到府中赏月饮酒。月上东山时，该到的都到了，只差苏轼还不见影子。派人去请，回来说：“苏大人身体不适，不能赴会。”再请，也不到；三请，还是不来。只气得陈希亮那黑脸更黑，斜眼也更斜。

这个事实说明，初入官场的苏轼实在是太不会做官和做人了。按一般人的思维和逻辑，这是对上司套近乎、释前嫌、献殷勤难得且绝好的机会，何况是上司再三请你，你不识抬举，得罪顶头上司之后的后果想过没有？

果然如此，陈希亮修了一道本章，寄往京城，弹劾苏轼“傲慢自大，目无上司”。

圣旨下来，苏轼被罚铜八斤。宋朝时主要货币是铜钱，铜可铸钱，铜就是钱。当时的一千文铜钱大约折合五斤铜，八斤铜差不多就是一千六百文。判官俸禄本不高，养家糊口尚且紧巴，不去吃竟挨罚，更因为此事传开后，苏轼很丢面子。

陈知府还对他说：“衙门之事，你不必过问了，明日便去府学兼做教授。”

苏轼口里不说，心里想道：你还要用什么手段报复我？随你便吧！继而又想，这样倒好，乐得清闲自在。

但是，苏轼心里却总想着朝廷的大事。他希望继位不久的赵曙能够知道自己在二十五篇策论中所阐述的治国之道，便趁闲写了一篇《思治论》，概括集中地提出他在策论中阐明的革新主张，特别强调了丰财、强兵、择吏，强调改革，反对因循守旧。

苏轼将《思治论》寄往京城。韩琦看后，觉得“孺子太自负”，便也丢在一边，当然不会送给皇上看。

因自己的意见不被看重，苏轼心中闷闷不乐，遂填《沁园春》一阕，借“相思”以寄仕途失意的惆怅。接着，又作《蝶恋花》两阕以遣愁闷。

过了一段时间，陈希亮在官宅后院建了座气派的台子，命名为“凌虚台”，他让苏轼给他写篇建台记。

“你这下子有求于我了吧？”用现代人的话是“撞到我的枪口上”，苏轼心中暗暗在想。于是他大笔一挥，纵横古今，大谈兴废成毁的道理，文章写成一看，基本上是篇“拆台记”！

苏轼这篇文章先写凤翔的地理形势，再写凌虚台的建造原委、结构特性，以及陈太守请自己写记的情况，皆短短数语一带而过，他把大篇幅留着

用来借题发挥。

> 国于南山之下，宜若起居饮食，与山接也。四方之山，莫高于终南；而都邑之丽山者，莫近于扶风。以至近求最高，其势必得，而太守之居，未尝知有山焉。虽非事之所以损益，而物理有不当然者，此凌虚之所为筑也。
>
> 方其未筑也，太守陈公杖屦逍遥于其下。见山之出于林木之上者，累累如人之旅行于墙外而见其髻也。曰："是必有异。"使工凿其前为方池，以其土筑台，高出于屋之檐而止。然后人之至于其上者，恍然不知台之高，而以为山之踊跃奋迅而出也。
>
> 公曰："是宜名凌虚。"以告其从事苏轼，而求文以为记。

苏轼作文风格与其父相近，必要的铺垫一完成，记叙后立马议论，大段之文以"轼复于公曰"起句：

> 物之废兴成毁，不可得而知也。昔者荒草野田，霜露之所蒙翳，狐虺之所窜伏，方是时，岂知有凌虚台耶？废兴成毁，相寻于无穷；则台之复为荒草野田，皆不可知也。

凌虚台没建前，这儿是块狐狸精乱窜的荒地，你别看它现在挺气派，谁知道哪天又会变成兔子都不拉屎的荒地？接着苏轼举了几个历史上著名的"台倒屋塌"的例子：

> 尝试与公登台而望：其东则秦穆之祈年、橐泉也，其南则汉武之长杨、五柞，而其北则隋之仁寿、唐之九成也。计其一时之盛，宏杰诡丽，坚固而不可动者，岂特百倍于台而已哉？然而数世之后，欲求其仿佛，而破瓦颓垣，无复存者。既已化为禾黍荆棘丘墟陇亩矣，而况于此台欤？

这段文的意思是：登上高高的凌虚台放眼眺望，视野真开阔，东有秦穆公的祈年殿，南有汉武帝的长杨猎场，北有隋唐的避暑行宫。闭着眼随便挑一个都比这个凌虚台强百倍，可几百年后不一样烟消云散？东边的也倒了，西边的也塌了，南边破瓦颓垣，北边荒草连天，有的剩了几块残砖碎瓦，有的干脆连点儿影子都找不着了。相比之下，这个小小的凌虚台简直不值一提！想来苏轼这段日子压抑得太久，“拆完台”仍然意犹未尽，干脆再补上两句，直接写人：

> “夫台犹不足恃以长久，而况于人事之得丧，忽往而忽来者欤？而或者欲以夸世而自足，则过矣！盖世有足恃者，而不在乎台之存亡也！”
>
> 既已言于公，退而为之记。

连亭台楼阁都不长久，更别说血肉之躯的人了，别看有些人现在不可一世，没啥了不起的，别忘了三十年河东三十年河西！话说到这份儿上，苏轼完全是借写《凌虚台记》发泄胸中郁积之气。

让苏轼万万没想到的是，自己狠狠挥出的拳头像是打在了棉花包上，一向斗志昂扬的陈希亮这回居然不接招，他看了《凌虚台记》后哈哈大笑说，子瞻这个小鬼真可爱，还跟我玩文字。我这个年纪，“吾视苏明允犹子也，某犹孙子也。平日故不以辞色假之者，以其年少暴得大名，惧夫满而不胜也，乃不吾乐耶”。

陈希亮是四川青神县人，和王弗是同乡，他就是后文要写到的苏轼好友陈慥的父亲。

陈希亮笑着对苏轼说，咱俩是亲戚，论辈分，我比你爹还长一辈，你爹在我眼里就像自己的儿子一样，你就是个小孙子。平日里我对你是比较严厉，那都是为你好啊，小家伙，我是怕你少年成名，不知谦逊呀！

这篇《凌虚台记》，陈希亮一字不改，让人刻在石碑上。此后他一改以前的作风，一老一少相处得非常融洽。苏轼渐渐听到些陈希亮惩恶扬善的故事，再看看他在凤翔的所作所为，不由得肃然起敬。

陈希亮后来因接受别州馈赠的酒超过法律规定的数额，以受贿罪被抓去坐牢，抑郁而死，终年六十四岁。苏东坡应其子陈慥之请，写了一篇近三千字的《陈公弼传》。写《凌虚台记》和陈希亮赌气时，苏轼二十八岁，写《陈公弼传》时四十六岁，在文中苏轼说：

轼官凤翔，实从公二年，方是时年少气盛，愚不更事，屡与公争议，至形于言色，已而悔之。

苏轼过了十八年后写下的检讨挺有意思，值得后人笑而“鉴之”的。

苏轼在凤翔任职期间，曾几度遇到严重的旱情。在科技不发达的封建时代，人们基本上靠天吃饭，遇上自然灾害往往束手无策，只能祈祷神明的救助。这在今天看来愚昧可笑，当时却是社会普遍的观念。所以，每当干旱来临，忧心如焚的苏轼，总是极其虔诚地履行求雨的职责，撰写出一篇篇字字含悲、情词恳切的《祈雨文》。文中谓自冬到春，雨雪不至，人民赖以生存的不过就是田中麦禾而已，可是今年滴雨不下，眼看颗粒无收，百姓便将食不果腹，无以为生，盗贼且起，这难道只是守土之臣之忧虑，而你作为一方山神又岂能心安理得、熟视无睹？

苏轼在祈雨文中不仅只是“祈求”，还带点“责备”和“质问”之意，这又体现了他的个性。

他多么希望能借助神明的力量来消除自然灾害，免除给人民带来的巨大痛苦，他常常在诗中和亲友吟唱：“安得梦随霹雳驾，马上倾倒天瓢翻。”“中间罹旱暵，欲学唤雨鸠。”幻想着能像传说中的李靖那样，巧遇龙王，得以跨上天马，行云布雨，解救人间的干旱；或者能学会斑鸠的鸟语，一声声唤来甘霖阵阵（民间有斑鸠唤雨的说法）。

苏轼深知“五日不雨则无麦”，“十日不雨则无禾”，“无麦无禾，岁且荐饥（连年饥荒），狱讼繁兴，而盗贼滋炽”，这是关系到国计民生的大事。那年春天，整整一个月没有下雨，“民方以为忧”，直到三月才微微地下了几场小雨，但是远远不足以解除旱情，到三月下旬，终于天从人愿，一场大雨连下三日，龟裂的土地饱吸甘霖，枯萎的庄稼重获生机！

苏轼到凤翔的第二年（1062），开始修建房舍，并在公堂北面建了一座亭子，作为休息之所。可是这年春天久旱不雨，恰巧在亭子落成时，下了一场及时大雨，人们无不欢喜若狂。于是，作者把这座亭子命名为“喜雨亭”。著名的《喜雨亭记》就是在雨后苏轼怀着无比快乐的心情写成的。

作者通过赞扬雨的功用，表达了他对人民生活的关怀之情。那么降雨靠的是什么力量？该归功于谁呢？歌曰：不是太守，不是天子，也不是造物主，只能“归之太空”。但“太空冥冥，不可得而名”。所以，只能“吾以名吾亭”，以“喜雨”来给他的亭子命名。

判官本色是诗人

苏轼尽管不会奉承上司，但官确实当得还不错，到凤翔这几年便表现出来，此后更是为民做了大量好事，政绩卓著，青史留迹。

判官苏轼尽管为官时主要精力忙于公务，但是所到之处即兴作诗，掩盖不住他是天才诗人的本色。他到了凤翔的第二年，即嘉祐七年，在一个春日的午后，诗人登上宝鸡县斯飞阁，向西南方向纵目远眺，通往家乡四川的归路冷落、凄凉。他凭栏伫立，心儿早已飞向遥远的故乡。斯飞阁下，原野辽阔，漫游其上的牛羊被衬托得犹如大雁野鸭一般大小；天宇深广，远处的草木好像与天云相接相连，朦朦胧胧的水气飘浮在山脚，和畅的春风抚弄着葱翠的麦田。他想起了王粲《登楼赋》中的话：“虽信美而非吾土兮，曾何足以少留！”便在阁上题诗：

西南归路远萧条，倚槛魂飞不可招。
野阔牛羊同雁鹜，天长草树接云霄。
昏昏水气浮山麓，泛泛春风弄麦苗。
谁使爱官轻去国，此身无计老渔樵。

眼前所见的新春美景不能抚慰诗人怀乡的愁绪，反而使他更加思念故乡久违的山水。他慨然长叹：谁让我留恋官位而轻易地抛离故土呢？唉，今生今世，我是不可能像渔夫樵夫那样悠游度日了！

但是，苏轼毕竟是一位积极向上的青年，尽管偶尔会有消沉和倦怠，儒家用世思想始终在他心中占据着重要的地位。面对苦难的现实，衰弱的国势，苏轼的报国之心会时时勃然而发。又是一个早雪的天气，他提笔抒写了《九月二十日微雪怀子由弟二首》，其一道：

岐阳九月天微雪，已作萧条岁暮心。
短日送寒砧杵急，冷官无事屋庐深。
愁肠别后能消酒，白发秋来已上簪。
近买貂裘堪出塞，忽思乘传问西琛。

歧阳即凤翔，地处西北边陲的凤翔，九月便已下了初雪，仿佛岁暮景象。昼短夜长，寒风阵阵，家家户户传出急促的捣衣之声。自己闲居官衙，无所事事，白发渐生，只能借酒消愁，难道就这样消沉下去么？不，我已买好御寒的皮裘准备出塞，愿意接受王命，忽然想到思“乘传”——传达命令的马车，来了，命我向西出征，使西夏前来归附！立功塞外的报国之志跃然纸上。

凤翔是有名的古都，文物古迹很多，处处藏宝，如秦刻的石鼓，秦碑“诅楚文”，王维、吴道子画的竹和佛像，唐代著名雕刻家杨惠之所塑的维摩像，东湖，真兴寺阁，李氏园，秦穆公墓，被称为“凤翔八观”。这对从小就酷爱文物的苏轼来说，如入宝山，目不暇接，如鱼得水，遨游碧波。苏轼忙时勤于公事，闲时到古迹所在地，反复观摩赏鉴，并一一以诗记之，应该说生活还是过得充实而有意义的。

凤翔秦刻的“石鼓”闻名遐迩，它成于何时，究属何物，历代说法不同。郭沫若《石鼓文研究》定为秦襄公时所制。马衡《凡将斋金石丛稿》有《石鼓为秦刻石考》一文，定为秦献公以前、秦襄公以后之物；并认为“石鼓”之名不妥当：“此正刻石之制，非石鼓也”，“特为正其名曰‘秦刻石’”。

嘉祐六年（1061）冬，苏轼初到凤翔任，循惯例去孔庙拜谒圣人，第一次见到了闻名已久的石鼓，古拙的形态，飞动的文字，恰如传闻中所描述的那样，诗人既感快慰，又情不自禁地产生了一种想要进一步了解的愿望。他一边仔细揣摩，一边用手指在身上描画；他想要朗读，可是就好像被什么东西钳住了口——那古奥玄妙的文字实在不知道该怎样发音。有的像蝌蚪，有的像新月，有的就像风中飘摇的禾黍，而有的则已模糊湮灭……诗人绞尽脑汁，费尽心机，好不容易才认出了五六个字来，不免也有些灰心泄气了。当年好古的韩愈面对石鼓已感叹生得太迟，何况如今又已是百年过去了呢？这毕竟是我国现存最古的石刻文字，据说还是号称中兴的周宣王时代文治武功的遗迹，它经历了将近两千年的历史沧桑，秦始皇焚书坑儒的文化大劫难中，石鼓神秘地失踪，直到唐代初年才又重新出土，从此为历代文化之士所景仰……诗人追思石鼓的遭际，不禁感慨系之，于是，他决心写一首《石鼓歌》长诗。全诗六十句，用词典雅而摹写入微，结构严谨而时起波澜，刻意锻炼，惨淡经营。因为这是一首重要的写作水平很高的诗作，全诗分五段，现分段简释：

冬十二月岁辛丑，我初从政见鲁叟（孔子）。
旧闻石鼓今见之，文字郁律（茂盛高峻）蛟蛇走（笔划蜿蜒曲折）。

第一段四句，点出见到石鼓文的时间和地点。

第二段十八句，从“细观初以指画肚”到“下揖冰斯同鷇鷇”。写所见石鼓文的情状。作者历叙辨认过程，先叙难认、难读，次叙经仔细推寻，认出六句二十四字（全文四百多字），再叙其余部分残缺难于辨认。以其辨认之难，益见其古奥，而以今日能见到为幸，并以其在我国文字发展史上的贡献作结。层次分明，步步深入。运用多种比喻，状不易晓之物，如在目前。

第三段十六句，从“忆昔周宣歌鸿雁”，到“岂有名字记谁某”，追叙石鼓原委。经近人考证，认为石鼓是战国秦时记载国君游猎的刻石，而唐、宋人以“我车既攻，我马既同”与《诗·小雅·车攻》的起句相同，以为是周宣王时物，苏轼即持此看法，以此立论。周宣王是中兴之主，此段即首叙宣王功绩，点明宣王制鼓乃为思将帅而非自颂。次叙石鼓文即为记叙、歌颂宣王而作；然石鼓文作者不自矜伐，足见其高。

第四段十八句，从“自从周衰更七国”到“无乃天工令鬼守”，首揭秦暴政，次刺秦始皇刻石纪己功，以此为衬，说明石鼓“勋大不伐”，义不受秦污，从而赞颂其高洁，而这正是此段主旨。

> 兴亡百变物自闲，富贵一朝名不朽。
> 细思物理坐叹息：人生安得如汝寿！

末四句为末段，写由于石鼓独存而引发的思考，探讨“物理”，其中最突出的是朝代兴亡的道理，即历史兴替，富贵殆尽，人生短暂。只有这岿然石鼓却是永恒的存在，成为传世的宝物（今存北京故宫博物院），作者没有展开说，也不必展开，他把想象和推断留给了读者。

在苏轼作此长诗之前，已有韩愈、韦应物的《石鼓歌》，韩、韦是唐朝著名诗人，二者相比，韩作更为人所称道。才气横溢的苏轼既“不薄今人爱古人”，又有“青出于蓝胜于蓝”的自信。韩愈的诗文深受苏轼的赞赏，但他决不妄自菲薄，苏轼此诗有意和他争胜，终于成为吟诵石鼓的两篇名作。苏轼一改韩愈作诗的方式，寥寥数笔极赞石鼓文字的古朴、高妙后，随即转入对石鼓历史的铺陈。作者仅详述两个时代：周、秦，形成强烈对比。周宣王文德武功，后世称誉；秦始皇废礼暴政，为人诟病。而对比的重心又在于：周宣王制鼓是为推重将帅，秦始皇则到处“登山刻石颂功烈”，作者行笔洋洋洒洒又始终不脱离题眼：鼓。千年兴衰存亡仅从此石鼓中得以显现。

此诗结构严谨，气逸笔健，波澜迭起，篇末余味无穷。运用多种比喻，状难状之物，如在目前。全篇几全对仗，于整饬之中求变化，开合雄阔处，浑然不觉其迹。

韩愈《石鼓歌》着重叙述个人与石鼓的关系，笔墨酣畅。苏诗则重在客观叙述。二诗并称。清代评论家汪师韩谓苏之研练过韩，纪昀亦谓苏“精悍之气”，殆驾韩而上之。

韩诗三十三韵，用“歌”韵，有二百八十六字可用。苏诗三十韵，使用“厚”韵，唯一百三十多字可用。足见苏此诗功力更高。

第六章

入朝参政

苏轼站到反对变法一边探因

当官与“发财”“做人上人”连在一起，世上众生谁不“苦爱高官职”？连天才苏轼也不例外。换句话说，谁不愿做大官、高官、京官？若朝廷来诏书，口连呼“谢恩”，磕头如捣蒜。可是竟有这么一个人，皇帝任命诏书一次一次送上门来，却被他一次一次地退了回去，为了不“接诏”，甚至躲到厕所不出来，就是愿意在地方继续当小官，“以少施其所学”，这种超级傻瓜天底下还有第二个吗？他还振振有词地说是“家贫口众，难住京师”，这种话简直是“脑残”之人说的！就算是“家贫口众”，那当上了大官、高官、京官后，随之而来就有“厚禄”，还用得着你操这个心吗？

德国诗人歌德说过一句在中外未有异议的话：“哪个男子不钟情？哪个少女不怀春？”他可能对古代中国的名人知之甚少，故敢如此断言。其实，他只说对半句，前半句的“哪”字发问不知特例。如果大诗人仍在世，可理直气壮地质疑和反问他：“有啊，在中国的宋代，且是名重一时的宰相！”

古往今来，人类社会实行一夫一妻制，是文明进步的表现，男女之间的性爱虽是人的本能要求，但有严格的伦理道德规范和舆论制约。那么，如果是妻子煞费苦心为他找个美貌小妾，令她夜间浓妆艳抹进入房内，欲钻进被窝中，该咋办？

然而却有这样的男子，他扮起面孔严肃地问她：“你是谁？到这里来干什么?”

“夫人吩咐奴婢侍候老爷。”

“你家是干啥的?”

“奴家丈夫在军中运送官麦，不幸沉船，官麦尽失。家产卖尽也不够还官债，只好卖身。”

“把你卖了多少钱呀?”

“九百缗。”

“现在你出去，明天让你丈夫把你立即领走，钱也不用还了。”……

已经当上了宰相这样的大官，身穿朝服，却不洗脸，更没有时间洗澡，天天蓬头垢面，邋邋遢遢，身上长满虱子，大白天竟从衣袖里爬出来，爬到他嘴边的胡须上，让皇帝和同事都看到了，引起发笑。此虱可谓风光无限，被捉后有人写了两句颂词:“屡游相须，曾经御览。”无论古今奇观还是中外秘闻，你听说过吗? ……

还有好多奇闻怪事，如吃菜只夹放在他面前的那盘，不看一眼，食而不知其味，妻子以为他就喜欢吃这个菜，天天上桌，顿顿置前，他几年照吃不厌；皇帝安排让大臣们先钓鱼，后宴请，他由于过于专注，不知不觉，竟将放在他面前的鱼饵都吃光了……

诸如此类，凡听者都目瞪口呆，恕不一一列举，这些事都发生在一个人的身上。

此人便是北宋政治改革家、“唐宋八大家”之一，大名鼎鼎的王安石。

苏轼在凤翔三年期满调回京任职时，京官们口中提及率最高的三个字便是“王安石”。

且看一些著名人士是怎么夸他的。司马光说:“远近之士，识与不识，咸谓介甫不起则已，起则太平可立致，生民咸被其泽也。”欧阳修赞他:“德行文学，为众所推，守道安贫，刚而不屈。”“小王天下第一，堪比李白韩愈。”请读者注意，欧阳修也称赞过苏氏父子，但并未说“天下第一”，而对王安石，欧公甚至为他作了这样的一首诗:“翰林风月三千首，吏部文章二百年。老去自怜心尚在，后来谁与子争先。”王安石的官越做越大，名气更大。“士大夫恨不识其面，朝廷尝欲授以美官，惟患其不肯就也。”一般来说，只要你不出问题，官越做越大是正常的，名气大且有点特色当然更好，王安石的特色是谢绝任命和拒做京官。

王安石多次申请到外地去做地方官，而不肯在京师任职，特别是闲散官职，深层次的原因是对皇帝才干、魄力和朝廷的作为深失所望。既然这个中央政府不是我王安石施展才能的地方，我就敬而远之，稳如磐石，养精蓄锐，蓄势待发！宋朝官多位少，外派得有空缺才行，大宋的京城里有一大堆候补官员，谁也不知道哪一天才能安排工作。王安石不想傻等着，就趁这个机会到处游玩，一游游到了安徽含山县北的褒禅山，一高兴写了篇《游褒禅山记》，须知，王安石是“运笔如飞”“落笔成章”之人，略施小技就留下了千古名文。

1068年，无所作为的英宗三十六岁时便死了。年近二十血气方刚、想干一番大事业的神宗赵顼上台，决心改革积贫积弱的现状，此时王安石在朝野的声望也已经达到了顶峰。

神宗刚当上皇帝，工作经验不足，身边暂时也没有亲信大臣，于是经常向老师韩维咨询一些问题。韩维总是能给出一些切实可行的良策，让神宗佩服不已，多次夸耀他：“韩老师，你太有才了！”

韩维听后很不好意思，如实相告：“此非维之说，乃是我友王安石之见。”

韩维是王安石的同窗好友韩绛的弟弟，这哥俩儿都认为：王安石是几百年难出一位的奇才，绝对的台辅之臣。

神宗是个有心人，当太子时就时刻关注国家大事，也在暗中物色自己上台后新的领导班子成员，王安石早就被他列为了第一发展对象。神宗翻看了王安石当年给仁宗上的万言书，感觉简直就是为自己度身定做的，看得他热血沸腾。

韩维老师不遗余力一次次地添油加火，让他恨不能立马安排王安石破格直升上来。

考虑到王安石以前的表现，神宗瞻前思后，如何请他出山：这家伙喜欢拒官，会不会也不给我面子？要不我干脆一步到位，一次性给他个掌实权的高官，看他如何？

正赶上另一位韩老师——宰相韩琦不想在京城混职了，想过清静日子要辞官，以司徒兼侍中判相州。韩琦临走前，神宗单独接见了他，眼泪汪汪地说，朕刚上台，老爱卿你就要走了，唉，国有疑难可问谁？问王安石行吗？

韩琦的回答是："安石为翰林学士则有余，处辅弼之地则不可。"

韩琦的话神宗肯定是考虑再三的，综合两位韩老师的建议之后，他先任命王安石为江宁知府。跟收到英宗的任命书不一样，这回王安石立马上任。

九月，王安石又接到了让他进京做翰林学士知制诰的通知，他自然更不会拒绝，但也没有表现出太旺盛的激情，而是拖了好几个月，直到第二年才进京。

很可能这是王安石对神宗的观察期。

王安石进京后就得到了神宗的重用，此时朝中当权的主要有五位：曾公亮、富弼、唐介、赵抃和王安石。不算王安石，这个领导班子的平均年龄六十多。

曾公亮年过七十，人生七十古来稀，已知天命二十年，老头儿深知"言多必失"的真理，啥话也不多说。富弼也不想在朝廷混了，经常请病假。唐介反对变法，唐先生性子大、身子弱，气急之下很快一命呜呼了。赵抃对新法也不感冒，可也没啥应对办法，每天只会苦啊苦地哀叹。只有王安石，新官上任，生龙活虎！

时人对朝廷掌大权班子的评价是：生（王）、老（曾）、病（富）、死（唐）、苦（赵）。

要王安石带着这几个"老弱病残"搞改革，显然是不可能的。

熙宁二年（1069）二月，苏轼兄弟回京不久，神宗正式任命王安石为参知政事，即副宰相，并成立个新的机构——"制置三司条例司"，全面推行新法。

宋朝根本没有三使司，掌管全国的财政经济，这个新设立的"三司条例司"的工作职能是"掌经画邦计，议变旧法"，也就是说负责国策的制定和变法。从这个机构的名称就看得出，此次变法的重点将集中在经济领域。

在神宗的大力支持下，王安石大刀阔斧地开始改革，青苗法、均输法、农田水利法、免役法、保甲法、市易法、保马法、方田法等一系列新政相继出台，天下为之震动。

苏轼从凤翔回京城不久，王安石便派人来请苏轼去他家做客。

两位诗文高手在互道倾慕之后，立即说到了改革和变法的事。王安石听韩琦说过苏轼一些改革朝政的主张，也读过好几篇苏轼的文章，很想用他做个助手。不料苏轼却说："参政要废除祖宗法度，与苏轼要革除弊政之论大相径庭。轼以为，积贫积弱并非祖宗之法有误；据我所知，仁宗宝元年间，朝廷岁收是盛唐开元的两倍，可见祖制虽有阙失，但无大害。当今为害至大者，莫过于吏治腐败。参政若欲富国强兵，非从此事入手不可。"

两人对国家大事都有一套独立的见解，都无法说服对方。后来又有两次在韩琦家里相遇，依然是各执己见。

王安石著有《字说》一书，专门探讨字的偏旁与字根配合而生的新义。苏轼爱开玩笑，问王安石："参政那书上说，'波为水之皮'，那么，'滑'一定是水之骨啰！"王安石无词以对。

他又用四川话问，"那'鸠'为啥子由'九''鸟'构成？"王安石也答不上来。

苏轼笑道："这个我知道。诗经上说，'鸤鸠在桑，其子七兮。'七只小鸟加上父母，不就是九只鸟吗？"又道，"参政说，竹鞭马为'笃'，那竹鞭犬有何可'笑'？还有，牛之体壮于鹿，鹿之行速于牛，却因何三牛为犇，三鹿为麤？"

弄得王安石很窘，却又奈何他不得。

汉字的构成与含义，是复杂而深奥的一门学问，且经过了几千年的演变与发展。东汉许慎作《说文解字》，历时二十二年，为平生最经心用意之作。成书之后，经过数百年之辗转传写，又经唐朝李阳冰之篡改，以致错误遗脱，违失本传。正如钱大昕先生所说："许慎乃博综篆籀古文之体，发明六书之指，因形见义，分别部居，作说文解字。……今许书原本失传，所见者惟徐铉等校定之本。铉等虽工篆书，但形声相从之例不能悉通，增入会意之训，不免穿凿附会。"

可见王安石单纯探讨字的偏旁与字根配合而生的新义，许多字是无法解说的，所以被苏轼问得很尴尬。尽管，作为正人君子的王安石是有气度的，不会因此而心存芥蒂。但他毕竟是学富五车、才高八斗之人，相形见绌当然

不会高兴，更不会增添对苏轼的好感。

熙宁二年（1069）苏轼居丧尽后与弟辙同挈家赴汴京，回京后以殿中丞判官告院任。判官告院是吏部的一个下属单位，主要给官员填填任职通知书、发发奖状。苏轼又得了个闲差。

苏辙被神宗安排到了国家最新锐的机构三司条例司工作，具体工作岗位是“检详文字”。这个工作一看职位名就能猜个八九不离十，实际上就是个公文编辑。

王安石并没有因为苏洵与他关系不谐而责难苏轼兄弟，事实上他开始时很想把这兄弟俩拉到自己的改革队伍里来。

王安石富国强兵的壮志，本来也是苏轼的希望。朱熹说：“熙宁变法，亦是势当如此，凡荆公所变者，东坡亦欲为之。及见荆公做得狼狈，遂不复言，却去攻他。”

苏轼当然不像朱熹说的那么阴险，看王安石变法变得辛苦，转而玩“落井下石”“墙倒众人推”的把戏。事实上他从变法筹备期，就和王安石有冲突，两个人都希望国富民强，但想走的路却截然不同，一个想在稳定中求发展，一个想全盘推翻重来，双方的矛盾自然会越来越突出。其弟苏辙以议新法忤王安石，自三司条例司属官出为陈州学官。

哥哥与弟弟政治观点基本相同。首先，苏轼认为“好谋而无成，不如无谋”，目前大宋朝“天下之所以不大治者，失在于任人，而非法制之罪也”。苏轼并不反对改革，但他从意识上讨厌大刀阔斧变法，从商鞅、桑弘羊到王安石，法家的典型人物他都讨厌，在《上神宗皇帝书》中他写道：“商鞅变法，不顾人言，虽能骤致富强，亦以召怨天下，使其民知利而不知义，见刑而不见德，虽得天下，旋踵而亡至于其身，亦卒不免，负罪出走，而诸侯不纳，车裂以徇，而秦人莫哀。”

考虑到文章是给皇帝看的，苏轼这话还是好听的，《东坡志林》卷五“论古”中有因肯定商鞅用于秦致富强，而破口大骂“司马迁两大罪”，把商鞅、桑弘羊说成“蛆蝇粪秽”。苏轼、司马光都痛恨商鞅和桑弘羊变法，而王安石却称赞商鞅、桑弘羊有加，这就决定了他们持道各异，政治上矛盾不可调和，他有诗曰：

自古驱民在信诚，一言为重百金轻。
今人未可非商鞅，商鞅能令政必行。

对历史上著名的实行变法之人有截然不同的两种评价，针尖对上了麦芒，这就不难理解两派的政治斗争是多么尖锐激烈！苏轼上了洋洋万言的《上神宗皇帝书》反对变法，未能阻止新法的实行。神宗先选了几个路区做改革试点，这本来是稳重的做法，无可非议的，但苏轼也有话说，他在《再上神宗皇帝书》中，以更激烈的言辞全面批评新法。

苏轼说试点固然能减少风险，可那些试验品也是皇帝您的子民啊，这不跟试毒药一样吗？怎么能这么干呢？您这样试验，小试小败，大试大败，全面试全面败，等着亡国吧！

苏轼这些话虽说得很重，但王安石并不太在意，因为他把苏轼看作“后人小辈”“书生意气”和“人微言轻”。反对变法的重量级人物是司马光，他无论从地位和影响都可与王安石匹敌，一系列主张也是针锋相对。司马光给王安石写了好几封信，最有名的是三千多字的《与王介甫书》。王安石回了一封字数仅是来信的十分之一的《答司马谏议书》，成了历史上的名篇，文中理直气壮、言简意赅驳斥司马光的四条指责：

> 盖儒者所争，尤在名实；名实已明，而天下之理得矣。今君实所以见教者，以为侵官、生事、征利、拒谏，以致天下怨谤也。某则以谓：受命于人主，议法度而修之于朝廷，以授之于有司，不为侵官；举先王之政，以兴利除弊，不为生事；为天下理财，不为征利；辟邪说，难壬人，不为拒谏。至于怨诽之多，则固前知其如此也。

王安石的伟大精神体现在他所主张的“天变不足畏，祖宗不足法，流俗之言不足恤”的三原则。这里特别要指出一点，对于他与司马光的争论中“祖宗之法”，可变与不可变之争莫以“绝对化”来论是非。

王安石主张祖宗之法可变，并非全盘否定，统统推倒，而是“举先王之政，兴利除弊”；司马光认为祖宗之法不可变，也不是说不能动一根毫毛，他认为“治天下譬如居室，弊则修之，非大坏不更造也”。对于祖宗之法应“存具善而革其弊”。王安石主张“祖宗之法可变”，主要是“兴利除弊”并没有错，而司马光这一说法和比喻也是正确的，说明他并没有一言以蔽之反对变法，而是主张“修补”，不主张将“居室”大拆“更造”。只是在后来当上宰相之后，由于种种复杂因素，促使其全盘否定新法，彻底忘却了“居室”确实需要“修补”，已经修补得好的不可毁坏，而是自己又来个大拆“更造”，这么一折腾，“老屋”就不成样子了，以致不久倒塌。

再是，王安石重在变法理财，富国强兵，司马光重在惩治时弊，安定民心。

在一次又一次面对面的交锋中，王安石显然是变法派的领袖，司马光则成了反对变法派的代表。两派的政治思想各有利弊，谁也无法驳倒谁，同样，谁也无法说服谁。

尽管韩琦、富弼、文彦博、欧阳修等一大批元老重臣都更多地认同司马光的政见，并以自己数十年治理国家的丰富经验，富有预见性地指出新法本身潜藏的诸多弊端，但是，神宗皇帝渴望的是恢弘大气的变法更张，而不是小打小闹的查漏补缺。他想：也许矫枉必须过正，也许每一次社会变革都不能不付出大的、惨痛的代价。既然我们再也不能像以往那样因循苟且，就应该有一番大手笔、大作为！所以，在每一次两派间面红耳赤的争辩之后，神宗这举足轻重的一票总是投给了变法派。

在理想蓝图的鼓舞下，在改革浪潮的激励下，神宗与王安石这两个同样自信、同样果决、同样坚定的人，怀着迫切的、急于求成的心情走自己的路，完全忽视了反变法派的议论中那些合理的、中肯的意见。

“道不同，不相为谋”(《论语·卫灵公》)。于是，这一批负有社会重望的老臣或称病，或引退，或要求外任，以消极抵抗的方式表示他们的不满。神宗皇帝每一次接到这样的报告，都不免感到心酸，但是，含着泪，他还是毅然决然地批准了他们要求离开朝廷的申请。

司马光于熙宁三年（1070）离朝退居洛阳，十五年绝口不谈国事，闭门著述，完成史学巨著《资治通鉴》。

元老重臣的相继离去，更使朝中一大批对新法持有疑虑或反对意见的大小官吏舆论蜂起。他们有的基于忧国忧民的善良动机，与王安石等变法派大臣探讨新法的得失利弊，开诚布公地提出忠告；有的则罗织罪名，无限上纲，进行恶意的谩骂和人身攻击，称王安石为“大奸”“大恶”，指责他欺上罔下，误天下苍生。神宗皇帝态度强硬，阻行新法者一律罢黜。

朝廷的风波惊动了后宫，祖母（仁宗妻曹后）、母亲（英宗妻高后）以及神宗的妻子向后，也参与到反变法派的行列中去了，每次见到神宗都流着眼泪要求他放弃变法。她们的眼泪，总是会让神宗产生片刻的动摇。可是，只要一见到王安石，他又重新变得坚定。王安石既是他的志同道合者，又是他的导师。就这样，君臣二人，义无反顾，冲破一切障碍向前走。

宋神宗和王安石无疑是对国计民生有责任心和有勇气之人，值得后世赞扬与称道。

然而，在这种大无畏精神鼓舞下，他们不仅不能吸收来自各方面的合理意见以完善自己的思想，而且又犯下一个难以弥补的战略性错误，将许许多多可以团结的力量毫不留情地推到对立的一面，变法的核心机构——制置三司条例司陷入了完全孤立的状态。

变法关系到社会的方方面面，既要有敢作敢为的气魄，更要有稳定大局的举措，最大限度地减少政策的失误，这是古人因历史的局限而留给后世的遗憾和教训。

在激烈的变法与反变法的斗争中，原有的官吏或隐退，或罢黜，或外迁，王安石不得不起用新人，无暇从容仔细地进行品德、才华的全面考察，于是，一些投机巧进的小人乘机混入了变法者的行列。这批青云直上的“新进少年”颇为舆论所鄙视。

当时流传一则笑话，说是有一天，神宗身边的一个优伶故意骑着一头驴来到百官朝拜的大殿外，大模大样地登堂入室，被卫士们挡住，他故作惊讶地说：“现在不是凡有脚的都上得了吗？”

笑话当然不是实有其事，但也反映出当时用人确实存在着多且滥的问题。

随着变法运动的展开，变法与反变法两大阵营逐步明朗化，纷纷攘攘的局面中，苏轼本来就持有不同政见，加上舆论的影响，以及新法在推进的过程中实际出现的一些弊端，尤其是他与欧阳修、韩琦、富弼等元老重臣的人事渊源关系，自然在思想感情上相互共鸣，协调一致。

还有，司马光想给予苏轼的批评权力（任谏官）亦无结果。苏轼的进用之路全被堵塞，最后被困于吏事达一年之久，且又被诬败私德。如果说王安石起初不用苏轼，是学术见解分歧，发展到这样蓄意的压制，这只能解释为党派斗争。凡是党派斗争，古今中外皆是“你上台，我下台”“我得志，你靠边”。王安石是“新党”领袖，与其政治上对立的苏轼便视作“旧党”骨干，从而成为水火不相容的政敌。

议学校贡举状和阻买浙灯

熙宁二年（1069）五月，王安石准备改革科举法，罢去诗赋明经诸科，以经义论策考试进士，并建议大办官学，从中央的太学到地方的县学，学官均由朝廷委派，以培养“德行道艺之士”，逐步实现以学校代科举。神宗皇帝对这一改革方案颇为犹豫，于是诏令馆阁学士参与讨论。

王安石要废除明经，苏轼说也不可取，人才有两种，一能文，一晓义，各有所长，国家都需要。于是他上奏《议学校贡举状》。

这篇奏折层层深入，论辩滔滔，神宗皇帝读后赞叹不已。神宗本来极为讲究文辞，重视史学，这位在嘉祐二年以诗赋文章一鸣惊人的杰出才士给他留下了十分深刻的印象，祖父仁宗“两宰相”的评语他也早有耳闻。此时，神宗一边欣赏着奏章上苏轼那刚健而不失婀娜、凝重却不落呆滞的字体，一边想道：“即位之初，苏轼尚在家乡守制。最近几个月听说他已除丧还朝，只因自己政务繁忙，还没来得及单独召见他。关于变科举，兴学校，我本来就觉得有不够妥当之处，读了他这番议论后，真有豁然开朗之感。看来，苏轼确实是个难得的人才啊。”

想到这里，立即传旨，召见苏轼。

苏轼奉命匆匆前来，行礼之后，见神宗皇帝神情安详，言语温和，忐忑不安的心才稍稍有些镇定。虽然回朝还不过短短的三个月，他却已耳闻目睹了不少人因为反对新法而冒犯天颜，他不知道自己这一篇《议学校贡举状》

会在神宗的心里激起怎样的反应。现在看来，皇上毫无怪罪之意，苏轼不禁松了一口气。这时，他听到神宗说："苏爱卿，你认为当今政令有哪些失误？即使是朕个人的过错，也不妨坦率指陈。"

神宗皇帝诚挚恳切的语气令苏轼深深感动，多少年来，他一直梦想着的不就是这样一个时刻吗？所以，没有丝毫犹豫，他朗声答道："臣以为，以陛下生而知之的禀赋，不患不明，不患不勤，不患不断，但患求治太急，听言太广，进人太锐。愿镇以安静，待物之来，然后应之。"

神宗听了不禁悚然。自酝酿变法到如今，他不知听到过多少反对的意见，苏轼这几句话似乎格外令他震动。他扪心自问，即位以来，确实有一种非常急切焦虑的情绪萦绕在心头，他广泛听取意见，起用王安石等一大批变法派骨干，为了推进新法，又以最大的勇气、果决和魄力排除障碍，这一切真的都做得有些过头吗？真的是所谓"求治太急，听言太广，进人太锐"吗？略作沉吟之后，神宗说："卿这三句话，朕一定仔细想想。"

接着，他又以鼓励的语气对苏轼说："凡在馆阁，皆当为朕深思治乱，无有所隐。"

苏轼退朝之后，兴奋不已，立即将这次召见的经过说给同事、朋友听，他仿佛看到了扭转乾坤的希望。

这件事情也很快传到了王安石的耳中，他自然很不高兴。他深知变法事业尽管阻力重重，只要神宗态度坚决、不动摇，就一定能进行下去，他担心苏轼的那些话会对神宗皇帝产生不良影响。其实，王安石的担心完全是多余的。神宗虽然欣赏苏轼的才情，却并不因他的片言只语而改变自己的目标。改革是他毕生的大事业，他决不轻易放弃。因此，他真正倚重的仍然是具有政治家魄力与眼光的王安石。

关于科举考试的改革方案，最后还是王安石的一番话坚定了神宗的决心，第二年即罢诗赋明经科，以经义论策取士，只是在具体操作的一些细节问题上，适当吸收了苏轼的意见。

苏轼在神宗皇帝心中留下了极好的印象。时隔不久，针对中书政事堂事务繁杂，办事效率低的积弊，朝廷成立"编修《中书条例》所"，改革吏制，提高行政效率。神宗马上想到苏轼。一天，他对王安石说："朕想调苏轼修

《中书条例》，卿以为如何？”

王安石大不以为然，他毫不讳言地说：“苏轼与臣所学及议论素有歧异，不宜担当此任。”

他也不同意苏轼修《起居注》，在他眼中，苏轼不过是一介书生，尽管才气横溢，根本就缺乏从政的经验和议政的眼光，那些文章和言谈，不过是书生空论而已，虽不能左右大局，却也产生不小的舆论影响，令王安石非常恼火。

这年冬天，苏轼被任命为开封府判官。这一任命自有其深意，既可使他远离皇帝的视线，又可用繁杂的首都地方行政事务困扰他，使他少有余力干预朝政。但是苏轼决断精敏，处事迅捷，不仅将职责范围内的事务处理得井井有条，而且依然有足够的精力关注朝廷的一切，哪怕是最细微的变化。

转眼之间已到岁暮，这是英宗去世、神宗即位之后迎来的第三个新年，此时国丧已满，孝顺的神宗皇帝一心想让祖母、母亲过一个热热闹闹的新春佳节，决定正月十五上元节在宫中举行大型灯会。

上元观灯原是唐宋时代最为风靡的习俗。每当此夜，士女成群，游人如织，多少旖旎浪漫的才子佳人故事就发生在这华灯齐放的美丽夜晚。制作花灯也由此成为当时一项重要的手工艺。小民赖以谋生，商人借以牟利。在品种繁多、产地各异的花灯中，精巧华美的浙灯最负盛名。

以往，皇宫之内很少举办灯会，每遇放灯，照例只是临时买些花灯张挂，数目既少，费用也不多，内廷嫔妃大多只能登上高楼遥望灯火辉煌的市中心，感受一下节日的氛围。今年神宗皇帝既然有心在宫里大张旗鼓地庆祝元宵，所以早早地便传下诏令，叫内使收买四千余盏浙灯。当有关部门了解市场行情将实价上报之后，神宗觉得费用过高，于是又下令减价收购，同时禁止市民购买，以满足宫中的需求。这一举动引起了商人和市民的强烈不满。虽然只是小事一桩，却使神宗在百姓心中的形象大打折扣。

苏轼想起五月间神宗召见时的那一番温谕：“凡在馆阁，皆当为朕深思治乱，指陈得失，无有所隐。”他不希望神宗因小失大，连忙写了一道《谏买浙灯状》奏上，文章说：

> 臣伏见中使传宣下府市司买浙灯四千余盏，有司具实直以闻，陛下又令减价收买，……此不过以奉二宫之欢，而极天下之养耳。陛下为民父母，唯可添价贵买，岂可减价贱酬！此事至小，体则甚大。凡陛下所以减价者，非欲以与此小民争此毫末，岂以其无用而厚费也！

此折忠贞耿直，情深理切，为民请命，感人肺腑。这篇奏章呈上之后，神宗皇帝从善如流，立即收回前命。苏轼惊喜过望，感动得流下热泪。他想：改过不吝，从善如流，此尧舜禹汤之所勉强而力行，秦汉以来之所绝无而仅有。有君如此，其忍负之？唯当披露腹心，捐弃肝脑，尽力所至，不知其他。

尽管如此，因苏轼一而再、再而三地批评新法，也令神宗皇帝很不高兴，他将苏轼另一篇《拟进士对御试策》转给王安石看，王安石说："苏轼确实很有才华，但所学不正，又因这次科考取士标准不合他的心意，所以言语冲撞，不知轻重。"就此搁下不再提起。

一次次徒劳的争辩，使苏轼对政治渐生倦怠。回想十年前初次步入仕途，是何等奋发昂扬，满以为凭着自己的热情和才智可以干一番匡时济世的大事业。如今身历其中，才发现年少时孜孜以求的理想就像海市蜃楼，渺不可寻，现实政治恰如儿戏一般荒谬。幻灭的悲哀笼罩在苏轼的心中，他深情地思念故乡的青山绿水，怀想入仕前那自在洒脱的生活，在思考和感慨之余，把这一切写进了《送安惇秀才失解西归》一诗中：最后四句是："万事早知皆有命，十年浪走宁非痴。与君未可较得失，临别惟有长嗟咨。"

最使人沮丧的是，政敌罗织罪名，丑化苏氏兄弟的名声。新任侍御史知杂事谢景温忽然上疏，奏劾苏轼兄弟于治平三年扶丧回乡时，利用官船贩运私盐、木材、瓷器等物，而且沿途妄冒名义，差借兵卒。神宗下令查实，谢景温等人立即拘捕当时为苏轼掌船的篙工水师，严加盘问，又向苏轼回乡途经的各个州县发出查询公文，一时之间闹得沸沸扬扬，朝野惊讶。

苏轼虽已预料与当政者唱反调，可能招来厄运，却从来没有想到他们会如此龌龊卑鄙。他想起了恩师欧阳修，这位德高望重的长者，以高才远识开启一代文风，奖掖提携了无数后辈学人，竟难逃小人的中伤！在年届耳顺之时，遭到最卑劣、最污浊的诋毁，竟说他“爬灰”——与自己的儿媳私通，虽然最后查无实据，老人在精神上却已受到莫大的打击，从此一蹶不振，憔悴衰颓。如今自己也蹈此陷阱！他感到一股寒气凉彻心底。

苏氏兄弟的品格众所周知，当时还在朝中的元老重臣范缜、司马光等纷纷出面为苏轼辩解，同时，谢景温等人劳心费力，穷治数月而毫无所得，不再嚣张，只好按“事出有因，查无实据”而收场。苏轼深感人心险恶，再也不愿在这是非之地待下去了，于是上疏请求外任。

面对苏轼的申请，神宗心里很不是滋味，这么一个难得的人才，神宗多么希望能够重用啊！可惜他不能与变法派协调一致。从大局考虑，也只得放他外任。神宗无可奈何地摇一摇头，批示道：“与知州差遣。”但是中书省认为不可，改为通判颍州。

事实上，苏轼自签判凤翔至今，已经十年，按资历逐年升迁，足够担任知州的资格了，中书省强行压抑，神宗也不好明确驳回，所以又再改批道：“通判杭州。”

第七章

杭州情结

踯躅踟蹰，蹒跚赴任

元祐四年（1089）三月十六日，朝廷批准苏轼以龙图阁学士的身份出任浙西路兵马钤辖兼杭州知州之后，他先与弟弟会面，然后两人一起前去颍州拜访欧阳修。他们在恩师家盘桓二十多日，在这期间，那“开心”是没法提了。欧阳公以文章闻名于世，他对苏轼十分推许，相传他每次得到苏轼诗文，总是整天高兴，由此可见他好贤乐善之心。此时，他们兄弟两人，情深意长特地来陪伴“醉翁”，苏轼还为其石屏题诗，又陪他游颍州的西湖，其心头之乐如何？不仅“人知从太守游之乐”，连湖面上的禽鸟亦知“太守之乐”，翩翩起舞，嘎嘎鸣叫，当时苏轼又乘兴作了一首《陪欧阳公燕西湖》：

谓公方壮须似雪，谓公已老光浮颊。朅来（犹言去来）湖上饮美酒，醉后剧谈犹激烈。湖边草木新着霜，芙蓉晚菊争煌煌。插花起舞为公寿，公言百岁如风狂。赤松（古仙人名）共游也不恶，谁能忍饥啖仙药？已将寿夭付天公，彼徒（隐指当时执政者）辛苦吾差乐。城上乌栖暮霭生，银釭（灯盏）画烛照湖明。不辞歌诗劝公饮，坐无桓伊能抚筝。

诗的末句桓伊抚筝，是一个用得十分贴切、意味深长的典故。晋孝武帝信谗言，疑谢安。一日，帝召桓伊饮酒，谢安侍坐，桓伊因抚筝而歌怨诗曰：“为君既不易，为臣良独难。忠信事不显，乃有见疑患。周旦佐成王，金縢功不刊。推心辅王室，二叔反流言。”声节慷慨悲凉，谢安感动得涕下沾襟，便越过席位到桓伊面前，抚着他的胡须说：“使君于此不凡。”晋孝武帝感到十分惭愧。

欧阳修曾因议论朝政，为执政者攻击。这句诗隐隐以谢安比拟欧阳修，说他忠信被疑，没有桓伊为他抚筝辩解，意在言外，非精通史事者不能道。

“须似雪”的欧阳公实非“方壮”确已年迈，苏轼这次路过颍州与他相见，为最后一面。第二年秋，欧阳修就去世了。

“人无千日好，花无百日红。”苏辙要返回陈州任上，苏轼也不得不启程了。离别恩师，依依不舍；兄弟此别，格外酸冷。人生有聚有散，有喜有忧，在秋风萧瑟时节，见征帆高挂，“兰舟催发”，兄弟两人深感人生在悲喜中循环迁转，慨叹无限。

苏轼在出颍州继续南下途中，写了一首《出颍口初见淮山，是日至寿州》七言拗律诗，头四句是：“我行日夜向江海，枫叶芦花秋兴长。长淮忽迷天远近。青山久与船低昂。”表面看，诗人似乎是写实，写他此时正朝着江海相接的杭州行进。可是在这里，江海一词还有另一层更深广的政治文化意味。如果说京城是功业的标志，那么江海则恰恰相反。这样一个行进的方向对于正当盛年、壮志未酬的苏轼来说，实在是一个难以接受的残酷现实。举目四望，枫叶飘坠，芦花夹岸，尽是深秋凄凉的景物。在水天相接的苍茫江面上，人是多么渺小而孤独啊！漫无尽头的长途颠簸中，似乎已辨不清究竟是山在起伏还是船在低昂？生活中，人们常常都会有这样的感觉。这首诗写得蕴藉淡远，苍茫一片，令人遐想无限。

苏轼过安徽濠州时作《濠州七绝》，分别是：涂山、彭祖庙、逍遥台、观鱼台、虞姬墓、四望亭、浮山洞。

舟行到泗州，城里有一座灵塔，是唐代一位西域高僧死后藏骨之处。这位名叫僧伽的高僧，生前曾在泗州一带传教，死后则被当地的百姓奉为神灵。五年前，苏轼扶丧回乡途经此地，正碰上逆风，整整三天船舶无法启航。船夫们劝他向僧伽塔祷告，果然非常灵验，转眼之间，风向就变了。他想起了这件往事，故作了一首《泗州僧伽塔》诗。祈求神灵之后符合各人的心愿了，便称“灵验”，获得“保佑”，但是实际上只不过是巧合而已，神明待人何尝有厚薄之分？每一个祷告者都只是为了自己的方便。所以，这次如果再碰上逆风，苏轼决定不再祷告。

离了泗州，便入洪泽湖，遇大风，停泊数日。风止后，漫天大雾，湖面迷蒙，日月无光。待天气转好才发舟，过高邮，不数日到达扬州。

在扬州，苏轼见到了刘伊、孙洙和刘挚。出京前，他们原都同院为官，又都因评说“新法不便”而迁外郡。这样四个人碰到一起，真可谓同气相求，同病相怜，在扬州游览了三天，喝了三天酒，发了三天牢骚。

穿过淮河，进入长江，苏轼泊船镇江，让家人稍事休整，自己则另雇轻舟去江心岛上的金山寺游玩。面对浩瀚奔腾的长江，苏轼满怀的思乡之情忽然变得无法抑制。这是他的母亲河啊！数千里江流的上游，有他美丽可爱的家乡。他作了一首《游金山寺》的七言古诗，热烈地倾诉了心中这份浓浓的乡愁，且看其开头“我家江水初发源，宦游直送江入海”和结尾“江山如此不归山，江神见怪惊我顽。我谢江神岂得已，有田不归如江水!”

评者认为：这首诗见江水而引起乡国之思，开首两句，便觉感叹无穷。末二句遥遥相应，有如常山之蛇，救首救尾。这是东坡才力所致，他人不易学到。

船在往前走，斗转星渐移。眼前佳景多，触笔便成诗。由金山至焦山，游定惠寺。得知大文豪过路，须发斑白的住持迎至山下。交谈时，苏轼闻耳边响起川蜀的乡音，一问始知长老是中江人。长老引领客人游遍全寺，并设素宴招待。

苏轼吃着美味的斋食，环顾山寺幽静的环境，说道:“真想把冠带送还朝廷，在这里住下来。”长老道:“阿弥陀佛，那才好！我把最佳处留给你。”

苏轼随即作了一首《自金山放船至焦山》，诗的结尾两句:“行当投劾谢簪组，为我佳处留茅庵。”就是表达这个意思。苏轼宦场失意，情绪低落，游焦山时适逢同乡长老，喟然而有归隐山林之志。这是古代封建士大夫阶级常有的思想感情。

船经北固山，苏轼又去甘露寺流连半日。相传这是三国时刘备招亲之处。看看这朱栏层楼，高阁危崖，不禁想起当年龙争虎斗的故事，风流人物

被大浪淘尽，如今只有滚滚江水，仍然无语东流！

人在得志的时候，似乎什么都顺眼，行路也快捷，故唐诗人孟郊《登科后》的诗写道：“春风得意马蹄疾，一日看尽长安花。”相反，司空图《自河西归山》诗中道：“水阔风惊去路危，孤舟欲上更迟迟。”

船离长江，入运河水道，杭州近了。

访僧交友，断案放囚

熙宁四年（1071）十一月二十八日，船抵杭州。

杭州古称武林，因其位于钱塘江畔，又别号钱塘。唐时即为著名大都会，世称“上有天堂，下有苏杭”，可见其山川秀丽、都市繁华非同寻常。尽管已是隆冬季节，晴朗的日子里居然还能感受到春天的暖意。那些热闹的商业街，陈列着丝绸、织锦、龙井茶等各色各样最负盛名的杭州特产，从早到晚，人群熙攘，川流不息。更有钱塘大潮成奇观，美丽西湖甲天下。

自古以来，无数文人墨客在这里流连忘返，写下优美的诗篇，就连本朝仁宗皇帝也由衷地赞叹道：“地有吴山美，东南第一州。”

此前，写杭州胜景最有名的便是词人柳永。此人考进士不第时曾写过一首《鹤冲天》，坦率陈述自己的怨望和意愿：“黄金榜上，偶失龙头望。……忍把浮名，换了浅斟低唱。”据说这首词引起宋仁宗的恼怒和斥责：“且去浅斟低唱，何要浮名！”柳永从此更加落魄，史上连“生卒年”也“不详”，但他作有多篇风流艳词，有首《望海潮》更是四海传诵负盛名。全词概括了钱塘江的壮观、西湖的清景和杭州的繁荣景象；作者也用欣慕的语气来描绘上层社会的豪奢竞逐、纸醉金迷的腐朽生活。所以罗大经《鹤林玉露》卷十三写道：

> 此词流播，金主亮闻歌，欣然有慕于“三秋桂子，十里荷花”，遂起投鞭渡江之志。近时谢处厚诗云：“谁把杭州曲子讴？荷花十里桂三秋。哪知草木无情物，牵动长江万里愁！”余谓此词虽牵动长江之愁，然卒为金主送死之媒，未足恨也。至于荷艳桂香，装点湖山之清丽，使

士夫流连于歌舞嬉游之乐，遂忘中原，是则深可恨耳！

罗大经说得有理，“深可恨”不是词人描述“湖山之清丽”，而是“士夫流连于歌舞嬉游之乐，遂忘中原”。

苏轼一到杭州，就被这湖光山色陶醉了，感受到许久不曾有过的宁静、清新和愉悦，那些难以自遣的烦恼和郁闷不知不觉消融在山间水畔，不见一丝痕迹。纯净无染的大自然将他活泼、开朗、好动的天性重新激发起来，也将他的诗心与灵感重新激发出来，他迫不及待地要投入到它温暖明媚的怀抱中去！

苏轼一家乘坐的船一靠岸，早有州衙役卒将行李搬到凤凰山半山腰的寓所。因为知道新任通判要来，役卒们早把房屋内外打扫得干干净净。

第二天，苏轼去拜见知州。知州沈立是个年过六旬的老者。他一见苏轼到来，分外高兴地说：“苏学士，老夫可等你三个月了！”

沈立称苏轼“学士”，有个来由：当时士庶人等把凡在三馆任职的官员，皆称“学士”，而呼翰林学士为“内翰”。

苏轼对沈立深深一揖，一脸歉疚地说：“惭愧，惭愧！累大人久等了！”

沈立苦笑一下说道：“通判一职，空缺了近一年，好多事该办的没办；不说别的，牢子里的犯人已经关不下了！”

通判是知州的主要助手，是一州之副长官，有“州贰”之称；凡兵民、钱粮、户口、赋役、狱讼待断等，都属其职责范围。苏轼应声道：“大人放心，苏轼明日便到衙中理事。”

沈立由苦笑变为喜笑说：“那倒不必，你来了，我就放心了，一路上舟车劳顿，先歇息几日，把家安下来，过几天再去办也无妨。”

沈立按例差来几名杂役，协助安顿住所、购买米面油盐薪炭诸物。

住所有大小六间房子。苏轼把北面向湖的一间做了书房。站在书房窗口，可远看西湖景色。前两天刚刚下过一场大雪，此时，天边依然暗云密布，湖上残雪犹存，一派冬日的肃杀景象。苏轼心头也蓦然闪过一丝阴云，他作了一首《初到杭州寄子由》诗：眼看时事力难任，贪恋君恩退未能。迟钝终须投劾去，使君何日换聋丞？

前文已提到苏轼劝苏辙不要“苦爱高官职”的诗，自谓“贪得不已”，今又用了“贪恋君恩”四字，故“退未能”。“聋丞”是佐吏的谦称。刚到职，就想到将被顶头上司“换掉”，不知哪天走？自己也觉得荒唐可笑。可见，他毕生中，做官与退隐的思想矛盾贯穿始终。

初来乍到，没有可以同游的朋友，他想起了在颍州时欧阳修再三向他提起的杭州名僧惠勤。这位老和尚有很深的文学修养，且长于写诗，曾与欧阳修相唱和，现正住持西湖之上的孤山寺，寺中还有另一位著名诗僧惠思。稍稍安顿下来，苏轼便前往孤山拜访他们二位，并转达欧阳修的诚挚致意。

孤山在西湖之北，原本是一屿耸立，旁无连附。唐元和年间，白居易任杭州刺史，在湖上修建横贯东西的长堤，西湖遂分成里湖、外湖。孤山就在里外两湖之间，紧连白堤。

满天阴云，湖上也云遮雾罩，眼看要下雪了。

苏轼带着墨郎，下了凤凰山，来到坐落在西湖南岸的净慈寺。寺中住持大觉禅师听说大名鼎鼎的苏轼来访，急忙出迎，并引他游遍寺中各处。

净慈寺中，有一口大钟，铸成于唐代。数百年来，每当暮色苍茫，晚风初起，便闻净慈寺洪亮的钟声悠扬，山鸣谷应，回荡不息。因寺居于南屏山下，故世称“南屏晚钟”，乃西湖一大胜景。

苏轼忽瞥见壁间有一小诗：“竹暗不通日，泉声落如雨。春风自有期，桃李乱深坞。”

苏轼问：“此诗何人所作？”

禅师道：“孤山高僧妙总。”

苏轼道：“我刚好要到孤山去访友送书，顺便要见见这位作诗人。”遂辞了大觉，到湖边叫了一艘游船，吩咐船娘向孤山划去。

登船之后，遥望耸立湖中的孤山，只见云遮雾绕，亭台楼阁时隐时现，仿佛蓬莱仙境，别有一番缥缈迷离的情状。湖水清澈明净，怪石嶙峋，鱼儿漫游其中，自由自在，清晰可数，游船在云雾中穿行，少刻，到了孤山下。苏轼带墨郎弃舟登岸，寻人问路。湖畔茂林修竹之中，不时传来鸟儿欢快悦耳的鸣声。苏轼兴致勃勃，沿着盘旋曲折的山间小径，穿云度岭，来到宝云山智果院。

这真是一个极为清幽素朴的所在！纸窗竹屋，隔住隆冬的寒意，两位僧人身披袈裟，在蒲团上打坐，参禅修道。庭院洁净，古柏参天，四处悄无人声，不是高僧如何耐得住这一份远离尘寰的寂寞？宾主相见，十分欢愉，抵掌而谈，滔滔不绝。

苏轼将欧阳修的书信和诗交与惠勤，惠思叫小沙弥送上茶来。苏轼看那小和尚，不过十一二岁，尚未脱孩提稚气，举止却十分文雅。

便问道："小师父，你叫啥子名字？"

惠勤道："他是师弟的徒孙，名聪，号闻复。他师父叫妙总，号道潜。"

苏轼一听这个名字，问道："妙总？就是那位在净慈寺题诗的师父吧？"

惠思道："正是。"

苏轼道："可否请来一见？"

惠思道："当然可以。"说着，命人唤道潜来，与苏轼相见。

苏轼一见那道潜，竟觉得似曾相识。看年纪与自己不相上下，长得十分清秀，只看那眼睛，便知其为聪慧之人。待与之交谈片刻之后，遂有一见如故、相见恨晚之感。

道潜唤闻复将自己以往的诗作取来，请苏轼品评。

其中有一首，苏轼在来杭途中，路过临平时于壁上见过："风蒲猎猎弄轻柔，欲立蜻蜓不自由。五月临平山下路，藕花无数满汀洲。"苏轼读后，大加称赏。

道潜道："大人文名遍于天下，还望多加指教。"

苏轼道："哎呀！你不要'大人大人'的好不好？你叫我子瞻，我叫你……哎，我送你一个道号如何？"

道潜打一稽首："大人……"又急忙改口，"子瞻文兄，你送的道号必定不错。"

苏轼道："庄子云，'玄冥闻之参寥，参寥闻之疑始'，你就叫'参寥子'如何？参寥者，虚空高远也。"

道潜道："庄子虚拟此名，寓意深厚。我乃一俗气尚存的普通僧人，何敢当此？"

苏轼道："听你说话，读你诗作，参寥子之名，你当之无愧。"

从此，二人成了莫逆之交，友情至死不衰。

惠勤等众僧要留苏轼夜宿寺院，苏轼也有此意。但墨郎再三说来时未说不归，夫人要牵挂惦念，改日再来也无妨。苏轼觉得此话有理，才依依不舍地踏上归程。山下回望，只见云树迷蒙一片，苍劲的野鹘在佛塔边盘旋。

回到家里，他的心仍久久沉浸在那遗世独立、超尘绝俗的清幽世界，恍恍惚惚如同美梦初醒。他极力想挽留那渐渐远去的一切，于是奋笔疾书，作《腊日游孤山访惠勤惠思二僧》：

天欲雪，云满湖，楼台明灭山有无。
水清石出鱼可数，林深无人鸟相呼。
腊日不归对妻孥，名寻道人实自娱。
道人之居在何许？宝云山前路盘纡。
孤山孤绝谁肯庐，道人有道山不孤。
纸窗竹屋深自暖，拥褐坐睡依团蒲。
天寒路远愁仆夫，整驾催归及未晡（申刻，黄昏时）。
出山回望云木合，但见野鹘盘浮图。
兹游淡薄欢有余，到家恍如梦蘧蘧（梦醒后惊动的样子）。
作诗火急追亡逋（逃亡者，谓诗情），清景一失后难摹。

诗人见景生情，信手写出，远景与近景相衬，山水与人物相生，构成一幅独特的冬日山行访僧图。此诗在东坡歌行中，素以清新流丽见称。连翩佳句，看似信手拈来，不费功夫，实是炉火纯青，兴至笔到。

老师欧阳公拜托的事是头等重要，其他事情暂且放下。到杭安顿二三日之后，苏轼同夫人闰之道："通判的分内事，有半年多没人办理了，我去看看。"

通情达理的夫人当然知道公事第一，支持他尽快履职。

苏轼到衙中一看，着实吓了一跳。果然如沈立所说，狱中囚犯早已人满为患，每间牢房里关着密密麻麻的都是人，多因抵触新法、贩卖私盐和拖欠官债才被捕入狱。有的已被抓一年多，有的几个月，都等待审问、发落。

据史书记载，当时的杭州只有四十几万人，仅因违犯盐法获罪入狱的就有一万七千余名囚犯，这占了多少比例？宋王朝为了增加国库收入，国家设立籴盐院，专门管理盐业。任何私人不准煮盐、贩运、买卖，如果违反规定，要课以重税，严重的就要监禁或流放。

可是杭州一带近海，沿海的老百姓从古以来就有煮盐、晒盐的习惯，况且当时农民地少，水旱灾害又多，靠种田难以维持生活，经营食盐就是他们糊口的手段。如今朝廷明令禁止食盐私营，就等于绝了他们的生活出路。他们有的联合起来，几个人或上百人手执兵器，护送盐车，贩运取利。官府派出的纠察人员不敢近前，有时矛盾尖锐起来就械斗……这就是牢狱中囚犯那么多的原因。

苏轼看他们一个个蓬头垢面，骨瘦如柴，且因人满，狱中秽气熏人。他翻阅案卷，提审犯人，犯人都痛哭流涕。他们中许多人所谓“犯罪”的情节是很轻的：有些人农闲时贩点私盐，到乡下去卖，赚点零花钱。盐由官府专卖之后，他们的饭碗被夺了，便偷偷摸摸地做，结果被抓住，关进了牢房，一关就是几个月。有些人则因说了几句诸如“新法不好”之类的话……审讯中，这些人大都表示，以后再也不敢了。

苏轼心想，这样的人还关着他们做啥子嘛！除了几个该判罪的，多数都该释放回家。他把这想法对沈立说了，沈立道：“这事你处置吧，只要不违背朝廷法度就行。”

苏轼于是放开手脚，披阅案卷，提审犯人，差人取证，然后该判的判，该放的放，半天便发落上百人。到了中午，闰之叫墨郎送饭去衙中，晚饭原说回家吃，可是有一宗案子一拖拖到半夜。

回家时，蓉儿、墨郎早睡了，乳娘带着两个孩子也已经歇息。只闰之还在灯下等他，见他回来，忙到厨下去拿晚饭。

苏轼道：“已经吃过了。”

闰之端来热水，帮他洗脚，脚还没洗完，人却先打起呼噜来。

天天如此这般，不到半个月，人都瘦了。

王闰之心疼丈夫，劝道：“相公，莫太不顾自己了。”

苏轼叹了一口气：“哪个愿意这样没日没夜地累嘛！你去看看那些犯人

就知道了！因为几斤盐、两句话就被抓起来挨板子，真是造孽哟！”

第二天，闰之真的去了衙门。她心肠软，一见那些犯人，就想流眼泪，好容易才忍住了。从此，闰之每夜都在灯下，一面为腹中的孩子缝制小衣，一面等候丈夫回来。

眼看快过年了。王闰之拖着已有七八个月的身孕，忙了好些天。她带着蓉儿、墨郎一起上街，十二岁的迈儿也跟了去。他们到商店云集的清河坊、南瓦子、太平坊等处，买了杯盘碗碟等炊、食用具和新鲜的猪羊肉、活鸡、各色糖食、点心、水果、蔬菜，还特地去孝仁坊，买了“水晶红”白烧酒。

在京城过了两个年，丈夫心里不痛快；离开汴梁，他心情好多了。杭州是有名的好地方，她也跟着他高兴，一定要过个热闹年。

到了大年三十这天，一大早，天就下起了鹅毛大雪。闰之道：“今日过年，天又下雪了，衙门里也该歇息一天吧？”

苏轼一脸苦笑，说道：“夫人，真对不起，别人歇，我可歇不了。”

闰之道：“为啥子嘛？”

苏轼道：“你想，可能我今天要审要判的狱囚中，又有好多是该释放的。如果我歇一天，那些人就不能回家过年了！”

王闰之无奈，帮他穿上棉袍，吩咐墨郎随去。

苏轼道：“不用。”

她只好心疼地看着他独自脚步匆匆地向官厅走去。快到晌午时，闰之打发墨郎把午饭送往官衙，并一再嘱他告知官人，晚上早点回家吃团圆年饭。

然后整个下午，她都在厨房里忙上忙下。她要弄几样苏轼爱吃的菜肴，让他多喝几杯酒，自己也陪他喝上两杯……

等她做完这一切，浓重的暮色已笼罩西湖，天渐渐黑了下来，湖边净慈寺的晚钟早已响过，可是还不见丈夫的影子。

“这个墨郎，也不先回来说一声。”闰之心里说。

其实，此时墨郎正在焦急地等待主人，已经催过他好几次了。

原来，苏轼正在审查一桩疑案。看案卷，原告周某控被告刘某欠钱四百缗不还。刘某极称冤枉，因为他不识字，更没有写过借据；但周某有刘某的借券两张物证：正月借二百，四月又借二百。

苏轼感到此案蹊跷：原告富甲一方，而被告家中贫穷；富人讹穷人，天下哪有这号怪事？大概刘某欠钱是真。

审问中，原、被告各执一词。

苏轼命人把两张借据拿来，在灯下审视再三，就看出了其中破绽，他一拍惊堂木，斥责原告道："你好大的胆子，竟敢凭空诬告他人！"

周某道："他借钱是真，现有借据为证，怎说是诬告？"

苏轼问："是谁写的借据？"

周某道："请人代笔，但他画了押的。"

苏轼冷笑一声，问道："这种'十'字哪个不会画？这两张借据，一张是正月，一张是四月，对不对？"

周某应道："对的。"

苏轼道："两张借据用的是同样纸张，纸的大小厚薄完全相同，且纸纹相连，裁口相合，明明是同时写的两张借据，不是假的是啥子呀？"苏轼乡音未改，发问总是说"啥子呀"？

周某无言以对。

苏轼道："你因何造假借据讹诈别人？从实招来！不然将判你重罪！"

周某见事被说破，不得已招出真情。原来刘某家有祖遗山场，据风水先生说，那是块宝地。周某想据归己有，于是设计陷害刘某。

此事真相大白，苏轼令衙役将周某收监候判，当即释放刘某，对他说："快回家过年去吧！"

处理完这桩诬告陷害案，将卷宗理清存档，已是子时三刻了。上任第一年，他未能与家人团聚，却让蒙冤的百姓回家团圆了，感到很欣慰。当天夜里，他还作了一首诗，前四句是：

"除日当早归，官事乃见留。执笔对之泣，念此系中囚。"

上任伊始，苏轼接连处理了多个案件。一个绸缎商人，控告一个小市民，欠他绫绢钱二万钱，拖延已久不还。原告、被告都已到堂，苏轼开始审案。他先问原告事情缘由及经过，又接连问被告："欠钱是真的吗？""既真为何不还钱？"被告答道："我家祖传以制扇为业，不料家父病故，又连遇雨天，扇子卖不出去，故还不上钱，请大人宽限。"……

宋人何薳所著的《春渚纪闻》中，记载了这则在审理此案中的故事：

先生临钱塘日，有陈诉负绫绢钱二万不偿者。公呼至询之，云："某家以制扇为业，适父死，而又自今春以来，连雨天寒，所制不售，非故负之也。"公熟视久之，曰："姑取汝所制扇来，吾当为汝发市也。"须臾扇至，公取白团夹绢二十扇，就判笔作行书草圣及枯木竹石，顷刻而尽。即以付之曰："出外速偿所负也。"其人抱扇泣谢而出。始逾府门，而好事者争以千钱取一扇，所持立尽，后至而不得者，至懊恨不胜而去。遂尽偿所逋，一郡称嗟，至有泣下者。

苏轼为制扇人作画题字，完全是为了同情索款者和欠款者，为民解纷解忧，这样的官吏实在难得！

另一件案子是官府逮捕了一个读书人，他的罪名是冒苏轼之名给苏辙邮去两件大行李，欺诈偷税。这还了得，造假造到副宰相（苏辙）与杭州通判（苏轼）的头上！审问时，被告说："我叫吴味道，是南剑州人。乡里人知道我家穷，又支持我赶考，他们集财物三百匹纱供我做盘缠。我知道带纱一路要抽重税，便想了这个点子……"苏轼听后为成全他便"弄假成真"，命小吏撕掉封签，亲笔写上新的更醒目的封签，还给苏辙写了封短信。后来，此人终于考上了进士，专程赴杭向大恩人苏轼致谢。

再有一件是裁判两个歌妓从良的故事。一次有两个官妓分别向太守提出申诉：一个名叫郑容的要求"脱籍"（在官妓册上除名），一个叫高莹的请求"从良"。苏轼提笔写了一首《减字木兰花》词：

郑庄好客，容我尊前时堕帻。落笔生风，籍籍声名不负公。　　高山白早，莹骨冰肌那解老？从此南徐，良夜清风月满湖。

当此词交给两妓时，她们茫无头绪。苏轼说：交给管你们的教坊官员，便能如愿。原来，此是一首"藏头词"：上联是"郑容落籍"，下联是"高莹从良”。属吏心领神会，照此办理。

直到临近清明，苏轼才把几年的积案理清；一万七千多名待决囚犯，只有两百多名判了刑，其余皆尽行释放回家。他还平反了两宗冤案。

一宗是杀人案，被前任知州、通判定为“秋后处斩”；申报刑部，刑部有疑，未准，令重审。苏轼仔细审讯查问，弄清了真相：竟是原告杀人，却诬赖被告，又疏通知州、通判，造成冤狱。另一宗是豪门兼并土地案，经调查属实。苏轼将那依仗权势、欺压平民百姓的恶霸处以脊杖三十，罚银百两。那豪强姓李，家族中有人在京城做官，发誓要报此仇。

州衙一位判官私下对苏轼道：“那人颇有些来历，通判该慎重些。”

苏轼问他：“难道置朝廷法度于不顾？”

富豪颜益、颜章危害一方，不但经常扰民，还带人挟制官员，且拒绝纳税。苏轼将他们逮捕，按照常规法律只要罚款、勒令他们以后不许逃税便可，但苏轼认为留着这两个人，杭州城必不安宁，于是法外将其刺配牢城，为民除害。

这时，沈立来了。老知州说：“苏通判敢于秉公执法，可敬可佩。但当今之世，小人多，君子少。子瞻，以后还是不要大意呀！”

苏轼道：“我也知道，这种事一定会结下怨仇，但事到临头，我不能让良心受到谴责……”

沈立道：“此事已经过去，我们就不说它了。你来杭州两个月，天天从早到晚，忙于公务，也该好好歇息几天了。”

沈立此话，正中苏轼下怀，老知州对助手可谓体贴入微啊！还没等苏轼应声，沈立又道：“子瞻可知明日杭州城有个盛会？”

赏花游湖，初显词才

“啥子盛会？我啷格不晓得？”苏轼一听知州沈立的话便高兴起来。

“我没告诉你，你自然不知。”沈立道。

“啥子盛会嘛！还瞒我呀？”

“你可知这杭州城里有座吉祥寺？”

“吉祥寺啥子事嘛？别卖关子了，快说呀！”

“明日是吉祥寺观赏牡丹花会，你全家老小跟我一起去吧！”

……

三月二十三日，吃过早饭，苏轼与沈立在两百多名僚属隶卒簇拥下，去吉祥寺观赏牡丹。

这杭州城里城外，寺院众多，大小数百处。名气大的有灵隐、天竺、普济、兴国、广化等十几处。吉祥寺在安国坊，寺院虽不著名，牡丹园却是杭城之冠。杭州百姓风闻州里的长官要去参加一年一度的牡丹大集，又听说新来的通判是四海闻名的大才子，还断案如神，便都相跟着去瞧热闹。一路上熙熙攘攘，待到达吉祥寺时，随观者已达数万之众，把个安乐坊近处，挤了个水泄不通。

此时，吉祥寺僧人都披上袈裟，吹吹打打，大开山门，迎接贵客。

苏轼随众人进入寺内，来到牡丹园，果见花圃中各色牡丹正绽蕾怒放，有魏紫、姚黄、徐红、谢白，还有鹦哥绿、飞来红……真个是国色天香，争芳斗艳。

寺中僧人选摘了十几朵含露的大花，送给州里的长官。一个年轻的书吏挑了一朵，要插在沈立头上，老知州连忙躲开，笑着说道：“老头子头上簪花，不把人笑死，自己也早该羞死了！”

那年轻人又拿花要往苏轼头上插，并说：“苏大人年轻，插一朵吧！”

苏轼道：“好花应插少年头。我也老了，花儿戴在头上，也会害羞的。”

此时，一些拥挤在园外的百姓，因为进不得门，便大吵大嚷，闹翻了天。

苏轼问寺中住持：“此花园可另有门径出入？”

住持道：“有一后门通众安桥街。”

苏轼道：“何不大开前门、后门，让要进园观赏牡丹的百姓前门进来，后门出去。”住持依言，吩咐寺僧按苏大人说的去办，果然众人依次从前门进园，观花后从后门出去，再也没有吵吵嚷嚷的了。这一主张，是苏轼一贯的“与民同乐”思想的反映。

苏轼正玩得高兴，忽见墨郎急急忙忙跑来，在他耳边说了声：“夫人要生了!”苏轼对沈立道:“家里有事，我先走一步。”

沈立道:“子瞻，不要忘记作诗。”

苏轼离了吉祥寺，一路见百姓家家户户高挂珠帘看热闹。回到家，乳母任采莲兴高采烈地告诉他:“大郎，生了，母子平安。恭喜!恭喜!”

苏轼来到床边，见闰之正闭目养神，看她那美丽的面容，竟有几分憔悴。心想：女人生孩子太苦了，以后……

王闰之醒来了，苏轼握着她伸过来的手，在床边坐下，说道:“我们以后不再生了。”

闰之道:“不，我还要个女儿呢!”

苏轼笑道:“你不怕呀?”

“女人总得生孩子，不怕！与其老来寂寞凄苦，不如年轻时吃点苦。”闰之嘟嘟嘴说。

苏轼哈哈一笑:“那就生他十个八个的!”

闰之嗔他:“看你，我又不是猪婆!”

苏轼不禁仰面开怀大笑起来，但他一眼瞥见摇篮里那初生婴儿正在睡觉，忙止住笑，向闰之伸了伸舌头，走出房来。

第二天，沈立见了苏轼，先道喜，后索诗。

苏轼问道:“啥子诗嘛?”

沈立道:“我说过的，观赏牡丹之后，不可无诗。”

“哎哟！我忘记了!”苏轼拍了拍脑门。沈立道:“那不行!”

苏轼道:“那好，我现在写。”

沈立命人取来纸笔，苏轼略一思索，写下七绝《吉祥寺赏牡丹》一首：

人老簪花不自羞，花应羞上老人头。
醉归扶路人应笑，十里珠帘半上钩。

沈立看了，点头道:“果然才思敏捷，名不虚传!”

苏轼道:“原来大人你是考我呀!”

沈立道:“不敢！不敢！常听人说，子瞻即席吟诗，信手拈来，便成绝唱。老夫只想试一试真假。”

夏初，西湖上荷花盛开。苏轼对闰之道：“你已经满月了，我近日衙中也没啥子大事，明日我陪你去游西湖如何？”

闰之道：“阿弥陀佛，那还不好！我早就想去湖上耍了。”

第二天，恰好州学放假，苏迈、苏迨便也跟了去。苏轼叫墨郎抱了满月不久的过儿，他们一到湖边，就有一群衣着入时的船娘来招揽生意。

苏轼挑了一只装饰雅致的花篷船。船上母女二人，捧出几个盘子，有花生、瓜子、莲藕……还有酒和炸鸡、海鲜之类下酒菜。她们问客人要去哪些地方，苏轼道：“就在湖上荡着耍子，到处看看。”听客人这样一说，母女二人便轻摇桨，慢划船，缓缓向湖心划去。

到了湖心亭，大家都上了岸。那亭子三面荷莲，一面有泊舟之处。时已晌午，船家母女端来饭菜，一家人在亭子里吃完午饭，重又上船。

午后，天气转热，幸亏小船四面全敞，习习湖风吹散了蒸人的暑气，又送来一阵阵荷莲的清香。

苏轼斜躺在一张靠椅上，感到“舟摇摇以轻飏，风飘飘而吹衣”的惬意。

少时，又隐约听见似是来自天外的丝竹管弦之声和清脆婉转的歌唱，真有点飘飘欲仙之感，便问斜倚榻上的王闰之：“好听吗？”

闰之正听得入神，见问便道：“唱得真好！”

苏轼道：“你也唱两句。”

闰之道：“我不会唱。”

苏轼道：“不对，我听你唱过的。”

闰之羞红着脸急了：“那是人家一个人躲着唱的！”

苏轼道：“好，好，不唱就不唱。”又转面对那年约十八九岁的船姑道：“姑娘，我知道，你们船家都会唱，你唱一段吧。”

那姑娘道：“我唱不好。”

苏轼道：“好不好没啥子关系，只要大家高兴。”

那姑娘大大方方地唱了一曲柳永的名词《望海潮》。

船姑见苏轼叫好，又唱了一段：

乍暖还轻冷，风雨晚来方定。庭轩寂寞近清明，残花中酒，又是去年病。　　楼头画角风吹醒，入夜重门静。那堪更被明月，隔墙送过秋千影。

正唱着，天下起雨来。待唱完，雨也住了。

苏轼道：“你方才唱的，是张子野的《青门引》。只是这闲愁怨绪，太闷人了。我教你唱一曲他的新作可好？”

姑娘道：“大人教我，那还不好！”

苏轼问她：“你识字吗？”

姑娘道：“识得几个。”

她母亲接过话头：“我姑娘读过好几年书呢！”

正说着，忽见一叶小舟，从船后飞快驶来，待两船相近，那边船上，一位戴乌角巾、着海青衫的白发白须老人向这边大声问道：“船上可是苏子瞻学士？”

苏轼一看，并不认识，便道：“不敢，晚生正是苏轼，不知长者尊姓大名，因何……”那老者一步跨过船来，苏轼赶忙扶住。

老人道：“老朽张先……”

苏轼没等他说完，连忙抱拳行礼道：“原来是子野前辈，恕晚生失敬失礼了！”

张先，字子野，湖州人，天圣八年（1030）四十一岁时，与二十四岁的欧阳修同举进士，做过几任地方官。四年前七十五岁，以尚书都官郎中致仕，居家湖州，却时常往来于湖杭之间。

苏轼请张先坐下，说道：“适才姑娘在唱子野翁的《青门引》，刚唱完，你便来了。”

姑娘道：“苏大人说太闷人，要教我唱一首别的。”

苏轼道：“正要教她唱你的近作《木兰花》。”

张先问他：“你也见过？”

苏轼道：“不只见过，还能背下来。‘龙头舴艋吴儿竞，笋柱秋千游女并。……中庭月色正清明，无数杨花过无影。’赛舟游春的欢娱，月下池院的幽静，一派生机！真乃千古名句！”

张先道：“我读过子瞻许多诗，也见过你的《蝶恋花》：‘花褪残红青杏小……’真是好极了！”

苏轼道：“我很少填词。”

“你是天生的词客，何不自己多填几阕？却偏叫她们唱老朽的拙作。”

苏轼道：“我觉着自晚唐五代以来，词多偏于香软闺音，华贵艳体，专事抒发男情女爱，别怨离愁，词的路子太窄，天地太小了！”

张先道：“子瞻说得有理，词的天地确实太小。其实，它应当与诗一样，海阔天空，无所不在。只可惜，老朽已无能为力，全仗你了！”

两人正说着话，忽闻湖上传来音乐之声，十分动听。那乐声越来越近，只见一只彩舟迎面驶来，舟中男女数人，皆艳妆丽服，纵情欢笑。独有一佳丽，风姿绰约，文静娴雅，正默然端坐，鼓弄秦筝。那凄凉哀婉之音，如传说中湘水女神娥皇女英在倾诉哀伤，动人心魄。

苏轼正闭目凝神静听，筝音却渐渐淡远，睁眼看时，彩舟已无踪影。

却见一双白鹭，不知从何处飞来，落在湖边浅滩觅食。他灵机一动，对张先道：“子野翁促我填词，如今有了《江城子》一阕，请予斧正。”

张先道：“快写出来！”墨郎送上纸笔，苏轼写道：

凤凰山下雨初晴，水风清，晚霞明。一朵芙蕖，开过尚盈盈。何处飞来双白鹭，如有意，慕娉婷。　　忽闻江上弄哀筝，苦含情，遣谁听！烟敛云收，依约是湘灵。欲待曲终寻问取，人不见，数峰青。

张先读完，不住口地称赞：“好！太好了！”

苏轼把笔递到张先手中，说道：“子野翁也填一阕吧！”

张先道：“有了你这一首，我老头子……”他把笔放下，“只好搁笔了。”

这首词的传说，北宋张邦基作的《墨庄漫录》有载：

苏轼与张先同游西湖，湖中过一彩舟，有美女弹筝，二人目送彩舟远去。此词描绘了雨后初晴，西湖上佳人美景相映成趣的画面，浅显有趣。词人将佳人比作芙蕖，又将二人比作双白鹭，戏言二人目送舟行时的专注之情，令人不禁莞尔。

这首词是苏轼的早年词作，够不上他的代表作。词中主要是写湖上所见，结尾是化用唐人钱起“曲终人不见，江上数峰青”的意境。

宋初的词人，作品主要是自然清新的小令，内容大多是男女爱情，所以苏轼早期并未用这种文体写过有影响的作品，也没有下功夫创造和突破。直到他贬到杭州任职与老前辈张先相识后，好学的苏轼当然要虚心请教他，张老先生也抗颜为师，对这位高才诗人学习作词进行了指导，并成为忘年交。他们之间交往还有许多趣闻逸事，且举一例：

张先活得潇洒，健康长寿，八十岁了却老当益壮，娶下一个十八岁的黄花闺女做小妾。苏轼与一帮词友相约来到张先家道贺，张先趁着高兴劲张口就来一首美滋滋的言情诗：

我年八十卿十八，卿是红颜我白发。
与卿颠倒本同庚，只隔中间一花甲。

瞅着老张头那个自豪劲，苏轼脱口和上一首打油诗：

十八新娘八十郎，苍苍白发对红妆。
鸳鸯被里成双夜，一树梨花压海棠。

这首打油诗极具诙谐调侃之意，尤其是结束句“一树梨花压海棠”，堪称点睛之笔。梨花色白，比喻白头老翁张先恰到好处；海棠红艳，形容娇艳欲滴的年轻女子别有一番神韵。一句话把个老夫配少妻的情景图描绘得惟妙惟肖。

湖山胜景，新诗迭出

自古以来，士人感叹：良辰美景，赏心乐事，四者难并。苏轼到杭后，在美景、佳肴与情趣相投的朋友们众星拱月似的环境下，享受到了人生快乐的高境界。

苏轼的官宅在凤凰山半腰，于西湖之侧，不仅可以昼夜望湖，观四时景色，而且可以闻到湖上轻柔悦耳的萧歌之声。苏轼对杭州的美好印象，当然最迷恋西湖，离开多时想起来依然怦然心动。他到密州后有《怀西湖寄晁美叔同年》诗曰：

> 西湖天下景，游者无愚贤。浅深随所得，谁能识其全。
> 嗟我本狂直，早为世所捐。独专山水乐，付与宁非天。
> 三百六十寺，幽寻遂穷年。所至得其妙，心知口难传。
> 至今清夜梦，耳目余芳鲜……

在这首诗中，我们可以看到他的审美观念：“浅深随所得，谁能识其全”“所至得其妙，心知口难传”。而明人汪珂玉在《西湖拾翠余谈中》说：“西湖之胜，晴湖不如雨湖，雨湖不如月湖，月湖不如雪湖……能真正领山水之绝者，尘世有几人哉?”看来这段议论有嫌武断，且审美观缺少辩证。苏公比他早生几百年，他就是“能真正领山水之绝者”嘛！更有苏公诗中对西湖的四时昼夜、晴阴雨雪、淡妆浓抹各种景色都作过出色描绘，认为各有好、奇之态“总相宜”。

这首“怀西湖”诗中又可透视苏轼胸中所郁结的无可奈何：“嗟我本狂直，早为世所捐。独专山水乐，付与宁非天。”在他正年壮气盛，想为国家黎民建功立业之时，谁希望整天游山玩水、消磨时光？可是报国无门，自己跟皇帝和掌权的大臣的治国思路皆相反，既然无法治国平天下，那就痛快地寄寓于山水之乐吧！

对美丽的西湖远望不如近观。望湖楼，在西湖昭庆寺前，五代时钱王所建。熙宁五年（1072）六月二十七日，苏轼与朋友在望湖楼中，畅饮美酒，欣赏眼前之景色，在醉态之时，信手涂抹便成好诗《望湖楼醉书五绝》（选三首）：

其　一

黑云翻墨未遮山，白雨跳珠乱入船。
卷地北风忽吹散，望湖楼下水如天。

西湖夏日阵雨，景物天气变幻莫测，苏轼仅用二十八个字便将此风光生动地加以再现。前二句展现暴雨倾注画面，天宇如“黑云翻墨”山形隐约；湖面是“白雨跳珠”乱入船来，既紧凑直观，又撩拨人心。此诗用白描手法，错落有致，色泽鲜明，宛如一幅丹青高手笔下的水墨画。更深的寓意是：这乍雨乍晴的天气，就像眼前的政治风云，来得快，去得也快，疯狂一阵后，却雨霁日出，湖面平静，水天一色，清丽可人。这是苏轼游西湖的第一首好诗。

其　二

放生鱼鳖逐人来，无主荷花到处开。
水枕能令山俯仰，风船解与月徘徊。

宋真宗天禧四年（1020），太子太保判杭州王钦若奏以西湖为放生池，禁捕鱼鸟，为皇帝祈福延寿。此诗首句便是写此故事。西湖的荷花本是一景，南宋的杨万里，曾在《晓出净慈寺送林子方》一诗中盛赞：“毕竟西湖六月中，风光不与四时同。接天莲叶无穷碧，映日荷花别样红。”

苏轼诗中后两句更是绝妙，写躺在船里看山，不觉船在随波起伏，只见群山忽上忽下，只因人在船上，以水为枕。月夜船随风飘荡，似伴随月亮徘徊。

其　五

未成小隐聊中隐，可得长闲胜暂闲?

我本无家更安往，故乡无此好河山。

此首用了好几个故典。首句关于小隐与中隐，有王康琚《反招隐》诗：“大隐隐朝市，小隐隐薮泽。”白居易《中隐》诗：“大隐住朝市，小隐入丘樊。丘樊太冷落，朝市太嚣喧。不如作中隐，隐在留司官。”这句即用其语意。次句，白居易又有诗：“偷闲意味胜长闲。”苏轼反用其语意，意思是：怎能得到长久闲居，胜过这短暂的偷闲呢？

后二句他并没有一味认定“谁不说俺家乡好”，觉得此地某些风光比四川眉山还强，更不待说，我这个狼狈之人，本来就无家安往，所以在就此安享生活吧！

苏轼在望湖楼写了五首，还不尽兴，不久又登望海楼再作七绝五首（选二首）：

其　一

海上涛头一线来，楼前指顾雪成堆。
从今潮头君须上，更看银山二十回。

此诗以汹涌的钱塘江大潮为开端，气势宏大，生动逼真。潮头起时，水天相接如一线，奔腾至楼前则波涛滚滚恰似成堆的白雪。阳光下浪潮泛着银光，不正像一座座银山？

其　二

横风吹雨入斜楼，壮观应须好句夸。
雨过潮平江海碧，电光时掣紫金蛇。

潮水涌来时又横风吹雨，如此壮观应有好句相夸。只是世间万物变幻莫测，转眼间，雨过潮平，仅远处有几道闪电如金蛇一样滚动，令人遐想无限。

杭州特别是西湖的诗情画意在苏轼的笔下得到了最完美最传神的描绘，

突出表现在他又写下《饮湖上初晴后雨》二首：

其　一

朝曦迎客艳重冈，晚雨留人入醉乡。
此意自佳君不会，一杯当属水仙王。（自注：湖上有水仙王庙）

其　二

水光潋滟晴方好，山色空濛雨亦奇。
欲把西湖比西子，淡妆浓抹总相宜。

近代评论家陈衍在他的《宋诗精华录》中说苏轼“西湖比西子”的比喻，“遂成为西湖定评”。这首诗之所以成为定评，是因为它经住了时间的考验，得到了中外各地读者的普遍赞同。从这个意义上说，它又超越了空间。清代评论家王文诰在他的《苏文忠公诗编注集成》中说此诗“前无古人，后无来者”，可以从这里去深入理解。从此，“西子湖”成了西湖的别名。苏轼似乎很自负，所以把它的词意几次三番的用：“水光潋滟犹浮碧，山色空濛已敛昏。”（《次韵仲殊游西湖》）；“祇有西湖似西子”（《次前韵答马忠玉》）。

每次游湖，苏轼总是流连忘返，常常到深夜才恋恋不舍地踏上归途。就像他的老师欧阳修一样，苏轼好酒，但“饮少辄醉”，他在《湖上夜归》诗中写道：

我饮不尽器，半酣味尤长。篮舆湖上归，春风洒面凉。
行到孤山西，夜色已苍苍。清吟杂梦寐，得句旋已忘。
尚记梨花村，依依闻暗香。入城定何时，宾客半在亡。
睡眼忽惊矍，繁灯闹河塘。市人拍手笑，状如失林麞。
始悟山野姿，异趣难自强。人生安为乐，吾策殊未良。

此诗作于熙宁六年（1073）的春天，诗中“春风”句可见证时令。在苏轼诗作中，这首诗别开生面，是诗人的一篇生活速写。

在杭州任职期间，一年一度有两件令举城兴奋的大事：其一是春天里赏牡丹，其二是八月十五钱塘江观潮。每到赏花观潮之日，杭州城里万人空巷，热闹非凡。赏牡丹前文有述，而观气势非凡的大潮，性格豪爽的苏轼尤其心驰神往。

中秋之夜，满月的清辉普照着大地，将自然界的一切都抹上一层柔和的银白色，江上秋风带着丝丝寒意，人们呼朋唤侣，倾城而出。在这个特殊的日子里，城门大开，直到深夜也不闭锁，便于百姓尽兴观潮。

这一天，苏轼与知州一行前来江边观潮。只见落日斜照，江边早已聚集了众多观潮者。欢声笑语，好不热闹。数百名弄潮儿，手持红旗，精神抖擞，跃跃欲试。忽然，远处江面上出现一线银白，顷刻之间，潮水汹涌，如成堆的积雪扑面而来。震天涛声，仿佛当年东晋大将王濬率军攻打吴国，数万士兵齐声怒吼，顺流而下，直取吴都建康……观潮人群霎时被大自然的威力惊得目瞪口呆，鸦雀无声。惊涛拍岸，直插云霄，江畔巍巍青山已隐没在浪花之中……苏轼心潮澎湃，纵笔作《八月十五日看潮五绝》，其中之二、之四、之五写道：

其　二

万人鼓噪慑吴侬，犹是浮江老阿童（王濬小名）。

欲识潮头高几许，越山浑在浪花中。

其　四

吴儿生长狎涛渊，重利轻生不自怜。

东海若知明主意，应教斥卤变桑田。

其　五

江神河伯两醯鸡，海若东来气吐霓。

安得夫差水犀手，三千强弩射潮低。

此组七绝，以钱塘江海潮为中心，多角度地写景、议论、抒情，足见作者写诗风格。第二首即以两比喻写海潮的声势，场面宏阔。第四首则为作者体恤民情之作。最后一首融历史神话和现实于一体，总结全诗，收笔有力、老练。

救灾医疾，心系苍生

元祐四年（1089）七月，苏轼以“两浙西路兵马钤辖龙图阁学士”的官衔知杭州，此时距他离开杭州已经整整十五年了。

苏轼上次在杭州任职是当知州的副手，此次莅杭则身为独当一面的地方长官，而且他刚到任便面临着十分严峻的形势，于是暂时收敛吟赏湖山的雅兴，一头扎进处理政务的辛劳。

这一点，古今都是一样的，正职全盘负责，副职是正职的助手，对正职负责。上次赴杭，既官小，又带副，吊儿郎当干干，写写诗，落得自在。这次不同了，身在其位谋其政，万家忧乐在心头。

原来本年浙西多灾，东坡所管辖的浙西七州——杭州、湖州、秀州（今浙江嘉兴）、睦州（今浙江建德、桐庐间）、苏州、常州、润州，去冬今春水涝不止，早稻未能下种。五六月以来又连续干旱，晚稻也收成无望。

粮食歉收，米价飞涨，七月的米价还只有每斗六十钱，到十一月已猛涨到每斗九十钱。照这种势头发展下去，后果不堪设想。

苏轼向父老了解情况，得知熙宁八年（1075）这里曾闹过一场严重的饥荒，当时米价涨到每斗两百钱，官府救灾不力，仅杭州地区就饿死五十多万人，以至于杭州城里至今都觉人口稀少。父老说着当年的惨状，不由得流下泪来。

苏轼听了恻然心动，他非常担心悲剧重演，便立即上奏朝廷，申报灾情，请求缓交浙西七州的上供米。他在《奏浙西灾伤第一状》中在报告了灾情、粮荒及百姓困境之后道：

> 今来浙西数州米既不熟，而转运司又管上供年额斛斗一百五十余万石。若两司争籴，米必大贵，饥馑愈迫，和籴不行，来年青黄不交之际，常平有钱无米，官吏拱手坐视人死，而山海之间，接连瓯闽，盗贼结集，或生意外之患，则虽诛殛臣等，何补于败。以此，须至具实闻奏。

他又上奏请求赐予僧尼度牒二百道，来为救灾筹集款项。因两浙转运使叶温叟分配度牒数额不公正，苏轼又上奏力争。按照当时的定价，出让一道度牒可得钱一百三十贯，折合大米二百石以上，所以东坡要为本州据理力争。为了及时筹集救灾粮，东坡又上奏请求从没有遭灾的邻近地区收购粮食，并减免运粮船只的税项“力胜钱”，来鼓励船户积极运粮。苏轼又上奏请求将减免的上供米及义仓里的存米在饥荒的时节投放市场，来平抑粮价。为了救灾，苏轼接连呈上七道奏本，筹划救灾的各项事宜，丝丝入扣，巨细无遗。

不但如此，苏轼还分头给太师文彦博、宰相吕大防等当朝大臣写信，敦请他们关注浙西灾情。苏轼还与邻近各州的官员们商议对策，讨论救灾的书信往来不绝。由于苏轼领导有方，虽然这次水旱之灾的严重程度并不亚于熙宁八年，但杭州的米价一直保持平稳，百姓也得以平安度过灾年，全州没有一人饿死。

苏轼在杭州救灾的事迹，得到杭州百姓的热情讴歌，却因此被政敌贾易攻击为“以邀小人之誉”。贾易奏弹苏轼说：“如累年灾伤，不过一二分，轼则张大其言，以甚于熙宁七、八年之患。彼年饥馑疾疫，人之死者十有五六，岂有更甚于此者?”

在贾易看来，只有饿死无数百姓，才算是真的灾荒；像苏轼那样努力救灾使百姓免遭饿死，便不算灾荒了。这种丧心病狂的无耻谰言，恐怕只有深陷于门户私见的贾易才说得出口。

与贾易相反，后人对苏轼的救灾大加赞誉。

元祐六年（1091）三月，东坡被朝廷召还。他在还京途中经过润州，发现那里的米价高达每斗一百二十钱，心有隐忧，就写信给接任杭州知州的林希，叮嘱他一定要继续关注饥荒。南宋淳熙年间，朱熹把东坡的这封信刻成石碑，树立在浙东常平司的官廨里，让官吏们有所借鉴，还称赞它是“仁人之言”。论人甚为苛刻且对东坡颇有偏见的朱熹尚有此论，可见公道自在人心。

祸不单行，饥荒之后往往有疾疫流行。元祐五年（1090）春季，杭州便出现了流行性疾病。在没有任何公共医疗设施的情况下，人们只能坐以待毙，满城人心惶惶。

苏轼忧心如焚，急切地招募医生和懂得医术的僧人，由官吏带领着一个街坊一个街坊地走遍了杭州全城，向百姓施舍药剂。

苏轼还捐出他的密友巢谷所传授的民间秘方“圣散子”，这个秘方只需用普通的廉价药材配制，每贴药只需花费一文钱，却具有神奇的疗效，尤其能防治流行性疾病。

苏轼自费采购了大量药材，命人在街头支起大锅，煎熬了大量的“圣散子”汤剂，让过往行人每人服用一大盏，治愈病人无数。

一场可怕的瘟疫终于得以遏止，但苏轼考虑到杭州是个四通八达的大都会，人来人往，特别容易传播疾病，于是决意创立一所常设的医院。他拨出公家积余的钱款二千贯，又捐献出自己积蓄的五十两黄金，在众安桥建立了一所病坊，取名“安乐坊”。

他延请懂得医道的僧人坐堂治病，并在每年春天熬制“圣散子”免费发放给百姓，以防止传染病的流行。对于医术高明、三年之内治愈病人达千人以上的僧人，即由官府奏请朝廷赐给紫衣以示褒奖，因为紫衣原是僧官才有资格穿的衣服。

苏轼还下令每年从地方税收中拨出一些经费来维持病坊的日常运营，从此安乐坊就成了杭州的常设性官办医院。后来这所病坊搬迁到西湖边上，改名为“安济坊”，直到苏轼去世时还在正常地运营。

“安乐坊”堪称中国历史上最早的一所面向公众的官办医院，它的创始人就是胸怀仁慈之心、千方百计解除百姓病痛和疾苦的苏轼。

苏轼兴趣与交往都很广泛，他虚心地向具有医学知识和治病技能的人学习，还非常留心搜集民间的药方，并亲自采药加以试验。

《苏沈良方》是收录苏轼与沈括二人所存良方的一部珍贵的医药学著作。该书十八卷，《拾遗》二卷，共二十卷，全书书写记录了一百八十余副药剂。《四库全书》提要中说：“宋士大夫通医理，而轼与括尤博洽多闻。其所征引，于病症治验，皆详其状，凿凿可据。其中如苏台香丸、至宝丹、砖石丸、椒朴丸等类，已为世所常用，至今神效。即有奇秘之方，世不恒见者，亦无不精妙绝伦，是资利济。”可见，《苏沈良方》是实用价值很高，在历史上就被承认的著名药书。

浚湖理水，政绩永留

苏轼二度上任杭州为官，他发现，这绝色佳丽般的人间天堂，她那曾经落雁沉鱼的眸子——西湖，他曾贴切地比作“淡妆浓抹总相宜”的西子，已沦落为衣衫褴褛、蓬头垢面的村妇了。苏轼看到西湖“有必废之渐，有五不可废之忧”，觉得首要大事，就是为这西子娇娘重新美容。

元祐五年（1090）四月的一天，他的知州府内的公差急急忙忙地进来报告:“苏大人，不好了，衙门口来了一群老百姓，吵吵嚷嚷的说要见知州。”

“他们有啥子事，要直接找我?”

“不晓得内情，只听到有几个老百姓嘴里在说，请大人赶快抢救西湖。”

“有多少人?”

“估计有一百多人。”

“把衙门打开，我亲自去见他们。”

苏轼知道，十多年前他在杭州任通判时，湖面的葑草已占十之二三，如今则有将近一半的湖面被葑草堙塞。每逢干旱季节，湖水变浅，水草疯长，湖面上便会出现大片的葑田，苏轼的忧思也是杭州百姓的忧思。

苏轼出现在老百姓面前后，前来的人都欢呼雀跃，他们见苏轼和善亲切，胆子更壮了，一个飘着白须的老者上前禀告道:“知州大人，我们代表杭州的百姓，请求知州领导民众疏浚西湖。西湖不仅是游览胜地，而且关系到运河通航和农田灌溉，是千万生灵赖以为生的衣食之源。近年来葑草滋生，水面缩小，再过十年二十年，西湖就不复存在了!”

父老们的一番话，更坚定了苏轼治理西湖的决心。苏轼当众表态说:

“杭州父老百姓的忧思，也正是苏轼的忧思。杭州之有西湖，如人之有眉目，使杭无西湖，如人去其眉目，岂复为人乎?苏轼受皇帝之命，朝廷之托，来杭州任职，理应为百姓造福，如果西湖不浚，任其淤塞，苏轼上负皇恩，下愧百姓，岂有面目于世乎?”

老百姓听了苏轼的这一番话，群情激昂，大家表态说:“只要大人领导疏湖，小民有钱出钱，有力出力!”

老百姓散去后，当天夜里，苏轼毫无睡意，他拿起如椽的大笔，向朝廷上了一份奏折《杭州乞度牒开西湖状》，力陈治湖的必要性和紧迫性，急切之心体现在字里行间。为了牢记苏轼不朽的历史功绩，将此重要文献重要段落加以白话翻译：

杭州有西湖，就像人有眉毛和眼睛一样，决不可废弃。白居易在这里做刺史，当时西湖灌溉农田一千多顷。我朝建立之后，渐渐废弃不加治理，湖水干涸后生出杂草，逐渐化为茭白田。熙宁中叶，我担任杭州通判，湖面上的茭白，不过十分之二三。至今已经覆盖了一半。再过十年，西湖将不复存在。假若杭州没有西湖，就如同人被去掉眉毛和眼睛一样，那还成其为人吗？

我愚陋无知，私下里认为西湖有五条不可废的理由。真宗天禧中叶，已故宰相王钦若首先建议把西湖建成一个放生池，禁止在这里捕鱼捉鸟，以此来为皇上祈祷福祉。如果一旦淤塞，让蛟龙鱼鳖处于干涸之地，臣子坐视不救，于心何忍！这是西湖不可废弃的第一条原因。

杭州这个地方，本是江海故地，泉水咸苦，居民稀少。唐代李泌开始引湖水作六井，自那以后人民的饮水问题解决了，也就逐渐富裕起来，百万人口，靠湖水生活。现在湖面狭窄而水浅，六井渐渐干涸，照这样下去，二十年之后，湖面将化为杂草丛生的沼泽地，则全城人民，将重新饮用咸苦的海水，按情势必然要日益离散，这是西湖不能废弃的第二条原因。

西湖放水灌溉农田，西湖的水位每降低一寸，可以灌溉十五顷地，如果蓄水和排放有节度，则湖边的千顷土地，可以保证不会歉收。在下湖几十里间，茭白、菱角、稻米等等，收获不计其数，这是西湖不可废弃的第三条原因。

西湖水深，则运河就可以从湖里取出足够的水量；如果湖水不足，则只能从江潮中取水。潮涨后，泥沙浑浊，要不了三年，就要调士兵役夫十几万人来开挖疏通运河，这样一来，吏卒骚扰，泥水狼藉，为居民莫大之患，这是西湖不可废弃的第四条原因。

天下酒税收入之多，没有能比得上杭州的，每年收税钱二十多万缗。酿酒所用泉水，要靠西湖，如果西湖逐渐水浅狭窄，地下无水，则只能劳顿人力到远处去取山泉，每年这将耗费不下二十万个劳动力，这是西湖不可废弃的第五条原因。

我谨按照圣上的旨意加价召人交纳钱粮，粮食减价出售以救济灾民，而增减损耗之余，还得到钱粮约计一万多贯石。我又用这些钱粮来招募民工开挖西湖，估计可得到十万多个劳动力。……

苏轼是个勇往直前的实干家，既然这是为民兴利的好事，就决不让它拖延迟缓。就在苏轼上书朝廷的前一天，即四月二十八日，他已经派遣捍江船务的兵士五百人动手铲除葑草，挖掘湖泥。也就是说，在朝廷尚未批准之前，苏轼已经先斩后奏地开始动工了。

开浚西湖文状得到朝廷批准后，苏轼就发动数万民工一起动手，又是除葑田，又是疏湖港。为了筹措必需的经费，苏轼请求朝廷再赐度牒一百道，又调拨了本州救灾积余的一万贯钱和一万石米。至于人力，则充分调动钤辖司所辖兵士，以及驻守杭州的两浙兵马都监刘景文部下的兵士，此外、就雇用灾民中的壮丁，以解决劳动力不足的问题。

杭州水利工程动工后，“吏民踊跃从事，农工父老，无不欢跃”。苏轼亲临现场指挥，面对西湖历史上破天荒的大工程，他心情无比激动，赋《南歌子》抒怀，“古岸开青葑，新渠走碧流”，描绘了兴工时的动人景象。抬眼望去，劳作的人群如蚁蜂攒聚，黑压压一大片，无论朗日高照还是梅雨连天，人们的劳动热情始终不减，工程进展顺利。

一天，苏轼到湖边视察，望着堆积如山的葑泥，向同来的僚属说：“你们看，现在要除掉葑草淤泥，可是，这么多的葑泥，放在哪里好？”大家七嘴八舌议论起来。其中一位叫章衡的官员说：“大人，我很早就考虑过这件事，湖中的葑田有二十五万方丈，淤泥的确无处存放。我想，可不可以在湖中由北到南堆叠成一条长堤呢？堤两边仍是湖，堤上行路，何等便捷！更大的优越性是，游人可以进入湖中央欣赏美丽风光，是一举多得的好事。”

苏轼禁不住拊掌叫好：“对呀，妙哇！此乃由弊变利的绝招！”

原来西湖上原有一道自东至西的长堤，但是南北向却无堤，而环湖一周长达三十里，南往北必须绕湖而行，十分不便。于是苏轼下令用葑草和淤泥在湖中新筑一道由南往北的长堤，葑草、淤泥顿时变废为宝，而且就地取材，省去了运输之劳。

当时就决定在湖中间造一道长堤，宽五丈，长八百八十丈，自大佛头直达净慈寺前，把孤山和北山连接起来。原先绕湖一周要用一天时间，堤筑成后，来往行人要近便多了。大堤的两边栽种杨柳和芙蓉，堤上还均匀地建造了六座单孔石拱桥，分别取名为：映波，锁澜，望山，压堤，东浦，跨虹。人们以后又锦上添花修了九座形状不同的亭，叫做“苏堤亭”，因为几年后接替苏轼任杭州太守的林希给西湖大堤命名，称为“苏公堤”，并把题额刻在石碑上立在亭中。当时有人写诗赞颂长堤“天面长虹一鉴痕，直通南北两山春”。

这样，不但使西湖美景重现人间，还造就出了后来被称为西湖十景之首的“苏堤春晓”之胜景，而且，又兼收蓄水灌田之功，为百姓带来水利之益。

为了保证工程的进度和质量，苏轼干脆在钱塘门外的石佛院里设立了临时办公处，每天都亲临工地进行督察。

有一天，苏轼在筑堤工地上忙碌了半天，饥肠辘辘，中饭没有及时送来，就向民工借了一个粗瓷碗，满满地盛上专供民工食用的陈仓米饭，当众吞咽一空。看到苏太守如此不辞辛劳，民工和兵士们干劲倍增，四个月后，一道新堤便如长龙卧波般地出现在湖上。此堤长八百八十丈，宽五丈，它南起南屏山，北至栖霞岭，堤上建有六座石桥，让湖水在桥下自由流动。又建有九座凉亭，便于行人歇脚、避雨。堤上遍植杨柳和芙蓉，一则美观，二则利用树根巩固堤岸。竣工那天，杭州的百姓倾城而至，秀丽的长堤倒映在镜面般的湖面上，人们无不叹为观止。苏轼也非常高兴，他挥毫作了一首《筑堤》诗：

六桥横截天汉上，北山始与南屏通。
忽惊二十五万丈，老葑席卷苍烟空！

浚湖大功告成后，苏轼又开始谋划如何使西湖长期保持清澈。西湖非常适宜于葑草的生长，只要几年不予清除，葑草势必卷土重来。苏轼听从钱塘县尉许敦仁的建议，下令把原来的葑田全部改成菱荡，租给湖边的农民种菱。原来越人种菱，每年春天都要把水中的藻荇杂草芟除得寸草不留，然后才能下种。这样，葑草的危害就能彻底根除了。苏轼制订了严密的计划，只让农民在湖边易生葑草的区域内除草种菱，并交纳少量租税用作今后管理西湖的费用。又规定种菱不得侵占主要的湖面，为了便于人们识别边界，还在湖中竖立了几座小石塔，明令禁止在石塔内侧的湖面种菱。这就是后人所称的“三潭印月”。

经过一番苦心经营，西湖又恢复了往昔的美丽。苏轼自豪地宣布：“我凿西湖还旧观，一眼已尽西南碧！”千真万确，疏浚后的西湖碧波荡漾，宛如西子姑娘眼波流动的明眸，苏轼这位杭州知州功莫大焉。杭州的百姓在堤上建立了苏轼的生祠，来纪念他们热爱的苏太守。以节孝闻名的徐积作诗赞颂苏公：

翰林岂特文章工，赤心白日相贯通。
先与吴人除二凶，次与吴田谋常丰。
乃与徒役开西湖，狭者使广塞者除。
溉田不知几万夫，其田立变为膏腴。
世世可知无旱枯，吴人衣食常有余。
有余之人善可趋，官司亦可省刑诛。
无穷之利谁与俱，前有白傅后有苏！

虽然贾易之流诬蔑苏轼疏浚西湖是“以事游观，于公私并无利害”，虽然吕惠卿出知杭州时公然毁掉了“苏公堤”的石碑，但这一切都是枉费心机，因为纪念苏轼的丰碑早已铭刻在杭州人民的心里，这是任何邪恶力量也无法毁坏的。

苏堤南起南屏山麓，北到栖霞岭下，全长近三公里，堤宽平均三十六米，沿堤栽杨柳、碧桃等观赏树木以及大批花草。今天，堤的前端，还建有苏东坡纪念馆。

每当春风吹拂，苏堤上杨柳吐翠，艳桃灼灼，长堤延伸，六桥起伏，晨曦初露时，湖波如镜，桥影照水，鸟语啁啾，柳丝舒卷飘忽，桃花笑脸相迎。置身堤上，湖山胜景画图般展开，多方神采，万种风情，任人领略。

笔者于2011年5月为写此书而专程到杭州，请定居在杭州的老同学孙一志作向导，参观了苏东坡纪念馆，并在苏堤漫步。事后，有感而发作了一首《苏堤吟》：

一生颠沛长受苦，横遭谤害德不孤。
若非为民留功业，芳堤何能永姓苏？

当时，杭州的百姓们对苏轼太守这一政绩，无不交口称赞，都说他实实在在是为地方办了一件天大的好事。大恩大德，该如何报答呢？

那天苏轼一开门，哇！这么多的猪肉，差不多都堆积成山了，而且，还都是上好的五花肉，这是怎么一回事呀？原来，人们听说苏轼好美食，最嗜红烧肉，大家都不约而同地想到以猪肉作为春节礼物。

面对眼前这么多的猪肉，苏轼心想，不行，这份巨大的礼物，应该让疏浚西湖的数万民工共同分享才算厚道。他心里喜滋滋的，因为他的红烧猪肉的技术派上了用场。他叫家人把肉切成方块块，用他特别的烹调方法烧制，用酒作调料，烧出了一大锅，叫下属将此作为样板，将肉进行合理分配，按他的烧制方法让民工们都享用。

食者盛赞苏轼太守送来的肉烧法别致，可口好吃。众口赞扬，名声传开。著名的楼外楼菜馆，更是没有放过这道天下绝妙美食菜谱，如法炮制，烹制此菜，以满足天下食客。于是，苏轼首创的这一道美食“东坡肉”流传至今。

苏轼在杭州任上最大的政绩是兴修水利。这是一个包括修缮水井以及疏浚运河和西湖的系统水利工程。杭州近海，江水多咸，居民的饮用水源全靠西湖，可是有许多百姓住在远离西湖的地方，远水解不了近渴。苏轼在十多年前曾协助知州陈襄疏浚六井及沈公井，对杭州的水利胸有成竹。他一到杭州，获悉上述诸井都已淤塞，百姓饮水十分困难，离水源最远的居民甚至要费八九文钱才能买到一斛清水。

苏轼便设法寻访当年参与治井的四位僧人，不料其中的三位已经亡故，只有一个子圭还在世，虽已七十高龄，但精力尚健。苏轼礼聘子圭出来指导修缮诸井。

子圭告诉苏轼说，熙宁年间从西湖引水入井的水管是用毛竹制成的，时间久了便会损坏，不如改用瓦筒来引水，筒外再盛以石槽，这样水流既畅，又能一劳永逸。

苏轼采纳了子圭的建议，把清澈的西湖水源源不断地引入疏浚好的六井，又在北郊较难得水的军队驻地新掘二井，这样全城百姓以及城郊的驻军都能饮到甘甜的湖水，再也不用为饮水而发愁了。

苏轼十分高兴，上书朝廷请求表彰子圭的功劳。由于子圭早已拥有紫衣，苏轼便奏请御赐一个封号以示尊宠，并引用《易经》中“井居其所而迁”的句意，建议赐号为“惠迁”。

朝廷听从了苏轼的建议，百姓从而把其中一口井命名为“惠迁井”，以纪念子圭这位高僧。虽然苏轼居功而不自伐，但杭州的百姓在饮用甘甜的井水时，一定不会忘记他的恩惠。

杭州原有两条运河，茅山河的南端在龙山闸与钱塘江相通，北端则通往大运河；盐桥河则始于西湖，穿城而过，由于钱塘江每天都有海潮倒灌，大量的泥沙被潮水裹挟着泻入运河，连盐桥河的水质也变得浑浊苦涩。官府每隔三五年便要发动民工疏浚这两条运河，不但劳民伤财，而且贪官污吏还乘机勒索百姓。为求淤泥不堆在自家门前，百姓被迫向主事的官吏送礼。每次淘河，都使全城的园圃里淤泥成山，房屋也糟蹋得一塌糊涂，百姓苦不堪言。

苏轼在杭州到任之后，便急民所急，向吏民咨询治河的良策。他很快就接受了精通水利的监杭州商税苏坚的建议，到任三个月后便开工疏浚运河，首先调集兵士千余人，又用以工代赈的方法发动民工数千人，彻底地疏浚两条运河，使河道深达八尺以上。接着又在两条运河相接之处的钤辖司前修建一座水闸，每天龙山闸开闸放水前关闭钤辖司前闸门，不让潮水流入盐桥河。等到潮平水清，再打开闸门，让已经变清的茅山河水注入盐桥河。这样，穿城而过的盐桥河便不会再被淤塞，而且始终清波荡漾。而流经郊野的茅山河即使要疏浚也省工省费，而且不会扰民。

半年之后，疏浚工程全部竣工。全城百姓扶老携幼前来观看，父老们都说从未见过开河这么快，河道又疏浚得如此畅通。从此以后，杭州城里盐桥河两岸的居民随时都有清澈的河水可以享用，而且再也不用忍受淘河的骚扰了。

苏轼在杭州期间还曾与宜兴籍的水利专家单锷商讨吴中水利，向朝廷提出了根治太湖、淞江水患的计划，后来也都没有下文。但苏轼的《进单锷吴中水利书》却成为太湖地区水利史上的重要文献，且足见苏轼为国计民生的良苦用心。

苏轼在杭州知州任上一共才一年零八个月，他几乎是马不停蹄地从事水利工程。元祐六年（1091）二月，朝廷召苏轼还京任翰林学士承旨，苏轼一边上奏请辞，一边抓紧筹划开凿石门运河。原来钱塘江的潮水从海门上溯，势如雷霆，而屹立在江中的浮山正好挡住海潮，洄旋激射，其险万状。浮山所在的江口是由浙东诸州前往杭州的必经之途，每年舟覆人亡，不计其数。经与僚属商议，苏轼决计在钱塘江上游的石门那里开凿一条运河，直接龙山闸口，让过往船只避开浮山之险，从而使浙东诸州与杭州及苏州、秀州之间的货运畅通无阻。苏轼制订了精确的开河计划，估算了所需的经费和人力，还绘制了地图，他把这些资料一并上报朝廷，请求批准动工。两浙的百姓闻讯莫不欢欣鼓舞，认为这是功德无量的好事。可惜苏轼的请求受到朝中政敌的百般阻挠，继任杭州知州的林希又毫无兴趣，这个计划终于胎死腹中。

第八章

密州雅韵

离杭赴密，好友送迎情依依

历史经验表明，官员在一地确是不能任职太久，久必生弊：拉帮结派，任人唯亲，盘根错节，可能成为“土皇帝”……调则利多：能丰富履历，锻炼才干，开创新局，并使各级官吏“苦乐均匀”等。其实，官员定期调任的做法，在宋朝时便实行了。苏轼首次在杭州任通判，知州就换了三位：一位是沈立，一位是陈襄，接任陈襄的是杨绘。

杨绘字元素，四川绵竹人，能诗，尤擅填词，比苏轼年长，二人是大同乡，在京时就相识。杨绘是翰林学士，因上书力陈新法十害，罢知亳州，移应天府。此次实是与陈襄对调。

熙宁七年（1074）六月，苏轼从常、润二州赈灾归来，知州陈襄即将离任。几年来，两人在处理政务时配合默契，而且情趣相投，结下了深厚的友情。分别之际，苏轼满怀离情，写下多首感人肺腑的词作。

> 湖山信是东南美，一望弥千里。使君能得几回来？便使樽
> 前醉倒更徘徊。　　沙河塘里灯初上，《水调》谁家唱？
> 夜阑风静欲归时，唯有一江明月碧琉璃。
>
> ——《虞美人·有美堂赠述古》

有美堂位于城南吴山顶，为嘉祐二年（1057）杭州太守梅挚所建。堂名“有美”，是因宋仁宗赐梅挚诗“地有吴山美，东南第一州”而取。它左临钱塘江，右瞰西湖，是登高览胜的绝好去处。

这里留下他们多少美好的回忆，今天重游，滋味却已不同往昔。良辰美景应该和知心好友共赏，可惜陈襄很快就要离去。苏轼心头涌起难言的悲凄，使君此去，何时方能重来？这句充满深情的问话，陈襄也难以作答，唯有默默无言，狂饮痛醉！夜风中是谁在唱《水调歌头》？歌声悠扬而又哀婉，不由人不暗自垂泪。在伤感的对饮中时光悄然流逝，沙河塘的热闹渐渐地过去。夜深风静，酒筵即将散去。此时万籁俱寂，钱塘江上，水月交映，宛如一江碧色的琉璃。结句写月色，明澈如镜，清辉万里，让人顿感温婉静谧。

几天后陈襄启程离杭，苏轼一直追送到杭州东北的临平，舟中相别，无限怅惘，又作《南乡子·送述古》一词：

> 回首乱山横，不见居人只见城。谁似临平山上塔，亭亭：迎客西来送客行。　　归路晚风清，一枕初寒梦不成。今夜残灯斜照处，荧荧：秋雨晴时泪不晴。

前面几句读者自能理解，最感动人的是结尾之句：秋雨晴时泪不晴！后人无法猜测陈襄当时读到此词是什么样的心情和表情，事隔九百余年，余读到此句也竟眼眶湿润，荡气回肠！

《红楼梦》中的黛玉《葬花词》中有“尔今死去侬收葬，未卜侬身何日丧？侬今葬花人笑痴，他年葬侬知是谁？”包含着朴素的唯物辩证法，体现了人事代谢、天道无亲、物是人非、聚散难免的客观规律。

吾辈写到此处不禁动情地发问：啊，伟大的前辈、天才的词人苏子瞻，知否知否，今日送友，君洒泪水，他日送君，友怀何情？……

然而送别苏轼的日子也很快到来了。苏辙《超然台赋并序》：“子瞻通守余杭，三年不得代。以辙之在济南，求为东州守。既得请高密……”九月朝命下达，苏轼如愿以偿，被任命为密州知州。作别杭州，自然又是一番游宴与酒会。

在苏轼挈妻子王闰之及三个儿子苏迈、苏迨、苏过启程离杭时，家人中多了一位侍女——年方十二的秀气姑娘，名叫朝云。此人在苏轼后半生中颇为重要，她是怎么进入苏轼家庭的？与苏轼后来变为什么关系？待在第十五章“红颜知己”中详述。

由杭至密，途中须经过湖州、苏州、京口、扬州、海州等地，苏轼一路游山玩水，又一路会友，一路作诗填词，情酣意畅，兴所由之。

杨绘、张先、陈舜俞随船送至湖州。湖州知州李常（字公泽）到码头迎接。

正好此时苏轼的老友刘述也在湖州。于是，苏、杨、张、陈、李、刘六位心气相投的诗友相聚在湖州府园之碧澜堂。他们像过年过节的孩子一般，尽兴狂饮，纵情欢笑，畅怀赋诗，还毫无顾忌地评议政事，大发牢骚。一高兴，苏轼把什么都忘记了。挚友之间，无须客套。李常矮小，苏轼戏称他“短李”。苏轼虽长疏须，大家却称他“髯苏”。

李常道：“老弟之疏髯，又浓了三分。”

苏轼道：“我胡子浓了没啥子不好，只你不要一天比一天短小才好！”

李常道：“小心吃饭时连胡子一起吞下去。”

他们相互戏谑，引得众人捧腹大笑。

此次老友相聚，适逢李常生子做“三朝”，大会宾客。酒宴上免不了吟诗作词，性喜诙谐的苏轼忍不住要开李常的玩笑，作《减字木兰花》一首：

> 惟熊佳梦，释氏老君亲抱送。壮气横秋，未满三朝已食牛。　　犀钱玉果，利市平分沾四坐。多谢无功，此事如何著得侬。

词的上阕借用典故，称赞新生婴儿的不凡和健壮，下阕则引用《古笑林》中晋元帝的笑话。据说元帝生子，宴请百官，每人赐帛一匹，大臣殷羡拱手谢恩，说：“臣等无功受赏。”元帝回答道：“此事岂容卿等有功乎？”

苏轼的“多谢无功”一句，可谓神来之笔。酒席宴间，有此妙词，难怪“举座皆绝倒”。

李常得词，更加欢欣，便道："难得大家在此相聚，须多住些日子。"

苏轼问："你要我们住多久？"

李常道："至少半月才放你走。"

苏轼道："只怕不行。"

"这就怪了！湖州这样好的地方，你'为啥子'急着要走呢？"李常学他的川话。

苏轼道："我倒巴不得多耽搁几天，只是我还得去济南看望子由。济南路经清河，天冷一封冻，就去不成了。"

李常道："没奈何只好随你便。"

次日，李常设家宴待客。只因才相聚，又要分手，各奔东西，心头总觉有些不是滋味。

苏轼要继续前行，离湖州时，张先和刘述再送至松江。月夜时分，几位好友置酒于垂虹亭上，欢饮畅谈。八十五岁的张先情不自禁，自唱前日在湖州写的《定风波令》，其中"见说贤人聚吴分，试问，也应傍有老人星"几句，一曲未了，赢得满座喝彩。七年后，苏轼听说垂虹亭被海潮席卷，踪迹全无，还怅然写下《书游垂虹亭》一文，追怀当晚相聚盛事。

第二天，苏轼依依北上，已是暮年的张先尤怀伤感，"屈指默计，死生一诀，流涕挽袂"(《祭张子野文》)，自知来日无多，生离即为死别，在苏轼登舟的一刹那，不禁老泪纵横，一双手紧紧拉住苏轼，久久不愿放开……

船过苏州时，天正下小雨，老友王诲在金阊亭置酒饯行。这是苏轼一年中第三次路过苏州。前两次都是王诲迎至家中款待，每次都有歌姬云娘侍宴。这一次云娘也来了，依依惜别，面露凄然，问此去何时才得重见。

苏轼道："我萍踪浪迹，人也老了，哪个晓得何年何月再来苏州！"

王诲道："你还没满四十，怎么就说老了？"

苏轼道："君不见我头上白发！"

王诲道："头上有几丝白发，不算数。"

云娘唱了一支柳永的《雨霖铃》。当唱到最后一句"便纵有千种风情，更与何人说"时，已是泣不成声，泪流满面。

离苏州，过常州，到达京口时，苏轼又遇见了胡宗愈与王存、孙洙。

胡宗愈字完夫，亦与苏轼同年。原在京任知制诰。因为反对李定入御史台，并封还词头，被罢职，出为真州通判。孙洙不久前罢海州知州任，奉调进京，滞留于此。

胡宗愈在甘露寺多景楼设宴，为苏轼洗尘。甘露寺在北固山后峰，为润州第一名胜。多景楼乃甘露寺风景最佳处，人称它“天下江山第一楼”。

苏轼在多景楼上，与知交挚友把酒言欢，看江山秀色在残霞晚照中又增添几分妩媚；听那姿色姣好名唤胡琴的歌妓弹奏名为《渔舟唱晚》的琵琶曲，佳妙之极，不禁停杯叫好。待曲终时，他想起白居易的《琵琶行》，又油然而生出几分惆怅。但是他却说道：“今日之会，可谓三秀齐全。”

胡宗愈问：“哪三秀？”

苏轼道：“完夫、巨源、正仲，皆一时之秀。”

胡宗愈道：“好个苏大胡子，你把我们都当作风景？”

苏轼道：“当然，当然，这是第一秀。第二秀，是江山秀色。”

孙洙道：“此说可成。第三秀呢？”

苏轼道：“弹琵琶者色艺俱佳，难道不能算一秀？”

孙洙道：“既如此，你这个诗词大家，还等什么？”

苏轼道：“大家一起来。”

胡宗愈道：“此景此情，非奇才不能尽达。不必多说，我这里斟满尊温酒，若酒凉时无诗，罚你一大碗！”

苏轼忙道：“莫罚莫罚，我做来就是。”说罢，抬眼看看轻弄琵琶的胡琴，因为刚刚喝了几杯酒，正脸泛桃花，在夕阳余晖映照下尤其艳丽。于是提笔写了一首《采桑子·润州多景楼与孙巨源相遇》以赠。信手写来之作，仍有佳句。“尊酒相逢，乐事回头一笑空。”概括时光流逝，人生易老，俯仰之间成陈迹的无限感慨，语颇隽永，耐人寻味。

苏轼大醉。胡宗愈差人送他回船，闰之连忙服侍他睡下。醒来时，听岸上鼓打二更；抬头看看天上，浮着淡淡的白云；江上，漫漾着朦胧的月光。

船儿缓缓离岸，继续北行。苏轼回首望京口，只见灯火阑珊，烟霭迷蒙，想想日里的情景，只记得大家畅怀饮酒，自己如何回到船上来，他一概不知，却在睡梦中与友人话别……于是，一阕《醉落魄·离京口作》浮上心头：

轻云微月，二更酒醒船初发。孤城回望苍烟合。记得歌时，不记归时节。　　巾偏扇坠藤床滑，觉来幽梦无人说。此生飘荡何时歇？家在西南，常作东南别。

此首词中，结句“此生飘荡何时歇？家在西南，常作东南别”，表达其一贯的乡思之情，韵味无穷。

船离长江，进入运河水道，只一日便达扬州。扬州知州王居卿慕苏轼之名，迎至瘦西湖，同上小金山。

苏轼登山顶风亭，俯瞰瘦西湖上秀丽风光，果然不亚杭州西湖。正高兴，忽一眼瞥见风亭白壁上，有人题诗道：“水光潋滟晴方好，山色空濛雨亦奇。欲把西湖比西子，淡妆浓抹总相宜。”

苏轼大惊：“此乃我去年元宵节后作于杭州的小诗，不知谁人题书于此，却又似我笔迹。”

王居卿道：“你看看那后面的落款。”

苏轼一看，更是惊得呆了，原来落款处竟写着他的大名。

王居卿道：“这明明是你苏大人的大笔，偏说道不知是谁人。”

苏轼道：“哪里是我呀！”

王居卿道：“你的诗，你的款，字嘛，也有几分像。不是你又是谁？”

苏轼道：“不对！不对！我没有在这里题过诗。”

王居卿道：“苏大人若是确实没有亲题，那么一定是你的崇拜者所为，他连你的书法都下功夫学习，且模仿得那么逼真。”

苏轼道：“不知此人是谁？……”

当天，王居卿在平山堂设宴，招待苏轼、孙洙，作陪者皆扬州名流。时近黄昏，刚刚下过一阵小雨。金色的斜阳照着瘦西湖悠悠碧水，反射的波光映在帘幕和人面上，绮丽多彩。王居卿搂着身边一名歌妓，那女子凑在他耳边，不知说些什么，笑个不停。此等事苏轼常见，因打趣道：“寿明公真好艳福！”

王居卿大笑道：“大丈夫自当及时行乐，何必都学程颢、程颐两位道学先生！”苏轼曾听人说，王居卿是个俗吏，今日一见，果然如此。但他交友向来不拘一格，更何况人家是以礼相待，也不好说什么，只道：“明道、伊川自有其道理。”

苏轼在扬州逗留一日，便与孙洙结伴过高邮，不一日到达楚州。孙洙奉调去京城，在楚州作别。苏轼作《更漏子·送孙巨源》为其送行。

过了楚州，苏轼算了算日期，改了主意：原计划经由海州绕道济南探望弟弟，谁知时入严冬，海州通往济南的清河冰冻停航。苏轼只得冒着严寒直接奔赴密州。

十一月十五日，船抵海州。苏轼对闰之道：“此处有好山好水，不亚钱塘，我陪夫人上去走走如何？”

自从离了杭州，每到一处，都有人到码头把苏轼接走。王闰之只好带着孩子们守在船上，有时虽也上岸去看看，却不敢走远。今日听丈夫说要陪她去游山，自然十分高兴。苏迈兄弟与朝云更不用说了。一家人刚要动身，海州知州陈远上船来拜望，于是结伴同上朐山。

这朐山又名花果山。据传说，此山由苍梧自海上漂来，故而又名苍梧山。山上丛林蓊郁，曲洞幽深，奇峰异石，古塔古寺，多至一百余处。

苏轼一家随陈知州登玉女峰，进水帘洞，过一线天，游小蟠龙……

玉女峰在花果山最高处。站在玉女峰上远眺，只见东海苍茫，白帆点点。此时山上无花，却见柿子、山楂、海棠……果实累累，与流丹的红叶，点缀在绿树丛中。苍梧山有许多传说，最有名的是女娲炼石补天，剩下一块石头未用，留在山上。苏轼他们去看那大石头，似乎也没啥子奇处。有人告诉他，这石头，奇就奇在有石猴从中蹦出，在水帘洞得道成仙。

苏轼与陈远上了高处的照海亭、乘槎亭和天下名刹三元宫，陈远题诗，苏轼次其韵和了一首：“郁郁苍梧海上山，蓬莱方丈有无间。旧闻草木皆仙药，欲弃妻孥守市寰。”

当夜，月光如水，陈远在景疏楼设宴待客。席散后，苏轼回到船上，已是午夜时分，家人都已入睡。他忽然想起楚州分别的好友孙洙，八月离海州，已三度月圆。在这样冷落的夜晚，他会不会感到孤寂？此刻，他大概是在西垣值宿，露冷衾寒，夜永难寐；也许他正在回廊上，对月怀人……想着想着，在灯下作《永遇乐·寄孙巨源》一阕，次日寄给孙洙。

一路上，苏轼与朋友们游山玩水，酬答唱和，时而笑得天昏地暗，时而醉得天旋地转，时而伤感得天愁地怨……简直有点疯疯癫癫。但是，当他与朋友们分手，静下来时，却又心事重重，千头万绪，千丝万缕。

一日，夜宿荒村旅次。他躺在床上翻来覆去，难以入梦。望着那如豆的油灯，想起自己出仕时年轻气盛，雄心勃勃，以天下为己任。然而二十载坎坷跋涉，历多少雨雪风霜？快四十岁的人了，对朝廷，对江山社稷，对天下百姓，有多少作为？李白说，天生我材必有用，我苏轼呢？……他有些灰心，真想学陶渊明，与子由回到蜀中去，过那田园耕读生活。然而这满腹经纶，蕴之未用，报国之志，藏而未酬，又实在不甘心……这样东想西想，朦朦胧胧地，刚进入梦乡，就被啼鸡弄醒了。此时又想起济南的弟弟，便再也无法入睡，直到东方发白，终未成眠。

清晨起来，月已西沉，只见屋瓦上寒霜凛凛，草头露水莹莹。马儿蹄声嘚嘚地在驿道上走着，他骑在马上继续想昨夜的心事：世上的路，没有尽头，可人的一生，才不过短短的几十年，还常为愁苦所累……当初，兄弟二人，胸怀大志，进京应考，就是想像陆机、陆云兄弟一样，辅佐帝王使作尧舜之君，于振兴大宋有所作为。这本来不是啥子难事。可是，任你胸藏万卷，下笔千言，人家当权者并不喜欢你。只好像孔老夫子说的，“用之则行，舍之则藏”；把两只手笼进袖筒里，优哉游哉，饮酒为乐……

熙宁七年（1074）十二月三日，苏轼抵达密州，通判刘庭式、太常博士乔叙、州学教授顿起出城迎接。

除蝗祈雨，太守内心如汤煮

密州别号东武，辖诸城、安丘、莒、高密、胶西五县，号称京东第二州，却并非富庶繁华之地。而且，此时正在旱蝗齐至的灾难中痛苦呻吟。

《水浒传》中写的官逼民反上梁山的故事，就在宋朝。参加“智取生辰纲”的七雄之一白日鼠白胜挑着盛酒的担桶，唱着上冈子来：“赤日炎炎似火烧，野田禾稻半枯焦。农夫心内如汤煮，公子王孙把扇摇。”

苏轼到密州时虽是冬天，野田禾稻也看不到“半枯焦”，但他看到另一种情景，却使这位与民同忧乐、共患难的太守“心头如汤煮”。

进入密州境内，苏轼注意到一个奇怪的现象：虽已是农闲时节，但在田间道左，男女老幼三五成群，奔忙不已。他们正用蒿草藤蔓将满地的蝗虫、虫卵包裹起来，挖地深埋，以绝后患。沿途两百余里，处处可见。

苏轼意识到，密州飞蝗来势如此凶猛，如果不尽快采取补救措施，多少百姓将无以为生，流离失所。想到这里，他顿感肩头重担，个人的愁苦也就暂且搁置在一边。

苏轼饱读史书和各种文献资料，古籍上最早记载蝗灾的是《春秋》记鲁宣公十五年（前594）：“初税亩，冬，蝝生。”最早记载蝗虫的是《吕氏春秋·孟夏纪第四》：“行春令……则虫蝗为败。”及同书《审时篇》：“得时之麻……如此者，不蝗。”《礼记·月令》也有“虫蝗为灾”的记载，约在宋以后，蝝改称“蝻”，合称蝗蝻。

中国历史上曾发生过多次蝗灾，其地域分布主要集中在今天的河北、河南、山东三省，陕西、山西、江苏、安徽、湖北等省也有较多分布。史籍中有关蝗灾的记录让人触目惊心，据不完全统计，中国发生大小蝗灾九百余次。自宋朝以来，每隔五年就发生两次蝗灾，常造成赤地千里、禾草皆光、饥荒四起，甚至有“开封大蝗，秋禾尽伤，人相食”的悲惨记载。蝗灾给农林业生产造成了很大的危害，而且还会引发饥荒、疾病等灾害。

苏轼常回想起在杭州目睹飞蝗蔽空的可怖情景。就在两个月前，在杭州任上，苏轼还亲自到各个属县组织捕蝗。当时飞蝗铺天盖地从西北飞来，嗡鸣之声压过了江水的波涛声，“上翳日月，下掩草木，遇其所落，弥望萧然”。这些都是他亲见亲闻的。他痛心地揭露：“淮浙的蝗虫只不过是京东的余波，危害已如此之大，而京东却说蝗不为灾，这能骗得了谁呢?”

他到田间地头、村落农舍实地调查，结果令他万分沉重。连年旱蝗相续，早已饥民遍野，大多数人都只能依靠草根树皮聊以度日。而今年秋旱又比往年更加严重，直到十月十三日，才好不容易盼来一场雨雪，可那时早已是天寒地冻，冬麦难以播种，即使勉强种下，麦苗也无法生长。由此推知，明年春夏之际，饥荒将更甚于今日。

在捕蝗的过程中，苏轼常与老农交谈，向他们请教有关农业生产的知识。老农告诉他，从来“蝗旱相资”，如果天降甘霖，旱情解除，蝗虫就会大批死亡。而且，只要过了桑蚕初眠的季节，蝗虫就不再生长。

苏轼见密州旱情奇重，便求计于僚佐。有属吏告诉他：常山因周齐时祷雨常常十分灵验而得名，大人若上山求雨，必得甘霖。

苏轼问他：“我来之前，你们去求过吗？”

那属吏道：“刘通判上山求过。”

苏轼道：“可曾灵验？”属吏摇摇头。

苏轼道：“刘得之是出了名的好人，他求雨都不灵验，我能求得雨来？”

刘庭式字得之，齐州人，进士出身。他是个品格高尚之人，三十二岁时，盲妻病故，遂不再娶，传为美谈。

那属吏道：“听说大人的祈祷文章做得特别好，求雨特别灵验。”他们还说，境内的常山祷雨最灵，往往有求必应。所以，第二年春四月，在蝗旱最为严峻的时刻，苏轼沐浴焚香，素食斋戒，前往常山虔诚礼拜。现白话译《祭常山祝文》五首其一：

> 神明的上帝，你把生民托付给山川诸神，就像人间的天子，把生民托付给各地的守臣。官吏和诸神，二者的职事相通。官吏残害民众，诸神荒废职守，他们的罪过是相同的。可怜我一州之民，遭受如此大旱，尚未饿死的馀众，其生命也已危如悬丝……
>
> 如果山神说：“年成的丰歉决定于上天，并不是山神掌管之事。”那么我也会这样说：“百姓的安危决定于朝廷，我哪里知道这些事。”那么谁来安养百姓？上帝与我朝天子的爱民之心是一般无二的。凡是官吏应该向朝廷奏请的，谁敢言而不尽？那么，诸神应该向天帝奏告的，也应该尽力而为。请你接受我的祭飨。

在祝文中，他苦口婆心地劝说山神解救人民的苦难，或许是他“摩抚疮痍”的诚心感动了山神；或许是他文章精美、句句在理说服了山神，山神上奏玉帝，玉帝派遣风婆和推雷车的阿香作法，降落甘霖，这一次求雨真的成功了，竟连续降了两天！他以极其兴奋的心情写下一首《次韵章传道喜雨》

的七言古诗，题注“祷常山而得”五字。诗中道：

山中归时风色变，中路已觉商羊舞。(民间有“天将大雨，商羊鼓舞”说)
夜窗骚骚闹松竹，朝畦泫泫流膏乳。
从来旱蝗必相资，此事吾闻老农语。
庶将积润扫遗孽，收拾丰岁还明主。

与民休戚相关、为民呕心沥血的苏轼，对天降大雨、灭蝗有盼的喜悦之情溢于言表。

苏轼当年在常山祈雨与打猎之地，现在成了诸城市一个重要的旅游景点。常山脚下，建有宏大的寺院，内藏佛像等珍贵文物；当年祈雨地建有“雩泉亭”，并立有苏轼所写的《密州常山雩泉之记》石碑。落款是：九年四月癸卯朝奉郎尚书祠部员外郎直史馆知密州军州事骑都尉苏轼记。石刻释文后段云：

吁嗟常山，东武之望。匪石岩岩，惟德之常。
吁嗟雩泉，维山之滋。维水作聪，我民所噫。
我歌《云汉》，于泉之侧。谁其尸之？涌溢赴节。
堂堂在位，有号不闻。我愧于中，何以吁神？
神尸其昧，我职其著。各率尔职，神不汝弃。
酌山之泉，言采其蔬。跪以荐神，神其吐之？

为民请命，唯有怜农心长在

“苏太守，你的祈雨文章确实写得不错，小神读后也很感动，于是如你所说，也去尽心尽责，且初见效果。但是你又接二连三地写了五篇，一再求天庭继续施霖，这就为难小神了。你设身处地想一想，身为密州太守的你，能经常直接上汴京去见皇帝吗？我上一趟天庭比你进京还难得多。且不说人微位卑，就是进南天门也费尽周折，真可谓‘门难进，脸难看，事难办’，诸神一路都需要‘打点’，他们说：‘老头，你又来干什么？这次带来什么密州的山珍孝敬我啦？’第二次去时，玉帝办公室秘书答复：‘苍天有眼，惠及众生，岂可将有限的甘霖降于一地？’……你说叫小神咋办？今后你和百姓也不用祭我，我不能无功受禄，不再‘飨’了，自会做有益生民的力能所及之事！”

上述这段话是我辈在现今的山东诸城采访时，于常山脚下听老百姓代代传说稍加发挥，请读者莫“顶真”。据说当年苏太守认为山神实有难处，自忖后只好作罢。

苏轼在密州的两年，蝗旱之灾持续不断地困扰着这片贫瘠的土地，常山山神此后便不是每次都那么灵验了。苏轼长时间地处于一种忧心如焚的状态，无时无刻不像农民一样盼望着瑞雪甘霖，因而，在他的诗中也就非常自然地流露出对每一场雨雪的关注。冬天大雪纷飞，他联想到：“遗蝗入地应千尺，宿麦连云有几家。”偶尔路遇乡野老农，他也会亲切地和他们谈起气候和收成：“父老借问我：‘使君安在哉？’今年好风雪，会见麦千堆。”诗中展现了一幅在封建时期极为少见的吏民相亲的动人画面，充分体现了苏轼忧民所忧、乐民所乐的可贵感情。

尽管从到任之日起，苏轼便带领密州人民与大自然奋力拼搏。可是，由于当时生产技术水平的限制，在巨大的天灾面前，人力的抗击依然显得微不足道。那几年，穷苦的百姓甚至连逃荒也无处可走。饿殍遍野，被遗弃的孩子随处可见。苏轼怀着沉痛的心情“洒泪循城拾弃孩”。为了把拾到的孩子养活，他想了很多办法。他布置他的下属，清查所有粮仓的粮食，把多出来的几百石谷米，单独储蓄起来，专门用于收养这些可怜的弃儿。并且在各处张贴告示，明文规定：愿意领养孩子的家庭，每月由官府补助六斗米，以此来鼓励和劝谕人们怜惜这些幼小的生命，使这些失去依怙的孩子重得家庭的温暖。随着时间的推移，领养者对自己抚养的孩子产生了深厚的骨肉之情，即使生活再苦，也不肯轻易舍弃。据史料记载，由于苏轼积极组织养育，几年间“所活亦数千人”。

在无衣无食的困苦之中，孱弱者抛儿弃女，辗转死于沟壑；强悍者则铤而走险，恃强行劫。盗贼蜂起，令身为知州的苏轼极感头痛，维护地方治安也是他刻不容缓的职责。到任之后，一方面，他立即制定了周密的缉盗方案，“磨刀入谷追穷寇”；另一方面，他深知民穷必反的道理，试图从根本入手解决这一社会问题。他认为，大荒岁月对于广大的穷苦百姓来说，“冒死而为盗”固然可能一死，“畏法而不为盗”也难免饥饿而亡，不少人“相率为盗”，正是情理之中。在这种情况下，“增开告赏之门，申严缉捕之法”，终究是治标而不治本。只有宽政利民，给人民一条生路，才能保障社会的长治久安。他不再从个人得失出发怀顾忌，接二连三向朝廷上书陈说利害，如实反映密州旱蝗的严重情况，请求朝廷豁免秋税，或者暂停回收青苗钱，以资救济。否则，“则饥羸之民，索之于沟壑”（《上韩丞相论灾伤手实书》）。

苏轼在密州的爱民，既表现在荒年时与民共度艰苦的生活，千方百计让民休养生息，更突出的表现在他于熙宁七年十一月，向神宗上《论河北京东盗贼状》，说：

> 臣伏见河北、京东比年以来，蝗旱相仍，盗贼渐炽，今又不雨，自秋至冬，方数千里，麦不入土，窃料明年春夏之际，寇攘为患，甚于今日。……河北、京东，自来官不榷盐，小民仰以为生。……然臣勘会近年盐课日增，……显见刑法日峻，告捕日繁，是致小民愈难兴贩。……朝廷本为此两路根本之地，而煮海之利，天以养活小民，是以不忍尽取其利，济惠鳏寡，阴销盗贼。

苏轼在这里替河北、京东两地的贫民着想，替两地贫民谋生计。上状中一是请朝廷免收次年的夏税，发放救济粮。二是请朝廷减轻盐税，对小民贩盐，在三百斤以下，可以免税放行。让因旱灾而无法种地的小民，可以贩小量食盐来维持生计。他计算像密州一地，一年中增收盐税二万贯钱。但捉拿私贩盐的赏钱就需一万一千多贯，而没有捉住的私贩还很多。换言之，公家所得盐税的钱，用来付给捉拿私贩赏钱，两相抵消，所剩无几。但这样做，使贫民无法求活，只能去做盗贼。还不如放宽盐税，对于小民贩卖三百斤以内的盐，准予免税，给予凭证。使因旱灾而无法种地的农民，可以在贩小量的盐中来谋生活，减少贫民为谋生而沦为盗贼。这说明苏轼一心在为贫民谋生计，也在替国家谋治安。上书言辞恳切，忧国忧民之心处处可见。

在这些言事书中，苏轼评说新法的态度已经发生了某些微妙的变化。一方面，他仍然坚持固有的反变法立场，另一方面，对于某些新法，如免役法，他不再全盘否定，而是试探性地提出一些改良的意见，与执政者商榷。

但不管朝廷的态度如何，在处置州中事务时，苏轼坚持自己的原则和主张。对新法中他认为有害无益的，便拒不执行；他认为尚可接受的，便参量短长，“因法以便民”。面对走马灯似的前来检查督促的新法使者，苏轼据理力争，甚至敢于拍案而起，当面争执。此时的参知政事吕惠卿力行手实法，由他直属的司农寺下达命令，地方官如果不按时实行该法，将以违制论罪。苏轼大为愤怒，凛然回答道：“违制之罪，如果出自朝廷，谁敢不从？而现在竟由司农寺发出这样制裁论罪的命令，难道不是擅自立法吗？”

这些新法使者听了也觉得心虚理亏，只得说：“公请从缓。”

词出佳作，评家以此划时代

体育比赛有十项全能项目，但鲜有得冠军者又兼单项。笔者认为苏东坡为“文、诗、词、赋、书、画、儒、道、佛旷古绝伦全能巨匠”，若是有人发问：苏东坡在文诗词单项上排位如何？才薄学浅的我辈不敢置喙，只好搬用历代名家高论与当代文学史专家评述。以文诗兼具以文为主而论，那么“唐宋八大家”已成定评，八大家中有苏氏父子三人，但不列首位；诗呢？中国诗歌到唐代达到高峰，被称为“谪仙”的李白名气最大，但比他小五岁的杜甫后来居上，故出现了“扬杜抑李”的舆论，最典型的是宰相诗人元稹有段评论：“上薄风骚，下盖沈宋，言夺苏李，气吞曹刘，掩颜谢之孤高，杂徐庾之流丽，尽得古今之体势，而兼文人之所独专矣。诗人以来，未有如子美者。”身居高层的评委已亮分，独有胆识超人的韩愈站出来痛加批驳：“李杜文章在，光焰万丈长。不知群儿愚，那用故谤伤。蚍蜉撼大树，可笑不自量。”（《调张籍》）是“调笑张籍”吗？张籍也笑笑，一点不生气。矛头指向谁？各人自对号。从此“抑扬”渐消失，“韩柳文章李杜诗”，再无喋喋不休异议者。“韩柳文章”，是因为两人创导引领古文运动，谁不服气？“李杜诗”也无杂音了，谁愿捡顶“愚儿”和“蚍蜉”的丑帽自戴？那么词在中国文学史上谁始创新格、指上一路，独领风骚、居于首位呢？

《花间集》是中国文学史上一部最早、规模最大的晚唐五代文人词的总集，由后蜀贵族子弟赵崇祚选编，成书于后蜀广政三年（940），共收录了十八位词人的五百首词作。这部词集以古代贵族女性生活和爱情为主要描写内容，以娱乐遣兴为创作目的，以辞藻工丽、篇章精美为其表现风格，是爱情诗词中的精品。

词产生于唐代，流行于中唐以后。最初的词是为适应古代乐曲歌唱的需要而创作的（即所谓倚声填词）。到了中晚唐，这种既适于歌唱，又具有独立艺术价值的诗体开始走向成熟，在音节和句型长短方面形成了一套固定的格律。晚唐以后，词不仅在格律上铸炼成形，而且在情志的抒写上达到了相当的深度，出现了有专集问世的词家。《花间集》便是这一时期词作的代表。

花间词人生活在晚唐五代时期，这一期间是个军阀混战的时代，六十多年间（907—974）多次改朝换代，中原一带广大人民经常处在黑暗、动荡的生活之中。然而在西蜀一带，因群山峻岭的阻隔，这里相对处于比较安定的状态。然而，身居这种偏安、繁华都市中的帝王、大臣及文人们，普遍产生了一种朝不保夕的危机感，于是便滋长了及时行乐的享乐思想。他们这时将关注点从国家社稷转向了世俗生活，转向了绣房闺阁，转向了自己身边的小天地和内心世界，转向了对美女与爱情生活的抒写，于是便有了《花间集》中的这些具有独特美感、精艳绝伦的词作。欧阳炯《花间集序》曰：“杨柳大堤之句，乐府之相传；芙蓉曲渚之篇，豪家自制。莫不争高门下，三千玳瑁之簪；竞富尊前，数十珊瑚之树。则有绮筵公子，绣幌佳人，递叶叶之花笺，文抽丽锦；举纤纤之玉指，拍按香檀。不无清绝之词，用助娇娆之态。自南朝之宫体，扇北里之娼风。”花间词绮罗香艳，清流疏雅，其词珠圆玉润，其韵响遏行云，号为千古绝唱。

词的产生背景与写作特点既然如此，胸有大志的苏轼是不屑关注和热衷的。只是到了杭州之后，遇到写词名家张先，在与他唱和时写几首，此后又在与好友相聚时有即兴之作。对苏轼这样的文学天才来说，既然能写各种诗体，又精通音律，要写实质是“长短句诗”的词，可谓一学就会，再学成家，一旦专注便登顶。

北宋前期的词，不论晏殊、欧阳修、柳永或其他词人，不论雅词或俚词，不论所反映的是士大夫或是市民的精神面貌，都没有突破“词为艳科”的藩篱，内容仍旧局限于男女相思离别之情，“靡靡之音”充塞了整个词坛，风格始终是柔弱无力，极少例外。苏轼的贡献首先是打破词的狭隘的传统观念，开拓词的内容，提高词的意境。胡寅在《酒边词》的序文里有一段介绍和评价苏词的精辟的话：

> 眉山苏氏一洗绮罗香泽之态，摆脱绸缪宛转之度，使人登高望远，举首高歌，而逸怀浩气，超然乎尘垢之外，于是《花间》为皂隶，而柳氏为舆台矣。

建立这种新的豪迈风格不是一个单纯的形式问题，也不是一件简单的事情。欧阳修对于诗文都有所革新，对于词则原封不动，可见词的传统观念可谓牢不可破。苏轼一接触、研究创作词，首先突破它的樊笼——“以诗为词”，不仅用诗的某些表现手法作词，而且把词看作和诗具有同样的言志咏怀的作用，这样，就解放了词的内容和形式上的束缚，使它具有较前宽广得多的社会功能，这意义是决不可低估的。王灼《碧鸡漫志》说：

> 东坡先生非醉心于音律者，偶尔作歌，指出向上一路，新天下耳目，弄笔者始知自振。

这是一个根本性的方向问题，如果没有苏轼举起革新的旗帜，让词充满了绮语诲淫、歌功颂德、务感颓废、词汇贫乏而又千篇一律的作品。那么宋代词人如何构成自己一代的特色以与唐诗、元曲前后辉耀，便是难以设想了。

在苏词中，有要建立功业的爱国情志，有富于幻想的浪漫精神，有雄浑博大的美妙意境，表现出豪迈奔放的个人性格及乐观处世的生活态度。就从这些方面看，从它在词的历史发展上所起的作用和影响看，确实是前无古人。王灼说他“指出向上一路，新天下耳目”，成为豪放派词人的创始人，是恰如其分的。因为他给当时颓废的词坛注射了有发展前途的新鲜血液，他把诗文的革新运动扩展到词的领域里，使它走向社会人生的广阔天地，咏史、吊古、怀旧、纪游、谈禅、悼亡、送别……各种各样的事物，都“无意不可入，无事不可言”（刘熙载《艺概·词曲概》），成为表现社会政治生活的一种新型的文学工具。正因为如此，苏轼在词作上的地位和贡献高于和大于诗文，在中国文学史上词以“苏辛”为泰斗和魁首。

那么，苏轼在词作方面最有影响的标志性、划时代的作品，是在哪里产生的呢？就是在离开杭州到密州之后，继而在黄州又迭出新作。

熙宁八年（1075）十月，为答谢常山山神赐雨而重修的常山庙落成，苏轼亲往祭祀。这是很够意思了，山神若有知亦领情。

别看现在山东诸城的常山虽有树木，但不甚高大茂密，在九百多年前，生态没有破坏，山上郁郁葱葱，是各种野生动物的乐园。

通判刘庭式道：“常山有个很好的猎场，大人何不带上弓箭，归途小猎。”

听通判这么一说，几位幕僚也齐声附和：趁祭礼出城的机会，搞一次会猎，一是让全城百姓看看太守还能报国上战场的豪情壮志，改变一下苏太守书生形象；二是猎点野味“打牙祭”，体现我们与山神有福同享，有难同当……

苏轼觉得大家都有这样的要求与意愿，便同意了，令他们事前专门做了准备。在一个红日高照、秋风送爽的日子，便在密州出猎。一行人骑着骏马，带着鹰犬，浩浩荡荡在森林茂密的丘陵上驰骋，四十岁的书生太守过了一把武将出征的瘾。于是他写了《江城子·密州出猎》一词：

> 老夫聊发少年狂，左牵黄，右擎苍，锦帽貂裘，千骑卷平冈。为报倾城随太守，亲射虎，看孙郎。　酒酣胸胆尚开张。鬓微霜，又何妨！持节云中，何日遣冯唐？会挽雕弓如满月，西北望，射天狼。

上片“老夫聊发少年狂，左牵黄，右擎苍”三句，是说自己有少年人的豪情，左手牵着黄狗，右臂举着苍鹰去打猎（《梁书·张充传》：“充少时出猎，左手臂鹰，右手牵狗”）。“锦帽”两句，写出打猎的阵容（“锦帽”是锦蒙帽。“貂裘”是貂鼠裘）。“为报倾城随太守，亲射虎，看孙郎。”是以孙权自比，说全城人都跟着去看他射虎（“孙郎”指孙权。孙权曾亲自射虎，马被虎伤，权用双戟掷过去，虎为倒退。见《三国志》）。

下片都写自己的雄心壮志。“酒酣胸胆尚开张，鬓微霜，又何妨！”三句说自己虽然已经有了白发，但是尚有豪放开朗的心胸。“持节云中，何日遣冯唐？”是用《汉书·冯唐传》的故事（汉文帝时，云中太守魏尚获罪被削职，冯唐谏文帝不应该为了小过失罢免魏尚，文帝就派他持节去赦魏尚）。苏轼是以魏尚自比，希望朝廷把边事委托他。末了“会挽雕弓如满月，西北望，射天狼。”是说为了抵抗西北的敌人，要把弓拉得如圆月一样去参加战阵。

写下这首词，苏轼自己也颇为自得，在写给好友鲜于子骏的信中说：

近却颇作小词，虽无柳七郎风味，亦自是一家。呵呵！

宋神宗熙宁九年（1076），当时苏轼四十一岁，中秋时节，皓月当空，银光泻地，苏轼想起分别六七年的苏辙，如今在济南不能前来团聚，不禁心潮起伏，于是在超然台上写下了另一首名作《水调歌头·丙辰中秋，欢饮达旦，大醉作此篇，兼怀子由》：

明月几时有？把酒问青天。不知天上宫阙，今夕是何年。我欲乘风归去，又恐琼楼玉宇，高处不胜寒。起舞弄清影，何似在人间！　　转朱阁，低绮户，照无眠。不应有恨，何事长向别时圆？人有悲欢离合，月有阴晴圆缺，此事古难全。但愿人长久，千里共婵娟。

苏轼的《水调歌头》，是历史上中秋词中最著名的一首，向来脍炙人口。历代选苏词必在列。胡仔《苕溪渔隐丛话》说：“中秋词自东坡《水调歌头》

出，余调尽废。”在密州期间，还有多篇杰出的词作，如众所周知、脍炙人口的怀念前妻王弗的《江城子·乙卯正月十二日夜记梦》“十年生死两茫茫”。为避免重复，后文加以叙述。

苏轼到了密州之后，荒瘠寒冷的大地，物产本来就不够丰富，再加上连年蝗旱，庄稼、菜蔬无不歉收，因而食物奇缺。早已习惯了鲜食美味的苏轼，如今却不得不学着像本地人一样吃粟米饭，饮酸酱，有时也把肉块埋在饭下蒸煮，做成所谓“饭瓮”，这大概可算是密州的一道“美食”吧。

苏轼一家在密州过了第一个春节后，便是正月十五上元节。按照习俗，每到此夜，家家户户张灯结彩，热闹非凡。平时深居简出的闺阁少女，也都获得特许外出观灯，她们一个个打扮得花枝招展，争奇斗艳，更给这个美丽温馨的夜晚平添了旖旎风情。汴京、杭州等大都市的上元之夜尤其迷人，鼓乐声声，烟花阵阵，狂欢的人们流连忘返，通宵达旦。

然而，密州的上元节却令苏轼深深地失望了。当他没精打采扫兴而归时，对杭州的怀念突然变得不可遏止，于是提笔写下《蝶恋花·密州上元》：

> 灯火钱塘三五夜。明月如霜，照见人如画。帐底吹笙香吐麝，更无一点尘随马。　寂寞山城人老也。击鼓吹箫，却入农桑社。火冷灯稀霜露下，昏昏雪意云垂野。

此词以杭州的热闹繁华反衬密州的简朴萧瑟，写出了对这座“寂寞山城”的苍凉感受。

苏轼是个闲不住的人，他喜欢种树，种菜，种花，整修园林，兴建房舍。密州本穷乡僻郡，又兼连年灾害，初来时，州衙冷落，房舍破旧，且多处坍颓，一派凄凉景象。苏轼从杭州带来许多花卉的苗木、种子，除了分送属吏和百姓之外，又在官舍园圃中种下了不少。秋末冬初时节，园内菊花盛开，芳香馥郁，那些月季、茉莉、扶桑……虽然花期已过，枝头却仍有朵朵残英。然而，整个廨宇、花园，却依然十分破败，众花也随之损色。这时，刘庭式已调往别处任职。苏轼找到新从眉州丹棱县任上调来做通判的赵成伯，与他商议修葺官舍园圃之事。

赵成伯是苏轼同乡，又是苏轼的崇拜者。苏轼返川为母守丧时，与之相识，后又在临淮相遇，剧饮大醉。成伯一来就拜苏轼为先生。整修园林是好事，他还不全力以赴？

二人商量之后，说干就干。首先就地采石，修葺墙垣；又从高密、安丘二县山林中砍伐大木，运至州城。十月、十一月天气初寒，赵成伯内外奔走，众工匠夜以继日，仅用了一个多月，便工程告竣。

苏轼见那园的北面城墙上有台，站在台上，四方风物，尽收眼底，遂令工匠重修旧台，并且在台上建个亭子。他写信让苏辙起个名。子由回信，名之曰“超然”，取“无往而不乐，超然于物外”之意，还随信寄来一篇《超然台赋》。

之后，苏轼自己又作《超然台记》。这个台与凤翔太守陈希亮修的“凌虚台”有所不同，它是将一座残破的楼台修复。苏轼写的这篇《超然台记》，以表明超然物外、无往不乐的思想。文章写景生动，说理透辟，语言清新自然，行文如汩汩流泉，体现了苏文洒脱自如、纵横不羁的特点。特别是前两段从哲理高度阐明了人生应有超然万物的境界：

> 凡物皆有可观。苟有可观，皆有可乐，非必怪奇伟丽者也。餔糟啜醨，皆可以醉；果蔬草木，皆可以饱。推此类也，吾安往而不乐？
>
> 夫所谓求福而辞祸者，以福可喜而祸可悲也。人之所欲无穷，而物之可以足吾欲者有尽。美恶之辨战乎中，而去取之择交乎前，则可乐者常少，而可悲者常多，是谓求祸而辞福。夫求祸而辞福，岂人之情也哉？物有以盖之矣。……

苏轼与司马光私交甚深，常有书信往来和诗作唱和。司马光在洛阳建了独乐园，苏轼曾亲临参观并作诗相赠。司马光得知苏轼在密州建超然台后，即写了《超然台寄子瞻学士》一诗相赠。诗中赞扬了苏轼在密州忠肝义胆的品格与民安吏廉的政绩，政事之余，节物巧思，建意味深长的超然台，两人喜好与共、灵犀相通的思想感情跃然纸上。

苏轼知密州两年多，著有诗词歌赋二百余首，其中包括《江城子・密州出猎》和《水调歌头・中秋》等名篇。历代文人名士为缅怀苏轼，常慕名登台凭吊，留下了许多名诗佳句、墨迹刻石，使得超然台的文化内涵更加丰富多彩。

2007 年，诸城市委、市政府决定重建超然台。本着“归其旧制，修旧如旧”的原则，在原址设计建设。台上楼宇再现了当年苏轼“把酒问青天”的浪漫意境。内部陈列以《苏轼在密州》为主题，辅以大型场景画、百米壁画和虚拟翻书、电子触摸屏、影像互动等高科技手段，展现了苏轼坎坷不平的一生和体贴百姓、热爱密州以及所取得的艺术成就，是研究和瞻仰千年文豪苏东坡的艺术殿堂。

第九章

徐州抗洪

从古以来，有“为官一任，造福一方”之语，若是未能为百姓造福，就感到愧疚和自责。唐代诗人韦应物在《寄李儋元锡》诗中有：“身多疾病思田里，邑有流亡愧俸钱”之句。苏轼《和孔郎中荆林马上见寄》中写道：

> 秋禾不满眼，宿麦种亦稀。永愧此邦人，芒刺在肤肌。
> 平生五千卷，一字不救饥。……
> 何以累君子，十万贫与羸。

苏轼无论“居庙堂之高”还是“处江湖之远”，都始终把为民办实事、造福祉作为人生最大的追求。在他密州的任期将满，继任太守孔宗翰（孔子第四十六代孙）已经上路，途中寄来诗篇向苏轼表示敬意。苏轼在赠答诗中，满怀愧疚地向他深刻检讨，主要是解除“旱极而蝗”的天灾，未有显著成绩。

苏轼说“平生五千卷，一字不救饥”，他带着内心极度痛苦写下的这句诗，品格高尚令人钦佩！在此顺便提及：饱读五千卷书，“字”究竟能不能“救饥”？说“不能救饥”者，谓字不能“吃”；其实是能救饥的，因为博学之人有解决难题之道，只是朝廷并不重视和采纳苏轼的解救饥荒之策，使他无可奈何！诗中“十万贫与羸”句的典故出自《唐书 · 陈子昂传》：“一州得才刺史，十万户受其福；得不才刺史，十万户受其困。”得其福的十万户，岂不是好官救的“饥”？

“只要有我在，水决不能败城！”

熙宁九年（1076）十二月中旬，带着遗憾，带着依恋，苏轼离开密州，奔赴河中府新任。沿途村落凋敝，满目凄凉，苏轼心里十分难受，继续责备自己未能救民于苦难：“三年东方旱，逃户连敧栋。老农释耒叹，泪入饥肠痛。”

在封建社会，天灾频繁，主要是“水旱蝗”。苏轼到了古称彭城的徐州任太守后的第二年夏天，就遇到了经常泛滥的黄河洪灾。

黄河是中华民族的母亲之河，然而，当她肆虐起来，却又是两岸民众最可惧的天敌，千百年来一直是中原大地的心腹之患。徐州位于黄河下游，每当黄河逞凶，往往难以幸免。由于朝廷腐朽，政事荒废，花了五千缗疏通黄河，毫无效果，黄河终于在澶州（今河南清丰西）曹村的堤坝决口，附近四五十个县被淹，冲毁农田三百多万亩。此时，苏轼到徐州仅三个月。

苏轼闻讯，立即组织民众做好防洪准备。他把城内的青壮年组织起来，修补加高了外堤。积了土石，准备了工具，建造了一批木筏，转移了一些住户。

但是，一个多月过去了，徐州境内的汴河一直保持着秋季干旱的常态，因此大家不免心存侥幸，或许今年黄河之水不会涨到徐州来吧？

谁知八月下旬，忽然暴雨连日，洪水由北席卷而来，且来得十分凶猛。徐州城南面两山横截，大水无处流泻，完全汇于城下，一直向上猛涨。伴随昼夜不停的淫雨，城外的水深达二丈八尺多，白浪滔滔，寒气袭人。城外的水要高出城内的平地一丈多，若不是外堤加高，大水冲进城门，全城必定被淹，后果不堪设想。

苏轼登上城墙视察水情，只见城外已是一片汪洋，尤其是外城东南角，洪水与城墙顶端仅有三寸之差。大水随时可能漫过城墙，形势十分危急。

在这紧要关头，苏轼沉着果断，立即调集五千民夫，火速加固城墙，自己也身先士卒。正在奔忙之中，忽然有人来报：“苏大人，不好了！城里一些有钱人带着珍贵财物聚集城门，要求出城避难！”

苏轼急忙赶到城北，只见城门口乱哄哄的挤满了人，哀求、叫骂声闹成一团。他快步走上城墙马道，站停高处环视，人群瞩目，立即变得鸦雀无声。

苏轼看到眼前这些扶老携幼、提箱背包的逃难者，心中油然涌起一阵悲悯之情，但是他深知，在此人心惶惶之际，若许出城，必将大乱，彭城也必然难保。正如他在事后写的诗："坐观入市卷闾井，吏民走尽余王尊。"

事实上，他本人早已抱定人在城在的决心，即使大水滚滚而来，浸入市区，他也将像汉代东郡太守王尊一样以身填堤。于是，他晓之以理，动之以情，就在城墙边上发表了一篇感肺腑的即兴演讲，慷慨激昂地表示："父老乡亲们，不要慌乱，不要出去，只要有我在，水决不能败城！"

"太守与城共存亡，我辈怎可出城！"读过书的有正义感的人首先被感动，并为自己刚才的行为觉得惭愧，渐渐散去；少数自私自利的富人，在这样的情景和舆论压力下也不敢再吭声了。

处理完这件棘手的事情，苏轼又马不停蹄，冒雨前往禁军营地。

他去作啥？——动用禁军"搬救兵"！

宋朝军队由皇帝直接统率，不能轻易为地方官调配。但是眼下事态紧急，无法按常规行事。苏轼恳切地对禁军首领说："河将败城，事情紧急，虽然你们是由皇家统率的禁军，我希望能得到你们的支持，与我同心协力坚守城池。"

看到太守苏轼浑身透湿，满是泥泞，禁军首领十分感动，他慨然回答道："太守犹然不辞辛劳，我们更当效命！"

头领一声令下，立即集合全体士兵奔赴抗洪第一线。军民共同奋战，终于赶在最大洪峰到来之前，筑起了一道长九百八十四丈，高一丈，宽两丈的东南长堤，同时加固了其他各处堤防，民心渐渐安定。

苏轼整天身披蓑衣，脚穿草鞋，拄着木杖，在每一处最危险的地方出现，亲自指挥并参与抗洪抢险的艰苦战斗。

在历史上，大禹受舜帝的派遣，治理洪水十三年，"三过家门而不入"传为美谈。苏轼在徐州的抗洪中，也是几过家门而不入。《宋史・本传》载：在连续数天暴雨，"彭门城下水二丈八尺"的危急情况下，他又"庐于城上，过家不入”，日夜指挥吏民，分堵而守，与百姓共命运，与城共存亡。连续数周，他晚上住在城墙之上，随时处理一切突发事件。

当时城外洪水滔天，“漂庐舍，败冢墓”，老弱病残皆被洪水吞噬，而“壮者狂走”，或爬上高山，或攀缘于树木之上，终因“无所得食”而不免一死。苏轼在城上看到这种惨状，痛心疾首，尽管城内劳力紧缺，存粮日乏，仍然派出习水性的人，匀出粮食，用木筏载着，到处进行抢救，许多人得以脱险。史籍上是这样记载的：“使习水者浮舟楫，载糗粮以济之。”（苏辙《黄楼赋叙》）在这些可怕的日子里，苏轼不仅身劳力瘁，而且忧心如焚，在写给朋友范子丰的信中说：“决口未塞，河水日增，劳苦纷纷，何时定乎？”

但是在救灾的现场，在众人的面前，他永远以乐观自信的形象出现，鼓舞着人们不懈地奋战！一州之长，恰如一军之帅，帅旗不倒，军心不摇，必将赢得最后的胜利！

这场大水历时七十多天，直到十月初五，水才渐渐消退。十三日澶州大风，吹啸整日，大风停息之后，黄河回归故道向东入海，徐州城终于得到保全！人民欣喜若狂，载歌载舞，苏轼内心的喜悦更是无以用言语表达。

城下的水全退了，天空晴朗，艳阳高照，洪灾之后，草木又重新焕发出生机。

能让一城人遭灭顶之灾的洪水退去了，只有城外农家屋顶上的层层沙痕和那参天古木上残留的杂草木屑，还在时时提醒人们想起那些不可思议的日子。

劳苦累月的苏轼终于可以回到城里睡一个安稳觉了，他兴奋地写下《河复》一诗，供百姓在庆典上歌唱：

吾君盛德如唐尧，百神受职河神骄。
帝遣风师下约束，北流夜起澶州桥。
东风吹冻收微渌，神功不用淇园竹。
楚人种麦满河淤，仰看浮槎栖古木。

“一城生聚，必不忍弃为鱼鳖也”

像苏轼这样的有统领全局能力和高瞻远瞩眼光的智者，是不会被一次胜利陶醉的。稍事休整之后，他又未雨绸缪地筹划着加固防水工程，以防洪水再来，保证农业生产正常进行，他在《答吕梁仲屯田》诗中写道：

黄河西来初不觉，但讶清泗奔流浑。
夜闻沙岸鸣瓮盎，晓看雪浪浮鹏鲲。
吕梁自古喉吻地，万顷一抹何由吞。
……
明年劳苦应更甚，我当畚锸先黥髡（古代刑罚，喻苦役）。

他幻想着有一天能站在坚不可摧的城墙上，谈笑自若地看洪水像驯服的巨龙，按照人所指定的路线奔腾而去：

高城如铁洪口决，谈笑却扫看崩奔。
农夫掉臂（自在模样）免狼顾，秋谷布野如云屯。

那时农民无忧无虑地在自家的田地里劳作，金灿灿的秋禾像云一样布满郊野。

苏轼又进行了美好的设想，经过一番精心的考察与预算，拟订了两份工程计划，上报朝廷，请求拨款。但是时间一天天过去，他的请求迟迟未得到答复，苏轼十分着急，他没有埋怨朝廷，而是猜想也许因为所需经费太大，于是再次紧缩预算，将原来计划修筑的“石岸”“今别相度，裁减作木岸，工费省一半，用夫六千七百余人，钱一万四千余贯，虽非经久必安之策，亦足支岁月，待河流之复道也，若此策又不行，则吾州之忧，亦未可量矣”，并多方写信请京城的朋友们帮忙斡旋，敦促朝廷核准这项计划，他说：“彭城最处下游，水患甲于东北，奏乞钱与夫为夏秋之备，数章皆不报。”“某始到彭城，幸甚无事，而河水一至，遂有为鱼之忧。近日虽已减耗，而来岁之患方未可知。法令周密，公私匮乏，举动尤难。”

苏轼殚精竭虑，一次又一次上奏折，加固水利工程，究竟为了什么？且看他《与刘贡父书》中感人至深的一段话，笔者以白话翻译：

> 我岂是晓土功水利的人？职务在身，不得不学着干，每自笑也。倘若朝廷选得一兴利除害的健吏代我接任徐州，才真正是一郡人的幸运。但不敢自己请求派官替代我，免得说我想逃避在徐州防水灾的工作。我人微言轻不足以取信，只念此一城繁殖人口，蓄聚物质，必不忍弃为鱼鳖也。仆在朝中，谁是可以让我反映情况的？只有贡父不弃，一定能为我帮忙，求求情看能否把我调动一下。详细情况记录付去，不胜日夜期盼。

俗话说：“朝中有人好办事。”苏轼自认人微言轻，想来想去觉得要办成事，还得有朝中之人“说话”“给力”。想来想去，“谁为可诉者？”于是他恳切地请求了老友刘贡父帮忙。他这样做的目的是什么？是谋私利还是求官位？非也，“惟念此一城生聚，必不忍弃为鱼鳖也”。其责任心是多么强呀！即使以后不在其位了，为了从长计议，保证百姓的生命财产安全，也要“谋政”、尽责。

第二年（元丰元年，1078），朝廷终于准奏，拨款二万四千贯，准许运用地方财政六千贯，用工七千余人，修筑大堤。神宗皇帝还专门下诏，对苏轼在这次抗洪斗争中的卓越表现予以表彰。

八月中旬，徐州防洪大堤竣工，与此同时，一座十丈高的楼台也正式落成。苏轼从传统的金木水火土五行观念中取义，为它命名。五行相生相克，黄代表土，土克水，因此命名为黄楼。它既是去年抗洪胜利的纪念，又是未来防水力量的象征。九月初九重阳佳节那天，举行盛大庆典，庆祝大堤的竣工。

这是徐州的盛事，三十多位知名人士应邀前来参加，老百姓也穿上节日的盛装，纷纷会聚于楼下。庆典开始，钟鼓齐鸣，乐声悠扬，热闹非凡。此情此景令苏轼十分感慨，挥毫写了一首《九日黄楼作》：

去年重阳不可说，南城夜半千沤发。
水穿城下作雷鸣，泥满城头飞雨滑。
黄花白酒无人问，日暮归来洗靴袜。
岂知还复有今年，把盏对花容一呷。
莫嫌酒薄红粉陋，终胜泥中事锹锸。

苏轼还写了《黄楼碑文》，刻石咏志，记载徐州抗洪的经过和黄楼剪彩的盛大仪式。苏辙、秦观都发挥了文人的才能写了《黄楼赋》。苏轼对黄楼有着深厚的感情，后来，他在徐州这时期写的诗镌成，就叫《黄楼集》。

苏轼亲笔所写的黄楼碑文，随着他后来以“元祐党人”的罪名遭到放逐，他的一切作品包括碑铭，朝廷明令加以查禁或拆毁。当时的徐州太守出于对苏轼的尊重，又迫于朝廷的禁令，采取折中的办法，把石碑丢入石城壕内，改黄楼名为“观风”。

又过了几年，禁令稍稍松下来，一些人又开始搜集苏轼的诗文书法，有的就偷偷地到壕内临摹碑文刻字，到市场卖钱。后来太守苗仲先，发现有机可乘，叫人把石碑从沟里抬出来，星夜偷偷地赶制了几千份拓本，事成之后，突然对同僚说：“咦！我忘了，苏碑的禁令还没有解除，碑还在这里，叫人来毁掉吧！”石碑毁坏之后，拓本的价钱不断提高，苗仲先把它带到京师私下出卖，赚了一笔大钱。徽宗皇帝后期，朝廷开始征苏轼书法手稿，定价很高。有的拿一百缗买苏轼手书《英州石桥铭》稿，以五万钱买《月林堂》榜名三字。

黄楼作为苏轼治水胜利纪念建筑物，于1988年10月重建于故黄河畔，内刻有苏辙所撰长赋。

“根苗一发浩无际，万人鼓舞千人看”

俗话说，“柴米油盐酱醋茶”是七件生活必需品，人要在社会上生活，离不开“衣食住行”。“柴”应重于、先于“米”，是很有道理的；从维持生命来讲，“衣”保暖甚于“食”果腹。这是因为没有柴便无法生火煮饭，也不能取暖；没有遮体之衣，在冬天就会在短时间冻死。杜甫在《自京赴奉先县咏怀五百字》中说：“朱门酒肉臭，路有冻死骨。”他未用“饿死骨”。

苏轼时时倾听群众的呼声，询问村民的疾苦。在走访中百姓的普遍反映是到了冬天烧柴十分困难，做饭、取暖都成问题。他们形容说，到了冷天，抱着褥子和被子想去换一抱柴火取暖都换不到。

苏轼感到这个问题非常严重，一定要想办法解决。究竟怎么解决？他动了很多脑筋，也做了一些调查。他知道徐州境内的盘马山这个地方有铁矿，境内也有许多煤矿。他知识广博，查阅了当地有关方志，发现汉王朝的王莽掌权时，曾让徐州每年都进贡“五色土”。“五色土”，相传是古代女娲炼“五色土”补天遗留下来的残物，可以燃烧。如此，苏轼就派出人马，访人、探山，到处查找。

他在徐州的第二年，宋元丰元年（1078）十二月，终于找到了一处煤炭宝藏，当时称为石炭，立即组织人马大力开采。他欣喜地写下了《石炭并引》诗：

彭城（徐州）旧无石炭，元丰元年十二月，始遣人获于州之西南白土镇之北，冶铁作兵，犀利胜常云。

君不见前年雨雪行人断，城中居民风裂骭。
湿薪半束抱衾裯，日暮敲门无处换。
岂料山中有遗宝，磊落如磐万车炭。
流膏迸液无人知，阵阵腥风自吹散。
……

诗作以饱含激情的笔触，写出了人民群众为区区烧柴，顶风冒雪，四出奔走，冻裂腿脚的苦难情况。前年（熙宁九年）冬天，雨雪连绵，路断人稀，山民无法进山砍柴烧炭，致使城中有人抱出被子换柴，还换不到半捆湿柴。

诗中接着描写开发煤炭之际，万众欢腾的喜悦情景。从前后两种状况的对比中，揭示了开发煤炭对于充实兵力，巩固边防，促进生产，为民造福的深远意义：

根苗一发浩无际，万人鼓舞千人看。
投泥泼水愈光明，烁玉流金见精悍。
南山栗林渐可息，北山顽矿何劳锻。
为君铸作百炼刀，要斩长鲸为万段。

这里所说的“北山顽矿”，便是指利国铁矿。北宋时期徐州利国监已是全国著名的冶铁基地之一了。苏轼在移守徐州后所写《徐州上皇帝书》中有专门谈论利国铁矿的一段文字，其中说：“州之东北七十余里，即利国监，自古为铁官、商贾所聚，其民富乐，凡三十六冶，冶户皆大家，藏镪（银锭）巨万……地既产精铁，而民皆善锻，……数千人之（兵）仗，可以一夕具也。”可见利国监生产兵器能力之强。用石炭作燃料，增高炉温，加速铁矿石冶炼过程，改善钢结构，故“冶铁作兵，犀利胜常”。徐州利国监矿产及冶炼业的发达，为国家提供了武器和赋税的来源，同时也吸引许多啸聚劫掠的巨盗的注意力。为加强利国监的防务，苏轼向朝廷建议，“臣欲以此以征冶户，为利国监之捍屏。今三十六冶，冶各百余人，采矿伐炭，多饥寒亡命，强力鸷忍之民也……使冶出十人以自卫，民所乐也……要使利国监不可窥，则徐无事；徐无事则京东无虞矣。”

苏轼分析说利国监是徐州的要害地区，而徐州又是京东门户，确保徐州的安全巩固对于国家具有战略意义，这完全是从全国大局着眼作出的正确判断。

国家安危，国计民生，一直是苏轼心目中的头等大事。此时的北宋王朝受到内忧外患的严重困扰，民族矛盾与阶级矛盾均十分尖锐。西夏、北辽一直威胁着北宋王朝的国防安全，每年为支付巨额的银绢贿赂和军费开支，进一步加大了对百姓的残酷剥夺及血腥镇压，更加剧了社会危机。苏轼早在《策断》中已经指出：“当今之患，外之可畏者西戎（夏）、北胡（辽），而内之可畏者天子之民也。西戎北胡不足以为中国大忧，而其动也有以召内之祸；内之民实执存亡之权，而不能独起，其发也必将待外之变。”有着经国济世政治抱负的苏东坡对于国家的积弊和危机是看得很清楚的。

歌颂炼炭的诗作，往往要提到明代的民族英雄于谦的七律《咏煤炭》有句：

但愿苍生俱饱暖，不辞辛苦出山林。

苏轼的诗却比于谦早三百多年，应该算是我国最早的咏煤炭的诗作了。更可贵的是，苏轼不但是文学家、诗人，还是直接领导和开矿的实业家。

他的诗写出了在人民烧柴极端困难的情况下，发现煤炭后广大群众欢欣鼓舞的心情。“南山栗林渐可息，北山顽矿何劳锻，为君铸作百炼刀，要斩长鲸为万段。”诗人正是从实际出发，想到了老百姓有了烧柴，森林树木可以保护下来了，而且又可以促进冶矿业的发展。徐州地区当时有三十六个冶铁作坊，冶工有三四千人。今天，徐州地区有重型机器制造工业著称于世，可以溯源于千年前便有发达的冶铁业，且有苏轼的“奠基”之功。

苏轼积极采取开发石炭，冶铁作兵的措施，不仅是着眼于经济效益，而且联想到国家长治久安的政治作用，具有高瞻远瞩的卓越见识。冶铁业的发展，可以提高兵器的质量，自然有利抗击当时屡屡侵犯边境的辽和西夏，“长鲸”就是指的这些侵略者。所以他的诗也表现了炽烈的热情。他在《田国博见示石炭诗，有“铸剑斩佞臣”之句，次韵答之》诗中也曾写道：“楚山铁炭皆奇物，知君欲斫奸邪窟”，显示其外斩“长鲸”，内斫“奸臣”的赤胆忠心和雄壮气魄。

徐州抗洪、筑堤的胜利，大大鼓舞了苏轼建设徐州的信心。他向皇帝提出了兴建徐州的大胆设想，如大力发展徐州的冶铁业，兴修水利，加强徐州的军事防御、惩治盗贼等。他还向朝廷单独提出一项奏议，说山东、河北一带人，身材高大，胆量过人，自古多英雄豪杰。刘邦、项羽、刘裕、朱全忠（温）等都是这一带的人。如今以诗赋经义取士，他们比不过浙江、福建、湖北、四川等地人，根本做不了官，经常闹事，要求对他们搞点特殊的规定，发挥他们具有勇武的特长，量才使用，别开仕进之门。他的出发点还是为了宋朝统治的长治久安，可是朝廷对他的计划和建议却毫无反应。

众士仰文星，“唯愿一识苏徐州”

徐州本是文人荟萃之地，评诗品画的雅集长盛不衰。如今，众星捧月，万水汇海，苏轼总是聚会的中心，他谈笑风生，妙语连珠，常常道人所未道，使所有人感到既轻松愉快，又获益匪浅。频频雅集中，苏轼有机会欣赏到许多稀世的古代绘画珍品和同时代画家的名作，同时也留下了一系列精美绝伦可以与这些珍品相媲美的题画诗。

苏轼作为文坛上继欧阳修之后公认的当之无愧的领袖人物，不仅徐州本地的文人争相与他交往，外地的士人也纷纷向他靠拢。远在大名府任国子监教授的黄庭坚（字鲁直），寄来书信和两首《古风》求教，表示愿意列在苏轼的门下，诗中将苏轼比作高崖的青松，自己则是深谷的小草，坦诚地表白：“小大才则殊，气味固相似。”另一位浪漫而多情的诗人秦观（字少游）也从高邮来到徐州，专程拜谒苏轼。他在诗中说：

> 我独不愿万户侯，唯愿一识苏徐州。

愿执弟子之礼。苏轼对他十分欣赏，称许他：“谓是古人吁莫测，新诗说尽万物情。”相信他终究会“忽然一鸣惊倒人”，表现出提携后辈的极大热情。

关于秦观对苏轼的“久仰”，北宋僧人惠洪在《冷斋夜话》中记载了一个戏剧性的故事：相传在此之前，有一天，秦观听说苏轼将会路过扬州，便模仿苏轼的书法，预先在一座古寺的壁上题诗一首。不久，苏轼到达扬州，访求名胜，来到这座古寺，看到壁上题诗，不禁大吃一惊，百思不得其解。后来在好友孙觉那里读到秦观的诗词数十篇，这才恍然大悟，说：“向书壁者，定此郎也。”这一趣事，在前文曾提到过。

有一天，苏家又来了一位客人，姓陈名师道，徐州人，好读书，敬仰苏轼为人，以其诗文为至宝。苏轼到徐州不久，他便来拜见，尽道仰慕之意，并拟将苏轼在密州所作诗词文章，一一抄录。苏轼因在杭州时曾有沈括求诗不全之事，到密州后所有诗词文字便都把底稿留了下来，于是，罄其所有，交与师道。师道拿回家去，逐字抄缮，又将原稿送回。以后每隔半年，便来取新稿，抄后送回。

苏轼将陈师道让进客厅，师道双手捧上两大本书稿："这是大人密、徐两州所作诗词，请过目。"

苏轼接过书稿，说道："好厚的两本！"打开一看，清一色的工整小楷，十分感动地说："足下对拙作如此费力劳神，令苏轼心中不安，感愧之至。"

陈师道道："学生欲将此稿编为两集刊行，并作注，特请大人拨冗审定。"

苏轼道："好，好，我一定好好看，过两天就还你。"

两天后，陈师道来拿稿子，苏轼道："世人传抄苏轼诗词，谬误颇多；足下所辑，极善，注解亦佳，真是难得。"陈师道请苏轼给集子定个名称，苏轼道："我在密州建超然台，徐州建黄楼，就以此为名吧，我已写在那上面了。"

元丰元年五月蔡确权御史中丞，朝廷又有新的人事变动。杭州诗僧惠勤、惠思、辩才等与苏轼有交情之人都为苏轼担心，他们商量着由参寥到汴京走一趟，探听到消息，然后转往徐州向苏轼报告，提醒东坡注意防备。因而元丰元年（1078）九月，参寥到彭城来是负有重大使命的。

参寥到汴京活动后，随即到徐州会见苏轼。他在《访彭门太守苏子瞻学士》诗中云："迩来旅食寄梁苑，坐叹白日徒虚盈。彭门千里不惮远，秋风匹马吾能征。"

梁苑指汴京，也就是京师。苏轼见过参寥后，曾在给秦少游的信里透露其中消息："参寥至，颇闻动止，甚慰。"说明参寥所探知的京城时事对苏轼了解政坛动向颇有帮助。接着苏轼赞叹道："参寥真可人，太虚所与之不妄也。诸事可问参寥而知。"

参寥"千山不惮荒店远，两脚欲趁飞猱轻"，徒步跋涉来到彭城，苏轼十分欢迎。对于这位"云衲新磨""霜髭不剪"的方外诗僧，待以上宾之礼，安排住在府署内逍遥堂。徐州士大夫久慕参寥大名，争相与其会面交游。一天，苏轼在逍遥堂大宴宾客，侑酒的歌妓相拥而出。生性爱逗乐的苏轼灵机一动，计上心来，他暗中指使官妓马盼盼故意挑逗参寥，参寥援笔立成一诗："寄语巫山窈窕娘，好将魂梦恼襄王。禅心已作沾泥絮，不逐东风上下狂。”

此诗一出，四座皆惊，苏轼也十分叹服。“沾泥絮”之比喻，苏轼曾有一闪灵感，但未成诗。他在另外场合也称赞参寥“道人胸中水镜清，万象起灭无逃形”（《次韵道潜见赠》），风标高洁，而且才思敏捷，称其：“新诗如玉雪，出语便新警。”（《送参寥》）而其人“了解道义，见之令人萧然”，对参寥更加敬重。

参寥由苏轼陪同游览徐州名胜百步洪。当时百步洪在徐州城东南二里（今复兴南路南段，仍有下洪地名），是泗水中游的一个险区，“水中有巨石，同巉岩龃龉，惊涛激浪，迅疾而下，凡数里始静。”因此，商旅视为畏途，而徐州人士多喜前往探幽访胜，寻觅诗句，引以为游乐。苏轼在《百步洪二首》中，生动地描绘了百步洪水流湍急的情景，后文有引证和分析。

苏轼在徐州时期，身边还有两位俊彦，那就是王适（字子立）、王遹（字子敏）两兄弟。苏轼十分赏识他们的人品和学识，后来他曾做媒将子由的次女嫁给王子立。

苏轼在徐州致友人的书信中曾郑重地介绍过一位奇人：“州人张天骥，隐居求志，上不违亲，下不绝俗，有足嘉者。近卜居云龙山下，凭高远览，想尽一州之胜。”（《东坡先生外集》也收有此文，题作《书张天骥所居》）苏轼在《过云龙山人张天骥》诗中写道：“君家本冠盖，丝竹闹邻保。脱身声利中，道德自濯澡。躬耕抱羸疾，奉养百岁老。诗书膏吻颊，菽水媚翁媪。”

对张山人家世与德才赞赏极为鲜明，可见在其眼中绝非等闲之辈。

张天骥（1041—？），字圣涂，自号云龙山人。家有田宅、花园，筑有草堂。他爱好诗书、音乐，具有高度的文化素养和道德情操。他的父母都是虔诚的道教徒，受父母的影响，他也笃信道教，不求闻达，不愿婚娶。他躬耕自资，敬奉双亲，品行高洁，乐于交游。

张山人隐居于山峦叠翠之间，庭舍环境清幽雅致，苏轼曾陪同宾客如苏辙、李常、王巩、参寥等人，登山览胜，往访山人。

熙宁十年（1077）秋的大水，淹到张山人草堂阖扇的一半。第二年的春天，张家迁居于云龙山东麓之上，构筑了新的宅舍，“旧隐丘墟外，新堂紫翠间”。山人畜有两只仙鹤，甚驯而善飞。晨曦照林，放鹤飞去；夕阳衔山，招鹤归来，张山人又为此修建了放鹤亭。苏轼以如椽之笔写下了《放鹤亭记》的名文，从此，放鹤亭便名闻遐迩。

在这篇洋洋洒洒的记文中，苏轼以清新明快的笔触概述了徐州翠嶂四围的优胜形势，说明了放鹤亭址的奇异幽美，描绘了白鹤飞鸣的超逸形象，介绍了放鹤亭命名的由来。苏轼以白鹤的闲适优游，象征了隐士的清雅旷逸。记文优美畅达，抒情婉转，尤其是最后的“放鹤”与“招鹤”两歌，音节铿锵，朗朗上口，深沉含蓄，为全文增添了异彩。自从宋代以来，放鹤亭屡坍屡修，世代存留，现在成为徐州一个著名古迹和旅游胜地。

清同治十一年（1872），徐海道吴世熊重建放鹤亭，业已为雅轩，并围以石栏。其南的抛鹤亭高耸入云，为登临远眺之佳处。

放鹤亭北侧有船厅，原建于清代光绪末年，近年又予重建。船厅有光绪年间候选教谕王琴九（徐州人）所撰一副长楹联：

大地俯青徐，看残落日平原，百战河山谁楚汉？
孤亭环紫嶂，倚遍疏帘画槛，千秋风月共苏张。

联语中充分表达了徐州父老对“千秋风月共苏张”的怀念与赞美。

熙宁十年（1077），京东提刑使李邦直在徐州建亭，遂请新任徐州知州苏轼命名为“快哉亭”，并作《快哉此风赋并引》。

苏轼在密州、徐州、黄州皆有亭命名为“快哉”，取“一点浩然气，千里快哉风”之意。

苏轼登云龙山还留有一处著名的遗迹，便是黄茅冈的“东坡石床”。

元丰元年（1078）九月十七日，苏轼偕王巩、颜复、张天骥一起由此处登山。苏轼写了一首题为《登云龙山》的诗：

醉中走上黄茅冈，满冈乱石如群羊。
冈头醉倒石作床，仰看白云天茫茫。
歌声落谷秋风长，路人举首东南望，
拍手大笑使君狂。

这首诗并非律诗，而是“柏梁体”诗。全诗句句押韵，一韵到底，不按平仄粘对的格律，仅止七句，戛然而止，耐人寻味，艺术上也别具一格。

乾隆二十七年（1762）清高宗爱新觉罗·弘历南下途经徐州，“御笔”写下“黄茅冈”，现存于云龙山西坡。

东坡石床附近的诗文蔚为大观。清代诗人刘廷玑诗曰“满丘乱石亦平平，一醉坡仙即著名”，指的就是东坡石床，现已成为徐州最负盛名的东坡遗迹。

徐州市政府与园林、文物、旅游等部门，对苏轼的遗迹十分重视与珍惜，为保护这些文化瑰宝，于 1997 年 8 月建护碑亭及爬山长廊覆盖在东坡石床及摩崖石刻之上。亭廊前新置苏东坡石雕像，体形做倚卧之状，一手举笔扬毫，风神潇洒，形象生动，令人引发缅怀东坡的无限遐想。

好山好水之中，政务清明，百姓拥戴，宾客盈门，士林爱重。尽管仍然与当政者相忤，人生路上仍然有许多矛盾与苦闷，也少不了牢骚和感叹，对于苏轼来说，徐州的生活还是比较称心如意的。

三月，朝廷令下，苏轼移任湖州知州。临行的这一天，他骑马出城，发现城门内外，官道两旁，已经密密麻麻挤满了从四面八方赶来的父老乡亲，出现了无比动人的送别景象，歌管凄咽，哀声一片。人们争相拦马拉缰，苦苦挽留这位贤良的知州不要离去。有一位飘着长须的年迈老秀才，尽管走路已踉踉跄跄，不顾一切地挤进人群，好不容易挤到了苏轼的马前，流着眼泪把酒请寿道：“请寿使君公，前年若是没有您，那么多的儿童都化为鱼龟了！我们永远忘不了您的大恩大德啊！”

此情此景，令苏轼感动得无以复加，他为自己微不足道的政绩感到十分羞愧，而频频向人们答谢道：“水来非吾过，去亦非吾功。”“而我本无恩，此涕为谁设？”最后，苏轼怀着沉痛的离愁别绪，扬鞭挥泪去了。

这个感人至深的场面，记述在他的《罢徐州，往南京，马上走笔寄子由五首》诗中：

父老何自来，花枝袅长红。洗盏拜马前，请寿使君公。
前年无使君，鱼鳖化儿童。举鞭谢父老，正坐使君穷。

穷人命分恶，所向招灾凶。水来非吾过，去亦非吾功。

诗最后两句颇令人回味。他依依不舍离开徐州时，又作《江城子·别徐州》词，结尾云：

回首彭城，清泗与淮通。欲寄相思千点泪，流不到，楚江东。

充满着对徐州这块土地和人民的眷恋之情。

然而，官场多风险，世事难预料。元丰二年三月末，苏轼告别徐州，踏上去湖州的路。他怎么也没想到，前面等待他的竟是一场牢狱之灾，还差点丢了性命。

第十章

乌台诗案

因文招祸，罪名近似“莫须有”

北宋元丰二年（1079）四月初，早春时节，汴京皇宫内古柏森森，御柳飞絮。金銮殿前，文武大臣肃然鹄立。宋神宗赵顼端坐在龙椅之上，问阶下的群臣还有何事要奏时，有一人站出来说：“陛下，御史中丞李定有奏本。”

赵顼说：“准奏。”

李定激愤地说：“臣伏见湖州知州苏轼谢表上，包藏祸心，谤讪时政，妄自尊大，谩骂朝廷用人不当，请陛下缉拿苏轼，以昭示天下。”

舒亶接着上奏道：“苏轼屡阻新政，以诗泄愤，以己见凌驾于朝廷之上，用心极为恶毒。”他边说边翻搜集到的诗稿，列举例子。

舒亶刚奏完，权监察御史何正臣接奏曰：“苏轼指斥乘舆，愚弄朝廷，无所不为，一有水旱之灾，盗贼之变，必倡言归咎新法，唯恐天下不乱。”

赵顼问：“还有奏本吗？”

国子博士李宜亦连上弹章纠劾，指责苏轼“无君臣之义”，“虽万死不足以谢圣时”。

李定接奏：“苏轼狂妄至极，肆无忌惮，吟诗作文，讥讽朝廷，无法无天，不司之以法，难以诫天下人臣，伏望陛下大明诛赏，严惩不贷！”

驸马王诜是苏轼的至交，他反驳道：“陛下圣鉴，文人吟诗本是一时之兴，与朝政无多大关系，苏轼出京以来，政绩斐然，对圣上始终忠心耿耿，绝无二意，望陛下明察秋毫，不可以诗文而废弃人才！”

赵顼并没有被多个奏本所左右，他心里十分欣赏苏轼的才华，但又想到新法推行，异论繁多，如任其蔓延，势必会动摇新法，如若严惩，又恐会产生其他后果，一时有点拿不定主意，于是他便问身边的宰相王珪：“王爱卿你看如何？”

一向稳重寡言、圆滑世故的王珪，今天一反常态，他躬身平静地说：“证据确凿，奏状有理，惟陛下圣断！”

赵顼这才下了决心：将诗集交中书审查，敕令苏轼进京，交御史台勘问。

李定喜形于色，进言道：“陛下英明！御史台将派专人去湖州拘捕苏轼，途中夜宿寄放牢狱。”

赵顼道：“只限究吟诗之事，不消如此。”

……

许多历史学者在著作中都这么讲：这是中国历史上一次有名的文字狱，也是一次有名的“莫须有”之狱。为此，笔者特地在成语辞典上查了一下“莫须有”三个字的出处、本义与演变：“莫须有”原意谓“也许有”，后因以指凭空捏造罪名，成了“不须有”。《宋史·岳飞传》：“狱之将上也，韩世忠不平，诣桧（秦桧）诘其实。桧曰：‘飞子云与张宪书虽不明，其事体莫须有。’世忠曰：‘莫须有’三字何以服天下？”

把苏轼的这起文字狱和“诗案”称为“莫须有”之狱，愚以为尚存不够妥当和确切之处：其一是“莫须有”之狱，产生于后来的南宋时期，不宜用在此前的北宋；其二是“莫须有”已成为凭空捏造“不必有”的意思，故用在苏轼这起案子上，也与事实不符，因为反对变法，讽刺朝廷，发泄不满“确有其事”，与岳飞凭空被诬不可同日而语。

公平地说：“福祸无门，惟人自召。”这句话说得有道理。喜欢打扮成维吾尔族俏姑娘，小辫子太多，容易被人抓住不放，弄得很狼狈，是必须正视、不容忌讳的客观事实。

让我们先来看看苏轼《湖州谢上表》上本应写什么，他又节外生枝加了些什么？

其实这只是例行公事，只要略叙为臣过去无政绩可言，再叙皇恩浩荡之类便可以上交了。但苏轼性格豪迈，不拘小节，兴之所至，纵笔添“刺”，又在谢表中添加了一段“六字句”：

知其愚不识时，难以追陪新进；查其老不生事，或可牧养小民。

这段话的意思很明白，自谓愚昧不识时务，“难以追陪”进入朝廷掌权的得志者，也不愿奉陪；猜透了你们这些人的用心，为了不使我老是生事、唱反调、找麻烦，就谪贬外地，去牧养小民吧！可见发牢骚、讽刺的意味，是明摆着的，其用意是以此来表示对新法的不满。

当时北宋官方有一份报纸，名叫《邸报》，依照惯例，调职官员的《谢恩表》都予刊行，这就影响更大了。

本来这种谢表都是套话，也不会有太多人留意，偏偏苏轼文名满天下，文章一出，格外瞩目，世人莫不争相一睹为快。“苏才子又发表文章了，强烈讽刺当权的新贵！”这样一来，必然会产生煽动臣民对新法的不满、损害执政者威信的后果。

谁也不傻，在苏轼的这份《谢恩表》里，“新进”“生事”这两个词让人都听出了弦外之音。谁是“新进”？谁又爱“生事”（司马光指责王安石的语言）？那些自愿“对号入座”的人对苏轼就更为不满了。特别是当时任变法派的大臣、苏轼的朝中政敌蔡确等人，更是对他恨得牙根痒痒，必欲置其死地而后快。

早在苏轼在杭州任通判时，沈括到浙江来考察农田水利法的执行情况，就把他的近期诗作抄录了一通，指出其中有反对“新法”的隐语，封进给神宗皇帝。但其时反对“新法”还只是不同的政见，而不是什么“罪”，故而亦不曾追究，那位科学家的不良用心落了空。至元丰二年（1079），时移势迁，“新法”已成为不可争论的庙谟国是，司马光等也早已沉默，而苏轼还在发表反对的言论，虽然王安石本人已离职南下，但“新法”人士仍把苏轼视为眼中钉、肉中刺，经常“跳出来”兴风作浪者。

当时御史台作为主要“罪证”材料的《苏子瞻学士钱塘集》今已不存，从现存宋人朋九万《东坡乌台诗案》、周紫芝《诗谳》和清人张鉴《眉山诗案广证》等所录被指控为攻击朝廷的几十首诗文来看，大约有三种类型。一类与“新法”原无关涉，作为“罪证”实系穿凿构陷；二类确有反对“新法”之内容，但反映的“新法”之弊却是客观的事实；三类则或多或少带有归恶于“新法”的偏见。大致来说，若反“新法”定为有“罪”，则李定等还不全属诬告。不过，苏轼本来就是反对“新法”的，而且从未隐瞒自己的政见，在密州时曾明确拒绝推行免役法、手实法与方田均税法，毫不隐讳地写在他给当朝宰相韩绛的上书里（《苏轼文集》卷四十八）。在这一“诗案”中究竟罗织了哪些罪名呢？我们从苏轼的《杭州纪事诗》列举实例，即后文苏轼的“自供状”中可见。

“顷刻之间，拉一太守如驱犬鸡”

七月二十八日，御史台派遣皇甫遵前去逮捕苏轼。苏轼密友王诜得知消息后，紧急派人告知苏辙，苏辙立即派人送信给兄长。苏轼得知消息后，将州中事务移交给通判祖无颇，请他暂且代理知州。

此时的苏轼，只知道弟弟的这封信十分重要。他定了定神，对身旁的祖无颇说：“朝廷派的公差很快就到，会缉我进京，如之奈何？”边说边将信件拿出来。

祖无颇一直观察苏轼的神情变化，知道出了十分惊骇的大事。

看了信后便安慰苏轼道：“知州胸襟昭若，忠君爱民，吉人自有天相。况且详情未知，不必惊慌，等公差来后见机行动。”

苏轼想，这也许是没办法的办法吧，于是心态平静了许多。

正说间，一列公差到衙，其骄横野蛮的神态咄咄逼人。

朝廷派来执法的官员皇甫遵，气势汹汹径直闯入官厅，身穿正式的官袍官靴，手持笏板当厅而立，两名士兵分列左右，白衣青巾，面目狰狞。衙门里一片混乱，人心惶惶。苏轼从未见过这种阵势，不免心中发虚，虽已知朝廷要逮捕他，却不明自己究竟犯了什么不可赦免的罪，一时不知该怎么应付。他和祖通判商量，祖通判说：“事已至此，无可奈何，还是出去见他们为好。”

“那么，是否应该穿便服出见？”苏轼又问，因为他想，既然已是罪人不可再穿官服。

祖通判说：“现在还不知是什么罪名，应该穿官服。”

于是，苏轼穿了正式的官袍官靴，手持笏板，出去迎接，祖无颇等衙门的大小官员也都身穿官服站在苏轼的对面。

皇甫遵脸色铁青，一言不发，两名士兵带武器站其身后，气氛十分凝重，所有的人都紧张得喘不过气来。苏轼没乱方寸，平静地说：“轼自来激恼朝廷甚多，今日前来，必定是赐死，死固不辞，只求能与家人诀别。”

皇甫遵丢出一句冷语：“倒还没这么严重！”

祖无颇上前一步问道：“我想官长一定带了诏令吧？”

皇甫遵厉声问道：“你是什么人？”

“代理知州祖无颇。”

皇甫遵这才正式将诏命拿出来，打开一看，不过是令苏轼革职进京的普通公文而已，大家都暗暗松了一口气。

苏轼的家住在府衙的后院。他一进家门，只见夫人王闰之哭声悲惨，大儿子苏迈束手无策，两个小儿子苏迨、苏过更是哇哇直哭，乳母任采莲在伤心落泪。

夫人和丫鬟王朝云一边流泪，一边为苏轼收拾衣物杂什，打点行装。

苏轼眼见全家此状，鼻子一阵酸楚。

夫人王闰之拉着他的手哭诉道：“相公，你怎么了？你走了我们怎么办？苏迨、苏过这么小依靠谁？任妈怎么办？我们一家人怎么办？相公呀，你怎么去得罪朝廷……”

她一边哭一边说。这是她心里的话，心里的话只有当着心中最爱的人诉说。诉说是浓厚情感的表白。丈夫是她，也是这个家的顶梁柱。自从堂姐王弗去世后，她把苏轼与王弗婚后之子苏迈当成自己的心肝来爱护，苏迈已长大成家生子。苏轼续弦王闰之后，两人恩爱有加。王闰之生苏迨时难产，身体已不如前，隔二年又生下苏过，体质更弱，苏轼闲余之时尽心安慰她。王闰之是书香之女，教养深厚，对苏轼从政作文写诗从不干涉过问，她一直为有这样一个才华横溢的丈夫而骄傲，并全身心地料理打点这个家，从不让苏轼为家里操心。苏轼为有这样的夫人而心满意足。

夫人的哭声如此动情，夫人的诉说又如此现实，苏轼的眼泪直往肚里流。

王朝云见状自己一边流泪，一边为夫人拭泪，她对王闰之说："夫人你莫太悲伤，老爷只是进京，并没定罪，说不定很快就会回来。不管怎么样，你的健康要紧。"

说罢便对着苏轼双泪直流："老爷，夫人为你已痛哭多时，茶水不进。老爷，你赶快为夫人安排一下，我们都六神无主了。"

苏轼这才猛地回过神来，他心里明白，自己这一走，凶多吉少，家里的确要有个安排和交代。

于是，他拍着夫人王闰之的手背说："夫人，你受苦了，你别哭，我有几句话要对你讲。"王闰之听后便慢慢地平静下来。

苏轼说："我走后，这个家就由苏迈代我撑掌。"

他又对苏迈说："儿啊，你已是二十来岁的人了，你要带着全家去投靠叔叔，照顾好你妈、两个弟弟和任妈，全家人不得掉一个！"苏迈两眼湿润，眼泪直在眼眶中打转，点头答应说："爹，你放心，孩儿一定不会有负重托。"

但王闰之毕竟是有教养之女，意志坚强，说苏迈应随父去京照顾，家事由她承担。

苏轼对王朝云说："小云，你年轻能干，多做些事，好让夫人、任妈养好身子，你们到叔叔家中后，一定要处处为他家着想。他家人口多，又不富裕，多带银两，调剂生活。"

任妈双手作揖，双目仰望，禀告说："老爷、老夫人在上，我这把老骨头一定要熬到轼少爷回来，不然怎么有脸面去见老爷、老夫人!?"

苏轼说："任妈，你不要焦虑太多，我不会有什么大事的。"

任妈连说："没事就好，没事就好，老天有眼，会保佑你的。"

苏轼将两个小儿拉在面前，摸着他们的头说："你俩要听娘的话，不要让娘多操心，爹回来，再看你俩谁最乖。"两个小儿子都连连点头。

苏轼见王闰之还是泪流不断，心如刀绞，不知如何安慰妻儿，这时他忽然想起一个故事：从前，宋真宗下令访隐求贤，在他东巡泰山时，曾察访过民间的学者，有人推荐杞人杨朴，说他长于作诗。杨本人不愿去京做官。地方官为了完成任务，竟把他押送京师觐见皇帝。

皇帝问道："听说你写得一手好诗？"

"不，我不会作诗。"杨朴说。

真宗又问："朋友们知道你进京来，临行前有人作诗送行吗？"

杨朴说："没有，只有臣的妻子写了一首绝句。"

真宗说："你念给我听听。"杨朴遵命恭敬地念道：

且休落魄贪杯酒，更莫猖狂爱咏诗。
今日捉将官里去，这回断送老头皮。

真宗听后哈哈大笑，在旁的官员也都乐不可支。

这个故事王夫人早就听过，平时夫妻二人还常用来互相取笑，所以苏轼回头对妻子说："你不能像杨处士的妻子一样，写首诗送我吗？"

王夫人不禁转悲为喜，含泪失笑。

苏轼站起来说："就这样约定，等我回来。"

王闰之便羞涩地说："相公，我一定等你回来。"

苏轼叮嘱家人不要出门，说毕便昂首大步而去。

州衙僚佐多不敢送行，而唯有掌书记陈师锡在湖州城门口，举酒为苏轼饯别。王适、王遹兄弟也一直送到郊外，劝慰苏轼道："死生祸福，都是天意啊，你又怎能奈何得了天呢？"

长子苏迈获准随行照顾父亲。苏轼出城登舟，四顾凄然。苏轼在船上，回头看时，只见苏迈上船，岸上高坡处，王朝云一手扶着夫人，一手高高地扬起红色的手绢在空中摆动。

后人据亲见者记："顷刻之间，拉一太守，如驱犬鸡。"（宋·孔平仲《孔氏谈苑》）

湖州百姓则紧随其后，个个泪如雨下，为刚来不久的一个好官，又被拘捕而惋惜不已。

皇甫遵奉命出京时曾提出，押送途中如押送江洋大盗一样。神宗未同意，谓不过是追究吟诗之事，不必如此。

船行不久，船舵需修，暂时停靠在太湖鲈香亭畔。水面一片静寂。船上公差鼾声阵阵。

苏轼仰望明月，不禁一声叹息。忽然“扑通”一声，不知是哪条船上的东西掉进湖里，之后则夜阑人静。

苏轼这才体会到屈原投江时的心境。

报国无门，反被诬陷。施政主张无望，富国强民计划落空。满腹的经纶被人当成一滩祸水，诗词歌赋竟成了所谓的罪恶证据。

死，是一条再生的出路。

屈原啊，你长眠汨罗江底，便是永生！如今，我苏轼出路何在？……

当船过扬州时，好友、扬州知州鲜于侁（子骏）早已伫立岸边，希望能与苏轼见上一面，却被押送的官差凛然回绝。在当时那种可怕的情形之下，多少亲朋好友纷纷绝交，避之唯恐不及，鲜于侁身为朝廷命官却无所畏惧，有人劝他将平日与苏轼往来的文字书信尽快销毁，他回答道：“我不能做欺君负友的事，如果因为忠义而受谴责，我心甘情愿。”

《东坡事类》卷五明·商辂《续通鉴纲目》载：

> （鲜于侁）及知扬州，会轼自湖赴狱，亲朋皆绝与交。道出广陵，侁往见之，台吏不许通。或曰：“公与轼相知久，其所往来文字书问，宜焚之勿留，不然，且获罪。”侁曰：“欺君负友，吾不忍为；以忠义分谴，则所愿也。”至是以举吏累谪主管西京御史台。

透过船舱紧闭的窗棂，苏轼远远地看着好友惘然离去，不禁泪水盈眶。他听说罪名重大，从公文上分析，从子由短信的情况来看，此次进京死罪难逃，还不如早死为快！

此时，恰好湖面“吱”的一声，水里一条鱼迎着月光跃出水面，又扎进水里。

他突然打了一个寒战。人的生死就是一念之差，苏轼的思维从黑暗中猛地挣脱出来。回头一望，不可想象，吓得出了一身冷汗。

怎么，我怎么突然想到了死呢？死，太容易了。

只要往前挪动半步，就能一了百了，一切就那么痛快、那么轻松，是在一瞬之间的事。

但死了以后呢？那活着的子由，还有王诜，还有家人……他们将会为我背负一身罪名。

我还未进京就先死，无罪也是畏罪，畏罪必有罪。

我不能死，我要活，我要活！要活着让那些诬陷我的人一个又一个地显现原形。我要为我的子由，我的朋友和家人活下去！

想到这里，苏轼如释重负，不觉睡意袭来，便进入梦乡。

此时的王闰之却仍在痛哭流涕。

白天同王朝云一起送走相公，回来时家里被公差抄了一遍又一遍。两个儿子吓得连做梦都啼哭。

她在清理家什时发现还有一大叠诗文手稿尚未搜走，不觉心头阵阵悲伤：唉，就是这些诗，害了相公！

诗，也能害人，她未曾想过，直到今天才深深地体会到。

她一直深爱相公的诗才文略。每遇一事，相公如果突发灵感，她便代墨郎轻手轻脚地磨墨铺纸。相公毫飞墨驰，自己如春燕临风，那种只有感受而不可言状的感觉，特别美好。如今，这诗变成伤害相公的罪证，自己也成了伤害相公的帮手。想到这里，王闰之觉得，这些残存的诗稿必须迅速毁掉，不然公差又来抄家，诗稿便又添了罪证。

她点燃火烛，将诗稿一页一页地烧毁。

王朝云从外面进来，看到夫人正在烧诗稿，快步上前，将诗稿抢走："夫人，这是老爷的心血和性命呀，万万烧不得！……"

王闰之说："我本不想烧，可留下来对相公有害，烧掉它，让相公再不写诗！"

王朝云哭着，乞求地说："夫人，老爷把诗当成命根子，你烧掉了，会毁了老爷的呀。"

"小云啦，我知道你愿老爷好，可眼前这道坎怎么过呢？"

王朝云拭干泪说："夫人，我愿以自己的生命保护这些诗稿，不让相公的心血毁灭！"

王闰之听后心软手抖，喉哽鼻酸。

由于王闰之为了避祸，将苏轼诗文手稿烧毁了许多，苏轼的作品因此而湮没不少。

苏轼后来在给文彦博的信中说起这事：

州郡望风，遣吏发卒，围船搜取，老幼几怖死。既去，妇女恚骂曰：是好着书，书成何所得，而怖我如此？悉取烧之。此事定，重复寻理，十亡其七八矣。

——《黄州上文潞公书》

见鱼大惊，留诗绝命竟救命

现实生活中有"同气相求""同病相怜"等，兴许还有"同色相亲"。比方说，在地球村的某个角落，邂逅同一肤色之人，顿生亲近感。生物界也是如此，你看，那御史台前种有众多的乌柏树，枝密柯交，黛色参天，乌鸦因色相亲，爱在其上栖息和做窝。特别是到了傍晚时分，更是成群飞舞，拍翅鸣叫，"哑哑"之声，不绝于耳，好不热闹。

据《汉书·朱博传》记载："是时，兀御史府吏舍百余区井水皆竭；又其府中列柏树，常有野乌数千栖宿其上，晨去暮来，号曰'朝夕乌'。"意思是说御史府中有许多柏树，常有数千只乌鸦栖息在树上，晨去暮来，号为"朝夕乌"。因此，后世便以御史府为乌府，御史台为乌台。

苏轼获罪的这件案子，是因为苏轼因诗获罪，由御史台一手操办的，所以被称为"乌台诗案"。

此时，苏轼盘腿坐在囚室内，被这阵阵的乌鸦乱叫搅得更加烦躁不安。

近些天来，李定、舒亶等人轮番审讯，让自己心力疲惫。他们油腔滑调、挤眉弄眼的神态，让人鄙夷恶心。苏轼我怎么遇上了这帮小人呢？怎么落在他们手中呢？

李定、舒亶、何正臣聚在一处，他们觉得苏轼太难对付。像这样审问下去，问不出什么结果来。如果没有结果，苏轼就会无罪释放。这样一来，不仅反而抬高了苏轼的身价，而且使他们落下迫害好人的恶名。一旦苏轼及其盟友重新得势，可能卷土重来，后果不堪设想。现在是背水一战，必须拿到苏轼更多的罪证，这就要由皇上下旨。

李定深思一阵后说："我们的心是齐的，但在审讯的措施上要更新改变。"

舒亶说："我们这几天直攻不行，旁敲如何？"

"如何旁敲？"李定一边问，一边眨了眨眼，计上心来……

他们于是按计行事。

御史台又向各州郡及朝廷有关部门发出公文，将与苏轼往来密切的有关人等传唤到官府，一一问证。在强大的压力下，苏轼只得承认："与人有诗赋往还。"

于是案情更显复杂，与苏轼交往密切并写有讥讽文字的朝廷内外大臣竟多达数十人。

经过一次次的反复提审，从苏轼诗文中找出的问题越来越多，牵扯进去的人也越来越多，一帮小人不禁气焰嚣张，得意扬扬，满朝大臣没有人敢问及此案，唯恐一不小心惹祸上身。

从八月二十到十月中旬，将近两个月的审讯，苏轼在精神上和肉体上经受了极大的凌辱与折磨。为了达到他们不可告人的目的，这帮小人无所不用其极，动辄大声辱骂甚至扑打，为日不足，继以夜审。当时另有一名大臣苏颂，因审理一桩人命官司受人诬陷而下狱，关押在苏轼隔壁的牢房，亲耳听到御史们对苏轼所进行的种种非人虐待，为之悲叹不已："遥怜北户吴兴守，诟辱通宵不忍闻。"（宋·周必大《记东坡乌台诗案》引）

驸马王诜非常喜爱苏轼的诗文手稿，收藏甚多，难舍上交，被查出。

一时间，御史台收到苏轼任职地的诗篇，亲朋好友的赠诗一叠又一叠。

何正臣谄媚地说："李大人、舒大人，真能人也，这些诗稿定能找出苏轼更多的罪证。"

李定点头，得意忘形地笑着说："好戏还在后头呢。"……

苏轼被列为重罪囚犯，独处在一间囚室。

室内空气浊秽，常有老鼠窜进窜出。守门狱卒粗声暴气，苏迈每日送饭必细问盘查。

这天，苏迈送饭来，见苏轼两眼深陷，便痛心地问是否生病了。

苏轼说：“体无大碍，就是整日审讯穷追不舍，逼我就范。”

苏迈说：“这样下去会把你拖垮的，还是认了吧。”

起初，苏轼并不承认自己有怨谤之心，只是说其中的一些诗句的确反映了民间疾苦。可是后来，在御史台官员吩咐下，手下对苏轼进行了轮番的审讯和折磨，苏轼一个儒生，实在忍受不了这种心理上的屈辱和肉体上的疼痛，所以他说：“我恐牵连亲朋好友，如果定我死罪，不株连他人，我则都可认了。”

说到这里，苏轼突然有了预感，便对苏迈说，你如果听到爹判了死罪的消息，送饭时便带鱼来，爹在思想上好做准备。

苏迈听罢，眼眶发红，不觉泪水盈盈，他低下头说，孩儿记住了。

苏轼的预感不是神仙点化，而是他的直觉。他知道李定等人接连多天的审问毫无结果后，会另寻手段，一定要把我苏轼作为突破口，整倒一批正直重臣，以此达到排除异己、升官晋爵、弄权谋私的目的。苏迈说的对，不能这样跟他们这等小人耗下去。

审讯室内，李定案头摆着一叠又一叠诗词文稿。

苏轼不屑一顾。

李定嬉皮笑脸地说：“苏轼，你难道不认识这是什么？”

苏轼傲然处之，理直气壮地说：“我写诗是学白乐天借诗陈情，以达圣听。‘惟歌生民病，愿得天子知’，为黎民百姓反映实情，为圣上明察秋毫提供视听，抒我之气，叙我之言。”

“好！说得好！”舒亶打断苏轼的话说，“你将自己所写的诗都供出来，如何？”

苏轼说：“这有何难，只是不能株连他人。”

李定听了，心里乐得如同灌蜜，却不露任何声色认真地说：“诗是你写的，与他人何干？”

苏轼见如愿以偿，便说：“我愿供状。”

李定与舒亶相视奸诈一笑。

在囚室内，苏轼从五更写到次日深夜。他将入仕以来二十多年写诗赠友，作诗咏物，赋诗抒怀细细回忆，一一列出。

供状一页一页地叠高了，苏轼也渐渐地疲倦了。

这时狱卒吼声一片，尤以狱头梁成的吼声最大。他横眉冷对，凶相毕露。但他每天夜晚却安排囚卒送热水给苏轼泡脚。听苏迈讲，他曾对其塞过银两，却被梁成拒绝并训斥一番。

这是个什么人？苏轼一边泡脚，一边观察梁狱头。

梁狱头见四下无人，便对苏轼说："苏大人是个好官，我却救不了你，你有什么要求，尽管吩咐，凡能办到的，卑职定尽力而为。"

苏轼这才松了一口气，说："多谢！如若有再生之日，定当报答。"

苏轼洗完脚又写了起来，前后两天，写出供状一万七千余言。这是他一生中所写文字最长的一篇，这也是他的命运跌入深渊之时所写的毫无艺术性的作品。

高墙外，代表公道与正义以及民心所向的救赎活动在方兴未艾地展开，朝廷中正直的士大夫冒着株连入案的危险纷纷上书，仗义执言。

苏辙自从送往湖州书信的差人回来后，一直焦急不安。哥哥被捕如何救出的问题，一直成为自己考虑的头等大事。按朝廷规定，他不能擅自进京面圣，只能进呈奏状。他将希望凝在笔尖，书写在纸上。苏辙以呼天抢地的悲号，乞纳还在身官爵以赎兄"罪"：

> 臣闻困急而呼天，疾痛而呼父母者，人之至情也。臣虽草芥之微，而有危迫之恳，惟天地父母哀而怜之。臣早失怙恃，惟兄轼一人相依为命。……轼居家在官，无大过恶，惟赋性愚直……狂狷寡虑……愚于自信。……臣……冒死一言……欲乞纳在身官，以赎兄轼，非敢望末减其罪，但得免下狱死为幸。若蒙陛下哀怜，赦其万死，使得出于牢狱，臣愿与兄轼洗心改过，粉身报效，惟陛下所使，死而后已。……

九月，以太子太师致仕的张方平愤然上书："苏轼乃天下奇才，不应以文字为罪。……如能救苏轼生还，即使自身获罪，受刀斧之刑，也心甘情愿。……”

老头子遣人把本章送往府衙，知州不敢转送，退了回来。张方平只好打发儿子张恕亲自送到汴京。张恕胆小，到登闻鼓院，徘徊不敢进，以致他的本章一直未能到达赵顼手中。苏轼出狱后看到这份未送进的奏章，吓得吐出长长的舌头不敢缩回，谢天谢地谢张恕。

当然朝廷的一些有正义感的大臣更是不遗余力地为苏轼申辩。据说，从苏轼被捕起，救援的奏章、信函就如雪片般飞到京师。王安石的弟弟王安礼，扬言在皇帝实录上记下神宗不能“容才”。与此同时，司马光、范镇、文彦博、富弼等几个在职或致仕的老臣一一上奏，请求皇上宽宥苏轼。

然而，皇帝的案头摆着的不是营救苏轼的奏本，而是李定送来的苏轼供状。

赵顼因太皇太后祖母曹氏病重而心烦意乱，见了苏轼的供状，翻了几页又合上。但他不得不看下去，这是他推行新法以来，遇到讥讪新法的大案，是罪犯中级别最高的臣子，在全国文坛影响最大的人物，必须谨慎对待。但是他静下心来，看到供状的内容是：

> 轼与张方平、王诜、王巩、李清臣、黄庭坚、司马光、范镇、孙觉、李常、曾巩、周邠、苏辙、陈襄、钱藻、颜复、钱世雄相识，其人等与轼意相同，多是朝廷不甚信用之人，轼所以将讥讽文字寄与如后。
>
> 熙宁四年，轼将画三十六轴，托王诜令人装裱，其物料手工并是王诜出备。轼赴杭州通判任，王诜送茶、药、纸、笔、墨、砚、鲨鱼皮、紫茸毡、翠藤簟等。
>
> 又有《戏子由》诗云：“任从饱死笑方朔，肯为两立求秦优。”以当今进用之人比侏儒、优旃也。
>
> 又云：“读书万卷不读律，致君尧舜知无术。”是谓法律之中无致君尧舜之术也。
>
> 又云：“平生所惭今不齿，坐对疲氓更鞭棰。”以讥讽朝廷盐法太急也。

又一首："岂是闻韶解忘味，迩来三月食无盐。"以讥讽盐法太急也。

又一首："赢得儿童语音好，一年强半在城中。"以讥讽青苗、助役不便。

……

赵顼看完苏轼的供状，龙颜大怒："这个苏轼，恃才傲物，竟然作了这许多讥讽新法的诗，这还了得！"

李定乘机进言："苏轼目无君上，罪不容诛，皇上若对其宽宥，必将助长朝野以诗讥政之风，贻害无穷。"又道，"张方平、司马光、范镇一干名重天下的老臣，还有驸马王诜，收到苏轼谤诗，竟然默不作声，欺瞒皇上，实为纵容包庇，有欺君大罪，亦当诛戮不贷。"

李定如此一说，更是火上浇油。因此，当吴充请求将苏轼置于宽赦列时，赵顼一迭连声地说："不赦，不赦！不但不赦苏轼，还要追究收诗文之人的罪责！"

吴充无奈，只好遵旨照办。

但是，李定的一席话反倒让赵顼冷静下来。便说："大赦天下，为太皇太后祈求福祉，苏轼不在其列。"说完，吩咐李定等人退出。

赵顼一个人静静地坐在龙椅上，轻轻地闭上眼睛，心里在说：普天下人们只知道当皇帝至高无上、荣华富贵，就不知道当皇帝有多难，尤其是想做点事业的皇帝就更难了。这不，朕心里最喜爱的文臣苏轼，却以诗讽朕。苏轼呀，苏轼，你能写出那么优美的文字，却为何就不能理解朕要变法的一片苦心呢?！你能治理好三州，却为何不能顺应潮流呢?！当今不变法行吗？变法受阻行吗？半途而废行吗？……一个又一个的问题萦回在脑海里，一幕又一幕的历史画面展现在眼前。

赵顼站了起来，在皇室内踱着方步，低头思考着……

苏轼在狱中，听说太皇太后病笃而降德音：减天下囚犯之罪，心想自己应在此列。他以往对曹太后就十分敬重，此时更是感激涕零，便做了一首诗，为太皇太后祈福。他哪里知道，那"德音"，倒是让一些作恶多端的歹人得到了宽赦，却把他苏轼和一干老臣全都排除在外。

苏轼也无从得知，太皇太后之疾并未因降德音而痊可，反而日益沉重。曹太后自知大限已至，便把做皇帝的孙子叫到床前，强撑着已经十分虚弱的病体对赵顼道："有件事，我总是记在心里，不能忘怀。当年，仁宗皇帝开制科考，苏轼兄弟参试，成绩优异。仁宗自崇政殿回到宫中，喜极而告我：'吾为子孙得两宰相！'哀家问他为什么说是为子孙，他说，'我老了，来不及重用他们了，但愿子孙能知我此意。'哀家把此事对你父皇说过，他两次想要重用苏轼兄弟，但是有大臣说，应该让他们多多磨炼。你父皇也没来得及完成仁宗遗愿，便早早去了。"说着，伤心落泪。

赵顼流着泪说："祖母有病，该好好将息，此事……"

赵顼的话未了，太皇太后咳了一声，吐出一口血痰来。

赵顼慌了，哭道："祖母，不要说了。"

曹太后厉声道："你不要打断我！二十多年了，我一直在打听苏轼的事，知道他为官清正，治事有方，深感先皇之言不谬。你自己也曾对我说过，苏轼是难得的人才。可是日前我听说，苏轼因作诗被捕入御史台狱，难道说你要问他的罪？他是杰出的文人，诗文中纵有几句不妥当的话，能算是什么大事？他那样的人会反朝廷吗？你想想，会不会是仇家陷害他？孙儿啊，你千万不可冤枉无辜、千万不可错杀忠良！……"

老太后一时气噎，说不下去了。

赵顼哭道："祖母放心，孙儿并无杀苏轼之意。你老人家凤体要紧，不要为此事费神了。"

数日后，太皇太后曹氏终于带着孙子不杀苏轼的承诺，在庆寿宫的病榻上离开了人世。

在囚室内的苏轼，听说为太皇太后祈福而降德音，大赦天下，而自己不在其中，觉得事态严重。正好送饭的时间到了，进来的不是苏迈，而是一个远房亲戚李伯。

李伯说，苏迈筹钱去了，要出京两天，委托他送饭来。说完，他将上餐的空餐具收拾完后走了。

苏轼打开饭盒，看时，一条红烧鲤鱼！他顿时惊吓得筷子掉到地上，双手颤抖，放下饭盒，咽哽泪流。这是与迈儿约好了的呀！一定是判死刑的消息传出，迈儿求人营救而又不忍看我悲伤。

死，平常也谈过、论过，太湖、洞庭湖边也曾想过。但看到从囚室窗口中漏进来的阳光，突然感到了生存的重要。

生，原来生的内容是这么丰富。只要有了生，才华就有机会施展。

只要有了生，罪可治，人可教，家可圆，友可挚。

生，原来生的意义这么灿烂。只要有了生，报国就有条件。

只要有了生，生命的价值就能更充分地体现出来。

生啊，往日在生活中，从未领略过生存的味道如此甜蜜，今日将要失去，才备觉珍惜。

有生存则有希望，无生存则一切皆毁。难怪虫蚁为求生而息息不止。

这间囚室啊，将我监禁，求生无望，只等死路一条。

如果能有生还的希望该有多好！

只要此次大难不死，还能生存，我便要永远珍惜，活出个人样子，活出个再生的苏轼来，但是，这一切都成了奢望和空想……

死啊，死不足惜，但我那好弟弟子由今日可知？年老多病的任妈今后如何生活？幼子迨儿和过儿将如何生存？夫人闰之将会哭成什么样子？

不知怎么的，突然脑海中浮现了在湖州起解时，岸上高坡处，那空中飘摆的红手绢……

死，也要死得像模像样，要有所交代，不能让后人失望。

想到这里，苏轼泪止心静。

他慢嚼饭食，细品鱼味。以前任职时饮酒食鱼常是敷衍了事，今日不知怎的，备觉鱼鲜味美，饭香汤甜。

铁窗外的天，黑沉沉的，耳边只听得风雨萧萧，寒鸦啼叫。他想起了《乌夜啼》的词牌，又想起南唐后主李煜的词："深院静，小庭空，断续寒砧断续风……"而我苏轼，过几天，要听这乌鸦啼鸣和风雨之声都不可得了。李煜此词，寄离人思念，而我却要与子由、闰之永别了……

狱室外，风雨乌啼；狱室内，一灯如豆。

苏轼又从梁狱头那里要来纸墨笔砚，放在小几上，眼泪不禁唰唰地下淌。他铺开白纸，伏几痛书，他眼前浮现出子由：好弟弟，永别了！于是写下了《狱中寄子由》两首，并作了序言："予以事系御史台狱，自度不能堪，将死狱中，不得一别家人，故作二诗授狱卒梁成，以遗子由。"

接着，又给妻子王闰之写了饱含深情和血泪的一封书信——《寄贤妻王闰之》：

> 闰之贤妻：吾与汝成婚，至今十一载有奇。轼虽出仕为官，愧未能使汝得荣华富贵，惟有劳累奔波，清贫度日。吾今又以诗获罪，身系囹圄。自度已无生还之望。今夜作书，未知何日便成新鬼。吾原想将民间疾苦，达于圣聪，便信手写来，毫无顾忌。自作自受，可怨何人？吾死之后，惟求贤妻节哀保重，早日带家返回眉山或娘家青神故里，教子孙终生耕读，切切不可做官……

苏轼写罢，便号啕大哭，向西跪地而拜："父母啊，儿即将要来侍候二老，就要长眠九泉，没能为国为民做出一番大业就撒手人寰，儿对不起二老教诲……"

哭声惊动了梁狱头，待知后疑惑地自语道："没听说有人判死罪，况且已大赦天下了。"

苏轼认真地说："消息可靠。我有一事相求，但愿将这两封书信分别寄送给我弟与我妻。"

梁狱头说："大人请放心，我不会有误。"

梁狱头接过书信，继续说："大人有所不知，京城百姓得知大人被捕入狱，街谈巷议，愤愤不平，杭州百姓自发乞求神灵，保佑大人早日出狱。梁某能为大人办点小事，算是为京城和全国的百姓做了件好事。"

苏轼再谢，但心里想，这样粗鲁之人竟有如此柔肠。

梁狱头从囚室出来，大步往外，恰与御史台来提审苏轼的中吏撞了个满怀。中吏见其神色慌张，问有何事，手中拿有何物。梁狱头自知不能隐藏下去，只好灵机一动地说，罪臣苏轼写有书信，现交给大人。

就在苏轼写绝命诗和绝命书的几天后，赵顼在迩英殿与吴充、王珪、章惇等重臣商议处置苏轼之事。

自从聆听了太皇太后在病榻上说的那一番话之后，赵顼一直处于犹移难决之中：祖母说的很有道理，但李定等人也不是无中生有，苏轼确有极大过错。在再三斟酌之后，他把正副宰相和翰林学士知制诰章惇召来共议。王安石的弟弟王安礼是起居舍人，是片刻不离皇帝左右的近臣，因而也在座。

吴充道："请恕臣直言，曹操素性猜忌，却能容纳狂士祢衡；陛下乃圣明之主，诸事效法尧舜，难道反而容不下一个苏轼？"

此时，章惇抬眼看看赵顼，心想：看来皇上的意思，八成是要赦免苏轼。于是插话道："当年仁宗得苏轼，以为一代之宝；如今把他投入监狱，有人还主张把他杀掉，恐后世会说陛下听信谀言而恶讦直。"

王安礼也道："自古大度之君，不以言罪人；若对苏轼行法，恐后世谓陛下不能容才。"

"好了，好了。"赵顼打断他们的话，"尔等的意思我都明白了，一句话：就是不杀苏轼。"

三人齐声道："求陛下开恩。"

此时，王珪却站起身来，说道："不可！苏轼有心反对陛下！"

赵顼吃了一惊："苏轼做诗讥讽新政，自然有罪，但说他反对朕躬，还不至于如此。卿何以知之？"

王珪从袖中取出一笺，双手呈上道："陛下一看便知。"

这是在李定等人功败垂成，只得狗急跳墙之时，施出让王珪出马的最后一招。

吴充、章惇、王安礼三人都捏着一把汗，不知上面写些什么，都很为苏轼担心。

赵顼看了一眼王珪递给他的那张纸，笑了笑说："怎么又是一首诗？"说着，随手递给吴充。

吴充接过一看，原来那纸上写的是苏轼题《王复秀才所居双桧》那首咏物诗："凛然相对敢相欺，直干凌空未要奇。根到九泉无曲处，世间唯有蛰龙知。"

赵顼问王珪："此诗何处可见苏轼反对朕？"

王珪道："龙乃帝王之象，自古无人不道龙飞于天，苏轼却说龙在地泉之中，这诗中蛰龙乃是对陛下的侮慢，已构成欺君之罪！”

“不能这样解释诗词吧！”赵顼轻轻一笑，打断了王珪的话，“他是描写桧树，与朕有何相干？再说，他说的是蛰龙嘛！”

章惇接过话头说：“皇上圣明！龙不但是君主的形象，也可以指大臣，自古如此。”

吴充问王珪：“诸葛亮道号卧龙，岂不有僭越之罪？”又转面对王安礼道：“令兄介甫公诗中，不是也有写到龙的句子吗？”

“正是，正是，有《龙泉寺石井二首》。”王安礼对兄长的诗非常熟悉，当即脱口而出背诵：“其一是‘山腰有石千年润，海眼泉无一日干。天下苍生待霖雨，不知龙向此中蟠’；其二是‘人传秋水未尝枯，满底苍苔乱发粗。四海旱多霖雨少，此中端有卧龙无？’”

神宗又说：“他们说得对，自古称龙者多矣，如荀氏八龙、孔明卧龙，也都不是人君。”

王珪灰溜溜地再也说不出一句话来。

然而这一番受挫之后，他们仍不肯罢休，又连续上书，以舆论的名义阻挠赦免苏轼。

李定在奏章中耸人听闻地说：对于苏轼这样“讪上惑众”的“奸慝”，“不屏之远方则乱俗，再使之从政则坏法”。即使在大赦的年份，也应该“特行废绝，以释天下之惑”。

舒亶更是丧心病狂，不但认为牵连入案的王诜、王巩罪不容赦，甚至连收受苏轼讥讽文字而不主动上缴的张方平、司马光、范镇等三十多人统统应该杀头。对于这番胡言乱语，神宗也觉得十分反感，挥挥手叫他“住口”。

恰在这时候，王安礼将退隐在金陵的哥哥王安石的一封书信交给皇帝。信上要求赦免苏轼，“安能盛世而杀才士乎？”一句，让赵顼震动很大。这是因太祖赵匡胤曾留遗言：“不得诛杀文人学士。”

至此，神宗终于打定主意赦免苏轼，于是秘密派遣一名小黄门去狱中察看苏轼的动静。

这天夜里，狱中宵禁的更鼓已经敲过，苏轼熄灯就寝。忽见房门打开，一个人走了进来，将手中包袱往地下一扔，倒头就睡。苏轼把他当作新来犯人，若无其事继续睡觉，不一会儿便鼾声如雷。大约四更时分，忽然被人摇醒，那人连声说："贺喜学士，贺喜学士！"

苏轼睡眼蒙眬，问是怎么回事，那人只说："安心熟寝就好。"拎起包袱匆匆而去。

第二天一早，小黄门就向神宗汇报，苏轼举止坦然，一夜熟睡，鼻息如雷。神宗高兴地对左右说："朕早就知道苏轼胸中无事。"于是派人复审。

过了两天，赵顼在御书房批阅奏章，见王安礼进来，便对他说："我本来不想重责苏轼，只是他仇家太多，我也不好袒护。"少停又道，"这话你不要对别人去说。"

王安礼道："臣谨记圣谕。"

正说着，内侍来报："御史中丞李定求见。"

赵顼道："叫他进来。"李定行过礼，赵顼叫他坐下。

李定奏曰："苏轼罪臣死不悔改，仍作诗写信，不肯服罪。"奏完将书信与诗呈给皇帝。

赵顼读完苏轼给妻子王闰之的书信之后，内心一阵酸痛。停了一会儿，他再看给苏辙《狱中寄子由》的绝命之诗：

圣主如天万物春，小臣愚暗自亡身。
百年未满先偿债，十口无归更累人。
是处青山可埋骨，他年夜雨独伤神。
与君今世为兄弟，更结来生未了因。

柏台霜气夜凄凄，风动琅珰月向低。
梦绕云山心似鹿，魂飞汤火命如鸡。
眼中犀角真吾子，身后牛衣愧老妻。
百岁神游定何处？桐乡知葬浙江西。

这两首绝命诗凄楚哀恸，令人不忍卒读。苏轼断绝了"魂归故里"的念头，入狱后又听说杭州、湖州等地的百姓自发地为苏轼作"解厄道场"，祈祷神灵保佑他平安无事，十分感动，所以诗的最后两句嘱咐家人将他安葬在湖杭一带，以表达他对两地百姓深深的眷恋与感激。

赵顼读罢苏轼给妻子的遗书和给弟弟的绝命诗，心灵震撼，再也难控情感，不禁泪花盈盈，为了不让李定等看到失态情景，他以手为语，摆了两下食指，李定便只好退出。

元丰二年（1079）十二月二十八日，苏轼以“讥讽政事”结案。诏曰：

> 苏轼以诗讥讽朝廷新政，责授检校水部员外郎充黄州团练副使，本州安置，不得签书公事。
>
> 绛州团练使、驸马都尉王诜追两官勒停，削去一切官职爵位。
>
> 著作左郎、签书应天府判官苏辙监筠州盐酒税务。
>
> 正字王巩监宾州盐酒税务。
>
> 太子太师致仕张方平、文彦博各罚铜三十斤。
>
> 端明殿学士司马光、户部侍郎致仕范镇、淮南西路提点刑狱李常……二十人各罚铜二十斤。

受苏轼牵连的人共有三十九位，有三个人的处罚较重。驸马王诜首当其冲。他因为事先泄露机密给苏轼，且交往亲密，在御史台调查时不主动交出苏轼的诗文，故被削除一切官爵。其次是王巩，被御史附带处置，发配西北。第三个是苏辙，他曾奏请朝廷赦免兄长，自己愿意纳还一切官位为兄长赎罪，遭受降职处分，调到高安，任筠州酒监。其他人，都做罚铜处理，喧嚣一时的“乌台诗案”终告结束。

附带交代，王诜是皇亲国戚，尤其王诜妻子宝安公主，为宋神宗亲妹，都是高太后所生，兄妹感情极为深厚。有如此关节，王诜却被处罚得最重，这就格外令人纳闷了。

其实，重罚王诜另有深层次的原因，由苏轼连累只是表象。

宋神宗在贬黜王诜的手诏中说：“王诜内则朋淫纵欲而失行，外则狎邪罔上而不忠，由是公主愤愧成疾，终至弥笃。”由此推断，除了受到苏轼牵连的因素外，宝安公主病重才是王诜被贬的主因。王诜虽然娶了金枝玉叶的宝安公主，宝安公主也极为贤惠，然而，名士风流，王诜还是先后娶了几个小妾。宝安公主因此被冷落，经常郁郁寡欢，而唯一的儿子又在三岁时夭折，最终使她忧伤成疾。宋神宗恼恨王诜，因此才借“乌台诗案”从重处罚妹夫。

苏轼于八月十八日押到汴京，即拘在御史台审问，到十二月二十八日才结案出狱，从二千石之官顿时沦为阶下囚，凡一百三十天。“一百三十天啦，人生一场噩梦！”听罢圣旨后，苏轼不禁感慨万千。

他走出乌台监狱，呼吸到了一口新鲜空气，沐浴了早晨明媚的阳光。世界真的美好，太美好了。

“爹！”苏迈扑了上来，一把抱住苏轼，泪水直流，“爹，你受苦了！”

梁狱头说：“吉星高照，听说圣上读了苏大人的书信诗作后，很是感动，京城的百姓都祈福大人平安出狱。”

他把送信经过说了，苏迈也讲述了送饭的误会。

苏轼说：“一次误会，却带来生存机会，谢谢梁大哥，谢谢京城和所有关心我的百姓。”

梁狱头十分恳切地说：“大人，望你再少拿些笔。”

苏轼随口说：“是啊，少拿笔，少拿笔，不拿笔，拿笔写东西害了自己，害了大家。”

除夕夜，苏轼吃完儿子苏迈弄的年夜饭，三分醉意，又飘飘如仙，他信手写了两首诗：

百日归期恰及春，余年乐事最关身。
出门便旋风吹面，走马联翩鹊啅人。
却对酒杯疑是梦，试拈诗笔已如神。
此灾何必深追咎，窃禄从来岂有因。

平生文字为吾累，此去声名不厌低。
塞上纵归他日马，城东不斗少年鸡。
休官彭泽贫无酒，隐几维摩病有妻。

堪笑睢阳老从事，为余投檄向江西。

写罢，掷笔一笑，曰：“我真是不可救药了啊！”

“东坡何罪，独以名太高与朝廷争胜耳！”

御史台劾奏苏轼的是御史中丞李定和监察御史舒亶、何正臣三人，而王珪则是他们的背后支持者。那么，他们四人为何必欲置苏轼于死地呢？

李定深恨苏轼，是因为苏轼在杭州写了《贺朱寿昌郎中得母所在》的诗结怨。

朱寿昌年幼丧父，其母改嫁。孤苦的朱寿昌便由亲戚养育，与母分离，母子从此断绝了联系。身居高官的朱寿昌，无时不思念着自己的母亲。后来听说母亲在边远的山区，于是便辞官寻母。恰在此时，李定拒为生母服丧而受罚，相比之下李定难免遭世人唾骂。虽然苏轼对李定之事未加评述，只是赞颂朱寿昌辞官寻母的诗，无意中抨击了李定。因此，从那时起，李定便对苏轼恨之入骨。

他煞费苦心地罗列罪证，要处死苏轼，但他又在大庭广众下把苏轼赞扬一番。一天，群臣都在崇政殿的殿门外等候早朝，李定忽然说：“苏轼确实是个奇才！”大家不知他的用意何在，都不敢搭腔。他环视众人，过了一会儿又说：“即使是二十年前所作的诗文，引经援史，随问随答，无一字差错，这还不是奇才吗？”这显然是猫哭老鼠，鳄鱼吞食之时泪腺分泌液体。

至于何正臣、李宜之等多为苏轼直抒胸臆，口无遮拦，无意被伤而心怀怨恨。他们这些人虽无太多才华，但却有心机、有谋略、有意识地利用维护皇上推行的新法，借助王权，以惩治苏轼，让其死而后快之。正因如此，苏辙后来曾说过一句话：“东坡何罪，独以名太高与朝廷争胜耳！”

在玩政治的官僚们的眼里，这些只是文人之间的笔墨争斗，那倒也无碍大事。可这个苏轼，离开汴京几年，政绩逐渐显赫，声名鹊起，如若任其下去，很容易让皇上召回京都。倘若苏轼回京，还能有我们这些人的好日子过吗?！宰相王珪就是这样在想。因此，一定要纠集力量，弄坏皇上对苏轼的印象，利用皇上推行变法之机会，借助皇权打击异己。通过抓出苏轼，牵出一批，扫除政治障碍。

就这样，一个以李定等人为幕前、以王珪为幕后的小集团，便背着皇帝悄悄地纠集在一起了。所以有人说，苏轼的落难和得罪，“全是才华惹的祸”。

笔者带着沉重与悲痛的心情研究了“乌台诗案”，在写本章时多次噙着泪水（尤其是别妻与写绝命诗），只觉电脑荧屏模糊，对这桩历史上著名的公案感慨良多，现择要简述几点：

（一）不甘成愚鲁，聪明却多误

苏轼经历了一场大灾大难，出了炼狱之后，心情舒畅，喜事不断。元丰六年（1083）九月二十七日，苏轼第四子苏遁生，小名干儿，其母为朝云。在北宋时，婴儿出生后满月，有洗身的习俗。那一天，亲宾盛集，浴儿毕，苏轼当场写《洗儿戏作》诗：

人皆养子望聪明，我被聪明误一生。
惟愿孩儿愚且鲁，无灾无难到公卿。

聪明是好事，也有不好的事。人太聪明的名声出去了，别人会妒忌你，给你制造麻烦、不顺和坎坷，这就是《红楼梦》曲子中所说的“好高人愈妒，过洁世同嫌”。

聪明、有作为之人常常困顿，屡遭厄运，什么时候，真正做到了大材大用，做厦梁栋；愚鲁之人沉下僚，聪明贤德之人到公卿，那时世界必定会更美好！

（二）文章憎命达，磨难馈才富

诗圣杜甫在《天末怀李白》中道：“文章憎命达，魑魅喜人过。”这句诗揭示了几千年来文坛的客观规律，富有哲理，且有不可辩驳的大量事实做注脚。真是怪了，文章就是与命运作对，“憎恶”命运好的人，而青睐命运糟糕的人。然而，正因为他们都经历过种种磨难，对社会、对人生体验极其深刻，故笔底起波澜，佳作传后世。

天道是公平的，辩证法是奇妙的，有得必有失，有失必有得，“失之东隅，收之桑榆”。苏轼经历这番九死一生后，“试拈诗笔已如神”，迎来了到黄州后创作新飞跃，诗文大丰收。

（三）谁人救苏轼？文星实自护

如上所述，苏轼获罪后，从朝廷内外到民间百姓，都在千方百计营救他，特别是曹太后在临死前对孙子宋神宗的责备与叮咛，是极有分量的。再如宋神宗所最器重的王安石致信指出“安能盛世而杀才士乎？”一句，是极具震撼力的。其他人“敲边鼓”，体现了众人之愿、舆论力量，对救苏轼也起了一定作用。

看来确是宋神宗在一片诛杀声中曲意保护了他，使苏轼得以度过险境，保全性命。但是，究竟是靠谁救了苏轼？苏轼释放出狱、从轻发落所凭借的真正力量，绝非谁的保护，而是自己的不朽诗文在天地间的巨大声誉。曹太后也好，宋神宗也好，都是钦佩和爱惜苏轼的超人才华；王安石说过，“不知再过几百年才有此等人才”，谁敢杀苏轼，就会被钉在历史的耻辱柱上，招来万世唾骂，谁也不敢“冒天下之大不韪”啊！

于是，苏轼这位宋代最伟大的诗人，因为写诗而得“罪”，迎来了他一生中第一轮贬谪生涯。“黜置方州，以励风俗，往服宽典，勿忘自新。”巨大的挫折并没有改变苏轼豪爽的性格，饱经忧患的人生体验反而激发了他创作的热情，正是在黄州的日子，他写下了“大江东去，浪淘尽，千古风流人物”等脍炙人口的诗词和前后《赤壁赋》等彻悟人生的不朽雄文。

第十一章

黄州风月

初谪黄州，托物抒怀遣孤茕

元丰二年（1079）十二月二十八日，苏轼走出了阴森森的御史台监狱。一百三十天的铁窗生涯终于结束了，他大口呼吸着牢门外的新鲜空气，觉得迎面吹来的微风分外清凉、爽快，树头的喜鹊也朝着自己叫个不停。他深知这场灾祸的起因就是自己的诗文，可是刚一出狱，又不禁技痒起来，拈笔作诗，竟然如有神助。然而此时的苏轼虽出了牢门仍不能自由行动，他必须立即前往贬所黄州。

元丰三年（1080）正月初一，汴京城里张灯结彩，爆竹喧天，千家万户都沉浸在新年的喜庆气氛中，苏轼却在御史台差役的押解下走出京城，踏上了前往黄州的漫长道路，只有长子苏迈跟随同行。几天后，苏轼到达陈州，在那里稍作停留，与匆匆赶来的苏辙会了一面，商量安排了家事，随即各奔东西：苏辙返回南都去接两家老小同往筠州，苏轼则径往黄州。

天寒地冻，雪深路滑，旅途十分艰辛。幸亏有苏迈随行，这个刚满二十二岁的青年经过去年的艰难磨炼，已经变得刚毅坚强，不但一路照顾父亲，而且给苏轼很大的安慰。

正月十八日，天又降大雪，苏轼一行已到河南汝南县蔡州，离新息县过淮河。

沿途风雪，但苏轼兴致不减，作诗不断。

过了淮河，进入光州（今河南潢川），再往前便是大别山地域，气候变得稍微暖和一些。

车行至光山县，听说县城有一净居寺后，便舍车登山，游山逛水，作《游静居寺并叙》。

正月二十，苏轼一行进入麻城县，路过该县春风岭，岭上残雪点点，岭下溪水潺潺。在荒草荆棘之中，一树梅花独秀，蜂舞梅香，香飘四溢，于是诗兴顿生作七绝《梅花》二首：

其　一

春来幽谷水潺潺，的皪梅花草棘间。
一夜东风吹石裂，半随飞雪度关山。

其　二

何人把酒慰深幽，开自无聊落更愁。
幸有清溪三百曲，不辞相送到黄州。

作罢诗，苏轼自吟自悟，一路兴味怡然。是日，来到麻城县东面万松岭上，松树稀疏，山上有亭，名曰万松亭。立亭之中，不禁感慨，于是作《万松亭并叙》。走不过数里，又吟出《戏作种松》长诗一首。

离开了故县镇，苏轼一行到了团风地界，天下起了雪。

只见远处的路上，几个公差正驱赶着一群破衣烂衫的农夫，往团风方向移动。

苏轼赶上前，问公差赶这么多的人做什么？公差说，押送到大牢。问犯了些什么罪时，公差不耐烦地说："都是拖欠了朝廷的债务。"

苏轼一下子明白了，这是青苗法等这法那法，经那帮小人简单化地推行后带来的后患。

春雪落在这群农夫身上，立即化成冰凉的雪水，冻得他们全身直发抖。

苏轼下了马车，解下自己身上的披风衣，系在一位面黄肌瘦、胡须花白的老人身上。

老人感动得"扑通"一声跪下，连连道谢。

公差见了对苏轼说："老爷，这里受苦的人太多了，你管不了的。"

是呀，这里的受苦人太多，这个世界受苦的人太多了。他不知怎么的，忽然眼睛模糊起来，悲愤地吟诵着："下马作雪诗，满地鞭棰痕。伫立望原野，悲歌为黎元。"

吟完，苏轼缓了缓口气，觉得似乎轻松了一些，便同公差协商，然后对儿子苏迈说："将米酒奉送给公差，将车上吃的赠送给这群农夫。"

是夜，苏轼一行住宿在团风的禅智寺。夜半雪停雨作，苏轼久久难眠，作诗一首：佛灯渐暗饥鼠出，山雨忽来修竹鸣。知是何人旧诗句，已应知我此时情。

二月一日早上，雨稍停便扬起了雪花。苏轼一行从团风出发，一路冒雪向黄州行进。

马车上，苏轼对刘、查二公差说："二位大哥，一路辛苦，感谢你们对我父子照应。"

刘公差说："苏大人，我和查二哥听差，只求混口饭吃，路上不周到的地方请多谅解。"

查接着说："我们也晓得苏大人是冤枉的，京城百姓都说苏大人是好人好官。"

苏轼很认真地叮嘱说："二位大哥回京复命时，对我吟诗赠食之事不要提及。"

刘、查都说："一定，一定！"

苏轼问："到了黄州，二位大哥是否停留？"

刘说："我们送大人到黄州府衙内，换完公文后便立即返回。"

苏轼看了看天空说："这场春雪不一定今天可停，你们又怎样行走？"

刘说："大人知道，我们必须按时到达，按时复命，误了公事，会挨重罚的。"

查接着说："下雪也得返回。"

苏轼听后便说："二位大哥不必担心，返回时就坐这辆马车，我将这马这车送给二位。"

刘很感激地说："大人到了黄州，人地生疏，将这车马卖了也能补贴家用。"

苏轼笑着说："一处黄土养一处人，我们今后生活请二位放心。这车马虽说不是上乘，但送你们回京定无大碍。"

查说："大人对我们如此关照，实在是太感谢了。"说完，双手作揖。

黄州府衙内，三十出头的通判孟亨坐在火炉旁，望着窗外飘着的大雪，使他常带微笑的脸更加绽开了许多。因为雪越大，路就越难行，便是对苏轼的惩罚。前些日，孟亨收到了表叔李定的密函，要他严密监视苏轼，将苏轼贬到黄州后所写的诗，快速上报。

正好，春雪带来春寒，太守陈君式年老旧病复发，在家休养，他便代太守处理日常公务。

孟亨正在得意之时，府内差使报告：京都公差刘、查解押苏轼在衙外候见。

孟亨听了，收敛了笑容，摆出正经面孔说："知道了。"

刘、查拜毕，将公文交给孟亨。

孟亨略扫公文后，便满脸堆着笑容，对苏轼说："这是苏大人吧，失敬失敬！"

苏轼忙作揖说："罪臣苏轼今日刚到，听候处置……"

孟亨还未等苏轼说完，便打断说："苏大人是闻名天下的大诗人，老幼皆知，今日能到黄州，是我等幸事。"

他话锋一转，微微一笑地说："具体事宜由府办司户参军安排，本官还有他事急理，就此告辞。"说罢，批完公文后，便进了内堂。

二十多岁的司户参军贺正安从侧门走出来，坐在大椅上，朝着苏轼身上打量了又打量，突然惊咋咋地说："啊，你就是苏轼呀！大名人呀！吃朝廷的俸禄，写些歪诗骂朝廷，是吧？"

苏轼被这突如其来的嘲讽，弄得不知所措，他忍气吞声，不予回答。

贺正安见苏轼没有反驳，便更加来劲，斜视府门外看管着车马的苏迈，说："皇上万恩，留下你一条老命，便宜了你。你倒会享受，一路有马有车，还有人侍候。"

苏轼见贺正安指向苏迈，便再也忍耐不住了，于是严肃地说："如没他事，便要告辞。"

贺正安这才转过头来，装腔作势，板着脸说："朝廷规定，罪臣受贬，一律不得接待！"

苏轼冷冷地说："我早知晓，不用多言。"

贺正安见苏轼软中有硬，便气急败坏地大声说道："罪臣苏轼，在黄州食宿自寻自理，不得越出黄州府境。"

说完，将桌上公文一推，对刘、查二公差道："孟大人已将公文批复，回京复命！"

刘、查二公差对刚才发生的一切看在眼里，记在心里，他俩领了公文，对苏轼望了望。

苏轼这才回过神来，便同他们一起出了府门。

门外雪花越下越大，飘落在苏轼的眉毛上，与苏轼满眼热泪融在一起，流落在脸上。

苏迈在门外虽然听不到门里说什么，但他听到粗鲁的叫声，猜到一定遇到了什么不利父亲的事，便放下马的缰绳，前来迎接父亲。

也许是儿子在前，也许是春雪之寒，苏轼立时甩掉了那一刻的愤慨，顺势拭雪时，擦掉了脸上的泪痕。他缓了一口气，便稍微平静下来。

苏迈问："爹，他们是否对你无礼了？"

刘、查二公差相互对望，没有做声，以沉默表示同情与不平。苏轼只是微微一笑，便同苏迈一起走出衙门。此时的他，只能用这样的方式，才能让儿子宽心。

街道上一片洁白，确实是"千山鸟飞绝，万径人踪灭"。

刘公差对苏轼说："苏大人，这车马还是由你留下，看来你今后的日子会很艰难。"

苏轼微微地笑了笑，说："无碍，你们路上更辛苦。"说罢吩咐苏迈从车上搬下两卷行李。

查公差便说："大人对我等小差如此厚爱，小人感谢不尽，若今后能用得上我和刘大哥的，只听吩咐。"说完，帮苏迈卸下行李。

刘、查二公差，向苏轼拜了又拜后，赶着马车消失在雪幕之中。

苏轼来到了山环水绕的黄州，从此这个僻处江边的小城就与苏轼结下了不解之缘。

黄州历史悠久，唐虞夏商时期，黄州在禹贡为荆州之域，汉为荆州江夏郡属地，南北朝萧齐时期为齐安郡。北周大象元年（579），宇文亮在攻得陈南司州州治黄城镇之后，将南司州改名为黄州。黄州地接云梦，城依大江，北望光蔡，滨带江淮，实为荆楚之门户。北宋时期的黄州隶属淮南西路。南宋人士王象之在《舆地纪胜》卷四十九《淮南西路·黄州》之下有“齐安、黄冈、黄城、黄陂、赤壁”五个具有代表性的地名，属于下等州。州有三县，分别为黄冈、黄陂、麻城。州治黄冈。

历史上的黄州，即现今的黄冈市，辖区仍涵盖大别山西部，由北向南依次是红安、麻城、罗田、英山、浠水、黄梅、蕲春、武穴，到此与鄂东另一个著名的幕阜山脉相接，今总计辖十一县市区，版图面积一点七四万平方公里，人口七百一十三万。大别山主峰为天堂寨，位于罗田、英山与安徽金寨县间，海拔一千七百二十九米，唐宋时称云山，元明时称多云山，明清以后称天堂寨，地形险要，兵家必争。北宋王安石赞其“扪萝挽茑到山趾，迎见吹泻何峥嵘”，明朝卢浚咏其“万仞峰高一涧寒，乱花穿柳点征鞍”，清朝姜廷铭颂其“山岩古寨插云间，吴楚东南第一关”。大别山海拔九百米以下为亚热带季风型气候，温暖潮湿，降雨丰富，海拔九百米以上凉湿，多雾，亚热带植物种类减少。大别山有珍禽异兽，地方志载，元明以前，罗田等县是以山雉为岁贡的。贡品，封建时代官吏、人民或属国献给帝王的物品。历史上唯一标准，便是“凡是进贡朝廷的东西，就是好东西”，如今市场上高价叫卖的贡米、贡橘、贡砚、贡墨、贡缎、贡焙（茶）等亦是也。

黄州在宋代是个荒凉偏僻的小城，苏轼又是个戴罪之身，初来乍到，无处栖身，只好寄居在一所叫定惠院的小寺庙里。父子两人就在寺内搭伙，一日三餐跟着僧人吃斋。

苏轼到知州衙门去报到后，他这个顶着“检校水部员外郎充黄州团练副使，本州安置，不得签书公事”之衔的犯官就无所事事了。此时“乌台诗案”这场从天而降的大祸给苏轼带来的恐惧感，还没有完全消失，御史们如狼似虎的狰狞嘴脸仍不时在梦中重现，谁知道心有不甘的他们会不会再节外生枝呢？至于黄州的地方官和百姓会怎样对待自己，苏轼也是心存疑虑。但是，如今毕竟自由了，黄州的山水风物，足够使苏轼心满意足，他百感交集，心潮澎湃，二月一日，作《初到黄州》诗一首：

自笑平生为口忙，老来事业转荒唐。
长江绕郭知鱼美，好竹连山觉笋香。
逐客不妨员外置，诗人例作水曹郎。
只惭无补丝毫事，尚费官家压酒囊。

作为“逐客”和“诗人”，他在无奈和窘态之中自嘲，把满腹心酸和愤懑通过诙谐的方式宣泄，又以随缘旷达的心境欣赏贬所黄州的风光景色，这一切都流诸笔端，从而表达了他复杂的心态。

苏轼小心翼翼地避开人群，终日闭门不出，闷头大睡，只有在夜深人静时分，才悄悄地溜出寺门到江边走走。

一个春寒料峭的夜晚，苏轼独自来到江边散步。树头斜挂着一钩残月，四周一片寂寥。苏轼不由得顾影自怜起来，一股深深的寂寞之感缠住了他的灵魂，于是他写了一首《卜算子》：

缺月挂疏桐，漏断人初静。谁见幽人独往来，缥缈孤鸿影。　　惊起却回头，有恨无人省。拣尽寒枝不肯栖，寂寞沙洲冷。

词中的孤雁寒夜惊飞，既无伴侣，又无处栖宿，最后孤独地栖息在荒凉的沙滩上。是夜苏轼果真看到了一只孤雁呢，还是纯出比兴？后人已无法断定，但毫无疑问，词中那只掠过一棵棵树木而不肯落下栖息的孤鸿，正是惊慌失措、无处容身而又不改高洁品行的那位“幽人”的象征。幽人像孤鸿，孤鸿也像幽人。当然，那个幽人就是苏轼自己。

自从寓居定惠院以来，苏轼的心情忧郁压抑，岁月在无聊中虚度。举目无亲，故旧绝交，孤独的痛苦折磨着他。他深知此生回朝廷为京官已是不可能的事情，因此，他必须为自己设计未来，唯一的选择，恐怕只能是“拣霜

林”“结茅舍”，“为齐安士民”。“乌台诗案”的阴霾未散，苏轼心有余悸，说话办事，不得不谨小慎微。

定惠院出游归来，苏轼抑制不住内心的激情，他要把自己此次偶出的感受尽情宣泄，一首题为《定惠院寓居月夜偶出》的诗章在他的笔下就这样诞生了：

幽人无事不出门，偶逐东风转良夜。
参差玉宇飞木末，缭绕香烟来月下。
江云有态清自媚，竹露无声浩如泻。
已惊弱柳万丝垂，尚有残梅一枝亚。
清诗独吟还自和，白酒已尽谁能借。
不惜青春忽忽过，但恐欢意年年谢。
自知醉耳爱松风，会拣霜林结茅舍。
浮浮大甑长炊玉，溜溜小槽如压蔗。
饮中真味老更浓，醉里狂言醒可怕。
闭门谢客对妻子，倒冠落佩从嘲骂。

此诗写就，苏轼的心情依然不能平静，他便顺着自己的思绪，用原韵又作诗一首，结尾两句是“穿花踏月饮村酒，免使醉归官长骂”。

用同一韵脚连写两首，倾吐了心中的幽怨，他将两诗重新抄写了一遍，名之为《定惠院寓居月夜偶出二首》，后者则以《次韵前篇》为题。

住了一段时间之后，渐渐地苏轼开始走出寺门，但也只在附近的溪水边钓钓鱼，或在山谷里采集药草，除了偶然到城南的安国寺去沐浴外，他很少与人接触。

一天，苏轼信步走上定惠院东边那座花木葱茏的小土山，看到满山的杂树中竟然长着一株繁花似锦的海棠，他简直不敢相信自己的眼睛。海棠，这可是蜀中的名花啊，它怎么会孤零零地出现在距离蜀地千里之遥的黄州？这株海棠夹杂在同样是繁花满树的桃、李之间，当地人根本不知道她的名贵，也就没有引起任何注意。一株幽艳绝伦的海棠竟是如此的孤独，独处深谷而无人赏识，苏轼不由得触景生情，连连叹息。就像在举目无亲的异乡突然遇见一个知己，苏轼的满腹情思顿时对着它尽情倾吐：

江城地瘴蕃草木，只有名花苦幽独。
嫣然一笑竹篱间，桃李漫山总粗俗。
也知造物有深意，故遣佳人在空谷。
自然富贵出天姿，不待金盘荐华屋。
朱唇得酒晕生脸，翠袖卷纱红映肉。
林深雾暗晓光迟，日暖风轻春睡足。
雨中有泪亦凄怆，月下无人更清淑。
先生食饱无一事，散步逍遥自扪腹。
不问人家与僧舍，拄杖敲门看修竹。
忽逢绝艳照衰朽，叹息无言揩病目。
陋邦何处得此花，无乃好事移西蜀？
寸根千里不易致，衔子飞来定鸿鹄。
天涯流落俱可念，为饮一樽歌此曲。
明朝酒醒还独来，雪落纷纷那忍触！

对于海棠，苏轼十分熟悉它的习性，也特别喜爱它的花色。海棠品格高洁，具有内秀外柔之美；海棠天生富贵之态，颇有睡美人的神韵。月光下的海棠楚楚动人，清淑绝伦。然而，海棠的内心也时有辛酸：花开难免遇雨，雨中的海棠，看上去就像美人泪流满面，凄凉悲切。此时的海棠花也有生不逢时的幽怨。苏轼想象到海棠遭到风雨摧残的痛苦模样，就自然联想到自己，他感觉到黄州的这棵海棠，与自己的命运十分相似——

黄州土地贫瘠，有“陋邦”之称，山林中多有温热瘴气，环境恶劣。本来是在“香海棠国”蜀地生长的海棠，怎么会孤零零地混迹在这只适宜杂草丛生的环境中呢？苏轼猜想一定是鸿鹄“衔子”所致。这棵海棠因鸿鹄多事，命运一下子被改变了。苏轼也是蜀人，且正当报效朝廷、施展才华的黄金岁月，谁料想却因“乌台诗案”被贬谪到这陋邦之中“闭门思愆”，苏轼的命运也因此而改变。海棠生在黄州柯山之上的杂草之中，土人不知其贵；而苏轼谪居黄州，人们将其视为罪人，不敢与其往来。海棠天生丽质，不靠放入金盘、献上华屋来抬高自己的身价；苏轼才智过人，情操高洁，最鄙薄那些阿谀奉承、投机钻营的小人。苏轼认为自己就是这棵海棠，这棵海棠便是自己。他感觉到自己已经离不开这棵海棠了，而这棵海棠仿佛也只是为苏轼而存在。苏轼哀海棠的不幸，其实就是悲叹自己的谪居，他要为海棠鸣不平，他要把自己的沦落之恨宣泄出来。就这样，一篇以海棠为载体遣兴抒怀的诗章又诞生了，这是苏轼的心声，诗的题目就叫《寓居定惠院之东，杂花满山，有海棠一株，土人不知贵也》。

此诗整体性地用拟人手法来描写海棠，亦真亦幻，不禁黯然自伤。苏轼与海棠之间，产生了奇妙的联想，从而自然导出“天涯流落俱可念”之句，堪称神来之笔。

苏轼自己也把此诗视为平生得意之作，其后曾数十次为人书写，当时刻石流传的拓本就有五六种之多。更值得注意的是，此诗所展现的深沉的寂寞之感是苏轼此前的诗歌中从未出现过的，流贬黄州的经历使苏轼的诗歌进入了一种全新的境界。

身为罪臣，困境不忘济苍生

黄州府衙内，太守陈君式病祛康复后，在堂听通判孟亨汇报工作。当知道苏轼贬谪已到黄州后，他精神振奋，连声说：“苏轼来了，那好！那好！”

又问：“你们如何接待？”

孟亨说：“按规定不予招待！”

“他父子食住何处？”

“在城东南定惠院中。”

陈君式的脸一下子阴沉下来，心想，怎能这样草率、无礼地对待苏轼呢？至少应该招待吃餐便饭吧。但他觉得事情已过，也不便再责备了。

于是，他说：“我要去定惠院看望苏轼。”

孟亨说：“陈大人是一州之太守，怎能去看朝中重罪之臣？”

陈君式说："苏轼是朝廷派到黄州任职的，是我府的一名官员，我身为太守，怎能不看自己的官吏。就算是罪臣，也还是臣嘛。"

孟亨说："苏轼来黄州后又是喝酒，又是作诗，劣性难改。"

陈君式说："不要这么说吧，喝酒和作诗是历来文人的本色和天性，何况他生性豪放。"

孟亨进一步地说："如若朝廷得知太守对其关照甚多，如何是好？"

陈君式沉吟片刻说："本太守受命于朝廷，按朝廷的规定管理官吏，是本人的职责。如有过错，也是本人的事，不会连带他人。"

孟亨听了连声说："那是，那是。"接着眼珠一转，满脸堆笑说："太守去了，衙中也要有人看门，小人就留在衙中如何？"

陈君式说："那也好。"

第二天上午，陈君式穿上太守官服，坐上官轿，带着大小官员和衙役，浩浩荡荡，穿过黄州大街。一路行人踌躇观看。

早有差役来定惠院报告，住持智颐忙率全院大小和尚列队迎接。苏轼听说陈太守前来，不知何事，也只好出门，同苏迈一起站在门边。

陈君式到定惠院后，智颐住持上前说："太守能来本院，这是本院的缘分，请太守上坐。"

陈君式坐下后便说："本官前来，一是上香，望佛祖保佑我大宋盛兴，保佑我黄州府黎民百姓富裕；二是特来看望苏大人苏轼。"

苏轼听了，立即上前，双手高抬，作揖说："罪臣苏轼拜见陈太守。"

陈君式立即站起来说："你就是苏大人，啊，你是苏大人，来，请上坐！请上坐！"

智颐插话说："太守不识苏施主？"

陈君式说："我多次拜读苏大人诗词文章，虽从未谋面，但'文如其人'，早已很熟。"

苏轼说："重罪之臣，因诗讥政，责授黄州团练副使，曾到州府拜望大人，不想大人因事未在衙堂。大人不嫌弃苏轼重罪，已是十分感激。今日不以高官坐堂审问，而是礼贤下士，屈尊前来看望苏某，令我感激不已。"

陈君式说："苏大人客气了！你我同是黄州府内的官员，我们先上香拜佛，后再论长说短如何？”

苏轼说：“陈太守请。”

苏轼同陈君式在住持智颐的带领下，来到大殿佛祖像前，点蜡烧香。

拜毕，陈君式说：“苏大人在定惠院可好？”

苏轼说：“住持对我父子十分关照。”

于是，两人便如故友般的亲切交谈起来。

此后，陈君式或官服或便衣，隔三岔五常来定惠院看望苏轼。

太守看望苏轼，影响很大。衙内外官员，城里百姓都知道京都来了个苏轼，是受冤枉贬到黄州，是个大诗人，当过三州太守的大官。

于是读书的人、准备赶考的人、想求诗的人、想看一看四川“三苏”之一的苏轼是个什么模样的人，便陆陆续续地来到定惠院。

定惠院的香客剧增，住持智颐与和尚师傅都笑得合不拢嘴，觉得这是沾了苏轼的光。

苏轼再想闭门思过，独处一室的机会没有了。

几天后，苏轼的老朋友杜沂来访。杜沂字道源，是苏轼的同乡。

苏轼十分感激地说：“我来黄州，牵累多人，无人与我往来，不想你道源不怕获罪，专程来看我。”

杜沂说：“在逆境与厄运中仍旧肝胆相照、绝不离弃的朋友才算真朋友，你说是吗？”

苏轼说：“与我这样的人‘不离弃’，是要吃苦头的呀！”

杜沂说：“那就患难与共吧！”

说完，他俩都笑了。

杜沂拿出菩萨泉送给苏轼说：“我儿子在武昌，我到他那里后，便到此来看你，等会儿我们一起渡江过去。”苏轼留杜沂吃完中饭，便一起过江，一同游览了西山，然后到樊口看钓鱼，坐在酒馆饮酒闲谈。

这时，店小二送来一盘清蒸鱼、一壶好酒，说：“这是店主送给客官的。”

苏轼与杜沂正觉得奇怪时，一位清白短须的老人走到他俩面前，双手一拱说：“客官可是苏大人？”

杜沂朝苏轼望了望，苏轼也双手拱了拱说：“罪臣苏轼，吵烦您老人家。”

“哪里，哪里，我叫潘丙，在这里开了个酒馆，正月初，黄州郭殿直家有神显灵，说是苏大人要从京师来黄州，二月初到。”苏轼与杜沂相视而笑。

杜沂说：“看，您的名气有多大，连神灵也知道。”

苏轼说：“老人家真会开玩笑，哪有这样灵的神？”

潘丙也不再解释，话锋一转：“我是潘大临的叔父，听了大临向大人求教的情况，早想拜访大人，今日在此相见，真是三生有幸！”

苏轼说：“原来是大临兄弟的叔父，失敬失敬。我听大临讲，您老博览群书，诗文极好。”

潘丙说：“大人的诗文我已读多日，越读越有兴味，今后只要不嫌我年老呆滞，愿拜大人为师。”

“您老折煞我也，日后在一起磋商是可以的，哪能为师？”

“那好，这盘清蒸鳊鱼，算是敬送的礼物。”说后三人都笑了起来，然后便坐在一起品酒食鱼。杜沂说：“没想到武昌鱼这等好吃。”

苏轼说：“这鳊鱼肥而不腻，头小个宽，刺粗肉嫩，的确是鱼中之珍品。”

潘丙说：“武昌鱼（梁子湖所产鳊鱼）与长江鳊鱼不同有二：一是武昌鳊鱼生在长江，长在梁子湖，湖口上接长江夏口，下通武昌长江口，湖水静而不腐。所以鱼肉质地微甜而不油腻。二是武昌鳊比长江鳊多两条脊刺，少几根小刺，吃起来不会刺口。你看，这肚皮上的肉，再尝尝。”说时，潘丙将鱼肉分别夹到苏轼与杜沂的盘子里。

苏轼尝了尝说：“好吃好吃！”

潘丙喊小二又上了一盘红烧武昌鳊鱼，加了几份小菜和一盘粉炖猪肉。

潘丙又说起武昌其他的土特产，三人边吃边说，一直到了日落西山。

苏轼这才要告辞，潘丙要他留宿，苏轼担心苏迈一人在江北盼望，便起了身。

潘丙说：“大人已饮酒几杯，还是容我送你渡江为好。”

苏轼也不推辞，辞别了杜沂，苏轼与潘丙二人渡江回黄州。

顺便一提，潘丙的侄子潘大临工诗，与苏轼早有书信往来，他作诗多佳句，东坡、山谷（黄庭坚）尤喜之，而其家甚贫。惠洪在《冷斋诗话》还记载了一个饶有趣味的故事：

临川谢无逸以书问其有新作否，潘作书答："秋来景物，件件是嘉句，恨为俗氛所蔽翳。昨日闲卧，闻搅林风雨声，欣然起，题其壁曰'满城风雨近重阳'，忽催租人至，遂败意，止此一句奉寄。"闻者笑其迂阔。

船到江心，微风阵阵，两岸茫茫，苏轼心地开阔，精神振奋，不禁感慨地说："人说江北是荒蛮之地，我看荒蛮之中也是春光一片。"

潘丙说："大人说的是，荒蛮之地照样有这天蓝水清，可让大人心旷神怡。"

苏轼说："你我都是读书人，我俩不叫大人。"

潘丙说："那称什么，称先生？"

苏轼说："好，称先生。"

船过中流，瞬间顺江而下到了黄州江岸。

潘丙送苏轼上岸后，准备返身回武昌樊口酒馆，忽听有妇人哭声不断。

苏轼踌躇静听，潘丙听了一会儿说："这个妇人溺了自己刚出生的婴儿，因而痛哭。"

苏轼说："怎么会有这等事，走，我们前去看一看。"

那妇人见有人来便停止了哭声，看是两个读书人，便擦干泪水，咽声地说："先生，我命苦啊——！"说时又哭了起来。

潘丙上前说："这位大姐，有话对人说出来，心里好受一些。这是京城来的苏大人，你给他讲一讲好吧？"

那妇人这才又擦干眼泪，断断续续地说出了事情的经过。

她是黄州城外禹王城人，叫胡月娥，五年前嫁到黄州城郊王家湾王三福做媳妇，婚后三年未生，婆婆辱骂她断子绝孙。第四年，她怀孕生下一女，今年又怀了一胎，婆婆说："生下男孩养好，生下女婴溺死。"不怪婆婆心狠，这里的乡风都是这样，养二男一女为好，多的养不活，倒不如让其"早死早超生"。

那天晚上，胡月娥临盆，生下了一个女婴。

婆婆见到后便说："媳妇，你的命苦，算是白生了一个。"说完便走出了房门。胡月娥知道，一个媳妇怎能与婆婆作对，一个妇道人家怎能抵得住乡风习俗，没办法，强忍痛苦，想把小女儿在洗盆水中溺死。

“当我抱起刚断脐带的女儿时，女儿哇哇地啼哭，手脚在不停地动弹，我泪流手软，怎么也不愿结束她这个小生命。她可是我身上的肉呀！叫我怎么忍心下手呢？我婆婆隔着墙壁说：‘不溺死她，儿子怎么生出来？’我便又抱起那宝贝女儿，狠心地往水里抛。女儿到了水里，沉了下去，又挣扎着昂起头大哭。把我的心哟都哭碎了。我一把将女儿抱起来。搂在怀里，挤奶水喂她。婆婆进房里见了，狠心地说：‘你养活了她，全家就要遭殃。’我听了，想了想，我那大女儿刚刚一岁，不能让她有事。我那丈夫正在外地做工，不能出事。我一家人不能因这个刚出生的孩儿带来祸害。于是，便咬着牙，闭着眼，头往后扭，双手将我那小女儿溺在水中，直到她手脚不能动弹，没有了哭声……”

胡月娥讲到这里，已成泪人，大哭说：“女儿啊——我的女儿啊——是我狠心杀了你——我苦命的女儿啊——我不该啊……”苏轼听到这里，泪流满面。他本想说几句话，安慰胡月娥，但不知怎么的，喉咙如同被鱼刺卡住，难以出声。

潘丙见了，担心苏轼太伤神，便说：“胡大姐，天色已晚，江边水寒，还是早点回家休息，你婆婆和大女儿在家等着你呢。”

胡月娥听了，便擦干眼泪，谢过了两位大人后，起身回家去了。

苏轼久立江岸，直到看不见胡月娥的身影，才叹了口气说：“想不到黄州也有这等乡俗，害人不浅啊。”

潘丙对苏轼讲，溺婴之风俗，不仅在黄州，武昌、鄂州也很严重。尽管大宋已明文规定：“故杀子孙，徒刑两年。”但这里是天高皇帝远，谁也管不了。再说，近年来这税那税多如牛毛，百姓生活艰难，哪有粮钱多养儿女。因此，溺婴之风不胫而走，成了乡俗旧风。州衙官府也就睁只眼闭只眼。

苏轼说：“这样下去，该有多少婴儿要丧命啊！”

潘丙说：“先生，还是早早回院休息，日后再作打算如何？”

苏轼说：“那好，你也早些渡江回家吧！”

夜里，苏轼在床上怎么也睡不着觉。刚闭上眼睛，婴儿在水中被溺的哭声，便在耳边响起。睁开眼睛，胡月娥恸哭的样子就出现。

不论怎样意守丹田想睡一会儿，也难入静。于是，他披衣坐起，想点烛看书，但眼前仿佛出现婴儿在水里挣扎的画面，于是他又躺下，直到五更，才朦朦胧胧地睡去。

他飘飘忽忽来到江边，怀里抱着刚出生的苏过。小过儿的啼哭让他高兴地笑了起来。突然来了一个妇人，蛮横无礼地从他手里夺走了过儿，往江水中溺。他拼命地上前争夺，他奋力地挽救，但总觉得力气太小。那妇人抱着过儿往江中跑，他拼命地往江中追。追呀追，突然一浪打来，把他掀翻，他打了个寒战，醒了。原来是做了一场噩梦。

过了几个时辰，红日高照，老朋友王天麟来看望苏轼。王天麟曾做过殿前承旨，现住在武昌郊外。苏轼将昨日所见所闻讲给王天麟听，并说："听说汉川、汉阳、洪湖一带也有此等风俗。"

王天麟说："这些村野之家特别不爱养女，因此男多女少，鳏夫众多。"

苏轼说："长此下去，如何了得？"

王天麟说："不过我倒救了几个。"

"你全都养大了？"

"那也不是，等孩子满月，便可送给那些无儿无女的人家。"

"哎呀，天麟呀，你算是做了件大好事。做好事就做到底，把这件事管一管。"

"怎么管，谁管得了，多少任太守官员也没有管，我已卸任还能管？管得了吗？"

"要管，我要管！"

"哎呀，子瞻，还是读点书，养养神吧！"

"此事不管好，我心神不定，寝食不安！"

王天麟听了再也不好说什么。

送走了王天麟之后，苏轼独处院中，闷闷不乐。

这时，古耕道、郭兴宗来了，苏轼说出了心中的疙瘩。

古耕道说："武昌和鄂州的事我们管不着，黄州的事倒可以办一办。"

苏轼兴奋地说："我们办个育婴会如何？"

古耕道说:“这是个好办法，我和郭兴宗去请些有名望的户主来，就在我们店里开个会。”

苏轼说:“议出几条，有钱出钱，无钱出力，广为宣传。”

郭兴宗说:“说干就干，两天内通知，后天开会。”

苏轼说:“我也来参加。”

大家越说越高兴，办法也越说越具体，越商量越细致。最后，苏轼说:“你俩去通知开会的人，我给鄂州太守写封信，让他管一管鄂州地区溺婴之风。”

等古、郭二人走后，苏轼便给老朋友、住在武昌的鄂州太守朱寿昌写了一封长信，并派一位朋友专程劝说朱太守制止溺婴的行为。他的信详尽地描述了当地人的溺婴惨状：初生则以冷水浸杀，其父母也不忍心，常常闭上眼睛，背过身去，以手按之水盆中，孩子哇哇叫唤老半天才死去。同时十分气愤地批判了这种不道德又违法的行为。苏轼劝说他的老朋友，要用劝教的方法开导群众，也要用“溺婴得罪”的法律加以干涉。他提出，要宣传法律，把它写在粉壁墙上，使家家都知道，还要组织老百姓订立共同遵守的民约，有检举他人溺婴的，要给他奖赏，严明赏罚。最后，他还介绍在密州收养弃儿的经验，请太守推广。

苏轼这封信是千古奇文，蕴含着极其深刻的人道主义精神，可以使后人仰见其人格之高尚和伟大，现将《与朱鄂州书》若干段落予以今译：

昨天见了武昌寄居王殿直天麟，偶然说起一件事，听了感到辛酸，为此吃不下饭。

岳鄂间的乡下人，一般只养二男一女，多于此数往往杀掉，尤其忌讳养女孩，因此民间女的少，光棍汉多。小孩刚生下时，多用冷水淹死，其父母也不忍心，通常闭上眼睛背过脸去，用手把孩子按进水盆里，而孩子咿咿呀呀半天才会死去。神山乡有一个叫石揆的百姓，连杀了两个孩子，去年夏天，他妻子一胎生了四个孩子痛苦不堪忍受，母子都死了。得到这样的报应，而愚昧的人不知畏惧。……

我过去在密州，碰上饥荒年头，百姓多丢弃自己的孩子，我就盘点募捐的粮米，得以节余数百石另外储放，专门用来收养丢弃的幼儿，每月供给六斗。将近一年，收养者与弃儿，都有了父母子女的情爱，这样孩子就得以哺养，所救活的也有数千人。

这种事情，在您不过易如反掌。仗着我们的交情深，所以就不见外。勿怪罪！勿怪罪！另外，希望能为百姓保重自己。苏轼再叩首。

写完信后，苏轼如释重负，舒舒服服地伸了个懒腰，不觉睡意袭来，打个哈欠，便和衣躺在床上睡去。

黄州太守陈君式来访，见苏轼已睡，便在院中等候，同苏迈闲谈。

苏迈将父亲筹办黄州育婴会的事讲了。

陈君式说："这个办法好，这个办法好，你给你父亲讲，我很赞成，让他放心放手去办。"

苏迈说："这就多谢太守大人了。"

兴宗药铺后堂，宽敞明亮。

苏轼名气大、人缘好、声誉高，黄州城内富豪、望族、名流，听说他要参加成立育婴会，都踊跃报名，早早赶到，三十多人齐聚一堂。

平时急公好义的米铺老板陈大旺，见来了大肚圆腰的当铺老板谢子杰说："谢老板，你来了。"

谢子杰拱了拱手说："陈大老板近日可好？"

陈大旺说："你看'育婴会'的牌子能当多少钱？"这一说，大家都哄堂大笑。

谢子杰并不感到什么，反击说："育婴会是苏大人倡导的，能值一个黄州城，能值千年谷、万年粮，能值陈大米铺千万个，你说是不是呀？"大家拍手叫好。

大家正在说笑的时候，古耕道和安国寺住持继莲跟着苏轼进了药铺后堂。

大家立即起身，拜见苏轼，苏轼一一还礼。

礼毕坐定后，古耕道说了开场白。他说："今天，我们请黄州城最有名望又乐于义举的富豪户主，前来参加黄州府区育婴会成立大会，希望大家多多支持……"

古耕道讲完后，米铺老板陈大旺首先发言，他说："育婴会是苏大人倡导的，我陈大旺义不容辞参加。苏大人是我大宋的忠良大臣，他可不是我们这些山野小民、小商贩和土地主那样只顾自家利益办事，他是为我黄州十年、二十年、千百年的发展办事，我愿意出资出粮，救护黄州穷苦百姓的婴儿。"

他说后，大家都点头称道。

谢子杰接着说："育婴会成立的好处说不完，价值大得无法估量，问题是怎么坚持，每年都要有活动，长盛不衰。我提议，到会的每户每年为育婴会至少出十千钱，下保底，上不封顶，韩信用兵，多多益善。"

他说到这里时，停了一停，眼睛望着陈大旺："比如说，陈大米铺要出几十千，我们也欢迎！"

说得大家笑个不停。大家议论热烈，气氛活跃。最后议定：黄州富户每年自愿捐出十千钱，多捐不限。育婴会所集钱财由古耕道掌管，安国寺住持继莲做账目记载。所集钱财，多买布绢絮，以供养育婴儿之用。账目每年对外公布一次。

议定完毕，古耕道请苏轼讲几句。苏轼也不推诿，便说："育婴会虽是我提出，但这是黄州义举之士兴办，望能以此救活百十婴儿，便是大幸。苏某是朝廷重罪之臣，贬谪黄州，薪俸低微，虽然贫穷，也同你们一样每年出十千钱。"

苏轼说到这里，被人家一片叫好声打断。

散会后，人家还是恋恋不舍，不愿离开苏轼。

陈大旺对苏轼说："苏大人刚到黄州，就为黄州人办好事，我等内心十分佩服，但你薪俸颇少，且难兑现，你的一份我为你捐了吧？"

苏轼说："谢谢陈大哥的好意，捐多捐少是我的一点心意，我一定要捐上的。"

谢子杰接着说："苏大人爱民的心能感天能动地，黄州来了苏大人，黄州就会变个样。"

苏轼说："我是罪臣，不能为百姓多出什么力气。"

陈大旺说："我们黄州，不是京都，我们不管是罪臣还是功臣，为黄州百姓做好事就是良臣，就是我们黄州人爱戴的圣人。”

大家你一句，我一句，一直说到午时才尽兴而去。

府衙内，陈君式正在翻阅卷宗。

孟亨进来，先是一脸微笑：“太守大人安好？”接着收敛了笑容说：“太守大人，据说苏轼在黄州笼络人心，拉帮结派，搞什么育婴会，大人听说了吧？”

陈君式说：“苏轼的儿子跟我讲过，这件事难道不好？”

孟亨神秘地说：“大人有所不知，苏轼是重罪之臣，贬谪我州，我州有责任监管他。如果让他任意活动，皇上怪罪下来，如何是好？”

陈君式说：“苏轼的育婴会是为了革除溺婴陋俗，拯救贫户子女，为皇上办好事，为黄州百姓做实事，皇上怎么怪罪呢？”

孟亨说：“太守可能只看到苏轼表现的一面，没有看到苏轼的险恶用心。”

“如何险恶？”

“太守想想看，他苏轼是不是在找岔子？这个育婴会存在一天，就说明大人任职期间，治理出现缺陷，执行我大宋律法不严。你想一想，百姓中有人溺婴，州府不管不治，才导致溺婴成风。”

陈君式听了，不做声，心想，这孟亨一肚子坏水是从哪里来的呢？

孟亨见陈君式没说话，以为听信了他的话，便进一步地说：“大宋正处太平盛世，哪来那么多溺婴，即使有也是极个别，还用得着成立什么育婴会？”

他越说越有劲，越讲越兴奋，便举了邸报中的集众成会、蓄谋造反的例子，继续说：“如果不及早铲掉育婴会，今后这个会那个会就能迅速蔓延，参会的人多了，造反的可能性就更大了。太守，你不可手软，不能只看到苏轼能写几句破诗，就爱才误了大事！”

陈君式见孟亨越说越离谱，便说：“孟通判，育婴会的事由我处置，如果京都怪罪下来，由本官承担。”

孟亨见难以离间，忙满脸堆笑着说：“那是那是，有太守这句话，我心里就有底气了。”

话分两头，在李定的官邸里，舒亶看了从黄州寄来的密函后说："这个苏轼，真是不怕断头流血，贬到黄州荒蛮之地，还无事生非，搞什么育婴会，这不是在往我大宋脸上抹黑?！李大人，你要借此之机把这个苏轼再整治一番。"

李定半天没做声。他在思考，刚贬苏轼不久，再贬的理由不充分，毕竟育婴会还有现任太守陈君式的支持。

舒亶见了，不知李定有何打算，便又接着说："育婴会长存下去，蛊惑人心，苏轼在黄州就会立下根基，他的日子或许并不比京都差，倒不如以育婴会为名，定个集众造反罪名，再次将他抓入乌台如何?"

李定这才开口说："凡事要从长计议，苏轼办的育婴会可说好也可说坏，问题是要多收集他在黄州写的诗，以诗定罪，白纸黑字，让那些老臣子们张口无话。现在这育婴会得到陈老东西的肯定，倒不如来个釜底抽薪，将陈君式的太守职务罢掉，你看如何?"

舒亶听了连声称赞："李大人的办法好，好办法，这样一来，苏轼的育婴会便无人支持，自生自灭。新任的太守不知情况，也不敢支持的。"

四月的天气乍热乍寒。苏轼自感受了点风寒，坐在定惠院中的竹林边晒太阳。

苏迈来说："鄂州朱太守派人送来酒肉和一封书信。"

苏轼读罢信后大喜。他将信给苏迈看。

苏迈读后说："爹，你写一封信作用真不小呀，你看朱太守也在全州展开救婴活动。这样下去，鄂黄两州每年不知要救活多少婴儿。"

苏轼说："朱太守这人办事能干，说到做到，这个溺婴之风可望在一两年内刹住。"

父子正在高兴议论时，陈君式来访。苏轼上前请坐。

苏轼将朱寿昌太守的信交给陈君式，让陈君式看一看。

陈君式粗略地读完后说："朱太守还能多干几年，这件事一定能办得好。"

苏轼说："陈太守也是一样，在黄州多干几年，政绩一定更多。"

陈君式平淡地说："苏大人还不知，我是来辞行的。"

"你要提拔?"

“哪里是提拔。”

“是调到他州？”

“都不是。晌午圣旨到，将我罢官还乡！”说后淡然一笑。

苏轼听了，凝重良久。怎么会罢官回乡，是不是因同我重罪之臣往来牵连？是不是支持育婴会得罪了一些掌权的小人？他看着即将离开黄州的老年新友，不知用什么话语来安慰。

于是说：“陈大人将离黄州，我无礼物可送，现抄李少卿（李陵）赠苏子卿（苏武）之诗以赠，留作纪念如何？”

陈君式立即笑容满面地说：“今得子瞻墨宝，就是遣送他乡也值！”

苏轼说：“陈大人过奖了。我本贬到黄州，大人不因其‘重罪’在身而摈疏，反而礼贤下士，经常造访寒舍，并首肯我倡导的育婴会，苏某真是感激万分。”说完便挥毫抄诗相赠。

送走了陈君式，苏轼闷闷不乐。他想，陈君式走后，新任的太守能不能支持自己组织的育婴会呢？能不能像陈君式这样关心黄州的百姓、关心自己呢？

躬耕东坡，从此雅名天下传

陈君式罢官回乡，离开黄州不久，黄州府衙差人送来一帖请柬，邀请苏轼明日巳时，到衙内参加迎接新任太守徐大受的酒宴。徐大受，字君猷，是韩绛的女婿。苏轼对其名早有所闻，只是从未谋面。

庆贺太守新任之酒宴，却要请一个朝廷重罪之臣前往，闻所未闻。是福还是祸不可得知，既然下了请柬，不参加是不行的，是祸也躲不掉。请朝廷重罪之臣赴欢迎宴，这的确是件新鲜事儿，苏轼的确难料到，这份请柬来之不易。

新任太守徐君猷是个五十多岁清瘦干练的人。他的岳父是皇帝的近臣、大名鼎鼎的韩绛。本可选个京都周边的上州任职，但徐君猷却要求到江北看长江。他是个爱诗重文的人，却又写不出多少作品，这也就更加佩服那些会写诗文的文人。他听说苏轼贬到黄州，又听说黄州太守缺职，便要求到黄州任太守。妻子家眷嫌黄州荒蛮艰苦，不愿随行，他便带了小妾来黄州上任。徐君猷召来孟亨等府衙官员了解情况，得知苏轼在黄州一些活动事儿，心中急着见到苏轼，但表面却不动声色。

当孟亨议定举办欢迎宴时，徐君猷这才发了话："我也是多州任职，不办欢迎宴也罢了。"

孟亨躬腰笑着说："大人新任黄州太守，是黄州百姓的福分，要让府衙上下、社会名流都能共享。"

徐君猷说："既然你们一定要宴请，我也不好再去阻拦，就按你们说的，请些社会名流，借此机会与他们结交一下，日后治理黄州或许有些帮助。"

孟亨早有准备，当即递上一份名单："大人说的是，卑职也已考虑到了，请大人过目。"

徐君猷看了之后，发现没有苏轼的名字，便说："那个团练副使苏轼现在何处？"

孟亨回答："回大人的话，苏轼住在城东定惠院，上次他到黄州时未招待他，这次宴请此人也免了吧？"

徐君猷说："我与苏轼一非亲朋，二未谋面，但他的名声列为社会名流，我看是够格的。孟大人来黄州府多年，情况一定比我熟得多，请不请苏轼，你们去定吧！"孟亨听出了新任太守语音话味，更知道这位太守背景深厚，于是灵机一动，满脸堆笑地说："我这就按大人意思，给苏轼发个请柬。就不知苏轼愿不愿意来赴宴。"

徐君猷说："我发了请柬没来的也无妨，将名单记上，日后便好登门拜访。"

孟亨忙说："我这就去办。"便怏怏而退。

欢迎宴如期举行。徐君猷一身太守服刚好合身，他兴致勃勃地对来宾说："诸位同人，大家在百忙之中前来赴会，我徐君猷万分感谢，谨此，我代表州衙上下所有官员向大家敬上一杯，先干为敬，来，请！"

他说完一饮而尽。来宾一片叫好，先后饮尽。

徐君猷走下筵席，孟亨一一介绍，徐君猷便一一举杯。

当走到最后一席时，徐君猷心想，这个苏轼难道没有来？

孟亨介绍说："这是米店大老板陈大旺先生，这是当铺大老板谢子杰先生……"

最后，孟亨说："这是团练副使苏轼。"

徐君猷听说是苏轼，上前一步，说："苏大人，久仰久仰，我来敬你一杯！"

苏轼躬身说："徐大人是州府太守，还是苏轼先敬大人一杯！"

徐君猷说："我仰慕苏大人久矣，今日能在此会见，真是上天赐我之福。"

苏轼说："我是朝廷重罪之臣，今日赴宴，唯恐冲淡太守雅兴，哪能带来什么福呀？"

徐君猷说："苏大人乃是三州太守，治理有方，政绩斐然，你我是同朝之官，来、来、来！到上席请坐。"

苏轼说："有罪在身，能有此座已是很为难你们了。"

徐君猷说："你既是我州府之官，就一定要听从我这个新任太守安排。来，请！"

苏轼见难以推托，便说："那就恭敬不如从命了。"

苏轼被徐君猷安排坐在自己的左边座位。

徐君猷对众位客人大声地说："诸位都知，我黄州团练副使苏轼乃我大宋奇才、天下闻名的大诗人，曾任三州太守。来黄州不久，便能以仁爱之心恩惠百姓，组建育婴会，筹资帮助贫困人家，以刹溺婴之陋风。此之功德我将上报朝廷。各位同人，对苏大人义举之事，你们说该不该支持?!"

徐君猷说完，客人都拍掌叫好，说应该支持。

徐君猷要苏轼大人说几句话，苏轼摇头说："大人对我苏某抬举太高了。今天是迎接大人新任之宴，我只有一句话：祝贺大人上任！"

众客人都说："祝贺大人上任！"

苏轼来到黄州后，生活发生了很大的变化。苏轼虽然不是出身于累代簪缨之家，但是家境尚属小康，自幼没有体验过衣食之忧。入仕以后靠俸禄为生，也很少碰到捉襟见肘的窘境。然而现在不同了，他虽然还顶着"检校水部员外郎充黄州团练副使"的官职，但对于顶着这种虚衔的贬谪者，官府只发给一份微薄的实物配给来折算成薪水，已无正常的俸禄。

苏轼向来不管钱当家，入仕以来的俸禄随手用尽，手头没有多少积蓄。如今带着一家老小来到举目无亲的黄州，地无一垄，屋无一间，如何维持生计，成为苏轼心头的沉重负担。

从来不留意钱财的苏轼不得不亲自算起账来：黄州的物价很低，鱼米薪炭等生活必需品都很便宜，很适合穷人居住。但是囊中仅有少许钱财，满打满算，也只够全家人吃用年把时间。一年以后怎么办呢？天才过人的苏轼一时也想不出什么好办法，只好先从节俭做起。他与王闰之盘算、商议了一番，决定全家每天的生活费不能超过一百五十钱。于是每月初一，苏轼便取出四千五百钱来，平分成三十串，挂在屋梁上。每天早晨用叉子挑一串钱下来作为当天的费用，然后就把叉子收藏起来。

苏轼又准备了一个竹筒，每天用剩下来的钱就扔进竹筒里积蓄起来，留着准备招待客人。一家人精打细算，过起了粗茶淡饭的俭朴生活。

俗话说“坐吃山空”，无论如何节俭，苏轼有限的积蓄也支撑不了多久。一年以后，苏轼便囊中羞涩了。苏轼原是一个“我生无田食破砚”的人，读书应举、做官食禄是他唯一的谋生手段。如今身为朝廷罪人，食禄的道路已经断绝，除了像陶渊明一样躬耕农亩外，别无他策。可是躬耕首先得有田地啊，他能到哪里去找一块地呢？天无绝人之路，正在此时，故人马正卿到黄州来看望苏轼。

马正卿一看到苏轼家徒四壁的窘境，便自告奋勇地代苏轼去向黄州州府申请拨一块荒地让苏轼开垦。

知州徐君猷本来就同情苏轼的处境，如今有人出头前来申请，就批了一块废弃的营地给他。那块营地位于黄州城东门外的小山坡上，面积约有五十亩，因废弃已久，荆棘丛生，瓦砾遍地，实在不适合耕种。

元丰四年（1081）春天，苏轼带领全家老少开始垦荒，热心肠的马正卿也加入其中。他们先捡去混杂在草丛和泥土中的大小瓦砾，然后芟除荆棘和野草，一连忙碌了几个月。苏轼与家人从前没有干过农活，初尝躬耕的滋味竟然就是开荒，天气又干燥、炎热，大家都累得筋疲力尽。幸亏几个家童稍为强壮一些，当地的土著潘丙、郭遘和古耕道也闻讯赶来帮忙，总算把荒地平整得像块农田的样子。

一天，家童放火焚烧枯草，忽然发现了一口掩埋在草丛里的暗井。苏轼听了大为兴奋，有了水源，种庄稼就不愁灌溉了，至少在地里劳作的家人就有水可喝了！他兴冲冲地跑去察看暗井，发现井水的源头是顺着山岭流淌下来的，原来山岭背面有一口十亩见方的水塘。连月干旱，水塘一直处于半干涸状态，昨夜一场大雨塘水涨溢，就顺着山坡流淌到暗井来了。

荒地开垦出来了，种上什么庄稼呢？苏轼绕着荒地走了几圈，从未躬行过稼穑之事的他认真地思考着，马正卿、潘丙等人便七嘴八舌地出主意。

这块地虽然不大，地势却相当复杂，高低起伏，或干燥或潮湿。那片低湿的洼地显然适宜种水稻，东边的高地很干燥，可以栽上枣树和栗树。苏轼向来爱竹，甚至认为“无竹令人俗”，他很想再种上一些竹子来美化环境，但又担心竹鞭在地下到处乱窜，纵横滋蔓，那就会妨碍庄稼。眼下的燃眉之急毕竟是收获粮食给全家人填饱肚子，种植竹子的念头只好作罢。

当然，既然这片山坡将成为自己的衣食之源，那就干脆把家也安在这里，所以得事先留出一小块空地来盖房屋。

商议已定，时令已是深秋，水稻的种植季节早就过去了，只好先种一茬麦子再说。于是苏轼在地里播下麦种，不到一个月，青青的麦苗就破土而出，很快就覆盖了难看的黄土。毕竟是抛荒多年的荒地，它的地力竟养得这么好！苏轼正在兴奋，一位旁观的老农却告诉他，你要想多打麦子的话，就切勿让麦苗长得太过茂盛，最好放些牛羊到麦地里来践踏一番，才有望丰收。苏轼听到这番闻所未闻的道理，连声向老农道谢，表示丰收后不忘他的一番好意。

苏轼开垦的荒地一向人迹罕至，连个地名也没有。现在苏轼把这块荒地开垦出来了，就想为它起个地名。他想既然它位于黄州城东的山坡上，就不妨叫作“东坡”。他又想到唐人白居易谪居忠州时，非常喜爱忠州城外的“东坡”，还曾作诗咏之：“朝上东坡步，夕上东坡步。东坡何所爱，爱此新成树。”

自己一向仰慕白居易那种乐天知命、随遇而安的人生态度，既然如今也在黄州的东坡上开荒安家，何不就此自号“东坡”呢？于是苏轼为自己起了一个别号——“东坡居士”，并写了《东坡八首》以记录他开荒的经历。从此，“苏东坡”的名号传之天下、传颂千古。现录第一首于下：

> 废垒无人顾，颓垣满蓬蒿。谁能捐筋力，岁晚不偿劳。
> 独有孤旅人，天穷无所逃。端来拾瓦砾，岁旱土不膏。
> 崎岖草棘中，欲刮一寸毛。喟然释耒叹，我廪何时高？

组诗第一首实写开荒的辛劳，后几首虚写，结合写来年种稻的过程和感受，无论是实是虚，都生动地展现了东坡开荒种地的情景及心态。

《东坡八首》不是一个士大夫在酒足饭饱之余站在田埂上旁观农民劳作，然后加以赞叹或怜悯的诗作，而是他亲自挽起双袖、手持耒耜从事稼穑时的真实感受。

当然，正像苏轼的老师欧阳修所说的，“诗穷而后工”，苏轼诗歌的进步是付出了沉重代价的，那就是亲身感受生活的艰辛。苏轼种植的第一季麦子获得了丰收，次年种的水稻却因先旱后涝而歉收，所获仅够全家糊口而已。所以苏轼仍需勒紧裤带，节制口腹之欲，他写了一张座右铭以自警：“东坡居士自今日以往，早晚饮食，不过一爵一肉。有尊客盛馔则三之，可损不可增。有召我者，预以此告之。主人不从而过是，乃止。一曰安分以养福，二曰宽胃以养气，三曰省费以养财。”

为了养成节俭的习惯，素喜美食的苏轼不但限制自己在家里的饮食，而且告诫友人请他用餐时也不可铺张，否则的话，就拒绝前去做客！

缅怀苏公，临皋兰溪觅旧踪

苏轼在黄州的生活还有一重困难，就是住房紧张。他刚到黄州时与苏迈两人寄居在定惠院里，总算有个栖身之所。一旦全家到达黄州，苏轼立即陷入了“居大不易”的窘境。此时苏轼的乳母任采莲已经七十多岁，三个儿子中苏迈已经娶妻，苏迨、苏过却只有十来岁，再加上家童侍女，一家老少二十多口，总不能都寄居在寺庙里吧？幸亏老友朱寿昌正在与黄州相邻的鄂州任知州，他出面与黄州的地方官斡旋，让东坡一家临时借住在临皋亭里。

临皋亭本是专供三司衙门的长官巡视时居住的官邸，如今苏轼以罪人之身得以借住，已是分外之福了。

可是临皋亭虽然门对大江，环境幽美，但是房屋并不大，东坡一家住在里面拥挤不堪。

元丰三年（1080）夏天，陈季常想来看望苏轼，苏轼获讯后既为故人来访感到高兴，又为如何招待客人大伤脑筋。因为他只能让客人住在那间酷热难当的西晒房里，否则就只好借宿在停泊于门口的一条船上。所以还在开荒尚未结束的时候，苏轼便决计在那里盖几间房子。

第二年正月，苏轼便趁着农闲动手盖房。新居的地址与苏轼开垦的那块“东坡”相邻，原是废弃已久的养鹿场，地势高敞，视野开阔，苏轼对此非常满意。他到处张罗建筑材料，连用来葺房顶的茅草都是亲率家人到野外去割来的。马正卿和黄州的一帮土著朋友也纷纷前来帮忙，大家呼着号子一齐举杵，工地上热闹非凡。众人拾柴火焰高，忙乱了一个多月，五间住房终于在春雪纷飞之时落成了。苏轼非常高兴，把正中的堂屋命名为“雪堂”，在四周的墙壁画上雪景，并亲自书写了“东坡雪堂”的匾额挂在门上。

雪堂毗邻苏轼家的耕地，看守庄稼非常方便。更令苏轼满意的是，雪堂地势高敞，坐在堂内纵目眺望，北山横斜、溪流潺潺的美景尽收眼底。苏轼怡然自得地环视四周，觉得这与陶渊明诗中盛赞的“斜川”不分上下，他更加认定自己就是陶渊明的后身了！于是他把陶渊明的《归去来辞》进行了一番改写，翻新成《哨遍》一词，让家童在田间歌唱。苏轼自己也一边犁田，一边敲着牛角高唱道：“归去来，谁不遣君归？觉从前皆非今是！”

雪堂落成后，苏轼一天中大半时间留在东坡，白天在田间耕耘劳作，休息时在此接待远道来访者。这里成为他与朋友们欢聚的场所。

从临皋亭出城门，便是一条长长的黄泥路通往东坡、雪堂。这是黄州随处可见的那种黄泥田坂路，天晴的日子尘土飞扬，下雨的时候泥泞满地，但是在苏轼的灵心慧眼观照下，这条普通的路竟也动人：“大江汹以左缭兮，渺云涛之舒卷；草木层累而右附兮，蔚柯丘之葱茜。”东坡像一个普通人，混迹于渔樵之中，完完全全摆脱了声名之累，自由自在，随心所欲。

到了元丰五年（1082）十月，苏轼的同年好友蔡承禧接任淮南转运副使，而黄州正在他的管辖范围之内。蔡承禧巡视黄州，特地到临皋亭看望东坡，他看到故人居处狭隘，便捐资帮东坡添盖新屋。次年五月，三间新屋在临皋亭附近的高坡上建成，苏轼给它们取名“南堂”。从此，苏轼一家的居住条件才得以改善。当然，东坡好客，又为天下的士人所归心，常常有人不远千里前来寻访，有些客人在他家一住数月乃至期年，所以他的住处仍然不够宽敞。不过他总算有了自己的书斋，也能邀请朋友们在雪堂里聚饮谈笑了。

同年九月的一个夜晚，苏轼与友人在雪堂聚饮。半夜时分，友人陪着醉醺醺的苏轼返回临皋亭。走到家门口，听到家里看门的小童鼾声大作，东坡举手敲门，也无人答应。于是东坡信步走到江边，看着浩渺无际的江面，忽然心有所感，就吟了一首《临江仙·夜归临皋》：

> 夜饮东坡醒复醉，归来仿佛三更。家童鼻息已雷鸣。敲门都不应，倚杖听江声。　　长恨此身非我有，何时忘却营营？夜阑风静縠纹平。小舟从此逝，江海寄余生。

苏轼吟成此词后，乘着酒兴与友人高歌数遍，然后各自分手。不想第二天众口喧腾，说苏轼昨夜写了这首词以后，把官帽、官服挂在江边的树上，驾着一叶扁舟，长啸而去了。消息传到州府，知州徐君猷大吃一惊。苏轼虽是他的好友，但毕竟是朝廷交给地方上看管的罪臣，如今竟擅自逃跑了，这还了得！他立刻赶到苏轼家去探看虚实，推门一看，苏轼正躺在床上鼻息如雷呢！其后此词和相关的传说传到汴京，连神宗也惊疑不已。

研究诗人的作品，必须深切了解其写诗的背景及心境。苏轼刚到黄州时，心情一度非常苦闷，他甚至写信给友人说：“黄州真在井底！”但渐渐地他开始随遇而安了，他结交了越来越多的平民朋友，他拥有了足以为全家遮蔽风雨的住所，他逐渐适应了日出而作、日入而息的垄亩生涯。他一步步地从乌台诗案的阴影中走了出来，发现原来在官场之外还有更广阔的天地。但是，光阴一年又一年地悄然流逝，重返政坛的希望越来越渺茫，苏轼必须规划在黄州的久留之计了。于是他开始求田问舍，想购买一块肥沃一点的土地，好为全家人提供丰足的衣食之源。

元丰五年（1082）三月七日，苏轼在几个朋友的陪同下到沙湖去相田。沙湖距离黄州城三十里，那儿土地肥沃，尤其适合种稻，据说下一斗稻种就能收获十斛谷子，苏轼听了便欣然前往。春季的天气，阴晴不定，东坡出门时让家童带了雨具，但上路后风和日丽，毫无雨意，家童就先行一步，苏轼与友人落在后面。不料突然天色转阴，风雨骤至。大家都被淋得狼狈不堪，只有苏轼从容不迫地一边吟啸，一边徐步前行。但见他手持竹杖，脚蹬芒鞋，步履轻快，毫无惧色。到了下午众人踏上归途时，雨散云收，斜阳复出。他们回望来时风雨萧瑟的地方，那儿早已安谧如常了。苏轼沙湖之行，因故没有买成田，却催生了一首《定风波》：

> 莫听穿林打叶声，何妨吟啸且徐行。竹杖芒鞋轻胜马，谁怕？一蓑烟雨任平生。　　料峭春风吹酒醒，微冷，山头斜照却相迎。回首向来萧瑟处，归去，也无风雨也无晴。

如果说风雨是坎坷人生的象征，晴朗是通达人生的象征，那么“也无风雨也无晴”就意味着平平淡淡的人生，也意味着平和、淡泊、安详、从容的君子人格。经历过玉堂金马的荣耀和锒铛入狱的耻辱，又在黄州的躬耕生涯中备尝生活艰辛的东坡居士已经炼就一副宠辱不惊、履险如夷的人生态度，不期而至的雨丝风片又能奈他何？

对一个年近五十的人，在春寒未尽时淋了那场冷雨，苏轼觉得左臂肿痛难忍。恰在这时，有位名叫庞安常的医生听说苏轼来到沙湖，赶了十多里山路，慕名求见。他热情邀请苏轼去他家做客，一并治疗臂痛。

庞安常医术高明，针灸尤为一绝，他轻财重义，博古通今，是远近皆知的名医，但他自己患有严重的耳聋却无法治愈。安常耳聋，但颖悟绝人，苏轼和他只能笔谈，往往“书不数字，辄深了人意”，苏轼用手语表达：“余以手为口，君以眼为耳，皆一时异人也。”安常心领神会，两人相视大笑。

关于庞安常高明的医术，宋朝洪迈在《夷坚志》一书中记载了一则“妙手救生”的故事：

一孕妇难产，生命垂危。庞安常要她家里人用热水暖她的腹部、腰部，安常用手上下抚摸。那孕妇觉得肠胃略略有点痛，正在呻吟时，生下了一个男孩，母子都安然无恙。她家里的人惊喜拜谢。安常说："孩子已经出了胞胎，但有只手错拿了他母亲的肠胃，刚才，我隔着孕妇的肚皮摸到胎儿的手在什么地方，用针刺了他的虎口。他一疼痛就缩了手，所以很快就生下来了，没有用其他法子。"说完，要人把孩子抱过来看，孩子右手的虎口上还有针刺的印子。庞安常的医术精妙到了这种程度。

庞安常用针灸疗法为苏轼治疗臂痛，一针而愈。苏轼病好后，两人同游位于蕲水县（今湖北浠水县）城外约两里处的清泉寺。寺中泉水据说是东晋著名书法家王羲之洗笔之处，泉水清冽，下临兰溪，溪水西流，两旁长满兰草，景色十分幽美。苏轼触景生情，信口而歌一首清新可读、充满哲理的《浣溪沙》：

山下兰芽短浸溪，松间沙路净无泥。萧萧暮雨子规啼。
谁道人生无再少，门前流水尚能西。休将白发唱黄鸡。

古诗曰："百川东到海，何时复西归。"面对这少见的西去的流水，诗人联想人生，不必为"白日催年"悲叹，全词清新活泼，生气盎然。

从清泉寺出来，日已西斜，两人在温润的春风中乘马缓行，见路边有家酒店，便一同下马，畅饮数杯，接着信马由缰来到一座溪桥之上，忽觉困意袭来，于是倚在桥边，枕臂而卧。等到酒醒之时，天已大亮，但见四周乱山簇拥，流水潺潺，最初的一刹那还以为自己进入了仙境瑶池。当时诗情澎湃，便在桥柱上随手写下一首《西江月》：

照野弥弥浅浪，横空隐隐层霄。障泥未解玉骢骄，我欲醉眠芳草。　　可惜一溪风月，莫教踏碎琼瑶。解鞍欹枕绿杨桥，杜宇一声春晓。

就写作技巧来说，此词采用情景交融的艺术手法，所绘之景，皆是“疑非人世”之景；所抒之情，是飘飘欲仙之情，交织成趣，秀丽清新，勾勒出一幅淡人的春晓图，展现出物我两忘的飘逸境界。

寄情山水，赤壁怀古出华章

黄州的名胜首推赤壁，相传那里就是三国时周瑜大破曹军的古战场。赤壁又名赤鼻矶，整座山崖都呈绛红色，千尺峭壁直插江中，汹涌的江水从下面奔腾而过，激起无数浪花。此外，江对岸武昌的寒溪、西山也是风景绝佳之处，那儿连山绝壑，溪水淙淙，长林古木遮天蔽日，清幽绝伦。

博学多才的苏轼当然知道黄州的赤壁并非“赤壁大战”的真正战场，他在写给范子丰的信中说：“黄州少西山麓，斗入江中，石室如丹。传云曹公败所所谓‘赤壁’者。或曰：非也。……”然而，当苏轼亲临赤壁，伫立在高耸的石矶上望着滚滚东流的长江时，觉得如此险要的地形真是天然的好战场，当年万舰齐发、烈焰映空的战争场景便如在眼前。古代的英雄人物已随着那滔滔不绝的江水永远流逝了，但他们曾经在历史舞台上纵横驰骋，多么威武雄壮，多么风流潇洒！命途坎坷的自己则年近半百尚一事无成，往昔的雄心壮志都已付诸东流，若与少年英发的周郎相比，更使人感叹无端。于是，苏轼俯仰古今，浮想联翩，写下了千古绝唱《念奴娇·赤壁怀古》：

> 大江东去，浪淘尽、千古风流人物。故垒西边，人道是、三国周郎赤壁。乱石穿空，惊涛拍岸，卷起千堆雪。江山如画，一时多少豪杰！　　遥想公瑾当年，小乔初嫁了，雄姿英发。羽扇纶巾，谈笑间、樯橹灰飞烟灭。故国神游，多情应笑我，早生华发。人生如梦，一樽还酹江月。

这首《念奴娇》蕴含着郁积在苏轼心头的失意之感——人生如梦的思绪、年华易逝的慨叹。但是这些情愫映衬在江山如画的壮阔背景下，又渗透进了面对历史长河的苍茫感受，顿时变得深沉厚重。从此以后，黄州的赤壁便成为人们凭吊三国英雄的最佳场所，而真正的赤壁战场——嘉鱼县东北江滨与乌林隔江相对的那个赤壁，反倒无人问津了。黄州赤壁何幸，它在沉睡千载之后终于得到了苏轼的青睐！

早在元丰三年（1080）八月，苏轼就和长子苏迈划小舟第一次夜游赤壁，尽兴而回。适逢杭州的辩才、参寥派人来黄州看望他，于是乘兴写下《与参寥子》这篇短小优美的游记作为回信："予谪居黄州，辩才参寥遣人致问，时去中秋不十日，秋潦方涨，水面千里，月出房心间，风露浩然。所居去江无十步，独与儿子迈棹小舟至赤壁，西望武昌，山谷乔木苍然，云涛际天，因录以寄参寥，使示辩才，有便至高邮，亦可录以寄太虚也。"

元丰五年（1082），苏轼连续两次携带友人到赤壁游览，良辰、美景俱备，嘉宾、贤主相得，于是东坡兴会淋漓，写下了传诵千古的前、后《赤壁赋》。因"两赋"在后文第二十三章《赋留绝唱》中有全文引证和分析，为避免重复此处从略。

闻一多评张若虚的《春江花月夜》说：在这种诗面前，一切的赞叹是饶舌，几乎是亵渎。苏轼的前、后《赤壁赋》也是如此。林语堂先生在《苏东坡传》中只把两篇赋的大意译成英文，此外几乎不置一词，真是绝顶聪明的做法。

苏轼在黄州是他平生创作的大丰收期，这不仅是生活磨难给予他的恩赐，也是他一以贯之勤奋刻苦、孜孜不倦学习进取的馈赠。

黄州教授朱载上长于写诗，苏轼对他诗中"官居无一事，蝴蝶飞上阶"一联十分欣赏，两人结为诗友，常相往来。一天，朱载上到苏轼家中拜访，仆从通报之后却迟迟不见主人出来，朱载上等得很不耐烦，几乎想要走了，才见苏轼匆匆从内室出来，一边连声道歉："刚才忙于完成些日课，让您久等了。"

两人坐定，寒暄一番，朱载上便忍不住好奇地问："先生所谓日课是什么？"苏轼回答道："抄《汉书》。"

朱载上吃了一惊，说："以先生天才，开卷一览，可终生不忘，何用手抄呢？"

苏轼说："不然，我读《汉书》，至今已经抄过三遍，最初是每段事抄三字为题，第二遍则每段事抄两字为题，现在则只用一字。”

朱载上闻言肃然离席，请求道：“不知先生所抄之书，能否让我见识?”

苏轼便命人到书架上取来一册，朱载上前后翻看，茫然不解其意，苏轼说：“足下试举题中一字。”

朱载上如言挑出一字，苏轼应声背诵数百字，无一字差缺，几次改挑，都是如此。朱载上惊叹不已，说：“先生真谪仙才也！”

后来他常用这个例子教育儿子：“东坡尚且如此，你不过中等智力，岂可不勤读书耶?”

正所谓“旧书不厌百回读，熟读深思子自知”(《送安惇秀才失解西归》)。这是他一贯的主张。一本好书必须精读数遍，首先确定一个专题研读，然后换成另一个专题再研读，如是再三。这样读书便可做到既精又博，将来对各方面的问难和需要都能应付自如。而这种分为专题、反复研读的读书法，依然离不开“勤奋”二字。

就这样，在“表里悠俭然”的禅境中，在“气味深美”的修道中，在“荒山大江，古木修竹”的自然怀抱中，在剔除了欺诈与利用的真挚情谊中，在躬耕东坡的“垦辟之劳”与“玉粒照筐筥”的收获之喜中，在“穷不忘道”“老而能学”的书斋生活中，苏轼度过了贬谪生涯的艰苦岁月，完成了他的信念重组，从最艰难的境地里走了出来，从最可怕的精神危机中走了出来，他没有变得畏缩、颓唐，巨大的挫折促成了他思想的成熟，深邃细密的人生思考又丰富了他的性格内涵，从而使他在人生境遇的最低谷迎来了思想艺术的高峰，给中国文学史掀开了辉煌灿烂的崭新一页！

此才难得，湖州不幸黄州幸

古语说得好：“艰难困苦，玉汝于成。”贬谪黄州不仅为苏轼的诗文注入了新的活力，而且使他的人生态度更加坚毅、沉稳。从这个意义上说，不仅“东坡居士”这个别号产生于黄州，故亦可谓称“东坡”这个人物也是诞生在黄州。

黄州并非真正的世外桃源，东坡也不是真正的世外高士。经历了乌台诗案的东坡毕竟不是从前那个心高气傲、睥睨公卿的英迈朝士了，一百三十个日日夜夜的铁窗生涯在他心灵上留下了沉重的阴影。几年前沈括将苏轼“词皆讪怼”的诗稿上呈神宗，苏轼听说后还与刘恕开玩笑说：“这下不用发愁没人进呈皇上了！”如今的苏轼不再有那样的豪情壮志了，他来到黄州后不敢多写诗文，故人沈辽求苏轼为其诗集作序，又求为其所居的“云巢”作记，蜀中的中江（今四川中江）县令程建用来信求作亭记，苏轼一概谢绝。好友滕元发来信请他写一篇《萧相楼记》，苏轼回信推辞说：“记文固愿挂名，岂复以鄙拙为解。但得罪以来，未尝敢作文字。”后来成都胜相院的僧人来求他作《经藏记》，苏轼屡辞不得，勉强写了，还写信给滕元发说明理由：“《经藏记》皆迦语，想酝酿无由，故敢出之。”蔡承禧捐资助建的南堂落成后，苏轼作《南堂五首》以志喜并寄给蔡承禧，还附言“乞不示人”。友人傅尧俞遣人来求近作，苏轼亲书《赤壁赋》寄之，但叮嘱他“深藏不出”。即使是给弟子写信，苏轼也担心会惹来什么意外，他曾给李之仪写了一封长信，结尾再三叮咛：“自得罪后，不敢作文字。此书虽非文，然信笔书意，不觉累幅，亦不须示人。必喻此意！”

苏轼的恐惧心理并不是杯弓蛇影，而是有真实原因的。李定等人眼睁睁地看着东坡逃脱了死罪，哪肯善罢甘休？

元丰三年（1080）十二月，朝廷使淮南转运使追查苏轼在徐州任上没有及时觉察李铎、郭进等人谋反一事，已到黄州一年的苏轼上奏申辩，说明了当时曾派程棐缉盗的事实，但直到次年七月才降旨免罪。其实苏轼在李铎起事前早就专门上书陈述当地的治安态势，并献治盗之法，可谓未雨绸缪，但李定等人蓄意谋害东坡，极为卑鄙。

苏轼自比“惊起却回头”的孤鸿，绝不是无病呻吟。后人往往过分夸大了苏轼性格中旷达乐观的一面，甚至误认为他在黄州时也总是心情愉快。其实苏轼曾在给赵晦之的信里明言：“处患难不戚戚，只是愚人无心肝尔，与鹿豕木石何异！”世态炎凉的滋味当然是此时的苏轼无法避免的，他叹息说：“我谪黄冈四五年，孤舟出没风浪里。故人不复通问讯，疾病饥寒宜死矣！”

然而并非所有的故人都是如此的薄情寡义，不少旧交仍从各地寄来长书短简，以表慰问。杭州的故人王复、张弼等凑钱让人捎来杭州的土产，使苏轼能在千里之外品尝到他所喜爱的荔枝干和红螺酱。有的故人不远千里专程来访，僧人道潜在黄州一住大半年，蜀中故人巢谷干脆住在苏轼家里当起了家庭教师，家离黄州较近的陈季常曾前后七次专程来看望苏轼。尽管如此，苏轼的寂寞心情并未得到根治。和睦的家庭也好，亲密的朋友也好，都只能给苏轼带来表面上的热闹一时，却未能彻底消除东坡心中深刻的孤寂感。这又是为什么呢？

元丰五年（1082），苏轼在黄州的生涯进入了第三个年头，一年一度的寒食节来临了。寒食是古人非常重视的一个节日，邵雍甚至说过“人间佳节惟寒食”。但是此年的寒食在东坡眼中是怎样的一副情景呢？请看他的《寒食雨二首》，其一：

> 自我来黄州，已过三寒食。年年欲惜春，春去不容惜。
> 今年又苦雨，两月秋萧瑟。卧闻海棠花，泥污燕脂雪。
> 暗中偷负去，夜半真有力。何殊病少年，病起头已白。

阴雨连绵，春寒如秋，连定惠院后山上那株娇艳的海棠花上也溅满了污泥。江水大涨，好像就要漫进门来。水气弥漫，小屋竟像在波涛中漂浮摇荡的一叶扁舟。苏轼闭门不出，他把潮湿的芦苇塞进破灶，煮一点蔬菜来充饥。抬头看见几只乌鸦衔着纸钱飞过，才想起今天原来是寒食。这一切，哪里有丝毫“佳节”的影子？更要命的是，苏轼的心态比天气更加阴沉、凄冷。自己远离了朝廷，也远离了家乡，进不能辅佐君主实现治国平天下的理想，退不能回乡隐居祭扫先人的坟墓。这种进退两难的处境，比穷途痛哭的阮籍更加不堪。无情的岁月不断地流逝，人到中年的自己就像久卧病榻的少年人，等到大病初愈，才发现满头青丝都变成了白发，生命已在不知不觉中悄然流逝。

苏轼在黄州的孤寂感是一种深刻的人生体验，它不是由一时一地的偶然机遇引起的，所以格外深广，难以排遣。

苏轼到黄州之后孤独感孤寂感更加强烈，有其必然性。行吟泽畔的屈子长叹说：“举世皆浊，唯我独清；众人皆醉，唯我独醒！”凡是高才卓荦、德尊一代的人，都难免陷入这种孤独感的纠缠，苏轼何独不然？独宿沙滩的孤雁也好，独处深谷的海棠也好，它们都是苏轼内心孤寂感的外化。苏轼在黄州所写的诗词文赋虽然不乏豪放、潇洒之作，但即使是气壮山河的《赤壁怀古》词中也夹杂着沧桑变幻、人生如梦的低沉叹息，即使是潇洒绝俗的前、后《赤壁赋》中也充溢着对广漠宇宙的惆怅情思，它们分别从时间和空间的不同维度表达了一种难以名状的深沉的寂寞之感。

他确实起了变化，但是没有消沉，更没有颓丧，而是变得更加光明、温暖、亲切、宽容，更加平和、恬适、自然、真率，充满了闪耀着智慧光彩的成熟的幽默感，也充满了宁静、隽永、淡泊、清爽的审美情趣。他的情绪或许是随时多变的，但是超旷放达却已成为性格的主流，他的思想和艺术由此而升华到一个极其美妙的峰巅。在自然的怀抱中东坡无忧无虑，享受着官居时不可能拥有的自在与闲逸。

从总体倾向来看，这种寂寞感使苏轼的诗文减少了几分潇洒，增添了几分沉郁。黄州的贬谪生涯使苏轼的人生观变得更加成熟，也使苏轼的文学创作变得更加深沉，黄州堪称苏轼人生道路上最重要的一座里程碑。

尽管苏轼处于孤寂、困苦的环境中，但是苏轼素来把范仲淹的名言“先天下之忧而忧”当作座右铭，他身在黄州的山巅水涯，其心却无时不在关心着朝政和国事。

元丰四年（1081），西夏发生内讧，宋王朝乘机伐夏，经王珪、蔡确等人议定，分兵五路大举进攻西夏。没想到小胜之后，灵州（今宁夏青铜峡）、永乐（今陕西米脂西北）两次大败接踵而至，数十万人全军覆没。苏轼对这场战事非常关心，曾写信问滕元发说：“西事得其详乎？虽废弃，未忘为国家虑也。”

当然，此时苏轼更多的注意力转向了民间疾苦。苏轼一向关注民生，他在各地做官时常常深入穷乡僻壤访贫问苦。如今的苏轼与以前更有不同，他已经混迹于渔樵农夫之间，正像他写给李之仪的信中所说：“得罪以来，深自闭塞。扁舟草履，放浪山水间，与渔樵杂处，往往为醉人所推骂，辄自喜渐不为人识。”

既然喝醉的平头百姓胆敢“推骂”苏轼，既然邻居的老农敢于指点苏轼如何种麦，他们与他交谈时就不会有任何顾忌。于是苏轼真正地深入民间，他终于能近距离地仔细观察百姓的衣食住行和悲欢休戚了。

人们都把苏轼在黄州的行为归因于旷达的人生观，此说固然有理，但更重要的原因却是苏轼的道德修养和济世情怀。他在黄州写给滕元发的信中自称：“知前事尚未已，言既非实，终当别白，但目前纷纷，众所共叹也。然平生学道，专以待外物之变，非意之来，正须理遣耳！”

这段话是说：得知前我被贬黄州还未全了，言既非事实，终当别论。但是目前议论纷纷，众所共叹也。然而我平生读书学立身处世之道，专以待外物之变，非常之来，正须以练达之理来排遣。可见乌台诗案虽然来得非常突然，但苏轼的内心却早储备了足以应对各种灾祸的精神力量。苏轼刚到黄州时，好友李常来信安慰其不幸遭遇，苏轼在回信中自表心迹说：

> 吾侪虽老且穷，而道理贯心肝，忠义填骨髓，直须谈笑于死生之际。若见仆困穷便相于邑，则与不学道者大不相远矣。

苏轼在黄州写信告诉老友王巩：“文字与诗，皆不复作。”他没有提到词，是否偶然的疏忽呢？不是的，东坡在黄州作文作诗都比较少，只有词的数量不减反增。

苏轼一生中写诗的时间长达三十九年，平均每年作诗超过六十首。苏轼一生中写词的时间有二十九年，平均每年作词仅有十首。他在黄州生活了四年零三个月，平均每年作诗不足四十三首，低于一生的平均数。但此期每年所作的词却多达十九首，远高于一生的平均数。

尤其值得注意的是，苏轼在黄州所写的七十九首词中，名篇之多，远非其他时期可比，黄州堪称苏轼词创作的巅峰时期。由于词在当时人的眼里只是遣情娱兴的小道，它不会包含什么政治内涵或重大意义，所以乌台诗案中受到追查的作品全都是诗文，即使是刻意要对东坡文字吹毛求疵的御史们也没有到东坡的词作中去寻找什么罪证。这样，当苏轼怀着忧谗畏讥的心情来到黄州后，词就成为他抒情述志的最佳文体了。

苏轼在任湖州太守不久，便被朝廷“顷刻之间”，“如驱犬鸡”拉走了，关押了一百三十天侥幸逃脱死罪而贬谪黄州，使黄州成为成就他诗文巅峰的福地，黄州也因苏轼来到而名垂青史，声名远播。对此，清人陶梁作了一首颇令人回味和思索的诗：

名重人呼作党魁，一重公案在乌台。
湖州不幸黄州幸，题遍江山要此才。

第十二章

缥缈孤鸿

惜别黄州情依依

元丰六年（1083）四月，曾巩逝世。恰巧东坡这年春天害了红眼病，已有一个多月闭门不出，于是人们纷纷相传东坡与曾巩同日而死。苏轼病逝黄州消息讹传到汴京，正在吃饭的神宗被惊得停下筷子。自那次之后，赵顼总时常思念苏轼。这几年，他读了不少苏轼在黄州写作的诗词，常有所感。特别是元丰三年中秋那一阕《西江月》的最后两句："中秋谁与共孤光，把盏凄然北望。"赵顼似乎看见了苏轼那凄然向北遥望的眼神。因此，他曾经几次要把苏轼召回京来，在身边做官，但两次都被宰相王珪谏阻。

有一次，皇帝赵顼拿一张图给宰相看。图上，御史中丞牌上贴司马光名字，中书舍人翰林学士牌上贴苏轼名字，另有好几个政见不同者都有安排。皇帝还说："他们虽对新法议论不同，然各行其所学，皆是忠于朝廷者，安可尽废？"

王珪道："领德音。"

蔡确下殿悄悄对王珪道："此事万万不可！"又补充一句，"安稳为相好！"

从那以后，赵顼多次问及此事，王珪只是推说："臣等方商量进拟。"

此次，赵顼本欲叫苏轼去做江州知州，王珪却说："苏轼这人虽然有才，但是太不可靠。他疏狂不羁，肆无忌惮，不光随意指责朝政，还对皇上不敬，谁也无法约束他。若把苏轼放归，必定有人效法，使朝廷不安。"

赵顼知道王珪对苏轼存有偏见（未察其忌才），但又觉得他说的并不是毫无道理，如果大家都像苏轼一样随意批评朝政，岂不要天下大乱？但又想，像苏轼这样全面的人才十分难得，自太祖开国以来少有，黄州离京城太远，两次关于苏轼的传言，都令人心神不安。于是决定：苏轼移汝州团练副使，复骑都尉衔。

赵顼令知制诰蒲宗孟拟诰命，并说："苏轼黜居思咎，阅岁兹深，人才实难，不忍终弃。"未想到蒲宗孟把皇帝的话，原封不动地写进诰命。

元丰七年（1084）大年前数日，京中有邸报来，苏迈被任命为德兴县尉。此事未给苏轼一家带来多大的喜悦。因两年前已有过一次这样的任命，苏迈不肯去赴任。他说："我宁愿随父亲做一名耕夫！"父母也无可奈何。这次，苏迈起初还是老话。

苏轼道："不可，皇上两次降恩于你，岂可一拒再拒？县尉虽官卑职小，但万万不可有负圣眷。"苏迈无奈，只好答应去赴任。

第二天，知州杨寀来告知，朝廷有文书到来：苏轼量移汝州，仍是团练副使、不得签书公事。贬谪没取消，却要换个地方，这是为什么？他想上表请求仍居黄州，又有违圣命。那诏书中"人才实难，不忍终弃"的话，表明皇上对自己恩眷有加，不该辜负……何去何从，一时难决。接连许多天，都寝食难安。

王闰之看出丈夫有心事，便道："相公为啥子事这样折磨自己呀？"

苏轼把心里的犹豫说了。

闰之问："若是不去汝州，皇上会不会见怪？"

苏轼道："我晓个晓得？"

闰之又问一句开窍的话："你说，皇上叫你去汝州，是对你好一些了？还是差一些了？"

苏轼道："自然是好一些了。"又一想，"还是夫人比我聪明。君恩至厚，不可辜负。"于是修《谢量移汝州表》，寄往京城，并决定四月一日起程离黄，苏迈同日往德兴赴任。

皇帝赵顼看了苏轼谢表，对侍臣道："苏轼真是奇才！"

王珪道："观轼表犹有怨恨之语，陛下还说他奇才？"

赵顼愕然："何以见得他犹有怨恨？"

王珪道："他说'兄弟并窃于贤科'，又有'惊魂未定，梦游缧绁之中'等语，其实是不肯认罪……"赵顼即道："朕知苏轼忠心，实无他意。"王珪这才无话可说。

苏轼一家即将迁离黄州的消息一经传出，临皋亭登时热闹了许多。苏轼不是应邀出门做客，就是在家接待客人。诸友好劝留者有之，劝去而惜别者亦有之；赠物者有之，求诗词求书画者更是络绎不绝。二月一日，黄州主簿刘监仓请苏轼去家里做客。席间，苏轼吃到了一种从未吃过的油果，十分酥脆，便问主人："此果何名？"刘监仓道："无名。"

苏轼又问："为甚酥？"他是问，为啥子这样酥脆。

座中有客道："就以苏公所说的'为甚酥'名之，岂不甚好？"此议在座者皆赞同。因名人效应，"为甚酥"的饼名和做法立即传开。

次日，苏轼到樊口潘家饮酒。潘大临知道他酒量小，容易醉，特别给他备了味淡而微酸的甜酒。苏轼喝着那酒，笑道："郃老，你是不是把醋当水了呀？"此话引得哄堂大笑。于是又有了"错着水"的酒名。

来黄州四年，苏轼结识了许多新友。孩子们都学会了黄州话。虽说是一名被贬谪的逐臣，但大家似乎并不在意。而他自己更是生性旷达，无怨无悔，寄情于山水、诗酒以及那些以心相交的朋友们。在大家眼里，他是个才华横溢、疏狂不羁、潇洒风流、无忧无虑的文学家、诗词家、书法家、画家，还是个美食家。其实，苏轼也是一个普普通通多情善感之人，在即将离开黄州的山山水水，离开他住熟了的临皋亭，离开他惨淡经营的东坡雪堂和那些已经相互知心的好友，一种依依惜别之情，充塞五内，使得他寝食难安。这几天，他有空就想出去走走，去与朋友们见上最后一面，到那些曾经多次游玩过的地方去，留下最后一瞥。

起程前，苏轼去州衙向知州辞行，表叔杨君素说了许多慰勉的话。

四月一日，诸多邻里好友在雪堂设宴送别。其中有杨棠、孟震、刘监仓、张怀民、潘丙、潘大临、潘大观、古耕道、郭遘、张大爹和来黄已数月的道潜，自然还有马正卿——此时，因得蔡承禧、徐大受举荐，马正卿已升任黄州通判。还有李仲览特地自江东来别。大家有道不尽的离情别绪，说不完的临别赠言。特别是潘大临、潘大观兄弟，因其学问文章得到苏轼指点，大有长进，更是舍不得先生离去。年轻人说着说着就哭了。

苏轼道："我苏轼已过知天命之年，这一生剩下的岁月也许不多了。来黄州四年，大家都熟了，孩子们都是满口的黄州话。我又何尝舍得离黄州而去呢！我也曾想过上表请求仍留此地，但细思我罪至大而皇上责至轻，君恩圣眷，天高地厚，不敢违负，也是身不由已呀！人世间聚散无常，大家都莫看得太重了吧！诸位的深情厚谊，我苏轼永远不会忘记。只希望你们记着我苏东坡，不要折这雪堂前柳树的柔细枝条，也记得有时候为我晒一晒蓑衣……"说着声音哽咽，却强忍着泪水，向座上诸客敬酒三杯，作《满庭芳》一阕：

> 归去来兮，吾归何处？万里家在岷峨。百年强半，来日苦无多。坐见黄州再闰，儿童尽楚语吴歌。山中友，鸡豚社酒，相劝老东坡。　　云何，当此去，人生底事，来往如梭。待闲看秋风洛水清波。好在堂前细柳，应念我、莫剪柔柯。仍传语，江南父老，时与晒渔蓑。

词中有云："好在堂前细柳，应念我、莫剪柔柯。"据周紫芝《送孙求仁官黄冈》："东坡营雪堂，始种坡前柳。至今有遗迹，过者为回首。"周为南宋初人，可证东坡雪堂所种杨柳此时尚存。又不止此也，八十七年之后，乾道六年（1170）八月，陆游入蜀途中来瞻雪堂，真真切切地记下这么一笔："堂东大柳，传以为公手植。""柔柯"已成"大柳"，真的未剪伐，确实后人不会随便剪伐，东坡泉下有知，应该多么欣慰！

借住了四年的临皋亭和借种的荒地当然要归还给官府，苏轼把东坡雪堂托付潘丙、潘大临叔侄照管。他说："东坡相烦葺治，我暂且告别，终有一日回黄州来，与大家诗酒为乐。"又委托潘丙照看乳母任采莲的坟墓，让那位慈祥的老人安宁地长眠于此。

全家早已投入搬家的准备，马正卿也早就雇好了船只，该带走的东西都搬上了船。一切准备停当，但因来访者不断，不得不一再推延动身的日子。

四月八日，苏轼夜宿雪堂。时方雨后，月色清新，他独自拄杖在东坡山石路上漫步。夜很静，四下里寂然无声。山路上多石头，只听见手杖触地铿然作响。苏轼心想：明日就要离开黄州，这是在东坡的最后一夜了。他想好好看看自己洒过汗水的山塘、坡地、桑林、茶树、水田……然而在月下，他感到眼力有些不济，于是走近一片麦地，摘下一支穗儿，剥几粒丢进嘴里。麦粒儿浆汁饱满，他细细嚼着，只觉一股甘甜，从舌尖沁入心底。他心里说："就此别了，东坡！"随即口占一绝："雨洗东坡月色新，市人行尽野人行。莫嫌荦确坡头路，自爱铿然曳杖声。"

次日午后，苏轼一家所雇座船在临皋亭码头启程，众好友都赶来码头送行。苏轼站在船尾，躬身进入舱中。一时心潮难平，不禁凄然泪下，因又作《别黄州》：

病疮老马不任鞿，犹向君王得敝帷。
桑下岂无三宿恋，樽前聊与一身归。
长腰尚载撑肠米，阔领先裁盖瘿衣。
投老江湖终不失，来时莫遣故人非。

诗中流露浓重的惜别之情，他告诉黄州的朋友们，请大家放心，船带了黄州出产的稻米，也准备了阔领的衣衫——因汝州人多患大颈病，人们常穿阔领衣。

船至江心，苏轼叫舟子将船驶向南岸，刚泊定，他便离船上岸。舟子见了，忙叫苏迈跟在后面。父子二人在苍茫暮色中过吴王岘，登西山，在山上隔岸望黄州，只能见一片隐隐约约，朦朦胧胧，望不见东坡何处。少时，月上东山，月下黄州更是混沌一片。拂拂夜风中，只闻对岸鼓角声声，江上涛声阵阵。他又一次泪洒衣襟，不知何日重返黄州，再听这鼓角浪涛声，他的诗情又奔涌起来，遂作《过江夜行武昌山下闻黄州鼓角》，此诗的前四句是："清风弄水月衔山，幽人夜度吴王岘。黄州鼓角亦多情，送我南来不辞远。"大文豪、大诗人真是了不起呀，"出口成章""脱口成诗"绝非虚言！

苏轼从西山下来，被寻来的王齐愈兄弟邀至家中。王家又将闰之、朝云、苏迈、苏迨、苏过及梅娘、楚老接来。刚刚坐定，陈慥自岐亭来送别，亦追至王家。于是一同再游寒溪、九曲亭等处。

苏轼在黄州四年，到王家不下百次，赠给王氏兄弟的字和诗都不少，临别还是把《告别黄州》写好相赠，又戏书一联：湖上秋风聚萤苑，门前春浪散花洲。

王家宅院邻东湖，枕长江，湖上有聚萤院，大江中有散花洲。

苏轼写完，要走。王家执意挽留，又恰遇江上大风，只好在王家暂停。四日后风息，王氏兄弟方肯放行，却还要随船相送。

船将发，黄州古耕道、郭遘、潘原、潘丙、潘大临等人听说苏轼还在王家，又同过江来，一齐上船，行约百里，到达慈湖。苏轼与众人登湖中小山上的清风阁、木樨亭，又流连半日。

苏轼道："送君千里，终须一别，大家都回去吧！"古耕道等这才依依不舍地上了返回黄州的船。苏轼目送那船走远，才吩咐船家解缆起航。

只陈慥仍不肯去，一定要送至九江。苏轼无奈，只得依了他。

船上，陈慥两眼含泪，默默地望着对坐的苏轼，心里有千言万语，不知从何说起。默然良久，才说："东坡兄，明年我一定去临汝看你。"

苏轼道："待住处定下来，我就给你写信。"

陈慥道："临汝人地生疏，你要善自珍重。"

苏轼道："你也要多保重。"说完，挥笔疾书古风一首，送给陈慥。接着又打开箱子，将贬黄州四年间先后三去岐亭时所作的四首古风，加上方才所作共五首，一气抄好，题为《岐亭五首并叙》，赠予陈慥。此诗在"并叙"中回顾了苏轼始谪黄州后与陈慥于岐亭北二十五里山上第一次相遇，以后在四年中"三往见季常，而季常七次来见余，盖相从百余日也。（元丰）七年四月，余量移汝州，自江淮徂洛，送者皆止慈湖，而季常独至九江。乃复用前韵，通为五篇以赠之。"

五日后，船至九江。陈慥泪流满面地上了西去的上水船。苏轼忍泪嘱道："季常贤弟，多多保重！"待陈慥所乘船已远，他才回身进船舱，不觉泪湿衣襟。

匡庐石钟探幽峭

据《苏轼年谱》载:“熙宁八年（1075），苏轼四十岁，在密州知州任，三月，出城游庐山。”但这次游庐山未见诗文，很可能是在“乌台诗案”发生后，为防加重罪名，在湖州家里被王闰之一怒之下烧掉了。因为根据苏轼的秉性，第一次游庐山一字未写不大可能。

元丰七年（1084）五月初，苏轼一家乘坐的船到江州治所九江。他令舟子将船泊了，要上庐山一游，还要去筠州看望弟弟。

船泊之处，正是当年白居易月夜送客的湓江口。不过此时季节不同，故没有“枫叶荻花秋瑟瑟”的外景，河滩上只有一片郁郁苍苍的芦苇。

九江城南不远，便是名闻天下的庐山。庐山又别称匡庐，相传周时有匡氏兄弟上山修道，建草庐以居。此山风光秀丽，故有“匡庐奇秀甲天下”的美誉。

苏轼与道潜、苏迈登上向往已久的庐山，只见山上云雾缭绕，瀑布如练。时正盛夏，山下奇热难忍，上了庐山，苏轼便觉暑气全消，十分凉爽，不禁脱口吟道:“自昔怀清赏，神游杳霭间。如今不是梦，真个在庐山。”

经人指点，他们走莲牯路上山，即从山麓莲花洞上路，经竹林窝、十山亭、天池口到达牯岭。半山亭近处，一片松林覆盖，遮天蔽日。山顶有宽约丈许的圆形泉池，池中碧水澄澈，深不见底。有游人说:“这就是小天池。听说此泉久旱不涸，久雨不淹，所以才叫天池。”

离了天池亭，到望月亭。在望月亭向北鸟瞰：只见一泻千里的长江，烟波浩渺，点点白帆，阳光下清晰可辨；山下的九江城，却被飘忽的云气遮掩得似有若无。

从望江亭向南，行约十里，黄昏时至牯岭，当夜宿于牯岭旅舍。问店家，始知此岭因形似牯牛而得名。旅舍近处有大片松林，月下听松涛，如龙吟虎啸，似置身海上。

次日早饭后，自牯岭南行十余里，便到了含鄱岭中央的含鄱口。此处左为五老峰，右有太白峰，山势峻拔，怪石嶙峋，形如巨口，石坊上刻“含鄱口”三个大字。苏轼站在那里，放眼口外：远处鄱阳湖浩荡无边，千帆竞发；东南汉阳峰古松虬结，北面大月山云雾蒸腾；往前有一伞形亭，上题“含鄱亭”三字。苏轼从游人谈话中得知，这亭子是观日出、赏月色之最佳处。可惜此非其时，深以为憾。

午后再向南，经万松坪，至五老峰下。在山下仰视群峰，似五位老人并坐，那五座山峰，或像诗人仰天吟啸，或若勇士引吭高歌，或似渔翁悠然垂钓，或如老僧默默坐禅……

苏轼脑子里跳出谪仙李白《望庐山五老峰》的诗句：“庐山东南五老峰，青天削出金芙蓉。九江秀色可揽结，吾将此地巢云松。”五老峰下山谷中，有著名的白鹿洞书院，唐贞元年间，洛阳人李渤隐居庐山，养白鹿以自娱，人称白鹿先生。此处四山回合，一水中流，古木参天，泉清石秀。苏轼道：“参寥子，你知道我此时在想啥子吗？”

道潜道：“你问别人可能不晓，问我嘛……”

苏轼道：“就是问你！”

道潜学着他的四川口音回答：“若能在此隐居读书，以终天年，真乃人生大幸事也！”

苏轼捧腹大笑：“知我者，参寥子也。”

离了白鹿洞，行数里，至白石庵。这是苏轼好友李常旧居之所。李常生于庐山，少年时就读于白石庵僧舍，山中读书二十年。出仕后，将藏书九千余卷仍留置庵中，庐山人遂称白石庵为“李氏山房”。白石庵住持得知客人乃李常好友，便带领他们去看“短李”少年读书处和满屋的藏书。藏书中，有些书是苏轼从未读过甚或从未见过的珍本。他自然是喜出望外，不管三七二十一，坐下读起来便不肯释手。道潜和苏迈也跟着找到了自己喜欢的书。看看天色将晚，僧人来请用晚斋。斋后，又点灯夜读，直到午夜过后，知客僧来请安歇时才罢。

第二天早饭后，苏轼还是不愿离去。道潜道：“子瞻，你想把没读过的书都读完，那要到何年何月？你还去不去临汝？”

苏轼道：“哪个说不去嘛！”

道潜道：“这些书，待安定后向公择借取，岂不更好？”

苏轼笑道："好你个参寥子，尽扫我的兴！罢了，依你。"于是叫僧人取来纸笔，写下《书李公择白石山房》一首："偶寻流水上崔嵬，五老苍颜一笑开。若见谪仙烦寄语，康山头白早归来。"写毕，辞了僧众，循山路走了半个时辰，便到了鹰爪岩下的五柳馆。

这是六百多年前陶渊明隐居之地。馆西，瀑布下泻，落于濯缨池。池中有巨石，形如小屋，顶平而光。据传陶渊明常于醉后卧此石上，故五柳馆又名"醉石馆"。

他们到了庐山景色最美的秀峰。这是南唐中主李璟少年时读书之地。秀峰并非一座山峰，而是诸多奇峰竞秀，最著名的有鹤鸣、双剑、文殊等峰。相传李璟十五岁时，在栖贤谷中筑台读书，即帝位后，在书台建寺，名曰"开先"。开先寺乃庐山五大丛林之冠，苏轼自然要去。他们来到开先寺前，寺中僧人引他们到寺后去看中主读书台。读书台倚翠竹丛林而小，台下有泉，约四尺见方，泉水碧绿澄澈，一旁石碑上大书"聪明泉"字。泉下有一小池，传为李璟洗笔之处。苏轼想起那位南唐君主"青鸟不传云外信，丁香空结子中愁"的名句，不禁唏嘘不已。

开先寺临高岩深谷，西侧有亭，名"漱玉"。亭下水潭，深不可测，山道瀑布，泻入潭中，水溅如霜雪，如碎玉，在这神仙境界，苏轼想起了仙人，出世之思油然而生，流连不忍离去。直至日落西山，谷中风起，夜色渐浓才回到开先寺。

次日，去游观音桥。观音桥在栖贤谷中，因山势险峻，如长江三峡，故又名三峡桥。桥东亦有泉，名招隐，出水处如龙首，水碧清而甘甜。被陆羽品为天下第六。苏轼看那观音桥，倚高崖，跨深涧，两岸石壁如削，中间涧谷一线。桥下溪水，由五老、汉阳两峰间九十九道山溪汇合而成，湍急汹涌。涧底多巨石，水行石间，声若雷霆。涧旁玉渊潭，有大石，横亘中流，涧水奔注潭中，雪浪喷空，声闻数里。

苏轼站在观音桥上，朝下一望涧底，恍如置身云间。桥上有长绳，一端系着陶瓶。苏迈取绳，将瓶下坠，追瓶至涧底，收绳上提，绳尽，他捧着陶瓶喝了一口，说："好清凉！"接着，又提了两瓶分别给苏轼和道潜尝尝，他俩都觉得此水透心凉爽，清纯甘甜，啧啧称赞。

接下来好几天，苏轼父子与道潜自山南至山西北，遍游仙人洞、大天池、龙首崖、海会寺等处。看层峦叠翠，上出重霄，飞瀑流泉，云遮雾绕。苏轼道："可惜庐山云雾太多，处处都是迷迷蒙蒙，遮遮掩掩，叫人难以见其真面。"道潜笑道："那你就效法古仙人，跳出群山外，立在半空中，挥手将云雾驱散，岂不就能见庐山真面目了吗？"

一路说说笑笑，来到一座石门前。石门两边刻一副对联："花开山寺，咏留诗人。"石门上横书"花径"。苏轼道："你们来看，此二字乃白乐天所书。"当晚，苏轼写了《庐山二胜》并叙中说："余游庐山，南北得十五六奇胜，殆不可胜记。而懒不作诗，独择其尤佳者作二首。""二胜"其一是《开先漱玉亭》，诗中有"擘开青玉峡，飞出两白龙。乱沫散霜雪，古潭摇清空。余流滑无声，快泻乱石淇（大沟）"等珠玉连缀的佳句；其三《栖贤三峡桥》中有"况此百雷霆，万世与石斗。深行九地底，险出三峡右。长输不尽溪，欲满无底窦。跳波翻潜鱼，震响落飞狖（黑色的长尾猿）"等美不胜收的妙语。

在开先寺夜宿后，次日清晨，三人沿花径前行，到了香炉峰下。苏轼仰见一峰高耸，形似香炉，山上云气氤氲，有瀑布直泻而下，如白练长垂。苏轼道："这大概就是李白吟咏的香炉峰瀑布了。"

苏迈眼尖，见不远处石壁上有字，三人近前一看，正是李白的《望庐山瀑布》："日照香炉生紫烟，遥看瀑布挂前川。飞流直下三千尺，疑是银河落九天。"李白诗后，又刻一诗，落款却是徐凝。苏轼知道，这人是中唐时一个十分自负的狂士，看那诗："虚空落泉千仞直，雷奔入江不暂息。千古长如白练飞，一条界破青山色。"

苏轼看了，对道潜、苏迈道："据说徐凝自以为自己的诗不亚于太白，才雇匠人刻在太白诗后。其实徐凝诗太实太板，句句都说瀑布之形，给人以偏促浅薄之感，与李白诗那种入乎其内、出乎其外、有形有神、奔放空灵相去太远了。"接着，他即自吟一首诗：

帝遣银河一派垂，古来惟有谪仙词。
飞流溅沫知多少，不与徐凝洗恶诗。

道潜道："你再吟一遍，我记下来，日后叫人刻在徐凝诗后。"

苏轼道："不可，不可，我是信口吟出，不能刻。"

苏轼和道潜、苏迈一路说着话，循路上了香炉峰，来到大林寺。大林寺与东林、西林并称庐山三大名寺。唐元和十二年，被唐宪宗李纯贬为江州司马的白居易来游庐山，在花径漫步。此时山下桃花尽谢，唯山上大林寺桃花盛开，遂即兴赋诗道："人间四月芳菲尽，山寺桃花始盛开。长恨春归无觅处，不知转入此中来。"

大林寺坐落在香炉峰顶。苏轼站在寺前，看庐山诸峰，层层叠叠，高高低低；虽是晴日，看那山上山下，远远近近，仍是云遮雾障，不现身形，便笑对道潜道："参寥，你看，我今日站在高处，依然不识庐山真面目，奈何！"

道潜思忖一下说："人们说，当局者迷，旁观者清，但庐山太大，也无法旁观呀！"

离大林寺下山，行二三里，便到了游人众多的东林寺。三人刚步入山门，就听见有人大声喊道："苏子瞻到庐山来了！苏东坡上山来了！"

这一喊，寺中僧人和游客便都向苏轼涌来。苏轼对道潜说："这就奇了，我自登上庐山，从来未露姓名，他们何由得知呀？"

此时一位年长僧人近前合掌道："老衲名总，乃东林寺住持，请苏学士进方丈室小坐喝茶。"三人随至方丈室坐下，道过谢后，苏轼问长老："苏某与方丈素昧平生，因何得知贱名？"

总长老道："学士有所不知，日前尊驾在白石庵留诗，庵中僧人在学士走后，才见诗后署名'眉山苏轼'，庵主特地着人来告知敝寺，等候先生。"接着亲自领着三人参观各处。

总长老道："东林乃净土宗始祖慧远于东晋太元六年建寺，距今已六百多年。唐宋诸代许多名僧皆来此求经拜佛，历来香火极盛。寺中现有僧人一百五十多名，殿厢塔室三百余间。"苏轼三人随总长老遍览寺中名胜，又一同去与东林相距咫尺的西林寺。

西林寺建于唐开元年间，乃沙门竺昙禅室。寺西有塔，六面七层，各层均有佛龛、题额。苏轼上了顶层，俯瞰西林僧舍，隐现于万木葱茏之中；遥望东林寺，只见巨竹成林，古松挺拔，苍翠如盖。下得塔来，寺院众僧皆求题咏，苏轼遂在西林寺壁上书题一绝：

横看成岭侧成峰，远近高低各不同。
不识庐山真面目，只缘身在此山中。

题毕，又书赠东林总长老一首，这才告辞。

回到船上，道潜作诗告别，最末两句是：“求田问舍知何处，杖履他时访小山。”苏轼送出数里，和诗六首。

道潜走后，有官人来访。苏轼一看，竟不相识。客人自称：“下官姓李名格，刘恕是我的兄长，听说学士路过九江，特来拜望。”

苏轼道：“轼乃戴罪之身，何敢劳大人枉驾。”

李格道：“特邀学士浔阳楼小酌，万望不要推辞。”苏轼见如此说，便带着苏迈随他去了。

这浔阳楼乃天下名楼之一，此日，江州名流皆集于楼上。苏轼登楼，入席饮酒。席间，知州李格对苏轼道：“有一物赠予先生。”说罢，捧出《陶渊明集》，共八卷。苏轼一见，喜出望外，随对李知州深深一揖道：“多谢李大人！”得知座上客中，有人称“小靖节”的陶潜后代，乃作诗相赠：“渊明吾所师，夫子乃其后。挂冠不待年，亦岂为五斗。”

席散时，酒楼主人求字，苏轼应其所请，挥笔大书“浔阳楼”三字。

回到船上，苏轼对王闰之道：“我要去筠州探望子由，路太远，你们就不要去了。”

王闰之道：“叫迈儿陪你去吧。”

苏轼道：“也好。”

父子二人雇了骡马，即日同往筠州。途中，遇苏辙的三个儿子和女婿王郎来迎，前后走了十来日。到达高安那天，时已日薄西山，苏辙还在鬻盐贾酒，忙个不停。他不愿叫那些等待买盐买酒的百姓空手而归，直到掌灯时分，方才关门歇市。兄弟二人在同遭贬谪、一别四年之后重逢，自然是百感交集。

苏辙道：“哥哥远来，今天不说那些令人不快之事。何况黄州四年，你的诗词有长足进步，实在可喜。”

苏轼道："子由的话不错，塞翁失马，焉知非福？最为可喜之事是三个侄儿俱已长大，足堪欣慰。"

苏辙道："他们三个不如迈儿。"

苏轼道："也差不了多少。"

苏辙道："看了迈儿与你联句，从心里高兴。'松声满虚空，竹影侵半户'，多好！"

苏辙住处是一座临江的旧屋，说不上宽大，却有个雅致的名称：东轩。苏轼住在东轩，日里弟弟值事，哥哥读书；夜来或拥衾对坐，或抵足而眠，有说不尽人生百味的话。端午那天，苏辙去参加州衙的州宴，苏轼便与三个侄子和迈儿一起去游真如寺。

父子二人在高安留十余日，才回九江。分别时，苏轼一连作诗四首，苏辙一一唱和。临行，苏辙送了一程又一程，直到离高安数十里、快到奉新时才转身回去。

因苏迈要去德兴赴任，须于湖口另乘小船。苏轼遂叫舟人将船在湖口泊岸。

湖口有山名石钟，郦道元在《水经注》里说：此山下临深潭，微风鼓浪，水石相搏，声如洪钟，故有"石钟"之名。他这些话，许多人不信，苏轼也不信。唐时李渤又说，潭上有双石，叩叩有声，故名，苏轼更不相信。到了湖口，他便想去看个究竟。

白天太热，便在夜晚与苏迈趁月色乘小舟至北山石壁下。

那天是六月初九，月虽未圆，而清光普照。苏轼在船上仰望绝壁怪石，如奇鬼猛兽，而栖息崖间的大鸟，闻人声惊起，发出磔磔的叫声。苏轼对苏迈道："哪里有啥子石钟之声？"话音未落，便听见一种宏大如钟鼓的声音发于水上。苏轼令舟子将船循声靠近，见山下有许多裂缝、洞穴，动荡的湖水出入缝穴，便发出声响。苏轼心里想：原来石钟由此得名。

这次夜游石钟山之后，苏轼写了一篇名文《石钟山记》。

游石钟山，重点在写山得名的由来。作者之所以选择在暮夜去游览，也是因为夜里环境宁静，更容易体察到细微的声音。文中也写了环境景物，但这种描写是为了渲染气氛，更好地表现和突出主题。文中写了奇石、栖鹘、鹳鹤，突出了“夜”和“静”。用“猛兽奇鬼、森然欲搏人”形容夜里壁立千尺的巨石的狰狞可怖，用“若老人咳且笑于山谷中者”写鸣叫的鹳鹤，比喻都极生动，读来使人有毛骨悚然之感；栖鹘闻人声而惊飞，深山中鹳鹤的鸣声清晰可辨，也正见出月夜的寂静。这种寂静可怖的气氛，使得作者“心动欲还”，然而正在此时，却忽闻“大声发于水上”，这样可以更加使人感到惊喜和诧异，而环境越寂静，越能显出石钟山钟声的洪亮。这就从人的心理和音响效果两个方面，突出石钟山钟声的作用。两处钟声，一处由声响而及地形，一处由地形而及声响，不仅描绘出石钟山下都是巨大的石头洞穴和裂缝的特殊地形构造，道出了风浪与山石孔洞冲撞激荡而发声的原理，揭示了石钟山得名的真正由来，而且对在月夜寂静的水面上，突然发出一阵绝妙的钟鼓齐鸣曲的描述，使读者如身临其境，仿佛看到了那结构奇特的石钟山，听到了那奇异的钟鼓声。结语引周景王和魏庄子的古钟来比拟，既点明石钟山发出的声音有如洪钟，同时也表达作者的喜悦心情。清代桐城派古文家刘大櫆说：“以心动欲还，跌出大声发于水上，才有波折，而兴会更觉淋漓。钟声二处必取古钟二事以实之，具此诙谐文章，妙趣洋溢行间，坡公第一首记文。”

这一分析评论是精当的。这一节没有一句议论，全用形象的描绘，把问题的答案揭示出来，显示了作者卓越的艺术才能。

游山，本来是一件极平常的事。作者却把它提高到理性的高度，从中悟出深刻的道理，总结出一个重要的结论：“事不目见耳闻而臆断其有无”，肯定要犯错误。“目见耳闻”讲的就是实地调查。它虽然是从游山这件小事总结出来，却具有普遍意义。它不仅是正面经验的总结，同时还包含着李渤和作者自己的反面教训在内，因而很有说服力。

东坡认识到实地考察的重要性，这比起当时一般的士大夫要算进了一大步。明朝精研地理的学者罗洪元，清朝曾在湖口一带长期操练水军的将领彭玉麟又做了多次的实地考证。罗洪元的结论是：“是石钟者，中虚外款为之也。”（《念庵罗先生文集》）彭玉麟的结论是：“盖全山皆空，如钟覆地，故得钟名。”（清俞樾《春在堂随笔》）

他们共同的结论是形象，而不是声象，是像钟一样扣在地上，认识是一致的，是正确的，这才是命名的真正原因。他们之所以查得清楚，是因为他们做了多季节的观察，特别是在冬天潭水下落时踏遍全山，看到了全貌。而苏东坡是六月访山，适逢湖水上涨，无法看到其底部，因此未能有完全正确的结论。对石钟山的考察，表明认识事物过程乃是“否定之否定”！

七月初，东坡到达当涂，诗人郭祥正迎于舟次，邀至家中待为上宾。

郭祥正，字功父，当涂人，熙宁年间进士，颇能诗，曾作殿中丞、州通判，还做过一任知州，后挂冠家居，号醉吟先生。苏轼住在郭家，终日饮酒、谈诗、论画，真乃恰逢知音。

一日，苏轼半醉，郭祥正求画。苏轼乘醉画竹石于白壁。祥正以古铜剑二柄相赠，并作诗为谢。苏轼回赠一诗，书于壁上：

空肠得酒芒角出，肝肺槎牙生竹石。
森然欲作不可回，吐向君家雪色壁。
平生好诗仍好画，书墙涴壁长遭骂。
不嗔不骂喜有余，世间谁复如君者。
一双铜剑秋水光，两首新诗争剑铓。
剑在床头诗在手，不知谁作蛟龙吼？

当涂有李白墓，在青山脚下。郭祥正陪苏轼到李白墓前凭吊，并拿出他与王安石登金陵凤凰台追和太白的诗。苏轼读后特别称赞结尾：“结绮临春无觅处，年年芳草向人愁！”

十余日后离当涂。此时已过了中元节，本应是秋凉天气，谁知老天却吝赐秋风，溽暑不输盛夏，船舱里更似蒸笼一般。遁儿的病又见加重，日夜啼哭。船到金陵码头，苏轼叫墨郎立即去请医生，服药后才安定了些。后来，王安石差人延请金陵城最出名的老医生，连夜到船上给遁儿诊治，但此时病儿已奄奄一息，纵然是名医高手，也无力回天。元丰七年（1084）七月二十八日夜里，刚满十个月的遁儿终至不治夭亡。可怜朝云自遁儿染病以来，寝食不安，身体十分虚弱。此时，她怀抱遁儿遗体，号啕大哭，痛不欲生，几次昏厥过去。苏轼悲痛自不待说。

乞常居住度残生

八月十四日，苏轼离开金陵。到金山后，老友滕达道劝他向朝廷上表，恳请改换一处安置所。到这个时候，他才开始担忧：带着一大家子到汝州去，今后的生计怎么解决？朋友们多次相劝，希望他在江淮一带安家。苏轼经过反复权衡，最后选定了常州宜兴。当年他在离任杭州通判前，还曾在那里买过一些田地，此次由同科进士蒋之奇（字颖叔，宜兴人）联系又购得一处田庄。两处田产合在一起，够养活一家人了。

十月十九日，苏轼在扬州写下哀情至切的《乞常州居住表》：

> ……臣以家贫累重，须至乘船赴安置所。自离黄州，风涛惊恐，举家重病，幼子丧亡。今虽已至扬州，而资用罄竭，无以出陆。又汝州别无田业，可以为生，犬马之忧，饥寒为急。窃谓朝廷至仁，既已全其性命，必亦怜其失所。臣先有薄田，在常州宜兴县，粗给饘粥，欲望圣慈特许于常州居住。若罪戾之余，稍获全济，则捐躯论报，有死不回。臣今来不敢住滞，一面前去至南京以来听候指挥。干犯天威，臣无任俯伏待罪战恐之至。谨录奏闻，伏候敕旨。

不料投送后却石沉大海，以后方知是“奏邸拘微文，不肯投进”（《与王定国》之十六）。无奈，只得继续北上。元丰七年（1084）十二月初一，抵达泗州（治所在今江苏盱眙县东北），苏轼再上《乞常州居住表》，言辞更为哀婉：

> 臣轼言。臣闻圣人之行法也，如雷霆之震草木，威怒虽甚，而归于欲其生；人主之罪人也，如父母之谴子孙，鞭挞甚严，而不忍致之死。臣漂流弃物，枯槁余生。泣血书词，呼天请命。愿回日月之照，一明葵藿之心。此言朝闻，夕死无憾。臣轼诚惶诚恐，顿首顿首。
>
> 臣昔者尝对便殿，亲闻德音。似蒙圣知，不在人后。而狂狷妄发，上负恩私。既有司皆以为可诛，虽明主不得而独赦。一从吏议，坐废五

年。积忧薰心，惊齿发之先变；抱恨刻骨，伤皮肉之仅存。近者蒙恩量移汝州，伏读训词，有“人材实难，弗忍终弃”之语。岂独知免于缧绁，亦将有望于桑榆。但未死亡，终见天日。岂敢复以迟暮为叹，更生侥觊之心。但以禄廪久空，衣食不继。累重道远，不免舟行。自离黄州，风涛惊恐，举家重病，一子丧亡。今虽已至泗州，而资用罄竭，去汝尚远，难于陆行。无屋可居，无田可食，二十余口，不知所归，饥寒之忧，近在朝夕。与其强颜忍耻，干求于众人；不若归命投诚，控告于君父。

臣有薄田在常州宜兴县，粗给饘粥，欲望圣慈，许于常州居住。又恐罪戾至重，未可听从便安，辄叙微劳，庶蒙恩贷。臣先任徐州日，以河水浸城，几至沦陷。臣日夜守捍，偶获安全，曾蒙朝廷降敕奖谕。又尝选用沂州百姓程棐，令构捕凶党，致获谋反妖贼李铎、郭进等一十七人，亦蒙圣恩保明放罪。皆臣子之常分，无涓埃之可言。冒昧自陈，出于穷迫。庶几因缘侥幸，功过相除。稍出羁囚，得从所便。重念臣受性刚褊，赋命奇穷。既获罪于天，又无助于下。怨仇交集，罪恶横生。群言或起于爱憎，孤忠遂陷于疑似。中虽无愧，不敢自明。向非人主独赐保全，则臣之微生岂有今日。

伏惟皇帝陛下，圣神天纵，文武生知。得天下之英才，已全三乐；跻斯民于仁寿，不弃一夫。勃然中兴，可谓尽善。而臣抱百年之永叹，悼一饱之无时，贫病交攻，死生莫保。虽凫雁飞集，何足于江湖；而犬马盖帷，犹有求于君父。敢祈仁圣，少赐矜怜。臣见一面前去，至南京以来，听候朝旨。干冒天威，臣无任。

表状写好，即派人进京于闻鼓院投递。那时送封信要费多大的劲啊！

转眼已至年关，苏辙的儿女亲家、淮南东路提举常平官黄寔（字师是），因出公差路过泗州，除夕之夜泊船汴口，与苏轼意外相逢。得知苏轼一家漂泊江淮，黄寔甚为伤感，从自己船上取出两樽上好的扬州府酿，还有一大盒点心相赠。苏轼作《泗州除夜雪中黄师是送酥酒二首》，记下了这一难忘场景。其一为：

暮雪纷纷投碎米，春流咽咽走黄沙。
旧游似梦徒能说，逐客如僧岂有家。
冷砚欲书先自冻，孤灯何事独成花。
使君半夜分酥酒，惊起妻孥一笑哗。

元丰八年（1085）正月，苏轼全家抵南京（今河南商丘）暂住，等候朝廷回音。不久，朝廷下达诏令，批准了苏轼乞居常州的申请：仍以检校尚书水部员外郎、汝州团练副使、不得签书公事，常州居住。

正当苏轼感念神宗恩泽，不幸的消息从天而降。三月初五，年仅三十八岁的神宗皇帝因积劳成疾而病亡。噩耗传来，苏轼悲痛万分，一连写下三首挽词，歌颂神宗所创立的功业，痛悼其英年早逝。

在至交、前辈张方平的挽留下，苏轼没有马上回转常州，仍在南都留住了一些时日。四月初，才发舟辞行。

四月下旬，苏轼一家到了扬州，这里距离常州已经很近了，苏轼的心中有一种归乡的惬意与安然。此时距神宗驾崩已近两月，年仅十岁的哲宗即位。苏轼听到百姓真诚地夸赞新君，很是高兴，不觉又吟成一首小诗："此生已觉都无事，今岁仍逢大有年。山寺归来闻好语，野花啼鸟亦欣然。"

五月二十二日，苏轼到达常州。走在青山绿水之间，他这才长长地吁了一口气。

"过客"登州留史迹

因年仅十岁的哲宗不能亲政，应群臣的请求，神宗的母亲高太后垂帘听政。太后的政治态度十分鲜明，十几年来，她一直坚决地站在反变法派的一边。神宗去世不久，她便传下诏书，批评熙宁、元丰时的政治，将以"母改子政"的形式改变神宗的既定政策。当时不乏有人担心起乱，但因"以孝治天下"，无人敢公开非议。

高太后采取的第一个措施，即是起用司马光。三月十七日司马光应诏入京，五月二十六日拜门下侍郎，第二年（元祐元年，1086）闰二月二日出任尚书左仆射兼门下侍郎（宰相），北宋从此进入了一个瞎折腾、“翻烙饼”、埋祸根、衰国力的阶段，史称“元祐更化”。

六月初，京城已盛传苏轼将被起用的消息，王巩最先听到，忙寄书相报；其他朋友也纷纷来人来函，告知他们的消息，扰扰攘攘地搅得苏轼很不安宁。果然，到六月下旬，苏轼便接到了朝廷的诏令，以朝奉郎起知登州（治所在今山东蓬莱）军州事。朋友们争先恐后地前来庆贺。苏轼作诗道：“故人改观争来贺，小儿不信犹疑错。”

短暂的安定之后，又将远行。元丰八年（1085）七月下旬，苏轼启程前往登州。和往常一样，沿途访亲问友，直到八月下旬还逗留在润州一带。

过了中秋，苏轼继续前行，经泰州，过扬州，抵楚州，九月初到淮口。行旅之中，岁月如梭，到达海州时已是十月。经海州，过怀仁县，翻过常山，便进入密州境内。阔别十年，旧地重游，苏轼不禁有些激动，他说：“我是胶西旧使君。”

密州的父老乡亲并没有忘记这位造福一方的父母官。苏轼将要重过密州的消息早已传遍了全境，所到之处，人们扶老携幼，夹道欢迎。他们欣喜地看到，十年过去，苏轼虽已不复盛壮，却依旧精神矍铄。父老的盛情令苏轼极为感动，在《再过超然台赠太守霍翔》中他写道：“重来父老喜我在，扶挈老幼相遮攀。当时襁褓皆七尺，而我安得留朱颜。”

告别密州，苏轼于十月十五日抵达登州。登州的百姓早已闻讯赶来，迎接这位名重天下的新知州。

上任伊始，他经过社会调查，敏锐地发现了有关军政与财税的两大弊政。正当苏轼准备大展宏图，尽心尽力为登州百姓办实事，却又接到朝廷以礼部郎中召还的诏令。但是，在还京的途中，他仍一连写了两道奏章：《登州召还议水军状》《乞罢登莱榷盐状》，提请朝廷重视登州的海防，减轻人民负担。

苏轼在赴汴京途中写的第一份奏折，实属中国古代水师建设的重要文献。这份奏折中，苏轼首先看到并阐述了登州的重要地理位置，隔海与辽隐隐相望，回顾了宋朝建国以来，常屯重兵，而今兵力分散，兵士武艺荒废，实有引诱敌人南侵之患，这个识见是十分难得的。

之所以上《乞罢登莱榷盐状》，是因为登州靠海，老百姓却因买不起昂贵的盐而淡食，百姓无渔盐之利，造成地瘠民贫，商贾不往，盗贼增多，这些都是因为朝廷实行盐货官府专卖制度带来的弊端，苏轼总结了“官无一毫之利，而民受三害”，认为“决可废罢”。

据《苏轼年谱》：苏轼十月十五日到达登州（蓬莱县），二十日，接诰命，以礼部郎中召还，“到官五日而去”。就算到十一月上旬启程回京吧，在登州待了不过二十几天。对一般人来说，接风、游玩、辞别、送行等事还忙不过来呢，哪里还顾得上考虑该地军事、民生大事？我们后人，特别是当政官员，读读这两份奏折，产生何种感想与教育？

刚到登州，又将匆匆离去。办好政务移交手续，苏轼便趁回京前有限的几天闲暇，饱览登州山水。

丹崖山上的蓬莱阁，是登州的名胜之一，建于宋英宗治平年间。苏轼登上蓬莱阁，遥望云水相隔的四座小岛，心中生出无限的向往，可是只能望洋兴叹而已。好在海面景色如画，令人心旷神怡，依然不虚此行，他随笔写下一篇《蓬莱阁记所见》短文：登州蓬莱阁上，望海如镜面，与天相际。忽有如黑豆数点者，郡人“海舶至矣”。

站在蓬莱阁上遥望海天，有一桩事，苏轼自然而然地浮现于脑海，那便是登州常出现的海市蜃楼景象。现代气象科学告诉我们：光线经不同密度的空间层，发生显著折射（有时伴有全反射）时，把远处景物显示在空中或地面的奇异幻景。常发生在海边和沙漠地区，一般有上现蜃景、下现蜃景和侧现蜃景三种，也有其他更复杂的蜃景。我国山东省蓬莱县常见海南庙岛群岛的幻景。与苏轼同时期的著名科学家沈括在《梦溪笔谈》中写道：“登州海中，时有云气，如宫室、台观、城堞、人物、车马、冠盖，历历可见，谓之‘海市’。”

那天，苏轼游蓬莱阁后，因在登州短暂，未见海市为恨，遂于海神广德王——东海龙王之庙祈祷，希望能在有生之年，亲眼一见海市奇景为快。事情很巧，第二天真是出现了一次海市蜃楼幻景，苏轼作了《登州海市并叙》：

予闻登州海市旧矣。父老云：尝出于春夏，今岁晚不复出。予到官五日而去，以不见为恨，祷于海神广德王之庙，明日见矣，乃作此诗。

东方云海空复空，群仙出没空明中。
荡摇浮世生万象，岂有贝阙藏珠宫。
心知所见皆幻影，敢以耳目烦神工。
岁寒水冷天地闭，为我起蛰鞭鱼龙。
重楼翠阜出霜晓，异事惊倒百岁翁。
人间所得容力取，世外无物谁为雄？
率然有请不我拒，信我人厄非天穷。
潮阳太守南迁归，喜见石廪堆祝融（山峰名）。
自言正直动山鬼，岂知造物哀龙钟。
伸眉一笑岂易得，神之报汝亦已丰。
斜阳万里孤鸟没，但见碧海磨青铜。
新诗绮语亦安用，相与变灭随东风。

这诗写海市蜃楼从无到有，从有到无，层次清楚。中间插入韩愈游衡山故事，随意吐属，别有风趣。结尾时遥望长空，夕阳斜射，飞鸟没入云端，天宇之下，那繁华的海市已了无痕迹，只见幽蓝的大海一平如镜，仿佛什么也不曾发生过。

世间的一切，不就像这眼前的海市蜃楼一样吗？热闹非凡的生机之下掩盖的却是无常的本质，由此看来，轩冕荣华，富贵恩宠，又有什么值得人欢欣沉溺的呢？正是怀着这样一种超然淡泊的心情，苏轼踏上了回京的旅途。

沿途之中，到处是逢迎的笑脸，满耳是曲意的奉承。路过青州时，就连现任青州知州、“乌台诗案”的主谋之一李定，都为他举行了欢迎宴会，苏轼淡然处之。他并没有如刘禹锡那样题诗“前度老苏又重来”，也没有怀恨之意，只是由此进一步加深对人生虚幻性的领悟。面对世事的浮沉、人情的炎凉，在《龟山辩才师》中说自嘲：“羡师游戏浮沤间，笑我荣枯弹指内。”对于闹嚷嚷、乱纷纷，人争权、蝇争血的地方，他已感到有些倦怠，并非心驰神往。

第十三章

宦海浮沉

有过在各种条件下游泳经验的人，大多深有体会：到大海中游，与在泳池、江河、湖泊里嬉水有“非一般的感觉”。这就是：臂开琼波，怀抱浪花；头枕云影，眼观蓝天；轻捷舒展，无阻无碍；置身自然，无比畅达……

不过同样是“海”，却大不一样：死海里游不动，冰海里被冻僵，瀚海里沙扑面，溟海里喂鲨鲸……苏轼在“文海”里游泳，姿势优美，独领风骚，但是入选到国家队在“宦海”里游，就手脚不灵、舒展不开了，他反对训练计划，还不断呛水，教练越看越不顺眼，就把他下放到省市队多年。这回换了教练，好多人推荐，说他是入选奥运会参赛的好苗子，这不，他又“二进宫”了，究竟怎么样，且听本章分解。

重新起用喜洋洋

当运动员的人都知道：能入选国家队是最大的荣耀。因为这个“金字塔尖”是极难爬上去的。少年得志的苏轼，初次入选国家队意气风发，接着连遭挫折，竟被开除，只好面朝黄土背朝天当农民谋生，不久前打了两次报告，苦苦哀求到常州靠几亩薄田养老，刚被批准，忽然时来运转，“国家队”又来召唤，说是起用老将压阵。选拔进“国家队”者进京报到是何种心情，请看前辈李白的自白：“高歌取醉欲自慰，起舞落日争光辉。游说万乘苦不早，着鞭跨马涉远道。会稽愚妇轻买臣，余亦辞家西入秦。仰天大笑出门去，我辈岂是蓬蒿人。”（《南陵别儿童入京》）诗中充满了获得机会仕宦京都的狂喜。比起老李的疏狂、激动，小苏就老练、沉稳得多。“衰病之余，乃始入闹，忧畏而已。”他在给米芾的信中这样说。任礼部郎中，毕竟晋升了一级，当然是好事，世上谁人听到提升自己的命令却心头忧郁？

十一月初，苏轼全家自登州起程，经莱州、济南、郓州等地，月底到达南都，立即去乐全堂拜见恩师张方平，老头子为苏轼回京供职，高兴得手舞足蹈，被盛情挽留住了三日，才让他们继续上路，逶迤前行，于十二月二十七日，到达一别十五年的京城。

礼部郎中是掌管礼部各司事务的六品官。苏轼分管学校、贡举方面的工作。日常事务不多，他便偷空上了两道有关登州的表章。

苏轼回京十天后，便是新春佳节。正月初一，苏轼去参加元旦大朝会。天不亮就起身，自东华门入禁中，随百官集于大庆殿外廊下。苏轼官才六品，看不到小皇帝和太皇太后。只能跟在大家后面行朝贺大礼，山呼万岁。礼毕退出时，却见好友王诜在殿外招手向他走来。王诜是赵顼妹妹魏国大长公主的驸马，与苏轼交往已二十年。元丰二年七月，他率先得悉皇上要遣使去湖州逮苏轼进京，遂派专人给苏辙送信。此事叫赵顼知道后，驸马都尉和将军的头衔全被削去，还贬谪出京。从那以后，两人再也没见过面。苏轼不敢给他写信，只听说早几年因公主病重，向神宗恳求让丈夫复职，王诜得以回京。但没过多久，公主病逝，王诜再次被贬往均州，后又贬颍州。

两个老朋友一别七年，历经磨难，九死一生，又得重逢阙下，不禁百感交集，泪湿衣襟。王诜邀苏轼至家中，把自己回京后思念亡妻所作的《蝶恋花》给老朋友看，其中有句：“流落归来，到了心情少。坐到黄昏人悄悄。更应添得朱颜老。”苏轼读后也觉伤感。王诜是画家，藏画颇丰。他拿出新得的两幅画，请苏轼赏玩。苏轼一看，是被欧阳修称为当代九诗僧之一的惠崇所作。一写竹外桃花，双鸭戏于江上；一画北迁飞雁，展翅云端：皆画中有诗，生趣盎然。王诜请老友在画上题诗，苏轼欣然命笔，两幅画上各题一绝。

竹外桃花三两枝，春江水暖鸭先知。
蒌蒿满地芦芽短，正是河豚欲上时。

两两归鸿欲破群，依依还似北归人。
遥知朔漠多风雪，更待江南半月春。

两首诗，都是他回到京城后心情的写照：欢喜之余，不无忧畏。

次日，朝廷告下：苏轼迁起居舍人，入侍延和殿，赐着绯，并赐安家银四百两。

起居舍人虽然仍是从六品，却系近臣，其职责是笔录皇帝起居诸事。朝廷有律：只有五品以上方可着绯即穿红袍，分明是特殊礼遇。

回京才十来天便得升迁的恩遇，六品着绯的殊荣，诚惶诚恐，于是接连上了两道辞免状，主要是怕别人非议，“骤升清职，必致烦言”是要害。起居舍人隶中书省，与门下省的起居郎轮流在宫中值事，共同撰修《起居注》。因此，苏轼便有一些空闲时间，出门访问老朋友和在家接待客人。

他首先去看望几位德高望重的前辈老臣。在“乌台诗案”中，老前辈都因他而被皇上罚过铜。苏轼先去潞公府，文彦博见了，非常高兴。潞公自来十分赏识苏轼才华，也曾告诫他做诗词写文章要小心谨慎。他道：“子瞻，老夫读了你在黄州做的诗词，你呀，还是那样大胆！”

苏轼歉然道：“晚辈有负潞公教诲，该打！”

文彦博哈哈大笑：“打什么？我看你是因祸得福。”

苏轼疑惑不解：“潞公这是何意？”

文彦博道：“这些年，你的诗词文章大有长进，已是无人可比了，这还不是因祸得福？”

苏轼慌忙站起身来：“潞公过奖，苏轼怎敢当此盛誉？”

文彦博道：“老夫说的是实话。不过我还是要对你说，官场险恶，今后要愈加谨慎才好。”

苏轼躬身答道：“潞公金玉之言，轼永记不忘。”

苏轼任起居舍人数日后，听人说，司马光病了，便备了礼品去看望。司马光高兴得从病床上爬起来与他叙话。苏轼道：“闻相公有恙，特来问候。”

司马光道：“多谢，多谢！”又道，“光有一事不明，还望赐教。”

苏轼道：“不敢，不敢，请问何事？”

司马光道："以子瞻之才，做翰林学士毫无不妥，却为何两度辞免起居舍人？"

苏轼道："我的意思在两道表章中说了：我废罪多年，忽被宠拔，必遭妒忌。"

司马光道："不怕，不怕！你只管大胆做去。"苏轼见他在病中，不便久留，便道："望相公为国善自珍重。"遂辞出。

之后，苏轼又一一拜会了王巩、钱勰、孙觉、刘攽、范祖禹等好友。老朋友会面，少不得要饮酒评画，吟诗唱酬。他没有忘记文潞公"要小心谨慎"的嘱咐，但却身不由己。

除了众多的同年、同寅和诗友，还有一个人，苏轼一直记得，那人就是梁成。年节前，他带着苏迈去御史台，一问，梁成已在他离开台狱后，被李定逐出衙门，回到孟州原籍去了，为其送信受连累。苏轼问明地址，托人寄去五十千钱，并给在孟州做官的熟人写信，请他对梁成一家予以照看。苏轼是个知恩图报的君子，对每一位有恩于他之人，是绝不会忘怀的。

连升八级喜忧并

苏轼兄弟一贯"哥俩好"，秉性相似，患难与共，时局变化时两人都得到提升。元宵节后，苏辙回京，兄弟二人都在中书省供职。苏辙任右司谏，专掌讽喻规谏皇帝之事。这个身材高大的宛丘居士，比哥哥激愤，回京不到一月，便连续上疏，列举蔡确、章惇的奸恶行径，桩桩劣迹，皆有根有据，请罢其正副宰相职位。不久，蔡确罢相出京，司马光接任尚书左仆射兼门下侍郎，亦即当了宰相。此事不仅朝官赞颂，就连军中士卒、京城百姓也都额手相庆。

司马光德高望重，但他已经六十八岁，年纪大了，且体弱多病，太皇太后特许其免于朝觐，并在大内乘坐肩舆。

此时朝廷上下都在议论，废除神宗熙宁、元丰年间所行新法，恢复仁宗在位时的典章制度。朝廷已先后明令废止保甲、方田、市易等法。二月六日，又下令罢免役法，复差役法，且以五天为限期。各地都嫌太过急迫，独有以往全力追随新政先后依附王安石、蔡确的开封府尹蔡京表示可行，司马光大加赞许说："使人人奉法如君，有何不可？"

苏轼知道后，不住地摇头，连称"不妥"。

出乎人们的意料，当年曾极言新法有害的苏轼，十七年后，他又上书皇帝说新法之一的免役法有五利二弊，应守不应废。

苏轼回京时，在相国寺附近租了一所房子，暂时住下。那房子旧了，且不够宽敞，家中二十来口人，住着十分拥挤。他想，还是要买一所房子才好。这想法一经说出，便有许多人来帮忙。说了好几处，看后都不甚合意，不是房价太贵，就是离皇宫太远。到二月末，终于在东华门外的白家巷找到一处合意的宅院，除了屋舍宽敞，还附有小园，价钱也合理，于是买下了。钱呢？就用皇上所赐银两。

为搬家，全家人忙了好些日子。待一切安顿停当，苏轼便请一些友人来新家聚会。其中有王诜、王巩、范纯仁、刘攽、欧阳棐、黄庭坚、钱勰、胡宗愈……当然还有弟弟苏辙。来的都是诗人，一个个风流潇洒，疏狂不羁。这些人聚在一起，且都是劫后余生，久别重逢，说起话来，无拘无束，差一点没把新居闹了个底朝天。

苏轼叫朝云出来陪客。朝云素妆淡抹，从容大方，应众人之请，连唱了好几支曲子，赢得一次又一次掌声。苏轼又叫闰之带着苏迨、苏过出来与诸位伯伯叔叔见面。新春过后，小兄弟俩已入府学就读。

座中欧阳棐，字叔弼，是欧阳修次子，与苏轼原是通家好友。自"乌台诗案"之后，已多年不通音讯，此时，欧阳棐悄声问苏辙："老二今年多大？"

苏辙道："满十六了。"

欧阳棐轻声自语："比月桂大一岁。"

苏辙听见此话，心下明白，便道："叔弼兄若肯俯就，我知道，子瞻是求之不得！"

欧阳棐道："你我本通家之谊，都不必说什么客气话，只要子瞻不弃，我十分愿意。"

苏辙凑到哥哥身边说了欧阳棐之意。苏轼大喜道："好事，好事！叔弼不弃，我有何说。"

众人莫名其妙。苏辙将两家有意联姻之事说了，在座者皆鼓掌祝贺。苏迨听明白是在说他的婚事，有些害羞，便拉着弟弟进内去了。

苏轼对王闰之道："适才之事，不及与你商议，不知夫人意下如何?"

闰之道："这般好事，相公做了主，我还有啥子说的?"大家一听她的川中话，都笑了。

苏轼对欧阳棐道："叔弼兄，如此一言为定，我可要择日行聘了。"

欧阳棐说："极是，极是!"

数日后，苏欧两家依古礼交换庚帖，商定数年后完婚。

三月初，诰下：苏轼迁中书舍人，并赐章服。他一下子由从六品跳到了正四品。中书舍人的主要职责是"知制诰"，即掌起草诏书。一切朝廷政事、官员除授或贬谪的诰命，都由中书舍人根据吏、刑各房送来的"词头"，撰写"制词"即正式的"圣旨"。若中书舍人以为事有失当，或除授非其人，则论奏拒绝草诏，封还"词头"。其地位、权力和责任非常重大，是个许多读书人终生向往求之不得的职位。然而苏轼却上了一道《辞免状》，说自己做起居舍人才两个月，只不过循规守职，考事论功，无一毫可取，故请辞免中书舍人的任命。可是，太皇太后不肯收回成命。苏轼只好上表谢恩，到职理事。

此时，与苏轼同在宫中值事的范百禄、刘攽、钱勰、胡宗愈、顾临等人都是相知的好友。他们一处共事，共商互助，轮流值夜，大家都心情舒畅，相互间你来我往，作诗唱和。新君初立，人事更迭频繁，送友人出京去做地方官是常事，故而赠别诗做得不少。

苏轼做了中书舍人后，好几位知道其为人的朋友都曾劝他：封还"词头"，一定要慎重其事。苏轼笑着对他们说："我知道。"但是，从三月至五月，仅仅两个月时间，他就先后七次封还词头，拒绝起草诰命，自然得罪了不少人。但他自问是秉公办事，无愧于心，无愧于朝廷。那七人中，有六个与他无任何个人恩怨，皆因他们或政绩恶劣，贪赃枉法；或治边增乱，致百姓死于非命；或奸邪害政，缺德不孝；或年老衰朽，既无非凡才望，亦乏绝俗之资；或盗领工程，靡费巨万，却功用不成，死人无数；或虽无彰世恶行，但系吕惠卿等穷凶极恶之辈所荐。这些，都有案可查，有文字为据。苏轼不仅一一具状说明，且大都与范百禄联名上奏，非独自持见。苏轼缴进的七件词头中，有一件是关于对头李定的。

元祐初立，李定仍官居户部侍郎，自知在京城难以立足，遂请下州郡。吏部送来的“词头”拟为通议大夫，分司南京，还是正四品。苏轼感到李定其人品格低下，实不应膺此高位，但又怕被人指责“挟嫌报复”，故有些犹豫。

范百禄知道后，责问他：“难道你苏子瞻为避人闲言而不问是非？”

苏轼道：“非也，非也，略有犹豫而已。”

范百禄道：“你我联名上奏就是了。”

苏轼道：“那是再好不过。”

于是，二人缴进“词头”，联名上疏。那奏状写道：按律，凡父母丧，匿不举哀者，流二千里。李定非独匿而不举，又因畏人言，遂不认其所生。因此，应比流二千里更要加重。

元祐元年（1086）四月，金陵传来噩耗：荆国公王安石在家中病逝，所居半山堂捐作寺庙。

王安石弥留之际，令家人扶着坐起来，用颤抖的手，写下“福建子”三字，方掷笔而逝。家里人都知道，“福建子”是指那恩将仇报的奸贼吕惠卿。自罢相回到金陵，他常在纸上反复书此三字。

吕惠卿熙宁初年投靠在荆公门下，得到疾速升迁，未满十年便位高权重，不但兴大狱以害忠良，还千方百计打击陷害一手提拔他的王安石，知情者无不切齿痛恨。

此时，因苏辙上书劾奏，吕惠卿已被责授建宁节度副使，不得签书公事，建州安置。作恶多端的吕惠卿在众多的咒骂声中，灰溜溜地离开京城往贬谪地。

苏轼初闻王安石死讯，情不自禁哭了一场。两年前，在金陵面对面推心置腹的谈话，如在眼前。虽说两人政见不合，但是经过半山堂的几番共话之后，苏轼心中已尽释前嫌，不存芥蒂。他衷心赞佩王安石学识渊博，文采超人，有经天纬地之才，不愧是人中俊杰，且为官廉明清正，不谋私利，更是十分难得。苏轼起草的《王安石赠太傅制》说，王安石乃“希世之异人，名高一时。学贯千载，智足以达其道，辩足以达其言；瑰玮之文，足以藻饰万物；卓施之行，足以风动四方”。

两个月后，苏轼奉旨祭西太一宫。在柳暗花明、荷塘飘香的八角镇，见到了王安石几年前题壁的两首诗：

柳叶鸣蜩绿暗，荷花落日红酣。三十六陂春水，白头相见江南。

三十年前此地，父兄持我东西。今日重来白首，欲寻陈迹都迷。

苏轼面对王安石题诗，注目良久，轻声说道：“此老野狐精也！”苏轼钦佩王安石诗词的功力，据《古今词话》：“金陵怀古，诸公寄调《桂枝香》者三十余家，惟王介甫为绝唱。东坡见之叹曰：‘此老乃野狐精也！’”今日又叹赏此诗以白描见长，含义深沉。随即作和诗，对曾显赫一时的王荆公，寄予深深的同情与怀念：

秋早川原净丽，雨余风日清酣。从此归耕剑外，何人送我池南？

但有樽中若下，何须墓上征西。闻道乌衣巷口，而今烟草萋迷。

司马光素爱苏轼才华超人，又因熙宁年间反对新法志同道合而引为知己，所以在回京任职之后，极力主张召回苏轼。但是在看到苏轼那道称免役法“有五利二弊应留不应废”的《论给田募役状》之后，司马光心中老大不悦：这个东坡居士，素称聪明有识，难道在黄州做了几年农夫，变得糊涂了？于是总想找机会与苏轼好好谈谈，叫他不要在这件事情上唱反调。

老宰相见了小他十八岁，此时人称“苏长公”“东坡先生”的苏轼，说道：“子瞻近十几年写作的诗词文章，为天下所推崇，难得，难得。”

苏轼道：“不敢，不敢，在司马相公面前，轼永远是个学生。”

司马光道：“只是老夫有一事不明。”

苏轼一听，心里有些明白，大概是为废留免役法之事，便道：“请相公明示。”

司马光道:“二十年前,你我皆因反对王介甫推行新法而被逐出京城,今日子瞻却为何要为免役法辩护?”

苏轼道:“熙宁二年,轼两次上书神宗皇帝,确是认定新法全非,但后在密、徐二州执政,始知差役、免役各有利害:免役之害,掊敛民财,十室九空,敛聚于上而下有钱荒之患。差役之害,民常在官,不得专力于农,而贪吏滑胥得缘为奸。此二害轻重,大略相抵。”

司马光道:“你说该怎么办?”

苏轼说道:“法相因则事易成,事有渐则民不惊。三代之法,兵农为一,至秦始分为二,及唐中叶,尽变府兵为长征之卒。自迩以来,民不知兵,兵不知农,农出钱谷以养兵,兵出性命以卫农,一直没有大的变动。现在相公罢免役而行差役,正如罢长征而复民兵,愚以为不尽妥当。”

司马光连连摇头,说苏轼的话不对。于是两人争执起来,互不相让。司马光说苏轼“固执太过”,苏轼说司马光“不讲道理”。

司马光十分生气地说:“没想到你如此不识好歹!”

苏轼道:“你莫发脾气,当年相公做谏官,与韩魏公为陕西秦勇之事争论,互不相让。韩公不高兴,你也不让步。怎么你做了宰相,就听不得别人与你不同的意见?”

怒气冲冲的司马光被苏轼这一问,竟无话可说,半晌才笑道:“罢了,我不和你争了,免得你说我摆宰相架子。”

苏轼也笑道:“不知相公怎样加罪于我?”

司马光道:“你等着吧!”

苏轼回到家里,一肚子不痛快,接二连三地嘟哝:“司马牛!司马牛!”边吃饭边想:“等着?等啥子?你要报复我?报复就报复吧!大不了又出京下郡,横竖我也不大想在京城待下去!”又一想,自己对自己摇头:“司马君实不是那种小肚鸡肠的人。”

王闰之知道苏轼因免役、差役之争,与宰相司马光吵了一架,就说他:“相公不该跟老相爷吵。”

苏轼道:“道理我没有错,是他错了。我只是不该和他吵架。”

闰之道:“你和宰相合不来,可怎么好?”

苏轼道："怕啥子哟？他司马君实若不能容我，便是心胸狭窄，我还巴不得离开京城呢！他若不计较，我以后不和他吵就是了。"

苏轼哪里知道，因为与司马光吵架，已经引起司马光的追随者和崇拜者的不满。有人愤愤地说："他苏轼也太狂了！"

司马光有可能报复吗？半个月后，真的一道诰命下来：苏轼任翰林学士，知制诰。

王闰之道："老相爷真是好人。"

苏轼道："我知道的，他肚里能撑船。"

翰林学士是与皇帝极其亲近、为天下读书人所向往的显要职位，有"内相"之称。这使苏轼感激涕零。

但是，感激归感激，他还是不敢接受任命。因为才做了五个月的中书舍人升迁过速，在常人看来是大福，他却觉着那大福背后暗伏危机。正如老子所说：福兮祸所伏。于是像前两次一样，也向太皇太后和小皇帝上了一道辞免状，但朝廷的答复却是："不许。"他再次上书辞免，还是不允。太后还派来专使，赐官衣一对，金腰带一条，金镀银鞍辔马一匹，令着三品章服——紫衣，玉带，入院供职。

翰林学士是正三品，按例该封妻荫子，于是王闰之被封为同安郡君。因长子苏迈已有了官职，遂赐次子苏迨为承务郎。

苏轼只好上表谢恩，又给司马光写了一封感谢信。

翰林学士这个工作的性质是什么？林语堂先生在《苏东坡传》中用了一个通俗而风趣的称谓："皇帝秘书。"这真是官运来了挡都挡不住，有"女人缘"的苏轼被太后们钟爱，三个月给他连升四级，做了"中书舍人"；现在又当了"翰林学士知制诰"，官职竟连升了八级！这确实使苏轼惊喜之中有忧虑啊！

俗话说："穷居闹市无人问，富在深山有远亲。"苏轼此时有此权势，当然有许多亲朋故旧来投靠。一次，苏轼的一位远房同姓弟弟，从老家四川千里迢迢到了汴京，要求苏轼给他找个发财的差使。

苏轼对他热情接待之后，风趣地讲了一个故事："过去有个人，总想找个不费力而多得钱的事，最后决定去干无本万利的盗墓。第一次他掘开了一座墓，发现没有棺材，一个裸体的死人坐起来对他说：‘我是汉朝的杨王孙，我反对厚葬的风气，主张裸葬，亲人按我的遗嘱做的。’此人不甘心，又费了大力气掘了一座，看见一个皇帝装束的尸身坐起来说：‘我是汉文帝，历来提倡节俭，我的陪葬都是陶瓦，没有任何东西可让你致富。’他还不罢休，又挖了第三座坟，死人面黄肌瘦，毫无精神，有气无力地说：‘我是伯夷，和弟弟叔齐都是因不食周粟而饿死的，我劝你别干这样害人不利己的事了。’”

苏轼接着又给他讲了古代清廉的君主、官吏的为人，暗示他：我也是两袖清风，难以满足你的要求。他的弟弟很受触动，留住了几日，仍回四川老家。

感恩先帝泣失声

苏轼畏惧升得太快，恩宠过甚，是有道理的。在京城里，苏轼高兴的日子实在不多，几个月里，上章弹劾他的诗文中某处是“谤讪先帝”，某处又是“对今皇上不敬”等接连不断。其实，那些人主要是嫉妒苏轼太盛的文名，更不能容忍他几个月之内连续“三级跳”，眼看离相位已经不远，于是便千方百计寻隙生事。

起初，苏轼也不无恼火，后来次数多了，便一笑置之，如同虱子多了皮肤产生麻木感，不觉得咬了。“你们不容我，我走。离开京城就是了。”于是，上疏请求外任，一而再，再而三，可太皇太后就是不放他走。

七月，他第四次上疏，朝廷却颁了一道圣旨：翰林学士苏轼兼侍读学士，随侍小皇帝在迩英殿读书，也就是做小皇帝的老师，这是皇家对他更高的礼遇。然而，他不敢接受任命，又上了一道辞免状。

翰林学士知制诰每逢单日晚须在宫中值班，以便随时起草诏命。这天晚上，苏轼照例值班，高太后忽然差人宣他进宫。要写的是任命吕大防为相的诏令，事办完后，苏轼准备告退，没想到老太后不让他走，命人赐座，跟他聊开了天：

“内翰你去年升迁之前，任何官职？”

“黄州团练副使。”

“现在呢?”

“翰林学士。”

“知道为什么升得这么快吗?”

“自然是太皇太后的恩典。”

“不关老身事。”

苏轼暗笑，老太后这是想给孙子拉人呢:“那定是皇帝的隆恩。”

“与皇帝也无关。”

跟老太后、小皇帝都无关，那定是大臣们的推荐。

“没有哪个大臣有这么大的面子。”

苏轼觉得有点不对劲了，正儿八经的路都给堵死了，难道老太后认为我走了后门?这怎么可能呢，谁家的后门有您家大啊!苏轼站起身来说道:

“臣虽愚鲁无状，不敢自他途以进。”

高太后笑了笑，叫他坐下，缓慢而深情地说:

“内翰有所不知，此乃遵先帝的遗愿而为。宫中仆役们都知道，先帝每次读你的诗词文，总是不断地赞叹:‘奇才!奇才!不可多得啊!’有时在吃饭时读，见到精彩处便要放下筷子。他一直想重用你，几次要召你回京，都被人所阻，可惜他英年早逝，来不及重用你就归了天呀!”高太后声音哽咽，再也说不下去。

苏轼听了太皇太后的话，心里十分感动，太后的这一番话，岂是“不忍终弃”所能包容?分明对自己错爱有加，不由得感泣失声，拜于地:“臣不肖，有负先帝和太皇太后知遇之恩。”

此时，高太后和小皇帝都哭了。随侍的太监宫女也在一旁擦泪。

太皇太后叫内侍扶苏轼起身坐下，对他说:“苏爱卿，你要好好侍候皇上，为朝廷分忧才是。”苏轼道:“臣谨遵太皇太后懿旨。”

接着，高太后又问了苏轼一些家里的事，便命人撤御前金莲烛，照苏轼回学士院去，这是鲜有的恩宠。

不久，苏辙从中书舍人升迁户部侍郎。太皇太后如此看重，苏轼也不好提下郡之事，只想如何尽心尽职，以报皇家知遇之恩。

可是，学生赵煦刚满十岁，还十分贪玩。你给他讲经史，讲治国之道，他哪里听得进去！好在苏轼这位先生很会选择方法，常常用一些故事去吸引他的注意力。因此，赵煦最喜欢他这位侍读。

小皇帝的侍讲、侍读、说书，一共有好几个，其中有一个说书就是特别自负的程颐。此人经常对小赵煦讲魔鬼如何如何可怕，女人如何如何不好。太皇太后听说后，很不高兴，便把他的兼职老师给免了。程颐的党羽们，以小人之心，度君子之腹，猜测苏轼为独揽殊荣而排挤他们的老师，在背后捣鬼，因而更加恨他，这实在是天大的冤枉！

有一天，苏轼讲解白居易的《紫薇花》。赵煦背熟了，又十分用心地用南唐后主李煜留下的澄心堂纸抄下来，送给老师："丝纶阁下文书静，钟鼓楼中刻漏长。独坐黄昏谁是伴，紫薇花对紫薇郎。"

九月一日，苏轼夜宿宫中。因起草两则诏书，睡得很晚。朦胧间，忽闻宫中云板连声，接着又听传话：司马宰相在家中病逝。苏轼一惊，起初以为是在梦中，看看窗纸，天已大亮，那传话之声又重复了两次，方知非梦。才十来天不见，老宰相怎么就……不觉心中一恸，止不住泪水涌了出来。他为自己不久前与老人家顶撞而深深自责。

从大内回到家中，犹自心中哀戚，茶饭无心。

闰之劝道："人死不能复生，相公要保重自己。"

苏轼道："新皇初立，百事弃旧图新，他不该死呀！"说罢，流着泪撰写祭文。

第二天，苏轼去宫中值事，听内侍说，太皇太后闻司马相公之丧，也痛哭了一场。夜里，苏轼依命撰写制词，制词称颂司马光"名高当世，行满天下"。因其贡献卓越，追赠太师、温国公，赏银七千两、绢七千匹。

隔日，太皇太后带着她的小皇帝孙子亲去相府祭奠亡灵。司马光可算是荣极一时，也不负他忠直一生。

苏轼称颂司马光"名高当世，行满天下"，其实他自己也达到了这样的境界。此时苏轼文名，也传到了域外。

十月，北辽遣使至汴京为太皇太后祝寿。朝贺献礼已毕，辽使出求见苏轼。二人见面叙礼之后，辽使道："久闻内翰大名，今有一上联求教。此联在敝国无能属者。”

苏轼道：“贵使请讲，苏轼纵不能对，也可领教。”

辽使说出上联：“三光日月星。”

此题很“刁”，确实不易：前两字与后三字须相互呼应，第一字若对以“四”，则后面应有四个字。

苏轼笑了笑：“这有何难？我对‘四诗风雅颂’。”

辽使道：“尚缺一呀！”

苏轼道：“贵使难道不知‘雅’含大雅、小雅吗？”

辽使赧然。

苏轼道：“某也有一上联，曰‘四德元亨利’，敢请贵使一对。”《易》首句为：乾，元亨利贞。苏轼特意把“四德”元亨利贞，缺一“贞”字。

辽使正欲说话，苏轼道：“贵使臣必道某忘记一字，你不晓得，那是为避仁祖名讳。”宋仁宗名赵祯，“祯”“贞”同音，所以要避讳。

辽使真服了。

如今，苏轼是继欧阳修之后为天下读书人所公认的一代文宗。尽管背地有人诋毁，于他却丝毫无损。这应了欧阳修在苏轼登科时对儿子欧阳棐说过的一句话：“三十年后，将无人说及我。”六一居士确有先见之明。此时，元祐二年，恰是苏轼出仕三十年，世人虽然还没忘记领风骚数十载的文坛大家欧阳永叔，而苏轼也确已实实在在名满天下，成了读书人崇拜的偶像。到处都在兴起“东坡热”。人们不但怀着高山仰止的心情读他的作品，就连他的一些生活习惯也要刻意模仿。比如，从谪居黄州时起，苏轼便喜欢戴一种帽筒很高的幞头，十分别致。那帽子里层有四墙，外层有重墙，较内墙稍低，前面开口，下成尖角，正对眉心。京城士庶称为“东坡帽”。眼下在京城，戴东坡帽成了一种时尚。

朋党祸起解脱难

苏轼入朝为官后，竟身不由己地陷入了哲宗元祐年间蜀、洛两党的争斗。

洛党之首为程颐，他学识渊博，但固执而严苛，与其兄程颢共为理学界泰斗，朝野并称为“二程”。蜀党之首为苏轼，他与程颐虽各有脾气，但皆是光明磊落的学术大师，初无意于结党争斗，后来架不住门人推波助澜，卷进了党争的深深旋涡中。具体来说，苏轼阵营的主要成员有弟弟苏辙、黄庭坚、吕陶、王巩、陈师道等人；程颐阵营的主要成员有朱光庭、贾易等人，此外还有朔党的刘挚、梁焘做外援。从双方阵营组成来看，实力相当，很难讲哪一党有取胜的绝对优势。也正因此，双方虽在党争中付出代价不小，却没吃到什么好果子。比较以王安石为首的新党，蜀洛两党实为旧党，两个旧党相斗，本是极度内耗的“窝里斗”。以苏轼的豪爽大度性格，我们很难相信他竟会结党跟别人争斗得死去活来，其实，苏轼对党争之事并不负很大责任，倒是洛党首领程颐该好好反省一下自己。

程颐这人也算正人君子，只是在把持所谓“操守”上，某些做法过了头，将理学家“道貌岸然”的样子扮演到极点。他给小皇帝“说书”，我们不妨七嘴八舌作个评论：

有一次，小哲宗在上课听讲时，顺手折下身边一枝柳条，程颐立马黑着脸教训道：“芳春万物生荣，不可无故摧折！”弄得小皇帝一脸沮丧，满肚子不开心。

其实，我们小时候大都有过折柳条、摘花草的经验，虽然从爱护植物角度来说，这不算好事和优点，但也不是大事。小孩子贪玩，简单说说就可以，何必那么严肃训导？如果哲宗折的柳条来自一棵茂密的大树，可能根本就不该说，要不那些灞陵伤别折柳枝的人，还不被程颐骂死才怪。再说，唐诗杜秋娘一首七绝中有“花开堪折直须折，莫待无花空折枝”的诗句，请问程老先生作如何解说？

哲宗生疮了，程颐就指责朝臣说：“人主有疾，大臣不可不知。”这等于在宣传哲宗不想让更多人知道的隐私，大臣们都怪他多事，而哲宗也很尴尬，幸亏那时生的不是痔疮，否则哲宗更觉丢人。

上述几个例子足以使我们了解程颐古板刻薄的性格特征，跟苏轼旷达洒脱的性格相比，他确实不怎么招人喜欢。

苏轼平生最恨道貌岸然的家伙，对于程颐这老头老早看不惯，一个偶然的场合，导致了他们两人的直接交锋。

如上所述，司马光于元祐元年九月一日去世，那天皇帝正带领百官在南郊举行典礼，安放神宗灵位入太庙，待九月六日典礼结束，大臣们急忙赶着去宰相府吊唁。偏偏这时候，程颐出来阻拦说：“《论语》曰：‘子于是日哭，则不歌。’今天吉礼才过，又去赴丧礼，于古礼不合，大家千万不能去。”有人当场予以反驳：“孔子只说哭完不能歌，并没说歌完不能哭。”程颐顿时尴尬异常，但为维护面子，抬高嗓门继续争辩。苏轼在旁边听得真切，实在忍耐不下去，挖苦说：“程颐啊，你这是鏖糟陂里叔孙通所制的礼啊!”

听了苏轼这话，大臣们都忍不住笑起来，程颐因为争论而涨红的脸此时变得更红了。

叔孙通是秦汉时候的儒生，为刘邦建了一整套礼制，让刘邦真正体会到了当皇帝的甜蜜感觉。但“叔孙通”三字前加上“鏖糟陂里”则不是什么好意思，是冒牌货。

程颐听到被别人嘲笑为冒牌的礼仪制造者，自是气愤到极点。平心而论，孔老夫子还是比较通达人情，我们大喜之后有大悲是可以理解的，毕竟人生中乐极生悲之事不在少数。但大悲之后有大喜却不好理解，因为人既然有大悲，估计三两天不能从悲痛心情中走出，可突然遇到喜事，马上就将悲伤抛到九霄云外，让人感觉这所谓悲痛太好忘却了，不太符合人之常情。程颐没能很好领会孔子此话的含义，只顾坚持已见。

话再说回来，苏轼在此场合讽刺程颐固然解气，却没考虑现场环境，在隆重的丧礼上挖苦，总是不够庄重，无怪有人会说：“子瞻，温公门下士也，闻其捐馆，不见有惨切之容，悼惜之语，而轻浮谑笑无异平时。”

苏轼不顾程颐的反对，带领众人进了司马家大门，向司马光灵位祭拜，声泪俱下地宣读祭文。这时，他发现没有一个孝子在灵堂陪祭答礼。一问才知也是程颐不准，也说是“不合古制”。那老夫子说：“孤哀子若真正孝顺，应该万分悲痛，怎么能见客?”

除了“一日歌哭”“孤哀子不见客”等问题，在用锦囊包裹司马光尸体问题上，苏轼对程颐也冷嘲热讽了一番。程颐按照古礼，硬让人找个好袋子将司马光尸体包起来，苏轼插嘴建议道：“还差一件东西呢，应该再写封信带给阎王爷，麻烦他接收下。”这建议我们听起来哪像是收殓尸体，倒分明是在快递物品，讽刺味道太浓，尽管这些矛盾多是口头上意气之争。

其实，如果只是苏轼和程颐两人闹矛盾还好些，毕竟大家皆是修养较高之人，至少不会为芝麻粒大小的问题搞得你死我活。但二人身边的其他人却不同了，看着苏轼跟程颐交恶，都争先恐后来“帮忙”。御史台官员这次同苏轼“乌台诗案”中的角色一样，仍然扮演诬陷者。

看到洛党成员屡次发起进攻，蜀党也不甘示弱，吕陶上书，责朱光庭弹劾苏轼实为替程颐泄私愤，纯属诬陷，搞出了朝廷要罢免朱光庭谏官之职的传言。

孔文仲则上奏说：“程颐一向不怎么样，总忘了自己本该做什么，就爱胡说八道，专搞所谓揭发检举之事，闹得人心惶惶，乱七八糟，以致百姓都称他为‘五鬼’之首。真该把他贬谪还乡，来显示我们法律的严肃。”

苏辙任右司谏时就富有斗志，曾使恶迹昭彰的吕惠卿遭贬出京，作为蜀党“主将”的弟弟，更是责无旁贷地投入到党争之中。

古希腊有位哲人说过：“性格决定命运。”还真有几分道理。其实，苏轼与程颐之间在政治原则上并没太大分歧，只是双方性格迥异罢了。由于两人性格原因引发巨大的党派之争，在我们后人看来，感觉就像两个小孩子打架，后引来各自七姑八姨帮忙一样无聊。

苏轼与程颐在这次党争中谁也没笑到最后，一个落得乞求外放，一个落得罢免崇政殿说书。对于程颐来说，他倒可以专门做学问了。对于已积累丰富外放经验的苏轼来说，这次外放也算不得什么，以龙图阁学士到杭州当太守还是不错的差事哩。这下，他又可以过上游玩西湖，吟诗作画，尽情跟别人喝酒、侃大山的神仙生活了。

第十四章

政坛恩怨

苏轼在《直不疑买金偿亡》中说：“以德报怨，行之美者也。然孔子不取者，以其不情也。”

他理解孔子不取“以德报怨”，是因它虽为美行，但往往不是真情的自然流露，而是掺杂了沽名钓誉的成分，出于“不情”。但苏轼的不计前嫌，以德报怨却非沽名钓誉之不情。他曾说：“吾眼前见天下无一个不好人。”在《赵康靖公神道碑》中赞赵概：“记人之功，忘人之过。含垢匿瑕，犯而不校，以为常德。”“专务掩恶扬善，以德报怨。出于至诚，非勉强者。”此论不啻为大丈夫、仁君子之道，一般人很难达到此种境界。苏轼的以德报怨，出自深刻的自省意识，出自仁者的宽恕之心，出自对士君子人格的维护与履践，故不但自然真切，尤显示了苏轼博大的胸襟与高尚的情操。

对章惇，豁达大度不挟怨

苏轼虽然一贯善良仁慈，宽宏大量，但出于各方面的原因，他倒霉的一生中受过许多人的算计、捉弄、打击、迫害。究其根本原因，就是他在政治上不看风使舵，不随人俯仰，始终坚持自己的独立见解，绝不出卖人格。正因为他不肯跟“荆”随“温”，他受到了新党、旧党和复辟后的新党更为严酷的迫害，以至一贬再贬，直至天涯海角。对苏轼迫害的人很多，但最狠毒的，是他在岐下的好友、后来做了宰相的章惇。

章惇（1035—1105），字子厚，建州浦城（今属福建）人。举进士甲科。长苏轼一岁，苏轼任凤翔府判官时因与章惇一同参加考试而相识相交。孔凡礼《苏轼年谱》谓此考试为解试士子。书引《高斋漫录》谓："苏子瞻任凤翔府节度判官，章子厚为商州令，同试永兴军进士，刘原父为帅，皆以国士遇之，二人相得甚欢。"苏轼《与章子厚参政二首》其一云："轼始见公长安，则语相识，云：'子厚奇伟绝世，自是一代异人。至于功名将相，乃其余事。'方是时，应轼者皆怃然。今日不独为足下喜朝之得人，亦自喜其言之不妄也。"苏轼赏识章惇奇伟绝世有过人之才，故与之交游相得甚欢，而章惇实是一个既有才学识见又有胆量心术的人。南宋陈鹄撰写的笔记小说《西塘集耆旧续闻》卷四载：

子厚为商州推官。时子瞻为凤翔幕签，因差试官开院，同途小饮山寺。闻报有虎者，二人酒狂，因勒马同往观之。去虎数十步外，马惊不敢前。子瞻云："马犹如此，著甚来由。"乃转去。子厚独鞭马向前去，曰："我自有道理。"既近，取铜沙锣于石上攧响，虎即惊窜，归谓子瞻曰："子定不如我。"异时奸计，已见于此矣。

章子厚能使计驱虎，可见其既有过人之胆又有奸诈之心。《宋史·章惇传》载：

（惇）与苏轼游南山，抵仙游潭，潭下临绝壁万仞，横木其上，惇揖轼书壁，轼惧不敢书。惇平步过之，垂索挽树，摄衣而下，以漆墨濡笔大书石壁曰："苏轼、章惇来。"既还，神彩不动，轼拊其背曰："君他日必能杀人。"惇曰："何也？"轼曰："能自判命者，能杀人也。"惇大笑。

一个"博学善文"而又敢拿性命冒险逞能的人，是任何事都能做得出来的。无怪苏轼说他"必能杀人"，腹存"谋反家事"。清代内库藏本无名氏的《道山清话》谓：

章子厚与苏子瞻为莫逆交。一日，子厚坦腹而卧，适子瞻自外来，摩其腹以问子瞻曰："公道此中何所有？"子瞻曰："都是谋反底家事。"子厚大笑。

以上两则中，苏轼虽然是玩笑之语，但对章惇性格的剖析却是入木三分。

还有一个史实亦可参考：章惇的侄儿章衡为该科状元，章惇耻其名次居于章衡之下，乃再举甲科后方肯出仕（见《宋史·章惇传》）。章惇性格之褊狭，于此可见一斑。

元丰二年八月，苏轼陷台狱，章惇时入朝为翰林学士，曾力解之。叶梦得《石林诗话》谓宰相王珪在神宗面前举苏轼咏桧诗，以诬其有不臣之意，"章子厚亦从旁解之，遂薄其罪。子厚尝以语余，且以危言诋时相曰：'人之害物，无所忌惮，有如是也。'"可见章惇对苏轼是开解保护态度，而对王珪的欲加之罪肆意诬陷、挑拨、耸动深为不满。苏轼贬黄后，他又曾力劝之。苏轼《与章子厚参政书二首》（元丰三年，惇拜参知政事）其一云：

轼自得罪以来，不敢复与人事，虽骨肉至亲，未肯有一字往来。忽蒙赐书，存问甚厚，忧爱深切，感叹不可言也。……惟子厚平居遗我以药石，及困急又有以收恤之，真与世俗异矣。

与章惇第二书中，苏轼又请求章惇了却自己在徐州的未竟事宜，无丝毫见外之意。苏轼在黄州还有写给章惇的两首尺牍，其一中叙自己在黄"身耕妻蚕"的生活与趣事，篇尾有"言此，发公千里一笑"之语，可知苏、章二人此时关系还是比较融洽，并无多少芥蒂，也实无做给人看的意思。

先时苏轼由登州召为礼部郎中，章惇知枢密院，司马光为门下侍郎。轼与惇、光兼善，而其"二人不相合，惇每以谑侮困光，光苦之"（《宋史·苏轼传》）。苏轼劝惇不可侮慢司马光，二人才得以相安。

哲宗元年，苏轼为翰林学士、知制诰。司马光更役法，苏轼反对尽废新法，主张"参用所长"，章惇也认为，"当议论尽善，然后行之，不宜遽改，以贻后悔。"（《宋史·章惇传》）司马光复职后，章惇在太皇太后帘前愤恚争辩，出语甚悖。太皇太后生怒，刘挚、苏辙等人交章攻击章惇不顾朝廷大礼，遂黜知汝州。七八年间，数为言者弹治。章惇由此对元祐大臣心存怨恨。

哲宗亲政，有复熙宁、元丰之意，因首起章惇为相。于是专以“绍述”为国是，凡元祐所革一切皆恢复原旧。章惇起用新党蔡卞等人协谋朋奸，以疯狂的报复心理打击元祐大臣。

章惇为阻元祐党人北归，而有终身不徙之奏，故元祐逐客则成无期幽囚终生流放，而绝北归之望，章惇昔日所表现出来的心地狠毒于此可见。

苏轼在惠州作有《纵笔》诗：“白头萧散满霜风，小阁藤床寄病容。报道先生春睡美，道人轻打五更钟。”曾季狸《艇斋诗话》载：

> 东坡海外《上梁文口号》云：“为报先生春睡美，道人轻打五更钟。”章子厚见之，遂再贬儋耳，以为安稳故再迁也。

章惇以极强的报复心理，不置东坡于死地而不罢休。《东坡事类》卷六《宋稗类钞》载：

> 绍圣初，逐元祐党人，禁中疏出当谪人姓名，及广南州郡，以水土之美恶，较量罪之轻重而贬窜焉。执政聚议，致刘安世器之时，蒋之奇颖叔云：“刘某平昔，人推其命极好。”时相章惇子厚即以笔于昭州上点之云：“刘某命好，且去昭州试命一巡。”其他苏子瞻贬儋州，子由贬雷州，黄山谷贬容州，俱配其字之偏旁，皆惇所为也。

以罪之轻重而定贬地之美恶，尚有一理，而因人之推其命好而必欲蹈恶地以试之，则已见章惇之刻毒冷酷。而以二苏山谷之贬，配其字之偏旁，则把一个人的政治性惩罚系之于文字游戏，其心态已极度扭曲而无人性，以政治之磨难为刻骨之恶作剧，玩弄他人命运时的那种随意性与幸灾乐祸的心态，千载之下如闻其奸诈阴险之狞笑。

苏轼当日言其“能杀人也”，果得应验。章惇贬二苏等元祐臣僚于恶地仍不罢休，又派人去岭南将尽杀流人。哲宗乃以“遵祖宗遗制，未尝杀戮大臣”止之。然迫害则是必不可免。

《宋史·章惇传》载：“苏辙谪雷州，不许占官舍，遂僦（租赁）民屋，惇又以为强夺民居，下州追民究治，以僦券甚明，乃已。”

章惇完全不顾过去与苏轼的交情，必欲置苏氏兄弟于死地而后快，将人性中最恶的一面暴露无遗。

苏公自海外还，闻章惇贬雷，与黄师是第三简云：“子厚得雷，闻之惊叹弥日。海康地虽远，无瘴疠，舍弟居之一年，甚安稳。望以此开譬太夫人也。”

章惇闻坡公在惠州有“春睡美”之句，而再贬逐过海，无乃雪上加霜；而坡公获知其贬雷，为之“惊叹弥日”，且嘱黄师是开慰其母，可谓雪里送炭，以德报怨，出自真诚，一片光风霁月之襟怀。

章惇的儿子章援（字致平）是苏轼的门生，出于利害观点，带着几分内疚给苏轼写信，左弯右绕，嗫嚅不清。苏轼回信却是光明磊落：

> 某与丞相定交四十余年，虽中间出处稍异，交情固无所增损也。闻其高年，寄迹海隅，此怀可知。但以往者，更说何益，惟论其未然者而已。主上至仁至信，草木豚鱼所知也。……又海康风土不甚恶，寒热皆适中。……备家常要用药百千去，自治之余，亦可以及邻里乡党。

苏公时已染沉疴，昏然茫然，而作此长信以陈拳拳之意。其与章惇恩怨四十年，平心而论，其中除政治出处之异外，章惇于绍圣之后对坡公的迫害确已由故人变为敌人，心狠手辣，必欲置之死地而后已。而公甫北归，风涛瘴雾尚在衣襟，疲惫病困“死生未可必”，而对章惇之高年贬逐其意殷殷，多方开解，绝无幸灾乐祸之想，而以其贬逐之经验，希望其有所准备以应不测，希望其利用闲暇善自调养。书末有“困惫放笔，太息而已”之语，其情其声，宛然纸上。坡公之仁者之心，博大开阔之人道主义胸怀，足见其人格之伟大，境界之超迈。真不知章惇得此信后作何感想。怪不得南宋刘后村评论苏、章关系时大发感慨：

君子无纤毫之过，而小人忿忮，必致之死；小人负丘山之罪，而君子哀怜，犹欲其生。此小人君子用心之所以不同欤。

视林希，逐利丧节深哀之

林希，字子中，谥文节，福州人。曾与苏轼在直史馆共事，交情非浅。苏轼元丰八年（1085）回朝，朝廷议除起居舍人，苏轼不欲骤履要地，荐之以林希。这是一桩对一般人来说梦寐以求的美差，却让给朋友与同事。《宋史·苏轼传》载：轼起于忧患，不欲骤履要地，辞于宰相蔡确。确曰："公徊翔久矣，朝中无出公右者。"轼曰："昔林希同在馆中，年且长。"确曰："希固当先公耶？"卒不许。

苏轼以资历交情推荐林希，虽不许却也因此而进升。苏轼《次韵林子中蒜山亭见寄》云：

奇逸多闻老敬通，何人慷慨解怜翁。
十年簿领催衰白，一笑江山发醉红。
闻道赋诗临北固，未应举扇向西风。
叩头莫唤无家客，归扫岷峨一亩宫。

此诗施宿注云："东坡起迁客，朝廷以人望，欲骤用之，议除起居舍人。公诣宰相蔡持正力辞。……然希亦由此继补记注。后以集贤殿修撰守润。子中在润而公在杭。公自杭召归，子中又继为守，情好深厚。"苏轼此诗称林希之奇逸多闻，比之为后汉博通群书富有奇才之冯衍（字敬通）。苏轼入翰林，林希以启贺之，亦极褒其父子之才。可知相互间的赏识与推重。林希为中书舍人时，皇帝的敕令也是苏轼起草的，评价甚高。谓起草诰命，必以训词为先，"故难其人，不以轻授"："具官林希，博闻强识，笃学力行。绰有建安之风流，逮闻正始之议论。往践外制，为朝廷常润色其精微；期配昔人，使天下识刑之仿佛。务究所学，朕将观矣。可。"

苏、林二人每有往来唱和，除上诗外，苏轼尚有《林子中以诗寄文与可及余，与可既殁，追和其韵》《次韵林子中、王彦祖唱酬》《次韵林子中见寄》《和林子中待制》《次韵答黄安中兼简林子中》《次韵林子中春日新堤书事见寄》等诗。在林希遭人弹劾外任忧居期间，苏轼曾几番致书多方开解，以自己遭贬之切身感受，体恤林希饥寒窘迫之忧居情味，劝慰其“宽怀顺变”，当今之时，“百事难碍”，无可奈何！知“不可逃”而坦然迎受，不失朋友间之信义和交情。

然而林希后来随人进退成为政治投机者，对苏氏兄弟大加伤害。

绍圣初，林希进宝文阁直学士，知成都府。正值哲宗亲政，章惇为相。哲宗言，司马光做相时，用苏轼知制诰，所以能鼓动四方，安得此人而用之。有人推荐林希。章惇欲留林希典书命，惩治元祐诸臣。显然，这家伙文才出名，笔锋锐利。“希亦以久不得志，将甘心焉，遂留行。复为中书舍人。”（《宋史·林希传》）

在章惇策划贬黜元祐群臣的过程中，林希皆密豫其议。自司马光、刘挚、苏轼等数十人之谪词，皆出于其手笔，极尽丑诋之能事，遂累迁至同知枢密院。

又《野老记闻》载：林文节，绍圣中子由谪词云：“父子兄弟挟机权变诈，惊愚惑众。”子由捧之泣曰：“某兄弟固无足言，先人何罪耶?”

林子中之贺启与谪词，所作对象同为一人，人不变而褒美与丑诋均至其极。憝，指最坏之人。林子中不惜用最刻毒的词诋毁苏氏父子，令人发指。文人之刀笔可以捧人也可以杀人，唯捧人之际，存心讨好巴结，杀人之时则于指挥刀下骂出去。作为子中，受命于人，如陈琳之讨曹公，为本初（袁绍）弦上之箭，“不可不发”，文人以刀笔为人所用以获寸禄，本也无可厚非，但已有如汪中之吊守真，则有如妓受辱之自谴与自伤。而林希之捧人，荣及父子与兄弟，而骂人时，则又株连于先祖，宜子由之痛恨而泣之。

《三国志·陈琳传》记曹操责陈琳云：“卿昔为本初移书，但可罪状孤而已，恶恶止其身，何乃上及父祖邪?”可见从来士大夫之骂人无不用其极，而子由之泣乃魏武之所恨。林希之骂二苏，于党争激烈之际，置对方于死地，骂而优则仕，可得政治上之实惠，实为翻云覆雨摇身而变一类人物。

《宋史》本传载：“一日，希草制罢，掷笔于地曰：‘坏了名节矣。’”林希自知颠倒黑白、信口雌黄坏了名节，却又为厚利所诱，而既投靠章惇，却又为曾布所诱，而背叛之，终于遭到章惇的罢黜。林希之为，自知“坏”了名节，岂止是“坏”？此乃笔者用“丧”之意也！

东坡与弟苏辙书《时自岭外北归》云：“林子中病伤寒十余日，便卒，所获几何，遗臭无穷，哀哉！哀哉！”

苏轼对林子中，不恨不怨，而连叹哀哉，是哀其人格之卑下不能自主自立。苏轼《次韵林子中蒜山亭见寄》诗王文诰案：“当子中草制讫，掷笔于地，自云丧了名节。此其心非不知是非者，实为厚利所诱，既乃利不可得，而卒以愤死，此其悔有甚于愤者矣。公尝谓：王涯甘露之祸，乐天适游香山寺，有诗云：‘当君白首同归日，是我青山独往时。’不知者以乐天为幸人之祸者，盖悲之也。公之哀希，与乐天正等。”

王文诰以为林希之死“其悔有甚于愤者”，而苏公之哀林希与乐天之悲王涯正为同一。苏公对林希此等背信弃义、恩将仇报之人仍抱以深哀，再次显示了其仁恕之心与博大之怀。

访安石，从公已觉十年迟

王安石（1021—1086），字介甫，号半山，临川人。长苏轼十五岁。官至同中书门下平章事，封舒国公，又改封荆国公，世称王荆公。《宋史·王安石传》言其：

> 少好读书，一过目终身不忘。其属文动笔如飞，初若不经意，既成，见者皆服其精妙。友生曾巩携以示欧阳修，修为之延誉。

可知苏、王之文章皆得文坛盟主欧阳修之赏识。仁宗庆历二年（1042），王安石擢进士上第，签书淮南判官。此后，在州县任职期间，兴修水利，改革弊政，很有政绩。《宋史》本传说他“议论高奇，能以辨博济其说，果于自用，慨然有矫世变俗之志”。他于嘉祐三年（1058）写了著名的《上仁宗皇帝言事书》，系统地提出自己酝酿多年的革新主张。虽未被采纳，但为他日后的变法做好了理论准备。

苏轼嘉祐六年（1061）应举制策入三等，授河南福昌县主簿。王安石时知制诰，草制《应才识兼茂明于体用科守河南福昌县主簿苏轼大理评事制》（《王临川集》卷五十一）：

> 尔方尚少，已能博考群书，而深言当世之务，才能之异，志力之强，亦足以观矣。其使序于大理，吾将试尔从政之才。夫士之强学赡辞，必知要然后不违于道。

王安石赏识苏轼的才能、志力，但还要有意测试与锻炼他的“从政之才”。苏轼未赴福昌，不久，签书凤翔府判官。由凤翔回京不久又丁父忧，于熙宁二年（1069）二月还朝，以殿中丞、直史馆授官告院，兼判尚书祠部。时王安石擢为参知政事（副宰相），议行青苗、均输、市易、免役、农田水利等新法。苏、王之间持论不同，产生不少分歧与矛盾。

王安石欲变更科举，神宗犹疑不定，使两制三馆议之。苏轼上《议学校贡举状》论贡举之法行之百年不当轻改。议上，神宗即日召见。王安石之党皆不悦。

王安石知苏轼与他政见不合，又不肯俯仰随人，恐多生异论，沮坏变法之事，所以不顾张方平、司马光等人举荐苏轼为谏官，也不顾神宗数欲用轼，命苏轼为开封府推官，“意以多事困之”。《邵氏闻见录》卷十二载：

> 王介甫与苏子瞻初无隙，吕惠卿忌子瞻才高，辄间之。神宗欲以子瞻为同修起居注，介甫难之。又意子瞻文士，不晓吏事，故用为开封府推官以困之。

王安石以文士目苏轼，以其不晓吏事，欲以府推杂事困苏轼，而苏轼在任上，决断精敏，声闻益远。其间，有中旨下开封府，减价买浙灯四千余枝。苏轼上《谏买浙灯状》，神宗纳其言，下旨罢之。苏轼又上《上神宗皇帝书》，论新法之不可取。书谓：“愿陛下结人心，厚风俗，存纲纪。”反对天下只“言利”。

次年，上《再上神宗皇帝书》，论新法之不可行，有“四海骚动，行路怨咨”之语。苏轼论事无讳，直言反对新法，王安石心中愈加不悦。苏又作《拟进士对御试策》，安石力请黜之。《续资治通鉴长编拾补》卷七纪事：

> 上以轼所对策示王安石。安石曰：“轼才亦高，但所学不正，今又以不得逞之故，其言遂跌荡至此，请黜之。”曾公亮曰：“轼但异论耳，无可罪者。”他日，安石又白上曰：“陛下何以不黜轼，岂为其才可惜乎！譬如调恶马，须减刍秣，加箠扑，使其帖服乃可用。如轼者，不困之使自悔而绌其不逞之心，安肯为陛下用！”

王安石承认苏轼才高，却一再怂恿神宗罢黜苏轼，以为不使其困顿，不足以使帖服自悔，以革除其不逞之心。

由以上足见王安石为施行新法而对苏轼的排挤与压制。熙宁七年春，天下久旱，人心散乱，皆曰“旱由安石所致”。安石竭力驳斥，神宗罢安石相，知江宁府。八年二月，复拜相。熙宁九年（1076）吕惠卿叛安石，发其私书“无使上知”以置其于死地，十月王安石第二次罢相，从此隐居金陵，未再还朝。苏轼在外任期间虽不满新法，却能因法而便民，为百姓做了许多好事。同时在推行新法过程中，也发现了新法的一些利处，从而认识到反对派的偏执与保守。他致滕达道的信云：

> 吾侪新法之初，辄守偏见，至有异同之论。虽此心耿耿，归于忧国，而所言差谬，少有中理者。今圣德日新，众化大成，回视向之所执，益觉疏矣。

苏轼对新法认识的改变以及诚恳的回顾与检讨，消除了对王安石的对立情绪；而王安石在罢相后，反思所为亦有自悔之意。正是在这一基础上，苏、王之间淡化了昔日是政敌，而更欣赏对方的才气学问，也体现了双方皆是正人君子。

《东坡事类》卷十九《冷斋夜话》记载了苏轼贬黄后苏、王之间的一段趣事：

> 舒王（安石）在钟山，有客自黄州来。公曰："东坡近日有何妙语？"客曰："东坡宿于临皋亭，醉梦而起，作《成都圣像藏记》，千有余言，点定才一两字。有写本，适留舟中。"公遣人取而至。时月于出东南，林影在地，公展读于风檐，喜见眉须，曰："子瞻，人中龙也。然有一字未稳。"客曰："愿闻之。"公曰："'日胜日负'，不若曰：'如人善博，日胜日贫'耳。"东坡闻之，拊手大笑，亦以公为知言。

古来政敌关系，未有如荆公与东坡之如此意味深长。荆公是真心推赏东坡之才华，至有"人中龙"的赞誉，评价之高无以过之。其一字之师，直言不讳，坡公之闻过则喜以为知言。这是一对中国文化史上一流的政敌，尽管其间之斗争免不了残酷与阴谋，但因其基本是出以公心，改革者是真心改革，改良者亦以国家为重，且有第一等之真学问。

荆公经吕惠卿之祸，退居钟山，于世事人生亦经一大转折，两个政治失败者，两个学者、诗人在此特定环境中可以存异而求同，真是惺惺相惜，意味深长。

元丰七年（1084）三月，苏轼离黄移汝州。八月过金陵，特意谒见荆公，二人相与甚欢，并寄以挽救天下之厚望，以忠义相期待，说明在苏轼的眼里，荆公基本上是一个纯正的政治家、改革家，即不是谋取私利而是真心为国。个人品质以倔为主，格调不低，其所用朋党，盖因其急于求成。

苏、王在金陵相与出游，论文赋诗，说佛味禅，彼此倾慕。苏轼《与滕达道》第三十八简："某到此，时见荆公，甚喜，时诵诗说佛也。"

《舆地纪胜》卷十七《建康府·景物上·蒋山》引《皇朝类苑》云：

> 元丰中，王荆公在金陵，东坡自黄北迁，日与公游，尽论古昔文字，闲则俱味禅悦。公叹息谓人曰："不知更几百年，方有如此人物。"

蔡绦《西清诗话》也提及此事，语同。苏轼作有《次荆公韵四绝》，其三云：

骑驴渺渺入荒陂，想见先生未病时。
劝我试求三亩宅，从公已觉十年迟。

《东轩笔录》云：王荆公再罢政，以使相判金陵……平日驭一驴，从数童，游诸山寺，所居之宅，仅庇风雨。元丰末，舍为寺，赐名报宁。

苏轼见荆公时方其病愈，故曰想见其未病之时，骑驴人渺渺之荒陂，萧然恬淡，凝神静息，把往日之纷争一笔勾去。荆公劝苏公求田问宅，意在远离政治。苏公既经宦海风波，于此一点，正与荆公意同，故有“从公已觉十年迟”之叹。“从公”，即指退居而不与世争。十年，从安石罢相隐居至此时，正好十年。苏轼同王安石相见后，流连燕语，相得甚欢，宋人的多种记载以及《宋史》都提及此事。例如朱弁《曲洧旧闻》说：

东坡自黄徙汝，过金陵，荆公野服乘驴谒于舟次，东坡不冠而迎揖曰：“轼今日敢以野服见大丞相！”荆公笑曰：“礼岂为我辈设哉！”东坡曰：“轼亦自知相公门下用轼不着。”荆公无语，乃相招游蒋山。

工安石当时生活非常简约萧散，这次听说苏轼路过江宁，亲自野服乘驴候谒于舟次，东坡也略无检束地与王氏攀谈、取笑并共游蒋山，两人如多年相处的老友亲切相待、毫不见外。

苏、王金陵别后，苏轼有《与王荆公二首》，其一云：“某游门下久矣，然未尝得如此行，朝夕闻所未闻，慰幸之极。已经别宿，怅仰不可言。”

安石有《回苏子瞻简》，誉秦观诗文“清新妩丽，与鲍、谢似之”。安石于元祐元年去世，苏轼时已回朝，在草拟的赠太傅敕中，对王颇为赞许。

苏、王经过数年的针锋相对，最终走到了一起，且以政治家、学问家的风度与襟怀，彼此获得了很高的敬意。

与温公，敬重有加不附随

司马光（1019—1086），字君实，陕州夏县（今属山西）人。长苏轼十八岁。年二十，举进士甲科。仁宗末年任天章阁待制兼侍讲知谏院。王安石为政，创立制置三司条例司，推行新法，司马光竭力反对，与安石在帝前争论，强调祖宗之法不可变。由于都对新法不满，司马光与苏轼兄弟接触切磋渐多。《续资治通鉴长编拾补》卷七载王安石对神宗言曰："光朝夕所与切磋琢磨者，乃刘攽、刘恕、苏轼、苏辙之徒而已。"

司马光曾举苏轼等为谏官。据《司马光奏议》卷二十六《再举谏官札子》，举陈荐、苏轼、王元规、赵彦若四人，谓："直史馆苏轼，制策入优等，文学富赡，晓达时务，劲直敢言。"末谓："此四人者，臣所素知。"

司马光赞苏轼敢言，"隳官获谴，无所顾虑"，自以为不如，而实际上，司马光亦直言敢为。苏轼在贬谪中写给侄子的信说：

> 独立不惧者，惟司马君实与叔兄弟耳。万事委命，直道而行，纵以此窜逐，所获多矣。

独立不惧，直道而行，这正是苏轼与司马光相通而又相互敬慕之处。

苏轼与司马光私交甚深，常有书信往来和诗作唱和。司马光在洛阳建了独乐园，苏轼曾亲临参观并作诗相赠。司马光得知苏轼在密州建超然台后，即写了《超然台寄子瞻学士》，诗中对苏轼仁智之心忠义之胆给予高度评价。称其为官不阿谀谄媚，在朝能直言敢谏，出牧能安民利民。苏轼回书《与司马温公五首》。还作《司马君实独乐园》一诗以赠，其中有"先生独何事，四海望陶冶。儿童诵君实，走卒知司马"等名句。

苏轼对司马光素怀敬爱之心，从诗中字里行间可以看出来。诗中也不无诤谏，其中"抚掌笑先生，年来效喑哑"句，就是对司马光"闭口不谈政事"的一个批评。当然，司马光的不谈政事，是遵循了古人的"不在其位，不谋其政"的格言，同时也是一种无声的抗争，无声之中胜有声，并不是真的就"喑哑”了。苏轼当然能理解，所以苏轼的“抚掌”和“笑”还有另一层意思，就是讥时刺世，对司马光这样德高望重的老臣弃而不用，是一种可笑的事！

苏轼认为，司马光的德行是崇高的。他那句“吾无过人者，但平生所为，未尝不可对人言”，苏轼视为“至言”，“可终身守之”（胡仔《苕溪渔隐丛话前集》卷二八）。

苏轼没有料到，他颂扬“独乐园”这首诗，在“乌台诗案”中，把司马光也株连上了，司马光因此被罚铜二十斤。但是，司马光毫不在意，将加到身上的诬词轻轻抹去。司马光这种高风伟度，使苏轼更加愧疚，如芒在背，十分不安。

对于苏轼这样的晚生挚友，司马光诚心褒奖，并欣然唱和，可见其爱才之心。

元丰八年（1085）三月，神宗崩，哲宗即位，太皇太后高氏听政，召司马光回京主国政。六月，苏轼由司马光推荐复朝奉郎，次年八月为翰林学士、知制诰。司马光可谓有恩于苏轼，而苏轼对此也是心存感戴敬重有加。他在《与司马温公五首》其四中说：“某即日蒙恩，罪戾之余，宠命逾分，区区尺书，岂足上谢。”

然而当司马光要尽废熙宁新法恢复旧法时，苏轼却与他展开了激烈的争论。

如前所说，苏轼虽然曾经坚决地反对新法，但在外任期间，经过实践，他既看到新法之弊，也发现了新法之利，从而认识到反对派的偏见与守旧。正是基于对“辄守偏见”“所言差谬”的反拨，而不再“哓哓不已”，苏轼主张对新法“较量利害，参用所长”，从这里我们亦可看到他以实践检验是非标准的品格。

司马光因过于执着，便产生自以为是，听不进不同意见。他曾指责王安石“拒谏”，当初视为深恶痛绝的思想作风，到了晚年却在自己身上顽固地表现出来。

苏轼是他所器重和欣赏的人，一贯与他观点一致。但事关国计民生之大事，他必须尽力谏诤。免役法宣布废罢没几天，他便将前一年写好的那份《论给田募役状》送到详定役法所，又在政事堂当面与司马光理论，公开陈述他的反对意见。司马光心里极不耐烦，不禁怒形于色。苏轼说："昔韩魏公刺陕西义勇，公为谏官，争之甚力，魏公不乐，公亦不顾。轼昔闻公道其详，岂今日作相，不许轼尽言耶?"这段话见苏辙《墓志铭》，翻译成白话便是："当年您做谏官时，与韩魏公争论朝政得失，魏公不乐，亦奋然不顾。往昔我听您讲知道得很详细，难道今日您当了宰相，就不能允许我苏轼把话说完吗?"

见苏轼提起往事，司马光不得不勉强一笑以示歉意，但心中却存有芥蒂，依旧一意孤行，对苏轼的意见置若罔闻。在"详定役法"时，苏轼三上奏折，坚持己见，不肯稍屈，经常与同局官员发生激烈辩论，难以共事。"上与执政不合，下与本局异议"(《再乞罢详定役法状》)，因而遭到一帮紧跟司马光的朝臣的敌视。在这种不容异见的政治气氛中，苏轼心中充满了苦涩，他在《送吕行甫司门倅河阳》诗中感叹道："念我山中人，久与麋鹿并。误出挂世网，举动俗所惊。归田虽未果，已觉去就轻。"此诗第二句"误出挂世网，举动俗所惊"很值得回味。

司马光一派当年责王安石"拒谏"，而当他们掌权时"拒谏"有过之而无不及。

苏轼以为差役、免役，各有利害。而免役之法已行十几年，尽管有二弊，但老百姓已基本接受，当务之急是取其利而去其弊，进一步完善此法，保持法令政策的连续性，而不应改弦更张恢复差役惊民扰民。"法相因则事易成，事有渐则民不惊"，这是苏轼在立"法"与安"民"问题上的基本立场与态度，基于此，他提出了一系列具体的救弊措施。而司马光过多地看到免役之弊，"知免役之害而不知其利"(苏辙《墓志铭》)，又多少夹带着对熙宁新法的成见，因此执意"专欲变熙宁之法"。苏轼极力辩驳，欲"警策在位，救其所偏"，结果是不但激恼司马光，更招致旧党的忌恨。

苏辙《墓志铭》云："(公)独以实告，而君实始不悦。尝见之政事堂，条陈不可。君实忿然……公知言不用，乞补外，不许。君实始怒，有逐公意矣。会其病卒乃已。时台谏官多君实之人，皆希合以求进，恶公以直形己，争求公瑕疵。既不可得，则因缘熙宁谤讪之说以病公，公自是不安于朝矣。"在司马光一心提拔苏轼之际，苏公并未因受恩于司马温公而曲意附和追随求进，而出以公心正道直言据理力争，以致得罪于人引火烧身而奋然不顾，表现出的正是他所倡言的独立不惧耿介不随的大臣人格。他在《与杨元素第十七首》云：

昔之君子，惟荆是师；今之君子，惟温是随。所随不同，其为随一也。老弟与温相知至深，始终无间，然多不随耳。致此烦言，盖始于此。然进退得丧，齐之久矣，皆不足道。老兄相知之深，恐愿闻之，不须为人言也。

苏轼之政治立场独立自主，以公道为进退是非，是其主体意识独立人格的突出表现。公与温私交甚笃相知至深而于政见不轻易附随，且为不随付出沉重的代价。自知之而不为之变易，视得失进退为“不足道”，这与那些看风使舵、随人俯仰的政治投机者可谓云泥之隔、天壤之别。

司马光死后，苏轼作《司马温公行状》《祭司马君实文》《跋司马温公布衾铭后》《司马光左仆射追封温国公》《司马温公神道碑》等，自谓“从公游二十年，知公平生为详”，文章高度评价其道德人格事功著述，并未因二人最终的分歧与不悦以及旧党的夹攻而挟带丝毫的个人恩怨。他在《司马温公行状》中称赞司马光：

公忠信孝友，恭俭正直，出于天性。自少及老，语未尝妄，其好学如饥渴之嗜饮食，于财利纷华，如恶恶臭，诚心自然，天下信之。

在《祭司马君实文》中说：

百世一人，千载一时。惟时与人，鲜偶常奇。

尤其是生动地记述了司马光病重期间仍念念不忘为国除患，以及他死后举国痛悼与哀恸追思。笔下既不挟怨又不谄媚，其胸怀与气度得以充分显示。苏轼对司马光生前不附随，死后不挟怨，正是出于对士君子人格的维护与履践。

第十五章

红颜知己

才子佳人结姻缘

苏轼第一位妻子王弗，比他小三岁，四川眉州青神县人，与苏轼的故乡眉山滨江相距十五里，其父王方乡贡进士，也是大族之家。王弗自幼读书，知书达理，温文尔雅。她十六岁嫁给比她长三岁的苏轼，之前他们没有任何接触，这是一桩典型的“父母之命，媒妁之言”，当然他们也门当户对。不料，无心插柳，成就了一段千古佳缘。结婚之后，夫妻两人非常恩爱。王弗知道苏轼才华横溢，对他十分崇拜。

王弗美丽聪明，可谓才貌双全。婚后除了孝事公婆，便终日陪伴丈夫读书。有时苏轼忘了什么，她却能记得起来，给予提示，这使苏轼十分惊讶。嘉祐元年（1056），苏轼二十一岁，结亲未满一年，兄弟俩便进京应试，父洵同行，王弗留在家里侍奉婆母。

次年程夫人去世，苏轼与父亲苏洵、弟弟苏辙都奔丧回乡。夫妻离别一年多，此次为守母丧，才得朝夕相聚。虽然按照儒家的规矩，在为父母守丧期间，夫妻不得有床第之事，但总算能朝夕相守，卿卿我我，耳鬓厮磨，比远离数千里之外强多了。

苏轼常与妻子一起去青神乡下，拜访王弗娘家。那是个“清流过门前，古寺拥群峰”的好地方。王家又是个大家族，王弗有堂兄弟姊妹三十多人。

苏轼常与他们一起觅溪源，游佛寺，在瑞草桥畔的青草地上嗑瓜子，畅怀饮酒，尽情说笑。王弗的堂妹中，有个二十七娘，名叫闰之，才十一岁，与王弗极其亲密，胜似嫡亲姐妹。小闰之对文名盛极一时的堂姐夫分外景仰，常常用水汪汪的大眼睛默默地望着他。

一天，二十七娘听说苏轼守孝期满后，王弗也要随着去京城，便道："弗姐，我也要跟你去！"此话引得众人好一阵大笑。

到嘉祐四年（1059），母丧期满，苏轼、苏辙随着父亲苏洵出蜀赴京，王弗与苏辙的妻子史氏也同舟随行。从此，王弗再也没有与苏轼离别过，可惜六年后她就去世了。

王弗精明干练，明白事理。苏轼性格坦率，喜欢交友。但他大事清楚，小事糊涂，一些烦琐细事，都要由她来照料。苏轼一般来说是听她的话的。苏轼在凤翔府当签判的时候，离开父亲的教导，她便成了他唯一的助手和参谋了。苏轼好客，家中常常高朋满座。王弗总是站在屏风后面倾听丈夫与客人的对话，如果发现了说话模棱两可或一意逢迎主人的客人，王弗常提醒他："你何必浪费时间和这样的人说话呢？有些人专门注意你说什么，他好设法迎合。"劝告苏轼疏远他们，苏轼非常佩服妻子的眼光和见识。

一年冬天，天降大雪，庭院里的大柳树下有一尺见方的地上独无积雪，天晴后那块地方还隆起数寸来。苏轼怀疑地下有古人窖藏的丹药，因为丹药性热。好奇心驱使苏轼想发掘那块地，王弗劝止说："要是婆母还在，她一定不允许发掘的。"苏轼听了觉得惭愧，就此作罢。

王弗二十一岁时生了一个男孩，起名苏迈，年轻的夫妻十分高兴。治平二年（1065），苏轼三十岁，是年正月，回汴京，差判登闻鼓院，不久，得直史馆，即在皇家史馆任职，有机会博览群书，翻看大内收藏的珍本、手稿和名画，正是在大步长进的时候。但他还没有创造最高的名气和荣誉时，第一个不幸就来了：王弗病逝，享年二十七岁。俗话说，少怕丧妻，老怕丧子，苏轼悲痛万分，办完丧事后停殡于汴京城西。

王弗刚去世时，老苏就嘱咐儿子："妇从汝于艰难，不可忘也。他日汝必葬诸其姑之侧。"

次年苏洵逝世，苏轼与苏辙护送父丧还乡，并谨从父言，把王弗的灵柩也运回眉山，安葬在程夫人墓侧的小山冈上，并在坟墓周围栽上许多松树。

苏轼以饱含哀伤与深情的文笔，写下了《亡妻王氏墓志铭》。《墓志铭》突出了三点：一是“谨肃”；二是“敏而静”；三是“有识”。在不长的文字中有许多生动细节，委婉动人，读后令人难忘。

十年以后的正月二十日之夜，正在密州的苏轼梦见王弗，醒后作了那首真挚深沉、动人心弦的悼亡词《江城子》记梦：

> 十年生死两茫茫，不思量，自难忘。千里孤坟，无处话凄凉。纵使相逢应不识，尘满面，鬓如霜。　　夜来幽梦忽还乡，小轩窗，正梳妆，相顾无言，惟有泪千行。料得年年肠断处，明月夜，短松冈。

作者本在时时思念亡妻，但偏用“不思量”逆接首句，再反跌出“自难忘”三字，想“不思量”，但又控制不了自己，难以把爱妻遗忘，进一步极写深沉的思念，笔势摇曳跌宕。即使不去思量，亡妻的影像也时留脑际，愈见感情深挚。

全词运用白描手法，层层推进，悼伤之情步步加深。上片写梦前伤悼、怀念，下片前五句写梦中相逢喜悲之情景，结尾三句，写梦醒后的冥想。料得年年最使人肝肠寸断的情景，便是那明月辉映下的清冷的短松冈。至此，苏轼对亡妻沉挚深永的悼念之情，由委曲的抒情化为一幅清幽哀婉的画面，永久地留在苏轼的心底，也印在了读者的心里。

古今的悼亡诗词中佳作无数，这首《江城子》堪称感人最深的几首之一。它质朴无华，直抒胸臆，纯如夫妻间的喃喃私语。

“身后牛衣愧老妻”

苏轼的第二位妻子王闰之，是王弗的堂妹，排行二十七，称二十七娘。生于庆历八年（1048），比苏轼小十二岁。王闰之字季璋，也是眉州青神人。她的家庭是个耕读之家，王闰之知书达理，对农桑之事也不陌生。

王闰之二十一岁时（1068）被苏轼续娶为妻，至四十六岁（1093）病逝，与苏轼一起生活了二十五年。苏轼流转四方，王闰之也跟着到处奔波，经历了丈夫在朝、外任、遭贬、回朝等各个时期，从眉州到汴京，再到杭州、密州、徐州、湖州、黄州、颍州等地，最后卒于汴京。苏轼浮沉宦海，历尽坎坷，王闰之始终与夫君荣显共享，患难同当，是他的贤内助。她对王弗生的长子苏迈视同己出，她把全家的生活安排得井井有条，一家老小和睦相处，使得苏轼始终有一个温暖的家。故苏轼尤对她的“贤”表以钦敬。

他在《祭亡妻同安郡君文》中，对她的褒扬主要在两点：一是职守妇道，“母仪甚敦”，“三子如一，爱出于天”。二十七娘悉心抚养堂姐留下的长子苏迈与自己所生的两子苏迨、苏过，疼爱如一，并无厚此薄彼之分，这在丈夫看来是尤为难得。二是得失若一，随遇而安。“从我南行（谪黄），菽水欣然。汤沐两郡，喜不见颜”，既不为谪居的生活穷窘而口出怨言，也不因丈夫的回朝荣显而喜形于色。小叔苏辙亦佩服嫂嫂安乐忧患无动于心的境界。他说：

“贫富戚忻，观者尽惊。嫂居其间，不改色声。冠服肴蔬，率从其先。性固有之，非学而然。”（《祭亡嫂王氏文》）

二十七娘始终保持一种平和恬淡的心态，尽心照顾家庭中每一个成员，她的最大心愿就是家庭的安定与温馨。

前文已提到过，一次，苏轼心烦而小儿（迨）起坐要人抱，他不由得发火，她一边解劝，一边为他洗盏把酒，聊以解愁，这使苏轼既惭愧又感激，作了《小儿》一诗：“小儿不识愁，起坐牵我衣。我欲嗔小儿，老妻劝儿痴。儿痴君更甚，不乐愁何为？还坐愧此言，洗盏当我前。大胜刘伶妇，区区为酒钱。”

王闰之任劳任怨，安于贫俭，在苏轼流放黄州的四年中，她量入为出，努力使全家免于饥寒。苏轼开垦荒地收获了大麦，舂碎以后杂以小红豆，煮饭充饥。这饭嚼在嘴里啧啧有声，孩子们说是“嚼虱子”，王闰之却把这饭命名为“新样二红饭”。

有一次苏轼家的耕牛害了重病，奄奄一息，连牛医都不知道它害的是什么病，苏轼急得手足无措，因为这头牛是他们开荒种地的主要劳动力啊！王闰之却不慌不忙，她走进牛棚仔细察看一番，说这牛是害了“豆斑疮”，于是煮了一大锅青蒿粥来喂牛，果然就把牛给治好了。此事记述在苏轼给章子厚（惇）的信中：

某启。仆居东坡，作陂种稻，有田五十亩，身耕妻蚕，聊以卒岁。昨日，一牛病几死，牛医不识其状，而老妻识之，曰："此牛发豆斑疮也，法当以青蒿粥啖之。"用其言而效。勿谓仆谪居之后，一向便作村舍翁，老妻犹解接黑牡丹也（按：指懂医牛病）。言此，发公千里一笑。

在这封信中，可见王闰之确实熟知农桑之事，竟比牛医还高明，这太难得了；又见在近千年前闰之已知"青蒿"之妙用，可谓开得诺奖殊荣的屠呦呦之先河。

王闰之敬佩苏轼，也理解苏轼。她知道苏轼虽然不善饮酒，却喜欢与友人对酌，就千方百计地在家中储藏一些酒，在苏轼最需要的时候拿出来，"后勤部长"当得真合格。请读《后赤壁赋》中的一段：

已而叹曰："有客无酒，有酒无肴，月白风清，如此良夜何？"客曰："今者薄暮，举网得鱼，巨口细鳞，状如松江之鲈。顾安得酒乎？"归而谋诸妇，妇曰："我有斗酒，藏之久矣，以待子不时之需。"于时携酒与鱼，复游于赤壁之下。

王闰之有远见，且细心，藏着好酒，关键时刻提供给丈夫招待客人，使他们尽兴。这一贡献有多大？后人自可议论和评价。依鄙人之见，若是没有她在家中储酒，苏轼不会第二次在月夜游赤壁；不夜游赤壁，就不会有比《前赤壁赋》写得更好、更艺术的《后赤壁赋》；没有《后赤壁赋》，就构不成赤壁前后"双赋"的珠联璧合，那么，对中华文明和世界文坛就不会产生如此深远的影响。

与王弗相比，王闰之贤惠，但缺少堂姐的慧心识见。当苏轼在湖州任上遭御史弹劾被捕吏逮走后，她一怒之下，烧了丈夫的绝大多数书稿。

二十七娘对苏轼因诗文给他自己和全家带来的祸患灾难，以及惧怖万分是完全可以理解的，但她毕竟难以理解那些凝结着丈夫心血的书稿，在他生命中是何等的重要！烧了这些书稿对他来说又是何等的痛惜！当然她在与苏轼的共同生活中，也培养了一定的艺术感觉。

元祐六年（1091）的冬天，大雪纷飞，天寒地冻，正任颍州知州的东坡担忧贫民饥寒，一夜不能入睡。王闰之劝丈夫说："签判赵德麟曾经在陈州赈济灾民，很有成效，为何不请他来商议呢？"果然赵德麟对救灾之事胸有成竹，他设法协助东坡散发柴米，解了颍州贫民的燃眉之急。次年二月十五之夜，州堂前梅花盛开，月光皎洁。王闰之又向丈夫提了一个很好的建议，事见赵令峙《侯鲭录》卷四载：

> 元祐七年正月，东坡先生在汝阴（颍州），州堂前梅花大开，月色鲜霁，先生王夫人曰："春月色胜如秋月色。秋月色令人凄惨，春月色令人和悦。何如召赵德麟辈来饮此花下？"先生大喜曰："吾不知子亦能诗耶，此真诗家语耳。"遂相召。

东坡诗兴大发，即席赋《减字木兰花·春月》一首，词中说："不似秋光，只与离人照断肠！"是隐括王闰之的语意咏春月。

苏轼对二十七娘的这种初级的艺术感觉都是那样的欣喜，显然她还很难进入丈夫所倾心所痴迷的那种艺术创造的世界。然而尽管她的识见与艺术修养有限，苏轼对她已经是很感激的了。因为从她进入苏家，便弥合了这个残缺了的家，使家成了一个宁静温馨的港湾。因此苏轼虽才学出众风流倜傥，又处在北宋追求声色之乐携妓宴游成风的环境中，他在外边有很多的交游应酬，特别是在守杭期间，也曾携妓宴游，也常有佳丽慕名求诗，也不乏艳遇，但苏轼一方面尊重她们，另一方面逢场作戏，情发而中节。在苏轼的心底，有王弗的灵慧，又有二十七娘的贤顺，他已是内自足而不外求了。

爱情具有专一性的规律，谁也不会愿意丈夫"移情别恋"，也不喜欢他在外拈花惹草，最期望与自己白头偕老，厮守一生。但在封建社会中，多妻多妾又是合法的，因此，免不了出现像陈季常之妻那样的悍妇，因不满丈夫这样那样的事发出"河东狮吼"。王闰之还有一个可贵之处，便是十分体察丈夫的心思，主动去做令丈夫高兴的事，而不当妒妇。收纳朝云，既是她的远见卓识，又体现她的宽阔胸怀。

朝云是怎样进苏家之门的？尚无准确、可靠、权威的史料记载。根据笔者所见到的各种资料，还有传记、历史小说等分析，有个初步的定见。

……杭州知州陈襄调离后旬日，新知州杨绘到任，苏轼率州衙僚佐迎于途中。

八月，各县发生蝗灾。苏轼到临安、於潜两县，与百姓一起捕蝗将近一个月，回来时，脸也黑了，人也瘦了。闰之一见，着实心疼。洗罢澡，苏轼发现夫人身边，多了个小姑娘，仔细一看，竟是在陈襄告别宴上，琴操带来的那个小歌女。觉得奇怪，便悄悄问闰之："这小姑娘是琴操的学生，因何在此？"

闰之说："是琴操送来的。现在是我们苏家的人了。"

苏轼道："这就奇了，她跟随琴操学艺，为啥子又成了我苏家人？"

闰之抿嘴一笑，对那小姑娘说道："朝云，你自己跟他说说嘛！"

苏轼对那被唤作朝云的小姑娘道："好！好！你来说，你从哪里来？何时从琴操学艺，又如何来到我家？"

没料到小朝云突然双膝落地，跪倒在苏轼面前，叫了一声"老爷！"随即泪流满面。

苏轼道："你莫哭，哭啥子嘛！起来，起来，有话慢慢地说。以后不要下跪，也不要喊我'老爷'……你说吧。"

朝云姓王，钱塘县乡下人，今年一十二岁，四岁时，死了父亲，八岁那年，母亲又亡故。她孑然一身，无依无靠，没奈何来到杭州城自卖自身。偏巧遇见琴操，见小姑娘可怜，便收留了她。除了供她吃穿，还教她读书识字。过了两年，琴操又教她学唱。没想到这女孩子天资聪颖，日识数十字；学唱曲子也快，又有一副天生的好嗓子，只一年多时间便已能唱几十支曲子。在为陈襄饯行的宴会上歌唱那首《蝶恋花》，博得了在座者的交口赞誉，客人们都说，这又是一个琴操。但是，不久后事情突然发生了变化。

那是九月二十三日，苏轼正清理来杭后所作的诗词文稿，琴操一位十分要好的教坊姐妹匆匆忙忙来到苏家，告诉他们：琴操出家做尼姑去了。

琴操出家？这简直是晴天霹雳。一个能歌善舞、正值花朵般年华的歌女，怎的会看破红尘，跳出三界外？

自然是事出有因。原来琴操自从见了苏轼，便芳心隐动，生出万种柔情。后来又与贤惠的闰之夫人结交，便暗自决定，托付终身。她想：能给他做个小妾，也甘心了。却没料到苏轼执意不肯纳妾，这使得她既对苏轼增添几分敬意，又十分伤心，但却无可奈何。

每每想到自己的归宿，便不禁黯然神伤。那天在有美堂，苏轼醉中吟出白居易的两句诗“暮去朝来颜色故”“老大嫁作商人妇”，犹如霹雳惊魂，醍醐灌顶，使她突然醒悟。她看到了自己的归宿之地，于是把收养了四年的朝云送到苏家。在参加为苏轼饯行的宴会之后，便找到教坊主管，交出历年积蓄，为自己赎身脱籍。当她得知苏轼定于九月二十日离开杭州，便在那天来到玲珑山观音堂。庵主慧云师太知道她是有名的歌妓，起初不肯答应，无奈琴操主意已定，再三恳求，慧云只得依允，次日便为她落发，出家为尼，法号净心。

……

有些书中讲，在送别陈襄的宴会上，苏轼初见这个聪明伶俐、能歌善舞的小姑娘，“很高兴”。有的书中讲，琴操此举征求过闰之的意见，得到闰之的同意。有的书中讲，苏轼携妻子王闰之游西湖，他听到了朝云美妙的歌声，他毫不掩饰地赞叹：“欲把西湖比西子，淡妆浓抹两相宜。”心细的王闰之看出了丈夫的心思，暗中把她买下，遣人送来给苏轼当丫鬟，苏轼笑纳之，那一年，苏轼刚好是四十岁的中年男子。在苏轼和王闰之共同调教之下，王朝云从一个懵懂的少女成长为人见人爱的“如夫人”。有的书中讲，这里有陈襄的美意……

若要再“打破砂锅璺到底”，“究竟”是谁先萌心？则反问：“你既是发育健全之人是否有点傻？”苏轼喜欢，夫人乐意，就足够了嘛，其他细节和过程无关紧要。

十二岁含苞待放的小姑娘，“女大十八变”，流行歌曲不是在唱吗，“九妹，九妹，火红的花蕾”，真笨！与王闰之的心计差远了，请回味前述中她为啥子“抿嘴一笑”！

随着时间的推移，小姑娘很快变成出挑的大姑娘。

到黄州三年后是1082年，苏轼在谪地长官的关照下，已迁居临皋亭，七月十六日，苏轼与客（杨世昌）首次游赤壁。两日后，杨世昌要返回绵竹去，苏轼送他过江。

送走杨世昌，苏轼回到临皋亭时，却见家中有异：里里外外洋溢着喜庆气氛，门楣上都挂上了用红丝绳编织的“盘长”（中国结），盘长上面都有“喜”字。他知道，这是朝云在杭州便学会了的手艺。

苏轼进屋问闰之：家里有啥子喜事？

闰之笑眯眯地告诉他：“朝云出嫁。”

苏轼不无惊喜地问：“真的呀！咋个没听说就出嫁了呢？她嫁给谁呀？”

王闰之待苏轼随她进了卧室后道：“前些日子，你不是说过，朝云之事由我做主吗？先问你舍得舍不得？”

苏轼老实坦言：“朝云真要嫁人，要离开这个家，我确实有一点舍不得。”

闰之道：“我早就摸透了你的心思。如果叫朝云嫁了人，又不离开这个家，怎么样？”

苏轼脱口而出：“那当然好嘛！”

闰之道：“那就把她嫁给苏家吧！”

苏轼道：“啥子？嫁给苏家？”一想，明白了：“你呀，拐那么大一个弯子做啥子嘛！”

闰之道：“既然明白了，你依我吗？”

苏轼道：“这得问问朝云，不能叫她受委屈。”

闰之道：“只要你肯，朝云早就依了。”

苏轼哪里知道，闰之夫人对朝云的终身大事早已上心。八年前，琴操把朝云送来，虽然说好是给她做丫头，可是她却一直没把朝云当作丫头使唤，只当是妹妹一样看待。朝云一天天长大，一天天懂事，识的字也越来越多。她做事殷勤，心灵手巧，还能吃苦。家里人多，她总能吃亏让人，从来不与人拌嘴，大家都喜欢她。本来，她跟着琴操时，就能唱不少曲子，这几年，凡是有了新词，只要是她不会的，苏轼就教她。这姑娘聪慧过人，学两遍就会，唱起来十分动人。闰之很喜欢听她唱。

其实，从王闰之带全家来到黄州那天起，苏轼就发现朝云长大了，变了，变得既丰满又苗条，亭亭玉立，妩媚多姿；唱起曲来，眉目传情，声情并茂，更是令人心旌摇荡。

此刻夫人对自己如此体贴和周到，心里自然高兴，只是说："她愿意吗？你问过她没有？"

闰之道："你知道啥子呀！只要一提起嫁人的事，朝云就说：'一生只愿服侍先生夫人。'我说，我们老了，死了呢？你猜她怎么说？"

苏轼问："她怎么说？"

闰之道："她说，'到那时，我出家做尼姑去！'"

苏轼一听，开心大笑，乐呵呵说道："朝云真是一位有情人哪！"

王闰之道："朝云之事由我做这一回主，把朝云收房，这样，她服侍你也方便一些。"

苏轼喜上眉梢，连声道："好，好，这事我听贤夫人的。"在闰之冷不防时苏轼将她搂入怀中，亲嘴长久不松口。

苏轼与朝云成婚这天，临皋亭来了不少客人。其中有以徐大受为首的州县官吏，有潘丙、古耕道、潘大临等黄州朋友。张大爹也来了，进门就到厨房帮忙。马正卿来得最早，他是半宾半主，一来就张罗招呼客人。

此时，侍女蓉儿、秋月等人送上酒菜，于是大家入席。朝云执壶，一一为客人斟酒。待酒过三巡，肴添两道，苏轼看看徐大受，对朝云道："知州大人有令，要你唱几支曲子，看来是躲不过去了。"

朝云道："我唱你在沙湖作的《定风波》吧。"

苏轼问徐大受："要得吗？"

徐大受道："要得，要得！"

朝云正要唱，徐大受道："等一等，有人为你伴奏。"随即吩咐带来的两名官妓，一个吹笙一个吹箫而和。

朝云唱道："莫听穿林打叶声，何妨吟啸且徐行……"她一边唱，一边模仿风雨中男子汉那种从容慢步的潇洒神态，那一行一步，一举手，一投足，都酷似苏轼平日，引得在座者皆大笑不止。

完了，徐大受道："不行！不行！女孩儿家要唱女孩儿的词才好。"

朝云道："先生的词，少有写女孩儿的。"

苏轼道："我是不大喜欢写那些听厌了的苦泪愁肠、闺情幽怨……"话没说完，忽然想起，"哦，是了，在钱塘时，我作过一阕描摹男女初恋的《蝶恋花》，亦可供女孩子唱的。"

话音未落，徐大受道："就唱那首。"

朝云道："我没见过。"

徐大受对苏轼道："快写出来！"

苏轼忙写了，递与朝云。朝云接过去，一看，脸上飞起朵朵红云。

徐大受道："新人还没唱，先害羞了，必定有趣。"

少停，只听朝云轻声唱道：

记得画屏初会遇。好梦惊回，望断高唐路。燕子双飞来又去，纱窗几度春光暮。　　那日绣帘初见处。低眼佯行，笑整香云缕。敛尽春山羞不语，人前深意难倾诉。

朝云真是聪明绝顶，才看过两遍，唱时竟能把那少女的满怀思恋，万种柔情，几分幽怨，含羞半露地表达得令人绝倒。

刚唱完，徐大受笑道："好个东坡先生，叫人家姑娘辛苦了！"一句话，说得朝云忙用手捂着绯红的双颊，低头不语。

苏轼道："好你个君猷，你叫人家唱，人家唱了，你却取笑！"

徐大受道："好好好，不说就是，你急啥子嘛！"他学着蜀语的腔调引来又一阵大笑。

就这样，直到日薄西山，客人们才陆续散去。吃过晚饭，王闰之将朝云送入新房。朝云打来热水给苏轼洗了脚，便低头坐在床边。

苏轼道："朝云，委屈你了！"朝云略抬起头，小声说："服侍先生，是朝云的福气。"

看她那娇憨柔媚之态，苏轼禁不住神魂飘荡，便坐到床边，将她揽入怀中。于是二人宽衣解带，共入罗帐。新婚情爱，快感销魂，无须细说。

王闰之了却了这桩心愿，感到莫大的安慰。

王闰之为苏轼和朝云操办婚事后十一年，即元祐八年（1093），她卒于汴京，享年四十六岁，遗体暂殡于京师。

可惜这样一个好女子命也不长久，她陪伴苏轼走过了他生命当中最重要的二十五年，二十五年后她追随姐姐而去。此节标题，出自苏轼在乌台诗案绝命诗中之语。确实，王闰之跟随苏轼二十五年，劳顿奔波，担惊受怕，没有享过什么福。嫁给大才子之后，身穿“牛衣”，野菜充粮，当丈夫的能不感到愧疚吗？

王闰之临终前把王朝云叫到跟前，再三嘱托她，无论苏轼遇到什么样的困难，都不要离开他，她含泪答应。

王闰之的死，与王弗的死一样，带给苏轼巨大的悲痛，写下了一篇出自肺腑、催人泪下的《祭亡妻同安郡君文》。

后来，苏轼请了当时的大画家李龙眠画了十张罗汉像，将这十张佛像献于王闰之的灵前。遵照王闰之的遗嘱，把她生前佩戴过的首饰施舍给清凉寺，并绘了佛像一并护送入寺，以此追荐与他患难与共的贤妻。

苏轼在祭文中的愿望也得到了实现，他死后，他的儿子把他与王闰之合葬在了一起。

这位贤内助的逝去，对年已五十八岁的苏轼来说，是一个重大的打击。他悲痛地呼号：“已矣奈何，泪尽目干”，对她的生命既无可奈何难以挽回，只有流尽老泪以致深哀。

五年以后的上元节之夜，苏轼在海南梦见王闰之，作诗怀念亡妻：

灯花结尽吾犹梦，香篆消时汝欲归。
搔首凄凉十年事，传柑归遗满朝衣。

又过了四年，长子苏迈来京把她的灵柩迁往汝州，与苏轼合葬在郏城县（今河南郏县）的小峨眉山。王闰之是唯一与苏轼“死则同穴”的妻子。

“惟有朝云能识我”

朝云姓王，字子霞，钱塘人。她本是余杭雏妓，苏轼倅杭时收作侍女，年仅十二岁。她三十四岁病亡于惠州，侍苏轼共二十三年。生有一子遁儿，不满一岁夭折。比之两位妻子，苏轼写她的文字最多。有《悼朝云并引》《朝云墓志铭》《惠州荐朝云疏》，还有《朝云诗并引》《殢人娇》《西江月》等几首诗词。朝云始不识字，但能歌，聪颖伶俐。由于有良好的天赋，再加上小小年纪即受苏轼的耳濡目染，她获得了很好的悟性。这种悟性，一是对艺术与宗教的感悟能力，苏轼说她“晚忽学书，粗有楷法”，“从泗上比丘尼义冲学佛，亦略闻大义”（《悼朝云并引》）。二是对苏轼有着真正的理解，一种心灵上的默契。宋费衮《梁溪漫志》载：

> 东坡一日退朝，食罢，扪腹徐行，顾问侍儿曰：“汝辈且道，是中有何物？”一婢遽曰：“都是文章。”坡不以为然；又一婢曰：“满腹都是识见。”坡亦未以为当。至朝云，乃曰：“学士一肚皮不合时宜。”坡捧腹大笑。

苏轼有诗云：“东坡何事不违时。”（《次韵子由三首》）不趋从时宜是苏轼显著的特点，宜朝云知之，足见唯朝云为知己。

朝云秀外慧中，很得苏轼与王闰之的喜欢，但是，即使在王闰之死后，朝云还是以侍妾的身份生活在东坡身边。在当时的社会环境里，侍妾是不可能成为正室的。苏轼虽然喜爱朝云，却无法改变她的身份。

元丰六年（1083），朝云在黄州生了一个儿子，苏轼写信给朋友蔡景繁说：“云蓝小袖者，近辄生一子。”朝云死后，苏轼在悼念她的诗里追忆说：“顺然疑薄怒，沃盥未可挥。”“云蓝小袖”是指朝云的衣着，“沃盥”是用秦女侍奉晋公子重耳的典故，这些语句都暗示着朝云的侍妾身份。苏轼撰写的朝云墓铭也明言“东坡先生侍妾曰朝云”。时至今日，我们当然应承认朝云是苏轼的妻子，事实上苏轼早已把朝云视为闺中知己，她在苏轼心中的分量并不逊于王弗与王闰之。

在这里更须交代清楚一件往事：苏轼曾要扶正朝云为妻子，而德行高洁的朝云执意不同意让亲人和侍从改口。

就在朝云随苏轼到惠州，因不服水土得了一场病，在病愈后的一个晚上，苏轼对朝云道："明天我要跟过儿和墨郎夫妻说一件事。"

朝云道："那是啥子事呀？先生快说吧。"

苏轼道："闰之弥留之际，嘱咐之事。"

朝云还是不明白："夫人嘱咐的事？"

苏轼道："把你扶正做夫人。"

朝云道："那样我可受不了！先生，现在这样不是好得很嘛！墨郎、蓉儿年纪比我大，千万莫喊我夫人。求求你，不要改！叔党也不要改，喊我朝云姨我最高兴。"想了想，又道，"夫人是皇上封的，如今你没有了官职，纵然改了，又有啥子用嘛！"说着，拉着苏轼的双手，左摇右晃，不住地说，"莫改，好人，莫改！"苏轼看她，竟是一脸的孩子气，只好说，"好好好，依你不改就是了。不过，我要送你一首诗。"说完吟出一首《殢人娇》词，题名也叫《赠朝云》：

> 白发苍颜，正是维摩境界。空方丈、散花何碍？朱唇箸点，更髻鬟生彩。这些个，千生万生只在。　　好事心肠，著人情态。闲窗下、敛云凝黛。明朝端午，学纫兰为佩。寻一首好诗，要书裙带。

朝云是美女，故称其"天女维摩"，并以散花作比喻。与写王弗"小轩窗，正梳妆"一样，写朝云在镜子面前略整容颜，用筷子在唇间轻点，秀发随意扎成髻鬟，风采立即出现。然而她又多愁善感，时不时地会"敛云凝黛"。每当此时，苏轼便要写诗赋词，为她宽慰，于是就有了"明朝端午……好诗要书裙带"。

朝云看后道："我知道，天女维摩都是佛家仙界的人，我念过《维摩诘经》。"

苏轼道："对头，对头！"

苏轼道："那么朱唇箸点呢？……"只看着她，没再说下去。

朝云抿着嘴轻声说："人家梳妆时你也仔细看……"

苏轼见朝云红霞飞颊，星眼微饧，便情不自禁抱她上床，去效那神女襄王云雨巫山故事。朝云在他的怀抱中笑道："刚刚作了诗，你又……"

苏轼道："世间最难者，莫过于去欲也！"

朝云确是东坡最亲密的人生伴侣，她不但对苏轼始终"忠敬若一"，而且对苏轼的精神世界有深切的理解。

苏轼有一首早期作的《蝶恋花》词，只知道他晚年贬官岭南曾叫侍妾朝云唱此词，朝云刚想开口，忽然泪流如雨，一个字也唱不出来。苏轼问她这是怎么了，朝云说她实在无法唱出词中的两句，就是"枝上柳绵吹又少，天涯何处无芳草"！苏轼听了，心里顿时有一种不祥的感觉。其后朝云常常沉吟这两句，每次都吟得泪流满面，染病卧床后尤其如此。

此事的记述，在清张宗橚《词林记事》卷五引《林下词谈》：

> 子瞻在惠州，与朝云闲坐。时青女（霜神）初至，落木萧萧，凄然有悲秋之意，命朝云把大白，唱"花褪残红"。朝云歌喉将啭，泪满衣襟。子瞻诘其故，答曰："奴所不能歌，是'枝上柳绵吹又少，天涯何处无芳草'也。"子瞻大笑曰："是吾正悲秋，而汝又伤春矣。"遂罢。朝云不久抱疾而亡，子瞻终身不复听此词。

又据《冷斋夜话》：朝云唱这首词虽"泪满衣襟"，但又特别爱唱这首词，"日唱'枝上柳绵'二句，为之流泪，病极，犹不释口"。

研究过这首词的学者普遍认为：朝云之所以不能歌"天涯芳草"之句，"是因此句与坡公此时的贬逐天涯正暗合，朝云怜惜先生，故伤心而不忍歌"。

"这首词颇能代表他们贬官惠州的心情。苏轼对朝廷一片忠心，却落得远谪岭南的下场，这不正是'多情却被无情恼'吗？而他们当时的境遇也正像被风雨摧残的柳絮——'枝上柳绵吹又少'，'也无人惜从教坠'。"让我们来仔细研读此首《蝶恋花》词，并加以深入研究。

花褪残红青杏小，燕子飞时，绿水人家绕。枝上柳绵吹又少，天涯何处无芳草！　　墙里秋千墙外道，墙外行人，墙里佳人笑。笑渐不闻声渐悄，多情却被无情恼。

这是一首感叹春光易逝、佳人难见的小词。上阕伤春，写红花凋谢，青杏初结，紫燕轻飞，绿溪绕舍，柳絮飘扬，芳草无边等春末夏初景象，充满了“流水落花春去也”之感。下阕写“墙外行人”的单相思。墙里秋千高荡，佳人笑声飞扬，使“墙外行人”心荡神怡，产生了爱慕之情；但“墙里佳人”并不知有“墙外行人”，荡罢秋千，翩然离去，“佳人”笑声渐失，“行人”烦恼倍增。

这首词最为后人称道的还是上阕的最后两句。“枝上柳绵吹又少”，写法与“花褪残红”相似；柳絮纷飞已标志着“春去也”，更何况“吹又少”呢？但这种相似写法又不露痕迹，故不觉重复，倒给人以缠绵悱恻之感。“天涯何处无芳草”是到处皆芳草之意，伴随芳草茂的必然是百花残，再次抒发了伤春之情。

此词古今评家发过颇多高论，窃以为尚不能“破解”朝云一唱这两句便泪流满面，“病极，犹不释口”的心灵秘密和深层次原因。这就是朝云因身体染病、娇儿夭亡等不幸，预感难以与苏轼长久相伴、白头到老的深度哀伤。上句“枝上柳绵吹又少”，这不是印证自己的现状吗？与在杭州少女时，在黄州风韵最佳时相比，已不可同日而语；接下去一句“天涯何处无芳草”，不管作者写作时指的什么，何种含义，读者完全可以凭自己的理解去解说，将“芳草”看作美女、佳人、称心如意和志同道合者，故有人续了一句“不必苦恋一个人”。

直到今天，这句词几乎忘却了最早的原意，而成了解劝不要单相思、不要为失恋而苦恼的宽慰语。朝云唱这两句词，勾起自己已不是“芳草”，也可能被新的“芳草”代替，但这又不能说出口，故以泪流满面来宣泄心头之痛。

苏轼在《朝云墓志铭》中以“敏而好义”“忠敬若一”总括朝云之德。敏谓聪敏，是其资禀气质；义为知是非明大义，是其对社会人事有主见。苏轼南迁，独朝云请从。姬妾与家主，既为主奴又为男女，忠爱敬爱，二十三年如一。朝云可谓先生的患难之伴侣，红颜之知己。苏轼曾云：“我甚似乐天，但无素与蛮。”他以为自己出处颇似乐天，只是无善歌之樊素与善舞之小蛮常伴身边。但后来朝云对苏轼实远胜于素、蛮二人，她心甘情愿义无反顾与之共赴患难，宜苏轼以敏义忠敬四端誉之。《朝云诗》云：

不似杨枝别乐天，恰如通德伴伶玄。
阿奴络秀不同老，天女维摩总解禅。
经卷药炉新活计，舞衫歌扇旧因缘。
丹成逐我三山去，不作巫阳云雨仙。

“杨枝”，樊素善唱《杨枝》，人多以曲名名之。苏轼感念朝云不似素、蛮离他而去，而能与他患难相伴。因朝云在苏轼学佛后亦学佛，故比作解禅之天女，而以维摩自比。“经卷”以下四句，写朝云过去能歌善舞，如今又从之学道，经卷药炉，相濡以沫。“天女维摩总解禅”，这是苏轼与朝云在岭南志趣相同的真实写照，但他们并没有因诵经而忘情、因炼丹而意懒。

朝云名曰“朝云”，却不似巫山神女朝为云暮为雨飘忽难觅，而“一生辛勤，万里随从”(《惠州荐朝云疏》)，这给苏轼带来莫大的宽慰。值得一提的是，苏轼此时对朝云的情感，完全不同于一般文人失意英雄末路而寄情女色以寻求感官刺激与心灵慰藉。

苏轼贬惠时期乃是独居，不近女色，不作房事。他在《答张文潜四首》其一中说：“疾久已扫除，但凡害生者无复有，则真气日滋骨髓，余益形神，卓然复壮，无三年之功也。某清净独居，一年有半尔。已有所觉，此理易晓无疑也。然绝欲，天下之难事也，殆似断肉。今使人一生食菜，必不肯。且断肉后百日，似易听也，百日之后，复展百日，以及暮年，几忘肉矣。但且立期展限，决有成也。”

《答范纯夫十一首》其十：“某谪居瘴乡，惟尽绝欲念，为万金之良药。公久知之，不在多嘱也。”

与王定国第三十二简亦有“御瘴之术惟绝欲练气一事”之语。苏轼与朝云以练功绝欲抵御瘴气之侵袭，共同关爱不赀之躯以面对严酷的政治迫害，实际早已超越男女间的寻常风月而升华为一种同患难共命运的崇高情爱。

朝云病亡后，苏轼哀悼不已，“葬之栖禅寺松林中东南，直大圣塔”，又作《悼朝云》，又作《西江月·梅花》则借咏梅以写朝云。

王楙《野客丛书》卷六谓：

> 东坡在惠州有梅词《西江月》，末云：“高情已逐晓云空，不与梨花同梦。”盖为朝云而作。词写梅花具开生之秀色，素面红唇，分外娇美。经瘴雾之洗衣礼，冰姿玉骨，高情高格，不与梨花同梦，写尽梅花坚毅高贵超尘脱俗之品性。

《冷斋夜话》卷一亦谓此词“其寓意为朝云作也”。可知在苏轼心目中，朝云与梅花一样美丽坚毅高风绝尘，其赞美之情溢于言表。苏轼《和陶和胡西曹示顾贼曹》诗中有“瘴雨吹蛮风，凋零岂容迟。老人不解饮，短句余清悲”之句，王文诰案：“此诗悼朝云也。”朝云之于苏轼，身份为侍妾，而忠敬与知己，在苏轼的情感世界中，占有极为重要的位置。

在苏轼最困顿的时候，王朝云一直陪伴其左右，苏轼称其为“天女维摩”。王朝云先于苏轼病死，苏轼将亡妻葬在惠州西湖孤山南麓栖禅寺大圣塔下的松林之中。栖禅寺的僧人为了悼念这位虔诚的信徒，在她安葬不久，便去化募善在她的墓前建了个亭子，苏轼将它命名为“六如亭”，撰写的楹联是：

> 不合时宜，惟有朝云能识我；
> 独弹古调，每逢暮雨倍思卿。

后人依据“六如”之意，在亭的两侧又镌下两联：

> 如梦如幻如泡如影如露如电
> 不生不灭不垢不净不增不减

苏轼不仅为朝云生前死后写下的诗词最多，而且祭文也最多。《惠州荐朝云疏》中说道：

> 轼以罪责，迁于炎荒。有侍妾朝云，一生辛勤，万里随从。遭时之疫，遘病而亡。念其忍死之言，欲托栖禅之下。故营幽室，以掩微躯。方负浼渎精蓝之愆，又虞惊触神祇之罪。

除了上面提到的《朝云墓志铭》《惠州荐朝云疏》《朝云诗并引》《西江月·梅花》之外，还有《雨中花慢》和《题栖禅院》等诗、词、文章。此后他在诗文里，在与朋友的通信中不止一次哀叹朝云，比如当年九月九日，他应当地友人之邀，参与重阳登高之会，就在诗篇里情不自禁地流露着内心的伤悲：

> 今年吁恶岁，僵仆如乱麻。此会我虽健，狂风卷朝霞。
> 使我如霜月，孤光挂天涯。西湖不欲往，墓树号寒鸦。
> ——《丙子重九二首》之一

岭南的瘴疫“狂风”卷走了他心爱的“朝霞”（朝云字子霞），也让他不忍心再到惠州西湖一带观光流连。他说自己如同“霜月”（霜与“孀”同音），孤独地挂在“天涯”。谁知此语成谶，第二年四月，他就被再度流放到“海角天涯”，被遥遥挂在儋州的天海一角。

朝云早逝，苏轼心如死水，一直鳏居。五年后，他也跟着王朝云的脚步离开了人世间。

孤冢遗骨有余香

“高情已逐晓云空”，自从他的“朝霞”被“狂风”卷走后，六十一岁的苏轼此后再也没对任何女性有过亲近之望，他的情与爱，历经恋爱、丧妻、续娶、为佳人所围困、继室早亡、爱妾仙逝之后，心如死井水，即便再括起能“沧海扬尘”的飓风，也不会起任何波澜。

“一自坡公谪南海，天下不敢小惠州。”（江逢辰《白鹤峰和诚斋韵》）苏轼虽是被贬之人，仍在惠州整修西湖、增建桥梁、引水济民、推广秧马、扶困救危，既铸就一个个熠熠生辉的文化遗迹，也给当地百姓留下一串串娓娓动人的故事，而朝云的墓，则是他心爱之人的生命遗迹，上面沾染着苏轼公的挚情和泪水。

苏轼百年后，朝云墓历久失修。南宋诗人刘克庄游宦到此地，对六如亭进行修缮并题诗：

吴儿解记真娘墓，杭俗犹存苏小坟。
谁与惠州耆旧说，可无抔土覆朝云？

——《六如亭》

昔人喜说坠楼姬，前辈尤高断臂妃。
肯伴主君来过岭，不妨扶起六如碑。

——《再题六如亭》

“真娘”是唐代苏州著名歌妓，她本姓胡，也因自幼失去父母，被人拐卖到妓院，后因不愿屈从老鸨胁迫，投缳而死。白居易、李商隐都有诗篇，对她深表哀悼。“苏小”为杭州名妓苏小小，南北朝时齐国人，李贺在《苏小小歌》里，曾用“幽兰露，如啼眼”，“草如茵，松如盖；风为裳，水为佩”来写她的幽寂冷艳；“坠楼姬”指西晋富豪石崇的爱姬绿珠，因她貌美如花，中书令孙秀索之不得，便设计将石崇处死，绿珠忠诚刚烈，跳楼而亡；“断臂妃”系传说中的吴王宫中嫔妃，宁愿自断其臂不甘受辱。刘克庄一口气举出四个名妓、烈女之事，以此形容朝云禀性高洁，且有气节，可见朝云在宋代人心中的地位。

明清时期文人学士题写朝云之事的诗词极多，比如钱谦益的友人程孟阳，曾借五首《朝云诗》寄托他对柳如是的倾慕。康熙时翰林编修史申义，一首题《朝云墓》写得颇有韵致：

散尽泥金蛱蝶裙，云蓝小袖剧怜君。
伤心白鹤峰前路，一树榕阴盖古坟。

新会人何绛的《朝云墓》，则更胜一筹，是一首难得的好诗：

试上山头奠桂浆，朝云艳骨有余香。
宋朝陵墓俱零落，嫁得才人胜帝王。

一个作为罪臣流放的蛮荒、瘴疠之地，由于坡公的到来，竟使此后天下不敢小视！

历史上的帝王将相巡视地方多得很，到处刻石颂德，建祠铭功。但是，即使是秦始皇、汉武帝巡视过的地方，又如何？年深月久，风吹雨打，照样不辨龙蛇，剩下断垣残壁，从来没有人这样说过：他们来过之后，天下不敢小视。可见坡公的影响和地位之高，诗文威力之大，充分说明：为中华民族优秀文化和灿烂文明作出重大贡献之人，堪称真正的伟大和不朽！

世世代代，高贵的、荣华的女性知多少？在封建时代，美貌女子当侍妾的也多且平常，苏轼生平中的侍妾也不止一个两个，那么，为何千千万万的美人都“名不见经传”？……

一个自幼失怙、孑然一身、无依无靠、没奈何来到杭州城自卖自身的贱女，因偶然的机会来到苏轼的身边，成为他的侍妾，陪伴坡公二十三年，因身染瘴毒，才三十四岁便殒身，在惠州留个孤冢，而千百年来，人们对她竟有那么多的怀念与钦敬，究竟是什么原因？这里有政治识见观、恋爱观、人生价值观，特别是女性的择偶观等重要问题，需要作深刻的理性思考。

朝云进入苏家以后，跟着苏轼颠沛流离，四海为家。绍圣元年（1094），五十九岁的苏轼以“讥刺先朝”的严重罪名远谪岭南，将要到那荒僻遥远的瘴疠之乡去度过余生。走到半路，苏轼让侍妾们自寻出路，众妾相继离去，只有朝云不肯离开。当时朝云年仅三十二岁，依然风姿绰约，她的儿子则早已夭折，但她坚决要求跟随苏轼一起南行。到了广东惠州，朝云一如既往地细心照料着苏轼的生活，愿为苏轼献出一切，无怨无悔。可以这样说，苏轼与王弗是“鸾凤和鸣”，与王闰之是“恩爱夫妻”，与王朝云是“互识知己”。

笔者于2012年5月16日，从广州专程前往惠州，寻访了六如亭，拜谒了朝云墓。鉴于对朝云出身贫贱、才德出众，一生短暂、独留孤坟在岭外，亲临其境，颇为动容。虽因一向却步音律，鲜作诗词，但情不自禁，乃仿《陋室铭》作《贱女铭·赞朝云》：

位不在尊，崇高人敬；寿不在长，耀亮如星。身虽贱女，品德芳馨。敏聪有天赋，娇音若百灵。卓见高须眉，患难显坚贞，弥高情。　　事坡公廿三年，与文星共运命。惠州葬艳骨，千古六如亭。称天女：维摩美名！

第十六章

惠州得惠

惠州盛情迎迁客

元祐八年（1093）九月初，垂帘听政长达八年之久的太皇太后高氏病逝，十七岁的哲宗开始亲政，朝中政局又酝酿着巨大的变化。

元祐年间的大臣，尤其是宰相司马光、吕公著、吕大防、范纯仁、刘挚、苏颂等人，在政治上都倾向旧党，凡事都奏请高太后断决，丝毫不把十来岁的哲宗放在眼里。这显然是个十分错误的决策，酝酿着极其尖锐的矛盾，犹如后来的清朝慈禧太后当政漠视光绪帝一样，区别只是后者“永世不得翻身”。

由于“元祐更化”是以“母改子政”的形式出现的，等于是宣布了神宗新政的死刑，这就埋下了日后重新肯定神宗之政、再度变更的隐患。加上哲宗登基后一直受到高太后和众大臣的冷落，心中愤懑不平，更会产生要与元祐之政反其道而行之的逆反心理。

政治上有远见卓识的苏轼，早就看出了这样做法不当，对政治上反复、重大政策多变早有预感。还在元祐元年（1086）司马光大刀阔斧地废除新法的时候，苏轼便提醒他要预防后患，可惜司马光根本不听，还厉声说：“天若祚宋，必无此事！”

八年转瞬即逝，局势的变化不幸为苏轼所料中。高太后一死，隐忍多年的狂童宋哲宗立即发动“绍述”，即全面恢复神宗之政。

苏轼在高太后逝世前就已获准出知定州，九月下旬出京前，请求面辞哲宗，没想到他亲自教诲多年的少年皇帝竟然拒绝接见。苏轼只好留下一封奏章劝谏哲宗切勿“轻有改变”，他预感到一场更加猛烈的政治风暴即将来临。

果然，次年闰四月，正在定州的苏轼便接到了“以左朝奉郎知英州军州事”的谪命，踏上了南迁的漫长道路。苏轼在南迁途中又连续接到“再降左承议郎知英州军州事”“合叙复日不得与叙、仍知英州”“落左承议郎、责授建昌军司马、惠州安置、不得签书公事”和“落建昌军司马、贬宁远军节度副使、惠州安置”的四道诏命。短短的五个月内竟然连下五道谪命，不但把苏轼的品级一降再降，而且连苏轼根本来不及赴任的实授的英州（今广东英德）知州和虚授的建昌军（今之江西南城）司马等职也先授后革，可见章惇等人打击政敌时不择手段、气急败坏的疯狂程度。

英州远在岭南，是世所公认的瘴疠之地，苏轼不想把全家人都带到那里去，于是他绕道汝州，与刚被谪为汝州知州的子由相晤，并向弟弟请求接济。子由慷慨解囊，赠给苏轼七千贯钱，帮助兄长安排全家的生活。苏轼此前曾在宜兴购置了一点田产，于是决定让长子苏迈带领部分家人回宜兴居住。

六月，苏轼来到江宁。一家人在此挥泪分手，苏迈带领妻小与老弱家仆东归宜兴，苏轼率其余的家人继续前往英州。

半个月后，苏轼到达安徽当涂，接到朝廷的第四道诏命，他的贬谪地由英州改为更加荒远的惠州，官职也由实授的知州改成“不得签书公事”的虚衔罪官。

苏轼觉得形势越来越险恶，他不想让儿孙都跟随自己到惠州去经受折磨，便临时改变计划，让儿孙们都回宜兴去与苏迈一起生活。两个儿子与儿媳都哭着请求与老父亲同行，经过再三商议，苏轼决定只带幼子苏过、侍妾朝云和两个仆人继续南下，其余家人包括苏迨一房以及苏过的妻儿都返回宜兴。苏迨临行中对白发苍苍的父亲依依不舍，苏轼亲自书写了从前写的六篇赋，赠给这个擅长楚辞体的次子以作纪念。

八月七日，苏轼的船进入赣江。赣江长三百八十里，中间要经过十八处险滩，其中尤以惶恐滩最为险恶，过往的舟船倾覆无数。幸而今夏雨水充沛，江水上涨，由暗礁引起的鱼鳞状波纹稍微减少。风劲帆鼓，船便箭一般地冲过了这处令人毛骨悚然的险滩。苏轼面对着湍急的江水顿生乡思，并由“惶恐滩”的地名联想起蜀道上的“错喜欢铺”，便作诗一首：

七千里外二毛人，十八滩头一叶身。
山忆喜欢劳远梦，地名惶恐泣孤臣。
长风送客添帆腹，积雨浮舟减石鳞。
便合与官充水手，此生何止略知津！

九月，苏轼翻越大庾岭。大庾岭从古以来就是内地与岭南的分界线，从中原南下越过此岭，便进入蛮荒瘴疠的地区了。大庾乃五岭之一，因多梅花，又名梅岭，向为岭南岭北交通咽喉之地。岭上，古道崎岖险峻，经唐开元年间和宋嘉祐年间两次辟修，才有了可通车马的宽敞大路。

北宋建国以来，素有不杀大臣的惯例，臣子犯罪，贬谪岭南就是最重的惩罚。元祐四年（1089），蔡确在安州作“车盖亭诗”，谏官奏称蔡诗内含讥刺高太后之意。高太后大怒，大臣文彦博等主张把蔡确贬往岭南。

苏轼向高太后上了一道密奏，认为若深罪蔡确，宜由皇帝下诏逮捕治罪，再由太后下诏赦免之。再次体现了苏轼“以德报怨”的品格。

宰相范纯仁也对另一位宰相吕大防说：“我朝自从乾德以来，从来没有大臣被贬至岭南，经过大庾岭的道路长满荆棘已有七十年了。如果在我们的手上把此路重新开启，万一将来政局有变，只怕我们自己会重蹈覆辙！”可惜朝廷未能听从苏轼与范纯仁的意见。

如今新党卷土重来，章惇、安焘等人出任宰执，对旧党进行疯狂的报复，在短短的一两个月里，便将三十多“元祐党人”全部贬往边远地区。奇怪的是，从未担任过宰执重位，也从未对新党有过任何过激行为，且与哲宗有“八年经筵之旧”的苏轼竟成为远贬岭南的第一人。苏轼觉得眼下的朝廷已经失去了理智，是非忠奸已失去了标准。于是苏轼消除了忠而见谤的怨愤之心，也泯灭了垂老远谪的悲愁之感，他决心斩断前缘，追求精神上的新生。

苏轼一行早饭后从南安县城动身，未及晌午便到达梅岭最高处梅关。苏轼站在梅关前，见两侧皆危崖陡壁，正中城楼横卧，上有“南粤雄关”四字。右侧立碑，上刻“梅关”。他放开大步，过了梅关，回头看那城楼上，却是“南岭第一关”。苏轼登上城楼，见万岭千山，尽在眼底，顿觉一股浩然之气，直透全身，千愁万虑，一扫而光。此时，他想起庄子“受命于天”之说，好像自己成了屹立天地间的巨人，于是李白流放夜郎时所作“结发受长生”的诗句浮上心头，遂作诗《过大庾岭》书于龙泉钟上：

一念失垢污，身心洞清净。浩然天地间，惟我独也正。
今日岭上行，身世永相忘。仙人拊我顶，结发授长生。

大庾岭上果然人迹罕至，草木繁密。苏轼一行在林间穿行，忽然看见两个道人，他们一见来客，便匆匆避入林中的一所茅屋。

苏轼认为两人定是异人，便对押送的使臣建议跟过去看看。果然两位道人都气宇不凡，他们询问苏轼是何人，使臣回答是“苏学士”。

两人又问：“莫非是苏子瞻？”

使臣点头称是，还说：“苏学士的得是由于文章，其失也是由于文章。”

道人相视而笑，说：“文章哪里会懂什么荣辱，倒是富贵从来都是靠不住的。”

苏轼听了深以为然，他叹息说：“何处的山林里没有有道之士啊！”

几天之后，苏轼来到韶州（今广东韶关）的曹溪边，走进了心仪已久的南华寺。南华寺是六祖慧能开坛讲法的宝刹，堪称禅宗圣地，寺中的住持重辩长老初逢名闻天下的苏轼，相见恨晚。两人论禅说理，终日不倦。重辩还抓住这个好机会，请苏轼大书“宝林”二字作为寺门匾额。苏轼的父母亲和妻子王闰之都崇佛，弟弟子由尤喜研读佛典，受他们的影响，苏轼一向对佛教怀有好感，与禅宗“五家七宗”中的云门、临济两宗都有很密切的关系。随着人生阅历的加深和人生坎坷的加剧，苏轼越来越深地浸润于佛教思想，并对那种神秘的宗教境界产生了越来越浓的亲切感。如今他亲身来到南华寺，当面礼拜藏有六祖真身的大鉴塔，因而更加虔诚。

此时之所以触动苏轼感情，因为他想起了关于六祖慧能与惠明的一番问答：当年慧能得到了五祖弘忍秘密传予的衣钵，南行至大庾岭，被军官出身的惠明追上。惠明向慧能求法，慧能问惠明："不思善，不思恶，正与么时，哪个是明上座本来面目？"惠明听了顿时大悟，回答说："惠明虽在黄梅，实未省自己面目。今蒙指示，如人饮水，冷暖自知。"

又过了数日，苏轼来到清远县（今广东清远），此行的目的地惠州已遥遥在望了。

苏轼遇到一位姓顾的秀才，便向他打听惠州的风土。顾秀才告诉他，惠州气候宜人、物产丰富："江云漠漠桂花湿，海雨倔愓荔枝然。闻道黄柑常抵鹊，不容朱橘更论钱。"

"他乡遇故友"，历来是人生的一大乐事，倍增亲切感。苏轼在途中游罗浮山时邂逅旧友吴复古，吴遂与其同行。

绍圣元年（1094）十月二日，是个晴朗的日子。船抵惠州城下。

苏轼站在船头，见东江码头上人群熙攘，摩肩携手，像是在迎接贵宾，不禁自语道："这是迎接啥子客人呀？如此热闹。"

吴复古道："说不定是为你而来。"

苏轼道："我一个迁客罪臣，谁来迎我？"一面说，一面登岸。此时，人群中几位年高长者，正招呼着向苏轼走来。其中一位手捧瓷盘，盘中酒瓶上贴着"岭南万户酒"的签子。他们走到苏轼跟前，为首的那位拱手道："请问官人可是内翰苏子瞻大人？"

苏轼急忙还礼道："不敢，在下苏轼。只是已非内翰。"

为首老人举杯敬酒，苏轼一饮而尽，连声道谢。

码头上的百姓听见他们的对话，便都围了过来，只听得七嘴八舌：

"这就是那有名的苏东坡呀？"

"他犯了乜也罪呀？"

"看样子人很和善，不会做乜也坏事吧。"

"听说他是个好人、好官，被奸臣陷害的。"

苏轼向四面作礼道："苏轼一介书生，又是贬谪之臣，有劳诸位父老来此迎接，惶恐之至。"说罢，叫搬运行李的挑夫引路，急急忙忙离开码头，朝惠州官舍走去。

当年苏轼在去惠州途中，一路上，许多百姓在家门口、在街头向他招手致意。苏轼忽然觉得这眼前的惠州并不陌生，便对吴复古道：“我仿佛曾经来过此地。”

吴复古一笑：“想必是在梦里吧。”

一行人到了州衙门首，知州闻报迎接入内，并自报家门：“下官詹范，字器之，忝列知州。早闻内翰大名，倾慕久矣，今日相见，足慰平生。”

詹范一脸和善，是个四十岁上下的中年人。苏轼对他深深一揖：“轼乃朝廷罪臣，大人不必客气，凡事多加督导才好。”

詹范道：“我是真心实意，并非与你客套。苏大人一路辛苦，还是先安顿下来再说。”又道，“州城东门合江楼，足可安身。”说着，要帮忙搬行李。苏轼急忙拦住：“不敢！不敢！指点住处就足够了。”

詹范将一行六人领至合江楼，对苏轼道：“内翰看此处可好？”

苏轼一看，这合江楼在两江汇合之处，三面环水，一面倚山，面对东西两江，四外绿树成荫，朱漆门窗、琉璃瓦盖，楼下还有一个小园。能住在这样的地方，那还有什么说的？但一看门上有“惠州馆驿”的牌匾，便道：“此系官驿，苏轼居此，怕会给大人招来闲话。”

詹范道：“惠州偏远之地，没有谁来此多事，东坡公就安心住下吧。”苏轼只好在合江楼住下来。楼上有房屋七八间，后面还有厨房、杂屋，便自己与朝云住一间，墨郎夫妻一间，过儿与吴复古同住一间。

夜里，也许是因为途中奔波劳顿，苏轼头一着枕，便酣然入睡。第二天一大早，鸦鹊的啼鸣声把他唤醒，他起身站在窗前，望着眼前滚滚流去的江水，又想起自己此次南迁，不知何日才得北归。但转而又想，啥子北归？北归又能怎样？随遇而安吧！何况这里的人们对我都不错，我苏轼有啥子可伤感的！这么想着，便展笺运笔，写下七律《十月二日初到惠州》：

> 仿佛曾游岂梦中，欣然鸡犬识新丰。
> 吏民惊怪坐何事，父老相携迎此翁。
> 苏武岂知还漠北，管宁自欲老辽东。

岭南万户皆春色，会有幽人客寓公。

待朝云进来梳过头，苏轼便把那首诗拿去给吴复古看。

复古看后笑道：“你不是说再也不作诗了吗？”

苏轼道：“你不是说我不作诗就活不下去吗？”说罢，两人扬声大笑。

苏轼从此成了惠州人。这是他出仕以来安家的第十一个州城。岭南的一切，都比他在南迁途中想的要好得多。已经是冬天了，而眼下惠州却是一片青绿之中，点点花红似火；而果满枝头的橘树上，却同时开着白色的小花。去年在定州，刚立冬就下雪，穿上棉袄皮袍，犹觉寒气袭人；如今在惠州，他这个年近花甲的老人，身上只穿两件单衣，也丝毫不觉寒冷。他对吴复古道：“只要朝廷不把我另移他处，我便终老此地。”

吴复古听后却摇摇头：“难说！”

苏轼道：“你不信？”

吴复古道：“有朝一日，叫你还回去，再做翰林学士、礼部尚书，你也赖在这里不走？”

苏轼道：“那样的事，不会再有了。”

吴复古追着不放：“设若有那样的事，你走还是不走？”

苏轼苦笑道：“你明明知道，若真的如此皇命难违，但已不可能，何必虚作假定！”

吴复古哈哈大笑：“好，我不追问了。”

一日近午，苏轼与吴复古在合江楼上饮酒，那新酿的酒，苏轼把它取名“罗浮春”。苏轼道：“这合江楼确是佳处。”

吴复古道：“那你因何不为它题诗？”

苏轼道：“已经有了，昨夜作的。”说着，从书案上拿起一张诗笺，递了过去。复古一看，是一首七言古风《寓居合江楼》：

海山葱昽佳气哉，二江合处朱楼开。
蓬莱方丈应不远，肯为苏子浮江来。
江风初凉睡正美，楼上啼鸦呼我起。

我今身世两相违，西流白日东流水。
楼中老人日清新，天上岂有痴仙人。
三山咫尺不归去，一杯付与罗浮春。

吴复古笑道："我日前问你的，这诗里都有了，求仙无望，只好借酒自慰。"

苏轼道："正是如此。"

正说着，詹范派人送信来。信上说，转运使衙门有人来传话：合江楼乃三司行衙，苏轼系朝廷贬逐之人，寓居此处，有些不便。詹知州特遣几名衙役来，帮忙搬到对岸嘉祐寺去。

入住合江楼才半个月，又刚刚作了赞美诗，却要搬走，实在有点扫兴。好比主人出于好意，让你住进高级招待所套房，但刚住上，有更高级别的首长来了，只好委屈您挪动一样。不过苏轼早已不把此类事情放在心上。何况刚搬入时，自己就曾说过"这是官驿，居此不妥"的话。说搬就搬，好在东西不多，又有几名衙役帮忙，只半天工夫，便在嘉祐寺安下家来。

嘉祐寺地处西枝江东岸，与合江楼隔江相望，四外林木葱茏，竹柏环抱，比合江楼并不逊色。此处房舍比合江楼更要宽绰一些。

待安顿下来，吴复古道："在济南时，我曾教你炼丹练气之法，不知练了没有？"

苏轼道："在黄州试过，没成功。"

吴复古道："那是外丹。内丹练过吗？"

苏轼道："练过，但只三天打鱼，两天晒网而已。"

吴复古道："坡公若想益寿延年，还是要好好练习气功才是。"

苏轼道："我一定练。"

吴复古又重新教了他一次道家气守丹田的吐纳之法。过了两天，吴复古对苏轼说："我要回潮阳去了，明年再来看你，帮你烧炼金丹。"

苏轼知他情性，来去随意，便不强留，只将应他之请业已撰就的《远游庵铭》交给他，送他上船走了。

嘉祐寺房屋虽旧，环境却分外幽静，合江楼不及。苏轼又向寺中方丈借了寺后半亩土地，种上各种蔬菜。现在，一切都不用发愁担心了。

不料这时候，朝云病了。自从王闰之去世之后，朝云依照苏轼的嘱咐，接替夫人把家中百事都经管起来。除此之外，有两件事她每日必做。一件是练习书法，苏轼说已“粗有章法”，她高兴得不得了，从此更加用功。另一件是在观音像前打坐，佛经摆在枕头边。她自己说，是菩萨保佑，岁岁平安。大概是南迁途中过于劳累，度岭后又水土不服，朝云在船上曾多日腹泻；到惠州后，只觉饮食无味，周身乏力，筋骨酸疼，月经失调。起先还瞒着大家，倒是蓉儿心细，悄悄问她，她只说略感不适，没什么大病。及至吴复古走后，苏轼才注意到她有些异样，人瘦了，问她，朝云照实说了。苏轼埋怨道：“哎呀！你该早说才是。”

朝云道：“吴先生在，我如何好说。”

苏轼忙着墨郎去请大夫来，待诊过脉，看过舌苔，又问过饮食起居，那老医生对苏轼道：“尊夫人是过于劳累，又兼水土不服，以至阴阳失调，无甚大碍。”说着开了药方，说先吃几剂看看。墨郎立即去抓了药回来，苏过和蓉儿争着煎药，苏轼却抢着煎了。朝云接连服药二天，果然好了许多。请老大夫来复诊，换了方子。待将药抓回，苏轼又要亲自动手煎药，朝云道：“你若是再煎药，我就不吃！”因蓉儿在厨下料理饮食，苏轼只好依了朝云，让她自己一面守着药炉，一面念经。

不到半月，朝云病已大愈，看去虽仍有些憔悴，精神却好了许多；依旧是丰姿绰约，眉目娟丽，朱唇凝笑，楚楚动人。苏轼心里特别高兴。

一夜，月在树杪，苏轼饮酒微醉，在房前步月漫行，观赏嘉祐寺月下景色。忽闻一股清香随风而至，时浓时淡，时有时无。他觉得这香气很是熟悉，断定必是梅香。于是循着那芳香之气，上了东面小山。山上有亭，巨松数十株绕亭四周，亭上有匾，曰“松风亭”。苏轼见亭畔丛生荆棘中，两株红梅在月下横斜伸展，影影绰绰，玉蕊生香。此刻，他想起贬谪黄州路过春风岭时，岭上梅花大开，自己还作了两首诗。宦海浮沉，十四年匆匆过了。梅花年年依旧，人则垂垂老矣！而今流落惠州，未知是何了局，望着那月下梅花，徒增叹息罢了……回到房中，作古风以寄感慨，题为《十一月二十六日，松风亭下，梅花盛开》，诗后四句是：

酒醒梦觉起绕树，妙意有在终无言。
先生独饮勿叹息，幸有落月窥清樽。

写了这首诗，意犹未尽，数日后，又填《阮郎归》梅词一阕：

暗香浮动月黄昏，堂前一树春。东风何事入西邻，儿家常闭门。　　雪肌冷，玉容真，香腮粉未匀。折花欲寄岭头人，江南日暮云。

待梅花落英满地时，又依原韵再作诗一首。

腊月十二日，酷爱山水的苏轼带苏过去游白水山。白水山又名泉山，在罗浮山东麓。

父子二人出了惠州城，渡江，乘车北行二十里，便到白水山。苏轼站在山下，见东面高达百余丈的瀑布，状如雪崩，耳边响起雷鸣般的声响。接着登上西边的佛迹岩，岩上，有巨人足迹数十痕，那就是世人传说的“佛迹”。苏轼父子走进佛迹院。院中，地下涌出二泉，相距不过十步，水温却迥然不同。东泉“汤池”，池水滚沸，可熟肉蛋；而西泉“雪如”，凉可沁心。院内设有二泉相调的浴室，父子二人便在浴室里洗了个澡。苏轼作诗道：“汤泉吐艳镜光开，白水飞虹带雨来。胜地钟灵传异事，巨人留迹等苍苔。”

回到家，已是二鼓时分，朝云早已睡了，厨下留有饭菜。父子两个都饿了，把饭菜吃了个精光，还喝了几杯酒。苏轼又作了两首诗方才睡下。怪不得吴复古说他不作诗便活不下去。

其实，苏轼没有书更是活不下去。年轻时，读古籍经典和关于安邦定国的书。在黄州那几年，按父亲的遗愿，他仔细研读《易》《书》《论》，并加诠释，作《易传》《书传》。先前，他爱读李白、杜甫、白居易和韩愈、柳宗元等人的诗文，近年却特别喜欢陶渊明。他感到自己在许多方面，与陶贫士息息相通，只是自惭恋俸，愧对五柳先生。

熟悉苏轼的人都说苏轼是乐天派，不知忧愁是啥子滋味。其实，因为愁，他都“白发三千丈”了。不过，他善自解愁，把个天大的“愁”字，全然寄托给了诗词，给了游赏不尽的江山胜迹和永不枯涸、永如泉涌的友情。无论到哪里，他都有许多文友、酒友、诗友、游友，三教九流的朋友遍天下，这是他名气大、人缘好之故。到惠州后，又先后结识了许多新朋友，除知州詹范之外，还有博罗县令林抃，冲虚观道士邓守安、罗浮院道士何宗一，栖禅寺僧人希固、宝积寺长老昙颖、虔州秀才王原。眼前还有一位老朋友，就是在广州做知州且领兵为帅的章楶。

元旦日，詹范携酒来看望苏轼，二人从午间饮至天黑。苏轼嗜酒，但量小。到惠州后，听人说，饮酒可御瘴气，而岭南各地又不禁止百姓酿酒，于是像在黄州一样，又迷上了酿酒之道。有人教给他新的酿酒法：在米麦中加肉桂，酿出的酒，盎然玉色，香味醇然，他称之为“桂酒”，还作了《桂酒》诗、《桂酒颂》。詹范见诗和了一首，苏轼再和，两个人来回唱和，三番才罢。

没过几天，苏轼又按道家之法，用白面、糯米酿造一种很像王诜家“碧玉香”的“真一酒”，又吟诗、作颂。其实，他酿酒之意不在酒，功夫也不到家，朝云、苏过都说他做的酒，味道不怎么好。其实，他自己也明白，不过是以酒自娱，聊为遣兴而已。

表兄来访释前隙

上元节过后，接连不断有人来邀苏轼出游。人家邀请他，他便拄着拐杖，带着苏过去了。他们或去罗浮山道院，或访栖禅精舍，或攀登附近的小山，或在江边钓鱼、漫步；有时，还敲开农家的门，讨一口水喝，道几句家常。这在苏轼的诗词中有所反映，如《浣溪沙》：

> 簌簌衣巾落枣花，村南村北响缫车。牛衣古柳卖黄瓜。
> 酒困路长惟欲睡，日高人渴漫思茶。敲门试问野人家。

南迁前就听人说岭南多瘴疠。苏轼知医，托人寻来十几种草药种苗，有人参、地黄、枸杞、甘菊、薏苡……都于春分前种在寺后小园里，又种下了好几种蔬菜，没事常去看看。有时，与家人一起在那园里除草、追肥。这种事，在黄州早做惯了，一面做，一面说说笑笑，自得其乐。

清明过后，惠州连日大雨，洪流暴怒的西枝江水天相接，一片汪洋。龙卷风也呼啸而来，把江水连同鱼虾卷上天去，又随雨水落将下来。许多住在低洼地家有船的，便搬到船上去住；无船可避，只好蹲在墙头上，等待洪水退去。这种倒霉的事，苏轼他们也无法躲过。虽说嘉祐寺地势略高些，洪水也平了门前台阶。且屋顶漏雨，一夜之间接连数次搬移床铺。苏轼不禁感叹道：老天爷太不作美，不是水，就是旱，遂作记灾诗两首，其中有这样的句子："龙卷鱼虾并雨落，人随鸡犬上墙眠。只应楼下平阶水，长记先生过岭年。"

洪水刚退，苏轼接到陈慥的信，说要来惠州看望老友。苏轼立即回信坚辞。未料到三月初，有三个出家人专程从江南步行四千多里到惠州来看望苏轼。

一个是卓契顺，学佛于苏州，是定慧院长老守钦的弟子。苏轼与守钦师徒并不相识，那老和尚却打发弟子带着他的十几首诗，长途跋涉来到惠州。卓契顺还带来了居家宜兴的苏轼家人老少平安的信息。

一个是参寥子道潜门下颖沙弥。他带来了杭州诸友好的问候，也带来许多江南特产。

还有一个是永盛罗汉院惠诚。深厚的友情，令苏轼感动，更叫他欣喜。他兴致勃勃地陪着客人游览佛迹院、栖霞寺等处古刹名胜。

正高兴时，却听说了一件叫他担忧的事：程之才就任广南东路提点刑狱——朝廷派遣的按察司官员。这是朝廷政敌又新出的鬼蜮伎俩、恶毒之计。

在不知内情的人看来，程之才（字正辅），是苏轼的表兄又是姐夫。表兄兼姐夫来做提刑，这不是好事吗？

前文有述，当年，苏轼姐姐八娘下嫁舅家，夫妻颇相得，但因与公婆不洽，不堪抑郁忧伤。产后得病，公婆竟坐视不顾，年纪轻轻的就去世了。苏洵为此大骂舅兄，并宣布与程家断绝往来。两家断交四十二年，苏轼只与表弟之元有过来往，之才的态度如何，不得而知。苏轼哪会想到，章惇、蔡京等人就是因为得知苏、程两家结怨的历史，才选中程之才充任广南东路提刑

以监察东坡行径的，施的是“借刀杀人”之计。程之才到广东来，于苏轼确是祸福吉凶难料。但是他想，福也罢，祸也罢，都不过如此而已。

三月七日，听说程之才将至，苏轼叫苏过拿了自己的亲笔信去江上迎接。谁知他的担心完全多余：程之才一到惠州，便先着程乡令侯晋叔来问候表弟，给苏轼送了一份十分厚重的礼物，并说当天即来拜访。苏轼见之才如此，便立即去合江楼。表兄弟二人见了面，感慨万千，也十分欢洽。程之才道：“有人想借你我两家先世嫌隙，要我来为难老弟你，其实，他们错了。”

苏轼道：“正辅表兄说的极是，过去的事既已过去，何必再作纠缠。”

之才道：“正是如此。”

当天，二人便结伴游白水山佛迹岩，并在汤泉沐浴。刚洗完澡，天下起雨来，只好等雨停了才回家。夜里，因心情颇佳之故，诗情如泉涌，苏轼连作二首古风，其一是《同正辅表兄游白水山》，其中有“念兄独立与世疏，绝境难到惟我共。永辞角上两蛮触，一洗胸中九云梦”的句子；其二是《次韵正辅同游白水山》，结尾抒发了他不信神人仙药的内心世界：“但令凡心一洗濯，神人仙药不我遐。”接连许多天，苏轼天天带着苏过陪程之才出游，他们去罗浮山、丰湖等处，流连山水之间，赋诗遣兴。

一日，三人去游惠州城南郊海会寺，见古木苍郁，山水静幽，唯法堂僧舍破旧不堪，有数十名工匠正在修葺。程之才当即捐钱四十千，苏轼亦许捐三十千钱。寺中长老合掌施礼道：“阿弥陀佛！愿佛爷保佑三位施主福寿康宁。”

程之才在惠州逗留十日，随后去广州，苏轼追至博罗为他饯行，赠诗作别。

回到嘉祐寺，詹范差衙役送信来，说寺院房舍破旧，要苏轼仍旧搬回合江楼去住，并说这是程之才嘱咐的。

又要搬家？苏轼实在不大愿意。可是又不能辜负表兄和知州的一片看顾之情；再说，一夜几次移床的滋味也不好受，便道：“搬就搬吧！”于是，几名州衙役卒一齐动手，帮着搬回了合江楼。那天是三月十九日。

第二天早饭后，天下着小雨，苏轼看着窗外那随风飘忽的雨丝和树枝上的柳花榆钱，心里想：我苏轼也跟它们差不了多少……

正想着，詹范上楼来了。

苏轼道："下着雨，你咋个来了呢?"

詹范道："正值春光大好，博罗林长官来约你我，待天气转晴去游香积寺……"

苏轼道："游啥子香积寺哟！你可知道，我现在是三分春色一分愁呀！"

詹范笑道："只听说坡公自来潇洒风流，乐天爽快，未闻有发愁，积香之寺一游愁全销！"

数日后，天气转晴，他们应博罗县令林抃之邀，去游香积寺。

香积寺离博罗县城七里，一路上，夹道尽是良田，随风摇曳的金黄麦穗和含露滴翠的秧苗都十分喜人。香积寺下，有溪水流过，落差甚大。苏轼道："如此好水，不该不用。若在此处建闸，可带动两轮四杵。"林抃道："素闻坡公热心水利，果真名不虚传。"

苏轼道："天和（林抃的字）若督成此事，为百姓造福不浅。"

林抃道："坡公放心，此事我一定办成。"

苏轼想起秧马法，便告知林抃，画了图纸，并加上文字说明。林县令大喜过望，立即差人去办。接着海丰、归善县令也来求秧马法，他一一画图加注，并作《游博罗香积寺》诗，其中有句道：

要令水力供臼磨，与相地脉增堤防。
霏霏落雪看收面，隐隐叠鼓闻舂糠。
散流一啜云子白，炊裂十字琼肌香。
岂惟牢丸荐古味，要使真一流仙浆。

诗中描写了惠州生机盎然的田野景象，并且联想到水力碓磨建立后磨出洁白的面粉，做成可口的粥饭，蒸出香气扑鼻的炊饼。全诗洋溢着浓郁的生活气息，体现出诗人对改善生活条件的憧憬。此后几天，罗浮山道士邓守安来了。邓道士提议在两江合流处修桥。原来，先前东西两江皆有竹架浮桥，因年代久远，已破损不堪，行人过往极为不便。

苏轼对詹范道："这事确是十分要紧，若成了，是件大好事。"

詹范道："东坡公之言极是。"当下议定：修建东西两道木浮桥，东桥跨西枝江，西桥跨东江。主款请求朝廷拨给钱粮，同时，在博罗、归善两县筹募，并指定邓守安主持其事。

苏轼热情赞同东、西两江修桥，经过各方面协同，此桥终于修成，大大方便了行人，从而在百姓中留下了永久传扬的口碑。

时乖运蹇和陶诗

明末杜浚有诗云：

> 堂堂复堂堂，子瞻出峨嵋。少读《范滂传》，晚和渊明诗。

意思说得很清楚，窃以为表达也是基本准确。苏轼对陶诗少时虽也爱，主要是爱其诗质朴、自然、清新的特点，心目中与历史上其他著名诗人的分量，差别不是很大，其志向与选择，并不是他的人生楷模。直至经历了乌台诗案，贬到黄州、惠州后，他在给弟弟子由的信中说道："吾于诗人，无所甚好，独好渊明之诗。"又说："吾于渊明，岂独好其诗也哉？如其为人，实有感焉。"（苏辙《子瞻和陶渊明诗集引》）可见，苏轼是因经历挫折，与渊明"殊途同归"后，重读其作品，分外亲切，佩服其先见之明，既爱其诗，又爱其人，乃是晚年之事。

有两点可进一步证明，一是他在黄州作的一首《江城子》：

> 梦中了了醉中醒，只渊明，是前生。走遍人间，依旧却躬耕。昨夜东坡春雨足，乌鹊喜，报新晴。　雪堂西畔暗泉鸣，北山倾，小溪横。南望亭丘，孤秀耸曾城。都是斜川当日境，吾老矣，寄余龄。

此词说的：仿佛是梦中醒来，才知道渊明是自己的"前生"，与他一样，"走遍人间，依旧却躬耕"。如果他一直在京城当翰林学士，是不可能产生此种感受的。下阕写得也很明白：突然发现雪堂西畔的景色，以及南望亭丘，都与渊明当初在斜川的境地相似，这不能不使他在醉中猛然清醒过来：我与老前辈渊明竟这么相像，仿佛是命中注定的。晚年在儋州自言："但恨不早悟，犹推渊明贤。"

苏轼《和陶饮酒》是写于扬州（广陵）的最早和陶诗，贬惠时作《和陶〈归园田居〉六首》，其"引"云："始，余在广陵和渊明《饮酒二十首》，今复为此，要当尽和其诗乃已耳。"此后，陆续作《和陶〈山海经〉十三首》《和陶〈贫士〉七首》《和陶〈咏三良〉》《和陶〈咏荆轲〉》《和陶〈桃花源〉》《和陶〈时运〉四首》《和陶〈答庞参军〉六首》《和陶劝农六首》《和陶拟古九首》等。苏轼贬儋州不久，检和陶诗一百零九篇，致书苏辙，嘱为作序。苏辙遂作《子瞻和陶渊明诗集引》云：

> 东坡先生谪居儋耳，置家罗浮之下。独与幼子过，负担渡海，葺茅竹而居之。日啖薯芋，而华屋玉食之念，不存于胸中。独喜为诗，精深华妙，不见老人衰惫之气。是时，辙亦迁海康。书来告曰："……追和古人，则始于东坡。吾于诗人，无所甚好，独好渊明之诗。渊明作诗不多，然其诗质而实绮，癯而实腴。自曹、刘、鲍、谢、李、杜诸人，皆莫及也。……

暮年投荒，茅屋芋食，不见老人衰惫之气，不独好陶之诗，亦好陶之人。苏轼贬儋期间，又作《和陶归去来兮辞》等。他说："随行有《陶渊明集》，陶写伊郁，正赖此耳。"（《与程全父十二首》）以陶、柳（宗元）为"南迁二友"。苏轼为何独好渊明之诗与其人，学者在研究成果中多有所涉，今抛砖引玉，提出以下五个方面原因：

其一是同气之亲——志高重节，傲岸不屈

"道不同，不相为谋。""酒逢知己千杯少，话不投机半句多。"志气人格上的倾敬和产生共鸣，是彼此相交、相谋、相亲的最重要因素。

要深入研究陶渊明的诗文，不可忽视《古文观止》等选本不载的《归去来兮辞》并序：

> 余家贫，耕植不足以自给。幼稚盈室，瓶无储粟，生生所资，未见其术。亲故多劝余为长吏，脱然有怀，求之靡途。会有四方之事，诸侯以惠爱为德，家叔以余贫苦，遂见用于小邑。于时风波未静，心惮远役。彭泽去家百里，公田之利，足以为酒，故便求之。及少日，眷然有归欤之情。何则？质性自然，非矫厉所得；饥冻虽切，违己交病，尝从人事，皆口腹自役；于是怅然慷慨，深愧平生之志。犹望一稔，当敛裳宵逝。寻程氏妹丧于武昌，情在骏奔，自免去职。仲秋至冬，在官八十余日。因事顺心，命篇曰《归去来兮》。乙巳岁十一月也。

因为不细读“并序”，又皆知古文观止的注解：“渊明为彭泽令，是时郡遣督邮至，吏自当束带见之。渊明叹曰：‘我不能为五斗米折腰向乡里小儿’，乃自解印绶，将归田园，作此辞以明志，因命篇曰归去来，言去彭泽而来至家也。”好像渊明弃官主要是因避向督邮折腰。其实，这仅是诱因。“并序”已说得很清楚，他早已厌烦了做官，不能单凭“我不能为五斗米折腰向乡里小儿”这句话，好像若是有“六斗米”或“一石米”就屈从违心了。须知，压根儿是他“质性自然，非矫厉所得；饥冻虽切，违己交病”之故。苏轼深知渊明的品质本性和“平生之志”：不当不倒翁，左右源皆逢；不做弥陀佛，对谁都笑态；“世与我而相违，复驾言兮焉求！”远多倾轧、是非之地，归与世无争之境；“觉今是而昨非”，“时矫首而遐观”。敬佩他觉悟得这么早，态度是那么坚定，与自己瞻前顾后、难割难舍、犹豫不决差远了。

不过，苏轼也绝非是为荣利、官位而随人俯仰之辈，假如他“以荆为师”，“与温相随”官运早就亨通了，此中因果非不知也，而不为也，这是与渊明一样的傲然屹立的立身处世。

其二是同明相照——真实遂性，禀气寡谐

苏轼好陶渊明之人，首先在于他有真性情，不扭曲压抑个性。《书李简夫诗集后》中说：

> 陶渊明欲仕则仕，不以求之为嫌，欲隐则隐，不以去之为高，饥则扣门而乞食，饱则鸡黍以延客，古今贤之，贵其真也。

陶渊明对于自己的生存状态，不以外在规范社会价值为标准，而是以自我的需要为出发点，贫则仕，厌则隐，饥则乞食，饱则宴客，自然而然，顺性而行，不自以为嫌，不自以为高，不自以为耻，不自以为德，表里如一，毫不做作，从中只见出一个活脱脱的真人真情性。

在苏轼看来，能保持这种真性情的便是“高人”。与“俗吏”相比，“高人”是无所系心，无可无不可，顺其自然，进退裕如，无心故能抛官禄而辞公卿，而追求“得意”，追求主体情性的肯定和实现，陶之弃官以“遂性”，便是高人之典范，是苏轼所追慕的高人人格。

苏轼爱陶诗与己意不谋而合，还在于有相同的禀性，即强烈的自主精神、主体意识。

屈原《渔父》中，屈子自称“举世皆浊我独清”，而渔父劝其“何不汩其泥而扬其波”。渊明深感渔父之言，甚是，但自知缺少与世相谐的禀气，故一世皆同而我独卓异，不违己而徇时，与世异与时乖，走自己既已选定的道路，“吾驾不可回”，对社会的拒绝与对俗世的超脱何其坚决。苏轼认为自己与渊明正相合。言发于心而出于口，宁逆人而不逆己，按照自己的独立思想，敢于直言勇于表达。

其三是同声相应——淡泊荣利，不合时宜

苏轼从内心视朝云为“知己”，很大程度上佩服朝云一眼看穿了他一肚子藏的东西皆“不合时宜”。他自己在《次韵子由三首椰子冠》诗中曾叹过“东坡何事不违时”，可是，尽管“违时”、尽管“逆人”，必然招怨而取祸，却知之而不顾，不愿摧抑个性，而追求生命的舒展与正气的张扬。在险恶的世道中，在严酷的封建专制社会中，不违己，不求同，而宁逆人乖时的独立意识，正见出个体生命力之强大与人格精神之崇高。

然苏轼仍自觉有愧于渊明。自己在朝，刚正直言，不俯仰随人，以致“半生出仕，以犯世患”，而终不能退，故“深服渊明”而“欲以晚节师范其万一”。他在贬黄返朝后，在《次韵周邠》中曾作诗云：“南迁欲举力田科，三径初成乐事多。岂意残年踏朝市，有如疲马畏陵坡。……何日西湖寻旧赏，淡烟疏雨暗渔蓑。”

苏轼欲以“力田”为举业，“三径”为乐事，而视入朝从政如“疲马之上陵坡”，尤向往竹林逸兴、淡烟疏雨的隐逸生活，这正是他欲师渊明之处。

一定的名与利是人在社会上生存，保障“衣、食、住、行”所必须，彻底否定并不是唯物主义者。唐朝李颀《听董大弹胡笳兼寄语弄房给事》诗中有“高才脱略名与利”之句，有点绝对。实际上彻底“脱略名与利”是不可能的，当官说到底也是为“稻粱谋”，是为了“谋”得好一点而言。

众人都在追名逐利，都在跟着唱赞歌、夸圣朝，你“言必中当世之过”，老是与朝廷唱反调，这种“不合时宜”，注定要付出沉重的代价；如果彻底辞官归隐，就凭你苏轼只会写诗、作文的本事，养不活这么一大家人。当时尽管出版业已发达，但没有发行报纸、刊物，且没有稿酬，全家喝西北风是不行的。尽管官职一贬再贬，但终究还有一定的俸禄。

其四是同病相怜——正直刚强，与人多忤

“性刚才拙”“与物多忤”是陶渊明谦虚之言，苏轼说自己也是如此，其实不符合实际，确切地说，他们两人是“性刚才高”“与人多忤”。

“与物多忤”，这是为了不触及时事与权贵而用的“隐语”，挂印彭泽令，也不是“与物”多忤，而是“与人”，物是人所需，物为人所用，物是死的，人是活的，若要论物与人有“矛盾”的话，那是人欲取物甚难而已，不是唾手可得。苏轼与渊明两人确是“同病相怜”，病根和病源是什么？那就是“性刚才高”“与人多忤”。杜甫早就慨叹过：“志士仁人莫怨嗟，古来材大难为用。”（《古柏行》）材大、才高之人若是“性懦”则也能用，可以当御用工具，偏偏“性刚”，这就不仅“难为用”，更有“忌为用”的下场，这样，渊明和苏轼既无适俗之韵，也只有宁捐筋力躬耕南亩之命了。

其五是同好弃恶——朴质无华，真淳清癯

东坡之好陶诗，在于它的平淡自然，“质而实绮，癯而实腴”。

渊明之诗在六朝及隋唐时期并未得到应有的重视。沈约置渊明于《宋书·隐逸传》，刘勰、萧子显均未提及陶诗，钟嵘《诗品》将其列为中品，言“世叹其质直”。唐代诗人多有推重，也有微词。杜甫《遣兴五首》其三：“陶潜避俗翁，未必能达道。观其著诗集，颇亦恨枯槁。”连杜甫都觉陶诗“枯槁”，他人自不待言。而苏轼慧眼独具，对众人所云之质直枯淡有独到的见解。认为陶诗外表朴质而实含绮丽，看似清癯而实则丰腴。《评韩柳诗》中说：

> 柳子厚诗在陶渊明下，韦苏州上。退之豪放奇险则过之，而温丽靖深不及也。所贵乎枯澹者，谓其外枯而中膏，似澹而实美，渊明、子厚之流是也。若中边皆枯淡，亦何足道！

苏轼对陶渊明的认识在评陶历史上有着突出的意义。他的“和陶诗”中所表现出的追求平实朴素自然高妙的美学趣尚，影响到他岭海时期的整个创作，从而臻于一种“繁华落尽见真淳”的成熟的“老境美”。

进退而不违其道，其受挫受辱之责任在世而不在我，故可坦然面对历史之评判而无愧。所以苏轼之自我评价是不轻平生功业而更重安心养性，守道任真，故晚年始欲师陶，以安置灵魂。苏陶之出处之迹不同，而进退以道则同，精神与价值追求则同。

苏轼在南迁之后所作的和陶诗，有很高的艺术水平，他认为这是有史以来的“创举”，就质量而言，“至其得意，自谓不甚愧渊明”。坡公为人谦和，此非自负，刘后村《诗话》云：“坡诗略如昌黎，有汗漫者，有典严者，有丽缛者，有简淡者，翕张开阖，千变万态。盖自以其气魄力量为之。然非本色也。他人无许大气魄力量，恐不可学。和陶之作，如海冬青，西极马，一瞬千里，了不为韵束缚。”又云：“陶公如天地间醴泉庆云，是唯无出，出则为祥云瑞日，饶坡公一人和陶可也。”洪迈题跋云：坡公天才，出语惊世。如追和陶诗，真与之齐驱也。

报道先生春睡美

苏轼因为名气大、人缘好、朋友多，因此不论谪贬到哪里，都不会吃大苦头，颇难达到“惩戒”的目的，这使朝廷的政敌很挠头。在黄州等地已说过了，知州徐大受对他关心备至，使他心情舒畅，华章迭出。那么发配到惠州后怎么样？“遭罪”了吗？非也，惠州知州詹范对他也是以礼相待，结为知己。说来也巧，詹范与已故的黄州知州徐大受原是挚友，也许他早就从亡友那里了解到苏轼的为人，所以他也与徐大受一样，对发配到自己管辖地区的苏轼视若亲友，他不顾新党权臣的熏天气焰，先让旅途劳顿的苏轼在三司行衙的合江楼里住下，便是用自己手中的职权予以最初的关怀。

由于朝廷官员的干预，苏轼在惠州数度迁居，特别是住合江楼和嘉祐寺两个地方，折腾了好几次，要是一般的人，心里肯定很不痛快。合江楼是“惠州馆驿”，是专门接待朝廷命官的，如同今天的军分区接待首长的高级招待所；嘉祐寺是什么？它与黄州的定惠寺是“同一级别”，是和尚住的地方，且那时两寺都还未定“正处级”，你住在这样的地方多丢人啊，且是“寄人篱下”。但苏轼却觉得两个地方都好，各有特点和优长，住哪里都无所谓。

苏轼在惠州时把这种人生观发展到了极致。在旁人看来，此时的苏轼已经身陷绝境：他已臻垂暮之年，却以戴罪之身远贬南荒，不但还朝无望、返乡无期，而且家人也离散在万里之外……凡此种种，人何以堪？但在苏轼看来，上述的种种烦恼都不足挂齿。他在七绝《撷菜并引》中道：

> 吾借王参军地种菜，不及半亩，而吾与过子终年饱饫，夜半饮醉，无以解酒，辄撷菜煮之，味含土膏，气饱风露，虽粱肉不能及也。人生须底物，而更贪耶？乃作四句。
>
> 秋来霜露满东园，芦菔生儿芥有孙。
> 我与何曾同一饱，不知何苦食鸡豚。

捞不到鸡豚吃，说是“何苦”食此物？野菜当粮，艰苦度日，与“日食万钱，犹厌未下箸处”的何曾相比，本有天壤之别，但他偏偏要比，说吃到肚子里后都是“一饱”，并没有两样。他自己生活这样艰苦，可是，当他倡导修建的东、西桥资金不继时，却慷慨地捐出了皇帝赏赐给他的犀带，还动员弟媳史氏把皇后赏赐的黄金也捐了出来。

尽管地方的官员不顾朝廷的政令对苏轼予以关照，但总的来说，苏轼在惠州的处境仍是十分艰难的。此时的苏轼毕竟已届垂暮之年，体弱多病，绍圣二年（1095）秋天痔疮发作，当地又缺医少药，苏轼痛苦不堪，辗转呻吟长达一百天。后来他采纳一位道士的建议，用控制饮食的方法来治病，具体方法是禁止一切有滋有味的食物，每天只吃早晚两顿淡面，饿得不行时再稍微吃点胡麻伏苓粉，用“主人枯槁”的代价来换取病虫的“自弃去”。

绍圣二年（1095）四月，苏轼写信向道潜（参寥）叙述自己在惠州的生活："某到贬所半年，凡百粗遣，更不能细说。大略只似灵隐天竺和尚退院后，却住一个小村院子，折足铛中罨糙米饭吃，便过一生也得。其余瘴疠病人，北方何尝不病？是病皆死得人，何必瘴气？但苦无医药，京师国医手里死汉尤多。参寥闻此一笑，当不复忧我也。"

惠州城小人贫，市场萧条，苏轼又是初来乍到的流人，当然难以得到可口的饭菜，但是他善于苦中作乐，特意写信给子由，介绍他刚发明的一道佳肴：

> 惠州市井寥落，然犹日杀一羊，不敢与仕者争。买时，嘱屠者买其脊骨耳。骨间亦有微肉，熟煮热漉出（按：不乘热出，则抱水不干）渍酒中，点薄盐，炙微焦食之。终日抉剔，得铢两于肯綮之间，意甚喜之。如食蟹螯，率数日辄一食，甚觉有补。子由三年食堂庖，所食刍豢，没齿而不得骨，岂复知此味乎？戏书此纸遗之，虽戏语，实可施用也。然此说行，则众狗不悦矣！

苏轼的这种生活态度的精神本质是什么？是什么思想源泉赋予苏轼坚不可摧的精神力量？对此，众说纷纭：儒家、道家、佛家，或三教兼融。

苏轼确实对儒、道、佛三家思想都曾汲取其精华为我所用，但他在兼收并蓄的基础上更进一步，从而创造了独特的人生观，苏轼的人生观只属于他自己。道家本来是鄙视物质而独重精神的，老子对物质享受持批判态度，认为"五色""五音""五味"等享受会使人迷失本性。庄子既主张相对主义，认为美恶之间并无根本差别；又提倡"无待"，即摆脱对物质世界的依赖。佛家本来有禁欲主义的色彩，黄卷青灯的佛门弟子一心礼佛，对红尘世界中的物质享受无动于衷。

绍圣三年（1096）八月，苏轼在惠州的生涯已进入第三年，此时他的红颜知己朝云刚刚去世，苏轼的处境不仅是雪上加霜的沉重打击，更是心灵深处无法排遣的痛楚。

绍圣四年（1097）初春的一天，寓居在嘉祐寺里的苏轼美美地睡了一晚，次日作一首七绝《纵笔》，前文叙述他与章惇恩怨时已引过曾季狸《艇斋诗话》，在《舆地广记》一书也载：“苏轼谪惠州，有诗云：‘为报先生春睡足，道人轻打五更钟。’传至京师，章惇笑曰：‘苏子尚尔快活邪？’复贬昌化。”

诗是苏先生写的，苏先生是借仆人之口，说“先生春睡正美”，他不怕将此诗、此情、此景“报道”出去，让朝廷的权臣们知道，先生并没有在惠州悲悲戚戚，伤感不已，辗转反侧，夜不成寐，而是高卧无忧，春睡香甜！可见苏轼的乐观旷达，其实是以刚毅坚韧为内核的；他在逆境中发出的爽朗笑声，其实是对政治迫害的严正抗争。这种傲视苦难的笑声中当然包含着幽默感，但其精神内蕴却是对黑暗势力的不屈和抗争，所以幽默中蕴含着严肃的态度，潇洒中蕴含着坚毅的追求。这种笑声是苏轼心态的真实流露，深知其性格和为人的苏门学士黄庭坚说：

子瞻谪岭南，时宰欲杀之。饱吃惠州饭，细和渊明诗。

章惇当然听出了苏轼笑声中的含义，气急败坏地把苏轼再贬海南。鄙人感慨作诗：

履迹所至遗圣踪，地脉生灵俗变风。
海南有幸耀文星，该为章惇记首功。

第十七章

儋州乡恋

新房落成即贬儋

如前所述，苏轼到惠州后，先在合江楼住了几天，然后移至嘉祐寺，五个多月后又搬回合江楼，住了十个月后又迁至嘉祐寺。仅一年左右的时间内竟搬了四次家，这样折腾谁受得了？受不了你也只能忍着，你有“房产证”吗？须知，合江楼是公馆，属朝廷的；嘉祐寺的产权是寺院的，腾几间房子给你老苏暂住，面子已经够大了，你又不想老少都“出家”，长期赖着不走也不大识相呀！住持对你友好并没有撵你，但是新的情况使苏轼不得不考虑长久之计，这便是：朝廷已明令元祐旧臣永不叙录，苏轼北还的希望已经断绝，正好此时苏迈正在谋取岭南的差遣，既然北归无望，便作岭外终老之计。苏轼就盘算着乘此机会让两房儿孙都来惠州团聚，只留苏迨一房在宜兴，于是在惠州自建住房的事就迫在眉睫了。

经过一番考察，苏轼在惠州治下的归善县城东边的白鹤峰上找到一块空地。白鹤峰北临东江，那块空地原是白鹤观的旧址，早已夷为平地，附近仅有一两户人家，环境十分幽静。于是苏轼买下此地，决心卜居于此，世世代代长作岭南人了。他与苏过仔细规划，反复讨论，确定需要建房二十间，才够一家老少居住。筹划已定，苏过就前往河源购买木材、雇请工匠，不久就开工建房。苏轼要在白鹤峰建房的消息传出，知州方子容即慷慨解囊给予资助，惠州的百姓纷纷前来相助，连不问世事的僧人道士也赶来出力。苏轼每天上山，亲自在工地上指挥、监工。经过将近一年的辛苦，白鹤峰新居终于落成了。

白鹤峰新居虽然比不上合江楼的富丽堂皇，但是它整饬雅洁，宜于家居。除了足够一家三代二十余口人安身外，新居里还建有正厅“德有邻堂”和书斋“思无邪斋”。正厅相当宽敞，是苏轼接待宾客的地方，故取名于孔子所说的“德不孤，必有邻”，称“德有邻堂”。其实白鹤峰上一共只有两家邻居：以酿酒为生的林行婆和老秀才翟逢亨，他们对苏轼非常友好，苏轼也常常信步走到他们家去访问。白鹤峰上没有水源，从前林、翟两家的饮水都需到山下的江边汲取。苏轼家里人口多，就在新居里凿了一口井，并邀请邻居们共享井水。苏轼已在惠州一带结交了不少好朋友，他盼望着此后可在这里与友人谈诗论书。新居刚落成，新任知州方子容就前来参观，成为走进新居的第一位嘉宾。“思无邪斋”是苏轼读书作诗的地方，故取名于孔子对《诗经》的评语。书斋里开有宽大的窗户，推窗一望，几百里的江山烟云尽收眼底，好像是镶嵌在墙壁上的巨幅山水画。这座新居不但渗透着苏轼的一番心血，而且几乎耗尽了他的全部积蓄，以至于他不得不开口向官府请求领取“宁远军节度副使”之虚衔的折支券来变卖现钱。尽管如此，总算有了自己的房子，有乔迁之喜了。

因此他写了几首诗赞美新居，在《迁居》诗中道：

> 前年家水东，回首夕阳丽。去年家水西，湿面春雨细。
> 东西两无择，缘尽我辄逝。今年复东徙，旧馆聊一憩。
> 已买白鹤峰，规作终老计。……

正如他在《与程正辅》（十三）书中所说：“某睹近事，已绝北归之望，然中心甚安之，未说妙理达观，但譬如元是惠州秀才，累举不第，有何不可！”这表明苏轼襟怀通达乐观。此诗正反映了作者的这种心境。

白鹤峰新居欲成，夜过西邻翟秀才二首（选一）

林行婆家初闭户（新居的西邻是酒馆），翟夫子舍尚留关（翟秀才逢亨。

留关：门不上闩）。连娟缺月黄昏后（指月牙），缥缈新居紫翠间（新宅在绿树的掩映中闪烁）。

系闷岂无罗带水，割愁还有剑铓山（新居环境幽美山水秀丽，可以消愁解闷）。

中原北望无归日，邻火村舂自往还（与惠州近邻的亲切关系，邻里借火，村头舂米）。

绍圣四年（1097）二月，白鹤新居建成，苏轼派遣苏过前去迎接苏迈一行，自己则兴致勃勃地从嘉祐寺搬进白鹤峰新居。这首诗是迁居前访西邻翟逢亨时作。诗写住宅周边自然环境清雅，邻里关系淳厚，体现出作者安心定居的心情。

苏轼接二连三为庆幸新居落成写诗，四月春，惠州太守方子容、循州太守周彦质一同来访，苏轼写了七律《次韵惠循二守相会》《又次韵二守许过新居》《又次韵二守同访新居》等，他还对新居之美大加赞赏："南岭过云开紫翠，江北飞雨送凄凉。酒醒梦回春尽日，闭门隐几坐烧香。""门外橘花犹的皪，墙头荔枝已烂斑。树暗草深人静处，卷帘攲枕卧看山。"喜不自禁凝于笔端。

一个月后，苏迈、苏过率领两房家小到达惠州。此时苏迈的长子，也就是苏轼的长孙苏箪已经二十岁，那个被苏轼称为"作诗孙"的次孙苏符也已十七八岁了。苏过的妻子范氏及其子苏籥也随同前来，万里相隔已历三载的一大家子终于欢聚一堂，苏轼兴奋地作诗志喜："旦朝丁丁，谁款我庐？子孙远至，笑语纷如。剪采垂髫，覆此瓠壶。三年一梦，乃复见余！"早已习惯于惠州风土的苏轼感到十分欣慰，从此可以世世代代长作惠州人了！

但是，根本令人想不到的事竟然发生了！

绍圣四年（1097）四月十七日，苏轼全家老少在白鹤峰新居里只住了三个月零三天，惠州太守方子容又亲自登门了。方太守的表情一改前来祝贺乔迁之喜时的神采，一脸凝重，这使苏轼很纳闷。方太守不得不开口说道："苏公，朝廷又来诰命：'责授琼州别驾，昌化军安置，不得签书公事'。"

这实在是太坑人和欺人太甚了！真是岂有此理!!

方子容太守为了安慰苏轼，还讲述了两个多月前其妻沈氏梦见僧伽菩萨将要护送苏轼过海的事，说这都是命中所定，不必过于烦恼。这或许是太守路上想的和编的，因为确实没有别的话可以宽慰苏轼了。

苏轼听到这个从天而降的坏消息，虽然感到非常意外，却毫不慌乱。苏轼幼时，苏洵以“夏侯太初论”为题让他作文，苏轼在文中说：“人能碎千金之璧，不能无失声于破釜；能搏猛虎，不能无变色于蜂虿。”人们对于突然降临的灾难总会大惊失色。苏轼在《留侯论》中说：“天下有大勇者，卒然临之而不惊，无故加之而不怒，此其所挟者甚大，而其志甚远也。”苏轼确实是有其言亦有其行，有其识亦有其实，不仅精深地领会上述道理，而且能在实践中克服这种常人皆难避免的缺陷，不愧是超乎常人的大智者与大勇者！

苏轼在自己辛苦经营的白鹤峰新居里只住了三个月，他与相离多年的儿孙们只团聚了两个月，竟然又要离开新居和儿孙，前往更加荒远的海南，这个打击与意外发生的“破釜”或突然出现的“蜂虿”有什么不同？然而苏轼既不失声，也不变色，他坦然地回答方子容说，凡事确是早有定数的，自己能得到僧伽菩萨的护送，真是前生有缘。

送走方子容后，苏轼立即着手准备前往海南。他再次致书官府催领折支款以充盘缠，又安顿苏迈一家及苏过的妻儿留在惠州，自己依然只带苏过一人前往儋州。两天之后，苏轼就踏上了新的贬谪之路。苏迈率领苏轼的三个孙儿一路送到广州，在西江边与苏轼痛哭诀别。一个六十二岁的病弱老人，将要渡过波涛掀天的大海前往蛮荒的海南，不但儿孙们都有不祥的预感，连苏轼本人都觉得这很可能就是死别了。苏轼在广州与即将降调袁州（今江西宜春）的王古（仲敏）匆匆一别后，又写信向他自表心事：

> 某垂老投荒，无复生还之望。昨与长子迈诀，已处置后事矣。今到海南，首当作棺，次便作墓，乃留手疏与诸子：死则葬于海外，庶几延陵季子嬴博之义，父既可施之子，子独不可施之父乎！生不挈棺，死不扶柩，此亦东坡之家风也。

就在苏轼再贬儋州的同时，苏辙也自筠州贬为化州别驾、雷州（今广东海康）安置被再贬雷州。事情来得太仓促，兄弟两人来不及互通消息便匆匆启程，苏轼走到苍梧（今广西苍梧）才得知子由已行至藤州。于是苏轼写信给弟弟，相约再见一面，并作一诗，最后六句是：

平生学道真实意，岂与穷达俱存亡。
天其以我为箕子，要使此意留要荒。
他年谁作舆地志，海南万里真吾乡！
——《吾谪海南，子由雷州。被命即行，了不相知，
至梧乃闻其尚在藤也，旦夕当追及。作此诗示之》

诗从梧州山川环境着笔，继写途中感受和离合情怀，充盈一种缠绵悱恻之情。

绍圣四年（1097）五月十一日，苏轼在藤州遇上了贬官雷州的苏辙，然后结伴一同前往雷州，苏辙将被“安置”在那里，苏轼则将从那里渡海。兄弟两人故意迟迟而行，尽量多相聚几天。一天他们在路旁的小店里进餐，端上来的两碗汤面粗劣不堪，苏辙觉得难以下咽，便放下筷子叹息，苏轼却狼吞虎咽，很快吃得精光，他大笑着说：“九三郎！难道你还想细细地咀嚼吗？”二十多天后，兄弟两人来到雷州。四天之后，离别的时刻终于来临了。临别前的一个夜晚，两人对床而眠。苏轼的痔疮又发作了，躺在床上呻吟不已。苏辙也彻夜未眠，他背诵了陶渊明的《止酒诗》，劝告兄长从此戒酒，苏轼当即写了《和陶止酒》以赠弟弟。

次日一早，从徐闻渡海船舶将行，一双为天下人仰慕的兄弟海边作别。苏辙泪流满面，执着兄长青筋毕露的手，只说了句：“万万珍重！”此时，苏轼只当是与弟弟死诀，也泣不成声，但频频点头而已。苏辙又叮嘱侄儿苏过：“切切记住劝你爹爹戒诗、戒酒！”

苏过流着泪道：“叔叔放心。”

苏轼在海边挥泪告别子由，登上海船，驶向了波涛汹涌的茫茫大海。

海南岛在当时隶属于广南西路，共置琼州（今海口）、朱崖军（今崖县

西）、昌化军、万安军（今万宁）四个政区。苏轼的贬所“昌化军”的治所就是从前的儋州，熙宁六年（1073）废州为军，但人们依然称它为儋州。儋州地处岛屿的西北角，“盖地极炎热，而海风甚寒，山中多雨多雾，林木阴翳，燥湿之气不能远，蒸而为云，停而为水，莫不有毒”（《儋县志》），这就是说，儋州的空气和饮水都含有毒素，是名副其实的瘴疠之地，中原人士视为十去九不还的鬼门关。章惇等人把六十二岁的苏轼贬往儋州，其用心险恶且歹毒。苏轼坦然上了谢恩表，现译成白话：

> 今年四月十七日，接受诰命，责授臣为琼州别驾，安置在昌化军，臣很快于当月十九日起离惠州，至七月二日到达昌化军。沿着诸多鬼门而东移，浮着瘴气海岸而南迁。生无还期，死有余辜。臣轼敬谢。自想起臣前时因逢机遇，偶然窃居宠荣之位。本人没有一点才干，却造成了如丘山一样的大罪。三次贬黜处置还有余罪，又跨万里被独自流落到这里。恩重命轻，罪大罚浅。这都是由于幸遇了皇帝陛下，发扬尧的文治，学习汤的宽仁。赫赫有日月的光照，总廓天地的覆盖和养育。就像对蠕虫的行动，稍赐哀怜之心。使其走上穷途末路，以打发它剩余的生命。对臣来说，年老孤独，无所依托，瘴气瘟疫交加于身。子孙悲痛地哭于江边，已作了死的道别。鬼怪在海外迎接，怎会准许我生还。自想不知何时能够报德，痛悼此心会由此永远消失。叩头流涕，不知道说什么好。臣无能。

封建时代皇帝下旨，不论是受罚还是处死，你都要“谢主龙恩”。不论将你谪贬到哪里，都要上“谢表”。但是苏轼的这份谢表分明是讽刺朝廷，不仅与《湖州谢上表》性质大异，也与到各地的多份谢表截然不同。他已不再有行文不当被抓辫子之类的顾虑，而是将满腔愤懑表达在字里行间。他已想得很清楚：你们还有什么招？宋朝积贫积弱，割让国土给西夏和辽国，再远之地安南、暹逻不是你的，有无“爪哇国”谁也不知道，还能把我贬到哪里？本人没有一点才干，却造成了如丘山一样的大罪。三次贬黜处置还有余罪，又跨万里被独自流落到这里。你们就像对待一条蠕虫一样来看待和处置我，这就是你们的“尧文炳焕，汤德宽仁”！

“臣孤老无托，瘴疠交攻。子孙痛哭于江边，已为死别；魑魅逢迎于海上，宁许生还？”已充分做好了死在蛮荒之地的准备，没有生还的打算了，这便是对昏庸皇帝和掌权的章惇之流意图的公开回应。

苏轼的谢表中文字精到，无懈可击，但抗议和讽刺的意味十分强烈。留下这种文字，就是让历史去审判，让后人去公论！

黎蜒杂居非人堪

苏轼在琼州登岸后，琼州通判黄宣义前来看望，苏轼见其态度友善，就把今后的邮递收转之事委托给他，因为琼州与雷州隔海相望，是从岛上渡海北去的唯一港口，从此以后，苏轼与亲友的书信往来、物品递送都必须依赖这个通道了。安排好此事后，苏轼即从陆路前往儋州。他乘着软轿行走在高低起伏的山路上，举目北眺，只见水天相接的茫茫大海，心想这下真是到了途穷的绝境了，此生还能北归中原吗？软轿不停地颠簸，苏轼渐渐进入了梦乡。他在梦中忽然跳出一句诗：“千山动鳞甲，万谷酣笙钟。”

突然一阵风雨，苏轼从梦中惊醒，发现海风把山上的林木吹得波涛起伏，深谷里传来阵阵松涛，像是无数的乐器在合奏。他不由得陷入了沉思：难道是天上的群仙知道我终将北归，所以奏乐相庆？他们听到了我在梦中所吟的诗句，肯定会感到奇怪：这个老态龙钟的苏轼竟然还能吟出这样的佳句？这个天才大诗人当天便写出这样一首诗来：

行琼儋间，肩舆坐睡，梦中得句云：“千山动鳞甲，万谷酣笙钟。”觉而遇清风急雨，戏作此数句

四州环一岛，百洞蟠其中。我行西北隅，如度月半弓。登高望中原，但见积水空。此生当安归，四顾真途穷。眇观大瀛海，坐咏谈天翁（驺衍善论说宇宙，当时人称他“谈天衍”）。茫茫太仓中，一米谁雌雄（意思是中国也不过如茫茫太仓中的一粒米，而个人就更加渺小）。幽怀忽破散，咏啸来天风。千山动鳞甲，万谷酣笙钟。安知非群仙，钧天（相传为天帝所居）宴未终。喜我归有期，举酒属青童（神仙青童君）。急雨岂无意，催诗走群龙。梦云忽变色，笑电亦改容。应怪东坡老，颜衰语徒工。久矣此妙声，不闻蓬莱宫（说蓬莱久已不闻此吟咏之妙声）。

评家认为：此诗由海南的地理形势，写到登高北望的所见所想，从而抒发了穷途安归、宇宙苍茫之感。但诗人的感情并未由此低沉下去，却是从海南山间的奇妙景象和急雨云雷，联想到天神也许为自己北归有期而开筵相贺，群龙为催诗起舞郊原，蓬莱仙子为诗人新作而激情赞赏。全诗气魄雄伟，奇趣横生，在读者面前展开了海南风光的幽美画卷，体现了诗人开阔的胸襟和丰富的艺术想象力，为苏轼五言压卷之作。

汪师韩《苏诗选择评笺释》卷六称赏东坡此诗："行荒远僻陋之地，作骑龙弄凤之思。一气浩歌而出，天风滚滚，海山苍苍，足当司空图豪放二字。"

陆放翁《拜东坡先生海外画像》云："心空物莫挠，气老笔益纵。"可谓知心至言。

七月二日，苏轼与苏过来到儋州。这里的荒凉贫穷完全超出了苏轼的想象，次年写信给友人程秀才（全父）说："此间食无肉，病无药，居无室，出无友，冬无炭，夏无寒泉。然亦未易悉数，大率皆无耳！惟有一幸，无甚瘴也。近与小儿子结茅数椽居之，仅避风雨，然劳费已不赀矣。赖十数学生助工作，躬泥水之役，愧不可言也。"

除了"大率皆无"之外，儋州还有令中原人士头痛之极的困难，即风俗迥异，语言不通。原来儋州的居民大多是黎族百姓，他们的语言北方人一句也听不懂，他们的额角上刺着青色的图案，他们不爱耕种而以卖香为生，他们生了病不请医生而让巫师来祈祷，这一切都使苏轼感到自己确实身处"化外"了。在这样非人生活的环境下，苏轼竟写下豁达乐观的诗：

闻子由瘦 儋耳至难得肉食

五日一见花猪肉，十日一遇黄鸡粥。土人顿顿食薯芋，荐以熏鼠烧蝙蝠。旧闻蜜唧尝呕吐，稍近虾蟆缘习俗。十年京国厌肥羜（五月生的羊羔曰羚。《诗经》:“既有肥羜”),日日烝花压红玉。从来此腹负将军(左右曰“将军固不负此腹,此腹负将军”),今者固宜安脱粟。人言天下无正味,蝍蛆未遽贤麋鹿(翻用庄子“民食刍豢,麋鹿食荐,鸱鸦嗜鼠”句意)。海康别驾(谓子由)复何为?帽宽带落惊童仆。相看会作两臞仙(瘦。两臞仙,指子由和自己),还乡定可骑黄鹄。

这诗描写生活实况,杂以戏语,富有风趣,充分说明他此时已“得道”,能够笑对恶劣环境和困苦生活,内心放旷达观到了一般人难以企及的程度。

那么,苏轼如何在这样的恶劣环境中生存下去呢?让我们循着“大率皆无”的次序逐一细察。儋州不但缺少肉食,连米面等物亦需从北方海运而来,有时天气恶劣海船停航,或年成欠佳粮价飞涨,苏轼便有断炊之忧。元符二年(1099)四月,苏轼便与苏过一同修习“龟息法”,想要学会忍饥不食的妙法来对付缺粮。这是一篇读后心灵震惊、感叹不已、催人泪下的奇文!现全文译成白话:

洛阳有一个洞穴,深不可测。有人掉进洞中出不来,感到非常饥饿。他看到许多龟蛇,一到早晨就伸脖子向着东方张望,迎着初升的阳光呼吸。他也随着龟蛇,不间断地模仿,于是不再感到饥饿,并身轻力强。后来,他回到家中,不吃饭,最终不知他的下落。这是晋武帝时的事。辟谷的方法有百多种,上述方法最妙。如果能再服用玉杯盛接的露水和铅汞炼制的丹,就离成仙不远了。这个方法特别容易懂,特别容易做。但人们都不懂,懂的人都不做,为什么呢?因为世上没有虚心专一清静的人。元符二年,儋耳的粮食很贵,我正担心断粮,就想与儿子共练此功,因此写下来教给他。四月十九日记。(原文参见《苏东坡全集》第十卷,第5223页)

一位写下不朽诗文、万古流芳的文坛伟人,一位在中华民族五千年文明史中首屈一指的文豪,一位才高八斗、学富五车的罕见全才,一位有战略头脑、宏远眼光的思想者,一个活生生的血肉之躯,一个在皇帝身边筹划大事的翰林学士，一位曾苦心孤诣教导当朝皇帝的“帝师”，一位到处为民谋福利、留政绩的堂堂知州，一位笔落惊风雨、诗成四海传的大才子，竟落到学习乌龟“忍饥不食”的方法来存活！经过几亿万年的进化，高级的人类还与低等动物乌龟的肌体构造、消化功能一样吗？能学此种方法忍耐吗？封建社会的黑暗、残忍由此可见一斑！刚好晚生九百年的后辈写到此处感慨万端，义愤伤心，曾情不自禁潸然泪下！

儋州的饮食习惯也与北方迥然不同，百姓平时食芋饮水，荤腥则以海鲜为主。这对一向生活在北方的苏轼来说，真是难以适应的饮食习惯。然而苏轼以随遇而安的态度对待异方风物，他不但与当地百姓同样以薯芋为主粮，而且克服他一向怕腥的习惯，努力去适应那些平生闻所未闻的奇怪海产。

唐人韩愈南贬潮州，曾对南方的奇异食物甚感恐惧，勉强食用了蚝、蛤以后竟然“腥臊始发越，咀吞面汗骍”。苏轼则不然，他不但兴致勃勃地品尝海味，而且作《食蚝》赞美之：

> 己卯冬至前二日，海蛮献蚝。剖之，得数升肉，与浆入水，与酒并煮，食之甚美。未始有也。又取其大者，炙熟，正尔啖嚼，又益□煮者。海国食□蟹□螺八足鱼，岂有献□。每戒过子慎勿说，恐北方君子闻之，争欲为东坡所为，求谪海南，分我此美也。

此文以幽默的语调对朝中权臣进行了旁敲侧击的辛辣讥刺，同时也表达了苏轼对于艰苦饮食条件的超然态度。确实，蟹、螺、鱼、蚝、蛤等是公认的海味美食，不愿吃、吃不惯，只能说明你没有口福。文中将蚝“炙熟”，“啖嚼”，是今天烧烤的吃法，鲜美更甚，故担心“恐北方君子闻之，争欲为东坡所为，求谪海南”是有道理的，尤其是章惇，他不久就循着苏轼的脚印到岭南来了，还厚着脸皮、恬不知耻让儿子送来请求苏轼宽恕和帮助的信。不过，他决不是为慕海鲜之名而来，而是因果报应，遭到历史的惩罚！

儋州缺少医药，当地人一旦生病，便请巫师前来杀牛祈祷，苏轼记载这种习俗说：

病不饮药，但杀牛以祷，富者至杀十数牛。死者不复云，幸而不死，即归德于巫。以巫为医，以牛为药。间有饮药者，巫辄云："神怒，病不可复治。"亲戚皆为却药，禁医不得入门，人牛皆死而后已。

苏轼既顾惜无辜被杀的耕牛，又哀悯不治而死的病人，就亲笔书写柳宗元的《车赋》，附上长跋，交付琼州僧人道赞传播于众，希望借以改变这种落后的习俗。在这种情境下，年老多病的苏轼只能自行设法对付疾病。他亲自收录各种验方，亲自在山野里采集药草，如有海南不产的药物，就向北方的亲友求援。除了自行医治外，苏轼还发明了简单易行的保健三法，即晨起梳头、中午坐睡和夜晚濯足。每天清晨梳头百遍，午餐后趺坐在蒲团上闭目养神，这都是容易做到的养生之法。濯足则是在当时的条件下不得已之举，苏轼向来喜欢沐浴，儋州却缺少沐浴的设备，苏轼只得改全身沐浴为濯足，方法是在瓦盆里轮流倒进冷水和热水，泡脚半个时辰。他甚至发明了干浴的方法，就是在入睡前用双手按摩全身。

苏轼刚到儋州时，暂时借住在伦江驿馆里。这个驿馆虽是官府的公廨，却破旧不堪，不蔽风雨。每逢夜雨，苏轼总得一夕三迁。如果刮风，则一觉醒来枕前堆满了黄叶。即使是这样的地方，后来也被驱逐出来，不得不在桄榔树下过夜。父子二人无处栖身，只好在城南的桄榔林中买地建房。此事下文有述。

儋州地方偏僻，文化落后，苏轼的邻居都是黎族百姓，要是换了别的士大夫被贬到这里，一定会感到万分的落寞凄凉。苏轼却不然，他一到贬所，立即与当地的百姓融成一片。如果说黎子云、符林等人还算是读过书的士人，那么其他的"诸黎"则是真正的劳苦百姓，他们以平民特有的真诚与坦率来接待苏轼这位来自远方的迁客，苏轼也以平等、亲切的态度与他们交往，双方很快就建立了亲密无间的关系。一天苏轼应邀到友人家去小酌，喝得醉醺醺的不认得回家的路了。他一路向人打听，"诸黎"就指点他："你只要沿着路上的牛粪走就得了，因为你家就在牛栏的西边呀！"那些扎着小发髻的顽童也对苏轼十分友好，他们嘴里吹着葱管，成群结队地在苏轼身后跟来跟去。请读苏轼写下的三首七绝：

半醒半醉问诸黎，竹刺藤梢步步迷。
但寻牛矢（粪）觅归路，家在牛栏西复西。

总角（短辫翘起如角状）黎家三小童，口吹葱叶送迎翁。
莫作天涯万里意，溪边自有舞雩（祭天祷雨之处）风。

符老风情奈老何，朱颜减尽鬓丝多。
投梭每困东邻女，换扇惟逢春梦婆。

第三首诗苏轼自注：是日，复见符林秀才，言换扇之事。春梦婆：施元之注引赵令畤《侯鲭录》："东坡在昌化，尝负大瓢行歌田间，有老妇年七十，谓坡云：'内翰昔日富贵，一场春梦。' 坡然之。里人呼此媪为春梦婆。" 读这组诗可知作者胸怀开朗，与当地人民相处无间。

苏轼在儋耳还劝告当地百姓要发展农耕，多种水稻。他又劝导男子要多承担繁重的生产劳动，不要一味地依赖妇女。他还劝导黎、汉两族人民和睦相处，不要互相仇视。

海南的气候，既炎热又潮湿，自然环境相当恶劣。元符元年（1098）九月，秋雨连绵，一天苏轼惊讶地发现室内的帏帐上爬满了白蚁，原来帏帐已经彻底腐烂了。物尚如此，人何以堪！苏轼慨叹不已，便信手写下一篇《书海南风土》，文中道："岭南天气潮湿，地气上蒸，而海南更利害。夏秋之间，东西没有不腐败的。人不是金石，怎么能长寿？然而儋耳却有不少老人，年龄一百多岁的处处都有，八九十岁的更不必说了。可见寿夭并无一定之数，只要习惯于环境，就是冰中蚕火中鼠，都能生存。"

对于苏轼在海南的处境，苏辙在《再祭亡兄端明文》中有沉痛的追述：

大庾之东，涨海之南。黎蜒杂居，非人所堪。瘴气袭帷，飓风掀檐，卧不得寐，食何由甘！

苏轼用什么办法来抵御如此恶劣的气候与生活环境呢？其实他别无良

策，他的办法就是随遇而安，用顺其自然的态度来对待眼前的处境。这种态度看似消极，其实不然，因为在根本无法改变现实处境的前提下，人们确实只能凭借这种超越心态，才能最大程度地保护自己不受外界的戕害。否则的话，恶劣的环境施害于外，恶劣的心境施害于内，内外夹攻，脆弱的生命就危乎其危了。

综上所述，苏轼用来战胜“大率皆无”的恶劣处境的精神武器就是旷达乐观的心态和坚毅刚强的意志，就是抽身一步天地宽的积极人生观。即置身于更广阔的时空背景来考察它，也就是以一种超越的心态来对待眼下的困境。正因如此，苏轼就在精神上始终处于居高临下的优势地位，他就能傲视一切苦难。虽然章惇之流一心盼望着苏轼在海南的绝境中忧郁而卒，苏轼却悠然自得地背着大瓢在田间边走边歌，已把海南当作人生的第二故乡呢！

能化地狱为天堂

朝廷将苏轼从岭南的惠州再贬儋州，就是有将其置于死地的恶毒用意，但是苏轼的生命力强得令人惊叹，他无论走到哪里，都有非凡的自信和本领，能把“地狱”变成“天堂”。这不是说苏轼能凭一己之力改造客观世界，而是说苏轼具有调节自己的精神世界，有适应环境、化弊为利、扬长避短、随遇而安、把他乡作故乡这等非凡的思想境界和修炼之功，这恐怕在中国历史上鲜有第二人。

海岛的生活相比黄州、惠州，可说才是真正的艰难。在当时这里完全是一个没有开发的荒蛮之地，他在给雷州知州张逢的信中道：“海南风气，与治下略相似。至于食物人烟，萧条之甚，去海康远矣。到后，杜门默坐，喧寂一致也。”

初来乍到，苏轼感到极不适应，真有度日如年之感。这里几乎“举无所有”：食无肉，病无药，居无室，出无友，冬无炭，夏无寒泉，洗澡无浴室，更无书籍和笔墨纸张，再加上语言不通，习俗迥异，似乎什么活动都无法开展。在《夜梦诗序》中他曾感叹道：“到儋州十余日矣，淡然无一事。学道未至，静极生愁。”

由于旅途疲劳和经常发作的痔疾，苏轼没有尽兴地四处游玩，只在城内转了转，在城东古学舍参观了一回，慨叹此地邦风已颓，斯文不振。平时就暂在几间破旧的官屋里栖身，自斟自饮，有时想想在海那边的儿子和孙子，晚上也常梦见回到白鹤山居与他们相聚，早晨醒来就把梦记下；白天则和陶诗，写信，看儿子苏过用椰子壳做帽子，方便的时候托雷州来的使者把信带给知州张逢，把诗和椰子冠带给弟弟子由，让他们放心；而更多的时候则斋心炼神，坐禅养性，这是唯一不会因外部条件限制而废弃的最相宜的事情，苏轼早已驾轻就熟了。

到八月间，庭前黎檬子成熟的时候，情况有所变化，主要是原任昌化军军使任满离职，新任军使到任。

一日，苏轼正闭门静坐，苏过在一旁读书。忽听见有人敲门，苏过开门一看，门前站着一位身着官服的陌生人：一副斯文模样，却腰悬佩剑，眉宇间洋溢一股英武之气。那官人笑容可掬，抱拳当胸道："下官昌化军新任军使张中，特来拜见端明殿学士苏子瞻大人。"

话音未落，苏轼忙迎上前去，执着来客的手道："不敢，不敢，苏轼乃戴罪之身，早已不是端明殿学士，军使万万不可如此称呼。"

张中道："在天下百姓和四海士人心目中，东坡公永远是苏端明。"说着一同进屋。

苏轼看那张中，约有五十岁年纪，一问才知是开封人，熙宁三年进士，出科已二十八年，曾做过明州（浙江宁波）象山县尉之类的地方官，半百年龄，犹作军使，亦必是半生坎坷，不禁生出几分同情。

张中道："东坡公不独道德文章为世人称颂，清廉爱民也有口皆碑；于今竟然遭此重诟，实在叫人不平！"

苏轼叹道："承蒙错爱，不必说了！"

张中道："海南穷乡僻壤，冷寂荒凉，天幸先生到此，必令这榛莽之地，熠熠生辉。"说罢，又送上雷州知州张逢托带的信一封，酒四壶，海珍四样。

当天，张中亲率军卒来帮苏轼搬到官舍去住。苏轼谢绝再三，张中道："学生来迎大驾，无非是想离坡公近些，请教学问文章方便些罢了，望先生莫再推辞。"苏轼只得随他去了。

官舍虽也是旧屋，但已经匠人修检过，比先前那旧屋当然好得许多，遂安心住下。过了两天，张中命人买了大米送来。苏轼要付钱，张中说什么也不肯收，说道："这第一次算我送，下次再付钱。"苏轼只好依从，但对张中道："请你这位邦君划一片土地，供我们几人自耕自食，以免心中有愧。"

张中道："这里有许多土地无人耕种，东坡公要种多少都行。"

苏轼道："四个人两亩地足够了。"

张中在近水处划了一片约有两亩多面积的土地，批给他们耕种。

此后，苏轼便常与过儿和墨郎夫妻去地里劳作。他们开了一亩多水田，剩下的全做菜土。海南四季皆可下种、栽秧，苏轼忍不住，又为此作了一首诗，题为《籴米》，诗中道：

籴米买束薪，百物资之市。不缘耕樵得，饱食殊少味。
再拜请邦君，愿受一廛地。知非笑昨梦，食力免内愧。
春秧几时花，夏稗忽已穗。怅焉抚耒耜，谁复识此意！

在此诗中，作者认为不是劳动所得，饱食也觉无味，只有自食其力，方能无愧于心。这诗言浅思深，风格颇近陶诗。末句更寓深意，耐人寻味。

苏轼随身有一部《陶渊明集》，那还是游庐山时江州知州赠送的。在惠州，他断断续续读了一些集子里的诗篇，每次都觉有如身临其境，陶诗所咏与自己所遇所感十分相似。于是读一首，和一首；读一组，和一组。渡海前，便已作和陶诗一百零九首。他把那些诗都寄给苏辙，并写信请他作序。

苏辙原要劝哥哥戒诗，没想到他作了如此之多的和陶诗，读后心有所感，觉得这些诗确系子瞻近年心境的写照。但是这些诗许多隐含讥讽，万一被得势小人见到，少不了又要惹些麻烦。于是写了一封言辞十分恳切的信，再三嘱咐兄长千万不要传抄出去。信与《东坡先生和陶渊明诗引》一并寄往海南。

每天，苏轼除了用上个把时辰给过儿讲授经史诗赋之外，就是去那两亩地里劳作。但到底人老体弱，不消半个时辰，便疲惫不堪。墨郎见了，毫不客气地夺去他手中活计。苏轼只得回家去，一边走，一边吟道："半园荒草没佳蔬，煮得占禾半是薯。万事思量都是错，不如还叩仲尼居。”

宁可食无肉，不可读无书。好书不释卷，赛过活神仙。听人说，黎人黎子云家有不少藏书，便带苏过去黎家拜访。黎子云家在近处，门前有一口大水塘，宅院周围，竹木成林，浓荫蔽日，颇为幽静。子云与弟弟子威听说名满天下的苏东坡来访，急忙出门迎接，见了客人深深一揖：“黎家何幸，得蒙大人驾临寒舍，有失远迎，恕罪恕罪！”

苏轼看那黎氏兄弟，俱已人近中年，虽居荒僻之乡，却也温文尔雅，便还礼道：“听人说，贤昆仲乃知书达理之人，特来造访，望恕唐突之罪。”

黎子云道：“岂敢！岂敢！大驾光临，蓬荜生辉呀！”

一番客套寒暄过后，黎氏兄弟将苏家父子延至客堂。苏轼直告借书之意，黎子云道：“愚兄弟虽粗识文字，有几本书，却不多，恐怕难得有学士所需要的。学士要借，但凡我们有，只管拿去就是。”说着，便领了苏家父子去书房自选。

苏轼见黎家藏书虽不算多，却是经史艺文皆备，一个黎寨普通百姓之家，能有这些书，实属不易。因初次相识，不便多借，只挑一部《柳宗元集》和另外几本，便告辞回到住处。却好在他渡海后到惠州任知州的郑嘉会有信来问候，苏轼便回信请他弄些书来。

过不几天，黎家来邀苏氏父子和军使张中去家里做客。黎子云把当地几个读书人一一介绍给东坡先生。有年近五十的老秀才符林，有八旬老翁王公辅，有人到中年的陈孚、赵荆、王霄，还有一个外地来的后生王介石。

大家先在门前大塘边的树荫下钓了一会儿鱼，然后进屋去喝酒。

酒至半酣，符林对大家说：“难得东坡公在儋州，今后我等该多多聚会，以便能常聆学士雅教。只是我们这地方房屋都不够宽敞，我想不如大家凑点钱，筑两间高大些的房子，以为聚会之所，不知诸位意下如何？”

此议得到众人响应，苏轼也欣然赞同。当下，身上带了钱的马上交钱，没带钱的就回去取来。苏轼也要出一份，众人死活不肯，苏轼坚持要出，只得依他收了。

建房地址就选在黎家门前塘边，王介石自告奋勇，主持其事。只花一个多月，两间高大敞亮的堂屋便告竣工。众人请苏轼为新屋题名，苏轼写下

“载酒堂”三个端庄的大字，并题诗一首。此后，每隔三日五日，便有人发出邀请，大家到载酒堂聚会。除了钓鱼、喝酒，就是请苏轼讲授诗文。

论钓鱼，军使张中可算是高手，每次钓的都比别人多。这个张中，除了喜欢钓鱼之外，还是个棋迷。到海南后，找不到弈伴，甚是懊丧。

一日，他耐不住棋瘾挠心，便搬出棋盘，一人兼弈黑白两方。却好苏过来了。苏过道：“你喜欢下棋？我来陪你。”两人下了一盘，张中赢了。

苏过道：“我不是你对手。”张中道：“什么对手不对手？赢也罢，输也罢，我只求有人对弈。你我不问输赢好不好？”

其实，苏过也并不特别喜欢此道，更不在乎输赢；只因无事，聊为消遣罢了。从此二人成了弈友，有空就下，慢慢地，苏过有时也能赢上一局。

苏轼于棋，却并不在行，曾经学过，没学好。张中与过儿对弈，他有时就坐在旁边做个观者。一看半天竟不觉厌倦。一日兴起，还作了一首四言诗《观棋》：“五老峰前，白鹤遗址。长松荫庭，风日清美。我时独游，不逢一士。谁欤棋者，户外屦二。不闻人声，时闻落子……”

手中有书读，闲时访访友，喝喝酒，钓钓鱼，观观棋，这已使生活丰富多彩了。苏轼本是美食家，发明了多种美味佳肴的做法，可惜“巧妇难为无米之炊”，没有什么原料可以制作。但是，有其父必有其子，苏过从父亲那里已学到了本事。一天，他做了一碗山芋玉糁羹，苏轼一尝，赞不绝口，立即写诗赞之：

过子忽出新意，以山芋作玉糁羹，色香味皆奇绝。
天上酥酡则不可知，人间决无此味也

香似龙涎仍酽白，味如牛乳更全清。
莫将南海金齑脍，轻比东坡玉糁羹。

读了此诗，顿生遐想：如果东坡生在当今，就凭他做“食品广告”的本事，肯定能使全国食品厂家频繁邀请，重金相聘，就凭这笔收入，他也能吃香喝辣，生活无忧。

标题中的“酥酡”，此物只应天上有。《法苑珠林》：“夜摩诸天有以珠器而饮酒者，受用酥酡之食，色触香味，皆悉具足。”第一句是什么意思？龙涎，香之上品。据《香谱》云：“龙涎出大食国。”酽白，浓厚而白。第三句中的“齑”是切碎的腌菜或酱菜。坡公“吹”得天花乱坠，实际上是用山芋和点米作羹。他们父子俩穷得叮当响，家里有什么好东西？但他笔下所写，令人口角流涎。

绍圣四年（1097）的冬天，儋州特别冷，北风从墙壁和屋瓦的缝隙中钻进屋里来，他像乌鸦一般，瑟缩着脖颈和身子，身上还起着鸡皮疙瘩。街上买不到木炭，墨郎便用木柴烧上一堆火。有了火，屋里顿时温暖如春。看着那跳动的橘红色火苗，苏轼如置身春风中看那五色云霞，看那桃花李花竞相开放……于是迷迷糊糊睡去。半醒时，听到鼾声，以为是别人，半天才弄清是自己，不禁哑然失笑。看看窗外，是一片冬日的萧瑟。他觉得这感受十分有趣，诗瘾又上来了，遂作《独觉》：

瘴雾三年恬不怪，反畏北风生体疥。
朝来缩颈似寒鸦，焰火生薪聊一快。
红波翻屋春风起，先生默坐春风里。
浮空眼缬散云霞，无数心花发桃李。
倏然独觉午窗明，欲觉犹闻醉鼾声。
回首向来萧瑟处，也无风雨也无晴。

写此诗时寒冬已至，苏轼独坐薪火旁，却见“浮空眼缬散云霞，无数心花发桃李”。可见作者胸怀。结尾数句，变化纵横，别开境界。

一夜，苏轼对火静坐，苏过几次催他去睡，他都说：“你先睡吧，我再坐一会儿。”因为身边有火，灯将尽也不去挑它；只不时给火堆添点木柴，让眼看要熄灭的火重又燃起来。他就这么坐着想心事：到海南岛快半年了，生活虽苦，也没把我老头子苦死，我还要活下去，说不定还要做神仙……年关将近，不知子由近日如何，该给他写封信寄首诗去：“清风欲发鸦翻树，缺月初升犬吠云。……雷州别驾应危坐，跨海清光与子分。”

此诗寓意深远，暗含讥刺。完全忘记了弟弟一再嘱咐他戒诗的话。苏辙读后叹道："你这个老兄啊，我劝你戒诗，你作作和陶诗也罢了，偏还要作这样的诗，叫人去抓话柄！"（"犬吠云"何意？指谁？）可仔细一想，不作诗便活不下去，那是老哥的情性，任谁也改变不了。

没过几天，苏辙又收到苏轼的《谪居三适》，共三首，记三件事：早晨梳头，午间坐睡，睡前洗脚。这三件事，乃东坡数十年如一日的老习惯。一、三两件，先前都是朝云做；朝云去世后，他自己不太方便，便改由苏过担当。谪居之苦，苦不堪言，他苏轼却能从此三事中寻得乐趣，并作诗以记，还说要把这种悠闲、乐趣献给那些腰系金带居于高位的大官们。

《谪居三适》诗，与"报道先生春睡美，道人轻打五更钟"同一旨意，与刘禹锡《再游玄都观》中"前度刘郎今又来"异曲同工，都是累遭打击迫害而不屈服者的宣言。这诗以晨起理发，中午坐睡，晚上洗脚视为"三适"，足见谪居生活艰苦。但作者却能笑傲自如，自得其乐。前首写少年时忙于朝谒之苦，有如服辕马，不得解放，反衬现在能从容理发的闲适之乐。二首写坐睡之舒畅。虽已"禄尽空余寿"，但此心光明无垢，本无烦恼，故能安然到达非梦非觉的境界。末首追述古代缺柴少水的故事，以写现在有柴烧水洗脚的可喜和适意。笔力雄劲，气象清远，暗含讽喻。充分说明"顽固派仍愚顽"，愿意怎么再处理悉听尊便。

苏辙读完《三适》诗，出了一身冷汗，连忙写信，嘱咐老兄：此诗万万不可外传。

过了新年，苏轼接到弟弟报喜的信，知道他的第四个孙子出世，取名斗老。此时，苏轼自己已有五个孙子，加上弟弟四个，苏家共有了九名男丁。一高兴，又寄一诗给子由："无官一身轻，有子万事足。……但令强筋骨，可以耕衍沃。不须富文章，端解耗纸竹。君归定何日，我计久已熟。长留五车书，要使九子读。"

儋州的元宵节冷清清的，不似惠州，更无法与杭州、汴梁等繁华都市相比；只有清亮的月光，把轻轻摇动的树影印在窗棂上，好像有许多蜥蜴在上面爬行。风在屋外不紧不慢地刮着，发出轻微的沙沙声，好像有许多小虫随之下落……他在不知不觉中睡了过去。醒来时，灯焰上结了个很大的"花"；香炉的青烟早已消失。苏过还没有回来，大概与张中的棋局犹未终

了……他忽然想起十年前，也就是元祐三年，他正做翰林学士兼侍读。元宵节那天，太皇太后与小皇帝大宴群臣，又赏赐诸近臣黄柑。他那朝服的两只大袖装满了柑子。回家来，像变戏法似的从袖中一只接一只地取出来，闰之夫人乐不可支，朝云更是笑出了眼泪……可是，一晃十年过去了。次日，苏过发现案上有新作《上元节过赴儋守召独坐有感》。

二月初，苏迈有书信来，随信并寄诗与酒，还有苏辙小儿子苏远的和诗。两人的诗都“粲然可观”。苏轼用玩笑的口吻戏和了一首，描述了一幅田园生活的画卷。绍圣五年（1098）二月二十日，是苏辙六十生辰。苏轼提前将一根用海南特产黄子木制作的拄杖与一首诗，寄往雷州。海南三月，夭桃吐艳，杨花似雪；早稻已插秧多日，各种蔬菜也一片青翠，苏轼感到一切都生趣盎然，遂填《减字木兰花》一阕，词中道：“春幡春胜，一阵春风吹酒醒。不似天涯，卷起杨花似雪花。”

三月初，木棉花谢，刺桐正开，香风馥郁，吴复古到海南来了。他从广西提刑曹子方那里来，准备回潮阳去。苏轼高兴至极，有吴翁做伴，苏过与张中下棋，他再不用独自枯坐了。

可吴复古只住了不到一月，便要回潮阳去，临走时告诉苏轼：找岔子、找麻烦的人怕是又要来了。原来京城又有传说：苏东坡已在海南成仙，驾船出海，再也没回来。苏迨在宜兴听到此话，急忙写信来问父亲。

苏轼看信后放声大笑：“好啊！我苏东坡成仙了！我又成仙了！”

苏轼成仙之说，传到章惇、蔡京等人耳中，他们便差心腹董必作广南西路察访使，一路查问贬往岭南的元祐老臣。董必到雷州，指责苏辙租赁民房居住是“强占民宅”，不由分说令他迁往别处。附近的老百姓都愤愤不平，董必丝毫不予理睬。没过几天苏辙就被徙往循州。

董必又参劾雷州知州张逢礼遇二苏，多方照顾。不久，张逢便遭革职。

接着，董必又要到海南勘查苏轼行迹。一位随员劝他说：“人人家各有子孙。”董必听后，有某种感悟，于是遣一名属吏渡海来琼。

那人到儋耳一问，才知成仙之说，纯属谣传。但又听说苏轼住在官舍，便指责张中：“如此姑息罪臣，极为不妥。”说毕，带领随从兵卒闯入苏轼住处，喝令“速速搬了出去”。苏轼问他是谁，“凭啥子要我搬家？”

得到的回答是："不必多问，叫你搬你就搬！"说完，一帮人扬长而去。

张中告诉苏轼：那人是广南西路按察使董必差来的，说是奉旨行事。苏轼听了，自然无话可说。可是，这家该往哪里搬呢？原先住的房子也是公房，不能去。别的……正为难时，黎子云等人来了。子云说："总不能住在露天里吧，先去我家暂住几日，再作计较。"于是大家一齐动手，帮着搬到了黎家。苏轼道："子云家房舍并不宽绰，我还是要想办法自己筑几间房屋才好。"王介石道："这样最好不过，我来帮你。"

大家都表示赞同，都帮着出主意。房址就选定在军使治所南面不远处一片桄榔林下。先由符林出面，帮他买下林间一亩多空地。符林又提出大家凑钱，苏轼道："不可，万万不可！决不敢劳诸位破费。你们的日子也不怎样宽松。好在新任广东常平孙蓉帮忙，漕司将拖欠两年的折支券换了实物，一共卖了一百多缗钱，大概差不了多少。"

王介石道："既是这样，钱就不凑了，出力总是可以的。此事仍由我来主持，东坡公就等着住新屋吧。"

小后生王介石热情如火，随即四处奔走，购买桄榔木料，雇请工匠，翌日便破土动工。海南建房，比较简便，不用烧制砖瓦，工匠们用桄榔树干构成梁柱，柱间以竹片编篱，又在竹篱两面糊上稀泥巴，泥干时，再抹一层石灰，屋顶盖上茅草和桄榔叶，就成了。

接连许多天，大家都来帮忙：担水，和泥，破竹，编篱，抹墙……有些是载酒堂聚会之客，有些苏轼根本就不认识。工具不够，都从自己家里带来。时方初夏，天气并不太热，可一个个都汗流满面。那王介石更是从早到晚，一身泥垢，却依然哈哈连天。

朋友们如此盛情，苏轼十分感动。他托人去琼州买些酒和肉菜回来，叫墨郎和蓉儿把饭菜弄得好一些。来帮忙的也不客气，痛痛快快吃喝说笑，痛痛快快辛苦流汗。不到一个月，五间并排的新屋便出现在茂密阴凉的桄榔林下。苏轼把新居定名"桄榔庵"。他又在屋侧凿了一口井，屋前屋后种上竹子和多种花花草草，也像惠州白鹤居一样，环屋编了一圈篱笆。

苏轼摘了张桄榔叶，写下了一篇《桄榔庵铭》，铭中道："东坡非名，岷峨非庐。须发不改，示现毗卢。无作无止，无欠无余。生谓之宅，死谓之墟。三十六年，吾其舍此，跨汗漫而游鸿蒙之都乎？”

迁居之日，苏轼设宴答谢邻居及友好，把几天前收到程天侔托人带来的酒和腊肉拿出来待客。大家正吃得高兴，说得热闹，门外来了一位不速之客，求见东坡学士。苏轼一看，是个素不相识的年轻书生。

珠崖有幸破天荒

绍圣五年（1098）五月，苏轼于迁入桄榔庵新居之日，备酒感谢帮助他营建新屋的众位友好。酒酣时，来了一位素不相识的客人。那人约有二十几岁年纪，头戴儒巾，身着襕衫，一副读书人的模样。苏轼站起身来，正想说话，那人一看，便抢先一揖，自报家门：“学生姜君弼，字唐佐，琼州琼山县人，今年二十五岁，听说东坡先生在此，特来就学于门下，望先生接纳。”说完，纳头便拜。

苏轼连忙扶住，说道：“足下要做我的学生，也不必行此大礼。我知道，海南读书人甚少，自唐至今，岛上四州，尚无一名进士。足下有志求学，苏某焉敢拒之门外。”

苏轼话音未落，只见王介石也“扑通”一声，拜倒在地：“请先生也收介石做个弟子。”接着，在座客人中又有几个跟在王介石后面行礼。

苏轼忙道：“大家不必如此，你们愿意读书，我岂有不愿教的道理。明日起，就在载酒堂开办书院。”

次日一早，十余名学子齐集载酒堂。这些人中，除姜君弼之外，多是常在此参与聚会、听苏轼讲授诗文的年轻人。他们心里早就认了先生，只是未行拜师礼，载酒堂也未称作书院，大家都如朋友往来。经昨日姜君弼那一拜，大家才突然明白：既要求学，便须有尊师之礼。于是从这一天开始，先前的朋友都变成了学生，连黎子云兄弟、老秀才符林也坚持要执敬师礼。每日午前课读两个时辰，苏过也随同就学。

大家都知道东坡先生生活艰难，别驾俸禄极少，仅有团练副使的三分之一，而且只给折支券，换钱又十分不易。学生们便都按月奉上“束脩”。可苏轼死活不肯收，门生们便拿钱买了油盐柴米酒和腊猪肉等物送来充作“束脩”，苏轼只好收下。

后来，这载酒堂便成了名闻四海的“东坡书院”。

不久，郑嘉会托广州道士何顺德从惠州送书来，一只大藤筐装得满满的。苏轼十分高兴，与苏过将那些书逐一归类编号，以便归还时查对。书院诸生见有了许多书，更是欣喜若狂。苏轼教给大家一个读书好方法：抄书。他说：“抄一遍胜读十遍。”于是书院里抄书之风兴起。

苏轼对苏过道：“《新唐书》是欧阳永叔与宋子京两位先贤合著的扛鼎之作，可称典籍。”于是苏过在课读之余，日日恭楷抄写《新唐书》。抄书，不但胜过诵读，还能练习书法，一举两得。

苏过现在成了最忙的忙人。要听讲，要抄书，要练画，要与张中下棋，有时还要跟墨郎去田地里劳作。不过常被墨郎夺去他手中农器，并说：“你只管去做自己的事，我这里不用你帮忙。”那田地，墨郎与蓉儿侍弄得井井有条。三月间，水田插下了稻秧，旱土也播下杂粮，栽了菜秧，入夏后已是满垄翠绿，蓬蓬勃勃，极有生气。附近许多居民都啧啧称赞。这些事，都给苏轼带来极大喜悦。他想起自己在惠州所著《易传》和《论语说》须加修订，便寻出来，有空就改上几笔。

六月，赵煦改元，以绍圣五年为元符元年。皇帝改元必对臣下有奖有罚，于是又有许多元祐老臣再次遭罪，祸及七八百人。范祖禹移化州安置，死在那里。秦观被除名，永不叙用，移送雷州……苏轼每听到这类消息，心里像塞满了蒺藜，又似燃起了烈火，常常情不自禁地仰天浩叹：“天理何在！天理何存！”

在荒蛮的海岛，苏轼在极其艰难的环境中生活，善良的儋州的百姓在生活上给予他许多帮助，苏轼则投桃报李，为当地百姓兴办教育，提高他们的文化水平，并改良他们的生活习俗，自然而然地扮演了一个文化使者的角色。

海南畜牧业本来就很落后，但是当地的习俗却是“病则椎牛祭鬼，丧葬必解牛款客”（《儋县志》），所杀的牛都是用沉香等珍奇特产从大陆汉商手里购来的，丧葬杀牛一项往往耗尽黎民终年所得。

没有文化和知识，更谈不上讲究科学、利用自然条件了。海南与台湾是祖国的两个地处亚热带的宝岛。《方舆志》云："琼与中州绝异，素无霜雪，冬无冻寒，草木不凋，四时花果。"明初诗人方向有《海天春晓》诗赞之："海外风光别一家，四时杨柳四时花。寒来暑往无人会，只有桃符纪岁华。"

照例说，海南气候温和，雨量充足，土地肥沃，适宜种植各种粮食作物，水稻可以一年种三季，但是，当时的黎民"俗以贸香为业"，作物粗放，不习内地的农耕牧业，所以荒田很多，"所产粳稌不足于食"，稻米奇缺，依靠大陆的供应，有"北船不到米如珠"（《纵笔》）之叹。广大黎民维持着"以薯芋杂米作粥糜以取饱"的极其低劣的生活水平。

此外，海南还有一个奇特的风俗，繁重的生产劳动都由妇女承担，身强力壮的男子却在家里游手好闲，或是看管小孩。

这一切都引起苏轼极大的关注，他为之痛心，为之忧虑，为之哀怜。他亲自书写了柳宗元《牛赋》，请琼州和尚广为宣传，劝告黎民爱惜耕牛，明白牛耕的益处；同时就像在惠州时一样，不断写信给亲友，从内地求购药材，施舍给黎民。他作《和陶劝农诗六首》谴责贪官污吏、汉族奸商对黎民的盘剥搜刮，劝告汉黎和睦共处，垦荒种植，发展农业。他还经常诵读杜甫的《负薪行》一诗，劝告当地百姓，改善妇女的生存状况。

作为一名贬谪的官员，流落的文人，苏轼只能利用自己的影响来促进黎民生产、生活、文化等方面的改良。他与当地的文人广泛交游，将众多学子吸引到自己身边，讲学、作诗、送字、赠画，还亲自编写教材，进行教授。每当听到邻家孩子琅琅的读书声，他总是感到由衷的喜悦："幽居乱蛙黾，生理半人禽。跫然已可喜，况闻弦诵音。儿声自圆美，谁家两青衿。"他深知移风易俗首先必须改变文化落后的局面，从这流畅圆润的读书声中，他听到了希望，听到了走向美好未来的坚实的足音。他情不自禁地举杯畅饮，并与这孩子一同朗读："引书与相和，置酒仍独斟。可以侑（劝勉）我醉，琅然如玉琴。"

《琼台记事录》说：

> 宋苏文忠公之谪儋耳，讲学明道，教化日兴。琼州人文之盛公启之。

苏轼到了海南之后，大力传播中原文化，发展地方教育事业，培养造就一批人才。给这个斯文不振的荒蛮之邦带来了文明的火种，在愚昧的郊野上燃起了一堆明亮的篝火。

文明与进步原是人类的根本追求，不仅儋州本地的百姓对于这位文化伟人仰之如北斗，海岛上其他三州的士人也纷纷到来；甚至远在广州的学子也冒着惊涛骇浪之险、山贼海盗之危，远道前来问学："风涛战扶胥，海贼横泥子（扶胥、泥子均为地名）。胡为犯二怖，博此一笑喜。"（《赠郑清叟秀才》）对于这些后辈学人，苏轼无不热情接待，不管他们的基础和资质如何，只要有心向学，都循循善诱地予以开导、指教。他曾以十分生动的比喻教葛延之作文：

> 儋州虽数百家之聚，而州人之所须，取之市而足，然不可徒得也，必有一物以摄之，然后为己用。所谓一物者，钱是也。作文亦然。天下之事，散在经子史中，不可徒使，必得一物以摄之，然后为己用。所谓一物者，意是也。不得钱，不可以取物；不得意，不可以用事。此作文之要也。（宋·葛立方《韵语阳秋》）

这段话，在前文谈到苏轼论作文之法时已提及。这一比喻十分贴切、深刻、管用。作文、著书，有了立意，有了思想，便使各种史料为己所用，活跃起来，可以左右逢源，随手拈来。若是没有"旨意"，则如一堆杂乱无章之物，无法统御，望而兴叹。本节开头时提到的琼州年轻学子姜唐佐，元符二年（1099）九月，跋山涉水慕名来到儋州向苏轼求学，一住半年，他好学而聪颖，深得苏轼的赏识。临别之前，姜唐佐请求赠诗一首，苏轼便在他的扇子上题道：沧海何曾断地脉，珠崖从此破天荒。并对他说："等你将来中了进士，我再为你续足成篇。"

姜唐佐没有辜负苏轼的期望，后来他北上赴试，于大观三年高中进士。也就是说，苏轼曾为海南培养了有史以来第一名进士，可惜当时苏轼已经去世，续诗的任务由弟弟苏辙完成：

生长茅间有异芳，风流稷下古诸姜。
适从琼管鱼龙窟，秀出羊城翰墨场。
沧海何尝断地脉，珠崖从此破天荒。
锦衣他日人争看，始信东坡眼力长。

——《赠姜唐佐》

当时的儋州在苏轼、折彦质等人的教育影响下，弟子多有成就，成为文化教育的中心，有“小稷下”之称。

海南由于谪客、名宦们传播中原文化的促进影响，琼士自宋参与科举考试，人才辈出，宋郑真辅考中探花，考取进士十一名；明代读书风气大盛，考取进士者六十多人，还出过数位女诗人。统计从宋至清，琼士考中探花者二名，中进士者一百二十多名，举人有七八百之众，人才盛极一时。如：明代海瑞是一位著名的政治家，全国皆知；邱浚也是明代不下于海瑞的一位多彩多姿的政治家、文学家、经济学家，几乎妇孺皆知。明人奚昌《三杰同升》诗云：“三杰同于一月升，尚书学士与中丞。朝端一旦欢传遍，岭海千年气概增。”海南为遐荒远郡，明成化秋，琼士薛三晋升户部尚书，邢宥晋升都御史，邱浚晋升翰林学士，皆在一月，恐虽天下望郡亦稀，海外衣冠胜事真奇逢也。奚昌诗又云：“就中最重鸾坡老，烨烨文光万丈腾。”就是说，海南自苏东坡等谪客传播中原文化以来，文光灿烂，人才辈出几似雨后春笋。饮水不忘挖井人，这是先贤传播中原文化、发展海南教育所结的硕果。因之说，谪客们对海南有巨大的贡献和深远的影响。

在儋州，坡公遗迹甚多，特录几首纪念他的诗文以飨读者。明·黄宁《载酒堂二首》：

子瞻谪海南，寄傲古儋州。儋人喜见之，载酒从之游。
酒味既冷冽，酒兴正绸缪。醉来何处归，归去无何有。

放逐夸三适，萧条愧六无。人皆争附凤，谁复叹遗珠。
得酒开怀饮，忘情与世殊。构堂崇祀事，千古属吾儒。

元·王仕熙《东坡书院》：

元祐先生玉署仙，海南遗迹有双泉。
古城云锁荒祠月，高树风吹野水烟。
酌酒浮杯空九曲，断碑怀古又千年。
醉醒谁唱沧浪曲，兴在山城缥缈边。

本人曾于2012年5月19日从海口专程去儋州瞻仰文化圣地东坡书院。车行两个小时到达儋州，东坡书院还远在五十公里外的西边，它位于儋州市中和镇城区东郊，占地一百六十八亩，始建于北宋绍圣四年（1097），是东坡居儋州期间讲学场所，历代均有修缮或扩建，古建筑保护完好，规模宏大，馆藏文物甚丰。“东坡书院”享有“天南名胜”的美誉，是集文献、书画、楹联、碑刻、雕塑、器具、井泉为一体的著名人文景观。景区内有五百年古树、千年古井（相传是东坡亲自参与挖掘的）、文化圣水，有鲜为人知的狗仔花，还有被称为海南珍稀的东坡芒果树。东坡书院像一颗明珠嵌于四季飘香的田野上。它的前面是百亩荷塘；后院古木参天，曲径通幽，绿草如茵，鸟语花香。书院内有载酒亭、载酒堂、东庑廊、迎宾堂、碑廊、钦帅堂、尊贤堂、怀贤亭、望京阁、春牛石雕等遗迹，并有“东坡在儋州”的陈列馆。西院内有尊高大的东坡头戴笠帽的铜像，神态栩栩如生，使人联想起坡公当年在儋州荷锄耕耘的清苦生活。置身在东坡书院，处处感受到大文豪的情怀，欣赏东坡和古今名家墨宝，尽享大学士之文化熏陶。

第十八章

爱国悯民

达穷皆未忘忧国

宋朝的国势薄弱，怯于外敌，在中国历史上是少见的。正如叶适所说："天下之弱势，而历数古人之为国，无甚于本朝者。"（《论纪纲疏》）堂堂一个大国，要向周边异族和小国进贡、纳币、求和，还有"国格"吗？创造"天下之弱势"史无前例，无论是君臣和黎民，能直起腰杆吗？有自豪感吗？宋朝从赵匡胤开始，一贯采取"守内虚外""弱兵弱民"的方针，是招致强敌进犯、促使民族矛盾深化的重要原因。

苏轼对于北宋日益深化的民族矛盾和边防危机是有清醒认识的，他提出过一系列济时安国的政见，他始终关心国事，怀有扭转宋室积弱局面的抱负和热情。

仁宗嘉祐六年（1061）他应制科考试，进策二十五篇。这组奏状视野开阔，论析当时形势，提出安邦宏图和应变策略。在《策略》一中，他指出："国家无大兵革，几百年矣。天下有治平之名，而无治平之实。"他希望朝廷看到国防隐患，审时度势，有所兴革，"滌荡振刷，而卓然有所立"。在《策略》二中，对宋廷的边患有系统的论述，以为强悍的辽、夏是宋朝的大患，一针见血地指出："二虏之大忧未去，而天下之治，终不可为。"接着他旗帜鲜明地反对纳币求和，说："昔者大臣之议，不为长久之计，而用最下策，是以岁出金缯数十百万，以啖强虏。此其既往之咎，不可追之悔也。"这里可看出，此见与父亲苏洵在《六国论》中指出的“赂敌”实质是“残民”，一脉相承的。

苏轼在州郡任职时，曾注意了整军备敌的各项设施。如元丰八年（1085）苏轼了解到登州“地近北虏，号为极边”，自来驻有水军，“为京东一路捍屏”，后因边境无事，水军官兵屡被他调，武艺惰废，形同虚设。为此他向朝廷上了《登州召还议水军状》，建议朝廷整饬登州水军，“教习水战，旦暮传烽，以通警急”。

元祐八年（1093），苏轼在定州发现，由于宋廷与辽国妥协，沿边军政松弛，禁军“将骄卒惰”，战斗力差。而民间为保境御敌自动组织的弓箭社，则能“带弓而锄，佩箭而樵”，“分番巡逻，铺屋相望”，“骁勇敢战，缓急可用”，具有很强的战斗力。有了这支民间武装与官军配合，敌人就不敢轻犯边塞。为此苏轼奏进了《乞增修弓箭社条约状》（《苏东坡奏议集》卷一四），要求当局对这类民间自卫组织加以扶持。

更为难得的是，苏轼不但在州郡任职时，对武备疆防有所筹划，而且在贬官投闲之中，也时时关心边事。他任定州太守时间不长，到任后发现这个宋朝北部军事重镇边防松懈，便从整饬军纪入手，严格治军，查办贪污、盗窃和赌博的行为；他看到士兵生活条件很差，立即向朝廷写奏章要求拨款修缮军营，“岂可身居大厦，而使士卒终年处于破屋之中，上漏下湿，不安其家?”尽力关心士兵的疾苦。苏轼经过调查发现，这里的老百姓为了自卫，自动组织了“弓箭社”，不论穷富每家都出一个人，推选有钱人家、武艺高强的人为社头、社副、录事，自备弓箭、甲胄、鞍马，“带弓而锄，佩箭而樵”，边耕作边备边，一旦有事，便击鼓为号，并自立赏罚，比官兵还要严格。他高度评价了民间这种创造，向朝廷写奏章：“弓箭社实为边防要用，其势决不可废。”他被贬黜黄州时，还写信打听宋军同西夏交兵的战况，“虽废弃未忘为国家虑也”，代表了他的心声。尽管他身处逆境，进退维谷，仍然坚毅地表示：“吾侪虽老且穷，而道理贯心肝，忠义填骨髓”，“虽怀坎壈于时，遇事有可尊主泽民者，便忘躯为之。”

同封建社会的其他爱国者一样，苏轼也不免把“国”与“君”联结在一起，把“为民”与“为君”视为一体，这是毋庸讳言的时代局限性。不过在古代面临敌国侵逼、民族压迫的情况下，这种为“尊主泽民”勇于忘躯的精神，毕竟是难能可贵的。由于苏轼对于民族矛盾有深切的体察，并怀有关心国事的一腔热情，这就使他创作爱国诗篇具有了深厚的思想基础。

苏轼在凤翔时，到诸葛亮当年屯兵的五丈原，写了一首《是日至下马迹憩于北山僧舍》诗，以古朴苍劲的笔调描写了诸葛挥军斜谷、战士衔枚疾走的情景，体现了诸葛的治军有方，纪律严明。惜乎“一朝长星坠，竟使蜀妇髽”，北伐竟因诸葛亮的逝世而落空。苏轼对于这位政治家的“出师未捷身先死”，表示了深深的惋惜。

对于尽瘁为国的当朝将领和武士，苏轼也寄予了深切的同情和赞佩。苏轼集中年代最早的诗篇，就是歌颂屡有战功的河西弓箭手郭纶的。郭纶是少数民族人，作战英勇，能手持丈八长矛所向无敌。仁宗康定元年（1040）元昊犯边时，他固守定川，卓有战功。但是由于朝廷实行苟安妥协政策，武将无用武之地，郭纶沦落为嘉州税监。苏轼在《郭纶》诗中写道：

河西猛士无人识，日暮津亭阅过船。
路人但觉骢马瘦，不知铁槊大如椽。
因言西方久不战，截发愿作万骑先。
我当凭轼与寓目，看君飞矢集蛮毡。

以无限同情的笔触，写出他的“英雄失路之慨”。诗人多么期望这位勇士重返疆场，看他的飞箭射向西夏的军帐，给犯边的敌人以坚决的回击！

元丰二年（1079）苏轼在徐州所写的《将官雷胜得过字代作》诗，以轻捷跳动的笔调刻画了一个喋血边廷、出生入死的将军形象：“胡骑入云中，急烽连夜过。短刀穿虏阵，溅血貂裘涴。”这位将军是陇西人雷胜。但是这样的武将，却落得有志报国无路请缨的遭遇，显然渗透着作者对宋廷怯战妥协政策的不满情绪。南宋陆游等反复抒写的“报国欲死无战场”的忧愤，在苏轼诗中也早露端倪。

在苏诗中，有的作品直接抒写了诗人的报国热情和抗敌立功的雄心。写到这里，想插入一段我在采访中的亲历。2007 年，为写左宗棠全传，到左公的故乡湘阴、长沙等地调研之后，循着左公收复新疆的西征路线采风。在兰州碑林，我看到了左公一副联语手迹：未成报国慙书剑，故将诗律变寒暄。

这一联语中的“慙”，即繁体汉字的“慚”，简化字中的“惭”。我对这副楹联十分喜欢，尤其是上联，充分体现了青年左宗棠的爱国情怀。我知道，联语，是可以将自己或他人的诗句借来化用，那么，“未成报国惭书剑”，出于何处？是左公自撰，还是化用他人？因学养甚浅，不得而知。直到我研读《东坡选集》，才知嘉祐七年（1062）苏轼作《九月二十日微雪，怀子由弟二首》之二：

> 江上同舟诗满箧，郑西分马涕垂膺。
> 未成报国惭书剑，岂不怀归畏友朋。
> 官舍度秋惊岁晚，寺楼见雪与谁登？
> 遥知读《易》东窗下，车马敲门定不应。

这是苏轼在初入仕途任职凤翔时，向弟弟苏辙倾吐自己的襟抱。“未成报国惭书剑，岂不怀归畏友朋。”为诗旨所在，亦是名句。这时对未来充满憧憬的苏轼，虽也有“怀归”的乡思，但遏抑不住报国的昂扬热情，他很想施展抱负，为国建功，爱国之心，溢于言表。

英宗治平元年（1064），西夏多次骚扰宋境，杀人掠畜。这年秋朝廷采纳韩琦的建议，“刺陕西民为义勇军”，凡十五万六千人，派赴边廷增强防卫。这时苏轼写了一首《和子由苦寒见寄》，诗中表示了对边患的忧虑，表达了诗人抗敌御侮的昂扬激情，诗的结尾说：“千金买战马，百宝妆刀环。何时逐汝去，与虏试周旋!”这种热情在他新写密州出猎的“江城子”一词中也有充分流露。接着他又写了两首诗，其一是《祭常山回小猎》：

> 青盖前头点皂旗，黄茅冈下出长围。
> 弄风骄马跑空立，趁兔苍鹰掠地飞。
> 回望白云生翠巘，归来红叶满征衣。
> 圣朝若用西凉簿，白羽犹能效一挥。

此诗首联破题，颔联描绘打猎场面，“骄马跑空”“苍鹰掠地”，写军容的矫健非常，着一“立”字与“飞”字，尤见气势凌厉。颈联写会猎归来的潇洒豪迈，多方面烘托出诗人雄姿英发的自我形象。然后用从容不迫指挥破敌的西凉主簿谢艾自喻，表明如得朝廷重用，自己定能效忠疆场，挥军败敌。

苏轼在“达”时怀满腔报国之激情，在“穷”时也不减斗志。如在贬黄时作《谢陈季常惠一揞巾》诗云：“臂弓腰箭何时去，直上阴山取可汗。”身为放臣而心怀西北，犹思报国，真是实践了“未成报国惭书剑”。他给滕达道的信说：“西事得其详乎？虽废弃，未忘为国家虑也。”当时他被政治流放，所谓“废弃”之人，而仍然时时忧虑西方边境，关乎国家安危之事。陆游的名句“位卑未敢忘忧国”，实从坡公的诗意中化出。

元祐四年（1089）苏辙被命为贺辽国生辰使，苏轼在杭州知州任上写了《送子由出使契丹》诗赠别，提醒他要随机应变，不辱使命。同年，又写下了《次韵子由使契丹至涿州见寄》四首，其二说：“胡羊代马得安眠，穷发之南共一天。又见子卿持汉节，遥知遗老泣山前。”

诗人告诉苏辙：塞北生活的安定，是由南北统一，都隶属于赵宋政权的结果。他激励苏辙定会以气节凛然的苏武为榜样，圆满完成使命，令塞北遗民获得安慰。这精练的诗句，贯注了诗人热望安定统一的情怀。在祝贺苏辙生日写的一首诗中也有这样的句子：“我亦旗鼓严中军，国恩未报敢不勤。”与上面引用过的“未成报国惭书剑”异曲同工，倾吐了他与弟共怀终生不倦的报国热忱。元祐八年（1093），友人蒋颖叔被派镇守熙河，苏轼写了《再送》诗赠别：“使君九万击鹏鲲，肯为阳关一断魂。不用宽心九千里，安西都护国西门。”这是说蒋氏像大鹏高翔一样去从事一项宏大的事业，决不会为暂时离别而感伤，也用不着对他讲宽心话，在他眼中遥远的安西不过是京都的西大门罢了。这首七绝立意高远，眼界开阔，对远离京邑去镇守极边的友人是具有开阔襟怀的鼓舞力量的。

苏轼也作有正面反映当时抗击侵扰的边防战争的诗篇，在这些作品里，诗人为战争的胜利而兴奋，同时也反对轻动干戈，邀功扩边。元丰四年（1081），李宪、种谔等人指挥五路进军伐夏，战争开始阶段也曾经赢得过一些胜利。如这年九月种谔进攻米脂，与西夏军八万大战于无定川，大败敌兵，收复米脂，接着挺进银州。十月，捷报传至黄州，苏轼高兴地写了两篇诗祝捷。一篇七绝，题为《闻捷》：“闻说官军取乞訚，将军旗鼓捷如神。故知无定河边柳，得共中原雪絮春。”这诗以轻快的笔调，欢呼边地草木得同中原共沐早临的春光，字里行间洋溢着胜利的喜悦。与杜甫《闻官军收河南河北》“剑外忽传收蓟北，初闻涕泪满衣裳”有相同情感。元祐三年（1088），西夏遣使款塞示归附，苏轼写《款塞来享》诗：

蠢尔氐羌国，天诛亦久稽。既能知面内，不复议征西。
斥堠销烽火，边城息鼓鼙。输忠修贡职，弃过为黔黎。

作者主张只要西夏对朝廷宾服，就可辍兵息战，保持边境安宁。苏轼反对歧视少数民族，他曾说过一句体现民族平等思想的话：“咨尔汉黎，均是一民。”（《苏东坡续集》卷三）主张对汉族和边疆民族人民一视同仁。为了使他们能够过上和平生活，他不赞成轻易用兵。“弃过为黔黎”，正体现了这种思想。苏轼这种主张是符合汉族和边疆少数民族人民利益的。

苏轼生活于北宋民族矛盾日益深化的时代，他的安边御敌思想是明朗的、一贯的，他的爱国诗篇反映了多方面的社会内容，其感情和格调也是昂扬奋发具有一定鼓舞力量的。苏轼创立了豪放词风，为南宋的抗战词派开了先路，他的爱国诗章对南宋诗坛也是深有影响的。因此，我们对于苏轼的爱国诗篇及在文学史上的地位，是不应忽视的。

为官遍留惠民绩

一个官员当得好不好，主要看什么？除了清正廉洁，还要为民干实事、留实绩，这便是“为官一任，造福一方”。这是古往今来早已确定了的正确且唯一的尺度。

我们来看看凡苏轼做过官的地方都留下哪些政绩，不能不佩服他是那样的负责任，是那样的事事处处为民着想，且想得长远。

苏轼每到一地都非常重视当地的农民生活。在定州任太守时，这一年河北很多地方都受了灾，他估计，第二年春夏之交必将缺粮，就上书朝廷，请求减价十分之二出场常平米（官方为备荒赈灾而储存的米），使百姓受惠，并且为照顾那些无钱买米的灾民，请朝廷允许将官府仓中的陈米贷给各户，等收成后再还。

如前所述，苏轼是一位实干家，每到一处，都尽量做一些对人民有益的事情。徐州任上，亲自组织指挥防洪，修城筑堤，奋战了两个多月，终于战胜洪水，保住了徐州城。又亲自去寻找煤矿，解决人民生活的困难。

元祐五年（1090）苏轼任知杭州时，他做了更多的于人民有实惠的工作，疏浚西湖，修复增设水井，整治运河，积极救灾。此时当地疫病流行，危害群众，苏轼曾组织筹款，自己积蓄的黄金五十两，设立安乐坊，“年医愈千人”（《宋会要辑稿》第一百六十册“食货志”），缩减了居民的病痛。人民群众最关心、最迫切的生活问题是衣食住行、生老病死。在古代，医生是私人技艺和职业，除了皇室有太医，一般百姓是病无医，也请不起医生的。苏轼在历史上首次创办了公立医院，且是捐出自己的积蓄，这是件功德无量，利及千家万户、子孙后代的大事。

在定州，积极讲武备边。在颍州，短短半年之内，苏轼也干了好几件大事。

为民办好事、实事，但不能做劳民伤财的蠢事、坏事，这是政治品质问题。若是经过调查研究后，觉得不应上马的工程，尽管是朝廷下达的指令，他也坚决反对和阻止。在九百多年前，苏轼就能把对人民高度负责，与对朝廷高度负责统一起来，这不能不令人肃然起敬。

当时，开封一带连年水灾，地方官吏不究本末，采取头痛医头，脚痛医脚的办法，开沟挖渠，注水于惠民河，结果造成陈州水患严重。为了解除陈州的灾厄，有人建议开挖八丈沟，将陈州之水引入颍水，再涵颍水进入淮河。这一设想是否切实可行，朝中意见纷纭。因此，尚书省行文各有关州郡，征询意见。如果得到确认，便将动用民工十八万，拨出钱粮三十七万贯石，尽快施工。那时苏轼走马上任还没有几天，他仔细阅读过所有文件，发现纷纭的意见归纳起来不外两种：一种认为八丈沟可开，一种认为八丈沟不可开。但是无论哪一派都没有拿出有关水形地貌的事实依据，尽管如此，朝廷却贸然作出了开工的决定。他即《奏论八丈沟不可开状》。本来嘛，八丈沟的开挖是由朝廷组织的工程，自有专人负责，一般地方官往往只需凭感觉表示一下赞成或反对便可以交差，但是苏轼深知水利建设对于农业生产与人民生活的重要性，尤其应该慎重。他亲自走访民众，征询意见，同时选派懂水利的官吏在所属各县的有关地段“仔细打量”，调查勘核的结果表明，开挖八丈沟有百弊而无一利，苏轼上奏朝廷，终于阻止了这一项劳民而不惠民的工程。

“不在其位，不谋其政。”这句话从古至今，都被视为官场的格言。但苏轼却在为民谋福利这件事上，并无“在位与不在位”之分，“该谋与不该谋”之别。即使在被贬斥的地方，无权无责，他仍然念念不忘做好事。他在黄州看见贫苦人民常常溺死婴儿，尤其是女婴，他不但写信与鄂州太守朱寿昌，介绍他在密州筹措公粮来收养弃儿的办法，而且还与黄州当地人士成立育儿会，自己也捐钱来收养弃儿。在谪迁岭南时，他每到一处，都热心推广木制插秧机——“秧马”，意在减轻农民插秧的劳苦。在惠州，又介绍四川的水碾，促进生产的发展。绍圣三年苏轼贬居惠州时：“博罗正月一日夜，忽失火，一邑皆灰烬，公私荡然。……百姓千人，皆露宿沙滩。”他惊悉此难，虽不在职，仍关切此事，急致书友人程正辅，建议其委托博罗知县林抃，惠州推官黄焘尽快修复公宇，设置仓库，以存抚被灾民众。这次火灾终得妥善处理。他还建议广州为人民改良饮水。

在儋耳，他讲学论文，帮助少数民族地区发展文教事业，使那里出了进士，奠定了文化基础。像苏轼这样惠政之多、成效之著的地方官，确是少有的。

中国有句“百年大计，质量第一”的箴言，无论什么工程，能经得起百年以上的考验，堪称优质工程。如果惠民工程能在近千年之后仍然存在，且将永远传下去，这在全中国的范围内也是屈指可数的了。而苏轼为我们的国家和民族留下了两个湖——东湖和西湖，这是值得大书特书的。杭州西湖的疏浚以及苏堤的修筑，是举世皆知。还有，陕西凤翔的东湖，亦是苏轼领导下疏浚，且建筑亭、榭、台、阁，从而留下了一个著名的风景区。

东湖分内湖与外湖两大部分，总面积约十四公顷。东湖亭、台、楼、轩主要分布在内湖。沿湖的中心区“古饮凤池”月门而进，以两段心桥，一条花径，三方沙洲为限，把湖划分为南、北、中三个连续空间。亭、台罗列其间，布局十分典雅。

北岸的“苏公祠”内有名传古今的“喜雨亭”“凌虚台”，还珍藏着东坡的真迹竹、兰、菊、梅画及墨迹石刻，其运笔挺拔，构思超俗，令人神驰。

东湖每值仲春，游人如织。柳絮纷飞犹如雪花扑面，东湖柳遂名传遐迩，位列凤翔“三奇”之首。当年苏轼写下的“凤翔八观”其五便是《东湖》，诗的开头部分曰：“吾家蜀江上，江水清如蓝。尔来走尘土，意思殊不堪。况当岐山下，风物尤可惭。有山秃如赭（呈红色），有水浊如泔（淘米水）。不谓郡城东，数步见湖潭。入门便清奥，恍如梦西南。泉源从高来，随流走涵涵……”

宋、元、明、清到民国，文人名士咏东湖与苏公的诗词有上百篇，不乏佳作，现录其中数首以飨读者。宋·张舜民《子瞻哀辞》：

石与人俱贬，人亡石尚存。却怜坚重质，不减浪花痕。
满酌中山酒，重添丈八盆。公兮不归北，万里一招魂。

明·王麒《苏公古柏》：

坡老遗思几换年，露号苍桧落风巅。
玉龙挂雾晴飞雨，壁水分香暗湿烟。
寒挺栋梁依日上，怒撑星斗与云连。
衣冠惹翠空阴满，望里长岚接远天。

清·张鹏翮《东湖》：

东湖留胜迹，访古一登临。月影衔珠阁，松风奏玉琴。
山光槛外落，柳色雨中深。先正仪型在，忧民同此心。

所写之诗都倾情讴歌苏公的功绩与东湖的美景。随着对外开放，振兴凤翔，东湖这颗朗朗明珠，已吸引着国内外的佳宾贵客联翩而至，吊古观今，陶醉于美的巡礼中。

系心民瘼悲黎元

《书·五子之歌》："民惟邦本，本固邦宁。"把民众看作是国家的根本的"民本"思想，无论是在古代还是今天，都是极其重要的执政理念。

正因为民是国之基础和根本，所以爱国与爱民是统一的。在长期的封建社会中，以农民为主体的"民"，过着奴隶式的苦难生活，一个敢于正视现实、较为了解社会生活的有才能的作家，总是会写出百姓悲辛遭遇，反映民生疾苦的作品。

关注民生是苏轼济世抱负的又一体现。苏轼出身于寒门地主家庭，入仕后仍以平民自居，"我虽穷苦不如人，要亦自是民之一"（《次韵孔毅甫久旱已而甚雨》），体现了诚实的衷情。

苏轼在其早年进策中，专列《安万民》课题，从多层面提出便民之需，议论利民之策。如在《安万民》一和四中，指出"古之设官者，求以裕民"，为了裕民就应均赋役，解除"富者地日以益，而赋不加多，贫者地日以削，而赋不加少"的弊端。苏轼对于官、民、贫、富生活苦乐的悬殊颇有感触。嘉祐年间，他由家乡赴汴京，途经许州西湖，写有《许州西湖》诗，由四湖光景写到官员春游，引发出一段感触："池台信宏丽，贵与民同赏。但恐城市欢，不知田野怆。颍川七不登，野气长苍莽。谁知万里客，湖上独长想。"

这首诗里充分体现了他关念贫寒人群、期盼与民同乐的情怀。在谪贬黄州时期，他偶逢阔别二十多年的同乡杨耆，对其怀才不遇、处境困窘深表同情，于《赠杨耆》诗中宽慰他说："劝尔一杯聊复睡，人间贫富海茫茫。"这意味深长的诗句，道出苏轼对人间贫富悬殊的感慨。

苏轼无论任职州郡或擢升京官，无不系心民瘼。熙宁六年（1073）苏轼通判杭州时，曾访问民间疾苦，了解运河淤塞情况，与知州陈襄共同策划修浚西湖六井，时作有《钱塘六井记》。熙宁七年调知密州，正值当地连年天旱，蝗灾严重，他组织僚属，率领民众，灭蝗减灾，并撰《上韩丞相论灾伤手实书》，向韩绛陈报灾情，要求朝廷减免密州百姓赋税。苏轼改知徐州，秋间黄河决口澶州，洪水冲至徐州城下，苏轼昼夜不息，组织抗洪。贺铸《黄楼歌序》记其事云："太守眉山苏公轼，先诏调禁旅，发公廪，完城堞，具舟楫，拯溺疗饥，民不告病。"

元祐六年（1091）春，苏轼以翰林学士承旨召京，他借机取道湖州、苏州，察访灾情，进上奏状，要求朝廷施行赈济。其《再乞发运司应副浙西米状》中可见他不辞奔忙，恤民情切："窃以浙西二年水灾，苏、湖为甚，虽访闻已详，而百闻不如一见，故自下塘路由湖入苏，目睹积水未退……乡村阙食者众。"

这年八月苏轼调知颍州，年终连日大雪，困扰饥民，东坡约请签书颍州公事赵令畤商酌及时散发柴米，缓解饥荒。《侯鲭录》卷四记述此事，陈师道有诗咏曰："遥知更上湖边寺，一笑潜回万物春。"写出苏、陈两人圆满完成赈饥后的舒畅心情。

到了十月下旬，老天仍不下雨，冬麦无法播种。接连两季大旱，作物收成不到正常年景的四成，有些农家已经断粮，只能以榆树叶、马齿苋、麦麸之类充饥。苏轼在街头遇见扶老携幼的饥民，心中十分痛楚。

除了饥荒，颍州还有令百姓不得安宁的祸殃：匪患。

苏轼来颍州前，此地有一伙强人，为首者名叫尹遇。此人纠集一伙不务正业的流氓地痞，行抢劫杀人的不法勾当。元祐二三年间，官府曾差人追捕，未成，反遭杀害。后来朝廷派兵征剿，众匪徒又隐入民间，因此未能剿灭。听人说，汝阴县尉李直方有一身武艺，且足智多谋。苏轼就亲自去李直方家中，对他说："你若能将盗首尹遇擒获或者诛杀，我一定向朝廷为你请功、请赏，请求升迁官职；如果没能成功，也不加罪责。"李直方感动不已，满口答应率衙卒全力以赴，并立下以身殉职的决心，流着眼泪与年逾八旬的老母及家人告别。

此时，尹遇一伙不过数十人，还不到占山为王的气势，只是隐匿在百姓中间伺机而动。李直方遣人四出查访，终于探知尹遇贼窝。便令本县及州署捕快，扮作百姓，暗中包围了尹遇等人的隐匿之处，自己率领数名得力捕快，化装为贩牛小客，直捣尹遇所匿村庄。双方交战中，尹遇被李直方一戟刺死，接着，陈钦、李松都被生擒，于是众盗卒作鸟兽散。

苏轼十分高兴，大加褒勉。他一面叫司法参军对陈钦、李松及众卒详加审问，一面申报朝廷，为李直方求封请赏，朝廷竟不准，再上疏，欲以自己的一部分俸禄作为李的晋升之用，仍不准，为此，他心里很是不安，但无可奈何。

尹遇虽除，灾情却未减。冬麦下种过晚，出苗不齐，明春收成，实难逆料。苏轼上书朝廷：淮浙累岁灾伤，今冬已有不少流民，来年春夏，必然更甚。颍州当南北孔道，浙西流民向北，颍州首被其害。若纷集境内，无法斥遣，必致弱者填于沟壑，强者聚为盗寇。他请求朝廷赐度牒百道，用来购买粮食，以赈济饥民。

苏轼在颍州任职时间虽短暂，但做的好事数不清。半年之后，他又接到朝廷调令，正是春水碧如天的时节，苏轼率全家起程去扬州赴任。他买舟自颍河入淮河，由淮河入洪泽、高邮二湖，再入长江。

三月十六日，船近扬州，有飞舟迎面而来。待两船靠拢，快船上有人登上座船，并疾步奔至苏轼跟前，深深一揖，接着说："先生一路辛苦了！"

苏轼一看，来人是晁补之。晁补之前年出京任颍州通判，苏轼到颍州前不久，他又被调到扬州，因而未能与苏轼共事，深以为憾。不想半年后，苏轼又迁扬州，晁补之真是喜出望外。

晁补之道："无非想早一刻见到先生。"他告诉苏轼："先生来得正是时候，扬州城一年一度的万花会，正在筹办之中，只等先生来主持其事。"

苏轼问："啥子万花会？"

晁补之道："扬州三月，莺飞草长，百花盛开，一派大好春光。扬州芍药天下闻名。七年前，蔡京守扬时，仿钱惟演在洛阳作万花会将牡丹业送宫廷故事，第一次在扬州作万花会。从那以后，因循成例，扬州年年举办万花盛会，每年用花十几万枝。今年为了迎接先生，集花之数，还不止此。"苏轼问道："十几万枝花来自何处？

晁补之道："官府花钱买一些，老百姓贡献一些。"苏轼道："原来这样。"沉吟片刻之后，又道："我自来敬仰范文正公的两句名言：'先天下之忧而忧，后天下之乐而乐’。目下百姓生活困苦，你我做地方官的，却不顾他们的休戚，去办啥子万花会来寻欢作乐。似这样乐以害民，与宫中妾媵为讨好君王而献媚之事何异？岂是你我为官之道！”晁补之听了，一拍脑门，说道：“先生说的极是。”苏轼道：“今年万花会就免了吧！”

晁补之道：“花已集了大半，钱也花了不少，是不是今年仍做，说好明年不办就是。”

苏轼笑道：“明年哪个来阻止呀？你明年仍在扬州吗？还是立即停办为好。”苏轼后来才知道，每年为筹办万花会，使许多百姓家的花园，千畦万树，只剩下一片残枝；而吏卒乘机敲诈百姓之事，更是层出不穷，扬州百姓怨声载道。

次日苏轼与衙中僚佐见面，说明罢万花会的理由，并提出免除百姓积欠、停止催缴之事。

一州吏说道：“回禀大人，怎奈朝廷一催再催，我等实在为难。”

苏轼道：“你们不晓得，哪里是朝廷催缴！元丰三年，元祐元年、五年、六年，朝廷都有敕旨减免百姓积欠。但是有些人却假朝廷之名，不顾百姓死活，不思社稷安危，看似忠于朝廷，其实多是拿追缴的钱，少部分充做地方经费，大部分入了私囊，真正上交朝廷的只是个掩人耳目的尾数。”他这样一说，众佐吏这才恍然，有人愤慨，也有人默然。苏轼道：“诸位放心，此事我自会据实上奏。”回到家吃过晚饭，洗了脚，便钻进书房，连夜撰写奏状。

第二天一早，王闰之见书房亮着灯光，叫苏迨、苏过上楼去看。兄弟俩进了书房门，见父亲正伏在书案上酣睡，又见书案上摆着长达七八千言的奏状，一看，是为请求减免百姓积欠之事。上面说某些官吏假朝廷之名，行中饱私囊之实……

二人正要下楼去禀告母亲，苏轼醒了。他揉了揉双眼，问道：“你两个看了那奏状？”

“看过了。”苏轼道：“你们听着，为人在世，言行举止，有当为，有当不为。何者当为？何者当不为？学人言？附骥尾？都错了！待人处事，皆应合乎天理良心。尔二人以后即便不做官，也要做人，须终生牢记此‘天理良心’四字。”苏迨、苏过躬身答道：“孩儿记下了。”

送走奏状后，苏轼查出衙中一名佐吏，连年在追缴积欠中牟取私利；又趁筹办万花会之机，勒索百姓，便参了那佐吏一本。不久，那人被削职。

苏轼在写给王巩的信中说："花会乃扬州大害，已罢之矣。虽杀风景，免造业也。"（宋·张邦基《墨庄漫录》引）万花会因苏轼坚决制止而罢，人民群众欢欣鼓舞，奔走相告。

苏轼到扬州任上，在照例要写的谢表中，便再一次提出了减轻百姓负担和宽交积欠的问题。随后又写了一篇长达七千余言的文章，恳切陈词：臣闻之孔子曰："苛政猛于虎。"昔常不信其言，以今观之，殆有甚水旱杀人，百倍于虎，而人畏催欠，乃甚于水旱。接着，他更进一步指出："臣窃度之，每州催欠吏卒不下五百人，以天下言之，是常有二十余万虎狼，散在民间，百姓何由安生，朝廷仁政何由得成乎？"这段话是何等尖锐和深刻啊！

可见苏轼的这些议论极为大胆并富有民主性。奏状寄发之后，朝廷很快批示，暂停催收，百姓欢腾，苏轼怀着愉快的心情在诗中写道："诏书宽积欠，父老颜色好。"

绍圣元年（1094），苏轼在知定州任上，他除了备武强边，因雨水为害，春夏之交，农产阙食，因上《乞减价粜常平米赈济状》，得以缓解当地居民暂时的窘境。

苏轼不论在哪任职，奏折都离不开为民"乞减"价粜、"宽交"积欠、"乞发"浙米、"乞罢"修城……都是为民而"乞"，为民而"呼"，为民诉苦，为民代言，是多么令人感动啊！

烧契还宅动地哀

鄙人猜想，当今社会中恋爱已久想结婚的青年男女，最想的事恐怕就是"有个家"——"不需要太大的地方"——这是从流行歌曲中听来的。那么提个问：是谁教的？这还用教吗？鸟倦飞也知"归巢"呢！苏轼这一辈子，更深切地知道拥有自己私房的重要，因为他吃过没有房子住的苦头，真是太深切了，一次又一次地被撵来撵去，其狼狈之状令人心酸落泪，简直不堪回首。

为避免重复起见，让我们只对怎么“折腾”他，作“点到为止”的回顾：

在天寒地冻的日子里行程一个月，“有罪之身”的苏轼到达黄州，安置在黄州城外的定惠院中。六月上旬，家眷抵达后迁居驿馆临皋亭。由于俸薪极微，面临饥寒交迫的窘境，便躬耕东坡。因与住地临皋亭离太远，于是便在东坡的一侧建茅草房五间。房子落成日大雪纷飞，故起名“雪堂”。但临皋亭又不能长住，每当朝臣来到黄州，苏轼全家必须退出馆舍，淮南使蔡景繁亲眼目睹了苏轼借住民宅的悲惨境地，嘱黄州官府在临皋亭南边建房三间，苏轼欣喜地将其取名为“南堂”。

贬到惠州后，苏轼从合江楼、嘉祐寺，来回搬了四次。为养老计，花了全部积蓄，自己在白鹤峰盖了房子二十余间，才住三个月零三天，就又被贬至儋州。

到了儋州暂住伦江驿馆。这个驿馆虽是官府的公廨，却破旧不堪，不蔽风雨。每逢夜雨，苏轼总得一夕三迁。后来新任昌化军使张中到任，派人修葺一番，情况才稍得改善。可惜半年之后，湖南提举常平官董必受命按察岭南，派人过海来查处张中为苏轼修缮伦江驿馆之事，苏轼当即被从驿馆里驱逐出来。父子二人无处栖身，竟在露天过夜，后来在黎子云家暂时寄居，此后只好在城南的桄榔林中买地建房。在众人的帮助下，五间房子很快筑成，因为新房位于桄榔林旁，苏轼名之曰“桄榔庵”。

终于在海南岛有了固定资产，老夫是有房一族了！站在新房前，苏轼感觉特温暖，向所有来贺的人们大声表白：我有一所房子，面朝大海，春暖花开！

但是房子建好不久，苏轼又奉命北归，这个房子后来易名为“载酒堂”和“东坡书院”。

……

如果略去不提到各地为官的搬家，光是在贬谪期间居住之舍，被驱赶已达十几次之多了，真可谓“被驱不异犬与鸡”！

无房可居被迫建宅，但再遭贬时又不能将房子背走，只好留下。当时房地产没有“炒”起来，老百姓又贫困不堪，也卖不出价。为此，他花掉了多少来之不易的积蓄？能不心疼吗？

撵来撵去，到处流浪；席不暇温，又遭驱赶，就是没有一处退休养老之舍。

这个问题，苏轼也早考虑到了，他将养老之地选在今宜兴、无锡、常州一带。

宋代费衮的《梁溪漫志》中说：苏轼为官以后，“出处穷达三十年间，未尝一日忘吾”。那么苏轼为什么钟情于常州，并乞居终老于此呢？据常州籍的人士研究，主要的原因是：

其一，苏轼在常州有一些志同道合的亲朋好友。仁宗嘉祐二年，苏轼在汴京结识的同科进士中，有常州的胡完夫，宜兴的蒋颖叔（之奇）、单锡。后来他来常州，又结识了常州的钱公辅、钱济明（世雄）、胡仁修、报恩寺长老；宜兴的邵民瞻、蒋公裕等。嘉祐二年，苏轼才二十一岁，胡、蒋、单等亦年岁相仿。他们年少英俊，风华正茂，在琼林宴会盘觥交错中，谈得很投机。苏轼从胡、蒋、单的嘴里，了解了常州宜兴的秀丽风光和历史文物，萌发出把宜兴作为今后卜居退隐之所的念头，相互有鸡黍之约。

神宗熙宁七年和元丰七年，苏轼先后来常州，均去宜兴，到湖汊附近蒋颖叔家、罨画溪畔单家巷单锡家，欢聚畅谈，逗留数月之久。蒋颖叔的亲族蒋公裕曾为苏轼管理宜兴的田庄。

其二，苏轼十分羡慕常州宜兴的风光秀丽、土地肥沃、交通方便。熙宁八年，苏轼赴密州任时，写有《常润道中有怀钱塘寄陈述古》诗五首，其中第五首有：“惠山泉下土如濡，阳羡溪头米胜珠。卖剑买牛吾欲老，杀鸡为黍子来无？”之句，足见他对江南鱼米之乡的常州及其所属无锡、宜兴的土地肥沃、物产丰富，有着美好的印象。苏轼十余次到常州，南来北往，西下东上，多半乘舟于大运河和长江之上，深感舟楫之便。

其三，苏轼曾置田常州宜兴，早存退隐此处之念。由于苏轼赏识常州宜兴的风景秀丽和田园之美。熙宁七年，经蒋颖叔、单锡、滕元发与他物色联系，在宜兴湖汊附近黄土村深山中，买下曹姓的一块田地，他还亲自去踏勘过。此处邻近蒋、单之家，正如苏轼所想，将来可以与这几位朋友履行鸡黍之约。由于他经历了政治上的打击，加深了退隐田园、躬耕自给的愿望。于是，趁着这个机会，特地来常州，去宜兴，处理黄土村遗留下来的田产纠

纷。又因“未足伏腊”，不够维持一家老小，每年的生计，便与蒋颖叔同去宜兴闸口塘头南庄买了另一块田产。这时他归老田园的设想是十分美好的。

其四，则是政治上的缘故，促使苏轼最终归老常州而去世。这从他在真州写给子由的信里可以看得很清楚。他说：“行计南北，居几变矣，遭值如此，可叹可笑。兄已决计从弟之言，同居颍昌，行有日矣。适值程德孺过金山，往会之，并一二亲友皆在座。颇闻北方事，有决不可往颍昌近地居者。今已决计归常，借到一孙氏宅，极佳，浙人相善，决不失所。更留真十数日，便渡江往常。逾年行役，且此休息。”信中所说的程德孺，是苏轼舅家的表弟。北方指汴京。时向太后正月去世，群小当道，政治上又复旧观。信里的意思是，颍昌地近汴京，朝廷上那些当权的奸恶之徒，正想伺机置反对派于死地而后快，还是远离点好。

与购置田产相关联的，民间还广为流传着一个“苏东坡烧契还宅”的故事：

苏轼在常州时，托宜兴友人邵民瞻在湖边物色了一处宅院，凑足五百缗（当时一千文铜钱为一缗）房款买了下来。能让全家人安居，他很是满意。

一天晚上，邵民瞻陪苏轼在月下散步，不觉间来到了一个村庄，忽听得一阵凄婉的哭声。苏轼停步驻足叹说：“啊呀，这哭声呼天抢地，撕肝裂肺，非同一般，一定有大的难割之爱触于其心，我们前去问一问。”

于是，俩人循声来到一座茅草屋前，只见柴门半开着，黑咕隆咚的屋里点着一盏油灯，一位白发苍苍的老婆婆正在灯下独自号啕。

“老婆婆！”苏轼走进屋里去问道：“你为何哭得这么伤心，有啥子为难之事，不妨讲给我们听听。”

老婆婆的哭声由号啕变为悲泣，但头也不抬，全然不理会来人。

“老婆婆，你有啥子伤心事，同我们谈谈，兴许还能作点帮助呢！”苏轼充满同情之心，诚恳地说。

仿佛被苏轼亲切的话语所感染，老婆婆用青筋暴露、粗糙干瘪的手，擦擦红肿的眼睛，“唉”的一声，叹了一口长气，抬起头来。在暗淡的油灯下，苏轼看清了她那布满皱纹像核桃皮一样的老脸，估摸她的年龄已七十多岁。

她一边揩泪一边说道：“先生哪里知道？我家祖传的一所房子，从太太公手里传下来，已经整整一百多年了。没有想到我的儿子吃了一场冤枉官司，欠了一身债，竟把祖产卖掉了。想我守寡四十多年，母子吃尽千辛万苦，总巴望有个出头之日，想不到老来连自家的房子都保不住，将来有何面目去见祖宗呢？想起这些，怎能使我不伤心？……”

苏轼关切地问：“你家卖掉的房子在啥地方？卖了多少钱？”

等到老婆婆一五一十说了出来，苏轼大吃一惊，原来老婆婆儿子卖掉的房子，正是他花了五百缗钱买下的那一处。

面对此情此景，苏轼想了一想，便对老婆婆说：“你不要急，也不必悲伤。买你家房子的人就是我，我把房子还给你好了！”

“唉！”老婆婆说：“你先生固然是一片好心，把房子还我。可是，叫我到哪里去弄五百缗铜钱给你先生呢？”

“老婆婆！”苏轼安慰她说：“别提铜钱啦！我还你房子，钱是决计不要的了！你快同儿子搬回去住吧。”

邵民瞻感到惊愕，插话道：“先生，你的慈善心肠我都知道，可是这房子是你的养老房啊，你又倾尽了积蓄，钱不还哪里还能再另选住宅？这，这能行吗？……”

苏轼说：“怎么不行？我确实很需要一处老来有归宿的房子，也很喜欢这套房子，但是这里有老太太一家的伤痛和悲哀，我怎能忍心呢？没有钱了，就不再另选啦！”

说着，便伸手从口袋里取出那张房屋卖契，当着老婆婆的面，说道：“刚好，你家卖给我房子的房契我随身带着，我把凭据毁了，你就不必担心将来向你要房和还钱了。”说完，便将房契放在灯盏火上点着，烧成灰烬。

上述故事，史书多有记述。宋·费衮《梁溪漫志》卷四《东坡卜居阳羡》载：

建中靖国（宋徽宗年号，1101）元年，东坡自儋北归，卜居（择地居住）阳羡（古县名。秦置，治所在今江苏宜兴南），阳羡士大夫犹畏而不敢与之游，独士人邵民瞻从学于坡，坡亦喜其人，时时相与杖策过长桥，访山水为乐。邵为坡买一宅，为钱五百缗，坡倾囊仅能偿之。卜吉入新第既得日矣，夜与邵步月，偶至一村落，闻妇人哭声极哀，坡徙倚听之，曰："异哉，何其悲也！岂有大难割之爱，触于其心欤？吾将问之。"遂与邵推扉而入，则一老妪，见坡泣自若。坡问妪何为哀伤至是，妪曰："吾家有一居，相传百年，保守不敢动，以至于我。而吾子不肖，遂举以售诸人。吾今日迁徙来此，百年旧居，一旦诀别，宁不痛心？此吾之所以泣也。"坡亦为之怆然，问其故居所在，则坡以五百缗所得者也。坡因再三慰抚，徐谓之曰："妪之旧居，乃吾所售也。不必深悲，今当以是屋还妪。"即命取屋券，对妪焚之；呼其子，命翌日迎母还旧第，竟不索其直（直，同值）。坡自是遂还毗陵（古地名。西汉置县，治所在今常州市），不复买宅，而借顾塘桥孙氏居暂憩焉。是岁七月，坡竟殁于借居。前辈所为类如此，而世多不知，独吾州传其事云。

鄙人阅历甚浅，未知如苏轼那样，将自己养老的房子无代价地退还给原户主，分文不取，烧掉房契，自己因为无房住，最后客死他家。这样的事情，在中外的历史上是否还有第二人？

李商隐《瑶池》诗中有"瑶池阿母绮窗开，黄竹歌声动地哀"之句。语意是西王母打开华美的门窗，等待穆王再来。周穆王在往黄竹的路上，因风雪大作，百姓挨冻，曾作《黄竹歌》三章以哀民，其哀声震动大地。窃以为苏轼"折券还宅"之举亦可称为"动地哀"啊！

第十九章

苏门学士

众星拱巨星，文坛呈奇观

北宋文坛领袖、唐宋八大家之一的欧阳修，晚年休官后将平时杂记整理成一部《归田录》，其中有则《卖油翁》的故事颇耐人寻味：

> 陈康肃公尧咨善射，当世无双，公亦以此自矜。尝射于家圃，有卖油翁释担而立，睨之久而不去。见其发矢，十中八九，但微颔之。康肃问曰："汝亦知射乎？吾射不精乎？"翁曰："无他，但手熟耳。"康肃忿然曰："尔安敢轻吾射！"翁曰："以我酌油知之。"乃取一葫芦置于地，以钱覆其口，徐以勺酌油沥之，自钱孔入而钱不湿。因曰："我亦无他，惟手熟耳。"康肃笑而遣之。此与庄生所谓"解牛""斫轮"者何异！

作品中的两个人物——康肃公陈尧咨和卖油翁，写得都相当生动。对陈尧咨的描写，侧重写他的思想变化；对卖油翁的描写，主要突出他对事物的见解。中心人物是卖油翁，但卖油翁所以能给人以深刻的印象，在很大程度上是得力于陈尧咨的映衬。作者是从卖油翁观射的角度来写陈尧咨射箭的。"睨之"，对陈尧咨的自矜略微流露了几分不在意；"十中八九，但微颔之"，是稍含称许的，但卖油翁仍未加赞许。"汝亦知射乎？吾射不精乎？"显露出了陈尧咨自许甚高，目中无人。"无他，但手熟耳"，卖油翁的这句漫不经心的话是平淡、朴素的，但又包含着他对生活真理的深刻认识。这句话惹得陈尧咨“忿然”不悦。卖油翁并不直接回答他盛气凌人的问话，立即表演倒油给他看：作者把酌油的每一动作，都叙述得清清楚楚，最后点了一句：油“自钱孔入而钱不湿”。这时，卖油翁又好似漫不经心地说了一句：“我亦无他，惟手熟耳。”与前面评价陈尧咨的射艺互相呼应。

熟能生巧的道理，很自然地寓于故事之中，展示得具体生动，令人信服。

要是鄙人——浙东野叟看到，则作如此回答：“还须精练呀，入奥运资格赛还差一点。”

康肃公愤然曰：“尔安敢轻吾射？”

浙东野叟曰：“吾会打手枪，是二级运动员；若是放鱼雷，则是本专业，你会吗？”……

陈咨尧肯定很生气、恼恨，不会笑而遣之，可能怒而撵之，吾却说句“拜拜”笑而离之。

俗话说：“行行出状元。”韩愈在《师说》中说：“是故弟子不必不如师，师不必贤于弟子，闻道有先后，术业有专攻，如是而已。”

韩愈这段话不仅说出了“师”与“弟子”间的关系，更重要的是指出了“闻道有先后，术业有专攻”这个客观存在和规律。闻道先者不必自矜，闻道后者既要虚心求教，又不必自卑；“术业有专攻”是因为行业、专业太多，谁都不可能样样精通，只能专攻某一项或几项，我们都要尊重各种学有所长、业有所精的人，决不能以己之长比人之短。

值得后代津津乐道的，宋代文林有一种良好的风尚，名家宿儒乐于以文会友，揄扬后学，“先后进相吸引”，识拔长养一批才士。北宋文坛上有两大宗师，前是欧阳修，后是苏轼，他们门下人才济济，分别形成了北宋文学的两次高潮。当年欧阳修发现苏轼之后，就敏感地预言这位后起之秀一定会成为新一代的文坛盟主。苏轼也当仁不让地自觉承担起欧阳公所托付的重任，他对门人李廌说：“方今太平之盛，文士辈出，要使一时之文有所宗主。昔欧阳文忠常以是任付某，故不敢不勉。”

文人相亲，文人相敬；揄扬后学，敬重“有成”，在宋朝，钱惟演之于洛中诗人集团，范仲淹、欧阳修之于嘉祐文苑高才，苏轼之于元祐士林，无不如此。苏轼发扬了前辈学人的优良传统，把交游培植后进视为莫大乐事，因而一时名世之才多出于苏门。

苏轼热心地识拔人才，并以诲人不倦的姿态指导他们，加上其自身非凡的创作成就，就产生了巨大的向心力，各地的青年才俊无不翘首仰慕，奔走聚集到苏轼门下，终于形成了“苏门四学士”“苏门六君子”等文学团体。其实没有被归入这两个集约性名称的苏门弟子还有不少，名声较著的就有李之仪、李昭玘、李格非、晁载之、秦觏等人。

苏门弟子的名单构成了诗歌史上耀人眼目的“元祐诗坛”的主体，苏轼与弟子的亲密关系也成为古今传诵的一段佳话。

苏门四学士，个个称奇才

黄庭坚（1045—1105），字鲁直，号山谷道人，比苏轼小八岁，仁宗庆历五年生于洪州分宁县（今江西修水县）高城乡双井村。其家世代业儒，父黄庶诗学杜甫，“雄奇峭拔”，“意境一新”。舅父李常（字公择）富于藏书，博学能诗。他的两位岳父孙觉（字莘老）、谢景初（字师厚）都是学杜诗人，并与苏轼是至交。黄庭坚与苏轼结识是经由孙觉、李常介绍的。其后黄庭坚在翰海翔游中成长为诗坛宗匠、江西派开山，且被人与苏轼并列，称为“苏黄”。刘克庄说：“元祐后，诗人迭起，一种则波澜富而句律疏，一种则锻炼精而性情远，要之不出苏黄二体而已。”《宋史·黄庭坚传》谓：庭坚“与张耒、晁补之、秦观俱游于苏门，天下称为四学士，而庭坚于文章尤长于诗，蜀、江西君子以庭坚配轼，故称苏黄。”黄庭坚本人则说：“今江西君子曰‘苏黄’者，非鲁直本意。”（《邵氏闻见后录》卷二十一引）可知黄庭坚为人谦谨，始终以苏门弟子自居。

苏轼初览鲁直文笔始于熙宁五年（1072）。当年苏轼在杭州通判任，十二月去湖州巡视松江堤坝，与湖州太守孙觉相会，在孙觉座间始见鲁直诗文。时鲁直年方二十八，刚参加学官考试，除北京中子监教授。熙宁十年（1077）苏轼于密州西行南下途经齐州（济南），知州李常以诗相迎，取出外甥黄庭坚诗文观赏，苏轼又一次目睹鲁直作品。未晤面前，有缘赏其诗文，

这给苏轼留下深刻印象。

此后他在《答黄鲁直书》中曾忆及此事说："轼始见足下诗文于孙莘老之坐上，耸然异之，以为非今世之人也。莘老言此人人知之者尚少，子可为称扬其名。……其后过李公择于济南，则见足下之诗文愈多，而得其为人益详。"

黄庭坚久仰苏名，无缘谒晤，元丰元年（1078）初春他致书苏轼并附古风二首以表达仰慕之忱、求交之意。在《上苏子瞻书》中称颂苏公"学问文章，度越前辈，大雅恺悌，约博后来"。并说："惟阁下之渊源如此，而晚学之士，不愿亲炙火烈，以增益其所不能，则非人之情也。"见出他崇敬之至，求见之切。苏轼于是年秋间撰成《次韵黄鲁直见赠古风二首》，并在《答黄鲁直书》中称赏其人"如精金美玉""轻外物而自重""超逸绝尘，独立万物之表"，进而表示乐于为友，对此"喜愧之怀，殆不可盼"。

苏、黄的首次相见当在元祐元年（1086），后来山谷曾提到："元祐之初，吾见东坡于银台之东。"银台，宫门名，此指翰林院、学士院。这年朝廷起用旧党，司马光执政，苏轼调汴京任中书舍人、翰林学士知制诰等职。黄庭坚由司马光荐举，被调京参与校订《资治通鉴》，除授神宗实录院检讨官，后召试学士院，同张耒、晁补之并擢馆职。秦观、陈师道也相继入京，一时黄庭坚得以出入苏门，并与苏门学士交游酬唱，十分快意。这期间苏、黄唱和次韵诗作特多。如山谷《有惠江南帐中香者戏答六言》二首，东坡和作有《和黄鲁直烧香》二首，其一云："四句烧香偈子，随香遍满东南。不是闻思所及，且令鼻观先参。"

"偈子"指佛经中的唱词，"闻思"香名，"鼻观"即鼻息，这是化用佛经语赞赏其诗作馨香扑鼻。山谷又作《子瞻继和复答》二首，其一云："置酒未容虚左，论诗时要指南。迎笑天香满袖，喜公新赴朝参。"

这是说备酒迎接贵客，论诗希望指点，迎来您满身皇宫的香气，可喜苏公新近还京朝参。表现出喜见苏轼的高兴心情。这时苏、黄交往频繁。山谷得到友人惠赠的猩猩毛笔，柔健适度、精致喜人，苏轼去他书斋时，也时或用以挥毫写字。鲁直还赠给苏轼一只产自边庭的洮河（今甘肃）的石砚，苏轼写《鲁直所惠洮河石砚铭》作为留念。九月苏轼除翰林学士，他上奏《举黄庭坚自代状》，称黄“孝友之行，追配古人，瑰玮之文，妙绝当世”。苏轼曾约门下士同游位于汴京八角镇的道庙太一宫，见到旧交王安石生前题写的《题西太一宫壁》诗，大家低徊凭吊，感慨系之。苏轼、黄庭坚两人当即写了次韵诗。这年十一月十九日，黄庭坚等在书房搜得《黄泥坂词》手稿，苏轼《书黄泥坂词后》说：“余在黄州，大醉中作此词，小儿藏去稿，醒后不复见也。前夜与黄鲁直、张文潜、晁无咎夜坐。三客翻倒几案，搜索箧笥，偶得之。”从所记此事，可以看出他们师友相处何等亲密。

元祐二年（1087）也是苏、黄接触的频繁期。苏、黄均喜爱书画，山谷曾约请苏轼、苏辙观赏宋代著名画家郭熙的山水名作。他们赏画挥毫，山谷作有《跋郜熙川山水》文，苏轼赋《郜熙画秋山平远》诗，有“平堂昼掩春日闲，中有郭熙画春山”之句。苏、黄时而吟诗品茶，江西修水盛产名茶，“双井”尤为著称，山谷特以故乡双井馈赠苏公，写有《双井茶送子瞻》诗。苏轼吟成《黄鲁直以诗馈双井茶，次韵为谢》。两人吟诗往复答和，兴致盎然。

元祐三年（1088），朝廷任命苏轼权知贡举，黄庭坚等为参详官。二三月间举行考试，其间与黄庭坚、晁补之等互有唱酬，苏轼《书试院中诗》短文，记述此事。这时恰巧李廌参加应试，试官认为李廌必能中选，不料拆号后方知李廌落榜，苏轼感到遗漏一位人才，“赋诗以自责”，有“平生漫说古战场，过眼终迷日五色”之句。山谷亦有诗云：“今年持橐佐春官，遂失此人难塞责”，也表示自责之意。九月李公麟（字伯时）为苏轼、苏辙、黄庭坚画像，黄庭坚《跋东坡书帖后》谓：“庐州李伯时近作子瞻按藤杖，坐盘后，极似其醉时意态。”称赞画像栩栩如生。本年李公麟还目睹苏轼与文林名士集会西园的情景，绘成一幅《西园雅集图》，米芾为此作《西园雅集图记》，记中说图中苏轼以下，凡十六人，黄庭坚、张耒、晁补之、秦观等俱在其中，且“人物秀发，各肖其形”。年内苏轼尝为山谷绘画竹石，山谷写下不少题画诗，如《题东坡竹石》《题竹石牧牛》《题子瞻枯木》等。从元祐初苏、黄相晤，到元祐四年（1089）苏轼离京出守杭州之前，这几年间两人过从甚密，谈诗论文，会饮品茗，更迭唱和，见于文字者，不胜枚举。

绍圣元年（1094）哲宗亲政，章惇、蔡京等投机新法的权臣，打起绍述熙、丰的旗号，报复元祐旧臣，苏轼被指控以“讥刺先朝”的罪名，接连贬英州（今广东英德）、惠州、儋州。黄庭坚预感到政局险恶，上章辞免京官，诏除知宣州（今安徽宣城）、鄂州（今湖北鄂城），旋又以“诬毁”先朝罪名，责贬黔州（今四川彭水）。这年七月，苏、黄在南迁途中两人相遇于彭蠡（湖名，在长江北岸）。

山谷《题东坡像》云：“绍圣之元，吾见东坡于彭蠡之上。”其《与佛印书》也说：“惠州（按：指东坡）偶阻风，相会三日。”黄庭坚曾出示途中所获铜雀台砚，苏轼为之作《黄鲁直铜雀砚铭》，末以“天实命我，使与其迹”收结，深沉的境遇感喟隐寓其间。

绍圣二年（1095）正月，苏轼在惠州住处思无邪斋写有《书黄鲁直画跋后三首》，针对山谷往日对三幅古画所作跋语，发表不同的评赏意见。四月山谷到达黔州贬所，修书寄达惠州，问候苏轼。苏轼复函云：“惠州已久安之矣。度黔，亦无不可之道。闻行囊无一钱，途中颇有知义者，能相济否？某虽未至此，然亦近之矣。水到渠成，不须预虑。”

函中倾诉两地贬居，处境艰辛，囊中羞涩，慰勉对方要顺其自然，善于适应，表现了身处困境中关爱知交的殷殷情意。山谷远居外地，也时常怀念东坡，在《东坡先生真赞》其二，有“东坡之在天下，如太仓之一稊米。至如临大节而不可夺，则与大地相终始”等语，叹惋东坡在当时不受重视，盛赞其风节坚贞超迈、跨越时空。苏轼在惠州，闲居多暇，曾遍和陶诗。后来黄庭坚写有《跋子瞻和陶诗》。

元符三年（1100）秋冬之间，苏轼奉诏北归途中，不断牵挂门下士人，在《答李端叔》第六简中，还特意询及黄鲁直、张文潜、晁无咎的近况。黄庭坚听说东坡遇赦北归，在《东坡先生真赞三首》其一中，既为苏轼远放南疆鸣不平，更为其解禁北归唱欢歌，“九州四海，知有东坡，东坡归矣，民笑且歌”云云，反映了一代名家的起落，备受世人的关注。

《东坡事类》卷八宋邵博《闻见后录》述：

黄庭坚晚年“悬东坡像于室中，每蚤作，衣冠荐香，肃揖甚敬”，虽其声名由门徒推尊与坡公相上下，但鲁直于坡公恭敬怀念如是之诚挚，师弟子之礼不敢逾越动摇，可见苏公人格力量之巨大能获鲁直永世之尊敬。

综观苏、黄交游，可知双方真诚爱重，相得甚欢。苏轼很喜欢山谷的文才，诚如前人所说："鲁直学问文章，天成性得，于诗尤高，善书法，自成一家。东坡所以推扬汲引，如恐不及。"苏轼次韵答和诗，有"我今独何幸，文字厌奇玩，又得天下才，相从百忧散"之句，抒发出得识鲁直的欢欣襟绪。

黄庭坚崇敬苏轼的衷情随时流溢笔端。他在读苏公《木山》诗题跋云："元祐中，乃拜子瞻于都下，实闻所未闻也。今其人万里在海外，对此诗，为废卷竟日。"又在一首次韵东坡的诗中，他以后学谦谨态度和幽默笔调说："我诗如曹郐，浅陋不成邦。君如大国楚，吞五湖三江。赤壁风月笛，玉堂云雾窗。句法提一律，坚城受我降……"这是说自己的诗同苏诗成就大小不能相比，表明了他对东坡由衷钦服的情怀。

苏、黄两家在诗坛上活跃一时，情兼师友，唱酬频繁，关系亲密，后更齐名享誉千秋。然而在诗风上，两人却迥然不同，取径各异。东坡以天然才气胜，山谷以人力功夫胜；东坡放笔快意，恣情挥洒，山谷惨淡经营，悉心锤锻；东坡重激情，意到笔随，浩然难收，山谷重法度，下字措意，一笔不苟；东坡诗新意层出，触处生春，山谷诗奇气惊人，妙境难穷。两家互有所胜，各具千秋。正如李、杜双星丽天，风调不同，而同领一代风骚，称万古之奇。

苏门四学士之一的秦观（字太虚，后改少游），与苏轼的关系非常亲密，明人甚至编造出《苏小妹三难新郎》的小说，说秦观是苏轼的妹婿，还说秦观曾乔装打扮成游方道人，到东岳庙里偷看苏小妹的容貌云云。其实苏轼根本没有妹妹，只有一位可怜的姐姐，早年受婆家虐待而夭亡，冯梦龙编的故事实在离奇，不愧是小说家。但是苏轼与秦观的初次交往，倒是有点传奇故事的味道。熙宁七年（1074）十月，苏轼自杭州调任密州，路经扬州时盘桓了几天。一天苏轼在一个寺庙里看到一首匿名的题壁诗（按：有些书上说是落款苏轼），诗意和风格都非常像自己的诗，却又断然不是自己所作，不由得大吃一惊。

几天后苏轼来到高邮，见到故人孙觉，孙觉拿出当地青年秦观的几百首诗词给苏轼鉴赏。苏轼一看，叹息说："在扬州寺庙里题壁的人，就是这位郎君吧？"原来此时的秦观年方二十六岁，既没有功名，也没有多大的文名，他事先听说苏轼要路过扬州，就模仿其风格题诗寺壁，以期引起苏轼的注意。但直到四年以后，秦观入京应举路经徐州，才前往谒见时任知州的苏轼。秦观呈诗给苏轼说："我独不愿万户侯，惟愿一识苏徐州！"苏轼对秦观的诗和书法都非常欣赏，答诗说："故人坐上见君文，谓是古人吁莫测。新诗说尽万物情，硬黄小字临黄庭。"从此，神交已久的东坡与秦观成了亲密无间的师生。

元丰二年（1079），苏轼自徐州调任湖州，秦观陪同，一路上两人同游惠山、松江，作诗唱和，兴致甚浓。到达湖州后，秦观还随着苏轼游览了当地的名胜，盘桓多日，才前往越中探亲。不料分手不到两个月，苏轼就遭遇了乌台诗案的大祸，被逮入京。秦观闻讯，立即赶到湖州打探消息，但不得其详。后来听说苏轼被贬黄州，就寄信去慰问，又亲往黄州探望。苏轼虽然身在难中，却依然关心秦观的学业，曾在一封回信中劝他多写些有实用价值的著作。

元丰七年（1084），遇赦东归的苏轼在金陵遇到王安石，他对自己的前程一字不提，却热情地推荐秦观。次年，秦观终于进士及第。不久，苏轼返京，推荐秦观应"贤良方正科"的制举，但未能得中。元祐五年（1090），秦观入京任宣教郎、太学博士，次年又升迁为秘书省正字，此时苏轼也返回汴京，两人常常切磋诗文，秦观从中获益良多。秦观擅长填词，他的《水龙吟》中有"小楼连苑横空，下窥绣毂雕鞍骤"两句，苏轼批评说："十三个字，只说得一个人骑马楼前过！"对于秦观的长调词作不够精练的缺点，苏轼真是一针见血。关于苏轼批评秦观词作偶学柳永缠绵悱恻之风，后文有述。

元祐年间苏轼与苏门弟子在汴京的欢聚仅如昙花一现，绍圣元年（1094），苏轼远谪惠州，秦观也于此年出为杭州通判，旋改监处州（今浙江丽水）酒税。

两年之后，秦观被削秩徙至郴州（今湖南郴州），次年又编管横州（今广西横县），次年再迁雷州，此时苏轼已被放逐到儋州去了。师生两人隔海相望，秦观曾寄书海南问候苏轼，苏轼也曾次韵秦观的《千秋岁》一词。秦词的下片说："忆昔西池会，鹓鹭同飞盖。携手处，今谁在？日边清梦断，镜里朱颜改。春去也，飞红万点愁如海。"苏轼的和作中说："道远谁云会，罪大天能盖。君命重，臣节在。新恩犹可觊，旧学终难改。吾已老，乘桴且恁浮于海！"读此二词，多愁善感的秦观和坚毅刚强的苏轼如在目前。

元符三年（1100）六月，苏轼渡海北归，在雷州与秦观相见，秦观出示新近写成的自挽词，苏轼抚摸着他的背，说自己常担心少游尚未参透生死之理，这下就不用多说了。几天后两人挥泪告别，没想到两个月后，苏轼才走到白州（今广西博白），就得到了秦观死于藤州的噩耗。在苏门弟子中，秦观是唯一死在苏轼之前的人。苏轼悲痛万分，亲笔把秦观的"郴江幸自绕郴山，为谁流下潇湘去"两句词写在扇面上以作纪念，还说："少游已矣，虽万人何赎！"

张耒，字文潜，他先从子由学文，并因此得入苏轼之门。熙宁四年（1071），苏轼往陈州看望子由，初识年方十八岁的张耒。熙宁八年（1075），苏轼在密州修了一座超然台，并向各地人士征求诗赋。次年，张耒寄来一篇《超然台赋》，苏轼大为赞赏，两人结成文字之交。苏轼曾给张耒复信，表示对王安石强行统一文风的不满，这种话非对知己者是不会轻易出口的。苏轼在信中还说："仆老矣，使后生犹得见古人之大全者，正赖黄鲁直、秦少游、晁无咎、陈履常与君等数人耳！"可见此时苏轼已把张耒视为与黄、秦同列的入室弟子了。

元祐元年（1086）夏季，张耒入京任太学录，从此有了常向苏轼请益的机会。苏轼与张耒都是性格坦率的人，两人商讨学术时直抒己见，意见不合时还互相争论。在现存的张耒书信中，还能看到他与苏轼商讨《史记》的《十二诸侯年表》中为何没有吴国，以及欧阳修《五代史记》中的《唐六臣传》立名是否妥当的问题。张耒对苏轼的看法不以为然，就写信详细论述自己的意见。张耒既不以为讳，苏轼也不以为忤，体现出一种开明、平等的师生关系，以及自由探讨的学术风气。苏轼对张耒诗文趋于平易的风格十分欣赏，曾说："秦得吾工，张得吾易，而世谓工可致而易不可致。"意即秦观、张耒两人都受到自己的影响，秦观学到了自己的工整精丽，而张耒学到的是平易晓畅，后者尤其难能可贵。

苏轼与张耒谈论诗文时甚至互相戏谑，有一次苏轼嘲笑张耒的两句诗"天边赵盾益可畏，水底右军方熟眠"，说这是"清汤炖了王羲之！"张耒就与苏轼开玩笑："您的诗里有'独看红蕖倾白堕'一句，不知'白堕'是什么东西？"苏轼回答说刘白堕是一个善于酿酒的人，见于《洛阳伽蓝记》。张耒又问："'白堕'既然是一个人，怎么可以'倾'呢？"苏轼说："曹操的《短歌行》里说'何以解忧，惟有杜康'，杜康不也是人名吗？"张耒还是不服，说曹操的诗毕竟也不妥当。苏轼笑着说："你先去跟姓曹的那个汉子争个明白，再来和我纠缠吧！"众人哄堂大笑，原来张耒家里有个姓曹的仆人，因丢失了酒器又不承认偷窃，这时已被送到官府去追究。苏轼一语双关，惹得在场的人捧腹不已。（详见《道山清话》）

绍圣元年（1094），苏轼南谪惠州，路经润州。张耒正任润州知州，他公务在身无法远送，就派了两个士兵护送苏轼，一直送到惠州才返润复命。建中靖国元年（1101），张耒在颍州惊闻苏轼去世的噩耗，就拿出自己的俸钱到荐福禅院请僧人超度苏轼，并缟素痛哭。

《东坡事类》卷六明·薛应旂《宋元通鉴》载：坡公门下士张耒"闻苏轼亡，出己俸饭僧缟素为位而哭"，因"是轼党"，而"诏谪黄州安置"。试看吕惠卿为荆公之党而覆荆公，而张耒哭恩师竭诚尽义，其优劣自别。

次年，新党追究此项罪名，把张耒贬为房州（今湖北房县）别驾，黄州安置。张耒怀着沉痛的心情，又一次来到二十年前苏轼谪居的地方。赤壁的千尺断岸，西山寒溪的长林绝壑，到处都留下了苏轼的踪迹，张耒触景伤情，可惜此时党祸惨酷，文网尤密，他只能在诗歌中隐约其词地表示对苏轼的怀念："缅怀紫髯公，奠玉祠天坛！"

张耒诗文俱佳，尤以论文见长。清王符曾辑评的《古文小品咀华》中苏门学士中选录黄庭坚一篇，选张耒二篇，即《秘丞章蒙明发集序》和《汉景帝论》，后篇末王符曾评价极高：

眉山父子，作论巨灵手也，其才情固堪推倒一世，然雄放中不免有武断气，亦安能曲为昔人讳耶？文潜出大苏门下，有苏之见解，有苏之才气，而尔雅温文，溢于言论风旨之间。今披其集中诸论，可谓谈言微中，而纡余卓荦，兼而有之者矣。恨限于卷帙，不能备载耳。

晁补之是“苏门四学士”中最年轻的一个，但他与苏轼的相晤却是四人中最早的。晁补之，字无咎，自幼仰慕东坡，十五岁时已开始研读苏轼的著作。熙宁五年（1072），晁补之的父亲晁端友正任新城（今浙江富阳、桐庐间）县令，新城是杭州的属县，时任杭州通判的苏轼到那里巡视，年方二十岁的晁补之得以谒见苏轼。其《上苏公书》有云：“某齐北之鄙人，生二十年矣。其才力学术不足以自致于阁下之前，独幸阁下官于吴，而某亦侍亲从宦于吴也。故愿意随吴人拜堂庑而望精光焉。”

苏轼一见补之，就许为可造之材，此后对他悉心指点，有时甚至废寝忘食。有一次苏轼说起杭州山川人物的雄奇秀丽，需要枚乘《七发》、曹植《七启》那样的文字来描写之。晁补之听了大受启发，就写了一篇《七述》呈给苏轼。苏轼大为嗟叹，说：“本来我自己想写的，这下可以搁笔了！”苏轼是一言九鼎的文坛盟主，他的这句话一经传开，晁补之顿时名扬四方。元丰二年（1079），晁补之进士及第后，还曾写信给苏轼，感谢他的教诲。苏轼在《和陶饮酒二十首》中，流露了对晁补之文才的称赏和志趣的认同：

晁子天麒麟，结交未及仕。高才固难及，雅志或类己。

元祐元年（1086），苏轼在学士院主试馆职，晁补之考试合格，得以入馆。此后几年间，晁补之与苏轼以及其他苏门弟子来往密切，常相唱酬。有一次苏轼把自己写的小词给晁补之和张耒看，问道：“何如少游？”晁、张都说：“少游诗似小词，先生小词似诗。”当时有人对苏轼写词不守藩篱的做法不很理解，晁补之却为苏轼辩护，说苏轼词“横放杰出，自是曲子中缚不住者”！

晁补之家境清贫，正如苏轼诗中所说：“晁子拙生事，举家闻食粥。”元祐五年（1090），晁补之以“亲老家贫”为由请求外任，结果出为扬州通判。两年后，苏轼从颍州调任扬州知州，晁补之闻讯，大为欣喜，寄诗表示欢迎，苏轼也欣然和之。苏轼到扬州半年后便被召还汴京，但他得与晁补之这位得意门生相聚，很感愉快，曾戏称晁补之为“风流别驾”。盛夏的一天，苏轼到晁补之的“随斋”去做客。晁补之在一个大盆里灌满了泉水，水里插上几株洁白的荷花，来客列坐四周，觉得清凉宜人。苏轼乘兴挥毫，写了一首《减字木兰花》。于调下自注：“五月二十四日，会于无咎之随斋。主人汲泉置大盆中清白芙蓉，坐客翛然，无复有病暑意。”

又有一天，苏轼与晁补之同游木兰寺（一名石塔寺），想到这里就是唐人王播题咏“饭后钟”的地方，苏轼便兴致勃勃地写了一首翻案诗，晁补之也作诗和之。此时住持木兰寺的戒长老要想返回杭州，请求辞去住持之职。全寺上下劝阻不成，就到州府来请苏轼出面挽留。这戒长老本是苏轼在杭州时的旧识，苏轼就带了晁补之等僚属到木兰寺去，击鼓聚众，让晁补之高声朗诵东坡亲撰的疏文，其中最关键的两句是：“念西湖之久别，本是偶然；为苏轼而少留，无不可者。”在苏轼的慰留下，戒长老终于安于其位。

在扬州的短短半年，是晁补之对苏轼过访最密的一段日子。晁补之把这段经历浓缩在一首《八声甘州》里：

> 谓东坡，未老赋归来，天未遣公归。向西湖两处，秋波一种，飞霭澄辉。又拥竹西歌吹，僧老木兰非。一笑千秋事，浮世危机。　　应倚平山栏槛，是醉翁饮处，江雨霏霏。送孤鸿相接，今古眼中稀。念平生，相从江海；任飘蓬，不遣此心违。登临事，更何须惜，吹帽淋衣。

此首步东坡原韵奉和之词是晁补之词的代表作之一，字里行间渗透着对东坡的景仰之情和深厚的师生情谊，感人至深。

绍圣年间，苏轼迭遭远谪，晁补之也受其影响而被贬为监信州（今江西上饶）酒税、监处州酒税。几年后，苏轼逝世，晁补之深为悲痛，作文祭之：

> 间关岭海，九死归来。何嗟及矣，梁木其摧！

苏门六君子，两君亦不凡

黄庭坚、秦观、张耒、晁补之，是古今闻名的“苏门四学士”，外加李廌、陈师道，并称“苏门六君子”。

人皆有名，以名称呼、交际和传播声誉，因此起名也很重要和讲究。没有文化的山民，儿子起个阿狗、铁蛋倒没有什么，若是有文化之家起个不佳之名，就令人费解了。李廌（字方叔）的原名是“豸”，一看这字就像一条多脚的毛毛虫。苏轼认为五经中没有“豸”字，只有《左传》中有“廌有豸乎”一句，后人解作“虫豸”之“豸”，不宜用作人名，所以为他改名为“廌”。

元丰四年（1081），二十三岁的李廌来到黄州谒见苏轼，并呈上自己的文章。苏轼认为这个年轻人的文章雄浑有力，抚着他的背说：“你的才华堪称万里挑一，如果能兼具高尚的人品，就所向无敌了！”李廌再拜受教。李廌的父亲李惇是苏轼的进士同年，可是苏轼还没来得及与之交游，李惇就去世了。李廌六岁丧父，家里一贫如洗，上三代的多位老人去世后都没能得到安葬。一天晚上，李廌拍着枕头叹息说：“我学的本是忠孝之学，现在亲人去世而不得安葬，还学它做什么！”第二天一早，李廌就辞别苏轼，要客游四方，来完成葬亲的夙愿。苏轼当场脱下自己身上的衣服送给李廌，并写诗表彰此事。一年以后，李廌家又有老人去世，苏轼不便离开贬所，就派苏迈前去吊慰。以后苏轼经常周济李廌。

元丰八年（1085）三月，刚离开黄州的苏轼正谋划到常州安身，故人梁先赞助他十匹绢、一百两丝作为买田之资。适逢李廌来见，谓家里有“四丧未葬”，即“祖母边、母马、前母张与君（指李惇）”。苏轼便把所得礼物转手赠送给李廌。李廌不肯收，苏轼说这是仁人之赠，力劝他收下。即使在李廌葬亲以后，苏轼仍不断地周济他。元祐四年（1089），苏轼出知杭州，朝廷赐给他一匹名叫“玉鼻骍”的良马，苏轼也转赠给李廌。苏轼担心贫士骤得名马会引起别人猜疑，特地写了《赠李方叔赐马券》：“元祐元年，予初入玉堂，蒙恩赐玉鼻骍。今年出守杭州，复沾此赐。东南例乘肩舆，得一马足矣，而李方叔未有马，故以赠之。又恐方叔别获佳马，不免卖此，故为出公据。四年四月十五日，轼书。”

苏轼的为人，对后学之士的无微不至的关爱，实在是世上少有，令人感动！

当然，苏轼对李廌的爱护更重要的体现为修身与治学方面的指导，苏轼非常希望李廌能成长为品学兼优的人才。在肯定李廌的文章的同时，苏轼也曾指出其文伤于冗长的缺点，劝他今后作文要注意收敛。他还曾写信给李廌说：“私意犹冀足下积学不倦，落其华而成其实。深愿足下为礼义君子，不愿足下丰于财而廉于德也。”可谓谆谆教导，苦口婆心。李廌求名心切，屡试不第，便频繁地出入于达官贵人之门，苏轼因而教导他要待时而动，循序渐进，不可急躁，更不必多事干谒。对此，李廌心存感激，并在他的《师友谈记》中记下了苏轼的这些教诲。李廌屡试不第，苏轼对此非常关切。

元祐三年（1088），朝廷任命苏轼主持贡举，黄庭坚等人协助阅卷。此时李廌文名已著，而且人人都知道他是苏轼的入室弟子，所以众试官都希望他能巍然高中，李廌本人也信心百倍。可是放榜出来，李廌竟然又一次名落孙山。苏轼大失所望，众试官也嗟叹不已。苏轼作诗一首安慰李廌，并对自己没能在众多的考生中识拔李廌表示歉意。诗中有“平生漫说古战场，过眼还迷日五色”二句，意谓自己平时经常称道李廌的古文，简直可与唐人李华的名篇《吊古战场文》媲美。可是一旦李廌前来应试，尽管他的诗赋与唐代李程应试时所写的甲赋名篇《日五色赋》一样出色，自己却缺乏眼光，没能从众多的卷子中把李廌的作品辨认出来。

这个问题说明科举考试本有很大的偶然性，也有可能李廌在考场有“晕场”的心理缺陷，不然为何屡次落选？同时也说明宋代的考试制度中有糊名、誊录等一系列严密的规定，试官根本无法得知所阅的卷子出于哪位考生之手，所以苏轼对李廌的落榜其实是不任其咎的。但是苏轼总觉得有负这位弟子对自己的殷切期望。放榜以后，苏轼即与范祖禹商议，要想联名向朝廷推荐李廌，可惜不久两人相继出朝，这个计划没能实施。

李廌在一生中始终敬仰苏轼，热爱苏轼。苏轼在朝春风得意时，李廌为之欢欣鼓舞。元祐元年（1086），苏轼还朝任翰林学士，李廌写了《金銮赋》以表祝贺。苏轼出任地方官时，李廌也追慕向往。元祐六年（1091），苏轼出知颍州，李廌写信致意，愿携带家小前往从之，后因苏轼劝阻而未成行，可见苏轼与李廌的师生关系没有受到元祐三年落榜事件的影响。元祐七年（1092）苏轼还朝后，李廌又曾来见，苏轼曾与他谈论自己为哲宗讲筵的内容。李廌还曾与秦观、李之仪等苏门弟子一起到苏轼家访问。直到苏轼生命的最后一年即建中靖国元年（1101），苏轼还在与李廌通信。相传李廌因落第而对苏轼有所怨望，其实只要读一读李廌在《师友谈记》中对苏轼的嘉言懿行的记载，就可知道这种传说完全是不实之词。李廌对苏轼始终忠敬如一的最好证据是东坡去世后，李廌立即奔往汝州（今河南临汝），帮着苏轼的遗族相卜葬地，并撰写疏文说：

皇天后土，鉴一生忠义之心；名山大川，还千古英灵之气！

苏轼逝世后悼念文辞不可胜举，且多佳作，而李廌的疏文（特别是这一警句）是最受称赞、传诵最广的一篇哀悼文字，也是对苏轼一生大节最公允、最准确的评价。说明苏轼生前对李廌的器重确有眼力，苏公地下有知，定会感到莫大的欣慰，莞尔而笑："知我者方叔也！"

苏门另一位弟子陈师道（1053—1102），字履常，一字无己，号后山居士。其家世居彭城（今江苏徐州），自幼励志好学，年十六，以文谒见曾巩，"曾大器之，遂业于门"（魏衍《后山陈先生集记》）。他在诗文写作上兼师众家，青年时代曾向曾巩学习古文，后来又呈诗黄庭坚说"愿立弟子行"，他对苏轼也敬之若师，关系比较特殊，故也被入"苏门六君子"之列。

熙宁十年（1077），苏轼出任徐州知州，陈师道以徐州布衣的身份谒见苏轼，从此相识。次年，苏轼筑成黄楼，广泛征求赋铭，陈师道呈上一篇《黄楼铭》，还呈诗表示仰慕说："一代苏长公，四海名未已。"两人从此开始了文字之交。陈师道其人，性格耿介，虽然家境贫寒，却从来不事干谒。章惇知枢密院时，曾使人示意陈师道，让他前来谒见，即可推荐他入仕，师道却一口谢绝。陈师道对王安石的新学不以为然，而新党执政时科举考试皆以新学为标准，于是他拒绝应举，情愿让妻儿跟随岳父远往蜀中糊口，自己则在家侍奉老母，闭门觅句，清操自守。苏轼非常看重师道的为人，曾在写给李廌的信中赞扬说："陈履常居都下逾年，未尝一至贵人之门。章子厚欲一见，终不可得。"并数次向朝廷举荐陈师道。到元祐二年（1087），陈师道终于因苏轼的推荐而得任徐州州学教授，这时他已经三十五岁了。两年以后，苏轼在前往杭州的途中经过南京，陈师道听到消息，很想到南京与苏轼会面，就向知州请假，知州没有同意。北宋的制度规定，地方官员非公事不得随意离境。陈师道明明知道有此规定，但他实在渴望见到苏轼，就假称生病，私下离境赶往南京，与苏轼相聚数日，还一直把苏轼送到宿州才挥泪告别。此事被人告发，师道就此丢掉了好不容易得来的官职。

元祐七年（1092），苏轼出知颍州，陈师道适在颍州任州学教授，两人常相过从，非常愉快。苏轼如此的提携陈师道，师道也如此的敬爱苏轼，两人之间已经形成师生关系。然而陈师道为人诚笃，他对曾巩的师恩始终铭记在心，曾在颍州作诗说："向来一瓣香，敬为曾南丰。"此时苏轼已是举世仰慕的文坛盟主，曾巩也已去世多年，即使陈师道改换门庭也无可厚非，但陈师道依然不忘旧恩，这在世人眼中也许有点迂腐，苏轼却完全理解而且深为欣赏，所以对师道的话丝毫不以为忤。

当然，事实上陈师道与苏轼之间早已建立了融洽的师生关系。苏轼对陈师道爱护有加，元符三年（1100），遇赦北归的苏轼刚走到英州，听到陈师道出任秘书省正字的消息，高兴地写信给陈师道的哥哥，表扬陈氏兄弟"处穷益励"的操守。陈师道更是始终牵挂着屡经风波的苏轼的安危，元祐年间，朝廷的局势像棋局一样反复不定，苏轼常常奋不顾身地上书言事，陈师道深恐他招惹新的是非，曾致书劝苏轼遇事慎重，甚至寄诗劝他急流勇退。陈师道诗风朴拙，但情蕴深厚，他咏及苏轼的诗中多有词质情挚的佳作。元祐四年（1089），陈师道在宿州送别苏轼，他伫立在河边望着渐渐远去的一片孤帆，作诗抒感："平生羊荆州，追送不作远。岂不畏简书，放麑诚不忍。一代不数人，百年能几见？昔如马口衔，今为禁门键。一雨五月凉，中宵大江满。风帆目力短，江空岁年晚。"

"官可以不做，老师不可不送。"官丢了不足惜，但是"一代不数人，百年能几见"的伟人岂可丧失再逢和送别的机会？这是笔者的理解。诗人明知此行触犯法规却无法不来送别苏轼的复杂心态抒发得淋漓尽致，诗人独立于帆去江空的岸边，黯然销魂的情景也描摹得惟妙惟肖。元符二年（1099），苏轼贬至儋州已经三年，远在徐州的陈师道非常挂念苏轼，却得不到他的确切消息，作诗怀之：

海外三年谪，天南万里行。生前只为累，身后更须名。
未有平安报，空怀故旧情。斯人有如此，无复涕纵横！

此诗语言质朴，但情感内蕴非常深广，牵挂、忧虑、愤慨，交织一起，它深切地体现了一个弟子对远谪南荒的敬爱师长的复杂情愫，是苏轼与陈师道的师生情谊的最好证明。

钱锺书先生在《宋诗选注》中说："陈师道作诗模仿杜甫句法的痕迹比黄庭坚来得显著，他想做到'每下一俗间言语'也'无字无来处'，可是本钱似乎没有黄庭坚那样雄厚，学问没有他那样杂博，常常见得竭蹶寒窘。……但他可以写出极朴挚的诗。"

苏门后四士，传承苏学业

李格非、廖正一、李禧、董荣等四人都曾从学苏轼，人称"苏门后四学士"，四人中前二人比较知名。宋·韩滤《涧泉日记》卷上云："廖正一明略、李格非文叔、李禧膺仲、董荣武子，时号'后四学士'。明略有《竹林集》，文叔有《济北集》，膺仲、武子文集未之见也。

由这段话可知，当时苏门除"四学士""六君子"外，还有"后四学士"。

李格非（生卒年不详），字文叔，济南章丘（今属山东）人。熙宁九年（1076）进士，调冀州司户参军。试学官，为郓州教授。元祐元年（1086）入补太学录，再转太学博士。绍圣间立局编元祐章奏，以为检讨，不就，戾执政意，通判广信军。召为校书郎，迁著作佐郎、礼部员外郎，提点京东刑狱。后人或因其女儿是著名词人李清照而得知其人。其实李格非本人也是一位很杰出的文学家，刻意于词章，诗文俱工致，尤以散文见长，他是苏轼的及门弟子。

元丰六年（1083）前后，李格非前往黄州谒见苏轼，苏轼称赞李“新诗绝佳”。绍圣元年（1094），苏轼谪居惠州，李格非也出为广信军（今河北徐水）通判，两人一南一北，相隔万里。李格非曾寄书到惠州问候苏轼。

李格非文以园林记《洛阳名园记》为最有名；而“洛阳之盛衰也，天下治乱之候也”“园圃之兴废者，洛阳盛衰之候也”之语尤享盛名。

历代对此文都评价很高，邵博云：“予得李格非文叔《洛阳名园记》，读之至流涕。文叔出东坡之门，其文亦可观，如论‘天下之治乱，候于洛阳之盛衰；洛阳之盛衰，候于园圃之兴废’，其知言哉！”张琰《洛阳名园记序》云：“文叔方洛阳盛时，脚迹目力心思所及，亦远见高览，知今日之祸。……呜呼！可谓知言哉！”楼钥云：“斯文之作，为洛阳，非为园圃；为天下，非为洛阳。文字不过二百字，而其中该括无限盛衰治乱之变，意有含蓄，事存鉴戒，读之令人感叹。”小题出大论，“意有含蓄，事存鉴戒”，这就是此文备受推崇的原因。刘克庄称李格非“文高雅条畅，有义味，在晁（补之）、秦（观）之上，诗稍不逮”。谓李格非的诗不逮文是对的，但谓其文在晁、秦之上则未必。

廖正一（生卒年不详），字明略，号竹林居士，安州（今湖北安陆）人。元丰二年（1079）进士。元祐二年，召试馆职，苏轼得其对策，大奇之，为秘书省正字。六年，除秘阁校理，通判杭州。后被划入元祐党籍，贬监玉山税，卒。与苏轼、黄庭坚、晁补之友善，多有唱酬。苏轼自海南北还后，廖正一曾给苏轼去信，为苏轼遭受的非人待遇鸣不平。苏轼回信给廖正一，赞他在常州知州任上的政绩，并对他受到上司的迫害表示慰问。晁公武《郡斋读书志》卷四下云：“廖正一，字明略，元祐中召试馆职，苏子瞻在翰林，见其所对策，大奇之。俄除正字。时黄、秦、晁、张皆子瞻门下士，号四学士。子瞻待之厚。每来，必命侍妾朝云取密云龙（茶），家人以此知之。一日子瞻又取密云龙，家人谓是四学士，窥之，乃明略来谢也。”

这段话里使我们得知，每逢“四学士”到苏轼家做客，苏轼总要让朝云取出珍藏的密云龙茶来招待，全家人都已习以为常。一天，苏轼又让朝云取密云龙茶待客，家人又以为“四学士”来了，没想到来客竟是廖正一，可见廖正一已得到东坡的刮目相看。

李禧、董荣二人，由于文献所载极少，生平仕履已不可考。除“苏门后四士”之外，苏轼的得意门生还有多人，如李之仪、李昭玘、秦觏、晁载之、晁咏之、晁说之、姜唐佐等人。

熙宁七年（1074），苏轼在前往密州的途中经过扬州。初次与李之仪会面。苏轼非常赏识这位后起之秀，他在给故人李常的信中甚至把发现李之仪一事称为“此行天幸”。此后苏轼流宦各地，进而贬谪黄州，正在居丧的李之仪曾数次寄信到黄州向苏轼表示敬慕之意，惊魂未定的苏轼一开始避而不答，后来终于写了一封情真意挚的回信。元丰八年（1085）底，苏轼返京任起居舍人，李之仪也在此年被授翰林学士知制诏，两人所在的窑衙相邻，经常相遇。苏轼很喜爱李之仪的诗作，曾把李诗推荐给馆中的前辈，来为李之仪延誉。元祐三年（1088）的一个冬夜，苏轼在翰林院值夜班。翰林院是朝廷的机密禁地，苏轼独自值夜倍觉冷清，但又不能像唐代的王维那样把诗友孟浩然带进玉堂来谈诗联句。寒气逼人，夜长难眠。幸而他随身携带了两卷李之仪的诗作，便借读诗来打发这漫长的冬夜。夜深人静，苏轼读着读着，渐入佳境。对诗歌意境的领悟就像参禅一样，心领神会而难以言说，苏轼只觉得一阵阵深沉的愉悦感涌上心头，眼前的灯花也在欣喜地闪耀。一百来首的诗歌，苏轼直到午夜才读完，便挥毫作诗，寄语李之仪的儿辈：将来为其父编纂诗集的时候，一定要把自己的这首诗作为附录一起编进去！

元祐八年（1093）九月，高太后去世，朝中的政局又将发生变化，苏轼主动请求外任，被任为定州知州，临行前聘请李之仪为管勾机宜文字的幕僚。苏轼到任后不久，李之仪也来到定州。苏轼问起朝中的局势，李之仪说暂时还没有什么动静，但他预言哲宗亲政后将会一改元祐旧政，并劝苏轼静观其变。苏轼听了深以为然，他预感到一场新的政治风暴已经逼近。不过苏轼与李之仪都是襟怀坦荡的君子，政事之余，两人依然诗酒相酬，常相过从。苏轼与李之仪的师生关系十分融洽，连李之仪的妻子胡文柔都经常阅读苏轼的著作，她对丈夫说：“东坡名重天下，读了他的书，使人有杀身成仁的志向，你一定要好好与他交往啊！”有时苏轼到李家访问，正与李之仪谈笑风生，忽然有紧急公事来报，苏轼当即认真办理，井井有条。胡文柔躲在屏风后侧耳倾听，叹息说苏轼真是一代豪杰。后来两家的关系日益亲密，苏轼还让他的儿媳妇与胡文柔互相来住，他常对儿媳妇面授机宜，让她去与胡文柔谈论佛法，并称胡文柔为“法喜上人”。苏轼与李之仪对朝政的预感不幸言中，他们在定州只相聚了短短的四个月，朝廷就下令撤去苏轼的端明殿学士和翰林侍读学士之职，并贬为英州知州。绍圣元年（1094）闰四月，苏轼接到了贬谪英州的除命。王命急如星火，苏轼来不及与同僚们从容话别，便仓促地踏上了南迁的道路。

临行前，李之仪之妻胡文柔亲手赶制衣服，为苏轼送行。她说：“我是一个女子，竟能为此等人物所识，此生还有什么遗憾！”此话是多么感人啊！

苏轼被贬以后，李之仪也受到牵累，屡遭贬谪，师生二人从此天各一方，虽然书信不绝，但再也没有见过面。崇宁元年（1102）五月，苏轼的丧舟来到颍昌府（今河南许昌）。当时正在颍昌的李之仪赶往郊外迎接苏轼的灵柩，吊唁祭奠。其后李之仪与友人尽力搜求苏轼南迁期间所写的诗文，编集刊行，以光大他终生敬爱的老师——苏轼的学术影响。

元丰四年（1081）冬，苏轼正在黄州贬所。时任徐州州学教授的李昭玘千里致书，历叙自少仰慕苏轼之情，希望从学于门下。苏轼得书，虽然表示不敢当来信中的颂扬之语，但对李昭玘的文才则相当欣赏，他在回信中说：

> 每念处世穷困，所向辄值墙谷，无一遂者。独于文人胜士，多获所欲，如黄庭坚鲁直、晁补之无咎、秦观太虚、张耒文潜之流，皆世未之知，而轼独先知之。今足下又不见鄙，欲相从游，岂造物者专欲以此乐见厚也耶！

这分明是表示接纳李昭玘为弟子，许他与黄、晁、秦、张等“苏门四学士”同列于门下之意。李昭玘得书大喜，从此以苏门弟子自居。听说苏轼在黄州建成一座雪堂，李昭玘就写了一篇《雪堂诗》寄去，苏轼回信说李诗气势雄伟，读之令人“耳目眩骇，不能窥其浅深”。李昭玘又写信请求苏轼的墨竹，苏轼也欣然命笔，用心画了一大一小两幅竹石相赠。李昭玘得到这两幅画后喜不自胜，每日展观，几乎达到了“忘我之境”。苏轼在信中谦称自己的绘画是“儿女子喜好者”，李昭玘却认为这种易于满足的喜好才是“真乐”，就此把家中的堂屋命名为“真乐堂”。由于与东坡的师生之谊，李昭玘在政治上也随着东坡同进同退。元祐元年（1086），苏轼在学士院主持馆职考试，李昭玘应试合格，授予秘书省正字。绍圣后党祸再起，李昭玘也于元符年间免官，其间于建中靖国元年（1101）一度复出，崇宁间再次罢官，从此在家闲居十五年。

此外，受到苏轼指导的青年才俊尚有秦觏、晁载之、晁咏之、晁说之等人。苏轼像孟子一样，把“得天下英才而教育之”看成人生的一大乐事，他识拔人才唯恐不及。元祐七年（1092），苏轼出知扬州，晁补之向苏轼推荐他的堂弟晁咏之。苏轼看了晁咏之的诗文，说：“既然有这样的才华，为什么不让我见上一面呢？”于是晁咏之前来谒见，苏轼亲自下堂，挽着他的手走上堂来，介绍给在座的宾客，说这是一位奇才。苏轼以诲人不倦的态度对弟子们谆谆教导，循循善诱。元祐年间，晁补之的另一位从弟晁载之进士及第，黄庭坚将他的诗文推荐给苏轼，苏轼看了，认为晁载之的创作过早进入奇崛之境，就请黄庭坚委婉地转达此意，后来晁载之的文章果然有了长足的进步。

即使在身处逆境之时，苏轼也从未停止过教导后进。元祐八年（1093），苏轼出知定州。此时一场新的政治风暴即将来临，苏轼对自己的处境忧心忡忡。但就在此时，他对定州的青年王安中热心指点，使后者学业大进。甚至当苏轼被贬海南以后，他指点后进的热情也没有丝毫的减退。青年葛延之不远万里地从江阴（今江苏江阴）来到儋州，向苏轼请教作文之法。葛延之在儋州停留了一个月，东坡对他悉心指点。东坡说：“不得钱不可以取物，不得意不可以明事，此作文之要也。”葛延之把这则作文秘诀书之于绅。

元符二年（1099），苏轼在儋州收下了平生最后一位弟子姜唐佐。姜唐佐是琼州人氏，他仰慕苏轼的大名，跋山涉水来到儋州向东坡请教，并在苏轼家附近结茅而居，一住就是半年。苏轼与姜唐佐亲如父子，姜经常来陪苏轼夜话，苏轼则常请姜来饮茶，有时也到姜家去用餐。苏轼十分喜爱这位勤奋好学的青年，亲自批改他的习作，毫无保留地向他传授作文的方法，并在扇面上题诗，答应今后再续。后来姜唐佐果然没有辜负苏轼的厚望，于崇宁二年（1103）进士及第。此事在前文有述，不赘。

第二十章

文称苏海

古今文章大家中翘楚之才

苏轼之文在中华民族文化史上占什么样的地位？这个问题不是学养浅薄、人微言轻如我辈可以信口开河的。让我们来看看名家的评论和自宋代以后官方对优秀文章的选编。

金、元时代，传统文体的创作比较寥落，但是苏轼的影响却十分广泛。金人王若虚对苏轼的推崇甚至比宋人有过之而无不及：在古文方面，王若虚认为“文至东坡，无复遗恨矣”。还说：“欧文信妙，讵可及坡？”在诗歌方面，王若虚认为“黄不如苏，不必辨而后知”。在词的方面，王若虚理直气壮地驳斥晁补之关于东坡词“短于情”的说法，王说：“风韵如东坡，而谓不及于情，可乎？彼高人逸士，正当如是。”“盖其天资不凡，辞气迈往，故落笔皆绝尘耳。”

由金入元之后，著名文学家元好问虽对东坡诗风有切中肯綮的批评，但并不影响他在总体上对东坡的高度评价。他的诗文创作都受东坡影响极深，清人翁方纲说“遗山接眉山，浩乎海波翻”，可谓的评。

明代文坛上充溢着“文必秦汉，诗必盛唐”的复古论调；宋代诗文，尤其是宋诗，在明代倍受冷落。在这种时代风气下，东坡的影响也转入衰微。王世贞甚至说：“今虽有好之者，亦不敢公言于人。”然而明代文坛上宗派林立，明人立论又喜标新立异，所以某些明人对东坡诗文的推崇反而远迈前代。比如陈继儒说："古今文章大家以百数，……谁不知有东坡？其人已往而其神日新，其行日益远，则千古一人而已！"

明代古文家宋濂称苏轼散文"雄迈奔放"，并谓：古文"自秦以下，莫盛于宋，宋之文莫盛于苏氏。"俨然把苏文誉为唐宋古文的压卷。

清人对东坡在文学艺术上的崇高成就衷心服膺，称扬备至，现在人所共知的"苏海"这个称号就是清人提出来的。

南宋人李涂在《文章精义》中说："韩如海，柳如泉，欧如澜，苏如潮。"

这一比喻分析起来也颇有意思。韩、柳、欧、苏的文章都比作如水，但水的状态、气度、广度、深度有所不同。柳如泉，指柳文如晶莹、剔透，清冽、甘甜的泉水，萦纡乱石，流势潺湲，急行不喧，低鸣淙淙，落潭有声，珠泻翠娥……那么，其他三人的文风皆属沧溟状态：澜则水波勃兴，浪涛汹涌；潮则涌动澎湃，起伏激荡；海则博涯无际，广深莫测。再细一点分析，澜和潮都是海在不同外因下的变化风貌。因此，这种评价，其实是有高下之分、气势之别的。明眼人一看即明白，"韩如海"是居首位的，这从唐宋八大家的排位来论也是合理的。

那么，从什么时候开始，"苏潮"变成"苏海"了呢？清代嘉庆年间，王文诰编撰《苏文忠公诗编注集成》后，复成《苏海识余》，书中说：

> "苏海"之说旧矣。绍圣四年，东坡公发惠州，迁儋耳，自新会赴新康，至古劳，河涨不可渡，休于鹤山之麓数日。公既去，而所居遂为"坡亭"，地曰"苏公渡"，见前明陈献章诗。邑令黄大鹏又手镌"苏海"二字于崖之上，嗣是更名苏海，至于今盖三百年矣。曩者予访公渡海轶事，尝亲至其地，察视所由，则汪洋渺弥，横无涯际。观于海者，亦足致朝宗之意焉。

据王氏所云，在东坡晚年南谪途经的新会海边，明人名其地曰"苏海"以纪念之。虽然王文诰从"苏海"引申出文学的意义，但这毕竟只是一个地名。事实上最早从文学的意义上提出"苏海"之名的是清初的吴伟业。吴伟业的老师张溥编选了《苏长公文集》，且在序中称扬东坡说："真宇宙第一人

物，宇宙第一文字也！”吴伟业也为此书作序，说：

> 李耆卿评文有云：“韩如海，柳如泉，欧如澜，苏如潮。”非确论也，请易之曰：“韩如潮，欧如澜，柳如江，苏其如海乎！”夫观至于海，宇宙第一之大观也！

由于韩文之气势更雄于苏文，而苏文之境界更广于韩文，吴伟业将“韩海苏潮”改成“苏海韩潮”，无疑更加确切。这样看来，把李涂所说的“苏如潮”改成“苏如海”，吴伟业当是历史上的第一人。

王水照先生说：“虽然最早宋人李涂的提法是‘韩如海’‘苏如潮’（《文章精义》），但嗣后人们却习称‘苏海韩潮’。韩文公的‘驱驾气势，若掀雷挟电，撑抉于天地之间’（司空图《题柳集后》），以‘潮’作喻，至为恰当；而苏轼的文化世界，非大海之广不足以言其‘波澜浩大，变化不测’（《吕氏童蒙训》），非大海之深不足以言其‘力斡造化，元气淋漓，穷理尽性，贯通天人’（宋孝宗《御制文集序》），‘苏海’遂成定评。”（《走近“苏海”》，载《王水照自选集》，上海教育出版社2000年版，第393页）

王先生对“苏海”含义的概括精当，但是“苏海”遂成定评究竟发生在何时，此文因未涉及，故语焉不详。稍后，孔尚任在《桃花扇》传奇中写到侯方域自称：“早岁清词，吐出班香宋艳；中年浩气，流成苏海韩潮。”查慎行《送史儆弦前辈视学粤东》诗也有这样的句子：“班香宋艳才相嬗，苏海韩潮量校宽。”

清末的张道撰写了一部专论东坡诗的《苏亭诗话》，书中说：“余尝言古今文人无全才，惟东坡事事俱造第一流地步。六朝以前无论已，自唐而下，李太白、杜子美以诗名，而文与书法不甚爆。韩昌黎以诗、古文名，而书法无称之者。白乐天以诗名，而文与书法俱不传。陆放翁以诗名，而文与书法亦不传。此世目为诗文大家最著者也，即同时欧阳永叔、王介甫，古文为大家，诗亦名家，无书名。曾子固古文为大家，并无诗名。即子由古文为大家，诗亦次乘。东坡则古文齿退之而肩庐陵，踵名父而肘难弟，故有‘韩苏’‘欧苏’‘三苏’之称。诗则上接四家，空前绝后。书法独出姿格，不袭晋唐面目，与山谷、元章、君谟并号大家。至标举余艺，以雄健之笔，蟠曲为词，遂成别派，后惟稼轩克效之，并称'苏辛'。画墨竹，齐名湖州。乃复研讲经术，作《易传》《书传》，文人之能事毕矣！若其忠直孝友，要为冠罩千古。"张道虽未引述"苏海"之称，然而如此波澜壮阔、包含万象的文化境界和人生境界，非"海"字何以名之？可见自清初以来，以"苏海"指称东坡的诗文成就或境界已成了学界的共识。

对于苏轼的古文，清人也极为重视。在清代的古文选本中，苏轼的地位非常突出。例如乾隆"御选"的《唐宋文醇》中，苏轼一人独占十三卷，在入选的十位唐宋古文家中名列第一；又如在家喻户晓的《古文观止》中，苏轼古文入选十七篇，仅次于唐代的韩愈而在宋代名列榜首。清人对苏轼古文给予高度的评价，其中最有特点的是以下两点：

一是肯定东坡文的情感内蕴，即使是政论文与公文性质的表启也不例外。例如《古文渊鉴》中评《上神宗皇帝书》说："其言切中民隐，发越恳到，使岩廊崇高之地，如亲见闾阎哀乐之情，有不能不恻然感动者，真可垂训万世矣。"

二是肯定苏轼的志墓之文从不妄作，例如王昶说："苏文忠公不喜为墓志碑铭，惟富郑公、范蜀公、司马温国公、张文定公数篇，其文感激豪宕，深厚宏博无涯涘，使顽者廉、懦者立，几为韩、柳所不逮。无他，择人而为之，不妄作故也。"

这些评论发前人所未发，特别是"几为韩、柳所不逮"之句，体现了清人对苏轼古文的竭力推崇。

议政论史切中时弊不为空言

苏轼的政论文，确有不少有的放矢，反映现实，抒写自己的政治抱负，表现出作者一定识见的优秀篇章。苏轼推崇"贾谊陆贽之学"，有志于撰写经世济民的文字，在《进策总叙》中他指出："自汉以来，世之儒者忘己以徇人，务为射策决科之学。其言虽不叛于圣人，而皆泛滥于辞章，不适于用。臣尝以为晁董公孙之流，皆有科举之累，言有浮于其意，而意有不尽于

其言。”这表明苏轼早已不满意科场文字的意浮于言，而比较自觉地要求论文要言之有物、适于世用。嘉祐中应制科时所作的《进策》，可以说是适于世用的政论文的代表作。《进策》是精心构思的有系统的宏文巨制。它共为二十五篇，计《策略》五篇，总论天下形势、政治弊端和应取的方针；《策别》十七篇，从课百官、安万民、厚货财、训军旅等四个方面，设想了一系列具体的改革措施；《策断》三篇，由分析内外矛盾、敌我长短和攻守之势，而提出安边御敌的方术。作者说全文所以如此布局，是为了能“名其略而治其别，然后断之于终”。

在这组政论中，苏轼清醒地看到了当时国家“有治平之名，而无治平之实”。他认为宋室内外都面临着日益增长的危机，“外之可畏者，西戎北狄；而内之可畏者，天子之民”。在这种形势下如果长此因循苟安，无异于“拱手而待乱”。为朝廷计，必须“动而不息”，对内“涤荡振刷，而卓然有所立”，对外“先为不可胜，以待敌之可胜”。为此，作者提出了一整套改革政见。

尽管作者在财政上侧重于节流，而忽视开源，在吏治上侧重于任人，而不赞同更法，还说“一日百变法天下益不可治”，因而改革主张远没有王安石激进，但从总的方面看，这一组政论却是系统地体现了苏轼对北宋中叶政治形势的清醒认识，而且是始终立足于奋发改革、安邦御敌的。鲜明地反映出作者青年时代的政治敏感性和致力于进取的蓬勃朝气。

沈德潜说：“此篇说当时国势处，字字切中，可与贾生策治安比肩。”这种评价是有根据的。《谏买浙灯状》斩钉截铁地说：“京城百姓，不惯侵扰。”朝廷切不可“以耳目不急之玩，而夺其口体必用之资。”因此，他要求神宗“凡游观苑囿、宴好赐予之类，皆敕有司务从俭约，……深计远虑，割爱为民”。《决壅蔽》深刻地揭露了官吏贪墨、民情壅塞、贿赂公行的现象，说：“凡贿赂先至者，朝请而夕得；徒手来而者，终年而不获”，“举天下一毫之事，非金钱无以行之”。这些议论深中封建官僚政治的肯綮，并且体现了作者赞同改革、体恤民情的进步政治观点。

嘉祐八年在凤翔作的《思治论》，也反映了作者要求改革的锐气。苏轼指出：“财之不丰，兵之不强，吏之不择”是当时的“三患”，长期以来对革除“三患”收效甚微，原因在于因循的风气积重难返，而改革者又缺乏“犯其至艰而图其远”的勇气。他呼吁倡行兴革者，必须“发之以勇，守之以专，达之以强”。这些见解同《进策》的精神是完全一致的。

苏轼的某些史论，常常广征史事、借古鉴今、层层剖析，因而具有较强的说服力。如在《平王论》中，苏轼借平王东迁造成周室名存实亡的史事，反复论证了“避寇而迁都”的严重失策，说避寇迁都的结果，“未有不亡，虽不即亡，未有能复振者”。这个警告是触及了赵宋统治集团怯于外敌的要害的。后来赵宋王朝的历史发展，果然被苏轼不幸而言中，这表明苏轼观察形势具有一定的敏锐性。在《颜真卿守平原抗安禄山》的短论中，作者由安史乱起，河北二十四郡一朝瓦解的史事，总结出唐玄宗“重内轻外”的历史教训，这对于宋室重内轻外、守郡乏人的现状，也是很有借鉴意义的。

苏轼这些论文是在分析历史、观察社会的基础上，针对现实而发的，因而言之有物，见解透辟，完全不同于那些向壁虚造的空泛之论。

苏轼“好观前世盛衰之迹，与其一时风俗之变”(《上韩太尉书》)，谈古论今，滔滔数千言，这同古代政论家贾谊、陆贽是颇为相近的。

苏轼惯于从旧史料中翻新出奇，提出独诣之见。如黄石公授书故事，自《史记》以来一向传为神话，苏轼在《留侯论》中一反旧说，指出这是秦末隐士故意来折张良“少年刚锐之气，使之忍小忿而就大谋”，这陡然而来的翻案之笔，顿时剥去了这则故事的神秘色彩，颇能发人深思。李淦《文章精义》说：“苏门文字，到底脱不得纵横习气。”纵横家言大而夸，故作惊人之谈，虽难免使苏轼有受病之处，然而，孟轲的雄辩滔滔，纵横家的腾挪变化，确能增加文章的气势和波澜，显然可以看出苏文是受了《孟子》《战国策》等书的影响的。

苏轼的政论文最突出的特点，是“善议论”，“初好贾谊、陆贽书，论夺古今治乱，不为空言。”(苏辙《东坡先生墓志铭》)主张“务令文字华实相副，期于适用”(《与元老侄孙》)。

这一点，在他作于仁宗、嘉祐年间的策、论和作于神宗熙宁间的奏议最能证明。当时苏轼正是“以通经学古为高，以救时行道为贤，以犯颜纳说为忠”，锐意实现其“当世之志”的时期。所以，这些政论文表现了他对时弊的忧患和变革弊政的急切心情，针对当时的社会现实，议论风发，直抒胸臆，行文直率，不为空言。如《策论一》的开头，就单刀直入地指出：

> 天下之患，莫大于不知其然而然。不知其然而然者，是拱手而待乱也。国家无大兵革，几百年矣。天下有治平之名，而无治平之实，有可忧之势，而无可忧之形，此其有未测者也。方今天下，非有水旱盗贼人民流离之祸，而咨嗟怨愤，常若不安其生；非有乱臣割据，四分五裂之忧，而休养生息，常若不足于用；非有权臣专制擅作威福之弊，而上下不交，君臣不亲；非有四夷交侵边鄙不宁之灾，而中国皇皇，常有外忧。此臣所以大惑也。

表面上看，似乎是危言耸听，故意夸大其词，其实句句都是事实，可谓一语道破仁宗朝的危机。他敢于这样议论朝政，丝毫没有什么个人目的，完全是出于对国家利益的考虑："今陛下承百王之弊，立于极文之世，而以空言取天下之士，绳之以法度，考之于有司，臣愚不肖，诚恐天下之士不获自尽，故尝深思极虑，率其意之所欲言者为二十五篇，曰'略'曰'别'曰'断'。虽无是取者，而臣之区区，以为自始而行之，以次至于终篇，既明其略而治其别，然后断之于终，庶几有益于当世。"

正是他这样出之以诚，称心而论，没有铺张扬厉，却情辞迫切，雄辩滔滔，挥洒自如，使皇帝心悦诚服地接受他的观点。

苏轼为文主张师法"自然"，不为而工，因而在修辞上不如欧阳修等人严谨。欧阳修说："道胜者，文不难而自至。"而苏洵却说："言无有善恶也，苟有得乎吾心，则其辞不索而获。"苏轼更不受什么章法限制，纵笔所至，常能随心所欲，任性使气，通达自由，必酣畅淋漓地表情达意而后止。甚至在决定其前途命运的进士考卷《刑赏忠厚之至论》中，他也能仅凭"想当然"——逻辑推理，就编造出"皋陶曰杀之三，尧曰宥之三"的圣贤典故。这是一般的文人士子不能为也不敢为的。

苏轼非常强调"意"在作文中的作用，重视在"意"的支配下那种自由挥洒、变化万端的艺术风格。他并不把文章看作单纯的"载道"工具，只是一般性地提出作文要“有补于国”要“有为而作”，甚至认为“道可致而不可求”(《日喻》)，即只能从实际中去体会。

他常用迂回的方法，肯定文学在表现作者的生活情感、人生体验和哲理思考方面的作用，肯定文学作为一种艺术创造的价值。《进策总叙》说：“臣闻有意而言，意尽而言止者，天下之至言也。”“战国之际，其言语文章，虽不能尽通于圣人，而皆卓然近于可用，出于其意之所谓诚然者。”

他把“出新意于法度之中，寄妙理于豪放之外”(《书吴道子画后》)作为“衡文”的标准。他写了大量的翻案文章，如《范增论》《留侯论》《韩非论》《贾谊论》《晁错论》等，往往能从别人意想不到的角度翻新出奇，得到出人意料之外、又能为人默许的结论。

作为宝贵的民族文化遗产，苏轼作品中反映的宋代社会历史，所蕴含的美好情操和非凡智慧，所创造的优美艺术形象，对于我们认识历史，体悟生命，提高自己的文化艺术修养和道德情操都具有重要意义和积极作用。

苏轼文章的磅礴气势来源于丰富的阅历和渊博的学识，来源于他在创作上的长期刻苦锻炼，来源于他那勇于超越前人的张扬的个性，因而他的文章如“万斛泉源，不择地而出。”(苏轼《文说》)最能体现他文章气势的典型之作有《潮州韩文公庙碑》《教战守策》《表忠观碑》等，这些篇章，无不一气贯注，如长江大河，浩浩荡荡。《教战守策》开篇即以生死忧患的警语夺人，接下来纵横议论，切中时弊。《潮州韩文公庙碑》以“匹夫而为百世师，一言而为天下法”的宏伟议论开篇，其后连用数组排比句，环环相扣，层层推进，议论痛快淋漓，气势排山倒海，文字冲越激扬。读来有如万钧雷霆，振聋发聩。苏轼的议论文往往博引史实，论辩滔滔，直抒胸臆，汪洋恣肆，颇有战国纵横家之风。在他的策论和历史论文中，这种文风表现得尤为突出。由于这部分文章与科场考试关系密切，所以他那严密的逻辑性和随机生发，翻空出奇的写作技巧就受到应举士子们的青睐，纷纷学习仿效，以致北宋中叶以来，苏轼文章成为科场制艺范文，充分反映了苏轼文章当时的影响。

作为一位高产作家，苏轼的创作雄健豪放的一面也偶有粗糙之作，善于传神的一面也有展开不够的遗憾，文笔恣肆的同时难免逞才使气之讥，优秀篇章之外也有无聊应酬之作，但毕竟瑕不掩瑜，苏轼以其横溢才华，卓越创造力，给我们留下的是一笔富赡宝贵的文化遗产。

苏轼的作品典故多、旨意深、史事奥，向来被认为难读难解。但是如果能深入宝山，潜心探幽，则必定能豁然开朗，满载而归。

散文如行云流水姿态横生

苏轼散文的基本特点是什么？他在《自评文》中说：

> 吾文如万斛泉源，不择地皆可出。在平地滔滔汩汩，虽一日千里无难，及其与山石曲折，随物赋形，而不可知也。所可知者，常行于所当行，常止于不可不止，如是而已矣。其他，虽吾亦不能知也。

《与谢民师推官书》云：

> 所示书教及诗赋杂文，观之熟矣。大略如行云流水，初无定质，但常行于所当行，常止于所不可不止，文理自然，姿态横生。孔子曰："言之不文，行而不远。"又曰："辞，达而已矣。"夫言止于达意，即疑若不文，是大不然。求物之妙，如系风捕影，能使是物了然于心者，盖千万人而不一遇也，而况能使了然于口与手者乎？是之谓辞达。辞至于能达，则文不可胜用矣。

这两段话，虽然诗人是在论"诗赋杂文"中讲的，对于词他也主张"意之所到"，则"笔力曲折，无不尽意"（《春渚纪闻》），犹如"行云流水"，"及其与山石曲折，随物赋形"，"常行于所当行，常止于不可不止"，正如《说诗晬语》所说："其笔力之超旷，等于天马脱羁，飞仙游戏，穷极变幻，而适如意中所欲出。"

不受任何束缚，挥洒自如。他认为只有这样才能达到诗、文、词创作的最高标准："文理自然，姿态横生"，形成超尘拔俗的意象。释德洪这样评道："其文涣然如水之质，漫衍浩荡，则其波亦自然而成文。"这些比喻，却也非常形象地道出了苏文的妙处。

作为唐宋古文运动的主要代表作家，苏轼的文章除了古文家们提倡的思想内容充实，语言自然畅晓，不尚雕琢的一般特点外，还具有文笔恣肆、气势磅礴，构思奇巧，姿态横生的独特艺术个性。苏轼还在《南行前集叙》中更点出了“自然”的实质：“夫昔之为文者，非能为之为工，而不能不为之为工也。山川之有云雾，草木之有华实，充满勃郁而见于外，夫虽欲无有，其可得耶？自少闻家君之论文，以为古之圣人有所不能自已而作者。”

从有意作文求工的理想王国，到无意作文而无不可称工的自由王国，他的散文便进入了一个“不为而自能”的艺术境界。因而沈德潜认为：“东坡之才大，一泻千里，纯以气胜。”

中唐以来，士子为文，每以“怪”“涩”相高，欧阳修知贡举，“士子尚为险怪奇涩之文，号‘太学体’。修痛排抑之，凡如是者辄黜。事毕，向之嚣薄者，伺修出，聚噪于马头，街逻不能制。然场屋之斗从足遂变。”这段记述反映了当时欧阳修为改变文风，将写险怪奇涩的“太学体”之士一概“痛排抑之”所造成的后果与反响。这些落榜的人伺欧阳修出来“聚噪于马头”闹事，连街巡都不能制，颇似今日输了球之后，球迷闹事，要打裁判的情景。

欧阳修主张文章的内容应该重于形式。他说：“道纯则充于中者实，中充实则发为文者辉光。”（《答祖择之书》）苏轼不愧是欧阳修的得意门生，他沿着欧阳修开辟的道路继续前进，更以他奔放的才气，将欧阳修的散文主张进一步发扬光大，强调为文必须简明通达。因此，他既反对“浮巧轻媚，丛错彩绣”的骈体文，也反对“怪僻而不可读”的时文。他在进士及第时给欧阳修、梅圣俞的信中，就说他不学“求深”“务奇”的时文，坚持“词语甚朴，无所藻饰”的文风。《与黄鲁直书》：“凡人文字，当足务使平和，至足之余，溢为奇怪，盖出于不得已。”在他大量的纪游散文中，这一特点表现得更为明显。

在艺术风格上，苏轼常常把议论、描写、抒情等手法结合起来，交错运用。论理深入透辟，叙事准确分明，写景生动形象，气势纵横驰骋，结构变化多姿，语言明快畅达，或散文而间以韵语，或赋体而贯注着散文般奔泻而

下的气势，因物赋形，汪洋恣肆，变化跌宕，波澜层出，确实达到了他所说的“行于所当行，止于所不可不止”的艺术境界。

总之，苏轼以其卓越的理论探索和大量的创作实践，完善了古代散文理论，丰富和发展了古代散文的表现技巧，提高了散文的表现力和艺术性，使明白晓畅、平易自然的文风成为后代散文家努力追求的目标。

纪事和纪游的散文，在苏文中具有较高的艺术价值。苏轼阅历丰富，文思敏捷，他所成之文皆归于：“山川之秀美，风俗之朴陋，贤人君子之遗迹，与凡耳目之所接者。”(《南行前集叙》)他除了形之歌咏，也写成散文。苏轼少年爱读《庄子》，这类散文因物赋形、汪洋恣肆、摇曳多姿，最能体现出《庄子》散文的影响。

苏轼赞同“诗文皆有为而作”(《凫绎先生诗集叙》)。他的散文总是借纪事纪游等，或反映与民生有关的社会问题，或阐明一种见解，或寄寓某种哲理，或体现个人的政治襟怀和生活态度，而绝少有意铺采摛文之作。如《钱塘六井记》记述陈述古修浚六井的经过，赞许了地方官吏“问民之所苦”，急民之所急的政治设施。《李氏山房记》在叙述友人李常藏书的情况中，针对当时士子“束书不观，游谈无根”的不良风气，阐扬了书册的意义和作用，强调了认真读书的重要性。《前赤壁赋》在描写泛舟游江时，寄托了作者政治失意的情怀，体现了他通脱灵活地解脱思想矛盾的开朗生活态度。这都说明苏轼记叙体散文，“非勉强所为之文”，大都是“有触于中”(《南行前集叙》)，有为而发的。

苏轼游记体散文，善于捕捉自然景物的特征，而给予生动逼真的描绘。如《石钟山记》写夜泊绝壁：怪石陡立，栖鹘惊鸣，奇境森冷，耸人毛发；《记承天寺夜游》写空庭漫步：月光如水，竹影斑驳，夜气清爽，沁人肝脾。前后《赤壁赋》，一写风清月朗的秋光，一写水落石出的冬景，描摹逼真，字字若画。在这类作品中，作者决不单单流连风月，而总是借写景纪游来寄意寓理。

写本章及续后评介苏轼的诗、词、赋时，笔者有个指导思想，这便是历史上的名家主要评论一定要谈到，但是不能仅停留于此。这好比是，手中拿支好箭，搓来搓去，连声叹曰：此箭射出去百发百中，天下第一，若不试放给人们看看，观者不会信服；比如吃某种美食，只讲“味道好极了”，不让人们亲口尝尝，怎能让人认可？可是全文引证又为篇幅所限，故恳请读者多研读和欣赏苏轼原文。

苏轼记叙体散文，在艺术风格上变化跌宕、波澜层出，具有欧阳修文的从容闲暇而更为活泼有致。如《喜雨亭记》《墨妙亭记》《放鹤亭记》，三文同是写亭，却有完全不同的艺术手法，我们不妨将将这“三记”作个比较，可窥见苏轼散文功底之深，行文之妙。

《喜雨亭记》是宋仁宗嘉祐七年（1062）三月，苏轼在凤翔府签判任上作。恰逢在凤翔府东北修葺园亭，适值春旱，三月普降大雨，亭子刚好落成，便命名为喜雨亭，并写此留念。

文章从以雨名亭写起，并征引古事，说明志喜的传统。接写建亭时春旱，后逢甘雨的经过，和官民庆幸喜雨的情景。再以举酒亭上主客问答的形式，表明甘雨对当地经济和社会生活的重要作用。末从名亭引发一曲颂歌，进而追溯功德来源，回环摇曳，最终落笔到用以名亭。文写建亭，本属政余风雅小事，而议论关涉民生大计，反映作者关心农事，并与百姓忧乐与共的感情。笔势轻快活泼，洒脱幽默，欣喜之情溢于言表。

此文对喜雨亭由亭名破题，用追溯方法，层层递进地来说明，由亭引出雨，由雨写到喜，表达了关心稼穑、与民同乐的襟怀。末尾用歌词作结，把韵文和散文有机地结合在一起，也使文章更有情致。元代虞集称此文“题小而语大。议论于涉国政民生大体”。明代著名文学家王世贞把此文同范仲淹的《岳阳楼记》并提，说它“笔力有千钧重”，足见历代对它的赞赏。

《墨妙亭记》写作缘起是：熙宁四年（1071）十一月，高邮人孙莘老从广德军改任湖州知州。第二年二月，在官府北面，逍遥堂东面，建造了一座墨妙亭，把湖州境内从汉朝以来所存的古文碑刻放在里面。

这一年的十二月，作者因为有公干到湖州去，看了这些，非常感叹，孙莘老请他为此写一篇记文，欣然从命。

作者对墨妙亭先写建造经过，次叙当地水灾，带出建亭人的政绩，再折转到政暇的风流余韵，阐述事物存亡及人的生死等哲理，进而谈及养身、治国、救亡等多个方面的规律，启发人们“是亭之作否，无足争者，而其理则不可以不辨”，把人们引入理性思考的阶段，确实有曲径通幽、移步有景、引人入胜之妙。

《放鹤亭记》则从描绘亭的地理景物，写到游亭的感触，进而议论山林隐逸之趣。

作者曾盛赞唐代诗人兼画家王维的诗是“诗中有画”，而一身荣膺散文家、诗人、画家等称号的作者本人，其《放鹤亭记》这篇文章，则又可谓是文中有诗亦有画了。文中纵论隐居之乐后，本已成言讫意尽之势了，不料作者手中那支生花妙笔，又以楚辞笔法撰出“放鹤”“招鹤”二歌诗来轻轻收住全文。歌词既清旷，意绪亦飘忽，使文章更富韵致而耐人吟味。寥寥短幅之中，画意又较诗意为浓。不仅二鹤之一招一式皆可成画，即如山人之一举一动：“升高而望”放鹤招鹤、“黄冠草履”“葛衣而鼓琴”“躬耕而食”，作者与山人乐于其亭之一咏一觞，以及“冈岭四合，隐然如大环”“春夏之交，草木际天”“秋冬雪月，千里一色”等自然景物，莫不涉笔皆是画。其中有山有水，有人有物，有动有静，读之味之，令人如身履画境而觉心旷神怡。

两两成对，交替行文，也是本文艺术上的精到之处。作者为文，或事或典，或人或物，每好成对双行，本文尤为突出，如山人与鹤、鹤与山人（见首段、末段），宾客与亭主、隐德之士与南面之君、鹤与酒（皆见中段），他如“旦则”“暮则”，放鹤、招鹤，“《易》曰”“《诗》曰”等，都或平行，或相反，或对勘，或伴讲，交替行文，相映成趣。且出处转掉，极其自然，全不费力。此等笔意，的确使人称羡不已。

三篇记叙之文，章法不同，而同样机趣横生，体现了作者的巧于布局和构思。

苏轼不因为是写记叙体散文，而束缚了自己言议英发的长处，相反，他善于在文中驰骋议论。这些议论往往发而有因而托于物事，来时陡然，收时倏忽，使人并无枯燥累赘之感。如《超然台记》开端陡然发挥了一通“凡物皆有可观”，能“游于物之外”，“吾安往而不乐”的议论，似乎与台无关，其实这正是台名超然的真谛，在意义上不但与全文密合，而且与收尾呼应。苏轼能把议论同描写、抒情结合起来，交错运用，使文章达到情与理、景与事相互融合，浑然一体。前后《赤壁赋》就是这方面的范例。在文体上，苏轼也不拘常格，勇于创新。有时散文而间以韵语；有时赋体而贯注散文奔泻而下的气势；时散时骈，圆转灵活，而适如意之所欲出。

写人叙事和纪游的散文，在苏文中艺术价值最高，最富有独创性，不仅刻画出人物性格，并明朗地体现作者的评价态度，给读者留下深刻的印象，这方面有不少广为传诵、脍炙人口的名篇。如《方山子传》写友人陈慥的为人，作者没有平铺直叙地详述其生平，而在首段极概括地点出了他少、壮、晚三个时期的主要行实之后，只重点写其游侠、隐居、安处贫贱等二三事，就使其豪侠慷慨、不慕荣利的性格跃然纸上。如：余谪居于黄，过岐亭，适见焉。曰："呜呼！此吾故人陈慥季常也，何为而在此?"接下去写道：

> 方山子亦矍然问余所以至此者。余告之故。俯而不答，仰而笑。呼余宿其家，环堵萧然，而妻子奴婢皆有自得之意。余既耸然异之。

这里只描写与方山子偶然相见的一个片断，方山子笑而不答的神情，家人坦然自乐的精神状态，作者耸然惊异的反应，都活龙活现地烘托出方山子安贫乐贱的恬淡襟怀。

如果仅此笔墨，此人给读者印象还不深，缺乏立体感。于是，在"余既耸然异之"的承上启下句之后，又来了一段倒叙：

> 独念方山子少时，使酒好剑，用财如粪土。前十九年，余在岐山，见方山子从两骑，挟二矢，游西山。鹊起于前，使骑逐而射之，不获；方山子怒马独出，一发得之。因与余论用兵及古今成败，自谓一世豪士。今几日耳，精悍之色犹见于眉间，而岂山中人哉?

少年时是如此风貌，现在选择穷乡僻壤之地安贫乐道，与世无争，这已令人够奇了。但读者必然会想：当官要有权势地位，如今可能难于仕途了；富贵如同草上露，如今可能家道衰微了。于是苏轼接着写道："然方山子世有勋阀，当得官；使从事于其间，今已显闻。而其家在洛阳，园宅壮丽与公侯等；河北有田，岁得帛千匹，亦足富乐。皆弃不取，独来穷山中，此岂无

得而然哉?”最后结尾时道:

> 余闻光、黄间多异人,往往佯狂垢污。不可得而见;方山子傥见之欤?

方山子已经够奇了,但光州、黄州这一带还有很多奇人逸士,常常假装疯癫,衣衫破旧,一般人是见不到的。“同一类型”的方山子或许能遇见他们、熟悉内情吧?真是吊足了读者的胃口,顿生无限的遐想。

《石氏画苑记》主要叙书画收藏家石康伯的为人大略。文章摄取典型的生活材料和独特的细节,着力刻画石氏的性格特征。如写其肖像:

> 长七尺,黑而髯,如世所画道人剑客。而徒步尘埃中,若有所营,不知者以为异人也。今年六十二,状貌如四十许人,须三尺,郁然无一茎白者,此岂徒然者哉!

只数语,已是很能抓住外形的突出特点,几笔就显示出石氏的气宇不凡。六十岁出头的人状貌如四十许,须长三尺,却“无一茎白者”,谁见过?再如写石康伯的为人和思想境界:

> 善滑稽,巧发微中,旁人抵掌绝倒,而幼安淡然不变色。
>
> 独好法书名画,古器异物,遇有所见,脱衣辍食求之,不问有无。
>
> 与人游,知其急难,甚于为己。有客于京师而病者,辄舁置其家,亲饮食之,死则棺殓之无难色。凡识幼安者,皆知其如此,而余独深知之。

恩格斯有句名言:作家要善于刻画典型特征和典型性格。早在七百多年前,苏轼就体现于笔下。话虽不多,而石氏滑稽、幽默、热爱书画、乐于助人的性格,却得到了生动的表现。作者善于把概括叙述和典型描写结合起来,用以显示人物的个性。“独好法书名画”是概括叙述,遇到书画“脱衣辍食求之”是具体描写。只说帮助朋友“甚于为己”还不够具体,举出一项护理殓葬无家可归友人的事例,就使读者对传主急人之难的性格感受很深。

如果说前两篇是通过提炼有代表性的生活素材，反映传主的一生，那么《书刘庭式事》，则主要借一件异乎寻常的事实，写出刘某可贵的品操：出身农家的刘庭式，少年与同乡村女订婚，刘庭式登第荣归后，村女因病目盲，家贫躬耕，不敢复申前好。但刘庭式不爽前约，终于与盲女结婚。夫妇感情甚笃。苏轼问他为什么要这样做？他在内心深处是怎样想的？

刘答："她眼睛不瞎固然可以做我的妻子，她眼睛瞎了照样也可以做我的妻子。我如果因为她长相好才爱她，因为爱她而在她死后产生悲哀之情，那么当她一旦容颜衰减时，我就不会再爱她，也不会在她死后产生悲哀之情了。那些在集市上卖弄风骚，男人一用眼睛挑逗，心里就马上愿意与之厮混的女人，难道可以为人妻吗？"用对话的形式刻画人物的心灵之美。

介绍苏轼"如海"之文，不能遗漏《潮州韩文公庙碑》，现略引数语来鉴赏一下此名篇，以加深对苏轼生花妙笔的印象。

劈头以"匹夫而为百世师，一言而为天下法"两句领起，论一代杰出人物在历史上的巨大作用，下语精警，醒人心目。相传他撰写此文，"不能得一起头，起行百十遭，忽得'匹夫'两句，下面只如此扫去。"（《苏长公合作》卷七引朱熹语）足见起笔非凡。参天地、关盛衰、生有因、死有为数句，继续申说伟人具有撼天动地之力，笔势益发宏伟。举申侯、吕侯生有嵩山降神之兆，傅说死为天上星宿，文思神奇，足证其说之凿然可信。

> 自东汉以来，道丧文弊，异端并起，历唐贞观、开元之盛，辅以房、杜、姚、宋而不能救。独韩文公起布衣，谈笑而麾之，天下靡然从公，复归于正，盖三百年于此矣。文起八代之衰，而道济天下之溺（警句，名评）；忠犯人主之怒，而勇夺三军之帅。此岂非参天地，关盛衰，浩然而独存者乎！

继而由凌空高论，落到实地，绾合到传主自身，赞颂其在儒学和文学上的历史功绩。由东汉以来的历史演变下笔，为陈述韩公的贡献布下宏阔背景，再以贞观、开元盛世和房玄龄、杜如晦、姚崇、宋璟等贤相不能救反衬一笔，遂即转入正面写韩公。"起布衣"五句，描画出韩公镇定自若的风采，力挽狂澜的气魄和挥斥异端承继儒学的成效，大笔勾勒，极有气度。“文起”“道济”“忠犯”“勇夺”四句，以骈句铺陈，对仗精切，用语典重，概括了韩公的一生勋业。再以反诘句挽合首段，使议论和叙述契合无间。

> 故公之精诚，能开衡山之云，而不能回宪宗之惑；能驯鳄鱼之暴，而不能弭皇甫镈、李逢吉之谤；能信于南海之民，庙食百世，而不能使其身一日安于朝廷之上。盖公之所能者，天也；所不能者，人也。

这一段，由上文述其业绩进而论其遭遇，赞颂他正直精诚的品德和无所畏惧的精神。先说天不容伪，人事难期，以为张本；而后举出韩公所能者三事，所不能者三事，两两对照，以见出韩愈合于天道而乖于人事的平生大节。“不能使其身一日安之于朝廷之上”，既是感叹韩愈，又是作者的自我写照。苏轼宦海浮沉，大起大落，始终未能安立朝堂，就在写这篇碑文前后，曾连续遭到官僚的弹劾诬陷，不得不多次乞请外郡，内心的郁愤便借此宣出。思潮如江涛翻滚，文势澎湃跌宕，感慨弥深，字里行间渗透着作者的身世感。

> 始，潮人未知学，公命进士赵德为之师。自是潮之士，皆笃于文行，延及齐民，至于今，号称易治。信乎孔子之言：“君子学道则爱人，小人学道则易使也。”潮人之事公也，饮食必祭，水旱疾疫，凡有求必祷焉。而庙在刺史公堂之后，民以出入为艰。前守欲请诸朝作新庙，不果。元祐五年，朝散郎王君涤来守是邦，凡所以养士治民者，一以公为师。民既悦服，则出令曰：“愿新公庙者听。”民欢趋之。卜地于州城之南七里，期年而庙成。

此段写韩愈在潮州兴办文化教育事业、教化齐民百姓，因而使潮州长治久安的政绩；由于政绩之大，遗泽之远，引起潮人敬爱之深，故民众乐于重修韩庙，州府命令一出，“民欢趋之”。顺次写来，环环相扣，层层递进。“如水之在地中，无所往而不在”，从正面形容韩愈影响深入人心；“譬如凿井得泉，而曰水专在是”，从反面说明伟人的精神威力不受局囿。两个比喻，既通俗易懂，又新奇形象，极生动地写出了韩愈饮誉之广，遗泽之深。

文末交代韩愈被诏封的时间，点明庙额的由来，并缀以歌词礼赞庙主。三句一顿的歌词既吟叹其生前的事功，又想象其身后的灵异，且赞赏其文学功业，把韩愈渲染得出神入化，色彩斑斓，文笔瑰奇，蹈厉发越，与碑文风调吻合一致。

这篇碑文历叙韩愈一生的文章功业，归本于养浩然之气，喟叹其不遇，赞赏其遗泽，行文排宕闳伟，纵横挥洒，光彩四溢。其磅礴澎湃之处，与昌黎文略近，可谓力摹韩愈之文以写其为人，人才文格并肖而兼美。“自始至末，无一字懈怠，佳言格论，层见叠出。”（《唐宋文醇》卷四十九引王世贞语）高手要与高手比，才能显示真本领。南宋大儒洪迈称：刘梦得、皇甫持正、李汉等“皆称颂韩公之文，各极其挚。……及东坡之碑一出，而众说尽废。”（《容斋随笔》卷八）黄震云：“《韩文公庙碑》，非东坡不能为此，非韩公不足以当此，千古奇观也。”（《三苏文范》卷十五引）可谓传世之评，精当之论，亦足见推许之高。

小品随笔情理交融咀华有味

诸评论家认为，苏轼文章最优秀的部分是那些文学性较强的书札、小赋、序记杂记、杂说以及各类小品。这些文章虽然长短不一，但都具有语言平易流畅、情理交融、随笔挥洒、姿态横生的特点，在历史上名家文集中所鲜见。明代王圣俞在选辑《苏长公小品》时说：“文至东坡，真是不须作文，只随事记录便是文。”（见其批《书天庆观壁炉》语）

即使一些体制短小的杂记、记游，都是兴之所至，随笔点染，也写得情趣盎然，请读常被人们津津乐道的《记承天寺夜游》：

> 元丰六年十月十二日，夜，解衣欲睡；月色入户，欣然起行。念无与为乐者，遂至承天寺寻张怀民（字梦得，苏轼的友人）。怀民亦未寝，相与步于中庭。庭下如积水空明，水中藻荇交横，盖竹柏影也。何夜无月？何处无竹柏？但少闲人如吾两人者耳！

这篇文章只有八十四个字，从胸中自然流出，“行于所当行”，“止于不可不止”，无从划分段落。但它不是“在平地”直流的。只有几十个字，如果“在平地”直流，一泻无余，还有什么韵味！细读此文，它虽然自然流行，却“与山石曲折”，层次分明。

苏轼的同类作品还有《记游松风亭》《书上元夜游》《记樊山》《书临皋亭》《梦南轩》《记游白水岩》等，短者仅四五十字，长者不过一二百字，内容却十分丰富，有记叙、有描画、有议论，生动活泼，清新含蓄，逸趣横生。现再举其中两则。其一是《书上元夜游》：

> 己卯上元，予在儋州，有老书生数人来过，曰：“良月嘉夜，先生能一出乎？”予欣然从之。步城西，入僧舍，历小巷，民夷（民指汉族，夷指当地少数民族）杂糅，屠沽纷然。归舍已三鼓矣。舍中掩关熟睡，已再鼾矣。放杖而笑，孰为得失？过（苏轼幼子，字叔党）问先生何笑，盖自笑也。然亦笑韩退之钓鱼无得，更欲远去，不知走海者未必得大鱼也。

这是哲宗元符二年己卯（1099）苏轼在海南儋州贬所写的一篇小品，《东坡志林》题为《儋耳夜书》。

随笔小品之体，肇始于魏晋，繁盛于两宋，苏轼最擅胜场，而其游记小品更多佳构。苏轼的小品文，信笔挥洒，侃侃而谈，不假雕饰，真率自然，字字从性灵中流出，在他的散文中独具风韵。今人吕叔湘先生曾说：“或直抒所怀，或因事见理，处处有一东坡，其为人，其哲学，皆豁然呈现。”（《笔记文选读》）此段评语，正确地道出了东坡小品文的妙处。

苏轼善于自得其乐，再看一则《书临皋亭》：

> 东坡居士酒醉饭饱，倚于几上，白云左缭，清江右洄，重门洞开，林峦坌入。若有思而无所思，以受万物之备，惭愧！惭愧！

苏轼被押解到黄州后，先寄居定惠院，后迁至临皋亭。临皋亭古名回车院，它是朝廷命官巡视黄州的驿馆。按照宋代朝廷的规定，受贬谪的官员是没有资格在这种官舍中居住的。苏轼能迁居临皋亭，一得力于黄州太守陈君式的照顾，一得力于鄂州太守朱寿昌的从中斡旋。六月中旬，苏轼给朱寿昌去信说："已迁居江上临皋亭，甚清旷，风晨月夕，杖履野步，酌江水饮之，皆公恩庇之余波，想味风义，以慰孤寂。……酷暑，万乞保练。"信中所说的"皆公恩庇之余波"，即指朱寿昌从中斡旋之事。

六月的一天，坐在临皋亭内的苏轼眼见江水东流不息，联想起故乡眉山多感慨，于是拿起笔，作《临皋闲题》一篇，文中说：

> 临皋亭下不数十步，便是大江。其半是峨眉雪水，吾饮食沐浴皆取焉，何必归乡哉！江山风月，本无常主，闲者便是主人。问范子丰新第园池，与此孰胜？所不如者，上无两税及助役钱尔。

写入临皋亭后的两则短文与一诗，读者可结合起来读。境况是不佳的，饥贫有无米断炊之忧，处身有坐针毡无稳之叹，但是他"今朝有酒今朝醉"，不愁家无隔日粮。管它什么职别，什么身份，让我住进去便坦然而卧，享受自然风光。喝的是家乡流下来的水，江山风月，不属于谁的，能闲适者便是主人。此时，他还本性难改，调侃一下朝廷的为官朋友范子丰，我这里胜过你的新第园池，因为不必交"两税及助役钱"，这是讽刺王安石初行免役法。

那么，为何又写了"惭愧！惭愧！"四字呢？且看他在诗文中表达的"酒醉饭饱"，无所事事，欣赏风景；"疲马解鞍驮"之后，沐清风、卧斜阳；"全家占江驿，绝境天为破"；现今是无怀氏、葛天氏之民，更不用在东坡乱石茅草地中去捕蛇以免缴税赋，还有什么惭愧？"后生"未能细问东坡先生，读者自忖。

苏轼广于交游，勤于翰墨，因而书札文字颇多。他的书札多是敞开胸襟，不假雕饰，真情袒露，使人洞见肺肝。黄庭坚说："东坡道人书尺，字字可珍。"（《津逮秘书》一二集《山谷题跋》）从研究苏轼其人及文学来说，这话并非过誉。至于书信中精彩之文俯拾即是，略举两例。《与李公择书》表达作者于逆境中坚持操守，谈吐刚毅，气宇凛然。在《答秦太虚书》中，更是令人忍俊不禁：

所居对岸武昌，山水绝佳。有蜀人王生在邑中，往往为风涛所隔，不能即归，则王生能为杀鸡炊黍，至数日不厌。又有潘生者，作酒店樊口，棹小舟径至店下，村酒亦自醇酽。柑橘椑柿极多，大芋长尺余，不减蜀中。外县米斗二十，有水路可致。羊肉如北方，猪、牛、獐、鹿如土，鱼、蟹不论钱。岐亭监酒胡定之，载书万卷随行，喜借人看。黄州曹官数人，皆家善庖馔，喜作会。太虚视此数事，吾事岂不既济矣乎！欲与太虚言者无穷，但纸尽耳。展读至此，想见掀髯一笑也。

作者以白描手法，写家常琐事，生活困窘到把钱挂到屋梁上计日开销，“痛自节俭”，但胸中却泰然自若，“都无一事”，反娓娓不倦地向对方谈黄州的风情，居民的友谊，当地的物产饮馔，笔锋细腻，情景逼真，涉笔成趣，真是文章的高手啊！

书中有些话是明显的“夸大其词”，如“大芋长尺余，不减蜀中”，“猪、牛、獐、鹿如土”等。当时野生动物多，从大别山中下来游荡的獐、鹿确实有，但它们活蹦乱跳的也不是那么容易捕捉。能养猪、牛的人家也不会太多，更没有“专业户”，用“如土”一词，苏公是否有“言过其实”之嫌？再说，即使“猪、牛、獐、鹿”之肉再贱，你穷得叮当响，买得起吗？但是结尾讲了，这是为了免除秦观对其担忧，让其读至此“掀髯一笑”，也就可以理解了。学生知道老师心态不错，但困窘之境是秃子头上的虱子——明摆着的，是笑不出来的。

这封书札笔锋细腻，描摹入微，写来娓娓动听，使人忘倦，生动地展现出作者幽默风趣的性格。苏轼晚年远贬海南，处境更加坎坷、凄苦，但他却能随缘自适，安之若素，鲜明地反映出此公善于处穷、傲视磨难的性格，和关切他人、深于友情的品操。

第二十一章

诗列一流

苏诗在中国诗史上的品位

在苏轼的各体文学作品中，清人最注重的当推苏诗。清代涌现的苏诗注本在数量和质量上都远超前代，其中如查慎行的《补注东坡先生编年诗》和翁方纲的《苏诗补注》都有相当高的学术价值，冯应榴的《苏文忠诗合注》与王文诰的《苏文忠公诗编注集成》更是两部集大成式的苏轼诗集注，至今无人超越。清人如此用力于苏诗的注释，是与苏轼诗在清代诗坛上的巨大影响密切相关的。正如晚清的陈衍所回顾的那样："长公之诗，自南宋风行，靡然于金、元，明中熸，清而复炽。二百余年中，大人先生殆无不濡染及之者。"

正是在这种风气中，清人对苏轼诗展开了热烈的讨论，既热情地赞扬其长处，亦中肯地批评其短处，从而使苏轼诗的真面目更加清晰地呈现在读者面前。

更重要的是，清人对苏轼在古今诗史上的崇高地位作了准确的定位。清人首先论定苏轼是宋代的一流诗人，署为乾隆帝"御选"的《唐宋诗醇》于唐人中仅选四人，于宋人中仅选二人即苏轼与陆游，可见在实际从事编选的梁诗正等人眼中，苏轼与陆游是宋代的两大代表诗人，而苏轼无疑是北宋唯一的代表诗人。其实在乾隆之前，汪琬早就指出："宋诗以苏子瞻、陆务观为大家。"后来的翁方纲更说："宋诗之大家，无过东坡。"晚清张佩纶则说：

"坡公开宋诗世界者。"古、律诗经过辉煌发展的唐代，至五代、宋初而落入低潮，梅尧臣、苏舜钦、欧阳修开始变革西昆的萎靡积习，使宋诗打开了自己的发展轨迹，但都"未诣其盛世，至坡公始以其才涵盖古今"（清·李重华《贞一斋诗说》），卓然成为一代诗宗。

同时代比较过后，就要看看"宋诗"在中国文化史上的水平、地位、风格和"高度"。

"曾经沧海难为水，除却巫山不是云。""五岳寻仙不辞远""黄山归来不看岳"。这些都是好诗、佳句，但仔细推敲一下，说得有点过头，不够辩证和客观。"曾经沧海难为水""难"字用得好，可是下句除却巫山之外"不是云"，太绝对了；黄山景观天下绝，但五岳和别的名山也有特点，不能不屑一顾。故有过唐诗的高峰之后，并非中国就没有好诗了。清人蒋士铨《忠雅堂诗集》卷一三《辩诗》诗："唐宋皆伟人，各成一代诗。宋人生唐后，开辟真难为。元明不能变，非仅气力衰。能事有止境，极诣难角奇。"称扬宋诗的成就可与唐诗媲美，这使我们联想到两宋文化和文学创作可与唐代比肩称胜。

钱锺书先生说："故自宋以来，历元、明、清，才人辈出，而所作不能出唐宋之范围，皆可分唐宋之畛域。"（钱锺书《谈艺录》）

"萝卜白菜，各有所爱"，因为人们的口味不同。宋诗多抽象说理，缺乏形象思维常被人诟病，甚至被贬为"味同嚼蜡"，但苏轼的诗却是例外，不在指责之列。再是，唐诗与宋诗各有特色，应从产生的时代特征和诗人身份等方面作具体分析。日本学者吉川幸次郎认为：

> 宋诗和在它之前的唐诗相比，确实有不同的味道。唐诗充满了激情，宋诗是作为对唐诗的反题而出现的。唐代的韩愈、白居易就已经认识到，激情的表现，至唐代的李、杜，已臻于极致，无以复加了；到了宋人那里，这种认识便更为坚定了，他们故意要另辟蹊径，就是与其凭激情作诗，不如经常保持冷静来作诗。又，宋代的诗人们——可以以欧阳修、苏轼、王安石为上述特点的代表——大都是国家大臣。在宋代，实现了中国自古以来要使政治领导人与文化领导人合二而一的理想，这

可以作为上述特点的外在原因。身为政治领导人的诗人，过分吐露热情的言辞，便会使人对其作为政治家的冷静抱有怀疑。用冷静来抑制热情是必要的，因为这也关系到他们的身份。（[日本]吉川幸次郎《中国诗史》，安徽文艺出版社 1986 年版）

苏轼一生勤于创作，在他六十六年的生涯中，共创作了两千七百多首诗，三百五十多首词，各种文章约四千五百篇。从数量来说，苏诗在中国历史上少于白居易与陆游，多于李白和杜甫。从质量上来说，被列为继李、杜之后的又一大家，丰产之中且有许多脍炙人口的名篇。浙江文艺出版社 2005 年 7 月出版过一部《历代诗典》（戴燕选编），精选自先秦到清末的名诗词八百二十八首，其中杜甫十八首，李白诗十四词二共十六首，苏轼诗七词六共十三首也是占第三位。其他人如陶渊明与王维各十首，白居易诗五词一共六首，韩愈五首，欧阳修诗词各三首，陆游诗九词二共十一首，多数诗人只入选一至二首，从中也可窥见经沙里淘金、再三遴选、优中选优之一斑。

苏轼的诗，富于创造和开拓，他取材广阔，创意雄奇，长于描摹，善于比喻，用事用典，挥洒自如，议论风发，理趣横生，这些特点，使苏诗成为有别于唐诗的宋诗体制的完成者的突出代表，对宋诗的发展具有不可磨灭的功绩。

苏轼驾驭自如地运用古、近各体来写志抒怀，而尤以七言见长。苏轼的七言古体恣意挥洒，机趣横生，洋洋大观，有不少快意的名篇。前人说“东坡长句波澜浩大，变化不测”（《诗人玉屑》卷十七引《吕氏童蒙训》），就是指这类篇什。因此古代诗评论家多认为苏轼七言长句之妙，自杜甫、韩愈之后，还没有第二人。这大约因为七言歌行篇幅恢宏，便于苏轼这样才气横溢的作家驰骋笔力。苏轼的五古稍逊于他的七古，但也有不少佳篇。苏轼律体不如他的古体，但七律七绝写得也很出色。七律在格调上具有刘禹锡、白居易的流丽圆转，有时还更为自然妥溜、奇气嶂兀。苏轼《题吴道子画》云：“觉来落笔不经意，神妙独到秋毫颠”，正可用来品题他的七律。苏轼对五律、五绝用力很少，偶有所作，大多平庸，而七绝则写得清美精妙，沁人心脾，有不少佳作传颂人口。古人说："苏东坡之诗，如武库初开，矛戟森然。不觉令人神悚，仔细检点，不无利钝。"（《苕溪渔隐丛话》前集卷四十二）这样讲是符合实际的。一个诸体兼备的大家，常常是有所长，也有所短的。

清人还进而打破唐宋两代的畛域，认定苏轼是古今诗歌史上的一流诗人。清初叶燮说：杜甫之诗，独冠今古。此外上下千余年，作者代有，惟韩愈、苏轼，其才力能与甫抗衡，鼎立为三。王士禛则说：汉魏已来二千余年间，以诗名家者众矣。顾所号为仙才者，惟曹子建、李太白、苏子瞻三人而已。

叶、王二人的诗学观念迥然不同，他们开列的古今三大诗人的名单堪称两个系列，在两份名单中都赫然在目的诗人仅有苏轼一人，可见苏轼在清人眼中的诗史地位是无与伦比的。

清人对苏轼诗的肯定是建立在实事求是的基础上的，所以不同于明代袁宏道等人出于矫枉过正的过度推崇，从而更加令人信服。比如赵翼评苏轼诗说："才思横溢，触处生春，胸中书卷繁富，又足以供其左旋右抽，无不如志。其尤不可及者，天生健笔一支，爽如哀梨，快如并剪，有必达之隐，无难显之情，此所以继李、杜后为一大家也。"（《瓯北诗话》卷五）这段话几可视为对苏轼诗的定评。

需要着重指出的是：东坡谪居海南三年期间，是创作上的又一个丰收期。不仅作品数量多，而且风格也有新的发展。王文诰认为：东坡的诗风"熙宁还朝一变，倅杭守密，正其纵笔时也。及入徐、湖，渐改辙矣。元丰谪黄一变，及渡海而全入化境。其意愈隐，不可穷也。"

王氏的"全入化境"论，可以找到一个有力的佐证，那就是北宋崇宁、大观间，社会上曾掀起过一股"苏诗热"。朱弁《风月堂诗话》称："崇宁、大观间，海外诗盛行。后生不复有言欧公者。是时朝廷虽尝禁止，赏钱增至八十万，往往以多相夸。士大夫不能诵坡诗者，自觉气索，而人或谓之不类。"

历代对苏诗艺术风格述评举要

有人曾用“清雄”二字概括苏诗的风格。所谓“清”，就是清新自然，所谓“雄”，就是雄健奔放。有人把苏轼比作唐代的李白，有一定道理。李白和苏轼当然不同，但有共性，都具备一种浓厚的浪漫气质，体现在作品中就是一个“放”字。不同的是，李白是“狂放”，苏轼是“奔放”。“奔放”蕴含着某种理性，所以更令人感到亲切。刘熙载说得好：“东坡诗善于空诸所有，又善于无中生有，机括实自禅悟中采。以辩才三昧而为韵言，固宜其舌底澜翻如是。”关于苏诗的“清雄”风格，且举两例证之：

戏书李伯时画御马好头赤

山西战马饥无肉，夜嚼长秸如嚼竹。
蹄间三丈是徐行，不信天山有坑谷。
岂如厩马好头赤，立仗归来卧斜日。
莫教优孟卜葬地，厚衣薪槱入铜历！

此诗作于元祐二年（1087）末或三年元月。李伯时，名公麟，自号龙眠居士，舒州人，宋代名画家。周密《云烟过眼录》：李伯时天马跋：“元祐二年十二月二十三日于左天驷监拣中秦马好头赤，九岁，四尺五寸。”作题诗当是这时或稍后。

开头两句写战马饥瘦，但食量却不少，夜间嚼禾秆如嚼竹一般。其“牙口”与食量显然与躯体饥瘦不相称，给人留下了遐想。但这样想就是忽视了“山西战马”的特质，它不是吃了卧槽长肉的肥马，或只是“立仗”的厩马，读了接下去的两句便明白了：虽然饥瘦，却能爬山越岭，驰骋疆场。积蓄的“力量”全用在“刀刃”上了，好比短跑健将不会是胖子。

这首诗作者以战马和御马对比，寄以无限感慨。说的是马，实际说人，也许还联想到自己。“蹄间三丈是徐行，不信天山有坑谷。”写战马雄健气势，可称神来之笔，读后令人头脑中立刻浮现出巍峨连绵的天山山脉中，一匹跨坑过谷如履平地、仿佛行走长空的天马形象，故被评论家视为苏诗清雄风格的代表之作。又如《有美堂暴雨》：

游人脚底一声雷，满座顽云拨不开。
天外黑风吹海立，浙东飞雨过江来。
十分潋滟金樽凸，千杖敲铿羯鼓催。
唤起谪仙泉洒面，倒倾鲛室泻琼瑰。

诗写暴雨，在古人诗中甚为少见。这首诗前四句写暴雨时云、雷交作，仿佛大海被大风吹得倒了过来，奇气崻兀，情景宛然在目；后四句却说暴雨有如催酒羯鼓，洒面清泉。随意吐属，飘逸豪放。平凡的事物，经苏轼大胆想象，创造出不凡的意境。“天外黑风吹海立，浙东飞雨过江来”等句，又是苏诗中清雄风格的代表作。

苏轼诗歌的创造性首先表现在他对诗的意境的开拓。如著名的《游金山寺》，全诗一气呵成，极尽纵横驰骋之妙。

我家江水初发源，宦游直送江入海。
闻道潮头一丈高，天寒尚有沙痕在。
中泠南畔石盘陀，古来出没随涛波。
试登绝顶望乡国，江南江北青山多。
羁愁向晚寻归楫，山僧苦留看落日。
微风万顷靴文细，断霞半空鱼尾赤。
是时江月初生魄，二更月落天深黑。
江心似有炬火明，飞焰照山栖鸟惊。
怅然归卧心莫识，非鬼非人竟何物。是夜所见如此。
江山如此不归山，江神见怪警我顽。
我谢江神岂得已，有田不归如江水。

开头两句写家乡之水直送他“宦游”起笔雄健；“试登绝顶”二句萦环

迂绕，连接首尾，为“篇中筋节”；“微风万顷”四句，写景气势开阔，色彩瑰丽，“靴文细”和“鱼尾赤”的比喻新颖、形象、生动。然作者不是纯写景，而是因景生情，要归结到“江山如此不归山”的感慨。

接下来的四句忽插炬火一段，似实而虚，似真似幻，非鬼非人，更加画龙点睛，神情飞动。这是一则类似“飞碟”的“不明飞行物”的有趣而珍贵的记载。苏轼郑重地自注说“是夜所见如此”。表明这确实是他亲眼目睹的。我们不妨查考一下北宋时期有关的记载，证明当时镇江、扬州、高邮等地区，常在晦暗之夜的湖上或江上出现类似的情景。沈括《梦溪笔谈》的《异事》中说：“嘉祐中，扬州有一珠甚大，天晦多见……白光如银，珠大如拳，烂然不可正视，十余里间林木皆有影，如初日所照，远处但见天赤如野火，倏然远去，其行如飞，浮于波中杳杳如日。”这一“不明飞行物”的特点是：圆形、飞行快、光线强烈。

最后四句承上两层搭为一片作结，圆通巧妙。这是苏轼才力所致，他人不易学到。施补华《岘佣说诗》道：“收处‘江山如此’四句两转，尤见跌宕。”《纪昀评苏文忠公诗集》卷七云：“首尾谨严，笔笔矫健。节短而波澜甚阔。”此诗的意境的光怪陆离，奇崛神幻，直逼李白的《梦游天姥吟留别》。

苏轼诗在学习前人的基础上形成了独有的艺术风格。它宏放如李白，而没有李白的飘逸；浑涵如杜甫，而不似杜甫的深沉；劲拔如韩愈，而避去了韩愈的奇险；流丽如乐天，而不同于乐天的平易通俗。苏诗境界大，笔力豪，变化多，大致以宏肆雄放、自由驰骋为主调而兼具多种特色。燮星期在《原诗》卷一中说：“苏轼之诗，其境界皆开辟古今之所未有，天地万物，嬉笑怒骂，无不鼓舞于笔端。”沈德潜说苏轼的诗笔：如“天马脱羁，飞仙游戏，穷极变幻，而适如意之所欲出。”（《说诗晬语》卷下）这都很能刻画出苏诗的博大自由。

至于刘克庄所云苏诗“有汗漫者，有谨严者，有丽缛者，有简淡者，翕张开阖，千变万态”（《后村诗话》前集卷二），则是就苏诗风格的多样化来立论的。

苏诗的语言是以博洽、飞动、圆熟见长的。苏轼驾驭语言的气魄很像韩愈，举凡经史诗赋、佛老道藏、生活口语，无不汇聚笔端，任其驱遣，真是“胸有洪炉，金银铅锡，皆归熔铸”（《说诗晬语》卷下）。在丰富的语言材料基础上，经过熔铸淘洗，苏诗的语言大都能做到飞动、圆熟。苏轼很赞许“新诗如弹丸”——射出击倒人，他的诗正是达到了这种境界。

苏轼诗的另一突出特征是大量用事用典，议论风生、充满理趣。这也是宋诗有别唐诗的突出特征。在苏轼之前，宋诗的议论性、哲理性特征已渐趋形成，到了苏轼手里，由于他饱读诗书，博通百家，才思敏捷，艺术腕力高强，对作为文学创作素材的典故、史实，驾驭得纯熟轻巧，所发议论，富于哲理，而作为文坛领袖，对宋代诗风的形成具有很大影响，因此，具有以上特征的苏诗，也就成为宋诗的突出代表。

苏轼胸藏万卷，使典用事，常常随手拈来，毫无雕琢痕迹。例如《答子由》：“犹胜相逢不相识，形容变尽语音存”，是用豫让吞炭事；《赠王之直秀才》：“水底笙歌蛙两部，山中奴隶橘千头”，是用孔稚珪庭中蛙鸣和李衡武陵种橘事。作者运用这些典故，有助于加深表现笔底的现实生活；读者不去查考它的来历，并不妨碍理解诗的含义，所谓“用事不使人觉，若胸臆语”（《颜氏家训》第九篇），达到了古人用事的最高要求。苏诗对典故的运用，大多精当贴切，使诗句得到点化，意味深长，有些则诙谐幽默，妙趣横生。

苏轼作诗文，锤炼语言功夫确实相当了得！且举《鹤叹》一诗：

园中有鹤驯可呼，我欲呼之立坐隅。
鹤有难色侧睨予：“岂欲臆对如鹏乎？
我生如寄良畸孤，三尺长胫阁瘦躯。
俯啄少许便有馀，何至以身为子娱！”

这诗以鹤拟人，感慨万千。施注引唐子西语录说：“尝论东坡此诗‘三尺长胫阁瘦躯’句，缺‘阁’字，使任德翁辈下之，凡数字。东坡徐出其稿，盖‘阁’字也。此字既出，俨然如见病鹤矣。”但今诗题为《鹤叹》，无病字，当是后改。姑且录下备考。

毋庸讳言，苏诗的用典和议论化、哲理化也有其弊端，用词也难以字字精辟，要辩证地看问题。诗终究是要以形象来创造意境、抒情言志的。如果大量堆砌典故，一味发议论，谈哲理，势必削弱诗歌的艺术性。苏诗中一些篇章好用冷僻典故，议论连篇，诚如前人所说：苏诗“辞源如长江大河，飘沙卷沫，枯槎束薪，兰舟绣鹢，皆随流至”（许顗《彦周诗话》），对于一位多产的作家，这种偶尔出现用典过于艰深，语言不够平衡的情况是难免的。

同某些唐诗的含蓄蕴藉不同，苏诗比较纵放透辟，这是由苏诗在表达方式上一些特点形成的。苏诗常常直抒胸臆，言议英发，笔力曲折，无不尽意。但这并不意味着它是以议论代替形象，忽视诗的特质。苏轼主张“学诗当以子美为师”，指出“退之于诗，本无解处”，认为“善诗者道意不道名”（《诗人玉屑》卷十二和卷五），可见他是主张诗必言情，诗要形象的。因此，苏诗的某些长篇虽有议论化的倾向，但大都是把纵横自如的议论同喷薄欲出的感情、真切客观的描写结合在一起的。例如《荔枝叹》中的正面理想和议论，由于是从前半部分进献荔枝的生动描写中生发出来的，因而同样具有艺术力量，而并无空泛之感。

苏轼在《书〈黄子思诗集〉后》中写道：“唐末司空图，崎岖兵乱之间，而诗文高雅，犹有承平之遗风。其论诗曰：‘梅止于酸，盐止于咸。’饮食不可无盐、梅，而其美常在咸、酸之外。”（《苏东坡全集》第十卷，第 5462 页）

这段话颇能代表苏轼的诗歌见解。诗贵有韵味，要有弦外之音，言外之意。苏轼很欣赏钟繇、王羲之的书法“萧散简远，妙在笔画之外”。他认为诗也应该这样，梅的味道只是酸，盐的味道只是咸，“饮食不可无盐、梅，而其美常在咸、酸之外”。他正是根据这一观点来衡量两汉至隋唐的诗人的。苏轼的怀古诗，常多弦外之音和韵味。如《虞姬墓》：

帐下佳人拭泪痕，门前壮士气如云。
仓黄不负君王意，只有虞姬和郑君。

郑君，指郑荣。他是项羽的臣子，项羽死，他被俘。汉高祖刘邦命项羽的旧臣改名为籍（项羽名籍），只有郑荣不奉命，他是冒着被处死的风险来拒绝的，精神和品质难能可贵。此诗能引起人们举一反三，浮想联翩。《鹏坞》：

衣中甲厚行何惧，坞里金多退足凭。
毕竟英雄谁得似，脐脂自照不须灯。

这首七绝句，取材于史，着眼于世，反语调侃，痛快淋漓，憎其所憎。前两句“行何惧”与“退足凭”是多么自信和自傲，仿佛可以永远高枕而卧、无所畏惧和忧虑了，真是一位乱世英雄啊！这位英雄超过前人，后无来者，无人可以与其“相似”：“脐脂自照不须灯”？怎么样，你听说过吗？见过吗？厉害吧？……

读了这样的诗，能使人心智清醒，看破红尘，不迷恋官位、钱财和权势，老老实实做个自食其力的人，厚甲甚至防弹衣办不到，也用不着，不怕他人行刺者可光着脊梁，以家里点一根灯芯的菜油灯而心安理得，其乐融融，谁愿与董卓以脐脂点灯去比？

苏轼诗的另一个艺术风格，还在于题材多样，内容广阔，几乎是全面地反映了北宋中期的社会生活。他要做个积极的用行舍藏者，大半生经历了复杂的政治斗争，又广泛地接触了各阶层的人物。广阔的生活视野决定了他诗的广阔内容。当时的政治斗争、经济水平、文化状况、社会风俗，在他的诗里都有所反映。在这点上，他确实超越了同代的诗人。

他诗中出现的人物，从统治阶级的最高层直到社会最底层，皇亲国戚、元老重臣、州县官吏、边地军将、文人墨客、画师乐工、和尚道士、市井细民、歌姬舞妓、农夫蚕妇，少数民族……他描绘了雄伟的三峡、秀丽的西湖、奇幻的海市、壮阔的海洋、北方的风雪、南国的春光，祖国的大好河山，往往都留下了他的题咏。还有翠锈斑斓的古剑、玲珑秀异的怪石、浑古的《石鼓》，卓绝千古的王羲之墨迹、吴道子画佛、王维画维摩、周昉画美人、韩干画马、王诜的烟江叠嶂、郭熙的秋山平远，举凡古今书画文物，奇珍异宝，可喜可惊可歌可叹者，无不收入诗中。因此，整个苏诗便成了一幅波澜壮阔、气象万千、色彩缤纷的巨大的历史画卷，并有着一般历史文献所不可比拟的生动、真实。

在苏轼笔下，从笔墨纸砚等文化用品、茶酒蜜鲊等生活用品到水车、秧马等农具，凡是日常生活中的物品，无论雅俗，都成了绝妙的诗料。苏轼的视野与梅尧臣同样的广阔，但他决不是有见辄书，而是用审美眼光对外物进行淘洗、选择，从而恰到好处地使平凡乃至琐屑的日常生活内容上升入诗的境界，这是他学习前人又高于前人的又一表现。

苏轼对如此广阔的内容，是以他独具的审美能力的慧眼来观察，以他独具的艺术描写的手腕来表现的。他往往独见真美，自出新意。自来写美人的，多是宫妃贵妇，奇妓名倡，可是苏轼笔下的“青裙缟袂於潜女，两足如霜不穿屦”，没有金钗玉佩，锦绣绫罗，“苕溪杨柳初飞絮，照溪画眉渡溪去。逢郎樵归相媚妩，不信姬姜有齐鲁”（《於潜女》）。这确是以前的诗人没有写过的真美。他看到周昉的画而作《续丽人行》，由画中人的背面想象她回首嫣然，更联想杜甫在长安水边看宫廷美人，“隔花临水时一见，只许腰肢背后看”，立意已新，最后却说“君不见孟光举案与眉齐，何曾背面伤春啼”，真是翻出从未着想的新意。不论写人写景，他都能做到随物赋形，既真且新，出人意外，又在目前，而处处都有他自己在。

上述有关苏诗的艺术各种表现，又都赖于他对语言的运用。苏轼诗的语言特点是丰富、明快、精练。他一生宦海浮沉，奔走四方，“身行万里半天下”（《龟山》），“行遍天涯意未阑”（《赠惠山僧惠表》），接触三教九流、平民百姓，积累了丰富的人生阅历，同时又是当时渊博的学者之一，囊括四部，旁及道释，医巫百工，亦留心研究，因此，他作诗时自有丰富的语言材料供他选择驱遣。他的诗的语言，也和文一样，明快流丽，没有怪僻艰涩之处。他说：“辞至于能达，则文不可胜用矣。”反对像杨雄那样“好为艰深之词，以文浅易之说；若正言之，则人人知之矣。此正所谓‘雕虫篆刻’者，其《太玄》《法言》皆是类也”（《答谢民师书》），注重以平易的语言写出很有深度的内容。

从一般人说来，语言明快流丽，往往易伤繁冗，虽大家如白乐天犹且不免，可是苏轼却能兼精练之长。这点前人称述已多，如唐子西说：“东坡诗叙事言简而意尽。惠州有潭，潭有潜蛟，人未之信也。虎饮水其上，蛟尾而食之。俄而浮骨水上，人方知之。东坡以十字道尽云：‘潜鳞有饥蛟，掉尾取渴虎。’言‘渴’则知虎以饮水而召灾；言‘饥’则蛟食其肉矣。”（唐庚《眉山集》卷首：《文录》）

苏轼豪放驰骤的才情也表现为奇特的想象，纵意所如，妙趣横生。《汲江煎茶》中“大瓢贮月归春瓮，小杓分江入夜瓶”。天上有月，水里也映着月，人们舀水，似乎连月亮也舀进水缸了；水是江水，人们舀水，同样也就分得了江的一部分。

杨诚斋（万里）亦举《汲江煎茶》“自临钓石取深清”：“七字而具五意：水清，一也；深处取清者，二也；石下之水非有泥土，三也；石乃钓石，非寻常之石，四也；东坡自汲，非遣卒取，五也。”（杨万里《诚斋诗话》）如此浓缩紧密，也确是见出锤炼的功夫。在诗的体裁方面，他于五律不甚措意，但亦间有佳篇；五古、七古、七绝、七律皆所擅长。良由才雄笔健，故能挥洒自如。古代诗人中像他这样全面的，实属少有。

在苏轼笔下，许多内容平凡、风格平淡的诗不但无枯槁之病，而且语淡情深，耐人寻味。这种诗的诗风，好像是陶渊明、韦应物或元白所写，朴实无华，句句白描。谁能想到这与写出色彩斑斓、气象万千、意境阔大、灵性飞动的诗作，竟是同一支笔，同一个人呢！评论者认为苏轼能“言古人所未尝言，写时人所不能写”，还有突破作诗语言的框框，诗歌中的散文化、议论化的倾向更是比比皆是。《孙莘老求墨妙亭诗》中“短长肥瘦各有态，玉环飞燕谁敢憎？”强调多元化的审美情趣，《石苍舒醉墨堂》中“人生识字忧患始，姓名初记可以休”的牢骚，都使议论成为诗歌的一个有机组成部分，使诗的感情更加浓烈。所以清人赵翼《瓯北诗话》说：“以文为诗，自昌黎始，至东坡益大放厥词，别开生面，成一代大观。”

在评论苏轼诗的艺术风格与价值时，不可忽视其笔下诗作的“人民性”，即为民代言，为民呼号，“民病何时休”“悲歌为黎元”。同大多数曾步入宦途的宋代诗人一样，苏轼诗中也有若干反映民生疾苦和揭露官吏横暴的作品。在这些作品中，苏轼秉承其一贯“尽言无隐”（《杭州召还乞郡状》）、“不顾身害”（宋孝宗《御制文集序》）的刚直个性，对不合理的社会现象进行深刻的揭露和批判，锋芒所指，不避禁忌。如《荔枝叹》这首诗写了从汉和帝、唐玄宗时从交州、涪州进贡新鲜荔枝，到宋代各地官吏为讨皇帝的欢心，不惜耗费民膏民脂，劳民伤财，贡花献茶的史实，对封建社会长期沿袭的这种陋风，给予了不留情面的批判，对以皇帝为代表的统治集团穷奢极欲的生活作了毫不客气的揭露，在屡遭贬谪的晚年仍然如此敢怒敢骂，可见他的批判精神是何等执着！

苏轼怀着“为黎元”的愿望，写了不少同情人民的诗篇。认为写景抒怀才是苏诗的长处，是不够全面的。苏轼在早年的日常生活中，已经直觉地感到了社会上的贫富悬殊、苦乐不均。后来诗人长期转徙州郡、四方奔走，目击农村凋敝、百姓困苦，不禁为北方和江南人民的悲惨遭遇唱出同情的悲歌。如《除夕大雪留潍州元日早晴遂行》：

三年东方旱，逃户连奇栋。老农释耒叹，泪入饥肠痛。

苏诗中不仅留下农民痛苦生活的真切剪影，而且还进一步揭示出官府的苛征重敛、地主的无穷盘剥，是造成人民苦难深重的重要原因。在《渔蛮子》诗中，苏轼写了一家老少为逃避租赋终年蜷伏在破船上到处漂流的情景。“人间行路难，踏地出赋租！”这画龙点睛之笔强烈地控诉了封建地租剥削的无孔不入。

苏诗擅长比兴喜欢连用比喻

形象思维的基本特征，是用比兴的手法，借代的技巧，将抽象的事物比喻成通俗的、形象的、生动的事物。苏轼善于借助新颖的比喻来刻画事物，平凡的事物一旦被他摄入诗中，往往意境翻新出奇，如《守岁》一诗的发端：

欲知垂尽岁，有似赴壑蛇。修鳞半已没，去意谁能遮。

一年将尽，时光不可挽回，这本是人们常言之理，但到了苏轼笔下，忽出新意，运用奇妙的比喻，把岁尾比作入壑的蛇尾，瞬即溜去，不可阻留！诗的奇妙意境让人叫绝。

苏诗长于比喻，生动新奇，将西湖比西子，向来被认为是对西湖最巧妙的比喻和最恰当的评语。王文诰在《苏文忠公诗编注集成》中称这首诗是“前无古人，后无来者”的“名篇”。其特点之一是概括性特别强。它写的不是西湖的一处之景或一时之景，而是对西湖的全面写照和全面评价，因而它就具有超越时间的艺术生命，一直到今天还浮现在西湖游客的心头，使湖山因之生色。另一篇七绝《海棠》：

东风袅袅泛崇光，香雾空濛月转廊。
只恐夜深花睡去，故烧高烛照红妆。

这诗所咏的海棠当是元丰三年在定惠院所见之西蜀名花移植而来。作者在黄州的诗作中，多次提到海棠。末二句以海棠拟人（红妆），写出了海棠花的美丽、端庄、高雅，以及作者寄托的深情厚谊，大有“同是天涯沦落人”之慨。是惜花、惜春，也是惜美人沦落穷乡，惜自己怀才不遇。另一首《郭祥正家醉画竹石》：“空肠得酒芒角出，肝肺槎牙生竹石。”借助想象把抽象创作冲动形象化。施补华《岘佣说诗》说：“人所不能比喻者，东坡能比喻；人所不能形容者，东坡能形容；比喻之后，再用比喻；形容之后，重加形容。”

这都说明苏诗是很注意运用形象化的艺术手段的。从上举诗歌中我们还可看到，这些美妙意境的创造，无不有赖于新鲜、贴切的比喻。因此，钱锺书先生说：

他在风格上的大特色是比喻的丰富、新鲜和贴切，而且在他的诗里，还看得到宋代讲究散文的人所谓“博喻”，或者西洋人称道的莎士比亚式的比喻：一连串把五花八门的形象来表达一件事物的一个方面或一种状态。这种描写和衬托的方法仿佛是采用旧小说里讲的“车轮战法”，连一接二的搞得那件事物应接不暇，本相毕现，降伏在诗人笔下。（钱锺书《宋诗选注·序》，人民文学出版社 1982 年版）

钱先生还特别举出苏轼《百步洪》一诗描写水波冲泻来加以证明，现录此诗其一：

长洪斗落生跳波，轻舟南下如投梭。
水师绝叫凫雁起，乱石一线争磋磨。
有如兔走鹰隼落，骏马下注千丈坡。
断弦离柱箭脱手，飞电过隙珠翻荷。
四山眩转风掠耳，但见流沫生千涡。
险中得乐虽一快，何异水伯夸秋河。
我生乘化日夜逝，坐觉一念逾新罗。
纷纷争夺醉梦里，岂信荆棘埋铜驼。
觉来俯仰失千劫，回视此水殊委蛇。
君看岸边苍石上，古来篙眼如蜂窠。
但愿此心无所住，造物虽驶如吾何！
回船上马各归去，多言哓哓师所呵。

此诗在苏轼七古中当推杰作。“有如兔走鹰隼落，骏马下注千丈坡。断弦离柱箭脱手，飞电过隙珠翻荷”四句，一气贯注地用了七种形象来作比喻，错综利落，新鲜活泼，各极其态，各逞其妍，笔墨淋漓恣肆，蔚为壮观，把水势的迅急，形容得“本相毕现”，使读者如身临其境，读来惊心动魄，在七古诗中实属罕见。洪迈在《容斋随笔》的《韩、苏文章譬喻》(《三笔》卷六)中说：“韩、苏两公为文章，用譬喻处，重复连贯有七八转者。”

综观全诗，前半写景，有滩陡涡旋，一波三折之势；后半谈哲理，极飘逸超脱、不为物囿之妙。谈哲理部分，参入佛家思想，运以庄子文笔，启示人们应掌握自家的意念，力求超越时空的局限，以开脱胸襟求得自由。此诗的艺术性，确实是高超的。所谓行气如虹，行神如空，“常行于所当行，常止于所不可不止”(苏轼《答谢民师书》)，可作艺术手法的注脚。

周振甫先生指出：“苏诗善用比喻，善于描绘各种形象，具有不同唐诗的艺术特色，开一代宋诗新风。”苏轼诗作中的新奇比喻，多是在中年时期，相对比较得意时所作。随着自己遭受政敌打击的加剧，常常陷入困境和绝境，这样的诗兴便渐渐淡化和褪色。在一生辗转不断的宦海浮沉中，苏轼充分地体会到了社会对人生的压抑与人生的不自由。为消解执世的苦痛，他转而走向对一切既定价值准则的怀疑、厌倦与舍弃，以庄禅随缘任运的态度与世仰俯、和光同尘，“寓意于物，而不可留意于物”（《王君宝绘堂记》），努力从精神上寻找一条可以彻底解脱的出世的途径。因而在他的诗文中，贯穿着一种人生如寄（梦）的思绪，最早在中国文学中传达出对人生的寂寞之感，“对整个存在、宇宙、人生、社会的怀疑、厌倦、无所希冀、无所寄托的深沉感喟”（李泽厚《美的历程》）。

蕴含哲理禅机是苏诗一大特色

苏轼的诗多奇警的比喻，而且还含有哲理机趣，通过描绘日常生活经历和自然景物，来抒发人生情怀，从而使诗余味无穷，具有永久的生命力。且读《和子由渑池怀旧》：

人生到处知何似，应似飞鸿踏雪泥。
泥上偶然留指爪，鸿飞那复计东西。
老僧已死成新塔，坏壁无由见旧题。
往日崎岖还记否，路长人困蹇驴嘶。

子由诗自注云：“昔与子瞻应举，过宿县中寺舍，题其老僧奉闲之壁。”往岁马死于河南崤山，骑驴至渑池。这首诗首先是苏轼具有朴素的唯物论和辩证法思想，悟透了人生，在此基础上，以“飞鸿踏雪泥”比喻人生行踪，贴切新颖，因而最为后人所称诵。“雪泥鸿爪”已成为成语，用来比喻往事遗留的痕迹。

谈到苏轼的哲理诗，都会记得那首著名的《题西林寺壁》：

横看成岭侧成峰，远近高低各不同。
不识庐山真面目，只缘身在此山中。

此诗写游山体会，寄寓了一个普通的哲理：认识事物，既要深入其中，又要超拔其外，所谓“当局称迷，旁观见审”(《旧唐书·元行冲传》)。诗从山的形象入手，但却不靠形象取胜，而是以具有哲理的诗思启迪人，由于哲理的发人深省，形象愈发显得耐人寻味。

其实，所有的山都有远近高低和横看侧观的差别，但由于苏轼从中悟出了深刻的哲理，于是庐山就有了形象魅力，这样，哲理的体悟与形象的描绘便有机地统一在一起。二者再作比较，似乎哲理的思考远较形象的描绘更显重要，但哲理的体悟与形象的描绘又是如此和谐，所以这首诗也就成为古今哲理诗中的极品。

苏轼善于在写景纪游中体现隐沦意趣，融入深沉的人生体验和感慨，这种诗境在唐诗中也是少有的。让我们来读几首在他遇到自然界的风雨或行程不顺时阐发的哲理。如《泗州僧伽塔》中有：“耕田欲雨刈欲晴，去得顺风来者怨。若使人人祷辄遂，造物应须日千变。”这四句，说得太深刻了，老天真难做啊！怎么也不能使芸芸众生人人遂愿，个个满意。紧接着，作者回忆往事，转思神力，以归谬法得出神力不可信的结论。再面对现实困境，以不求于神的豁达心境登塔远眺，一览群山，意境开阔。人生岂能永远一帆风顺？怨天尤人终非上策，不如“去无所逐来无恋”，含笑坦然地面对。

关于受风阻和逆风等自然现象，苏轼都是联系到人生的境遇，以豁达的态度泰然处之。且看《慈湖夹阻风》组诗的句子：“故应菅蒯知心腹，弱缆能争万里风。”“且并水村欹侧过，人间何处不巉岩。”

“弱缆能争万里风。”这已不仅仅是个千年清句、警句，而且是一个足以引人深思的哲理；谁都希望一帆风顺，但有弱缆逆风又如何？“人间何处不巉岩”，谁都希望前程一马平川，但到处有险峻的巉岩阻挡，在倔强者面前岂会却步？这些哲理诗构成苏轼诗歌又一新的特色，诗味淡而道味浓。

在九百多年前的宋朝，关于哲学的理论不可能深刻揭示自然界和社会的规律，至多停留在朴素的阶段，但苏轼的诗中已有正确认识矛盾和实践出真知的萌芽。我们不妨再读他一首著名的题画诗《惠崇春江晚景二首》：

竹外桃花三两枝，春江水暖鸭先知。

蒌蒿满地芦芽短，正是河豚欲上时。

两两归鸿欲破群，依依还似北归人。
遥知朔漠多风雪，更待江南半月春。

从这两首小诗看来，惠崇所绘春江晚景当是两幅画，一是戏鸭图，一是飞雁图。诗中有画，画中有诗且不论，反映的哲理却是普遍真理。当竹外桃花刚开几枝，人们还穿着厚衣、缩着脖子感到春寒料峭时，鸭子在春江上游得欢，因为它已觉得春江水暖了。至于归鸿欲破群，又依恋；在朔漠还多风雪日的季节，江南已阳气萌动，春回大地已不远了——这不是又在喻人，又在说人生哲理吗？

苏轼禅味诗颇多，《琴诗》便是传播较广、褒多于贬的一首，其实此诗体现了琴出妙音是琴弦与弹奏结合的朴素辩证法。

若言琴上有琴声，放在匣中何不鸣？
若言声在指头上，何不于君指上听？

这首诗从内容到形式都有些类似佛教的偈语，它并不描摹物态，亦不抒发情愫，而纯以理语发人妙悟，以理趣引人深思。换一角度，我们还可以对此诗做这样的解会：“妙音”固然依恃“妙指”而发，若无心灵的“妙悟”，则无所运其“妙指”，亦无从产生“妙音”矣。东晋诗人陶渊明常抚无弦琴以自娱，正因为心中有美妙的音乐，人虽不闻其声，而怡然自得其乐。从这一意义上说，“妙音”既非出于琴，亦非发于指，而是存于心。

苏诗中美学价值最高、最为脍炙人口的是其注入自我的写景抒怀诗，如《泛颍》《舟中夜起》《病中游祖塔院》《东栏梨花》《与莫同年雨中饮湖上》等。《泛颍》是元祐六年（1091）苏轼任颍州（今安徽阜阳市）军州事时泛舟颍水而作。其中云：“画船俯明镜，笑问汝为谁？忽然生鳞甲，乱我须与眉。”此诗写得生动幽默，不仅从平凡的生活中捕捉到了新鲜微妙的景致，给予出神入化的描绘，体现了优游于颍水的奇趣，而且融入了自我的人生体验。《病中游祖塔院》诗云："因病得闲殊不恶，安心是药更无方。道人不惜阶前水，借与匏樽自在尝。"渗透着人生哲理、养生妙方的警言，怎能不使我们佩服苏轼的豁达和睿智！

一种学说，一种宗教，其在社会上传播的程度如何，取决于社会对它的需要程度。一种宗教对一个人身心的占有程度，也取决于其人在现实生活中的需要。两者道理相同。苏轼后期的生活环境是相当恶劣的，无论是新派当政或旧派上台，他都一直遭到打击、谪贬，"致君舜尧"的儒家理想化为泡影；世路艰难，人生无常，劳生有限，这些矛盾和苦恼在孔孟之书里得不到回答；于是，禅宗思想趁虚而入，哲理思辨与宗教的信仰精致编织的网，多少折服了我们的诗人，于是他吟唱出颇有禅味的歌来："心困万缘空，身安一床足。岂惟忘净秽，兼以洗荣辱。默归毋多谈，此理要观熟。"(《安国寺浴》)

佛学给他的慰藉是巨大的，南迁途中经过曹溪南华寺（六祖慧能漆疗真身葬于寺塔中），诗人不禁老泪纵横："我本修行人，三世积精炼。中间一念失，受此百年谴。抠衣礼真相，感动泪雨霰。"(《南华寺》)在禅宗的圣地，诗人重新发现了自己："我本修行人。"在尘世遭受的一切坎坷，都是一念之失，历史的误会。

总之，苏轼真心接受了禅宗的思想，是他的后半生，大抵在乌台诗案之后，其高潮是在黄州、惠州、儋州三个时期。苏轼在世的最后一年，"过金山，坡题自己照容偈曰：'心似已灰之木，身如不系之舟。问汝平生功业，黄州惠州儋州。'"(《宋稗类钞》)形如槁木，心如死灰，是事佛的先决条件。"身如不系之舟"，屡遭贬谪加速了苏轼事佛的过程。

清人沈德潜在《说诗晬语》中云："唐以前未见题画诗，开此体者，老杜也。其法全在不粘画上发论，如题画马、画鹰，必说到真马、真鹰，复从真马、真鹰开出议论，后人可以为式。"他称杜甫是题画诗的开创者，这尚有争议，但我们现在看杜甫的《题壁上韦偃画马歌》《韦讽录事宅观曹将军画马图引》《姜楚公画角鹰歌》《画鹰》等，都会感到确是"其法全在不粘画上发论"的典范之作，确是"后人可以为式"。

入宋以后，题画之风大盛，而其中最杰出的代表则是伟大诗人苏轼。他不仅自题其画，题所见的古代名画，而且同时代的名画家也都以能得到他的题诗为幸。他的题画诗既能尊重画家，不离其所画的景与物，又能缘物寄情，开发议论。其内容或论画中有诗，或论绘画应有多种流派，多种风格，或是主张绘画应该写实，或是总结创作经验，或是发抒感慨。可以这样实事求是地说：因为苏轼本人对画研究精深，是著名的画家，所以他题画的诗数量多，质量高，超过前辈，后无来者。苏轼的题画诗佳作琳琅满目，如《书李世南所画秋景》：

野水参差落涨痕，疏林欹倒出霜根。
扁舟一棹归何处，家在江南黄叶村。

此诗着力渲染画境的疏野情趣，有人以为表现的是秋天山林的凋残景象，情调把握似有偏差。曰野水而参差，曰疏林而欹倒，而出霜根，又是扁舟，又是黄叶村，都显出诗人对野趣的欣赏。最妙在第四句，写扁舟的去向，“江南黄叶村”出自诗人的想象，伸出画框之外，使画面淡出，遂觉画境之外，情调悠扬，即此便是画不出的诗意。诗中秋景触目，清新可读，无独特“画眼”和具有“诗质”之手岂能写出？题画诗杰作还有《书王定国所藏烟江叠嶂图》：

江上愁心千叠山，浮空积翠如云烟。
山耶云耶远莫知，烟空云散山依然。
但见两崖苍苍暗绝谷，中有百道飞来泉。
萦林络石隐复见，下赴谷口为奔川。
川平山开林麓断，小桥野店依山前。
行人稍度乔木外，渔舟一叶江吞天。
……

这首诗笔力高迈，气势遒劲，波澜起伏。前十二句叙写画中风景，神妙入化，中间四句道出归隐本意，末十二句写黄州四时之景，有如人世桃源，最后以实境比况结出作意。

苏轼最受人称道的题画诗则是《韩干马十四匹》：

二马并驱攒八蹄，二马宛颈鬃尾齐。
一马任前双举后，一马却避长鸣嘶。
老髯奚官骑且顾，前身作马通马语。
后有八匹饮且行，微流赴吻若有声。
前者既济出林鹤，后者欲涉鹤俯啄。
最后一匹马中龙，不嘶不动尾摇风。
韩生画马真是马，苏子作诗如见画。
世无伯乐亦无韩，此诗此画谁当看？

此图是十四马，还是十五马，十六马？后人曾有存疑，因为奚官尚骑一马，最后一匹不应在“饮且行”的八匹之列。但因诗题是后人所加，与苏轼无关。我们看他只用了十句诗，就写出了十四匹马的神形动作及其活动背景。开始用四句分写六马，前四马各因奔蹄、骏尾相类而分为二组，分中有合，合中有分。“后有八匹饮且行”，是总叙其余诸马，但又因“既济”和“欲涉”而各不相同，人们可从“出林鹤”与“鹤俯啄”的姿态想见这八匹马的姿态。最后一匹因是马中龙，故特写其神骏英姿。苏轼不仅写出韩干构图之妙，而且诗的章法也妙。他在前六马与后八马之间，插叙“老髯奚官骑且顾，前身作马通马语”二句，既把前六后八马群隔开，又巧妙地把它们联结起来，构成画的整体。“通马语”三字，刻画出马官对和自己生活在一起的马群的亲切感情。苏轼认为此诗是得意之作，因此夸说“韩生画马真是马，苏子作诗如见画”。如果伯乐在世，也会把韩干画的马当作千里马，如果韩干生而有知，也一定欣赏他的这一题咏。

宋代画马的名家众多，苏轼认为能继承韩干写实传统并加以发展的，只有他的朋友李公麟（龙眠）。“龙眠居士本诗人，能仪龙池飞霹雳。君虽不作丹青手，诗眼亦自工识拔。龙眠胸中有千驷，不独画肉兼画骨。”（《次韵吴传正枯木歌》）

苏轼的这首题画诗称李公麟诗画兼通，所画的马一如“龙池飞霹雳”，就像韩干的名作《照夜白》那样，画出骏马腾骧四蹄，仰首嘶鸣的气势。其成功的秘密就在于“胸中有千驷”，即面对成千上万的天下名马，能进行选择剪裁，经过提炼加工，挥毫时就能画肉兼画骨。他在《次韵子由书李伯时所藏韩干马》中赞扬李画云：

龙膺豹股头八尺，奋迅不受人间羁。
元狩虎脊聊可友，开元玉花（名马）何足奇。

可见李公麟画马师韩干，但又有自己的创造。苏轼题其所画的《山茶》说：

能传岁寒姿，古来惟丘翁。赵叟得其妙，一洗胶粉空。
掌中调丹砂，染此鹤顶红。何须夸落墨，独赏江南工。

相传赵昌常在晓露未干时，便在花圃细心观察花卉，熟悉真实神态，同时掌中调丹砂，进行描绘，傅色融和润泽，清新自然。他画的这幅《山茶》也是这样，因此苏轼说他深得李成传神笔法，可与徐熙的落墨花比美。苏轼还赞扬他所画的黄葵，能“中有风露香”，画的梅花是“仿佛吴姬面”，画的芍药是“风流时世妆”，总之是“古来写生人，妙绝谁似昌？”值得注意的是，当时画院以黄筌父子的细笔勾勒、填彩晕染的画法作为优劣取舍的标准，多写禁苑中物，追求富丽工巧，而苏轼却推崇赵昌坚持写生新风，描绘大自然中的花木，一洗胶粉，作品朴素自然。这对于结束“黄派”花鸟画法的统治，开创新的画风，起了推动作用。

第二十二章

词开新风

词的创作“为一代山斗”

有些深奥莫测、争论不休的文学理论问题，如果联系实际，多一点辩证分析，就有益于启愚益智，统一认识。比方说：萝卜、西红柿是什么？一般回答就是常见蔬菜；但说是常见水果，也无不可，因为各地食习不一，现在市场上又多卖“水果萝卜”“草莓味西红柿”。诗是什么？它的本质是字数整齐（一般是五言、七言）的韵文；那么词是什么？它与诗明显的区别在于句子可以长短不一，不必在一篇中一样字数而已。

词是我国古典诗歌中的一体，是配合音乐，可以歌唱的一种抒情诗体。就其本质说，词就是句式长短不齐的诗，律诗绝句是句式整齐的诗。但是，在苏轼之前，乃至于当时北宋词坛，对词这一本质特征，人们并不明确：甚而往往带着偏见，认为“词别是一家”“诗庄词媚”“诗言志”“词言情”，诗词之间有一条鲜明界限，有一条不可逾越的鸿沟，其结果，使词风每况愈下，词的发展道路越走越窄。好比萝卜、西红柿不研究和发展新品种，又硬性规定只准怎么吃，买者愈来愈少，视而不见“草莓西红柿”已成珍稀水果，价格超桃李几倍。

苏轼，这位才华横溢的北宋中叶诗文革新运动领袖，却独具慧眼，“不顾侪辈”，冲破偏见，他虽没有关于词的专论，多散见于同友人来往的书简、词序、词跋及其后学门人的笔记、词话中，比起文论与诗论来是少得多。但是，我们把这些仅见的零散的材料汇集起来，仍然可以窥知这位大词家词论的精辟见解，得知他所以能创作出“新天下耳目”词作的原因。

首先，苏轼确认词就是“长短句诗”。在《祭张子野文》中说：

> 清诗绝俗，甚典而丽，搜研物情，刮发幽翳，微词婉转，盖诗之裔。

张先，字子野，晚年在杭州吴兴过着优游生活，曾和通判杭州的苏轼有较密切的往还，因而在他死后，虽然苏轼已经离开杭州，但还写了祭文，对他的词给以很高评价。这段引文，赞颂了张先的词，具有诗一般的特点，明确指出了词，“盖诗之裔”。这是从词之起源，追溯词与诗之间的渊源关系。从这里可以看到：苏轼已经认识到诗和词具有“同工而异曲，共源而分流”（《杨慎《词品序》》）的关系。在贬居黄州时，当他看到友人蔡景繁写的词具有古诗风韵时，便兴致勃勃地写信赞扬道：

> 颁示新词，此古人长短句诗也。得之惊喜，试勉继之，晚即面呈。

在这封《与蔡景繁书》简中，苏轼首先正式地提出了词便是“长短句诗”这一关于词的本质的论断，吹响了词风革新的号角，在北宋词坛上，引起巨大的反响。另外，从这段话的字里行间，可以看到苏轼在阅读友人这样的“新词”时，是何等地“惊喜”！表明这些“新词”，是符合苏轼把词看作“长短句诗”的理论主张的。因而当即便高兴地去效仿，还要把自己“继之”所填的“新词”，“面呈”给友人蔡景繁。这种开创新词风的勃勃热情，真可谓力透纸背。

其次，词的本质既然是长短句诗，于是苏轼主张“以诗为词”。就是说要打破“诗庄词媚”，“诗言志”“词言情”的界限，凡可入诗者，亦可入词；于诗可言之，于词亦可言之，这也没有什么不合理，人为地划分诗词之间的界限，本来就不可取。欧阳炯《花间集序》中把花间词评为绮罗香艳，清丽疏雅，珠圆玉润，其韵响遏行云，号为千古绝唱。

那么，文人武将除非不作词，要作就都应如此，不然就离经叛道，合乎情理吗？这不是违反了人生有百态，心境各相异，无论人和事，都是一切以时间、条件为转移的客观规律吗？

宋仁宗时期，西夏是从西北方面侵扰中原的强大敌人。公元1040年，一位文武双全的贤臣临危受命，任陕西经略副使（边防军事的副长官）兼知延州，此后继续负责抵抗西夏达四年之久，在防御上起了很大作用。当时民歌中把他描绘成“西贼闻之惊破胆”的英雄形象。秋日傍晚的西北边塞荒凉萧瑟，归雁成群飞向南方，悲壮的军乐和杂乱的边声混合在一起，像是有意撩拨人的情怀。在落日的余晖、烟雾缭绕的群山中间，有一座早闭的孤城。孤城中守边的将军边喝着酒，边思念着极辽远的家乡和妻儿，可是敌人没有打败，哪能说到归去？在寒霜落地、笛声哀怨的夜晚，将士们无人能睡得着。由于战事的持久和劳苦，将军发丝熬白了，久戍穷边的战士流下了伤心的眼泪。于是将军欣然命笔，根本没有想过词应写什么、怎么写，纸上出现了一首悲壮的《渔家傲》：

> 塞下秋来风景异，衡阳雁去无留意。四面边声连角起。千嶂里，长烟落日孤城闭。　　浊酒一杯家万里，燕然未勒归无计。羌管悠悠霜满地。人不寐，将军白发征夫泪。

此词的作者是范仲淹。能否这样评价：“老范将军，你的词不合花间派的要求，不能这样写？”——可是，历史上已肯定这是一首绝妙好词，艺术成就是杰出的，开创了词的新风。

苏轼早就对花间派及柳永的词风看不顺眼，认为词亦可显示阳刚之气，写英雄报国，抒发豪迈胸怀；亦可以写山村田野，桑麻农事；诗中可有“理趣”，词作也可有隽永的哲理；……这正如刘熙载《艺概》卷四所云：“东坡词颇似老杜诗，以其无意不可入，无事不可言也。”

刘辰翁在《辛稼轩词序》中说：“词至东坡，倾荡磊落，如诗如文，如天地奇观。”

苏轼主张“以诗为词”，并身体力行地填写了大量这样的“新词”，在词的发展史上起了不可低估的巨大作用。他把词从被视为“艳科小技”的卑下处境中，提高到与诗并驾齐驱而不可藐视的地位，如陈迩冬先生说："词至苏轼，而体始尊。"

这就使词不再只是"绮筵公子，绣幌佳人"的浅斟低唱、娱宾遣兴的工具，可以和诗一样反映广阔的社会人生，提高了词品，扩大了词境。

此外，苏轼"以诗为词"主张的意义，还在于它顺应了词的历史发展规律，革新了词风，使词恢复了民间曲词的本来面目和反映现实的优良传统。

再次，他反对"学柳七"填词，主张独创"自是一家"的新词风。

熙宁八年（1075）冬十月，苏轼任密州太守，在祭常山回来的路上，与同官在铁沟附近会猎，写下《祭常山回小猎》《和梅户曹会猎铁沟》两首诗和《江城子·密州出猎》词。诗人对两诗一词非常重视，尤其欣赏这首词，被视为得意之作，在《与鲜于子骏书》中，又高兴地提到这首词说："近却颇作小词，虽无柳七郎风味，亦自是一家。呵呵！数日前猎于郊外，所获颇多，作得一阕，令东州壮士抵掌顿足而歌之，吹笛击鼓以为节，颇壮观也。写呈取笑。"

这段文字，有如诗人开创新词风的宣言，首先明确表示他的新词风，是"无柳七郎风味"的。何谓"柳七郎风味"？当指柳永承继晚唐五代"花间"余绪，所填写的那些"倚红偎翠"，缠绵悱恻，充满绮罗香泽的词。苏轼对这种脂粉铅华浓重的词，极为厌恶，他自己不填写这种"喁喁儿女私情"的词，也反对别人去填写，曾严厉地批评过他的门人秦观，说：

"不意别后，公却学柳七！"

秦观听后颇不服气，似觉老先生过苛，辩解说：

"某虽无识，亦不至是。先生之言，无乃过乎？"

苏轼毫不客气，当即厉声指出说：

"'销魂当此际'，非柳词句法乎？"

秦观被揭批得无地自容，默不作声，低头认错。

此事见彭孙通《词藻》卷一。这段记载，虽不尽属实，但从这里亦可窥见苏轼对"柳七郎风味"的态度了。再是，苏轼声言这种新词风，是别具特色，"自是一家"的，要突破传统词风，与"柳七郎风味"的婉约词风大不相同。

苏轼在词坛上另辟一径，是经过了艰巨的努力和斗争的。据专家研究，苏轼开始介意于词，大约在嘉祐年间，他在《与子明兄》书中说："记得应举时，见兄能讴歌甚妙，弟虽不会，然常令人唱为何词。"熙宁中期苏轼通判杭州时，已有不少小令，但独立的风格尚未形成，至任密州、徐州太守时，词的创作渐趋成熟，开始产生名篇佳作，后来贬官黄州，写词出现了高潮，曾自称"日近新阕甚多，篇篇皆奇"（《与陈季常书》）。

苏轼提出"自成一家"，开创新词风的主张，这是对风靡天下的柳七郎词的挑战，是与传统词风的决裂，震撼了词坛，推动了词的发展。

词既然作为写作的一种文体，苏轼也提倡"文理自然，姿态横生"，主张"句句警拔"，强调"与山石曲折，随物赋形"，"意之所到，则笔力曲折，无不尽意"，要充分表现词人自己的鲜明个性。要不受任何束缚，挥洒自如。他认为只有这样，才能达到诗、文、词创作的最高标准："文理自然，姿态横生"，形成超尘拔俗的意象。鉴于他对词的这种见解和主张，并大力实践，誓扭词风，因此周颐在《蕙风词话》中说：

> 有宋熙、丰间，词学称极盛，苏长公提倡风雅，为一代山斗。

王灼在《碧鸡漫志》中说："东坡先生以文章余事作诗，溢而作词曲，高处出神入天，平处尚临镜笑春，不顾侪辈。"

这样的创作思想，充分体现了苏轼豪放不羁的个性，用以指导词创作，必然导致对词的革新改造，突破清规戒律，把词从"浅斟低唱""偎红倚翠"的狭小天地中解放出来。

苏轼对词的主张和实践，具有非凡的意义，赢得了历代高度的评价。他在诗、文、词等方面都有很高成就，但最为人称道的还是他的词作。陈廷焯在《白雨斋词话》卷七评云：

> 人知东坡古诗古文，卓绝百代，不知东坡之词，尤出诗文之右。盖仿九品论字之例，东坡诗文纵列上品，亦不过为上之中下。若词则几为上之上矣。此老生平第一绝诣，惜所传不多也。

这并非是毫无根据的溢美之词。在当时北宋词坛上，东坡确实取得了雄视百代的成就，并且产生巨大影响。

> 胡仔《苕溪渔隐丛话》云：东坡词皆绝去笔墨畦径间，直造古人不到处，真可使人一唱而三叹。
>
> 胡寅《酒边词序》云：眉山苏氏，一洗绮罗香泽之态，摆脱绸缪宛转之度，使人登高望远，举首高歌，而逸怀浩气，超乎尘垢之外，于是"花间"为皂隶，而耆卿为舆台矣。

历代对苏词评价的基本共识

以上引证了诸家对东坡词的评价，还有不少赞语恕不一一列举。照这么说，对其词作的肯定是"众口一词"了？实际情况是"非也"！九百多年来，一直争论不休，有褒有贬，评价各种各样，或钻皮出羽，揄扬升天；或洗垢索瘢，贬抑入地。就其丰富多样性来说，恐怕没有第二家可以比了。试录两则古人和今人的反面评论，李清照《论词》曰："至晏元献、欧阳永叔、苏子瞻，学际天人，作为小歌词，直如酌蠡水于大海，然皆句读不葺之诗尔，又往往不协音律者，何耶?"今人吴世昌《词林新话》中说："东坡是大作家，不能限以"词人"，更不能限以"豪放派词人"。他的词像郭老的诗，做得很不经意，很随便，时有妙语警句，深刻至情的话，而全篇精美者少。"

随着时代的推移、文学观念的变迁、评论者个性和文学趣味的差异，历代对东坡词的评价从分歧甚大，到渐趋接近。按照刘石先生在《苏轼词集》导读中的见解，到了今天，至少有几点已基本成为大家的共识：

其一是苏词扩大了词的题材，与他的诗一样，无所不可入词。

清人周济《介存斋论词杂著》说："北宋有无谓之词以应歌。"所谓应歌，是说词人在绣幌绮筵上创作歌词交给倚红偎翠的歌儿舞女演唱，其目的既是"聊佐清欢"，其内容就不是应景，便是应酬；不仅空虚，而且单调。不外写男女之情，抒离别之恨，格局逼仄，气魄狭小，不仅很难表现作者自我的感情和志趣，甚至难于传达作者自我的声音——往往是以歌伎舞女的身份、用歌伎舞女的口吻而作，所谓“代言”是也。

苏词突破了这种狭小的格局，将写景、记游、说理、咏史、言志、抒怀、悼亡、送别、乡恋、友情、田家、国事、咏物、谐谑等内容纳入词中。清人刘熙载《艺概·词曲概》称其“无事不可入，无意不可言”，此论有些夸张，却正反映出苏词内容前所未有的丰富与充实。

在这些丰富而充实的内容中，词人完成了多方面自我形象的塑造、自我情志的抒发，完成了词史上由模拟歌伎舞女声口的“代言”向直抒胸臆的“立言”的转变，完成了由情感内涵的“共性化”向“个性化”的转变。这其中虽然也存在“应歌”乃至“应社”的成分，但总体上确实是出以个人的真情实感，亦归于个人的真情实感。

金代文学家兼文学批评家的元好问这样说：“自东坡一出，性情之外，不知有文字。”清人陈廷焯也说：“东坡之词，纯以情胜，情之至者，词亦至。”这些都是一语中的确评。

把田园风光和农村生活引入词作，也是苏轼开拓词境的突出表现。作者怀着欣喜的感情，在小词《浣溪沙》里对农村丰收在望的景象作了细致的描绘：

惭愧今年二麦丰，千畦细浪舞晴空。
雪晴江上麦千车，但令人饱我愁无。

有的词还简洁地勾画了词人和当地居民的亲切关系：“山中友，鸡豚社酒，相劝老东坡。”

苏轼在徐州所写的几首农村词，是北宋词史上第一组饶有风味的农村风景画和风俗画。

作者把自己说成农村的一员，而不自视为高不可攀的官僚，这在古代文人中还是难能可贵的。

其二是突破词的音律，词不再是为了配乐、可歌而作，像诗一样，自由写作。

苏词在今天读来自具另一种顿挫错落的节奏感和往复回旋的情感美，但

从音律上来看，为了更方便地拓展题材，更自由地表达思想，苏词具有不甚顾及配乐而歌、不受词乐束缚的特点。有足够的史料表明，苏轼不是不懂音律，他的词中间或也有合乐可歌之作，但更多的是不合乐律的作品，是有意破格。

关于这一点，他的门人晁补之称："东坡词，人谓多不谐音律。"（《能改斋漫录》卷一六）后人李清照（见前引）及陆游（见《老学庵笔记》卷五）都对此有所述及。词乐在南宋后逐渐失传，以至于词到后来完全成了脱离音乐的案头文学，因而这些当时人的论述就成了最可信的证明。我们在苏词中也偶能看到乐句与文句不合处，如《水龙吟·次韵章质夫咏杨花词》末三句"细看来不是杨花，点点是、离人泪"，按律当作五、四、四。《念奴娇·赤壁怀古》"多情应笑我，早生华发"，按律当作四、五。只有东坡敢这样写，此可看成他主文不主声遗留下来的痕迹。

其三是创新词的体制，以各种语言入词，大大扩展了语言使用的范围。

体制是为内容服务的，内容发生变化，体制亦必随之。苏轼对词的语言加以改革：为内容的革新与开拓所决定，苏词的语言也一改"花间"词人径小质轻、镂金错采的面目，以前人诗句入词，以口语、佛语、成典、四部语等入词，大大扩展了语言使用的范围，使词作语言呈现出前所未有的丰富性。他的许多词在章法上不合上景下情的成规，句法上笔力雄劲，戛戛独造，"寓以诗人句法"。他开始大量使用题词序，这是因为他的词反映面广，远非唐末五代缘调而赋或宋初人的内容单一可比，必须加上短题长序，与正文相互补充发明，他还将集句这种诗歌中的形式用于词中，又发明隐括词，将前人或诗或文略加改动而为词作，如《水调歌头》"昵昵儿女语"隐括韩愈《听颖师弹琴》，《哨遍》"为米折腰"隐括渊明《归去来兮辞》。这都是将词当作诗文之一体来自由发挥的表现。

其四是改变此前婉约一体笼罩词坛的局面，风格呈现多种多样的面貌。

词在发展初期，风格不只是婉约，甚至不以婉约为主。但自晚唐、五代开始，出现了以"花间""南唐"为代表的高峰，形成了"侧艳"的内容和"婉约"的词风。在很长一段时间内，词坛都是沿着这条道路发展，因而被看作"正宗"。

婉约是能够充分体现词体“要妙宜修”特质的一种风格，但如果画地为牢，限于婉约的藩篱而裹足不前，就不利于词这种文体的发展。在婉约词风盛行的时代，一直有不少作家尝试着各种各样的创新，到了苏轼，这种创新达到了更高的程度，也取得了更大的成就。这主要指他创立了与婉约相对立的豪放词风。

风格不是一个实体，是题材、情感、语言、声律、体制综合而成的整体效果。正因苏轼在上述诸方面的开拓创新，其风格必然迥异乎传统本色当行词的婉约一路。这种风格，前人多以“横放”“豪放”称之，其中最著名的是明人张綖的一段话：“按词体大约有二：一体婉约，一体豪放。婉约者欲其辞情蕴藉，豪放者欲其气象恢弘，盖亦存乎其人。如秦少游之作多是婉约，苏子瞻之作多是豪放。”说“苏子瞻之作多是豪放”，此语有些问题。豪放是相对于婉约而言的，并无一定的尺度，但拿一般标准来衡量，苏轼词称得上豪放的，在他全部词作中实在只是少数（约十分之一）。那么为什么是他而不是别人被称为豪放派的开创者和代表者呢？这是因为他的豪放词数量虽然不多，却最具度越恒流的鲜明个性和高度成熟的艺术风格，是它们在后世的影响最大。

另外，他的词作中还有与豪放不尽相同，与婉约又迥乎相异的一派，就是王鹏运所说的“清雄”或王国维所说的“超旷”。《四库全书总目提要·东坡词》称：“词自晚唐五代以来，以清切婉丽为宗，至柳永而一变，如诗家之有白居易；至轼而又一变，如诗家之有韩愈。”

他们所指就是上面所说这几类词作，像《江城子（老夫聊发少年狂）》《念奴娇（大江东去）》《水调歌头（明月几时有）》《八声甘州（有情风万里卷潮来）》《水调歌头（落日绣帘卷）》《念奴娇（凭高眺远）》《归朝欢（我梦扁舟浮震泽）》等，都是其中突出的代表。同时，苏轼也有许多其他风格的词作，或幽峭或俊逸，或高古或韶秀，堪与传统婉约大家相颉颃的声情并茂之作亦复不少，清人王士禛就《蝶恋花（花褪残红青杏小）》一词感慨道：“恐屯田（柳永）缘情绮靡，未必能过。孰谓坡但解‘大江东去’耶？”（《花草蒙拾》）不过苏轼的这种缠绵绮丽与传统的婉约词相较，未尝没有自己的特点，概乎言之，就内容上尘俗的成分减少，情致的成分增加；艺术上浓艳的成分减少，温润的成分增加了。

刘石先生把以上四点看作苏词的特色，也是苏词对于词史的突破。苏词的这些特色与突破，是在作者“以诗为词”（语出苏门六君子之一的陈师道《后山诗词话》）指导思想下产生的，是他有意将词当作“长短句诗”（《与蔡景繁书》）来创作，有意革新词体的产物。

胡适先生曾将词分作“歌者之词”“诗人之词”“匠人之词”（《词选》前言），苏轼词由于这些革新，获得了“诗人之词”的称号。

苏词在词史的地位极为突出，这不仅因为他词体创作的总体成就，也因为他革新词体，给词坛带来的震荡，在词学界引起的争议。他“以诗为词”，有意追求诗词合流，目的在于“尊体”，即将词在当时普遍为人轻视的“小道”“诗余”的地位，提高到与诗相等的地位，确实也在一定程度上解放了词体，为词坛带来了新气象。但他的这种做法，难免在一定程度上损伤已为大家普遍接受的词体特有的素质，或多或少减弱词体独具的韵味，加上他天分聪颖，天性洒落“每事俱不十分用力，古文书画皆尔，词亦尔”（《介存斋论词杂著》），词作中明显存在率意之处和游戏之作，恰恰与他“尊体”的目的形成对立。

从苏轼同时起，历代陆续有人从注重文体特性的角度提倡文体独立，反对“诗词合流”，上述所引针锋相对的两种观点，有些就是因此而产生，不是没有道理的。诗可冲破格律，但都不要格律了，则这种艺术形式会趋泯灭，这也说明任何新的创造和作为，常常是有利有弊，不可能尽善尽美，辩证的法则又一次得到了体现。

代表豪放派风格的词作鉴赏

与其对诗歌和散文的贡献相比，苏轼对词这一文学形式的发展贡献更大。词自唐代产生之后，发展到五代，基本形成了描写艳情别绪，文辞绮靡婉丽的格调。尽管北宋的范仲淹、欧阳修、柳永等人从词的内容到形式都有所开拓，但词从思想题材到遣词、造意都依旧限制在比较狭小的范围。当苏轼以词坛巨擘的形象出现之后，词终于从内容到形式都得到了彻底解放。从登上词坛，苏轼便以清旷雄豪的歌吟冲破了旧词坛被艳情别绪笼罩的藩篱，在词坛上开创出豪放雄健的一派。他把词的题材从男女恋情、离愁别绪扩大到生活的各个方面，无论怀古感旧、记游写景、抒情言志、谈禅说理，举凡入诗的材料他都可以入词，词的意境也因此得以提高。原来依附于乐曲的歌词，从此发展成为一种独立的新诗体。

苏轼词的风格是多样的，而以豪放雄健为其主要特点。前人评其清雄豪健之作："读之使人登高望远，举首高歌"，令人感到"复乎遗尘绝迹""无以步骤"（王鹏远《半塘手稿》）。

此类词脍炙人口之篇特别多。按照时间循序，最早体现苏轼豪放词风的则要数《沁园春·赴密州早行，马上寄子由》。

> 孤馆灯青，野店鸡号，旅枕梦残。渐月华收练，晨霜耿耿，云山摛锦，朝露漙漙。世路无穷，劳生有限，似此区区长鲜欢。微吟罢，凭征鞍无语，往事千端。　　当时共客长安，似二陆初来俱少年。有笔头千字，胸中万卷；致君尧舜，此事何难！用舍由时，行藏在我，袖手何妨闲处看。身长健，但优游卒岁，且斗樽前。

词作写旅途晨景，叙少年往事，发慷慨议论，抒郁闷心情，数者结合，妥帖浑然。抱负难以实现，故不平之气充塞；胸襟不得开展，而凛然之志不减。以理入词，但以情统理，内容上完全突破了应歌的藩篱，在当时堪称黄钟大吕之响。艺术上受柳永羁旅行役词的影响，以铺叙的方式表而出之，滔滔汩汩、气势完足。又多使用经史、诗文中的故实，甚至直用其语，而又善加熔冶，同样独标新帜，体现了"以诗为词"乃至"以文为词"的优长之处。

前文有述的《江城子·密州出猎》，可算作苏轼词中一首典型的豪放词。表现愿为国家效力边陲的迫切愿望和急切心情，是这首词所以豪放的思想基础。叙事激荡人心，写景阔大壮观，抒情慷慨昂扬，言志勇武刚强，四者构成了英武豪迈、气概凌云的自我形象的塑造。自我形象的塑造在诗中司空见惯，在词中却不多见，像这种为国靖边的自我形象更是前所未有。这是苏轼扩大歌词表现领域的重要表现，也是他有意开创不同于传统词风的积极尝试。这类词数量虽不多，却正是它们摆脱了“词为艳科”的束缚，在后代词坛激起了长久不息的波澜。

已引述过的《水调歌头·明月几时有》，词人运用了浪漫主义手法，表现了自己内心深处的迷离、惝恍和怫郁不平，写出了他内心的天上与人间、幻想与现实、出世与入世之间两方面激烈的矛盾斗争，极其曲折委婉地反映了词人壮志难酬，政治失意的痛苦。在痛苦的矛盾斗争中，词人说出了“起舞弄清影，何似在人间”。既然天上归不得，且顾虑“高处不胜寒”，终究觉得还是人世间比有“琼楼玉宇”的天上幸福。这是他“入世”战胜了“出世”，从幻想转到现实，从天上回到人间。有人说这里面隐含着到地方任官，比在朝廷好的意味。如果此说成立，那么上句“琼楼玉宇”之“寒”，当指朝廷执政者对词人的排斥打击了。这种理解可备一说。总之，这两句抒写了词人对人生的执着和热爱之情。

至于大家熟悉的脍炙人口的《念奴娇·赤壁怀古》，更是一首由写景、怀古与自伤三重内容构成的名篇，题是怀古，实是自伤，写景则是二者的中介。其基本的情感内容是怀念古代英雄豪杰，感叹现实功业难成，油然而生世事苍茫的悲壮情怀。入世与超世、忧郁与旷达、进取与无为、施展怀抱的雄心与放情山水的意趣交织在一起，体现出的精神意态比其他词作都要复杂，而贯穿全篇的，则是一种激荡人心的崇高美和悲壮美。有人说它“横槊气概，英雄本色”，有人说它“淋漓悲壮，击碎唾壶”，自无不可。但又有人说它“极豪放之致”（唐圭璋《唐宋词选释》），这就未必惬切了。

苏轼词作另一特色是“以议论入词”（《沧浪诗话·诗辨》），开了南宋辛弃疾的先河。

南乡子

旌旆满江湖，诏发楼船万舳舻。投笔将军因笑我，迂儒，帕首腰刀是丈夫。　　粉泪怨离居，喜子垂窗报捷书。试问伏波三万语，何如？一斛明珠换绿珠。

苏轼在词史上第一个以健笔劲毫塑造英气勃勃的人物形象，来寄托报国的襟怀。旌旗楼船簇拥着一位腰佩宝刀的将军，气象颇为壮观。再看一例：

满 江 红

寄鄂州朱使君寿昌

江汉西来，高楼下，蒲萄深碧。犹自带、岷峨雪浪，锦江春色。君是南山遗爱守，我为剑外思归客。对此间、风物岂无情，殷勤说。　　江表传，君休读。狂处士，真堪惜。空洲对鹦鹉，苇花萧瑟。不独笑书生争底事，曹公黄祖俱飘忽。愿使君，还赋谪仙诗，追黄鹤。

此词为苏轼贬居黄州时所作，具体写作时间不详。苏轼与鄂州太守朱守昌交谊颇深，常有诗文往来，此词就是苏轼贬官黄州期间寄给朱守昌的。这首词通过描写长江的壮丽景色，抒发了政治仕途失意的苦闷情怀。

上片描写长江的壮丽景物，表达与友人共同的风物感受，抒发故乡之思。词作开端从大处落笔，气势恢宏，境界开阔，描绘出大江千回万转、浩浩荡荡、直指东海的雄伟气势；以“蒲萄深碧”形容水色，并想象汉江之水中融合着岷山、峨眉山上的积雪，笔法新颖，构思精巧，于雄浑的气象中寄寓着浓厚的思乡之情。

下片借史慨叹，寄寓自己因文才而无辜受害的愤怒，流露出词人超然物外、随缘自适的人生态度，同时冀望友人能够超然于复杂的政治斗争之外，寄意文章事业，撰写出色的作品来追蹑前贤，以求不朽。这首词思想内涵非常丰富，既有对壮阔景象的喜爱，又抒发了思乡之情；既有对友人的怀念，也有对历史的慨叹、自我情怀的表达。词作用直抒胸臆的方式表情达意，既表现出朋友间的深厚情意，又于发自肺腑的议论中表现自己的内心世界。

全词形散而神不散，大开大合，境界豪放，议论纵横，显示出豪迈雄放的风格和严密的章法结构的统一。在情感表达上，避免平铺直叙、浅露直白，而是通过自然景色以引发思乡念友之情，通过即景怀古，引出历史故事来评人述事，寓情于景，寓情于事，耐人寻味。

八声甘州

寄参寥子

有情风、万里卷潮来，无情送潮归。问钱塘江上，西兴浦口，几度斜晖？不用思量今古，俯仰昔人非。谁似东坡老，白首忘机。　　记取西湖西畔，正春山好处，空翠烟霏。算诗人相得，如我与君稀。约他年、东还海道，愿谢公、雅志莫相违。西州路、不应回首，为我沾衣。

此词作于元祐六年（1091），是苏轼离开杭州赴任翰林学士承旨时送给友人参寥的。苏轼与参寥为莫逆之交，感情甚笃。苏轼被贬黄州时，参寥不远千里相从，追随数年，令东坡深为感动；苏轼任杭州太守时，参寥寓居智果精舍，苏轼为他重建法堂并题榜。这首词就表达了苏轼与参寥间深厚的友情，以及相携归隐的志趣和愿望。

上片由残阳落照中钱塘潮的涨落写到人世的欢聚与离别，表现了词人豁达超脱、淡泊宁静的心境，衬托出朋友情谊的珍贵。下片回忆与参寥漫游西湖时所欣赏的美丽自然风景，并借谢安东还海道之志不遂致使羊昙哭于西州门的典故，表达了与友人相携归隐山林、泛舟江湖的志趣和愿望。俞陛云《唐五代两宋词选释》评曰："起笔破空而下，风潮来去，有情而实无情，千古之循环兴废，大抵如斯。惟有此高世之想，故下阕与参寥子相约，尔我之交谊，应效谢安在新城欲自海道还，以遂其雅志，勿效羊昙他日发马策西州之感也。"

这首词紧扣杭州壮丽景色，感慨沧桑变迁、人事代谢，追忆深厚友谊，抒写归隐志向，将景、情、理和谐地融为一体，在对人生的漂沉感慨、豪迈悲歌中渗透着词人浓厚的个人情感。词作语言朴素流畅，音调和谐婉转，意境开阔，用典自然，感情饱满激越，富含深厚的哲理意蕴，给读者以强烈的震撼和深刻的启迪：郑文焯《手批东坡乐府》评本词云："突兀雪山，卷地而来，真似泉（钱）塘江上看潮时，添得此老胸中数万甲兵，是何气象雄且桀。妙在无一字豪宕，无一语险怪，又出之以闲逸感喟之情，所谓骨重神寒，不食人间烟火者。词境至此观止矣……云锦成章，天衣无缝。是作从至情流出，不假熨帖之工。"

词作题材和风格多样化举例

苏轼开创了豪放派词风，作为苏词风格的另一面，他还写了相当数量情致深婉的婉约词。其中有写情人相思的如《祝英台近》，有写美人姿态的如《洞仙歌》，也有花间尊前的赠妓之作。但其趣味却不庸俗，不艳媚，仍是“指出向上一路”。

我们不妨也读读这些属于“婉约”，却格调不俗的词作。尤其是那些咏花状物、写景寄情的佳作，如《水龙吟（似花还似非花）》《贺新郎（乳燕飞华屋）》《蝶恋花（花褪残红青杏小）》等，更是高格远韵，压倒古今。试举几例：

水龙吟

次韵章质夫《杨花》词

似花还似非花，也无人惜从教坠。抛家傍路，思量却是，无情有思。萦损柔肠，困酣娇眼，欲开还闭。梦随风万里，寻郎去处，又还被莺呼起。　　不恨此花飞尽，恨西园、落红难缀。晓来雨过，遗踪何在？一池萍碎。春色三分，二分尘土，一分流水。细看来，不是杨花，点点是离人泪。

“似花还似非花”，看其出手便自不凡，已定一篇咏物宗旨：既咏物象，又写人言情：刘熙载称起句“可作全词评语，盖不离不即也”（《艺概·词曲概》），即谓人与花、物与情当在“不离不即”之间。唯其“不离”，方能使种种比兴想象切合本体，有迹可求，此词家所谓“不外于物”；唯其“不即”，方能不囿本体，神思飞越，展开想象，此词家所谓“不滞于物”。如果纯以咏杨花而论，则这一句又准确地把握住了杨花那“似花非花”的独特“风流标格”。说它“非花”，它却名为“杨花”，与百花同开同落，共同装饰春光，又一起送走春色。说它“似花”，它色淡无香，形态碎小，隐身枝头，向不为人注目爱怜。

次句承以“也无人惜从教坠”。一个“坠”字，赋杨花之飘落；一个“惜”字，有浓郁的感情色彩。“无人惜”，是说天下惜花者虽多，惜杨花者却少。然细加品味，亦反衬法，词人用笔之妙，正是于“无人惜”处，暗暗透出缕缕怜惜杨花的情意，并为下片雨后觅踪伏笔。

“抛家傍路，思量却是，无情有思”三句承上“坠”字，写杨花离枝坠地、飘落无归的情状。不说“离枝”，而言“抛家”，貌似“无情”，犹如韩愈所谓“杨花榆荚无才思，惟解漫天作雪飞”（《晚春》），实则“有思”，一似杜甫所称“落絮游丝亦有情”（《白丝行》）。咏物至此，已见拟人端倪，亦为下文花人合一张本。“萦损柔肠，困酣娇眼，欲开还闭。”这三句紧承“有思”而来，咏物而“不滞于物”，大胆驰骋想象，将抽象的“有思”的杨花，化作了具体的有生命的人——一位春日思妇的形象。她那寸寸柔肠受尽了离愁的痛苦折磨，她的一双娇眼因春梦缠绕而困极难开。此处明写思妇而暗赋杨花，花人合一，无疑是苏词有别于章词的一种新的艺术创造。

以下“梦随”数句妙笔天成，既摄思妇之神，又摄杨花之魂，二者正在“不即不离”之间。从思妇来说，那是由怀人不至而牵引起的一场恼人春梦。她神魂飘扬，万里寻郎；但这里未至郎边，那边却早已啼莺惊梦。他以拟人化的手法，咏写杨花，却又分明在咏人。下片又从惜花入笔，写得感情浓郁，神意幽远。结尾又一转：“细看来，不是杨花，点点是离人泪。”此词声韵谐婉，天趣独到，被誉为千古绝响。

贺新郎

乳燕飞华屋。悄无人、桐阴转午，晚凉新浴。手弄生绡白团扇，扇手一时似玉。渐困倚、孤眠清熟。帘外谁来推绣户，枉教人、梦断瑶台曲。又却是，风敲竹。　　石榴半吐红巾蹙。待浮花、浪蕊都尽，伴君幽独。秾艳一枝细看取，芳心千重似束。又恐被、西风惊绿。若待得君来向此，花前对酒不忍触。共粉泪，两簌簌。

用托物取喻的方法表达深远的寄托，使词旨深沉含蓄，有耐人寻味之妙。本篇即是借比兴寄托表达政治失意之感的作品。词的上片着力塑造了一位绝代佳人，她高洁贞静，超尘拔俗，又那么孤寂无依，命薄运蹇。发端三句写佳人冰清玉洁般的栖身环境。“桐阴转午”，是说桐树阴影转移，天已到午后，表示时间的延续。“手弄生绡白团扇”两句，用局部来映现整体，给读者以足够的艺术联想余地，借以显示佳人的身心纯洁，体态妩媚。

“渐困倚”以下，写佳人入睡被帘外的风竹声惊醒。佳人困倦孤眠，不由沉入梦乡，走向了阆苑仙境。“瑶台曲”，即瑶台的幽深处。瑶台是神仙所居，佳人不甘幽闺之寂寞，时时表现出对理想的憧憬与追求，她梦中刚到仙境幽深处，朦胧中听到有人揭帘推门，对于这种空谷足音，佳人也许是兴奋的、等待的、盼望的，不料恍然醒来，又是惯常听到的风竹萧萧声。“枉教人”“又却是”，透露了佳人怅惘失意的心情。

词的下片集中咏榴花，借以写佳人。榴花艳丽文静，自甘幽独，不愿与浮花浪蕊为伍。“半吐红巾蹙”，说石榴花半开，像折皱成团的红巾一样。“芳心千重似束”，意谓从榴花的形象仿佛看出她心事沉重，精神蹙束。“西风惊绿”是担心娇嫩的榴花被秋风惊落后，只剩下满枝绿叶。这里用一“惊”字，写出了榴花也是佳人的沉重心绪。最后诗人暗示，榴花已临近失时的边沿，待到西风吹来，美人把酒对花，将禁不住粉泪同花瓣一同纷纷下落。到此佳人与榴花感情交融，合而为一。

此篇与一般的婉丽之作不同，它用华艳绝伦的形象和婉曲缠绵的格调写政治题材，通过比兴象征的方法含蓄曲折地表达失意之感，这在词史上是富有独创性的。上半阕写美人，下半阕写榴花，却都含蓄蕴藉，意在形象之外，似有无穷意味，耐人咀嚼。

苏轼言情的词作，还有一则名篇，即《洞仙歌》。有人以为是改编自孟昶的词或诗，也有人不同意这一说法，遂引起文学史上一番争论。那么，苏轼的《洞仙歌》到底是原创，还是改编他人作品，这一问题确实颇为复杂。

苏轼在《洞仙歌》序中叙述了这样一个故事：我七岁的时候，遇见一位峨眉山老尼，姓朱，名字已经忘了，年纪约有九十岁。她自己说年轻时曾随其师傅进入五代时后蜀国主孟昶的宫中，一个大热天，蜀主孟昶与其贵妃花蕊夫人，夜里在宫中的摩诃池上纳凉，雅兴上来作了一首词。朱尼也在边上侍奉，便记下了此词。到今天又过了四十年，朱尼也早就过世了，再没有人知道这首词。我也只记住最前面两句，有空仔细想想倒也颇有味道，它难道不就是《洞仙歌令》吗？于是便将它填写补足。全词如下：

> 冰肌玉骨，自清凉无汗，水殿风来暗香满。绣帘开，一点明月窥人，人未寝，攲枕钗横鬓乱。　　起来携素手，庭户无声，时见疏星渡河汉。试问夜如何？夜已三更，金波淡、玉绳低转。但屈指、西风几时来，又不道、流年暗中偷换。

这首词画出一幅优美静谧的宫中夏夜纳凉图：贵妃天生丽质，所谓“冰肌玉骨，自清凉无汗”。摩诃池上宫殿中吹来的风，含有阵阵香气。拉开绣帘，只见一轮明月照着人间。美人还没有睡，靠在枕边，头钗和鬓发已有些乱了。天炎热睡不着，拉起美人的手出来散步，宫廷中已鸦雀无声，只见天上的星星在暗渡天河。试问美人：夜已至几时？夜已至三更。月光恬淡，星移斗转。屈指算算西风几时再来，时光如流年，在不知不觉中逝去。

按照苏东坡的前序，他是七岁的时候听得眉州老尼念过那首《洞仙歌令》词，四十年过去了，也就是在东坡年近五十岁之时，只记得前两句“冰肌玉骨，自清凉无汗”。由于感觉颇有味道，便提笔为其补足。也就是说这首词除前两句外，基本上是苏东坡的作品。

有人说苏词“短于情”，是不对的。他的爱情词、婉约词，如《江城子（十年生死两茫茫）》《蝶恋花（枝上柳绵吹又少）》《浣溪沙（道字娇讹语未成）》等词，都写得韵格婉媚、一往情深。正如贺裳在《词苑丛谈》卷四说：“苏子瞻有铜喉铁板之讥，然《浣溪沙》春词曰：‘彩索身轻常趁燕，红窗睡重不闻莺’。如此风调，令十八女郎歌之，岂在晓风残月之下？”

苏轼还写了许多描绘山川景色的清新、明丽之作。试看《行香子·过七里滩》：

一叶舟轻，双桨鸿惊。水天清，影湛波平。鱼翻藻鉴，鹭点烟汀，过沙溪急，霜溪冷，月溪明。　　重重似画，曲曲如屏。算当年，虚老严陵。君臣一梦，古今虚名。但远山长，云山乱，晓山清。

这首词描写了七里滩的优美自然风光，表现了词人对江南水乡的热爱和对人生事业的理性思考。上片写景，既有较开阔的环境描写，也有细微的景物聚焦，点面兼顾地描绘出生机盎然的七里滩风光，也反映出词人热爱自然、热爱生活的情趣。“鱼翻”“鹭点”写出鱼鸟的不同情态，并分别从溪流的动态、温度和色调等角度，写出了沙溪、霜溪、月溪的特色，笔墨简练，动静相映，意境清寒秀美，令人神往。下片写景抒情，传神地描绘了群山倏忽而过的状态，并在流动闪烁、如诗如画的水光山色之中，抒发人生短暂、山水长存、物是人非的感慨。东汉严光的典故，表现出词人独特新颖的评说视角，也反映出自己寄情山水的情怀，流露出强烈的浮生若梦情绪，从“长”“乱”“清”等不同的角度写山，形成一种流动而回环往复的美。这首词运用传统绘画中的散点透视方法，让读者随着小舟的行驶，顺次欣赏鸿、水、天、鱼、鹭、小溪等景色，并融人生的感慨、历史的沉思于水光山色之中，自然真切，隽永含蓄，韵味无穷。语言自然质朴，句法工整多变，格调清新明朗，秀丽明快，轻盈俊洁。

此外，苏轼还有不少描写田园风光、日常生活的小词，往往写得摇曳多姿、趣味盎然。这类词代表着苏词的另一种风格——自然亲切，清新淡远。

如《浣溪沙》写兰溪雨景“山下兰芽短浸溪，松间沙路净无泥，潇潇暮雨子规啼。”词中的春雨、沙径、小溪，松林、兰芽、鸟啼，诗情画意，隽秀宜人。

读遍《花间词》，都是才子佳人在闺房里卿卿我我，或是美人、怨妇的相思之苦，没有一篇写农村劳动人民的生活。苏轼的笔下，使我们看到了九百多年前北宋乡间的一幅幅形象生动、充满生活气息的风俗画。且读他在徐州石潭谢雨，道上作的五首《浣溪沙》：

照日深红暖见鱼，连村绿暗晚藏乌，黄童白叟聚睢盱。
麋鹿逢人虽未惯，猿猱闻鼓不须呼，归来说与采桑姑。

旋抹红妆看使君，三三五五棘篱门，相排踏破蒨罗裙。
老幼扶携收麦社，乌鸢翔舞赛神村，道逢醉叟卧黄昏。

麻叶层层苘叶光，谁家煮茧一村香，隔篱娇语络丝娘。
垂白杖藜抬醉眼，捋青捣麨软肌肠，问言豆叶几时黄。

簌簌衣巾落枣花，村南村北响缫车，牛衣古柳卖黄瓜。
酒困路长惟欲睡，日高人渴漫思茶，敲门试问野人家。

软草平莎过雨新，轻沙走马路无尘，何时收拾耦耕身？
日暖桑麻光似泼，风来蒿艾气如熏，使君元是此中人。

读罢此组描写初夏农村景象的词，仿佛一股亲切、浓郁的乡土气息扑面而来！

就是这样，苏轼在他的词中，时而放怀高歌，时而深情倾诉，有时轻松自然，有时旷达洒脱。他的诗词，之所以能够形成这种既雄健豪放又多彩多姿的风格，与他本人的思想、性格、学识、阅历、襟抱密切相关。苏轼的人生道路复杂曲折，有顺境、有逆境。顺境时，声高位显；逆境时，艰难困顿。不同时期不同的生活境遇，直接影响着他的创作风格。苏轼一生无书不读，儒道佛典，诸子百家，无不精通。渊博的学识，促成了他复杂的思想，不同时期的人生遭遇，使他有不同的思想矛盾变化，反映在他的创作中，便呈现出不同的风格：青年时声名鹊起，其时的作品，呈现出豪迈进取的峥嵘气象。黄州时期，思想转向对人生的深刻思索和体味，作品往往在雄健中又表现出高旷洒脱的气度。晚年在岭南儋州，随着对人生的彻底体悟，其作品的风格更趋向平淡自然，而又“其实不是平淡，绚烂之极也。”（苏轼《与侄论文书》）无论在哪个人生阶段，始终都有清雄豪健之作，说明在多样化的苏词风格中，豪放是其主脉。

第二十三章

赋 留 绝 唱

才华横溢的苏轼，对每一种文学形式都有精深的研究，且在实践中写下了不朽作品，除了文、诗、词之外，赋也是如此。曾枣庄先生有《苏赋十题》的专论。此十题是：一、苏过“有《飓风赋》《思子台赋》行于世”；二、“遭父丧而浮江归蜀也，过楚屈原之祠，为赋以吊”；三、“子由赋伏苓以示余，乃作《服胡麻赋》以答之”；四、“苏子瞻扬州题诗之谤，作《黠鼠赋》”；五、其他苏赋系年；六、苏轼的骚体赋；七、苏轼的律赋；八、苏轼的文赋；九、苏赋分类：题材、内容和主旨；十、苏赋咏食、咏酒之赋“往往皆臻其妙”。（参见《中国苏轼研究》第三辑，学苑出版社 2007 年版，第 12–50 页）

苏赋的题材十分丰富：或议政，如六篇律赋及《复改科赋》；或纪游，如《滟滪堆赋》《后赤壁赋》；或吊古，如《昆阳城赋》《屈原庙赋》《赤壁赋》，或咏物，如《后杞菊赋》《服胡麻赋》《黠鼠赋》《秋阳赋》《天庆观乳泉赋》《快哉此风赋》《沉香山子赋》；或咏酒，如《洞庭春色赋》《中山松醪赋》《酒子赋》《酒隐赋》《浊醪有妙理赋》；或咏食，如《老饕赋》《菜羹赋》。限于篇幅，本书只能简介苏轼的著名文赋与精彩小赋两部分。

前后《赤壁赋》成千古绝唱

文赋是兴起于唐，而成熟于宋的新兴赋体，它是对骈赋、律赋的反动，是对秦汉古赋的复归，但又不同于秦汉古赋。文赋既为赋，它就具有赋的共同特点，多用对话的形式结构全篇，虽押韵不严而一般仍押韵。既称文赋，它又具有不同于其他赋体的特点，这就是尚于理而略于辞，骚、骈、散句式并用，多单行散句，句式参差，具有散文之风。本此以衡量文赋，这种赋体并未成为宋代及宋以后赋的主体。

宋代现存辞赋约一千四百余篇，堪称文赋者不足百篇。就宋代文学的发展过程看，北宋初年很少有人作文赋，文赋的出现主要是在北宋古文运动兴起后，但存世文赋也远较其他赋体为少。苏轼现存赋二十五篇，文赋只有前后《赤壁赋》、《黠鼠赋》、《天庆观乳泉赋》四篇。

苏轼贬官黄州，政治处境极为不利，心情非常苦闷。他力图用老庄的听任自然、随缘自适、超然达观的处世哲学来解脱自己的痛苦。前后《赤壁赋》就是在这样的心境下流下来的绝妙文章。

《前赤壁赋》全文如下：

壬戌之秋，七月既望，苏子与客泛舟，游于赤壁之下。清风徐来，水波不兴。举酒属客，诵《明月》之诗，歌《窈窕》之章。少焉，月出于东山之上，徘徊于斗牛之间。白露横江，水光接天。纵一苇之所如，凌万顷之茫然。浩浩乎如冯虚御风，而不知其所止；飘飘乎如遗世独立，羽化而登仙。

于是饮酒乐甚，扣舷而歌之。歌曰："桂棹兮兰桨，击空明兮溯流光。渺渺兮予怀，望美人兮天一方。"客有吹洞箫者，倚歌而和之。其声呜呜然，如怨如慕，如泣如诉。余音袅袅，不绝如缕。舞幽壑之潜蛟，泣孤舟之嫠妇。

苏子愀然，正襟危坐而问客曰："何为其然也？"

客曰："'月明星稀，乌鹊南飞。'此非曹孟德之诗乎？西望夏口，东望武昌，山川相缪，郁乎苍苍。此非孟德之困于周郎者乎？方其破荆州，下江陵，顺流而东也，舳舻千里，旌旗蔽空，酾酒临江，横槊赋诗，固一世之雄也，而今安在哉？况吾与子渔樵于江渚之上，侣鱼虾而友麋鹿。驾一叶之扁舟，举匏尊以相属。寄蜉蝣于天地，渺沧海之一粟。哀吾生之须臾，羡长江之无穷。挟飞仙以遨游，抱明月而长终。知不可乎骤得，托遗响于悲风。"

苏子曰："客亦知夫水与月乎？逝者如斯，而未尝往也；盈虚者如彼，而卒莫消长也。盖将自其变者而观之，则天地曾不能以一瞬；自其不变者而观之，则物与我皆无尽也，而又何羡乎？且夫天地之间，物各有主，苟非吾之所有，虽一毫而莫取。惟江上之清风，与山间之明月，耳得之而为声，目遇之而成色，取之无禁，用之不竭，是造物者之无尽藏也，而吾与子之所共适。"

客喜而笑，洗盏更酌。肴核既尽，杯盘狼藉。相与枕藉乎舟中，不知东方之既白。

《苏轼年谱》载：（元丰五年七月）十六日，与客泛舟赤壁，作《赤壁赋》。宋神宗元丰五年，即1082年，是苏轼谪居黄州的第三年。赋中所云"客有吹洞箫者"，据考证这位客人为四川道士杨世昌。杨道士多才才艺，琴棋书画样样精通，还懂得炼丹、酿酒。从苏轼赠给杨世昌的《蜜酒歌》中可以得知："西蜀道士杨世昌，善作蜜酒，绝醇酽，余既得其方，作此歌以遗之。"这年五月他特意来到黄州陪伴贬居中的苏轼，直到第二年五月才离去。他们一起泛舟、对酒、诵诗、听箫、谈论人生，这篇著名的《前赤壁赋》即是记载了七月这次夜游赤壁的感悟。

何满子先生对这篇赋文的艺术特色写有鉴赏文章，摘引如下：

主客对答是赋体中传统的表现手法，主与客都是作者一人的化身。在这篇赋里，客的观点和感情是苏轼的日常的感受和苦恼，而主人苏子所发抒的则是他超脱地俯察人与宇宙之后的哲学的领悟。前者沉郁，后者达观；前者充满人事沧桑与吾生有涯的感慨，后者则表现了诗人与大自然合而为一的心灵净化的境界。

但这种意蕴都不是借抽象的灰色的言语表述，而是诉之于月下江游的眼前景物和由景物所引起的感触，因此才有强烈的感染力和渗透力。一方是由月夜江上想起曹操的诗句，由诗句联想起曹操兵下江南、横槊赋诗的英雄气概，进而产生了"千古风流人物"不免"浪淘尽"，空留山川遗迹的感慨，转而抱恨于人生须臾，江山无穷，登仙乏术的无可奈何；另一方则顺手以眼前的江水与山月作比，以水的逝去而又长流、月的盈亏而又永生的现象，阐发变与不变、瞬间与永恒的关系，归结到人生应投入大化，方能超脱无谓的苦恼。这种感情，包括人生苦闷和物我参透，当然都是苏轼在贬谪生活中的烦恼，以及欲求摆脱持旷达态度的表露。

然而，作为全赋重心的主客对答部分，如果没有前两段为之创造环境气氛，培养情绪，那么，主客对答的感情宣泄和哲理发挥，就不能产生出色的效果，乃至缺乏基础了。首段是点题，描写赤壁泛舟的情景，就记游来说，仅此一段，文意就已独立自足。这一段的描写，主客的情绪是愉快的，轻松的，彼此都陶醉在初夜江上的泛游之中。接着，第二段是由轻松到沉重，由愉快到抑郁的过渡，快乐的扣舷而歌引出了缠绵悲凉的洞箫声，刹那间情绪就转向了莫名的惆怅。这一过渡自然圆转，不露一丝圭角，使读者不知不觉地为这种感情的抑扬起伏所吸引，迫不及待地去倾听下面的对话，并且欣然同意这段对话乃是情理之所必有，正如对话结束，愁结解开以后的喜笑重酌也是情理之所必然一样。全赋的构架布局可说是天造地设，无瑕可击的。

抒情散赋自六朝起已代替西汉的大赋成为赋的主流，成为韵散交织的更为自由的文体。唐以后，散赋已成为赋的基本形式，比四六对仗的骈体文还要自由疏放，但诗味却更为浓郁。散赋摆脱了堆砌典故、拘守声律的束缚，句法自由，结构自由，韵律也自由。但它又确实保持着赋的精神，与散文迥乎有别。这篇《赤壁赋》可说是散赋的杰出代表作之一。（《古文鉴赏辞典》下册，上海辞书出版社 1997 年版）

黄州赤壁究竟是不是当时三国的古战场已经不重要了。在苏轼和他的朋友们看来，这里是他们忘忧和聚会的胜地。同年十二月十九日，是苏轼四十七岁生日。他在《玉局文》中记下了众友在赤壁矶的栖霞楼上畅饮欢聚的生动场景：

元丰五年十二月十九日东坡生日，置酒赤壁矶下，踞高峰，俯鹊巢，酒酣，笛声起于江上。客有郭、尤二生，颇知音，谓坡曰："笛声有新意，非俗工也。"使人问之，则进士李委闻坡生日，作南曲曰《鹤南飞》以献。呼之使前，则青巾紫裘腰笛而已。既奏新曲，又快作数弄，嘹然有穿云裂石之声，坐客皆引满醉倒。委袖出嘉纸一幅曰："吾无求于公，得一绝句足矣。"坡笑而从之。诗云："山头孤鹤向南飞，载我南游到九嶷。下界何人也吹笛，可怜时复犯龟兹。"

这个故事生动地反映了文人的雅兴，很有情趣。李委仰慕东坡诗名，为求其诗煞费苦心，终如愿以偿。诗的后两句，是对李委高超技艺的推崇。东坡用的是李慕的典故。李慕是唐代著名的梨园乐工，吹笛天下无比。传说他在越州的镜湖，遇到一位独孤（复姓）丈人，指出他的笛声带有少数民族的风韵。李慕非常吃惊，承认自己的老师就是龟兹人。所以，东坡的这两句一是对李慕的赞美，二是以独孤老人自许，因为老者不仅是隐士，而且颇有一点神仙的风度。前两句寓意就更深。九嶷是舜帝的葬地，屈原的《离骚》中写到"济沅湘以南行兮，就重华（大舜的名字）而陈辞。"东坡用此典，仍旧在表白他忠正洁白的心地和同恶势力斗争至死不悔的决心。

《后赤壁赋》记述的是这一年十月十五夜的江游。很明显，随着季节的不同，赋中所写的景物不尽相同，整体作品的气象、意境也有很大差异。《后赤壁赋》全文如下：

是岁十月之望，步自雪堂，将归于临皋。二客从予，过黄泥之坂。霜露既降，木叶尽脱。人影在地，仰见明月。顾而乐之，行歌相答。

已而叹曰："有客无酒，有酒无肴，月白风清，如此良夜何？"客曰："今者薄暮，举网得鱼，巨口细鳞，状似松江之鲈，顾安所得酒乎？"归而谋诸妇。妇曰："我有斗酒，藏之久矣，以待子不时之须。"

于是携酒与鱼，复游于赤壁之下。江流有声，断岸千尺；山高月小，水落石出。曾日月之几何，而江山不可复识矣。予乃摄衣而上，履巉岩，披蒙茸，踞虎豹，登虬龙。攀栖鹘之危巢，俯冯夷之幽宫。盖二客不能从焉。划然长啸，草木震动，山鸣谷应，风起水涌。予亦悄然而悲，肃然而恐，凛乎其不可留也。返而登舟，放乎中流，听其所止而休焉。时夜将半，四顾寂寥，适有孤鹤，横江东来，翅如车轮，玄裳缟衣，戛然长鸣，掠予舟而西也。

须臾客去，予亦就睡。梦一道士，羽衣蹁跹，过临皋之下，揖予而言曰："赤壁之游乐乎?"问其姓名，俯而不答。"呜呼噫嘻！我知之矣。畴昔之夜，飞鸣而过我者，非子也耶?"道士顾笑，予亦惊寤。开户视之，不见其处。

这里仍引述何满子先生的鉴赏文章：

此赋的写景，一向被历代文评家所推赏。其杰出之处在于不假辞藻，自然而工致。如首段的"人影在地，仰见明月"；第三段的"江流有声，断岸千尺；山高月小，水落石出"和"山鸣谷应，风起水涌"等语，全用白描，却给人以清新之感，字面质朴而诗情丰腴。这是诗人突入了自然之后，汲取了风景的精髓，以简约平淡的语言给以准确表达的缘故，其风味极像陶渊明的诗句。

写景写得好，是因为景中有情。所谓景中有情，不一定是在刻画景物时寄予感慨，而在于所刻画的对象中透露出作者的视角，作者对景物的体会，也即是有作者的诗情在内。于是风景与人格一致，达到了方苞所谓"胸无杂物，触处流露，不知其所以然而然"（王文濡《评校音注古文辞类纂》评此文引）的主客观契合的创作心理状态。(《古文鉴赏辞典》下册)

与前赋不同，《后赤壁赋》中仅有写景叙事而没有一字一句的议论。然而这仅仅是一篇普通的游记吗？当然不是，全文的叙事由真入幻，开头像一段洋溢着生活气息的纪实小品，结尾却是充满了梦幻色彩的浪漫遐想，分明是富有象征意义的比兴手法。然而此赋究竟蕴藏着什么意义呢？它是否包含着深刻的人生哲理呢？在萧瑟的冬夜乘舟游于绝壁之下，还独自一人攀上险峻陡峭的山崖，苏轼究竟在寻求什么？那种"悄然而悲、肃然而恐"的心情真是山鸣谷应的夜景所引起的，还是折射着他对现实社会的某种感受？让小舟在江中放任自流，与《庄子》中所描摹的无心触物的“虚舟”有无关系？玄裳缟衣的仙鹤与羽衣蹁跹的道士究竟是一是二，这个超凡脱俗的意象是否象征着可望而不可即的自由境界？我们不知道，但我们感受得到，苏轼在写景叙事之外别有寄托，这是一位智者面对着江山风月所悟出的人生的真谛。它不可言说，而其意无穷，让后人去猜测，由读者去体验。

对这两赋的意境，文学批评家金圣叹的看法颇有深意，他在《天下才子必读书》中评道：“前赋是特地发明胸前一段真实了悟，后赋是承上文从现身现境一一指示此一段真实了悟。”又说：“若无后赋，前赋不明；若无前赋，后赋无谓。”

苏轼的前后《赤壁赋》，作为“超绝古今”（参见嘉乐斋选评注《三苏文范》引吕东莱语）的绝唱，它已经陶冶和影响了千百年来的读者；至于它的题旨，自北宋以来却评说差谬、议论纷然，往往令人真伪莫辨、茫然若失。如有人说其题旨是发抒“遗世之想”，有说乃叙其“吊古不尽之意”，有说是舒其“山水之癖”，有说是“发胸中旷达之思”，而今人则多说其咏物寄慨、阐述人生哲理者……总之，说法纷繁、互相龃龉，甚至都没有对两赋的思想内容进行具体、深入的探索，提出系统而完整的说明，以致迄今未能统一认识，这也可说是文学史上一大憾事。但是，在客观上，要准确而完整地概述一篇名作的题旨，谈何容易？唐庚说：“东坡《赤壁》二赋，一洗万古，欲仿其一语，举世不可得也。”德国大诗人歌德所说：“优秀的作品，无论你怎样去探测它，都是探不到底的。”

20世纪80年代初，对苏轼研究痴心不改的朱靖华先生，撰写了《前、后〈赤壁赋〉题旨新探》等文章，结集出版了《苏轼新论》（齐鲁书社1983年版），朱先生在“赋意探微”一小节中，提出了两个新观点：其一，哀怨宋神宗被谗佞包围，“尊主泽民”的壮志难酬；其二，借古喻今，讽刺宋神宗和变法派在边事战争中急功近利、丧权辱国。特别提到了前赋中，如同屈原一样，用“美人”来比兴“圣明天子”，忧虑与哀叹被奸佞权臣包围。

本人因对此未作精深研究，不敢也不应置喙，只是对“略有同感”的观点谈几句拙见。

“诗言志”，“文如其人”，对向来忧国忧民、满肚子“不合时宜”、善于借题发挥的苏轼来说，写诗词也好，作文赋也好，是决不会只咏风花雪月，只作“无病呻吟”，必定有触景生情、借物抒情的政治旨意，且隐蔽得很巧妙。“渺渺兮予怀，望美人兮天一方”句中，是将“美人”比作心目中的圣明天子，是确定无疑的，且没有任何政治风险。不论性别男女，也不分地位高低，谁不愿意被人夸为“美”？说你是“美人”有什么错、找什么茬？

赤壁两赋是在苏轼遭受大祸大难、死里逃生后，在特定的大自然环境和心旷神怡的自我心境下，发思古之幽情，慨生命之短促，是对人生大彻大悟后，从心胸流出的真言和箴言的极致作品。他经历了一百三十天的监狱囚禁，已哀泪满面写过遗嘱，哭声动地跪拜过祖先和亲人，“死过一回”之人，又回到现实世界中来，还有什么耿耿于怀、想不明白？特别是《前赤壁赋》中，“寄蜉蝣于天地，渺沧海之一粟。哀吾生之须臾，羡长江之无穷。”“夫天地之间，物各有主，苟非吾之所有，虽一毫而莫取。惟江上之清风，与山间之明月，耳得之而为声，目遇之而成色，取之无禁，用之不竭，是造物者之无尽藏也，而吾与子之所共适”等哲理警语，皆是体察人与宇宙之后，关于人生真谛的深刻领悟，这也是两赋传颂千古、永垂不朽的重要原因。不同的读者有什么新的感悟与见解，尽可以在比海洋、比苍空更广阔无际的思维中驰骋。

精彩小赋超然新意出法度

除了前后《赤壁赋》之外，东坡还有多篇精彩小赋传世，《黠鼠赋》便是其中一篇脍炙人口的作品，现录原文：

> 苏子夜坐，有鼠方啮（咬也）。拊（拍）床而止之，既止复作。使童子烛之（以烛相照）：有橐中空（袋子）。嘐嘐聱聱（鼠啮物声与叫声），声在橐中。曰：“嘻！此鼠之见闭而不得去者也。”发而视之，寂无所有。举烛而索（寻找），中有死鼠。童子惊曰：“是方啮也，而遽（突然）死耶？向（刚才）为何声？岂其鬼耶？”覆（翻倒）而出之，堕地而走。虽有敏者（敏捷，反应快），莫措其手。

苏子叹曰："异哉！是鼠之黠也（聪慧，狡猾）。闭于橐中，橐坚不可穴也。故不啮而啮，以声致人（用啮声引人注意）；不死而死，以形求脱也（以死形求脱身）。吾闻有生，莫智于人。扰（驯养）龙伐（斩）蛟，登龟狩麟，役万物而君之（能主宰万物），卒见使于一鼠（最后却被一只老鼠所支使）。堕此虫之计中，惊脱兔于处女（以处女比鼠之装死），乌（何在）在其为智也？"

坐而假寐（打盹），私念其故。若有告余者曰："汝惟多学而识之，望道而未见也（想望大道而没有真正领悟）。不一于汝而二于物（不能使自己始终专心致志，而要受外物的干扰），故一鼠之啮而为之变也。人能碎千金之璧，不能无失声于破釜；能搏猛虎，不能无变色于蜂虿：此不一之患也。言出于汝而忘之耶？"

余俯而笑，仰而觉。使童子执笔，记余之作（惭愧）。

《苏东坡全集》第一卷第21页题注中谓"此赋作年难定"。

文中写老鼠狡猾，并反省人而见欺于鼠，源于未能专心致志，故受扰于物。由描述而议论，于细事悟哲理，颇耐咀嚼。苏轼在赋中引用了以少年时代所作的《夏侯太初论》中的警句"人能碎千金之璧，不能无失声于破釜；能搏猛虎，不能无变色于蜂虿"告诫自己，要无所畏惧，不为"一鼠之啮而为之变"，即莫为一点小惊讶而分散自己的注意力，看来此话是有所感和指的。

《天庆观乳泉赋》中有"余谪居儋耳，卜筑城南"之句，可断定为绍圣四年（1097）后在海南所作。时东坡正著《易经》解读之书，学随兴起，故尔大写"阴阳之相化，天一为水"，"为气者水之生，而有形者其死也"。"死者咸而生者甘"之理；然后才及天庆乳泉，而致赞美之意。明宋濂跋云："苏长公以绍圣四年丁丑二月，谪授琼州别驾，安置儋州。六月渡海，七月十三日至儋，侨寄城南，邻于天庆观。观有乳泉，故公为援笔赋此。"宋王亚夫题诗云："苏公早闻道，文章乃其戏。乳泉出重海，作赋聊纪异。玉池咽中夜，挈瓶非小智。气者水之生，此语可深味。"

苏轼在海南曾多次提及天庆观和《乳泉赋》，如《与姜唐佐秀才》云：

"食已，当取天庆观乳泉泼建茶之精者，念非君莫与共之。"《书北极灵签》云："东坡居士迁于海南，忧患不已。戊寅九月晦，游天庆观，谒北极真圣，探灵签，以决余生之祸福吉凶。"元符三年（1100）正月哲宗去世，徽宗继位，大赦天下。五月，苏轼量移廉州。六月渡海，七月至廉州贬所。七月十三日《与欧阳晦夫（简）》云："《乳泉赋》切勿示人，切恳切恳！"可知此赋必作于贬官海南时。王文诰《苏诗总案》卷四二元符元年（1098）六月云："居邻天庆观，城南百井皆废，作《天庆观乳泉赋》。"大体可信。

《天庆观乳泉赋》，前半皆论"天一为水"；后半才讲儋耳天庆观之乳泉。

文赋往往含有骈句，欧阳修的《秋声赋》、苏轼的前后《赤壁赋》都有较多骈句，此赋也一样，如"山川之蓄云，草木之含滋"；"为气者水之生，而有形者其死也"；"下涌于舌底，而上流于牙颊，甘而不坏，白而不浊"；"下则为江湖井泉，上则为雨露霜雪"；"泾渭之不相乱，河济之不相涉也"；"有落月之相随，无一人而我同"；而结尾处则尽为骈句。

前人对此赋评价甚高，葛立方称此赋："析理入微，则知东坡于养生之道深矣。"费衮称："《天庆观乳泉赋》词意高妙，当在第一。"苏轼北移廉州时曾书此赋，李心传称其："笔老墨秀，挟海上风涛之气，以平生所见论之，当为海内苏书第一。"方苞认为，能写出此赋，是所见"绝殊"，"身闲地旷，胸无杂物，触处流露，斟酌饱满"，因而"文境邈不可攀"，评价极高："所见无绝殊者，而文境邈不可攀。良由身闲地旷，胸无杂物，触处流露，斟酌饱满，不知其所以然而然。岂惟他人不能摹仿，即使子瞻更为之，亦不能如此调适而畅遂也。"（《古文辞类纂》卷七一，四部备要本）

第二十四章

书画神品

学众家之长“自出新意不践古人”

中国的书法艺术源远流长。早在商周时期，刻铸在青铜器上的金文就已经体现出了书法的“笔意”。秦始皇统一六国以后，丞相李斯主持统一全国的文字，整理出小篆，开创了书法的先河。而李斯也成为中国历史上第一个有名的书法家。到了西汉，汉字完成了由篆书到隶书的蜕变，结体由纵势变成横势，线条波磔更加明显。这是书法史上的一次革命，不但奠定了汉字“方块字”的基础，而且为以后各种书体流派的产生创造了条件：两晋时期，书法艺术飞速发展，尤以行书最盛，涌现出大量的书法名家。如陆机、“二王”等。隋唐时期，楷书、草书成就突出，“欧虞”“颜筋柳骨”“颠张醉素”为世人称道。两宋时期，书法艺术别开生面，“苏、黄、米、蔡”各具特色。元代以后，书法艺术继续发展，有赵孟頫、鲜于枢、祝允明、董其昌等名家涌现。时至今日，书法艺术仍然流传不衰。

苏轼从小习字认真，父母都对他要求极严，他还多遍抄书，为书法打下了坚实的基础。他曾总结道：

> 笔成冢，墨成池，不及羲之即献之；笔秃千管，墨磨万锭，不作张芝作索靖。

人们说，苏东坡要把字写好，主要靠两样液体：美酒和墨汁。他当时有上好的美酒、最佳的名墨，还有第一流的毛笔和珍贵的纸张。苏东坡最喜欢澄心堂的纸，这是沿袭著名的词人、南唐后主李煜用纸的品牌，细薄光润，使用起来格外应手。他最喜欢宣城的诸葛笔，或者鼠须笔，因为王羲之写《兰亭集序》就是用这种笔，写起来神韵十足。还有制墨名人李廷珪做的墨，色浓味足，写出的字气韵酣畅。美酒也是少不了的，他自己就是个著名的酿酒专家，无论朋友来与不来，家里都藏有好酒。饮几杯美酒再下笔，可以使他提神，增加灵感。

苏轼不仅诗文绝于当代，书画亦登峰造极。黄庭坚道：

> 古来以文章名重天下，例不工书，所以子瞻翰墨，尤为世人所重。

苏轼的书法艺术不但名声大，作品数量也多，而且得到了较好的编集、整理、刻印。

早在南宋时，汪应辰即编集他收罗到的东坡法帖，刻于成都西楼，世称《西楼帖》，陆游还择取其中尤为奇逸者编为《东坡书髓》。《西楼帖》在后代被重刻过，流传不绝，而今台北、北京之故宫、上海图书馆等单位及日本、中国台湾的一些收藏者，犹保存着不少纸本真迹或宋拓法帖，尤以台北故宫收藏为多。1991 年北京荣宝斋出版《中国书法全集》，其中有《苏轼》两卷，是现今为止编印苏轼书法作品最为全备者，其将《西楼帖》打散，与各种纸本、拓本皆依创作时间编年印出，共一百六十四种，并加考释，可以反映苏轼书法艺术的发展过程。

从苏轼一生的书迹，不难看出发展的阶段性。虽未易以年月分断，但专家共识，大致是：早年追摹晋人，字体妍丽，风神俊爽，笔画也细致流畅；中年遍参唐人笔法，掣笔甚为有力，用墨也较丰，点画肥厚，劲锋溢出，而字体也变得稍扁，虽不失妍丽，但可以观察到字体与笔法间的张力，如黄庭坚所谓“间觉褊浅，亦甚似石压虾蟆”，唯醉后之作有顺笔而行，痛快淋漓者；至其晚年作品，则笔力能沉着于字画形体之中，颇见雄劲洒脱，而字体亦从有意构巧转为渐近自然，盖已臻得心应手之境，有“一篇神行”之妙。

其于书法创作，可谓功随年进，老而弥笃，以唐人笔法造晋人风韵，为行书艺术提供了一种典范。

对于苏轼书艺之进展，始终以行家眼光热情关注的，就是并世的大书家黄庭坚。他是苏轼书法的最早一批评论者中留下批评文字最多的，其批评也最具权威性。他经常分早、中、晚三期评论苏轼书法，如：

> 东坡道人少时学《兰亭》，故其书姿媚似徐季海（浩）。至酒酣放浪，意忘工拙，字特瘦劲，乃似柳诚悬（公权）。中岁喜学颜鲁公（真卿）、杨风子（凝式）书，其合处不减李北海（邕）。至于笔圆而韵胜，挟以文章妙天下、忠义贯日月之气，本朝善书，自当推为第一。数百年后，必有知余此论者。
>
> ——黄庭坚《跋东坡墨迹》，《山谷题跋》卷五
>
> 东坡书如华岳三峰，卓立参昂，虽造物之炉锤，不自知其妙也。中年书圆劲而有韵，大似徐会稽（浩）；晚年沉著痛快，乃似李北海。
>
> ——黄庭坚《跋东坡书》
>
> 东坡先生晚年书尤豪壮，挟海上风涛之气，尤非他人所到也。
>
> ——黄庭坚《跋伪作东坡书简》
>
> 东坡少时观摹徐会稽（浩），笔圆而姿媚有余。中年喜临写颜尚书（真卿）真、行，造次为之，便欲穷本。晚乃喜李北海书，其毫劲多似之。
>
> ——黄庭坚《跋东坡自书所赋诗》
>
> 东坡晚年书，与李北海不同师而同妙。
>
> ——黄庭坚《跋东坡与李商老帖》

由于书法艺术强调作者用笔的功力，故书法批评中例将作者分前后期或早中晚期来作评论，又由于黄庭坚作评论的时间不同，故他对苏轼书法创作的分期有些参差，如学《兰亭》在“少时”，似徐浩则或说在“少时”，或说在“中年”，似李邕也或说在“中岁”，或说在“晚年”。造成这种参差的原因，也在于“少时”“中岁”“晚年”皆为模糊概念。但大致整理一下，可以归纳为三个阶段：

学《兰亭》最早，似李邕为晚，中间则遍学唐代诸家如徐浩、颜真卿、柳公权，及五代的杨凝式等，但也有一个从似徐浩到学颜真卿的过程，因为徐浩的“姿媚”与《兰亭》有联系，颜真卿又与李邕同为“豪壮”，而徐浩又有“圆劲”的一面，与颜真卿有联系。《兰亭》—徐浩—颜真卿—李邕，这大概就是黄庭坚勾画的苏轼书法艺术发展的过程。

在此过程中，显然有两种要素的作用，一是字体的妍丽姿媚，一是笔法的豪壮劲健，就是所谓“字”和“笔”。黄庭坚认为：“盖字中无笔，如禅句中无眼。”（黄山谷题跋》卷七）

“句中眼”是他对诗歌的要求，即谓句语中须有思理贯行的意脉，使一个语句体现出一种独特的构思，犹如张开了一只洞穿事物的眼目（按：“眼”意谓“思想”，诗句有主旨和理趣）。“字中笔”则是他对书法的要求，“字”谓字体，要有形式的美，“笔”谓笔法，即写字时笔毫的运动要传达出力量，才能使线条有精神。

在古代史籍中，关于“笔法”的授受经常讲得很神秘，不过其要点在于中锋用笔，但表现在各种点画形式上，自然会有许多具体的法则，要在不断学习中体会、把握。至于运用此笔来造字体时，则也有一番“意在笔先”的“意造”功夫，但无论怎样“意造”，皆不可违拗笔毫运动的规律，不可使线条无力，也即“字”中不可无“笔”。

苏轼说过：“草书只要有笔。”（苏轼《跋黄鲁直草书》，《苏轼文集》卷六十九）草书几无字形可讲，唯看其笔法。楷书呢？当然也有“字”的问题，但楷书字形稳定，变化不太多，主要还是“笔”的问题。行书就不同了，其字体既不像草书那样简省近于纯粹的线条，又不像楷书一般稳固，随意所造，变化丰富，故对于行书来说，“字”几乎与“笔”同样重要。所以，“字中有笔”确是行书艺术的要领。以“意”造“字”，以“学”进“笔”：晋人的字体潇洒清丽，可以摹写，但主要仍在自出新意，自成一体；晋人的笔法难以窥测，唐人讲究法度，易于从中学习笔法，故广学唐代诸家，是增进运“笔”功力的途径。

苏轼云：“学即不是，不学亦不可。”此“学”是指学习笔法。笔法不可不学，而以笔法造字体，却还要自出新意。“我书意造本无法”（苏轼《石苍舒醉墨堂》)，这是他早年的话，强调造“字”，而忽视笔法，后来纠正了。在黄庭坚看来，苏轼早年追求“字”的妍丽，中年加强了“笔”力，晚年达到“字”“笔”的统一，故以《兰亭》、颜真卿、李邕分别比拟之。

苏轼本人对黄庭坚的评论有所异议。说他学《兰亭》、学颜、似李邕，他都接受，但他拒绝承认自己的书法与徐浩有关。《自评字》云：“昨日见欧阳叔弼，云：‘子书大似李北海。’予亦自觉其如此。世或以谓似徐书者，非也。”

后来其子苏过也说，他父亲“少年喜二王书，晚乃喜颜平原，故时有二家风气。俗子初不知，妄谓学徐浩，陋矣”！简直把黄庭坚也归在“俗子”之列了。可是，关于苏轼的书法有似于徐浩的观点，黄庭坚却是一直坚持的。他以徐浩比拟苏轼，主要也是就笔法而论，《跋东坡水陆赞》云：“东坡此书，圆劲成就，所谓“怒猊抉石，渴骥奔泉”，恐不在会稽之笔，而在东坡之手矣。”（黄庭坚《跋东坡水陆赞》,《山谷题跋》卷五）

这也是夸奖苏轼在笔力上的进步。不过，若单就笔法而言，颜真卿、柳公权、杨凝式等当然更值得学习，但徐浩还有另一长处，就是他也追求字体的姿媚，而且其字形较肥，将以比拟苏字，并非太不合适。黄庭坚正是看到了苏轼在书法上是“字”“笔”兼重的，所以屡次比作徐浩。当然，李邕也被认为是“字”“笔”兼重的，苏轼更喜欢人家把他比作李邕，而在黄庭坚看来，徐浩、李邕、苏轼在这一点上是相通的。

苏轼自云：“东坡平时作字，骨撑肉，肉没骨。”（苏轼《题自作字》,《苏轼文集》卷六十九）此处“骨”即指“笔”“肉”即指字。他评欧阳修书，曰：“笔势险劲，字体新丽，自成一家。”（苏轼《题欧阳帖》）也是从“笔”“字”两方面来作出肯定。可见，“字中有笔”确实是他的自觉追求，就此而言，黄庭坚将他比为徐浩、李邕，是并不错的。

同是“字”“笔”并重，为什么比作李邕就欣然接受，说学徐浩就不肯承认呢？原因在于苏轼认为徐浩的字体媚俗。书法固应追求笔力雄劲、字体妍丽，但笔力是对书写工具的掌握，不依人品分高下，字体却是随意所造的，同是妍丽的字体，随创作主体人品、学养、意趣的不同，有着雅俗之分，故可以人品定其高下。这就已经不是“字”与“笔”的问题，而是作者的性情和文化修养的问题了，也是更高层次的问题。为此，黄庭坚是一再地赞美：

（东坡大字）虽时有遣笔不工处，要是无丝毫流俗。

——黄庭坚《题东坡大字》，《山谷题跋》卷八

翰林苏子瞻书法娟秀，虽用墨太丰，而韵有余，于今为天下第一。

——黄庭坚《跋自所书与宗室景道》，《山谷题跋》卷五

东坡简札，字形温润，无一点俗气。

——黄庭坚《题东坡字后》，《山谷题跋》卷五

余谓东坡书，学问文章之气，郁郁芊芊，发于笔墨之间，此所以他人终莫能及尔。

——黄庭坚《跋东坡书远景楼赋后》

余尝论右军父子翰墨中逸气，破坏于欧、虞、褚、薛，及徐浩、沈传师，几于扫地，惟颜尚书、杨少师尚有仿佛。比来苏子瞻独近颜、杨气骨。

——黄庭坚《跋东坡帖后》

类似的话不一而足，明显地将体现于创作中的主体的精神气质、审美趣味看得高于笔法、字体。黄庭坚以此肯定苏轼书法得晋人风韵，近颜、杨笔意，无俗气，为当代第一。而且，在这一点上他也贬低了徐浩。在他看来，就“字中有笔”而言，苏轼是学徐浩的，但精神气质不同，所以，对于其晚年的艺术境界，他用李邕来作比。

苏轼书名很大，作书却并不珍惜，不吝赠人。但是有一个条件：你是真心实意请求可以，却不接受乞求。因为乞求者并非真爱好，或是另有图谋。韩宗儒喜欢美食，是一个饕餮之人，每得到苏轼书法，就大喜，立即命人拿着去换羊肉几十斤。古时有王羲之用写黄庭经换山阴道士的白鹅，北宋又有韩公“以书换羊”。王羲之因为生性爱鹅，以自己的书作去换，而韩宗儒却不大地道，以苏轼的字去换羊肉以饱口福。一天他又向苏轼求字，仆人立于

院中索要甚急，苏轼笑道："告诉韩大人，今日本官不宰羊！"

有一次，杜几先带来一张上好的纸张，请苏轼在上面写字，但是他提出了字的大小排列等问题。苏轼笑着问他："我现在是不是卖菜?"予以婉拒。苏轼在世时，已有许多热心于搜集苏字的朋友，拥有众多的苏轼书法爱好者和崇拜者。

以诗论书表达独特书学观

在苏轼所存世的二千七百多首诗中，直接论及书法、书家的作品有二十六首（不包括论笔、墨等工具的诗）。苏轼的论书诗从数量上来说虽不是很多，但作为一类特殊题材，也值得关注和研究，因为它不仅直接评述了古代名人的书法，同时也表达了自己作书的理论主张，这对于从一个侧面探求苏轼的文学艺术观大有启迪。为了使读者亲自咀嚼苏轼论书诗的韵味及精辟见解，笔者只对诗作简注和点评。先读《和子由论书》：

> 吾虽不善书，晓书莫如我。苟能通其意，常谓不学可。貌妍容有矉（与颦通，锁眉蹙额），璧美何妨椭。端庄杂流丽，刚健含婀娜。好之每自讥，不独子亦颇（犹言僻好）。书成辄弃去，缪被旁人裹。体势本阔落，结束入细么（即细小）。子诗亦见推，语重未敢荷。尔来又学射（东坡曾学射），力薄愁官笴（箭干。句下自注："官箭十二把，吾能十一把箭耳"）。多好竟无成，不精安用夥（多）。何当尽屏去，万事付懒惰。吾闻古书法，守骏莫如跛。世俗笔苦骄，众中强嵬騀（不安妥样子。《说文》："马摇头曰騀"）。钟张（指钟繇、张芝）忽已远，此语与时左（违背）。

按：东坡论书法说"守骏莫如跛"，曾引起后人的非议。赵子固说："徐会稽之浊在跛偃，李北海之浊在欹斜。跛偃之弊流而误吾坡公，欹斜之弊流而为（米）元章父子矣。"（见《长公外纪》）徐会稽即徐浩。赵子固认为东坡书法多跛笔似乎是受徐浩的影响，这说法是不可靠的。东坡之子苏叔党在跋其父书法说："少年喜二王，晚乃喜颜平原，故时有二家风气。俗子不知，妄谓学徐浩，陋矣。”这话比较公允。黄山谷《跋东坡水陆赞》说：“士大夫多讥东坡用笔不合古法，彼盖不知古法从何出尔。或云东坡作戈多成病笔，又腕着而笔卧，故左秀而右枯，此又见其管中窥豹，不识大体。殊不知西施捧心而颦，虽其病处乃自成妍。”正可做这首诗的注脚。

石苍舒醉墨堂

人生识字忧患始，姓名粗记可以休。何用草书夸神速。开卷惝怳（失意不乐的样子）令人愁。我尝好之每自笑，君有此病何年瘳。自言其中有至乐，适意不异逍遥游。近者作堂名醉墨，如饮美酒销百忧。乃知柳子语不妄，病嗜土炭如珍羞（只有得了怪病的人才会把土炭当作美味）。君于此艺亦云至，堆墙败笔如山邱（丘）。兴来一挥百纸尽，骏马倏忽踏九州。我书意造本无法，点画信手烦推求。胡为议论独见假（承蒙奖借之意），只字片纸皆藏收。不减钟张君自足，下方罗赵我亦优（罗叔景、赵元嗣，皆汉末书法家）。不须临池更苦学，完取绢素充衾裯（这两句是说不须像张芝那样苦学，与其拿绢帛来写字，不如用来做被褥）。

按：东坡论书法不斤斤较工拙于波磔之间，故能超乎书法而意境自高。这首诗波澜起伏，妙趣横生，主要在于立意新颖，不落窠臼。陈后山曾说东坡之诗新，但没有说出之所以新的缘故。其实所谓新，主要是立意新，如果只在字句之间求新，那就舍本而逐末了。

孙莘老求墨妙亭诗

兰亭茧纸（晋代习用的一种纸）入昭陵（唐太宗墓），世间遗迹犹龙腾。颜公变法出新意，细筋入骨如秋鹰（说颜真卿字笔势遒劲）。徐家父子亦秀绝，字外出力中藏棱。峄山传刻典刑在，千载笔法留阳冰。杜陵评书贵瘦硬，此论未公吾不凭。短长肥瘦各有态，玉环飞燕谁敢憎。吴兴太守（即孙莘老）真好古，购买断缺挥缣缯。龟趺入座螭隐壁（古碑座多刻龟形。螭，指碑上刻成龙形的雕饰），空斋昼静闻登登（拓碑的声音）。奇踪散出走吴越，胜事传说夸友朋。书来乞诗要自写，为把栗尾书溪藤。后来视今犹视昔，过眼百年如风灯。他年刘郎忆贺监，还道同时须服膺（他年相忆，也如刘禹锡对贺知章一样衷心敬佩）。

按：这首诗前半首对历代著名书法家提出评论，并就杜甫评书法提出自己的看法，认为书法“短长肥瘦各有态”，不必偏重瘦硬。后半首才提到孙莘老爱好古书法，自己对他衷心信服。末二句用典自然贴切。

题王逸少帖

颠张醉素两秃翁（张旭秃发，怀素是僧人，故戏呼为两秃翁），追逐世好称书工。何曾梦见王与钟（谓王羲之、钟繇），妄自粉饰欺盲聋。有如市娼抹青红，妖歌嫚舞眩儿童。谢家夫人淡丰容，萧然自有林下风（谢家夫人，指谢道韫。《世说新语》称她“神情散朗，故有林下风气”）。天门荡荡惊跳龙（梁武帝评王羲之书法“如龙跳天门，虎卧凤阁”），出林飞鸟一扫空（《书评》谓张旭草书“如惊蛇入草，飞鸟出林”）。为君草书续其终，待我他日不念念（与匆匆同）。

按：这诗以妖歌嫚舞、涂青抹红的市娼，比拟张旭、怀素书法的庸俗风格；再以神情散朗，有林下风致的才女谢道韫比拟王羲之、钟繇的书法。对比鲜明，清浊自见。这类新奇比喻在苏诗中经常出现，形成独特风格。

六观堂老人草书

六观，取金刚经梦幻等六物也。老人，僧了性，精于医而善草书，下笔有远韵，而人莫知贵，故作此诗。

物生有象象乃滋，梦幻无根成斯须（须臾）。方其梦时了非无，泡影一失俯仰殊。清露未晞电已徂（晞，干。徂，往。露尚未干，电已去。形容迅速消失），此灭灭尽乃真吾（现在之我，不过幻象而已）。心如死灰实不枯，逢场作戏三昧俱。化身为医忘其躯，草书非学聊自娱。落笔已唤周越奴（称赞了性书法，说周越和他相比，有如奴才）。苍鼠奋髯饮松腴（谓鼠须笔。松腴，指墨）。剡藤玉版（谓纸）开雪肤，游龙天飞（比喻书势矫健）万人呼，莫作羞涩羊氏姝（梁武帝评羊欣书："如大家婢为夫人，虽加位遇而举止羞涩，终不近似。"）。

按：僧了性又号垂慈老人，苏轼对其书艺评价甚高，而对名盛一时的周越贬损得视若奴才。苏轼重视的是有无古气，而不是媚俗。同时，作者喜以诗谈哲理，这首就是一例。

柳氏二外甥求笔迹二首

退笔（秃笔，用旧的笔）如山未足珍，读书万卷始通神。

君家自有元和脚（戏称柳公权的书法），莫厌家鸡（比喻家传书技）更问人。

按：此诗中，苏轼强调学书必须多读书，有深厚的阅历功底，不要过多地追求"练"功。再是对柳子玉的书法艺术高度肯定，嘱两外甥应珍视家学。

一纸行书两绝诗，遂良须鬓已成丝（褚遂良帖云："即日，遂良，须发尽白"）。

何当火急传家法，欲见诚悬笔谏时（穆宗问公权用笔法。对曰："心正则笔正，笔正，乃可法矣。"时帝荒纵，故公权及之。帝改容，悟其笔谏也）。

按：这首诗中苏轼又认为作书与写诗一样，古代名家书成则"须发尽白"，学书要多下苦功，投入全部心思。柳家有家传法艺，学习时亦不必"火急"，应慢慢领悟、消化柳公回答皇帝问话的"心正则笔正，笔正，乃可法矣"，同时要兼学别家，转益多师，集思广益。

戏　书

五言七言正儿戏，三行两行亦偶尔。
我性不饮只解醉，正如春风弄群卉。
四十年来同幻事，老去何须别愚智。

古人不住亦不灭，我今不作亦不止。
寄语悠悠世上人，浪生浪死一埃尘。
洗墨无池笔无冢，聊尔作戏悦我神。

按：此首《戏书》借诠释佛教的教义，表达作者对生死、功名的感悟。他自己是个“洗墨无池笔无冢”之人，偶尔写诗作书都是“作戏”，不必对其看得过高。

书刘景文左藏所藏王子敬帖

家鸡野鹜同登俎，春蚓秋蛇总入奁。
君家两行十二字，气压邺侯三万签。

按：此诗评价刘景文左藏所藏王子敬帖十二字可压邺侯家三万卷书，极言其珍贵价值。

少时兴趣甚浓青壮终日面壁

深秋时节，曙光熹微，遐迩闻名的凤翔开元禅寺，古柏夹道，苍翠蓊郁。一位青年书生，骑着一匹白马，迅疾而轻盈地来到这所名寺前，气喘吁吁地下鞍，将马牵到寺院左侧的丛林中拴好，便径直奔向寺院。此时此地此情景，恰如唐人常建在《题破山寺后禅院》诗中所描写：“清晨入古寺，初日照高林。……万籁此俱寂，惟闻钟磬音。”

这位书生从汴京来凤翔任判官才两天，他的顶头上司、凤翔知府宋选对这位年轻人十分关爱，命他休息一段时间，参观凤翔的名胜古迹，熟悉民情，然后再理政事。这一安排正中其下怀，于是他便打算看遍有名的“凤翔八景”，首选开元、普门两寺。昨晚因心情激动之故，睡不安稳，早早醒来，起床后未用早餐就迫不及待地出行。

此时寺门紧阖，只有一个面目清秀的小和尚在执帚扫落叶，他见状便上前有礼地搭话：“施主若是来烧香拜佛，进寺尚早；若有事要谒见老方丈，小僧便去禀报。”

“我是专来观摩后殿和东塔的壁画，不必惊动方丈。有劳您让我提前进入，行个方便。”

小和尚见他慈眉善目，文质彬彬，又如此有礼，便欣然允诺，领其进入寺中，并洞开有珍贵壁画的殿门。

老方丈在巡视中，发现第三个大殿大门敞开，以为昨夜未关，心里责备小和尚失职。他急匆匆地前去察看，发现有位气度非凡之人已进入殿中，全神贯注地在观摩壁画，便上前施礼道：“施主这么早便来敝寺看佛像，真是位有心之人。”接着他恭敬地问道：“请问施主尊姓大名？”书生回答道：“敝姓苏，名轼。”

老方丈一听苏轼这个如雷贯耳的名字，惊喜异常，连声说道：“阿弥陀佛！阿弥陀佛！我说今天是黄道吉日，有贵人赐福。有劳大名鼎鼎的苏学士、苏通判仙驾珍顾，令敝寺蓬荜生辉，老衲未派人执鞭随镫，早开寺殿大门亲迎和恭候，岂止失敬，罪过，罪过呀！”

苏轼连声道：“老方丈太客气了，苏某到凤翔才二日，便闯入贵寺打扰，深怀歉疚之心。贵寺的名画仰慕已久，以往路过凤翔，行色匆匆，只粗略一观，未作细察揣度。此次有幸来历史古城凤翔任职，夙志如愿以偿，喜不自禁，此后可能要成为贵寺常客，以大饱眼福了！”

“苏学士恭请尚难光临，若能常顾，敝寺有幸；日后留诗，万古流芳。”

此后，苏轼一连十几天，风雨无阻前来观画，终日不倦。有时还带来纸笔认真临摹。方丈命小和尚勤送茶水，精备素斋，而苏轼常常忘饮废食，专注异常。此后又常来常往，甚至暮夜不归。

以上所述，在苏辙的《龙川略志》中有记载：“予兄子瞻尝从事扶风，开元寺多古画，而子瞻少好画，往往匹马入寺，循壁终日。”

关于苏轼“少好画”，苏辙在另一次回忆时说：“予兄子瞻少而知画，不学而得笔之理。”

而在凤翔的经历对他的画艺影响甚大。凤翔地处陕西，唐时为长安西边重镇，一度建为西京，其寺庙壁画多出名家巨匠之手，北宋时尚不难寻访。据南宋邵博记：“凤翔府开元寺，大殿九间，后壁吴道玄画，自佛始生、修行、说法至灭度，山林、官室、人物、禽兽数千万种，极古今天下之妙。比丘众蹦踊哭泣，皆若不自胜者，虽飞鸟走兽之属亦作号顿之状。独菩萨淡然在旁如平时，略无哀戚之容。今凤翔为敌所擅，前之邑屋皆丘墟矣，予故表出之。”（邵博《邵氏闻见后录》卷二十八）

苏轼研究学习古代名画家由来已久，尤其酷爱王维、吴道子的画作。王维，字摩诘，唐代著名诗人，长于绘画，他的山水画为南宗画派之祖。吴道子，又名道玄，唐代著名画家，尤其擅长画佛像，曾担任唐玄宗的宫廷画师，时人称为画圣。苏轼早些时候，在普门寺和开元寺初次见两位著名画家的真迹，立即被深深地吸引。

吴道子画的是释迦牟尼佛在两棵高大秀丽的菩提树下灭度（即死亡）前，最后一次讲经说法的壮观场面：佛祖趺（佛教徒盘膝打坐）坐于双林之下，头上神圣的光轮如东方初升的太阳，天上地下，无数有情众生，争先恐后，极为虔诚，仔细聆听这最后的法音，有的迷惑不解，有的恍然大悟，有的悲泣，有的微笑，姿态表情各个不一，都在传神的笔下栩栩如生地表现出来。

王维画中的释迦弟子形容清癯，眉目间自有一种淡泊超然的气质，面对尘世的荣辱，静如止水，冷如死灰。画上还有两丛墨竹，虬根劲节，枝叶交错，生气淋漓，仿佛正在风中簌簌飞舞……这一切都表现在诗人的笔下。观摩之后，苏轼作了一首七古《王维吴道子画》：

> 何处访吴画？普门与开元。开元有东塔，摩诘留手痕。吾观画品中，莫如二子尊。道子实雄放，浩如海波翻。当其下手风雨快，笔所未到气已吞。亭亭双林（释迦牟尼佛去世的地方。《传灯录》：“释迦牟尼欲入涅槃，往婆罗双林间，泊然宴寂”）间，彩晕扶桑暾（朝阳）。中有至人（指佛）谈寂灭，悟者悲涕迷者手自扪。蛮君鬼伯千万万，相排竞进头如鼋。摩诘本诗老，佩芷袭芳荪。今观此壁画，亦若其诗清且敦。祇园（佛所居之处）弟子尽鹤骨，心如死灰不复温。门前两丛竹，雪节贯霜根。交柯乱叶动无数，一一皆可寻其源。

对于凤翔开元寺吴道子和王维的画，还有几则史料可以参证。黄山谷（庭坚）《跋东坡论画》说：“予尝见吴生佛入涅槃画。波旬皆作舞，而大波旬蕴藉徐行，喜气漏于眉宇之间。此亦得之笔墨之外。”黄山谷见到的当不是普门、开元寺中的吴道子壁画，但与苏轼所论之画大致相同。《名胜志》载：“王右丞画竹两丛，交柯乱叶，飞动若舞，在开元寺东塔。”

从性情上，苏轼特别喜欢吴道子雄伟奔放的笔触，正如他在《书吴道子画后》中所评论：“画至于吴道子，而古今之变、天下之能事毕矣。……出新意于法度之中，寄妙理于豪放之外，所谓游刃余地，运斤成风……”

从审美趣味上，苏轼则极其推崇王维的诗画相通。王维其人其诗其画，都有一种高洁绝尘的气质。苏轼对之玩味不尽，他说：“味摩诘之诗，诗中有画。观摩诘之画，画中有诗。”（《书摩诘蓝田烟雨图》）谓诗情画意融为一体，此乃艺术技能的极致。他完全被这两位古代艺术家所征服，不仅“循壁终日”，有时候甚至流连忘返直到深夜：“嘉祐癸卯上元夜，来观王维摩诘笔。时夜已阑，残灯耿然，画僧踽踽欲动，恍然久之。”（《题凤翔东院王画壁》）

在昏黄的灯烛之下，画上的僧人仿佛都一个个地动起来了，是真？是幻？迷离恍惚，苏轼好一阵都无法分辨清楚。经过仔细的揣摩比较，苏轼在《王维吴道子画》诗中最后指出：

> 吴生虽妙绝，犹以画工（犹言画师画匠）论。摩诘得之以象外，有如仙翮谢笼樊。吾观二子皆神俊，又于维也敛衽无间言（对王维的画表示心悦诚服毫无訾议）。

吴道子能够精妙绝伦地描绘事物的形态，还只是画匠的技艺；而王维的画，突破形似获得神似，反映出事物的内在精神和作者的思想感情，如同仙鸟飞离藩笼，在广袤的天际间自由地翱翔，这才是真正的艺术家的大手笔。这一思想明确标出苏轼心目中画工和艺术家的分野，为宋代文人画派提供了理论基础。

开元寺吴道子壁画，毁于宋金战争之时。观邵氏所述，其画盖近似于今敦煌壁画中常见的“四相”图，用连环画的形式画出佛始生、修行、说法、灭度四个阶段。苏轼在凤翔时，曾作《记所见开元寺吴道子画佛灭度，以答子由题画文殊、普贤》寄苏辙。

开创文人画一代新风

宋以后的“国画”，直接用水墨造型，与唐画的勾勒敷彩判然两途。大概这个技法上的突破，是从画竹开始的（因为竹的节与枝叶最接近于书法形象），以后逐渐推广至别的题材，随之发展出丰富的表现方法如皴、点等。然而，这也不仅仅是绘画技法上的革新，还连带着绘画艺术观念上的革新，即从写真转向写意，也就是“文人画”的观念在此形势下产生。

苏轼正是在理论上提出“士人画”（即后来所谓“文人画”）的第一人。他的绘画创作也朝着这样的发展方向，在凤翔开元寺“循壁终日”的经历，无论如何是重要的，因为他在这里发现了师法的对象：王维的墨竹。

自从苏轼表彰王维以后，王维就成了“文人画”的祖师。

苏轼对绘画研究精深，画论高妙，且勤于作画，可惜他的画作传世的绝少，我们只好从历史记载中看他所画的内容。南宋邓椿云：苏轼，……高名大节照映今古，据德依仁之余，游心兹艺。所作枯木，枝干虬屈无端倪，石皴亦奇怪，如其胸中盘郁也。作墨竹，从地一直起到顶，或问何不逐节分，曰：“竹生时何尝逐节生耶？”虽文与可自谓“吾墨竹一派在徐州”，而先生亦自谓“吾为墨竹尽得与可之法”，然先生运思清拔，其英风劲气来逼人，使人应接不暇，恐非与可所能拘制也。又作寒林，尝以书告王定国曰：“予近画得寒林已入神品。”虽然，先生平日胸臆宏放如此，而兰陵胡世将家收所画蟹，琐屑毛介，曲畏芒缕，无不具备，是亦得从心所欲不逾矩之道也。（邓椿《画继》卷三“苏轼”条）

这里评述了苏轼的四个作品，一是“枯木怪石”，一是“墨竹”，一是“寒林”（可能也是墨竹），一是“蟹”。但我们怀疑邓椿是否见到过这四个作品，因为他的评语都是抄来的，前两个是从米芾的《画史》转录，“寒林”见于苏轼尺牍：“近颇知养生，亦自觉薄有所得。……兼画得寒林墨竹，已入神品，行草尤工，只是诗笔殊退也。不知何故。”

苏轼因为近期养生有得，心情极佳，把所画的寒林墨竹，自视“已入神品”，可见是他得意、成功之作。“蟹”见于晁补之《跋翰林东坡公画》一文，邓椿只是将几段评语串联起来而已。不过苏轼画的内容，大致就是这一些，其中“寒林”或即“墨竹”，“蟹”似是工笔，今亦未见，惟“枯木怪石”今存一幅，谈艺者皆推为不可怀疑的苏轼真迹，抑或就是米芾所见、邓椿所录、苏辙西轩屏风上张挂的那一幅？

苏轼确实爱画枯木、怪石，还专门写过《咏怪石》《双石》等诗和《前怪石供》《后怪石供》等散文。孔武宗曾作过《东坡居士画怪石赋》《子瞻画枯木》二诗，即可见一斑。

苏轼画枯木，枝干虬结，树皮皴裂，“怪怪奇奇无端”，好似人胸中的郁结一样。寒烟淡墨却将枯木的强劲之形态表现得淋漓尽致，“挟风霜而不栗，听万物之皆春”。画苍山，笔力跌宕起伏于风烟无人之境，有极高的技巧。

苏轼的画笔之下，为什么石怪异、木要枯槁呢？

研究者认为：一方面是便于以墨来造其形，这是将“墨竹”之法用于别的题材时所作的创造。后世的“国画”，画石都有些怪，画木也多作老干枯枝，盖亦与画法有关，大概欲画端方平正、蓊郁润泽者则不免于勾描，此为苏轼所不喜。

另一方面，也是更重要的方面，是为了增强写意性、抒情性。孔武宗记苏轼画怪石时，感到“吾之胸中若有嵬峨突兀，欲出而未肆”，米芾、邓椿也认为“如其胸中盘郁也”。其枯木“枝干虬屈”，充满张力，也是为了表现画者的内在力量。这与他画“墨竹”时“从地一直起至顶”颇为同趣。无论是所画的形象还是用笔的方法，都成为主体情怀的表现。

对于苏轼来说，画枯木、怪石、墨竹，乃是特别的抒情手段，而且其抒情风格是豪迈的，故观者觉其“英风劲气来逼人”。从现存的《枯木怪石图》，也很容易看出这种鲜明的风格。

现藏于中国美术馆的《潇湘竹石图》为绢本，横一百零五点六厘米，纵二十八厘米。整幅画的内容非常简单，一片土坡，两块怪石，怪石下顽强地生长出几丛稀疏的幼竹。这些细碎的幼竹清新自然，与清代画家郑板桥的竹子截然不同。郑板桥画的竹子，笔法劲瘦挺拔，布局疏密相间，竹叶间具有一股孤傲之气；苏轼笔下的竹子则参差生动，一簇簇充满了天然之趣。

经过一千多年的沧桑风雨，《潇湘竹石图》至今保存完整，画面清晰。画卷上不仅可以看到苏轼亲笔题写的“轼为莘老作”的字样，还可以看到从元代到明代很多收藏大家的题跋和印章，题跋字数达三千字之多，接近十米长，看上去蔚为壮观。

从这些收藏印章和题跋上可以看出，《潇湘竹石图》受到了历代收藏家们的喜爱。

2011 年 3 月 17 日《文汇报》刊载张宗仁《读〈潇湘竹石图〉忆邓拓》，该文说：九百多年来，《潇》画辗转漂泊，多次易手。民国后为北洋军阀吴佩孚的秘书长白坚夫收藏。1961 年，三年经济困难时期，白坚夫携画来京售画，以救拮据。经荣宝斋荐举与时任北京市委文教书记邓拓。“邓拓展开长卷，用放大镜细看纸质、绢丝、笔意，众多题跋，认定此系苏轼真迹，如获至宝。他以所得稿费两千元，又变卖家中二十四幅古画约三千元，凑成五千元巨款，毅然买下宝画，又满怀欢悦之情，将其书斋易名为‘苏画庐’。随后旁征博引，写出《苏东坡潇湘竹石图卷题跋》，连同原画发表于《人民日报》，一时成为文艺界美谈。”1964 年，邓拓将此画连同此前收藏的一百四十四幅古画慷慨捐赠给中国美术馆。

有位白发老者看了邓拓所捐画展，动情地说：“幸亏邓拓先生及时将这批国画捐献给了美术馆，否则我们永远看不到了。1966 年‘文革’开始后，红卫兵抄他家，肯定把这批宝画当‘四旧’毁掉了。”《潇湘竹石图》前后有二十六家题跋，共计三千余字，因此，该画被接上拖尾，形成长卷。其中，钱有常题诗曰：“千古眉山一伟人，流传遗迹总为珍。雄文自是倾前辈，戏墨犹堪绝后尘。”用以赞誉毫端神妙，空前绝后。

苏轼的人生经历中，饱受压制和打击，受尽苦楚，一生中的大部分时间，都在被谪贬的迁徙与奔波之中，终生都在政治压迫中寻求突围。生活的坎坷、政治的压迫，反映到苏东坡的精神世界，便演化成怪石和幼竹的奇妙纠合。《潇湘竹石图》的幼竹冲破巨石的重压，昂扬着向上的生命激情，正是反映了苏轼对于险恶逆境的抗争与不屈。

除了《潇湘竹石图》，更能反映苏轼内心世界的还有《偃松图》。画面上是一棵偃松。偃，就是躺卧的意思。松树不是向上长，而是横倒着长，可见它生长在比较恶劣的自然环境中，如同黄山的那些怪松一样，受到了气候的严峻考验。不仅如此，这棵松树还打了一个三百六十度的弯儿。

事实上，三百六十度的怪弯在自然界中恐怕很少见到。正如苏东坡在《偃松图》上自题的那样："怪怪奇奇，盖是描写胸中磊落不平之气，以玩世也。""自题"充分说明：苏轼笔下的枯木怪石反映了作者壮志未酬、玩世不恭，淋漓尽致地抒写出了他胸中抑郁与不平之气。

从许多名人逸事里，我们了解到苏轼豁达的、超脱的一面，《潇湘竹石图》和《偃松图》却让我们窥见到他内心的压抑与挣扎。

苏轼主张绘画要形神兼备，提倡画中有诗，诗中有画，赋予绘画诗的意境，以笔墨丹青抒发自己胸中的意气。他的绘画理论，对中国文人画的发展，产生了深远的影响。

在苏轼开创文人画之前，中国绘画往往是写实主义。古人论画，主要重形似，画得越细越像就越好，像照片一样才最好。宋代的院画就是如此，画得非常繁细，皇帝看了就非常喜欢。这种写实主义登峰造极，产生出如张择端的《清明上河图》这样的极品。《清明上河图》以高度写实的技法，描摹了北宋京城的繁荣热闹。画中桥梁舟车、城郭屋宇、街坊店铺无不细细描绘。

苏轼一反陈规，放弃对形似与写实的过度追求，转而追求神似与意境，提出"诗画本一律，天工与清新"的全新绘画理论。所以苏东坡在画画的时候，经常就逸笔草草，不求形似。这种理论给后来的书法家开了一个无尽的法门，以后像文同、米芾、杨无咎等很多学习苏轼画法的文人画家，乃至于到了元朝、明朝、清朝，文人画逐渐成了主流，反而把那种很繁细的画给压倒了，这就是苏东坡的伟大贡献。

正如《潇湘竹石图》《偃松图》这样，通过对简单事物的描绘，借景抒情，表达一种诗意的情怀，开创了文人的先河。

值得一提的是"有其父必有其子"，苏轼的儿子苏过，被称为"小东坡"，也好画枯木竹石，苏轼还作《题过所画枯木竹石三首》。

历代文人对苏轼的画竞相模仿，中国文人画发展迅速，尤其在花鸟画和山水画上取得的成就最高，清代的朱耷和石涛的作品更是让中国文人画达到了巅峰状态。从朱耷的花鸟画中，可以看出它与苏轼《潇湘竹石图》以及《偃松图》的继承关系，不同的是，朱耷的画上多了一两只鸟而已。石涛不画青山绿水而画穷山恶水的审美观念，同样来自苏轼的以怪为美。

中国文人历来有以笔墨纸砚为媒介，“以文为友”“以书达意”“以画传情”的传统。在苏轼的诗文书画中，有相当数量便是他与至交、密友间的文墨往来或合作。上海博物馆藏有一卷苏轼和文同的墨竹合卷，是他在黄州所画的病竹，“凝重老苍，力透纸背”。与苏轼交往之人都非等闲之辈，一般都是诗文书画的奇才和全才，他们相聚在一起，以酒助兴，酒后挥毫作画题诗，一个人画完一幅画，一般习惯是由其他文人在上面写几首诗文作评语，或写几句戏言。有时苏轼和李公麟合作一幅画，苏画石头，李画柏树，苏辙和黄庭坚题词。

据林语堂《苏东坡传》所记：中国艺术史上曾有过一次很出名的盛会，会上有十六位名家聚会于驸马王诜的庭园之中。这个名为“西园雅集”的千古盛会之所以驰名，是因为李公麟为之作画，米芾题记了始末。画里有宋朝三大家苏东坡、米芾、李公麟和苏子由以及苏门四学士等人。石桌陈列于花园中高大的苍松翠竹之下。最上面，一只蝉向一条小河飞去，河岸花竹茂密。主人的两个侍妾，梳高发髻，戴甚多首饰，侍立于桌后。苏轼头戴高帽，身着黄袍，倚桌作书，驸马王诜在一旁观看。在另一桌上，李公麟正在写一首陶诗，子由、黄庭坚、张耒、晁补之都围在桌旁。米芾立着，头仰望，正在附近一块岩石题字。秦观坐在多有节瘤的树根上，正在听人弹琴，别的人则分散各处，以各种姿势，或跪或站，下余的则是和尚和其他文人雅士了。

苏轼作为一位超群绝伦的文学艺术家，其观察之精细也是令人惊叹的。有一次，李公麟画了一幅巨画，画的是一群人在掷色子，五个人已经掷出了“六”，还有一个人正在掷，四周围满了看客，都在兴奋地大叫。人物的动作、表情都十分生动，黄庭坚等人看了都说好。苏轼看了一眼说，哟，我怎么没听说公麟是福建人呢？大家很奇怪，公麟不是福建人呀，苏轼怎么说了一句令人丈二和尚摸不着头脑的话？正在大家疑惑不解之时，苏轼继续说，既然不是福建人，那他为什么有福建口音呢？此话更让大家莫名其妙，就问他：你怎么从一幅画里就看出他有福建口音呢？苏轼道，你们看这幅画，五个人已经掷出来了，都是“六”，一个人正在掷，这时大家会喊什么？自然是在喊“六”啊，可是喊“六”的时候嘴巴怎么会张得这么大？只有福建人在用方言喊“六”时，嘴巴才张得这么大。这个小故事，说明苏轼观察生活是多少细致入微，各种知识是多么渊博！

苏轼一生创作了为数众多的书画。总的来说，书法作品传世的倒不算少，而开创了文人画的苏轼，画作流传下来的却少之又少。这不能不说是个莫大的遗憾。苏轼的小品画，根据他自己的诗文集，还有宋人的各种记载来看，当时画了很多，不过由于他一生坎坷，在党争之中经常受迫害，宋徽宗严厉禁毁过他的诗文集，当然他的书画也绝大部分被销毁了，宋人记载仅存了十分之一二，又经过近千年的战乱，到今天他的书画存世的只能是凤毛麟角了。

第二十五章

儒学巨擘

受儒学熏陶奠定人生观基础

苏轼是一位对儒、道、释三家兼收并蓄且融会贯通的人物。在他形成人生观的少年时期，便受到了儒学的熏陶，确立了忠君、气节、仁义、民本为核心内容的儒家思想，确立了以“致君尧舜”“奋厉有当世志”的崇高理想，并在心目中树立了宁为真理而死、不可失节而生的榜样力量。

在这种人生观的指导和支配下，他应该怎么做呢？他既然作为朝臣，作为以文来说话的文人，忠君、为民必须“言必当世之过”，这是为了使皇帝实施清明政治，治理好国家，为了反映人民的疾苦，为民代言和请命。假如粉饰现实，蒙蔽视听，颂歌盈耳，阿谀奉迎，绝对不是真正的忠君与爱民。

在苏轼的诗文、言论和作为中，突出地表现了儒家风骨。

在苏轼的人生里，大部分时间处于官场，他虽然有悠然之情，但始终没有抛离国家政事。他的心血为国家兴亡而耗，他的智慧为黎民百姓而用，不管历经多少患难和挫折，他的骨子里仍是一个“为天下之忧而忧”的儒士，这也是他与屈原一样，“虽九死其犹未悔”的原因。

如今流传下来的儒学，经过两宋“二程”、朱熹的发展，有些僵硬化了。他们强调“存天理、灭人欲”，死搬古时“礼义”教条，以苏轼的真性情肯定看不惯。苏轼虽然仁爱，但对于假道学们却不客气，与程颐的矛盾便是其表现。

在苏轼看来，他们所讲的“儒学”是泯灭人性的，变成了精神枷锁，他说：“儒者之患，患在论性，以为喜怒哀乐皆出于情，而非之所有。”

喜怒哀乐若不是人之本性，则出于其中的仁义礼乐也没有了根基，成了“天理”，人们只能遵从，不能做他想。

苏轼看似把自己排除在“儒者”之外，但其实他是个真儒士。他拥有儒家赞赏的仁爱与品节。对于百姓士人，苏轼“无一不爱”，说自己“上可陪玉皇大帝，下可陪田院乞儿”。在外做官，他爱民如子。百姓没有粮食，苏轼从官库取来发散；没钱治病，苏轼设立公共医院救济。清廉爱民是百姓敬爱东坡的原因，耿直无私让士大夫以结交他为荣。

如前所述，在杭州，富豪颜益、颜章为害一方，不但经常扰民，还带人挟制官员，且拒绝纳税。苏轼将他们逮捕，按照常规法律只要罚款、勒令他们以后不许逃税便可，但苏轼认为留着这两个人，杭州城必不安宁，于是将其刺配牢城，为民除害。苏轼逝世后，有人作一挽联，概括了世人对他的敬仰：

九劫十难励节操，豪气凌云超尘外；
苏公遗泽无际涯，南北东西人爱戴。

苏轼既是一个儒者，又克服了“儒者之病”，他认为儒者“多空文而少实用”，他不犯这个通病，而是崇尚经世致用。他还曾懊悔过当初对新法的种种偏见，在《与滕达道书》中说：

“吾侪新法之初，辄守偏见，至有异同之论。虽此心耿耿，归于忧国，而所言差谬，少有中理者。今圣德日新，众化大成，回视向之所执，益觉疏矣。若变志易守以求进取，固所不敢，若哓哓不已，则忧患愈深。”

苏轼的自我反省精神是可佳的。可以看出，苏轼所懊悔的乃在少作中的“空文而少实用”处，议论的“妄”处，以及反对新法时的那些“少有中理”的“偏见”。空文、妄论、偏见，当然都谈不上“言必中当世之过”，能起救时、济世的实用，而这些却正是他竭力主张、提倡的。所以，很明白，他悔其少作，不但并不与他“言必中当世之过”的创作思想矛盾，反而还可以证明，他是始终坚持着这种思想的。

关于这一点，另一个具体证据是他自己说的："凡人为文，至老多有所悔，仆尝悔其少矣。然著成一家之言，则不容有所悔。当且博观而约取，如富人之筑大第，储其材用，既足而后成之，然后为得也。"（《答张嘉父》）他自悔少作，自悔当初偏见的态度，以及他提出的避免或减少后悔的办法，这是"坚持真理，修正错误"的态度，是实事求是，难能可贵的。

"言必中当世之过"，关键在于"中"字，能说苏轼所言都是"中"了当世之过吗？人没有完人，不可能对什么事情认识和处理都正确。他主观上想言中当世之过，但动机和效果不可能完全统一。"妄论利害"就不对了，朝廷实施的大政策，不能随便议论和诋毁的。前有所述：乌台诗案时所列的罪名并非全是"莫须有"，苏轼的有些做法不谨慎，太放纵自己，"哓哓不已"，这确实是应该"悔"的。

"不以一身祸福，易其忧国之心"

苏轼指责朝廷、力谏皇帝、危言当世之过，必然会触犯大地主当权派的忌讳，就像改革家王安石那样的当政者，由于阶级的局限，对他的公然反对自己，也未能释然于怀。这样一来，必然带来祸害，影响切身利益。

事实上，在苏轼一生中，由于他始终坚持自己的改革主张，总要把自己认为的"当世之过"顽强地揭露出来，既受到新党的排挤打击，旧党也一点没有轻放过他。但他"明知山有虎，偏向虎山行"。这便是孟子所说的"富贵不能淫，贫贱不能移，威武不能屈"的为人处世准则、不移己志在支配自己的言行。

在种种排挤、打击的危险、痛苦面前，他不是没有畏惧和动摇过，他说过一些懊悔的话，也向有些人表示过再不写诗作文讥诮时政了，然而他终于没有真这样做。他实在禁不住自己，还要说"当世之过"，总是苦口婆心地劝说朝廷，想改善一点老百姓的不幸处境，而自己的命运却是几番起落，垂老还被贬逐到遥远的海南，虽幸得生归，没多久便在凄凉的境遇中死掉了，他的人生经历确实是"公不以一身祸福，易其忧国之心"。（《放翁题跋》）

苏轼所以能在创作上坚持“言必中当世之过”的现实主义进步思想，自然同他所处的阶级地位有关系，但同他具有正直品格和远大志向，不念念于一身穷达也密切相关。须知当时同他处于一样阶级地位的人，很多并没有或并未能坚持他这样的创作思想。

苏轼是北宋皇帝的臣子，他当然要做个忠臣，处处“为君”着想。但他想要做的忠臣，和他人做的完全奴才式的忠臣，是迥然有别的。他欣赏孟子所说的“我养我浩然之气”，他说有了这种浩然之气，“则王、公失其贵，晋、楚失其富，良、平失其智，贲、育失其勇，仪、秦失其辩”。他认为具有浩然之气的人才真能在文学、政事上有所成就。

他要做忠臣，但是“敢犯人主之怒”的忠臣；有“开物成务之资，综练名实之意”，非“以事君为悦”的忠臣；“以道事君”“不求合于人主”的忠臣。他要做忠臣，但同时决心保持是一个具有“浩然之气”“烈丈夫之风”；能“以天下之重自任”，临大事不忘其故，不失其守，不以言徇物，不以色假人，“毁誉不动，得丧若一”，不怕得罪人，而行乎不得已的人。总之，他一方面是个地主阶级的忠臣，另一方面又有“以天下之重自任”的抱负和他自己的做人原则、操守，这些抱负、原则和操守显然不能简单地斥为顽固、保守，而笼统予以否定、抹杀。

正因为他有着这样的抱负、做人原则和操守，所以他能先天下之忧而忧，即使这样做会得罪皇帝，为自己带来祸患，也在所不惜，被杀的晁错就是一个明显的例子：

> 天下之患，最不可为者，名为治平无事，而其实有不测之忧。坐观其变，而不为之所，则恐至于不可救，起而强为之，则天下狃于治平之安而不吾信。唯仁人君子、豪杰之士，为能出身为天下犯大难，以求成大功。此固非勉强期月之间，而苟以求名者之所能也。
>
> ——《晁错论》

他之所以仍要“言必中当世之过”，处“盛世”而作“危言”，是知其不可而为之，果然出于“不得已”。毫无原则，随风使舵，见利而迁，因为害怕触犯人，连该说的话也不敢说，他是引为深耻的。他说：诗书人想做官，当然总想得点利益，“苟志于得而不以其道，视时上下而变其学”（《送进士诗叙》），就无恶不作起来，这怎么可以呢？他说，大臣要“可以托六尺之孤，可以寄百里之命”，“为社稷之卫”，如果一味“与时上下，随人俯仰，虽或适用于一时”（《叔孙通不能致二生》），又何足称为大臣呢？他说：“士大夫砥砺名节，正色立朝，不务雷同以固禄位，非独人臣之私义，乃天下国家所恃以安者也。若名节一衰，忠言不闻，乱亡随之，捷如影响。”（《张九龄不肯用张守珪牛仙客》）对那些只知“持禄保妻子”，胆小怕事，不敢讲话的人，他非常鄙视。

王安石掌权的时候，决意变法，苏轼明知自己“若少加附会，进用可必”，可是由于政见不同，改革想法有异，觉得很多新法以及具体办法已经成为“当世之过”，他就“卜疏六千余言，极论新法不便”，以致得罪下狱。（《杭州召还乞郡状》）

司马光上台后，不顾一切废新法，苏轼这时从一贬再贬中骤迁回京，做了大官，可是由于他从民间实践中看到新法的某些方面确比旧法利多弊少，而采取了有所维护的态度，认为原来“交契最厚”的司马光一些极端做法又成了“当世之过”，又不惜与之力争，惹得司马光大怒，终于再被旧党排斥了下去。他曾自白，在《与杨元素书》中，自己以往不“惟荆是师”，如今不“惟温是随”。不但厌恶别人随风倒，自己在这种关系身家性命的紧要关头，首先就是坚持了一向的抱负、做人原则和操守的。

诚如王夫之所说，北宋由于新旧党争剧烈，当时的风派人物是很多的：“士竞习于浮言，揣摩当世之务，希合风尚之归，以颠倒于其笔舌。”（《宋论》）

苏轼前后的议论虽也有过变化，却是实践对他的影响，是事实教育了他的结果，绝不同于风派人物的随风倒。刘安世倒是早就看到了这一点：“东坡立朝大节极可观，才意迈峻，惟己之是信，在元丰则不容于元丰，在元祐则与老先生议论亦有不合处，非随时上下人也。”（《元城语录》）

我们今天也应该看到苏轼的局限和缺点错误，但凡尊重事实的人，当不会辱骂他是投机分子。

文如其人，论文也必如其论人。苏轼对欧阳修非常尊敬，欧阳修的文论对苏轼影响很深。欧阳修过去曾对苏轼说:“我所谓文，必与道俱，见利而迁，则非我徒。”苏轼后来在祭文里向欧阳表白：对这种“言如皎日”的教诲，自己将信从到底，“有死无易”。(《祭欧阳文忠公文》)他说自己作诗不考虑穷达:“诗能穷人，所从来尚矣，而于轼特甚。……人生如朝露，意所乐则为之，何暇计议穷达，云能穷人者固谬，云不能穷人者，亦未免有意于畏穷也。”(《答陈师仲书》)

创作畏穷、求达，那就只好随时上下，见利而迁了。而他是绝不愿为世俗营营的思虑所缚，凡有不能自已，不得不吐的议论，宁愿一吐为快，连要触怒于人，甚至犯大难亦不顾：

> 言发于心而冲于口，吐之则逆人，茹之则逆余。以为宁逆人也，故卒吐之。君子之于善也，如好好色；其于不善也，如恶恶臭，岂复临事而后思，计议其美恶，而避就之哉！是故临义而思利，则义必不果；临战思生，则战必不力。若夫穷达得丧，死生祸福，则吾有命矣。
>
> ——《思堂记》

这段话讲得非常直率、坚强、有味。后来他在《录陶渊明诗》中重述了“言发于心”以下这些话，认为他这种思想与陶诗“清晨闻叩门”这首诗中的意思“不谋而合”。

苏轼是这样想，这样做，就在受了多年苦难之后也还是这样深信不疑的。弟弟苏辙最了解东坡的为人，后来他这样给东坡作传：

> 初，公既补外，见事有不便于民者，不敢言，亦不敢默视也，缘诗人之义，托事以讽，庶几有补于国。言者从而媒蘖之。……
>
> 其于人，见善称之如恐不及，见不善斥之如恐不尽，见义勇于敢为而不顾其害。用此数困于世，然终不以为恨。
>
> ——《东坡先生墓志铭》

公道地说，这是实录，并非弟弟对兄长的虚誉。因为就在送交皇帝的待罪札子里，苏轼自己就这样坦然承认过：

臣愚蠢无状，常不自揆，窃怀忧国爱民之意。自为小官，即好僭议朝政，屡以此获罪。然受性于天，不能尽改。

——《辨贾易弹奏待罪札子》

苏轼在受乌台诗案羁押的狱中写下的绝命诗，有“小臣愚暗自亡身”之句。他说的“愚暗”，正表明了他的“忠直”。要是换个见风使舵、头脑灵活的投机分子，绝不会“不顾其害”。而在给家人的书信里，他甚至还以为从遭罪的窜逐中，收获到了不少东西：

独立不惧者，惟司马君实与叔兄弟耳。万事委命，直道而行，纵以此窜逐，所获多矣。

——《与千之侄》

苏轼坚持“万事委命，直道而行”，表明他是一个十分自信和坚强的人。苏轼当初“屡上书论天下事，退而与宾客言，亦多以时事为讥”，谨慎怕事的文与可料到他会闯祸，“极以为不然，每苦口力戒之，子瞻不能听也”。后来他出为杭州通判，文与可写诗为他送行，中有“北客若来休问事，西湖虽好莫吟诗”（《叶少蕴《石林诗话》卷中）之句。苏轼不久就有黄州之谪，被人称为不幸而言中。这是指他对新法的讥诮，其实以后他对极端顽固派的态度何尝不是如此，亲友中一定仍有不断向他苦口力戒的吧。然而“子瞻不能听也”，因为面对他认为的“当世之过”，他实在不能沉默，不敢沉默呵！

生活在正趋衰落的北宋社会里，内外矛盾如此复杂尖锐，有着这样抱负、做人原则和操守的苏轼，不消说是不可能左右逢源，爬上宰相的高位的。但这样一位独特的人物，却可以成为一个杰出的文学家，他的确具有一个杰出文学家必须具备的各种品质。从这点来说，未能爬上宰相高位，无论对他或对我们后人，倒都是一件幸事，他到底赢得了脍炙人口的历史荣誉，而中国文学史上也增加了一位杰出的作家。《宋史》作者论他道：

> 呜呼，轼不得相，又岂非幸欤？或谓轼稍自韬戢，虽不获柄用，亦当免祸。虽然，假令轼以是而易其所为，尚得为轼哉！
>
> ——《宋史·本传》

真的，如果苏轼为了免祸，或者为了求相，而变成了一个畏首畏尾，甚至首鼠两端的庸人，那又怎么还能成为一个名传千古的杰出作家呢？

我们所以要论述苏轼究竟是怎样一个人，无非是想表明，一个在文学创作上身体力行，坚持“言必中当世之过”，虽然屡遭文字之祸，到老还写出了悲天悯人这类作品的作家，他这种思想是如何产生的，力量来自哪里？看来个人抱负、做人原则和操守是主要支配因素。再说，真正的文学创作怎么能不干预生活，避开“当世之过”不谈呢？对“当世之过”无情揭露，目的是营造清明政治和有利于黎民百姓的社会环境，这正是一个有良心、有道德、有正义感的作家所肩负的神圣使命和责任。

心怀仁慈为百姓悲辛呼号

“民本”思想是儒家一个重要思想，“民惟邦本，本固邦宁”（《尚书·五子之歌》）。孟子更是强调：“民为贵，社稷次之，君为轻。”（《尽心下》）

苏轼是一位留心观察社会、有志经世济民的作家。在他留下来的二千七百多首诗篇中，广泛地反映了十一世纪后期中国封建社会的现实生活，而描写和同情人民疾苦，则是苏诗的一个突出内容。

苏轼如实地描绘了下层人民贫困无告的生活，真切地反映了他们受盘剥、受鞭笞的悲惨情景。苏轼于早年的日常生活中，已经直觉地看到了社会上的贫富差异、苦乐不均。在游宦凤翔年终守岁时，他回想起四川家乡“馈岁”的情景：“富人事华靡，彩绣光翻座。贫者愧不能，微挚出舂磨。”（《馈岁》）看到“富人”和“贫者”的物质生活相差悬远。在一首描写蚕市的诗中，作者把“衣食常苦艰”与“游乐不知还”，“争夸斗巧智”与“喑哑遭欺谩”两种人的不同感受和表现，相互对照地并列提出，而在游许昌西湖时，又感慨万端地写出了“池台信宏丽，贵与民同赏；但恐城市欢，不知田野怆”（《和子由蚕市》《许州西湖》）的诗句，显然，这是隐隐地触及了当时社会阶级生活对立的现实的。后来诗人长期任职州郡，不断四方转徙，目击农村的残破，生产的萧条，更对人民的贫苦、饥寒、劳惫有真切的描绘。如写北方蝗旱煎迫下的农民：

三年东方旱，逃户连敧栋。老农释耒叹，泪入饥肠痛。

——《除夜大雪留潍州元日早晴遂行中途雪复作》

南方水灾侵袭下的百姓：

哀哉吴越人，久为江湖吞。官自倒帑廪，饱不及黎元。

近闻海上港，渐出水底村。愿君五袴手，招此半菽魂。

——《送黄师是赴两浙宪》

被迫为官府服徭役的民夫：

薨薨晓鼓动，万指罗沟坑。天雨助官政，泫然淋衣缨。

人如鸭与猪，投泥相溅惊。

——《汤村开运盐河雨中督役》

这里可以看到当时的下层人民在天灾人祸的交攻下，饥寒劳惫，赴诉无门，只好将眼泪流进肚里。

苏轼不仅真切地反映人民牛马不如的生活，而且还进一步揭示出官府的苛征重敛，地主的无穷盘剥，是造成人民苦难深重的原因。自唐中叶以来，门阀世族势力削弱，地主加紧兼并田庄，到宋代官僚和地主占有土地，以租佃方式盘剥农民，成为当时主要的剥削手段，虽然农民对地主的人身依附关系较之部曲、奴婢对庄园主有所松弛，但剥削方式和程度却日益严密和严重。有的自耕农和半自耕农为了逃避惨重的剥削，遁入深山或避居湖海，靠采樵勤务捕捞为生，但这条生路，有时也被堵塞。苏诗就反映了这种情况。

在一首题为《鱼蛮子》的诗中，作者描写渔民生活说："破釜不着盐，雪鳞笔青蔬。一饱便甘寝，何异獭与狙。人间行路难，踏地出租赋。"

这些逃居水上的渔民以水为田，以舟为家，鱼虾充肠，破锅煮青菜，盐巴也吃不上。尽管水上生活如此苦不堪言，但他们终不敢上岸定居，因为连立脚的地方都要纳捐交税。然而这种"驾浪浮空"的生活能维持长久吗？作者告诉人们，这不过是几家渔民的一时侥幸，官府就要向车船收捐，几家苦难的渔民是逃脱不了日严日密的封建剥削网罗的。"人间行路难，踏地出租赋。"这是对无孔不入的封建地租剥削的强烈控诉！

在一首禽言诗里，作者写一个痛苦无告的农民在溪边同布谷鸟交谈，他不愿脱衣涉水，并非怕水寒伤骨，而是因为全身上下布满了催租人给打成的伤痕。

苏轼还通过一首题画诗，意味深长地告诉人们，如今农村风物萧索，不堪入画，因为"县吏催租夜打门"（《五禽言》，《陈季常所蓄朱陈村嫁娶图》）的纷扰现象遍及各地。在这里，诗人捕捉了饶有生活气息的素材，从不同的角度以小见大地揭露了封建剥削的残酷性。

苏轼认为朝廷应体察民隐、宽以驭下，他对当时官府无穷的差徭、繁苛的律令，表示不满。宋代地租官赋而外，杂徭是农民头上的沉重负担，举凡修浚河道、运输官物、修筑官舍寺院和皇帝陵墓等，都要无偿地大批调派民夫。如嘉祐八年为修造仁宗皇帝陵墓，府县大兴徭役，劳民伤财。当时正值大旱，"渭水涸无泥"，旱路运送材料的百姓"千夫拉一木，十步八九休"，十分艰难劳累。当苏轼目睹官差对陷入法网的百姓横施鞭棰，而自己不得不违心地参与其间时，不免深感芒刺在背，无限内疚，惭怍莫名地写诗道：

平生所惭今不耻，坐对疲氓更鞭棰！

——《戏子由》

苏轼还有一个可贵的思想观念，即"不当以口腹耳目之欲而劳民伤财"。孟子曰："君子之于禽兽也，见其生，不忍见其死；闻其声，不忍食其肉，是以君子远庖厨也。"这是典型的假慈悲、伪君子言论，曾遭到鲁迅痛批。

因为他只要不见其死的惨状，待厨师做成好菜后便津津有味地大嚼起来，然后剔剔牙齿、摸摸肚皮说“万物皆备于我矣”。每个人，都有口腹耳目之欲，但不能劳民伤财，不要奢侈太甚。笔者曾写过四大美女的文章，对王昭君人格最赞赏，而对杨玉环不予同情，认为可悲下场是“咎由自取”。原因是她的嗜好、享受太过分了，近似残忍。因为人欲不能离开和不讲人性。杜牧的“一骑红尘妃子笑”，这个“笑”字是点睛之笔。苏轼也爱吃荔枝，曾写下“日啖荔枝三百颗，不辞长作岭南人”的诗句。但是杨贵妃吃荔枝却是以多少人鲜血和生命换来的，故苏轼忘却了不过问政治、从此作世外人的忏悔，饱含激情与忧患，接连写下了几首抨击时政的荔枝诗。

儒学是苏轼的筋骨，支撑他不移己志，在世上做个勇于为民代言者，像孤树迎风而立，如驾舟溯流而上。

慕高人风范宠辱不惊、困达泰然

苏轼可以称为大儒，甚至是“儒学巨擘”，不仅是他精通儒学，而且先学儒家的创始人，遵循他们的教诲，然而又不死板教条，继而学习大儒、高人的典范，以他们为楷模立身处事，可以说是“活学活用”的典型。

儒家的精辟之语，苏轼是牢记在心的，比如说：“学而优则仕”，他从小是朝着这个目标去奋斗的，且实现了“学而优”；“道不行，乘桴浮于海。”（《论语·公冶长》）苏轼学后说：“用舍由时，行藏在我，袖手何妨闲中看。”（《沁园春·孤馆灯青》）“居天下之广居，立天下之正位，行天下之大道；得志与民由之，不得志独行其道。富贵不能淫，贫贱不能移，威武不能屈。此之谓大丈夫。”（《孟子·滕文公章句》）“由是观之，无恻隐之心，非人也；无羞恶之心，非人也；无辞让之心，非人也；无是非之心，非人也。恻隐之心，仁之端也；羞恶之心，义之端也；辞让之心，礼之端也；是非之心，智之端也。人之有是四端也，犹其有四体也。”（《孟子·公孙丑》）苏轼一生都按此践行，不愧为“大丈夫”，不愧是“四端”之人。还有，“君子坦荡荡，小人长戚戚。”（《论语·述而》）他不折不扣做到了“坦荡荡”。至于“知者乐水，仁者乐山。知者动，仁者静，知者乐，仁者寿。”（《论语·雍也》）他更得精髓，知与仁，二者兼有；不能更长寿，是政敌对他屡屡残酷迫害，在蛮荒之地中了太多的瘴气之故。还有“食不厌精，脍不厌细”。(《论语・乡党》) 正中他的下怀，故作了精心研究，是个名副其实的美食家。

如果苏轼按照儒家经典“句句照办”，那就不是儒学的“特优生”了，因为现实是复杂的，且时移世变，对传统的某些背叛是必然的。苏轼深切地体会到：学儒家宗师，不如学高人（这些高人是儒学的“学长”)，因为高人不受儒学思想的束缚，他倾心敬佩的“学长”主要有屈原、陶渊明和白居易等人，苏轼深受这些先哲前修的沾溉。

传统的价值观鼓励士人“学而优则仕”，但迈入社会并非如此，为官使人压抑情性，无谓辛劳不得自由，故追慕高人，乃是传统士阶层的内在矛盾的产物。

从政治操守的角度来看，屈原立场鲜明，决不妥协，疾恶如仇，不计个人安危，实为千古士大夫立朝典范。而苏轼正是这样，“危言危行，独立不回”。他步入仕途后，对待当世大政，总是“尽言无隐”，连宋孝宗也承认苏轼的气节，谓“一时廷臣无出其右”。两相比较，屈、苏之特立独行，何其相似乃尔！连苏轼的政敌也不得不敬仰他的品格。

苏轼的个性，也颇似屈原。屈原疾恶如仇，洒高孤迥，不愿同流合污。所谓“苏世独立，横而不流兮”。而苏轼呢，正如他自己所锐，“受性刚褊，黑白太明，难以处众”。

屈原独醒独清，苏轼独刚独正。两人都至死不渝，所以可以苏轼对屈原实为神似。这种“神似”，不是一般的神态，而是风骨，是本质的体现，是不可以改的。

这就苏轼所以为苏轼，正如屈原所以为屈原。

屈原和苏轼都曾遭贬。屈原“游于江潭，行吟泽畔”(《楚辞・渔父》)，而苏轼初次被放，泛舟长江之中，赤壁之下，作《赤壁赋》。赋中所歌：“桂棹兮兰桨，击空明兮溯流光。渺渺兮余怀，望美人兮天一方。”正似屈原《九歌》中的哀怨与期待。不独此歌情调相似，《赤壁赋》的章法，也得《离骚》之神理。至于屈原“长太息以掩涕兮，哀民生之多艰”，“众女嫉余之峨眉兮，谣诼谓余以善淫”等，更引起心灵的共鸣。

苏轼与白居易有什么关系？白居易许多方面是苏轼学习的榜样，特别是行迹：外放州郡爱清狂。与苏轼少说屈原不同，白居易却屡屡被他挂在嘴边。更重要的有一条：他躬耕东坡，起号东坡，知道“东坡”的人甚至多于父亲起名的“苏轼”，“冠名权”取自白乐天也。

宋人洪迈《容斋随笔·三笔》卷五有《东坡慕乐天》一条：

> 苏公在黄，正与白公忠州相似。《赠善相程杰》云：“我似乐天君记取，华颠赏遍洛阳春。”《送程懿叔》云：“我甚似乐天，但无素与蛮。”《入侍迩英》云：“定似香山老居士，世缘终浅道根深。”公之所以景仰者，不止一再言之，非东坡之名偶尔暗合也。

苏轼与白乐天在个人情趣方面亦颇相似。乐天爱吟觞咏弦歌，苏轼也是；乐天爱山水风月，苏轼亦然。乐天爱石，著有《太湖石记》《莲石》《问支琴石》《双石》等诗文。其《双石》诗之末云：“回头问双石，能伴老夫否？石雕不能言，许我为三友。”而苏轼殆无不及，以为：“梅寒而秀，竹瘦而寿，石丑而文。”贬黄州时，得石如虎豹者，作前、后《怪石供》；知定州峙，蓄雪浪石，作《雪浪斋铭》；另有《双石》《壶中九华》《雪浪石》等诗。乐天又爱茶，苏轼亦深通茶道。而爱茶又是与二人都向佛相关联。凡此种种，都表明白、苏二人在生活情趣方面灵犀相通，不谋而合。

关于生活哲学，白居易在信奉“知足不辱”的同时，屡屡强调“心安”：“身心安处为吾土，岂限长安与洛阳”（《吾土》）；“我生本无乡，心安是归处”（《初出城留别》）；当然，他的“心安”，是有前提的，这就是“本之于省分知足，济之以家给身闲，文之以觞咏弦歌，饰之以山水风月。”（《序洛诗》）苏轼无疑地接受了这“心安”的理念，所以也常常提及：“试问岭内应不好。却道：此心安处是吾乡。”（《定风波》）不过，苏轼的“心安”的前提却不是一样的。

《中国苏轼研究》第三辑中载有黄崇浩先生写的《苏轼人生的三大楷模》之文，认为苏轼“神似”屈原，而与白居易在生活方面颇多相似之处比较后，得出结论道：

苏轼"迹似乐天"。这"迹"就是"形迹"。但是，我不能说他"神似乐天"。这不仅因为，乐天没有屈原那样的风骨，不足为苏轼所追踪，也由于东坡既有屈原之风骨，则自然不容滋生"知瞳保和"之意识。

苏轼之爱陶潜，乃是晚年之事。晚年在儋州，自言一句话便是明证："但恨不早悟，犹推渊明贤"（《和陶怨诗楚调示庞主簿邓治中》）。

从苏轼的履历来看，他之关注陶潜，乃是始于贬居黄州时期，他在黄州躬耕东坡，筑雪堂而居之后，举目四望，暗合陶渊明居斜川之境。这不是做梦吗？突然发觉渊明是他的"前生"，他竟与其一样，走遍人间，如今来躬耕。但是苏轼有自知之明，人家渊明前辈是自己解下县令之印，回斜川躬耕的，而他是被逼得走投无路，生活拮据、有断炊之虞才不得不垦荒东坡，并非意趣的相同，而是虚境的相似，说明"觉悟"太迟了，识见差远了。尽管苏轼在初入仕途时也曾发出过"今余独何者，汲汲强奔走"，劝苏辙："君知此意不可忘，慎勿苦爱高官职！"实际上，仍旧对"神秘的耶利娅"苦爱了几十年，到"吾老矣，寄余龄"时才看透人生，对比一下陶潜老前辈和陈慥同辈，他能不惭愧吗？

论者常说苏轼一生，学术三变，诗风亦三变。黄崇浩先生认为：

坡公之人生榜样，亦有三变。少壮立朝从政，风骨一似屈原；中岁或出或入，行迹有如乐天；晚岁远窜南荒，韵度可比渊明。其中，屈原风骨贯穿一生始终，而陶公风韵则引导东坡达于清真境界。至于乐天风格，实为苏公人生过渡阶段的一种选择，既不足以取代屈原风骨以秉持理想，亦不足以取代渊明韵致以圆满人生。

第二十六章

得道恋地

上界天堂啥景观？鄙人无缘询问航天英雄，又不敢瞎编，只好在《西游记》中找：“金光万道滚红霓，瑞气千条喷紫雾。只见那南天门，碧沉沉，琉璃造就；明晃晃，宝玉妆成。又有几座长桥，桥上盘旋着彩羽凌空丹顶凤。明霞晃晃映天光，碧雾蒙蒙遮斗口……”

忽然间，虚无缥缈的雾气渐渐散去，隐隐约约露出琼楼玉宇，一群翩若惊鸿的仙女飘然而至，传来了一个少女清脆悦耳的声音：“姐姐，快过来呀，你看那人间！”

一群美得无法比拟和形容、在人世间没法寻找和见到的仙女闻声聚拢过来，从云隙往下瞧，只见逶迤连绵的群山，阡陌交通的田野，还有个身背包袱、踽踽独行、为葬父去卖身的汉子……接着发生的故事人们耳熟能详。窃以为七仙女下凡与董永结为夫妻、婉转动听的“破窑虽破也能避风雨，夫妻恩爱苦也甜”的唱词，是对一心想学道升天的人最有说服力的规劝。兴许确是有规律在支配：地上的人想上天，天上的人思下凡；乡村的农民盼进城，城里的人愿下乡。于是，我们不得不佩服九百多年前的苏轼，虽也学道、得道，幻想游仙，但却清醒地留恋人间，有词为证：“我欲乘风归去，又恐琼楼玉宇，高处不胜寒。起舞弄清影，何似在人间。”

此词描绘了中秋月夜的景色，也极写了词人心灵深处的出世与入世、情与理的矛盾斗争。这反映了词人虽以儒家思想为主导，但也受着佛老隐逸出世、超然物外思想的濡染；最后固然入世战胜了出世，以理遣情，但也流露出抑郁、苦闷、哀伤的情绪。这是苏轼政治不得意，仕途坎坷造成的，是他矛盾的世界观的必然结果。

所论之“道”包罗万象

“道”这个字，在汉语中是有几十种解释的多义字。一解，是指宇宙万物的本原、本体；二解，即事理，规律；三解，是指政治主张或思想体系；四解，是指道德，道义；五解，是指道家学派；六解，是指仙术，方术；七解，是指道教或道士；……

苏轼对道有他的独特看法。他认为“一阴一阳之谓道”这句话，不是给“道”下定义，而是在用巧妙的说法形容出“道”。《苏轼讲周易》卷七：

> 圣人知道之难言也，故借阴阳以言之，曰一阴一阳之谓道。一阴一阳者，阴阳未交而物未生之谓也。喻道之似，莫密于此矣。
>
> 阴阳交而生物，道与物接而生善。

这是说，阴阳还没有相交（万物未生）之前的那个本然“状态”，是对“道”的最好形容。阴阳相交，形成各种具体事物，这叫“生生”，其进程无始无终，其中有规则，曰“易”。《易·系辞》“生生之谓易”。

倘若我们假设一个万物未曾化生的时刻（“苟不生”），那么此时的“道”无从显现为“易”，正可谓之“道”。正如清代哲学家戴震所言：“在天地，则气化流行，生生不息。”

关于宇宙生成过程的这种假设，是抽象思维把握世界之过程的逆推，离开了具体的“易”，是无从见“道”的，但抽象地谈一下“道”亦无不可。正如离开五音、五色无从见音、色，但也可以抽象地谈谈音、色。

苏轼有一个很好的比喻来说明这个道理，就是《赤壁赋》中对水与月的议论：“苏子曰：‘客亦知夫水与月乎？逝者如斯，而未尝往也；盈虚者如彼，而卒莫消长也。盖将自其变者而观之，则天地曾不能以一瞬；自其不变者而观之，则物与我皆无尽也，而又何羡乎？’”

这段话翻译成白话便是：

我对客人说："您了解那江水和月亮吗？江水总是这样不断地流去，但始终没有消失；月亮有时圆有时缺，但最终没有消损和增长。原来，如果从那变化的一面去看它，那么天地间的万事万物，连一眨眼的功夫都不曾保持过原状。从那不变的一面看，那么事物和我们都是无穷无尽的，还羡慕什么呢？"

苏轼讲的"道"是不涉及具体的物态变化的，但也必然要显现为"易"，一旦显现，对人就有了意义，故曰"道与物接而生善"（见《苏氏易传》卷七引文）。

苏轼从"道"到"善"，是表明自然与名教的逻辑联系。大体上仅是概括一切存在，而没有太着力阐明这一切存在的根据。他提出的关于"道"的概念，是建立在来自认识实践的事物自然之理的广泛基础上。

目前学术界较普遍认为，苏轼的"道"指自然规律，但王水照、朱刚先生在《苏轼评传》中认为这样说"还不够确切，应进一步指出，它是指自然的全体"。"强调'全'是苏轼'道'论的一个关键点，他通过这'全'而要求人们认识世界、处置事物的全面性，从而得出他的'善'概念，也通过'全'而在世界的整体性上迈向形而上的领域，这在他的'性'论中将有更突出的表现。"（《苏轼评传》，南京大学出版社2004年版，第183页）

综合上说，可以认为：苏轼所论的"道"是包罗万象的，不仅指自然规律，亦指自然的全体，外延非常广阔，反映了他重要的哲学思想和观念，我们不要简单地狭隘地理解苏轼讲"道"、信"道"，把他当成一个虔诚的"道教徒"。

精研道家思想为喻政养民

老庄之学都属道家，而苏轼对此颇有研究，且受较深影响。苏轼少年时应时代要求，攻读五经四书、史论儒诗，"初好贾谊、陆贽之书"。据苏辙言，苏轼后来读到《庄子》，顿觉耳目一新，喟然叹曰："吾昔有见于中，口未能言，今见《庄子》，得吾心矣。"（苏辙《亡兄子瞻端明墓志铭》）

苏轼相当喜爱《庄子》，著作中经常引用，他还专门写过一篇《庄子祠堂记》，其对《庄子》的认识多体现于此。

结合北宋学术思想发展实际，此论也并非遗世独立。宋初太宗、真宗等皇帝都曾得道士助力，真宗甚至亲为《道德经集注》撰序，并大力支持编撰《大宋天宫宝藏》，故后世儒者儒道并修，儒释道并尊成为时代潮流。在这种背景下来看苏轼的言论，当不足为奇。

苏轼对老子也颇为钟情。在他的思想中，老学与庄学同样不可或缺。苏轼曾援《老子》以释《易》和《尚书》。其弟苏辙尝作《老子新解》，苏轼曾这样慨叹："子由寄《老子新解》。使战国时有此书，则无商鞅、韩非；使汉初有此书，则孔、老为一；晋宋间有此书，则佛、老不为二。"（苏轼《仇池笔记》卷上，华东师范大学出版社 1983 年版，第 107—108 页）

苏辙此书合儒释道三家杂糅而并之，颇能令苏轼快意。

李伯时曾作《老子新沐图》。苏轼见之，赞曰：

> 老聃新沐，晞发于庭。其心淡然，若忘其形。夫子与回，见之而惊。入而问之，强使自名。曰：岂有已哉，夫人皆然。惟役于人，而丧其天。其人苟忘，其天则全。四肢百骸，孰为吾缠？死生终始，孰为吾迁？彼赫赫者，将为吾温；彼肃肃者，将为吾寒。一温一寒交，而万物生焉。物皆赖之，而况吾身乎？温为吾和，寒为吾坚。忽乎不知，而更千万年。葆光志之，夫非养生之根乎？

这便是孔子及其弟子"问道"于老子的一段故事。老子所言"一温一寒交，而万物生焉，物皆赖之，而况吾身乎？"与周易及苏轼释易一脉相承，从中真可见出大智慧，崇道、扬道之意溢于言表。

众所周知，苏轼贬官黄州以前，就曾用道家清静无为的思想反对新法的扰民。在熙宁二年（1069）的《上神宗皇帝书》中，他曾以道家的养生说喻政：

> 是以善养生者，慎起居，节饮食，导引关节，吐故纳新。不得已而

用药，则择其品之上、性之良，可以久服而无害者，则五脏和平而寿命长。不善养生者，薄节慎之功，迟吐纳之效，厌上药而用下品，伐真气而助强阳，根本已空，僵仆无日。天下之势，与此无殊。故臣愿陛下爱惜风俗，如护元气。

除道家之外，苏轼对道教亦多有信仰。这种信仰，恐怕要追溯到他的父母，特别是父亲有个“应验颇灵”的故事，记载在苏洵《题张仙画像》中：苏洵二十二岁时游成都玉局观，在一卦肆中见一画像，笔法清奇，卖者云张仙，有感必应，遂解玉环易之。当时苏洵“尚无子嗣”，于是，“每旦必露香以告，逮数年，既得轼，又得辙，性皆嗜书，乃知真人急于接物，而无碍子之言不妄矣。故识其本末，使异时祈嗣者于此加敬云”。（曾枣庄、金成礼笺注《嘉祐集笺注》卷十五，上海古籍出版社 1993 年版，第 416 页）

苏洵的笃信似乎给苏轼很深的影响。所以，苏轼八岁入小学，就以眉山天庆观道士张易简为师。跟着张道士就学，同学之生达上百人，张易简独称苏轼和陈太初，而陈太初后来也成了道士。苏轼在任凤翔签判时曾到终南山太平宫研读《道藏》，他还作过一首《读道藏》五言古诗。关于苏轼对道教的崇敬，还可以叶梦得的《避暑录话》卷上为证：

苏子瞻亦喜言神仙。元祐初有东人乔仝，自言与晋贺水部游，且言贺尝见公密州道上，意若欲相闻。子瞻大喜。仝时客京师，贫甚。子瞻索囊中得二十缣，即以赠之，作五诗，使仝寄贺，子由亦同作。仝去讫不复见，或传妄人也。晚因王巩又得姚丹元者，尤奇之，直以为李太白所化，赠诗数十篇，待之甚恭。

上述文字，提到两人，一是乔仝，一是姚丹元（王绎）。关于乔仝，苏轼确与之有联系。在苏轼《送乔仝寄贺君六首》及《叙》中可见。云：“又有乔仝者，少得大风疾，几死。贺使学道，今年八十，益壮盛。人无复见贺者，而仝数见之。”

而姚丹元，苏轼称之为“丹元子”，的确“奇之”。从这首《丹元子示诗飘飘然有谪仙风气吴传正继作复次其韵》的诗题亦可以看出。诗的末句云："终当却与丹元子，笑指东海乘桴浮"可谓道出了苏轼的心声。

需要补充交代的是叶梦得与苏轼的特殊关系：叶的母舅晁补之系苏门四学士之一，外祖父以及其他晁氏舅系也大都与苏轼善交，因此，叶梦得是在苏轼的名人光环照耀下成长的，苏轼成了他的人生偶像，故对苏轼的研究也颇为精深。叶梦得对老庄思想也十分欣赏，除有专著《老子解》一书外，有关老庄思想的论述散见于他的诸多著述中。叶梦得的老庄思想常常融儒释二家于一体，儒释道互参互证，在苏轼等前人的基础上更加从容不迫，洋洋洒洒。所以，在叶梦得的书中反映出的苏轼精深研究道家思想，与道士交往及信道的史料是可信的，从中传达出的信息也可表明，苏轼好道的动机和目的，绝非自身成仙，而是喻政养民。

常练瑜伽却不迷炼丹升仙

信仰某个宗教，往往是受宗族、家庭和环境影响，或是有何"许愿应验"等导因和缘起，或是发生重大变故之后，苏轼信道教也是如此。鄙人从小不信教，拜菩萨是应家长之命，不得不磕头；对道教并无好感主要原因有二：一是学了化学之后，对"炼丹"的神秘感消除，将金属氧化物甚至汞之类剧毒品当作"仙丹"吞食令人毛骨悚然，害人不浅；二是看了蒲松龄老先生的《聊斋志异》，对"劳山道士"印象极差，你看书中所刻画和描写的："邑有王生，行七，故家子。少慕道，闻劳山多仙人，负笈往游。"后来拜道士为师，道士教他穿墙而入之法。"抵家，自诩遇仙，坚壁所不能阻。妻不信，王效其作为，去墙数尺，奔而入，头触硬壁，蓦然而踣。妻扶视之，额上坟起，如巨卵焉。妻揶揄之。王惭愤，骂老道士之无良而已。"

如前所述，苏轼早年钻研过道学，但真正专心致志的学道、练功，是在乌台诗案后，发配到黄州才开始的。

那段时间，他曾在一家道士观里闭关七七四十九天。他写的《黄州安国寺记》里可以看出，他大部分时间都练习打坐，默想思过："焚香默坐，深自省察，则物我两忘，身心皆空，求罪垢所从生而不可得。"

苏轼曾经说："未有天君不严而能圆通觉悟者。"解脱、或佛道，皆始于此心的自律。人在能获得心的宁静之前，必须克服恐惧、恼怒、忧愁等感情。他潜心研求灵魂的奥秘。他问自己，人如何才能得到心情的宁静？有印度的瑜伽术，有道家神秘修炼法等，最高的层次，便是修炼到家，灵魂离开身体的皮囊升天而去。但这一切，苏轼似信非信，并没有痴迷。

苏轼的弟弟苏辙练瑜伽术倒走在他前面，根据苏辙自己的话，是在神宗熙宁二年（1069），他从一个道士学的，这个道士是给苏轼的次子看病，方法是吹"神"入腹。苏辙到淮扬送兄长到黄州时，苏轼发现弟弟外貌上元气焕发。苏辙在童年时夏天肠胃消化不好，秋天咳嗽，吃药不见效。现在他说练瑜伽气功和定力，病都好了。

印度瑜伽术功夫及其理论易于被人接受，其理亦至为简单。诚然，中国佛教中亦有禅宗一派，专下打坐功夫，为印度佛教与中国道教哲学之混合。在其他宗教里，再没有把宗教和身体锻炼结合得那么密切的。

现代练瑜伽术的印度人和中国人都承认，他们获得的身体健康、心情宁静，与情绪的均衡，都非以前梦想之所及。中国的修炼者不知道那是瑜伽，称之为"打坐"，或"静坐""内省""冥思"，或是其他佛道两家的名称。自然其他身体扭曲过甚的姿势，如"孔雀姿""鱼姿"，中国学者以其过于费劲，拒而不学，而苏轼出于对瑜伽的好奇，也只是以练几个舒服姿势为满足，尽管如此，善于发明创造的他，还给了瑜伽几项中国要素。他不但排除了那些弯曲腰、腿、脖子等类似特技的动作，以及其他粗怪的扭曲动作，而且增加了定时的咽唾液，这完全来自道家合乎生理的心得。他向张方平推荐他的修炼方法，在信里他这样描写：

> 每夜以子后披衣起，面东或南，盘足叩齿三十六通。握固闭息，内观五脏，肺白肝青脾黄心赤肾黑。次想心为赤火，光明洞澈，下入丹田中。待腹满气极，即徐出气，惟出入均调，即以舌接唇齿，内外漱炼精液，未得咽。复前法闭息内观。纳心丹田，调息漱津，皆依前法。如此者三。津液满口，即低头咽下，以气送入丹田。须用意精猛，令津与气谷谷然有声。径入丹田，又依前法为之。凡九闭息三咽津而止。然后以

左右手热摩两脚心，及脐下腰脊间，皆令热彻。次以两手摩熨眼面耳项，皆令极热。仍案捉鼻梁左右五七下。梳头百余梳而卧，熟寝至明。

关于探求长生不老的秘诀，在古代，不论中外都曾有之。在中国叫作“养生术”或是“炼丹”。所寻求的丹，是内外兼指。“内丹”，按照道教的办法，是练肚脐以下部位；“外丹”是中国炼丹家所寻求的一种长生不死之药，一旦得到手而服用之，便可骑鹤升天。外丹中最重要的成分是汞的合金。在这一点上，长寿术和炼金术却混而为一了，完全与欧洲的炼金术相似。苏轼曾给武昌太守写信，向他请教炼朱砂的方子。在他写的一首诗里，他说在临皋堂里已经辟室一间，设有炉火，以备炼丹之用，后未实际使用。他在给王巩的信里，道出他对修炼各方面的看法。“道术多方，难得其要。然某观之，唯静心闭目，以渐习之，似觉有功。幸信此语。使真气云行体中，瘴冷安能近人也?”（《苏东坡全集》第七卷，第3642页）

在这封信里，开头讲了他自己亲自服用过朱砂膏，“甚觉有益利”，弟弟子由面色清润，目光炯然，得练瑜伽之功。但苏轼对炉火炼丹砂颇为谨慎，不敢乱来，更不乱服。可见，学修道、炼丹等，苏轼是个“次等生”，一知半解，不求深钻，更不入迷，以实用主义的态度学点皮毛，如“静心闭目”等低级课目便满足了。

关于炼制外丹，苏轼写了两篇札记，一篇叫“阳丹”，一篇叫“阴丹”，载《东坡志林》。阴丹是从生第一胎男婴的母乳中提炼出来的。把乳在文火上加热，用的锅是银汞合金制成的，一边加热，一边用同一金属制的调羹缓缓扰动，直到奶凝结，最后制成药丸状。阳丹是用尿蛋白中的尿素制成。尿蛋白沉淀物经过多次净化，最后变成白色无味的粉状物，再加枣泥做成药丸，空腹用酒送服。

苏轼直到他人生的末日，一直想求得“道士丹”；不过他对寻求长生不死之药，还没有入迷。所有的道家仙子都已死去，至少他们每个人都遗留一个臭皮囊，虽然还有学说主张他们的身体已经改变，无人在时，他们可以升天，或骑鹤而去，或自己变成鹤飞去，叫做“羽化”，所遗留的躯壳便与他们的仙体毫不相干了。遗留下的躯壳只看作如蝉或蛇蜕下的皮，此种去世他们名之曰“蝉蜕”。但是苏轼虽很想看到却始终未见一个长生不死的人。他说：

> 自省事以来，闻世所谓道人有延年之术者，如赵抱一、徐登、张元梦皆近百岁，然竟死与常人无异，及来黄州，闻浮光有朱元经尤异，公卿尊师之者甚众。然卒亦死。死时中风搐搦，但实能黄白，有余药，金皆入官。不知世果无异人耶？抑有而人不见？此等举非耶？不知古所记为虚实，无乃与此等不大相远，而好事者缘饰之耶？

看透人生闲适放旷随遇而安

“人生如寄”是《古诗十九首》中用来慨叹人生无常的佳句，苏轼对此也早有感慨：“回顾梁楚郊，永与中原隔。黄州在何许？想象云梦泽。吾生如寄耳，初不择所遗。但有鱼与稻，生理已自毕。”（《过淮》）在他看来，强调生命偶然、无常、如寄，是说生命不过是一种暂时的存在，这在早期《和子由渑池怀旧》：“人生到处知何似？应似飞鸿踏雪泥。泥上偶然留指爪，鸿飞那复计东西？”“入峡喜巉岩，出峡爱平旷。吾心淡无累，遇境即安畅。”（《出峡》）是一脉相承的。于是他便形成了顺应调迁的坦然心态，调和了情理的冲突。

苏轼被贬谪到黄州之后，面对未来的苦难，却以尽情享乐当下，来化解未来可能的悲情。在他笔下，穷困荒凉的黄州，看到的是“长江绕郭知鱼美，好竹连山觉笋香”。须知，鲜鱼和竹笋都是美食呀！且多得取之不尽——长江绕郭、好竹连山。当个挂职无权的团练副使安置又何妨？“逐客不妨员外置，诗人例作水曹郎。只惭无补丝毫事，尚费官家压酒囊。”（参见《初到黄州》）诗的末句，有自注：检校官例折支多得退酒袋。折支，以他物折钱。退酒袋，当时以退酒袋折抵俸钱。

这种制度和做法，虽然有点寒碜，用现代的话来说，有损官员形象，太掉价，但毕竟有酒喝，实物报销，以酒袋为凭，这比前辈渊明先生“性嗜酒，家贫不能常得”强多了。渊明先生的“亲旧知其如此，或置酒而招之”，于是他就老实不客气“造饮辄尽，期在必醉”，捞到这样的机会，绝不放过，也顾不得脸皮厚薄。“既醉而退，曾不吝情去留”——醉后就向主人告辞，从不以去留为意，更不说感谢之类的客气话。好在亲旧、故人都心里明白：这是一位学问很深、品德高尚、有官不做、安贫乐道的奇人，能请动他来喝酒是给了面子，就让他解解馋一醉方休吧！

东坡先生，你虽然家境贫困，处境狼狈，但与你所尊敬的前辈渊明先生比起来，还是“有余”，酒你能自造且能常得，不论走到哪里，请你喝酒的朋友都很多。

谁能想得到：苏轼因反对变法被划为“旧党”，而旧党上台后对其迫害比新党更甚；新党再次执政，更将苏轼置于死地。

庄子曾在《养生主》和《人世间》中这样说过：“安时而处顺，哀乐不能入也。”“自事其心者，哀乐不易施乎前。知其不可奈何而安之若命，德之至也。”

苏轼屡遭迁谪，自是读《庄子》后知此乃“不可奈何”之事，故诗中体现安时任运，哀乐不易其困顿，超脱尘垢，无入而不自得。论者探讨苏轼谪居惠、儋时期之生活和思想，概括为穷困、孤寂、闲适、旷放四种面貌。穷困和孤寂为谪居之表层现象，闲适和旷放则为排遣迁谪、消解激情、控制理性的灵丹妙方。元丰六年，苏轼在黄州曾与子由书，有所谓“任性逍遥，随缘放旷，但尽凡心，无别胜解”者，正是他身处谪居，闲适自在之最佳注脚。贬谪生活，诚如他所谓“流离僵仆，九死之余”“举动艰碍，忧畏日深”（《与苑长元十三首》其二）。尤其贬谪海南，“此间食无肉，病无药，居无室，出无友，冬无炭，夏无寒泉，然亦未易悉数，大率皆无耳”（《与程秀才三首》其一）。心情如此落寞，精神无比苦闷，如何解脱和排遣？别愁，苏轼已经从《庄子》中“得道”，倾慕白乐天，追求闲适之乐，展现旷放之情。白居易《种桃杏》诗称：“无论海角与天涯，大抵心安即是家。”苏轼词《定风波》亦云：

试问岭南应不好，却道，此心安处是吾乡。

《六月二十日夜渡海》说得更坚决与乐观：

> 九死南荒吾不恨，兹游奇绝冠平生。

较之乐天，苏轼诗中所体现，往往忘身化外，“适意为悦”，心境更加旷放，精神更加超脱，这是多么伟大的人格和了不起的人生观念啊！

第二十七章

喜佛因缘

乐佛礼、究佛理却不归佛

苏轼履迹所至，逢庙必进，而且喜欢与大德高僧交友切磋。他喜佛、乐佛说来有趣，究其渊源，得先述轼与五祖戒禅师有一段缘。据谓轼未生前，其母梦一僧至门，瘦瘠而瞎一目。及轼七八岁时，自谓尝梦身是僧。他由十九岁时，有高僧真净告他道："戒禅师，陕右人，眇一目，暮年弃五祖，五十年圆寂。"其圆寂次年，即轼生年，轼乃悟前身为戒禅师。他有《南华寺》诗曰：

> 我本修行人，三世积精炼。中间一念失，受此百年谴。
> 抠衣礼真相，感动泪雨霰。借师锡端泉，洗我绮语砚！

起句自述本是修行之人，积了三世精炼。接着谓只因一念之差未投身佛门，遭受了种种磨难。对他个人来说，当然不如当出家人清静、闲适和与世无争，但衡量"人生价值"，又不能不说此乃中华民族文化艺术之大幸。

就佛家说，他生具慧根，所为诗文，固然纵横自在，即为禅偈，谈般若，亦深得此中三昧，信手拈来，无非妙悟。如他所作《十八大罗汉颂》，文简词短，然各具动态，直如见诸真相。

苏轼之结佛缘，与苏洵崇奉三宝有关。苏轼妻王氏亦信佛，于元祐八年

（1093）八月临终之夕，遗言舍所受用，命其子迈、迨、过为画阿弥陀佛像，奉安于金陵清凉寺。苏轼作诗曰："佛子在时百忧绕，临行一念何时了。日诵南无阿弥陀，如日出地万国晓。……丈六金身不为大，方寸千佛夫岂小。此心平处是西方，闭目便到无魔娆。"

苏轼与前辈韩愈斥佛、同辈司马光"不喜释老"不同，他是喜神仙、乐礼佛而不学佛，究佛理而不归佛。他到处随缘，从而结识了不少方外之友。

人的理想信念、心灵寄托、精神世界等方面，除了固有的信奉与追求之外，往往与遭受了重大挫折或打击有联系，它常成为心路历程中的转折点。如遭受了悲伤失恋后，女士有出家为尼、男士有削发为僧的，这在旧社会并不少见；原先"磨牙吮血，杀人如麻"（李白《蜀道难》诗句），顿悟后放下屠刀，欲立地成佛；原先颇为自信能自己主宰命运，但在实际中总是运交华盖，难脱晦气之后，也便渐渐相信宿命了。

"吾非逃世之事，而逃世之机"是苏轼对待佛老及心灵的态度。死亡的威胁使他真正领悟到了人生的真谛。他从初结"佛缘"到入禅"皈释"，是在"乌台诗案"之后。尽管如此，苏轼之崇佛，正与王安石晚年向佛，探究佛理，却不归佛一样。这也是当时文学之士，尤以晚年为甚的一种倾向。

苏轼初到黄州时，住在一个佛寺里，随僧蔬食，宦海风波的险恶使他灰心钳口。他在《与程彝仲二首》中曾写到这个时期的情形："但多难畏人，不复作文字，惟时作僧佛语耳。"在"蒙恩责授检校水部员外郎黄州团练副使"时，立即以快乐的心情写诗道：

平生文字为吾累，此去声名不厌低。
塞上纵归他日马，城东不斗少年鸡。
休官彭泽贫无酒，隐几维摩病有妻。
……

此诗中前两句，与"不复作文字"意同。但实际上他做不到、改不了，这好比自己决心不开口说话一样。他用塞翁失马的故事，谓等待因祸得福。"隐几维摩"句是说维摩菩萨以现法为悦，如凡人以妻色为悦，比喻已以修身为伴。在《卜算子·黄州定惠院寓居作》中亦有类似的词句："拣尽寒枝不肯栖，寂寞沙洲冷。"文与可表兄亦有"北客若来休问事，西湖虽好莫吟诗"（叶梦得《石林诗话》卷中）的告诫，但苏轼并没有听其表兄好意的劝告。

苏轼因为与佛有缘，所以在被贬黄州时，常游览佛寺，拜访高僧，请教佛理。他"为小人排挤，不得安于朝廷，有无聊之甚，转而逃入禅，斯亦通人之蔽也"（《苏氏蜀学略》）。这时，他已不仅对佛有了感性了解，而且开始进一步追求佛理了。可以这么说，在他四十岁到黄州后，才精研佛学。

诚然，对苏轼的佛教信仰产生重大影响的是他在贬黜黄州的生活。如果说在此以前他对佛教还多是感性的接触，与苏杭名僧结交也是六朝以来文人、高僧之间相交往的高风逸趣，那么在经受现实苦难之后，他就进一步追寻佛理，企图从中得到安慰与解脱。苏辙在《亡兄子瞻端明墓志铭》中写道：

> 既而谪居于黄，杜门深居……后读释氏书，深悟实相，参之孔、老，博辩无碍，浩然不见其涯也。

苏轼开始沉思自己的个性，考虑如何才能得到心情的真正安宁，他在《黄州安国寺记》中说自己转向了宗教。

在《黄州安国寺记》中看出苏轼心理挫折之剧烈，"乌台诗案"使苏轼对人生有了更深的反省，"逮赴台狱，欲置之死，锻炼久之不决"（《宋史·本传》），所谓"锻炼"，是身心的极度磨炼。当然我们不能说苏轼在"乌台诗案"中体会到死亡威胁之后，他的人格就发生了变化，这是在经过痛苦的斗争之后渐变的。元丰三年（1080），苏轼被贬黄州，对他的佛教信仰造成重大影响。钱谦益云："子瞻之文，黄州以后得之释氏。""北宋以后，文之通释教者以子瞻为极则。"（钱谦益《读苏长公文》）所以东坡谪居黄州五年的生活，应该是苏轼晚年皈释的转折点。

元丰五年（1082）之春，苏轼在东坡上盖了一间茅屋，自名为"雪堂"，真正过起了农耕归隐的生活。他说自己建立雪堂、绘雪壁的目的是为了"凄凛其肌肤，洗涤其烦郁，既无炙手之讥，又免饮冰之疾"，相形之下，"彼其趑趄利害之途、猖狂忧患之域者，何异探汤执热之俟濯乎？”（《满庭芳·归去来兮》序引）可见苏轼的“东坡”“雪堂”不是为了逃避现实，而是为了摆脱羁绊与束缚，追求自然闲适的道家式的隐居生活。

在黄州，苏轼形成了坦荡豪放、乐观旷达的人格境界，这是一种对人生彻底了悟后的自由境界。死亡的威胁使他真正领悟了所谓人生的真谛。苏轼在黄州经过风吹雨打，剥去了他身上浮华的外表，露出了一个纯真的苏轼。他在黄州时期，由于有了更多的机会接触百姓、了解百姓，并参加一定的劳动，因此更加增进了他一以贯之的爱民、悯民、为民思想。

佛教的慈悲济世和布施使他进一步奠定了关心民瘼的基础。在地方官任上，他先后做的治水、抗灾、救荒、请免赋税、收养弃儿等对人民有好处的事，并非偶然。他从心灵深处发出“惟有悯农心尚在，起瞻云汉更茫然”（《立秋日祷雨》）、“但令人饱我愁无”（《浣溪沙》之五）的呼声。虽只是短短的一句话，但却闪烁着耀眼的光芒。表现出苏轼对人民不仅是同情、关怀，甚至愿为人民承担困苦的高尚情怀，也是佛教中“无缘大慈，同缘大悲”的悲悯、“六度”精神，名副其实的“悲歌为黎元”。

纵观苏轼的一生言行，他喜佛、乐佛礼、究佛理，并非仅仅停留在口头上，而是内化于自己为官、做事、处世的准则之中。苏轼在任地方官时捕蝗、治水、开湖、修堤、赈贫救孤、倡导民生、反对杀婴恶俗、上书求宽免贫民欠债，不辞辛劳，功莫大焉。他由衷欢喜地歌颂新式农具龙骨车，他深切体会吴中田妇“忍见黄穗卧青泥”的悲苦，他具有仁政待民，慈悲济世，与民同忧乐，悲悯情怀的人道主义精神。他拔众生苦，施予众生乐；他无畏顽强，破除迷信，如此“但愿众生得离苦，不为自己求安乐”的心量，正是一位菩萨行者精神的展现，堪称人间菩萨。

鬻牒济世、戒杀惜生皆为黎民

佛教初传入中国，并无传戒仪规和发给戒牒诸活动，传戒仪规的发明和颁发戒牒是佛教中国化的一个重要标志。

苏轼在任地方官期间，多次推行“鬻牒”赈灾救济，解决当地之灾情，可谓鬻牒济世、悲善扶困皆为黎民。

在苏轼的文集中，有多篇文章涉及度牒问题，度牒济世固然是宋王朝所采取的一种官方措施，是属于政府方面的事，但它反映出度牒的特殊性。从苏轼主张以度牒济地方之所需，可略知其以佛入世的财政主张，这也是苏轼独特的涉佛角度，体现了他慈悲济世之情怀。

“古之君子”纪念先人、超度亡魂，按照佛教的规矩和仪式。“今之君子则不然”，从路边小摊上买来一大堆黄草纸，有的是摊主给你用铁锤敲几下，有个铜钱状的硬印，有的上面什么也没有，在鬼节那天晚上就在马路边上大烧特烧。真心实意地想还逝者心愿，深切悼念，唯有像苏轼那样，亲笔一字一句的抄写佛经，那才是真正的“古之君子”对已故的亲人的虔诚和敬仰。他不仅为自己的父母、妻妾抄经，还为别人写经，以荐福追思亲人。

苏轼一生抄写过的佛经很多，如刘克庄云：“至坡公则手书佛经非一种。”见于苏轼传世诗文者有《金刚经》《莲华经》《多心经》《摩利支经》《楞伽经》《八师经》《般若波罗蜜多心经》《圆觉经》《楞严经》《华严经》等。其中，《多心经》《金刚经》《楞伽经》更是多次抄写。

据佛教说，《楞伽经》可以稳心，《金刚经》可以救难。抄经追思，是苏轼一生从未间断的活动，一直到他生命的最后一年，他还为母亲抄写了《楞严经》中的一段经文。他居黄州时，“手抄金刚经，最为得意”(《宋人轶事汇编》)。

苏轼喜佛、赞佛和敬佛，还体现在接受佛教奉劝慈悲，珍惜生命，力戒杀生，崇尚放生。

佛教以慈悲为本，“佛言五戒，以杀戒为首；佛言十业，以杀业为首”。戒杀是佛教五大戒之首戒。《善诱文·好生之德》曰：

> 诸佛以慈悲为念，故蠢动含灵，无一不适其情。此无他，只是存心广大，一切众生，皆吾爱子；一切血属，皆吾性命。则放生讵可缓耶。世人当知戒杀，止足以解物之冤，若能放生，不惟与物为恩，又集无穷之福……

在这种观念下，“不杀生”已成为当时佛教徒的基本戒律，“放生”则是不杀生的另一方面。佛教认为，所有的罪孽中，以残害生命为最甚。“世人习为残忍，事事以杀生为礼，而不知其非也。”人们杀生，无不是为了“或祭天地神祇，以及祖宗昭穆，或奉养父母，或宴请会宾朋，或为悦我口腹，资我身体，一一悉以杀诸物命，以期据我之诚，悦我之心，不念彼等受诸极苦，及宿世互为亲属之大恩也。且天地以好生为德，儒者以胞为怀，何竟不生恻隐爱物之仁心，以致习成弱肉强食之暴行耶。”“夫一切众生，与我同生于天地之间，同赋血肉之身，同禀知觉之性，同知趋吉避凶，贪生怕死。”《列子·说符》载：“正旦放生，示有恩也。”

苏轼一生并未断肉，相反，他还发明了美味的东坡肉。但是，苏轼一直主张戒杀、放生。杀了鸡，他都要作《荐鸡疏》来超度鸡的亡灵：“罪莫大于杀命，福无过于诵经。某以业缘，未忘肉味。”

《珂雪斋集》亦记载：

> 东坡学佛，而口馋不能戒肉。至惠州，尤终日杀鸡：既甘其味，又虞致罪，故每月为转（转读）两日经，救拔当月所杀鸡命。其疏云：“世无不杀之鸡，均为一死。”尤为可笑。世虽无不杀鸡，何必杀自我出乎？

这是一个无法克服的矛盾，在《书〈南史·卢度传〉》一文里，苏轼亦对自己不能断杀做了反省，并作了很多戒杀诗词。

佛教主张慈善、悲悯、戒杀、惜生、放生，无疑有深刻道理和重大意义，也是佛教的伟大之处。一切有生命的物类都贪恋生命，害怕死亡，自身的生命与他人的生命一样的，所以千万不要轻视他人的生命。释迦牟尼的故乡人印度圣雄说过一句话：“我的确觉得人类要增进精神生活，必须停止只为满足一己口欲而屠杀动物的行为。”

绝对不杀生是难以做到的，因为包括人类在内的一切生物、动物，都是要进食以维持生命的，必然以牺牲别的生命来延续自身存在。还是唯物辩证法更为伟大和科学，这就是既要进行必要的杀生，又不能滥杀，尊重生命，珍惜生命，保护动物，建设和谐共荣的生物圈，乃至整个自然界和人类生存的社会与世界。

与参寥结为稀世知音

参寥子，是宋朝著名诗僧，在诗坛享有盛名。本名昙潜，后来苏轼为其更名道潜（1043—1106）。参寥是其字，赐号妙总大师，俗姓何，杭州於潜（今浙江临安县）浮溪村人，为大觉怀琏弟子，云门宗下五世。苏辙说他“旧识髯学士，复从琏耆年”。“髯学士”指苏轼，“琏耆年”指大觉怀琏；又说：“谁知真妄了不妨，令我至今思琏老。”可知他是云门宗弟子。自幼出家，于经藏、文史无所不读，能文工诗。据说，道潜从小就厌荤食素，出家后，诵《法华经》而得度僧籍，得法名“昙潜”，字“参寥”，大家都尊称他为“参寥子”。

道潜文学造诣极高，其诗清丽可爱，超群脱俗，为宋诗僧之翘楚，后人编成《参寥子诗集》，计有十二卷之多。苏轼特爱其诗，说他“诗句清绝，与林逋相上下。而通了道义，见之令人萧然；苏辙每称其诗无一点蔬笋气，体制绝似储光曦，非近世诗僧可比。”

朋友之际患难与共、患难之交是最难以忘却的。苏轼的朋友有许多就是如此，参寥子可说其中最难能可贵的一位。

一场“乌台诗案”使苏轼坐了五个多月的牢，贬官谪居，而道潜与王巩、王诜、颜复、陈襄等二十九人因收有苏轼讥讽文字而不申被调查审问。他也因此受牵连，被责令还俗，那一年他才三十八岁。

对于从小就进入佛门的高僧，被“责令还俗”，犹如当今被“双开”——开除党籍、开除公职一样严重。但道潜坦然受之，不仅不埋怨和远离苏轼，反而情更深切，这样的朋友，怪不得东坡词中用了“算诗人相得，如我与君稀”之语。

元丰六年（1083），道潜不远数千里来黄州，和苏轼一起生活了一年左右。

苏轼在彭城时，参寥专程自余杭往谒苏东坡。一日，宾朋同僚聚会，苏轼当众说："今天参寥不留下点笔墨，令人不可不恼。"遂遣官妓马盼盼向其"献媚"并持纸笔就近参寥求诗。参寥一挥而就，其中两句是："禅心已作沾泥絮，肯逐东风上下狂。"苏轼见之大喜："我尝见柳絮落泥中，私谓可以入诗，偶未曾收拾，遂为此人所先，可惜也。"这就是说，苏轼灵感中发现的诗意，参寥已成诗，可见两人真是"心有灵犀一点通"。

纪昀评说："（道）潜本僧，而公以诗友之，专言诗则不见僧，专言禅则不见诗，故禅与诗并而为一，演成妙谛。"经过与道潜这位诗僧的交往，苏轼对诗与禅有了更进一步的体认。

苏轼曾作《与参寥子》二十首，可见这位诗僧在他心目中的地位。

苏轼再次遭到政敌迫害，远贬蛮荒之地海南岛，他已向家人交代后事，不指望能够生还。

参寥曾派一小沙弥到海南岛去看苏轼，带有一封信和礼品，并说要亲自去探望。

这一举动真是令人钦佩与惊讶。须知在九百多年前，去海南岛路途是多么漫长、艰辛和危险。当时没有铁路、公路，更没有"国航""南航"的班机，真可谓"路漫漫其修远兮"，参寥关心苏轼是多么真诚感人啊！

《老学庵笔记》云："参寥，政和间老矣，复还俗而死。不知其故？"据此则参寥再为僧，再还俗，踪迹殊奇。可见参寥世缘颇深，与当时士大夫广为交际，因以牵连浮沉。

从"乌台诗案"开始，道潜三次受冤"还俗"，到了古稀之年却被逐出僧籍，默默地离开了人世。这是道潜的不幸，中国佛教的不幸，也是佛教文学的不幸。

道潜的诗如其人，道潜的人如其诗。他的诗歌是诗人佛教信仰的一种审美升华。他没有拜过佛门高僧为师，也没有在佛教史上开宗立派；虽然一生几度受刑还俗，很长时间背负一个"非法僧人"的罪名，但是却一直真心信佛，坚守戒律，即使是酒席上也只喝枣子茶。正是这种真心、执着的佛教信仰，才使他的诗歌展露出"逼真"的特色，无论为僧还是还俗，始终保持着一种风格。

明朝倪元璐作过一篇《题元祐党碑》，其中有这样几句话："故知择福之道，莫大乎与君子同祸，小人之谋，无往不福君子也。”参寥与苏轼结为世上所稀的密友、知音，任凭各种罪名和患难临头，始终“九死而无悔”，从而使其名字长留于大文豪的雄文和诗词中而永垂不朽，这是参寥之幸。

道潜是一位僧人，但在禅宗史上并不那么有名，相反，在文学史上，他却以“诗僧”的名义彰显。由此，禅宗史上少一位高僧道潜并非损失，因为文学史上因之多了一位有情有义有文才的“诗僧”，这才是一种幸运。

与佛印大师交往多奇趣

苏轼公余之暇喜独游丛林寺庙，他与眉山、吴越的名僧，与杭州诗僧、南方禅僧交游，故事不胜枚举，尤以与金山寺佛印大师的交往颇多奇趣。

相传，有一天苏轼与相国寺佛印和尚对饮，酒兴起，和尚即兴挥毫一首打油诗于墙上：

酒色财气四堵墙，人人都往墙里藏；
若能跳出墙垛外，不活百岁寿也长。

苏轼即和道：

饮酒不醉最为高，见色不迷是英豪；
世财不义切莫取，和气忍让气自消。

后来，神宗皇帝和宰相王安石同游相国寺，见墙上题诗，颇感新鲜。王遵旨先和一绝：

世上无酒不成礼，人间无色路人稀；
民为财富才发奋，国有朝气方生机。

皇帝诗兴大发，当即吟道：

酒助礼乐社稷康，色育生灵重纲常；
财足粮丰国家盛，气凝大宋如朝阳。

同一题材的诗，见仁见智，各抒己见，各有千秋。今天游相国寺的人，见到墙上的诗，想来也会有所收获。

佛印了元（1032—1098），江西饶州浮梁人，俗姓林，字觉老，法号佛印。他“投机于开先暹禅师法席，出为宗匠”，为云门宗第五世，天资优异，博通内外，工书能诗，尤善言辩。“饶州浮梁林氏子。出家，即遍参圆通讷公。”家世业儒。“诞生之时，祥光上烛。”两岁能诵《论语》，五岁能诵诗三千首，稍长随师读五经，略通大义，被称为神童。“……孩儒异常。发言成章，语合经史。闾里先生称曰神童。”能诗，《冷斋夜话》有了元答可遵之诗。后因在竹林寺读《楞严经》，产生出家的念头，在父母允许之后到宝积寺师事僧日用，十九岁入庐山开先寺。宋朝规定出家者先要通过由官府主持的考试，才能正式剃度受戒。了元参加考试，以诵《法华经》及格，正式剃度受具足戒成为僧人。

了元遍参禅宗名僧，如居讷禅师等，住江州承天寺、淮上斗方寺、庐山开先寺等寺院，以及金山、焦山，名震朝野，神宗赐高丽磨衲金钵，并赐号“佛印”。其徒自顺，亦与苏东坡交往甚多且密。佛印本出身富庶之家，后因皇帝赐予度牒而出家，住云居四十余年。“颇娴外学，文宝灿然，图画尺牍好玩之物，莫不毕具，又畜孔雀能言之鸟数种。”《五灯会元》卷十六及《禅林僧宝传》卷二十九有传。在中国历史上，还有一位清代佛印禅师，号逸庵，江苏常熟大生庵僧，嗣法主虞山拂水。

苏轼贬谪黄州后，开始大量阅读佛教典籍。佛印慕名给苏轼写信，请他给自己的云居山写记，苏轼便将自己从邻居家换来的奇石送给他，并附送一篇记文，后来再写一篇记文，这就是《怪石供》和《后怪石供》。苏轼后半生与之交谊甚笃，并留下了很多趣闻佳话。

苏轼移居湖州第二次过金山时，结识了佛印，有《蒜山松林中可卜居，余欲僦其地，地属金山故作此诗与金山元长老》诗为证：“问我此生何所归，笑指浮休百年宅。蒜山幸有闲田地，招此无家一房客。”

苏轼离黄州时有《与金山佛印禅师》书，是答了元“见约游山”的，其中说“方迫往筠州”，指离黄州后赴筠州省弟子由。

元丰八年（1085）苏轼自常州改知登州，又除礼部郎中，有《与佛印十二首》之七，说“行役二年，水陆万里”，又说“复欲如去年相对溪上，闻八万四千偈，岂可得哉！”有一次苏轼作偈曰：

稽首天中天，毫光照大千。八风吹不动，端坐紫金莲。

苏轼自以为体现了较深的禅学工夫，便派人把偈子呈给住在江对岸的佛印禅师。

禅师看后在上面批了“放屁”两个字，就让人把偈子带回去。

苏轼看到批语，一时无名火起，遂乘船渡江，亲自来找禅师，当即责问禅师何以秽语相加。

禅师听后呵呵大笑，说道：“八风吹不动，一屁打过江。”苏轼一时醒悟，方感自愧不如，叹服不已。

元祐四年（1089），苏轼知杭州，路过金山寺拜谒佛印禅师。宋·普济《五灯会元》卷十六《云居了元禅师》记载了一段公案：

师（佛印）一日与学徒入室次，适东坡居士到面前。师曰：“此间无坐榻，居士来此作甚么？”

士曰：“暂借佛印四大为坐榻。”

师曰：“山僧有一问，居士若道得，即请坐；道不得，即输腰下玉带子。”

士欣然曰：“便请。”

师曰：“居士适来道，暂借山僧四大为坐榻，只如山僧四大本空，五阴非有，居士向甚么处坐？”

士不能答，遂留玉带。师却赠以云山衲衣。

宋·惠洪《冷斋夜话》卷七亦曾载：“哲宗问右珰陈衍：‘苏轼衬朝章者

何衣?'衍对曰:'是道衣。'哲宗笑之。"苏轼穿的"道衣"就是佛印禅师回赠的这件"衲衣"。

苏轼作有《以玉带施元长老,元以衲裙相报,次韵二首》:

一

病骨难堪玉带围,钝根仍落箭锋机。
欲教乞食歌姬院,故与云山旧衲衣。

二

此带阅人如传舍,流传到我亦悠哉。
锦袍错落差相称,乞与佯狂老万回。

《苏轼诗选注》(吴鹭山、夏承焘、萧眉合编,百花文艺出版社 1982 年版)第 168 页编者在此诗后有一段按语:"这首诗旧本误编在元丰七年,作者自黄州调迁汝州,途经金山时所作。但作者在元祐间任中书翰林时,才赐系玉带。故应为元祐四年出知杭州时作。"

后来,金山寺特建了一座留玉堂,苏轼的玉带成了供人观瞻的宝贝,堂里还供着苏轼与佛印的铜像。苏轼身旁有一小童捧着玉带,佛印身旁有一小沙弥捧着衲裙,讲述着苏轼送玉带、佛印赠衲裙的故事。

朋友之间交游,要根据其个性特征,才能融洽无间,不然会产生误会和隔阂。道潜与佛印的个性差异较大。道潜深沉,佛印外向;道潜憨厚,佛印俏皮;道潜戒酒更戒色,佛印戒色不戒酒;道潜是特重情义之人,佛印是旷达、乐观、诙谐的性情中人……正因为如此,东坡与佛印之间交往的故事颇多,两人题诗斗联,相互唱和,机锋相对,妙趣横生,甚至有时出格,用刁钻的点子,也不在乎。

佛印虽然做了和尚,但是仍然非常洒脱,常与苏轼一块儿饮酒吃肉,无所禁忌,不受佛门清规戒律的束缚。先说两人相互"藏鱼"的故事。

一天,佛印听说东坡要到寺里来,便叫人烧了一盘苏轼爱吃的红烧酥骨鱼。鱼刚端来,苏轼恰好走到门外。佛印听到苏轼的脚步声,想跟他开个玩笑。正好旁边有一只铜磬,顺手就把鱼藏进磬中。苏轼早闻到鱼的香味,满以为又有鱼肉吃了。一看饭桌上没有鱼，而香案上的铜磬却倒扣着，心里自然明白，却佯作不知。

苏轼坐下来，唉声叹气，一副闷闷不乐的样子。

佛印感到奇怪，因他素知东坡是个乐天派，笑脸常开，可今天怎么啦?不由得关切起来：

“大诗人，为何愁眉不展呀?”

“唉，你有所不知，早上有人出了一个上联，要我对下联。想了半天才对出四个字来，所以心烦。”

佛印半信半疑地问：“不知上联如何?”

“向阳门第春常在。”

佛印听了，心中好笑，这副对联早已老掉了牙，谁人不晓，无非存心要我，且看他葫芦里卖的什么药，于是也若无其事地往下问：“那么，对出哪四个字呀?”

“积——善——人——家……”苏轼故意一字一顿地念出来。佛印不假思索地大声接着说：“庆——有——余。”

苏轼忍不住哈哈大笑：“既然磬（庆）里有鱼（余），为什么不早拿出来尝尝呢?”此时佛印才知中计。两人抚掌大笑，开怀畅饮。

另一次，苏轼终于找到了报复的机会。

那天，适值大雪，苏轼吩咐侍妾王朝云，用姜葱等配料，做了一盘清蒸鲈鱼。刚要举筷，忽见窗外人影一闪，是佛印来了。心想，这和尚倒有口福，待我也要他一要，于是赶紧将鱼放到碗橱上面。

佛印眼尖，早已看在眼里，只当不知，便欲擒故纵，装出一副若无其事的样子，向苏轼请教“蘇”字的写法。

苏轼当时并未认真想，便随口答道：“草头下边，左边是鱼，右边是禾。”

佛印一听笑着问：“把草头和鱼字换个位置，行不行?”

苏轼还是没有觉察到佛印话里有话，只是一个劲儿地摇头、摆手。

佛印知道苏轼已经上了圈套，微笑着指指书架上的菜盘子，说：“那就把鱼从上面挪下来吧!”

苏轼这才恍然大悟，明白了佛印的心思。二人爽朗大笑，在书房里开怀畅饮起来。

苏轼和佛印都是超群智者，无论是戏谑还是调侃，谁也占不了多少便宜。

一天傍晚，苏轼偕好友佛印乘船游览扬州瘦西湖，船小风轻，随波逐流，二人在船上开怀痛饮，谈笑风生。时值深秋，金风飒飒，水波粼粼，大江两岸，景色迷人。

酒过半酣，佛印说："难得有如此好的景致，学士出一联贫僧来对如何？"

过一会儿，苏轼用手往江左岸一指，笑而不语。

佛印望去，只见江左岸上农夫罢耕而去，不解东坡用意何在。

正疑惑间，只见河岸上有一只大黄狗正在狼吞虎咽地啃骨头吃，顿有所悟，欲言又止，只是哈哈一笑，将自己手中那柄题有苏轼诗句的大蒲扇抛入水中，苏轼起初不解其意，稍一寻思，方知佛印此举之心。

原来，他们一系列的举动、表情、手势的含义，正好是一副精巧的谐音双关哑联。按表层含义解释是："狗啃河上骨；水流东坡诗。"按谐音理解，此联又可为："狗啃和尚骨；水流东坡尸。"

此时二人心照不宣，无声胜有声，乃相对仰面大笑不止。

另一次，苏东坡与佛印禅师一同游山玩水，走着走着，佛印忽然对苏轼说：

"你骑在马上的姿势十分庄严，好像一尊佛。"

苏轼回答说："你穿着一身黑袈裟，骑在马上好像一团牛粪。"

佛印笑着说："从我口中出来的是佛，从你口中出来的却是粪。"

悟道者眼中，佛与牛粪自性本自清净。东坡与佛印禅师时常一唱一和，嬉笑耍骂，以诸公案，遗教后世。

又一次，苏轼约其弟苏辙和佛印大师结伴同游，佛印即兴出句："无山得似巫山好"，要对此联，关键在"无""巫"二字的谐音。

"何叶能如荷叶圆。"苏辙不甘示弱。

苏轼听了，对苏辙说："以'何荷'对'无巫'的谐音，固然不错，但改作这样是否更好些："何水能如河水清。"

佛印与苏辙表示赞同，以"水"对"山"，胜在对仗更加工稳。

还有另一则奇趣。"鸟"这个字有一个含义，在中国俗语中颇为不雅。

苏轼想用此一字开佛印的玩笑，要弄要弄他。

苏轼说：“古代诗人常将‘僧’与‘鸟’在诗中相对。举例说吧：‘时闻啄木鸟，疑是叩门僧。’还有：‘鸟宿池边树，僧敲月下门。’我佩服古人以‘僧’对‘鸟’的聪明。”

佛印说：“这就是我为何以‘僧’的身份与汝相对而坐的理由了。”

反唇相讥，僧的对面便是“鸟”，苏轼没有得到便宜。

苏轼到杭州后，两人自然常来往，经常一起谈诗论文，结伴旅游。有一天两个人在杭州同游，苏轼看到一座峻峭的山峰后，与佛印有一段有趣的话，充满着禅机：

“这是什么山？”

“此乃飞来峰。”

“既然飞来了，何不飞去？”

“一动不如一静。”

“为什么要静呢？”

“既来之，则安之。”

后来两人走到了天竺寺，进了前殿，他俩看见两个面貌狰狞的巨大金刚像。

苏轼问：“这两尊佛，哪一个重要？”

佛印回答：“当然是拳头大的那个。”

到了内殿，他俩看见观音像，手持一串念珠。

苏轼问：“观音自己是菩萨，还数手里那些念珠何用？”

佛印回答：“噢，她也是像普通人一样祷告求佛呀。”

苏轼又问：“她向谁祷告？”

佛印回答：“向她自己祷告。”

苏轼又问：“这是何故？她是观音菩萨，为什么向自己祷告？”

佛印说：“你知道，求人难，求人不如求己呀！”

于是，两人同声大笑起来。佛印的回答是多么机敏巧慧和意味深长啊！

“借花献佛”这句成语，比喻借用别人的东西送人情。《过去现在因果经》：“今我女弱，不能得前，请寄二花，以献于佛。”清赵翼《村舍即事》

诗:“将酒劝人无恶意，借花献佛有真情。”但是这个“花”字，是个多义词。一般指可供观赏的植物，但也比喻年轻漂亮的女子，如“美人如花隔云端”“绿窗人似花”等，如果是以后者释义“借花献佛”呢，那就成了违反佛道、教规的荒唐之事了。

相传有一天，苏轼请佛印到家饮酒，佛印大醉，苏轼命一佳人睡在佛印的旁边，佛印酒醒后怒斥佳人，那佳人哭哭啼啼地说:“贱妾红尘中人，苏学士命我同君共欢一宿，许以重金，若无成，将重罚于我。”

佛印就取来笔墨，写了一个纸条:“借花献佛，有眼无珠，心不相印，有酒无友。”交与该女子说，“把这个交给苏轼，不会有祸”，天明就拂袖而去。

送美女给和尚，玩笑开到如此之大，近乎恶作剧，非至亲朋友，是不敢的。

苏轼曾多次劝佛印入仕为官，但看破红尘的佛印却无心做官，只想在佛门。苏轼见佛印矢志不渝，禅心难移，只好放弃劝他为官的念头，也更加敬佩。

第二十八章

养生美食

总结著名的养生四妙方

《东坡志林》里记载了一则题为《赠张鹗》的逸事，讲的是苏东坡的好友张鹗有一天来到他家里，求问东坡先生在养生方面的高见。原文是：

> 张君持此纸求仆书，且欲发药，君当以何品？吾闻战国有一方，吾服之有效，故以奉传。其药四味而已：一曰无事以当贵，二曰早寝以当富，三曰安步以当车，四曰晚食以当肉。夫已饥而食，蔬食有过于八珍，而既饱之余，虽刍豢满前，惟恐其不持久也，若此可谓善处穷者矣，然而于道则未也。安步自佚，晚食为美，安以当车与肉为哉？车与肉犹存于胸中，是以有此言也。

这就是他最著名的养生长寿古方，这养生“四方”看似简单，内容却很丰富。

其一是“无事以当贵”。苏轼的意思是，人不应该考虑太多功名利禄、荣辱得失，而是要潇洒大度，随遇而安。这是他自己豁达心胸的写照，在屡次遭到贬谪时，他从来没有怨天尤人，反而不改其乐，随缘放旷。在《记承天寺夜游》中他写的“何夜无月？何处无竹柏？但少闲人如吾两人者耳”，便是将贬谪当成一种人生的小插曲，用良好的心态去接受这个事实，甚至认为正是因为被贬，才让他能享受到了宁静欣悦，所以他总是强调，凡事不必过于执着，无事便以当贵。

其二是“早寝以当富”。这句话的意思更简单了，就是要养成良好的作息习惯。苏轼一直强调劳逸结合，认为要养成良好的起居习惯，才会有健康的身体。健康的起居习惯，对人内部的调节作用十分明显，可以促进人养精蓄锐，恢复精力，而不良的起居习惯，则会导致身体负荷过重，新陈代谢变慢，造成疲劳、神经系统功能紊乱等后果。所以苏轼称，早睡早起是养生的一大财富。

其三是“安步以当车”。苏轼告诫人们不要养成过于讲求安逸的习惯。步行是人类最基本的日常活动，虽然简单，却十分必要。现代科学研究表明，步行锻炼是人类最好的运动。经常走路可以促进血液循环，减少脂肪堆积。而长期沉湎于安逸享受，或以车代步，或常坐不起，将有可能使腿关节变得僵硬，腿部肌肉因得不到应有的锻炼而萎缩等，更有甚者，可能带来严重的后果。苏轼一生勤于走路，认为这是养生的另一诀窍。

关于步行的好处早已被古今中外的医学研究者所公认。这是因为双足不仅承受人体的全部重量，而且在各种活动中，还有许多额外的负担，是人体中最重要的组织，并与全身的脏腑器官有着千丝万缕的联系，双脚实际上是全身健康的“窗口”，“健康始于足下”这句话有深刻的道理。美国匹兹堡大学研究人员在2010年10月13日出版的美国学术期刊《神经病学》上报告说，对老年人来说，坚持步行有助于延缓认知能力的衰退。步行会对大脑灰质区的体积产生影响，在身体条件允许的情况下，步行运动量越大，大脑灰质区的体积越不容易萎缩。灰质区体积越大，人的认知能力越强。

其四则是“晚食以当肉”。意思说的是要晚吃饭、少吃肉。对这句话，有评论者说：“这有一半对，也有一半不太科学”，其理由是：“现代研究表明，人到了晚上新陈代谢活动有所减缓，太晚吃饭容易引起脂肪积聚，不利于消化和健康，所以晚食不一定全对。但少吃肉却是符合科学的饮食习惯的，少吃肉类能减少肥胖的几率，进而减少患各种疾病的概率。”

窃以为，这是误解了苏轼用的这个“晚”字。中国汉语的词汇常是多义词，“晚”如果指“晚上”“晚餐”，即“晚餐要吃晚一点”，就“不太科学”了。但东坡这里说的“晚食”，并非指“晚上”吃饭要“晚”，是说肚子很饿的时候吃饭如同吃肉一样香。假如说“晚餐吃得晚好”，那么麻将搓到深夜才吃晚饭最有利于健康，这是曲解了东坡的原意。苏轼用的“晚”字，是“迟”之意，他说的是：“夫已饥而食，蔬菜有过于八珍，而既饱之余，虽刍豢满前，惟恐其不持去也。”要迟一点、晚一点吃饭，即在有饥饿感、有食欲时再去吃饭，则蔬菜胜于八珍，如果已经撑得慌，则再好的山珍海味也“厌饫”无食欲。这个问题不仅普通人都有体会，让慈禧太后谈谈也会颇有心得。她在逃难时吃野菜和窝窝头是那么香，回到皇宫后让御厨无论怎么做，也没有当时这个味了。让我们再来研读《东坡志林》中另一篇《养生说》：

> 已饥方食，未饱先止（指不多食，不吃太饱）。散步逍遥，务令腹空。当腹空时，即便入室，不拘昼夜，坐卧自便，惟在摄身（收拢控制身体），使如木偶（使身体像木偶一样）。常自念言：“今我此身，若少动摇如毛发许（谓不允许有一丝一毫的动摇），便堕地狱！如商君法，如孙武令，事在必行，有犯无恕！”（谓定要极为严格的遵循）又用佛语及老聃语，视鼻端白（凝视自己的鼻尖），数出入息（数自己的呼吸次数），绵绵若存，用之不勤（劳苦）。数至数百，此心寂然，此身兀然，与虚空等，不烦禁制（不用控制），自然不动。数至数千，或不能数，则有一法，其名曰“随”：与息俱出，复与俱入，或觉此息，从毛窍中，八万四千（古代认为人体有八万四千个毛孔），云蒸雾散，无始以来，诸病自除，诸障渐灭，自然明悟。譬如盲人，忽然有眼，此时何用求人指路！是故老人言尽于此。

苏轼的这四味“长寿药”，实际上是对情志、睡眠、运动、饮食四个方面的养生建议。养生活动是一项复杂的活动，不仅涉及人体内部的各种器官和机能，也涉及人的情志情绪变化。苏轼的这些原则，有不少十分符合现代科学的原则，因此在今天仍值得我们参考和借鉴。关于养生问题，在《东坡志林》中还有一则《记三养》：

东坡居士自今日以往，不过一爵一肉（喝一杯酒吃一种肉菜。即食不兼味）。有尊客，盛馔（丰盛的饮食）则三之（增加三倍），可损不可增。有召我者（有宴请我者），预以此先之（预先以只喝三杯酒吃三个菜告诉主人），主人不从而过是（超过这个标准）者，乃止（不去赴宴）。一曰安分以养福；二曰宽胃以养气；三曰省费以养财。

这“养福”“养气”和“养财”的“三养”，也是东坡的养生之道，且体现了他的人格特征。

“心之官则思”，古代以为心能思维，不知是脑才具备总指挥部的功能。因此心态平和、心态平衡，实指清静、乐观、豁达，排遣各种忧愁和烦恼，这是健康和养生之本。

苏轼在《鱼枕冠颂》一文中有句“五浊烦恼中，清净常欢喜”，便是他怀有这种健康心态的最好注脚。

古人一直崇尚“养心先于养身”的理念，中医理论认为人的精神活动和人的内脏之间是有着紧密的联系的。所以古代有许多关于情志致病的论述，《黄帝内经》里说：“悲哀愁忧则心动，心动则五脏六腑皆摇。”意思是过度的情志活动，会影响五脏六腑。

《黄帝内经》还说：“怒伤肝、喜伤心、忧伤肺、思伤脾、恐伤肾。”要想五脏六腑都不伤，最好不要有任何的喜怒哀乐。这当然是不可能的，人人都有七情六欲，正常的精神活动当然是必需的，人们只能减少过度或异常的情志活动。过激的情绪变化，会使相应的内脏产生病变，甚至引起精神的失常。《三国演义》里的周瑜，总算是一代英雄，但因为算计不过诸葛亮，暴怒之下，连呼数声“既生瑜，何生亮”，终于一命归西。《儒林外史》里的范进，考进士考了几十年，年年都名落孙山，他自己都习惯了，然而突然有一天，有人来报他中了举人，于是他暴喜过度，痰涎上涌，迷住心窍，竟变得痴痴呆呆了。《红楼梦》中的林黛玉，一点小事就郁郁寡欢，最后伤及元气，早早夭亡了。这些都是情志过度变化引起的严重后果。因此保持一颗平常心，以“也无风雨也无晴”的态度面对生活，保持稳定的心理状态和达观的处世态度，才是养生的最佳方法。

现代医学资料统计也显示，易发脾气、暴躁、性格冲动的人，患上心脏病的概率是心境平和的人的两倍以上。急躁、好发脾气、争强好胜、缺乏耐性等，则是诱发冠心病的危险因素，因为长期心境失和，会使得心血管系统呈高反应性，容易造成血压升高、心率加快等情况。美国前国务卿基辛格博士有一个很经典的论断，他说：美国医院里四分之三的病床，都是被那些由坏情绪引起疾病的患者所占用的。

苏轼在胶西任地方官时，还曾主持修建盖公堂。盖公是西汉开国大臣曹参的老师，他一贯主张“治道贵清静而民自定”。苏轼修盖公堂之余，作了一篇《盖公堂记》赞扬盖公，其中有一段提到了治病和治国一样，要像盖公一样“贵清静”，否则乱投医，小病也会酿成大病。

苏轼的这个主张，并不是虚无缥缈的道家学说。现代科学证明，静养心神属自我调节，能保护大脑少受或不受外界不良因素的干扰，使生理功能处于最佳状态。高血压、糖尿病、动脉硬化等病人，在积极治疗时，保持清静养神，也是对人体的一种保护和放松，有利于早日痊愈。“心之官则思”，保持好的心态，是健康长寿的第一要义。

苏轼推崇清静养生，静坐默思，但同时也十分注重身体的活动。他说：“善养身者，使之能逸而能劳，步趋动作，使其四肢狃于寒暑之变，然后可以刚健强力，涉险而不伤。”这就是我们常说的劳逸结合。他说，为什么王公贵胄容易生病，而农夫小民却很健壮呢？那是因为贵人深居简出，行则坐轿，寒则厚衣，养之太过，所以容易受寒暑；而农夫小民，不管严寒酷暑都要在田间劳作，劳动的锻炼使他们得以祛病强身。

因此，苏轼一方面默坐养神，另一方面做一些适当的锻炼，如登山游览之类的活动。而且他还特别勤于劳作，六十三岁的他被贬海南后，还亲自开荒种地。“活动”一词颇有道理，“活”与“动”密切相关，生物不再“动”了谓死。

事实上，劳逸结合向来就是古人的养生之道。东汉时神医华佗就说：“人体欲得劳动，但不当使极耳。动摇则谷气得消，血脉流通，病不得生，犹如流水不腐，户枢不蠹是也。”于是创立五禽法，后世演变为太极拳。太极拳的练习要领，首要精神专一、意志集中，其次是在全身运动中保持有节奏的自然呼吸，并增加呼吸深度，这就是古人劳逸结合的健康操。

唐代孙思邈在《千金要方》里也说："养性之道，常欲小劳，但莫大疲及强所不能堪耳。"即过劳不可，不劳动亦不可，一张一弛，才是养生之道。清人黄凯均在《一览延龄》中则说："动中思静，静中思动，皆人之情也。"还特别指出："最静之人，食后亦宜散步，以舒调气血。好动之人，亦宜静坐片时，以凝形神。"

现代医学研究表明：人过了三十岁后，各项生理机能便开始下降。缺乏运动的人，生理机能退化的速率是保持适当运动者的两倍。因此要减少机能下降，就必须注重劳逸结合，维护人体协调平衡。当然，在运动方面，也要根据自己的身体情况，选择适宜、适量、适度的运动，注意控制运动量，不可过度运动。而且运动贵在坚持，不要"三天打鱼，两天晒网"。现代医学研究发现，不能长期坚持运动的人，偶尔运动反而会加重各种器官的磨损，加速组织功能的丧失。

"养生难在去欲"，东坡"不昵女人"

明白了如何养生的很多道理，但是人们往往做不到，或难坚持，什么原因呢？且看苏轼写下的在《东坡志林》中的另一则短文：

养生难在去欲

昨日太守杨君采、通判张公规邀余出游安国寺，坐中论调气养生之事。余云："皆不足道，难在去欲。"张云："苏子卿（苏武）啮雪啖毡，蹈背出血（因其谋匈奴事泄而自杀未遂，对其急救），无一语少屈（言苏武没有一句稍有屈服的话），可谓了生死之际矣（了然于生死的关头，指苏武宁死不屈）。然不免为胡妇生子（苏武在匈奴所娶之妇曾生一子，名通国），穷居海上（今贝加尔湖一带），而况（更何况）洞房绮疏（雕饰花纹的窗户）之下乎？乃知此事不易消除。"众客皆大笑。余爱其语有理，故为记之。

这则短文很有趣，苏武在匈奴囚禁和流放十九年，威武不屈，死亡无畏，在这么艰苦之地，仍与胡人之妇生了儿子，何况在洞房绮窗之内了，东坡服张规言之有理。

“欲”主要是什么？孔子言：“饮食男女，人之大欲存焉。”“吾未见好德如好色者也。”这些“论语”都是总结规律，实事求是。

人有欲望，又想养生，这是一对矛盾。为了从长远着眼，则要节欲、戒欲、去欲，特别是戒色。在这方面，孔子也说过：“君子有三戒，少之时，血气未定，戒之在色；及其壮也，血气方刚，戒之在斗；及其老也，血气既衰，戒之在得。”（《论语·季氏》）

人们又常言：“饱暖思淫欲。”苏武“啮雪啖毡”之事，乾隆皇帝不以为然，在《读通鉴论》中有批判，认为不真，因为“毡”是人体不能消化它，故不能为食。退一步讲，就算是真的，那么他在“饮食”条件“啮雪啖毡”倒可以忍受，“男女”这关却过不了，所以，太守杨君采、通判张公规和东坡及其他“众客皆大笑”。好在汉武帝对此事并不看重，未予追究，他与胡妇所生的儿子通国，在苏武卒前方被赎回。

苏轼养生是理论结合实际，言行一致的。说“不昵女人”也名副其实。在惠州时为防瘴气致病，断绝云雨之欢。在朝云病逝后，他一直孤身到老死。他还多次写信告诫亲密的朋友，慎近“粉白黛绿者”，“愿公以道眼照破”，在遭贬、失意之时，不要沉溺于酒色，指出其“危险”，要节欲自爱。

美酒自酿造，享用杯中乐

酒是人类饮食中的重要发明，因为它是由粮食或果实酿制的，吸取其精华。适量饮酒，也有益于身体健康。更因为，无酒便失去了生活的许多乐趣。苏轼爱酒，但他的酒量不大，且与陶渊明一样，“造饮辄尽，期在必醉”；与李太白一样，“大笑同一醉，取乐平生年”，酒未醒来，处醉态朦胧时，诗文书画，落笔生花，佳作迭出。

苏轼不但是美酒鉴赏家，而且还是一个酿酒实验家。很难论证他在酿酒生产上和工艺上的发明创造对工业发展所作的贡献，但在九百多年前，科学和工业都不够发达的时代，他能勇于实践，并真正酿出各种酒来，也是十分可贵的。

苏轼造酒是在黄州开始练习的。一是他一向爱酒，馋酒成癖，二是他在贬谪生活期间，思想郁闷，要以酒解愁。另外，他待客也需要酒，而又没有更多的钱去买，他动起“自产自销”的脑筋来。他在一文中曾说：“闲居未尝一日无客，客至未尝不置酒。”（《东皋子传后记》）

他的朋友这么多，这样的来来往往，以酒招待，负担得起吗？这是他自己学习酿酒的主要动因。开始时他曾酿造蜜酒，这是用少量蜂蜜掺以蒸面，发酵，以米和米饭为主料做的米酒。如前所述，秘方“专利”还是杨道士的。苏轼还在诗中极力夸赞他的酒是那样的甜美：“南园采花蜂似雨，天教酿酒醉先生。”这是他酿酒的最初尝试。尽管他自己说这种酒醇香可口，但后来苏轼死后有人向他儿子讨东坡酒方，他儿子们说，喝了他父亲在黄州造的蜜酒常常闹腹泻。也可能苏轼在操作上不太讲究卫生，儿子们不买他酒好的账。

在定州任职期间，他做过松酒，甜中带点苦味。他还写了《松醪赋》。被贬广东惠州，他又特酿桂酒，他对这种酒十分感兴趣，说喝了使人精力充沛，红光满面，喝多了觉得飘飘欲仙。东坡在《桂酒颂》的序言中写道：“吾谪居海上，法当数饮酒以御瘴，而岭南无酒禁，有隐者以桂酒方授吾，酿成而玉色，香味超然，非人间物也。”

所谓“桂酒”，就是以生姜、肉桂作配料酿成的药酒，可以温中利肝，轻身捷骨，养神发色，常服可以延寿。苏轼称这种酒是天然的甘露。他写信给家乡眉山道士朋友陆维忠，开玩笑说，单单为了尝一尝他酿的桂酒，便值得几千里跋涉的辛劳代价来惠州。陆维忠还真的从四川徒步到惠州去看他。当然这主要是无价的情义，并非真的为尝他自我吹嘘的酒。

苏轼是古代做广告的能手，不论什么东西经他笔下一描写，便红火起来，身价百倍。在《新酿桂酒》这首诗中写道：“捣香筛辣入瓶盆，盎盎春溪带酒浑。收拾小山藏社瓮，招呼明月到芳樽。”

苏轼当时对南方的特产“酒子”也十分欣赏。米酒还没有完全发酵就取出来，酒精含量不多，有点像微酸的啤酒。他曾在一首诗的序中说，他一面滤酒，一面喝，终于酩酊大醉。

苏轼还酿制过“真一酒”，这是上等好酒。他向朋友们写信曾经介绍过制酒的配方和酿造过程。用上好的面粉，加上酵母菌，或直接发酵，揉成面曲，挂在通风处，风干两个月。然后煮一斗米，捞出用水冲净，慢慢晒干。把三两面曲磨成细粉，与熟米拌匀，放入罐中拍实，压紧，中间留一个圆锥形的小坑。从三两面曲中预留一些曲粉，等中间洞口流出酒液，就将预留的曲粉撒在上面。酒液够多了，再挖开罐中熟米，加些新煮的米饭，比例是一斗旧米加三升新米，再加两碗水。盖好，大约三至五天后，就可以得到高级的六升好酒米。时间要看温度而定，操作人可以凭经验调整工艺流程。此外，苏轼还酿过“天门冬酒”“蜜柑酒”等。

苏轼被称为“酿酒专家”绝非浪得虚名，他在造酒上还有专题“学术论文”，写过《酒经》，全文三百七十八字，相当具体地谈到了制曲，和面；用米、用曲、用水的比例；加曲、加水的时间、火候和酿造过程中出现的正常和不正常现象，以及应注意的事项。全部酿造的过程要三十天。他在惠州期间，还把酿造好酒的秘方，刻在石头上，藏在罗浮桥下，他的本意是想让求仙的人找到。客观上把制酒的验方留传下来，也算是办了一件好事。

苏轼酿酒，还有一种理论：“病者得药，吾为之体轻；饮者困于酒，吾为之酣适。盖专以自为也。”这表明他好制药、酿酒并非光为了自己，还有治病救人、助人为乐的风格呢！

以“东坡”冠名的各种美味

东坡先生“家”的头衔不可胜数：文学家、大诗家、大词家、大画家、大书法家、佛学家、道学家、哲学家等，还有一个公认的令人羡慕的头衔，便是“美食家”。略举数例：

其一是东坡肉

据他总结的实践经验是：“慢着火，少着水，火候足时它自美。”

用料：猪五花肋条肉约一千五百克、绍酒二百五十毫升、姜块五十克、酱油一百五十毫升、白糖一百克、葱结五十克。

制法：

一、选用皮薄、肉厚的猪五花条肉（以金华“两头鸡”猪为最佳），刮净皮上余毛，用温水洗净，放入沸水锅内煮五分钟，煮出血水，再洗净，切成二十块方块（均匀切，每块约重七十五克）。

二、取大砂锅一只，用小蒸架垫底，先铺上葱、姜块，然后将猪肉皮朝下整齐地排在上面，加白糖、酱油、绍酒，再加葱结，盖上锅盖，用旺火烧开后密封，改用微火焖两小时左右，至肉八成酥时，启盖，将肉块翻身皮朝上，再加盖密封，继续用微火焖酥。然后将砂锅端离火口，撇去浮油，皮朝上装入两只特制的小陶罐中，加盖，用“桃花纸”条密封罐盖四周，上笼用旺火蒸半个小时左右，至肉酥透。食前将罐放入蒸笼，再用旺火蒸十分钟左右即可上席。

其二是东坡肘子

在东坡先生的私家菜中，这也是一道大名鼎鼎的菜肴。其实，这道名菜，并非东坡先生的原创，而是其妻王弗的妙作。

有一回，王弗在炖肘子时一时疏忽，肘子焦黄粘锅，她连忙加各种配料再细细烹调，以掩饰焦味。不料，这么一来微黄的肘子味道出乎意料地好，顿时乐坏了东坡，不仅自己反复炮制，还向亲友大力推广，于是东坡肘子也就得以传世。

这么说来，其实，这“东坡肘子”，当算是一道夫妻菜，或者说，是爱情菜。

方法只有一句话：将肘子炸成焦黄，按东坡肉制法加各种配料再细细烹煮。

其三是东坡扣肉

这也是东坡私家菜中一道响当当的名菜。这道美食色泽金黄，肥而不腻，甜咸适宜，香味浓郁，口中肉感十足。在《猪肉颂》中，东坡先生又总结了制作扣肉的千古名法：“净洗锅，少着水，柴头罨烟焰不起。”其秘诀就是：将肉洗净后，烧油锅使皮松脆，再上色并炸一遍，继而码味，上笼后用小火蒸十二小时。出笼时，我们就看到了一道酥烂爽口色香味俱全的美食，诱惑起我们的胃口来了。

用料：

五花肉五百克，时菜二百克，精盐七点五克，豆豉七点五克，白糖四克，酱油十五克，菱粉十五克，味精四克，油七点五头；葱一条，鸡汤五百克。

制法：

一、将五花肉洗净后放进锅里，煮至四成熟，取出后切成六件四方形，用酱油上色。

二、起热油锅，将五花肉放入油锅中，炸至微呈金黄色，取起放进清水中浸五分钟，再转放在汤钵中，加入鸡汤和白糖、味精、豆豉、精盐、葱等调味品烧烂，用碗扣好。

三、另起净锅下油，把时菜炒熟，盖在猪肉面上，翻扣在另一盘里，变成时菜垫底，猪肉盖面，然后用原汁下湿菱粉勾芡（即打芡），加麻油淋上。

注意事项：

一、五花肉浸冷水时要浸透，如刀工不匀，浸时可用手搓揉，使水分渗透。

二、该菜的特点是又烂又爽，因此要把握好火候。

其四是东坡烧肉

宋代周紫芝的《竹坡诗话》记载："东坡喜食猪肉。佛印住金山时，每烧猪肉以待其来。一日为人窃食，东坡戏作小诗云：'远公（晋代著名和尚慧远，借指佛印）沽酒饮陶渊（晋代大诗人陶渊明，借指东坡自己），佛印烧猪待子瞻。采得百花成蜜后，不知辛苦为谁甜。'"东坡先生确实喜欢吃烧猪肉，他的诗及与友人信中多次说到自己是"午餐便一肉""每日一餐"烧猪肉，"食猪肉，实美而真饱"，常以烧猪肉侑酒。后称烧猪肉为"东坡烧肉"。

其五是东坡炖火腿

清时的《食宪鸿秘》对这一名菜有详细记录："陈金腿（即为陈金华火腿）约六斤者，切去脚，分作两正方块，洗净，入锅煮去油腻，收起。复将清水煮极烂为度。临起，仍用笋虾作点（配以熟笋干虾），为'东坡腿'。"

此菜色泽乳白，用瓷钵清炖，火功足，膀肉软烂，汤味鲜美。

这道黄州东坡炖火腿的做法，现在已有所改进，名曰"清炖膀"。

还有一些食材选用蔬菜和粮食，可谓别具特色。兹介绍几种：

其一是东坡茄子

这道菜乍一看，让人错觉，以为是东坡肉。你瞧其形，多么惟妙惟肖，再看看那颜色，似乎也相差无几，然后，当你垂涎欲滴伸出筷子抢食时，你却惊奇，哇，这东坡肉啥时候变成这种味儿啊——好吃极了！

其二是东坡甜藕

东坡甜藕是选用浠水县芝麻湖藕为主料。《浠水县志》载：“巴河藕，产自芝麻湖者为最。”东坡先生喜食这种藕，并在浏览绿杨桥《西江月》词序中写道：“过酒家食甜藕，饮酒醉，乘月解鞍曲肱少休。”“东坡甜藕”由此得名，并相传至今。

其三是东坡元修菜

这是东坡先生谪居黄州期间引进的一种菜。其菜状若豌豆，其叶较小。将它洗净蒸熟还不褪色，放卤盐，拌点豆豉、葱花、姜丝，用来下酒，美味可与鸡肉猪肉相比。这道美食，是东坡先生的挚爱，他曾在一首美食诗中深情地写道：“我老忘家舍，楚音变儿童，此物独妩媚，终年系予胸，君归致其子，囊盛勿函封。”

其四是东坡豆腐

豆腐为中国的传统食品，而黄州豆腐，自古著名：“过江名士开笑口，樊口鳊鱼武昌酒，黄州豆腐本佳味，盘中新雪巴河藕。”

东坡先生谪居黄州时，由于官职被贬，薪俸不高，生活过得比较简朴，每次待客，常常亲自下厨做菜。

当年先生首创东坡豆腐之后，这种美食便驰名遐迩，其制法广为流传。后来，随着东坡先生任职的转移，便又传到了浙江杭州、广东惠州等地。现今全国各地制作的东坡豆腐，其色、其香、其味俱佳，均胜往昔。

其五是东坡二红饭

“今年东坡收大麦二十余石，卖之价甚贱，而粳米适尽，故日夜课奴婢舂以为饭。嚼之啧啧有声，小儿女相调，云是嚼虱子，然口中腹饥，用浆水淘之，自然甘酸浮滑，有西北村落气味，今日复令庖人杂以小豆做饭，尤有味。老妻大笑曰：此新样二红饭也。”

这篇小文章，是东坡先生被贬黄州时所写。他把大麦和着粳米混合起来做饭，这种杂食很难下咽。年幼的儿女们就笑他们的老爸，说吃这种饭简直就如同嚼虱子。东坡先生连忙改进做法，在其中又加入小豆，结果一出锅，大受欢迎。妻子（王闰之）就美其名曰“二红饭”。

其六是东坡羹

《东坡羹赋》中记载：“东坡居士所煮菜羹，不用鱼肉五味，有自然之甘。其法以想若蔓菁（大头菜）、若萝菔（萝卜）、苦荠，柔洗去汁，下菜汤中，入生米为糁，入少生姜，以油碗覆之其上。炊饭如常法，饭熟，羹亦烂可食。”

苏轼到了“白首忘机”之后，总结养生之道、长寿之方和以普通原料做成美味，我们可以从中看到他对俭素、淡泊、单纯等便是惜福延寿之道的深刻体会。在他给李常的一封信里表现很充分：

> 仆行年五十，始知作活。大要是悭尔，而文以美名，谓之“俭素”。然吾侪为之则不类俗人，真可谓淡而有味者。不戢不难，受福不那，何穷之有，每加节俭，亦是惜福延寿之道。此似鄙吝，且出之左右，住京师尤宜用此策。一笑。

第二十九章

人格魅力

一个人，尤其是一个文化人，要努力提高、十分珍视比学问、才华、金钱、地位更为重要的东西，这便是人格。它是个人性格、气质、能力等特征的总和，集中体现了道德品质。德国哲人歌德曾说过："才能，可以在寂静之处培养；而人格却须在人世波涛中形成。"苏轼文化人格以其独立性、丰富性、多面性而达到人格的至高境界，无论在他生前还是死后，都有着巨大的影响与魅力。宋代王辟之《渑水燕谈录》云："子瞻文章议论，独出当世，风格高迈，真谪仙人也。至于书画，亦皆精绝。故其简笔，才落手即为人藏去，有得真迹者，重于珠玉。子瞻虽才行高世，而遇人温厚，有片善可取者，辄与人倾尽城府，论辩唱酬，间以谈谑，以是尤为士大夫所爱。"

雄节迈伦，高气盖世

松、竹、梅被称作"岁寒三友"。但苏轼对竹情有独钟，一向爱竹，不但咏竹，且常画竹。他的咏竹诗《於潜僧绿筠轩》曰："可使食无肉，不可居无竹。无肉令人瘦，无竹令人俗。人瘦尚可肥，士俗不可医。旁人笑此言，似高还似痴。若对此君仍大嚼，世间那有扬州鹤。"历来文人多推崇竹，原因是竹不仅具有松与梅的耐严寒、傲霜雪、"经冬犹绿林""自有岁寒心"的坚强、无畏、傲骨，更有松与梅所未有的"中空有节"的特质。"中空"指"虚心"，而"有节"更为重要和难得。

"节"，是指"气节"：坚持正义，在敌人或压力面前不屈服的品质。气节，历来被诸家圣贤和志士仁人最为看重。《庄子·列御寇》：“委之以财而观其仁，告之以危而观其节。”《孟子·滕文公下》：“富贵不能淫，贫贱不能移，威武不能屈，此之谓大丈夫。”程颢化其为诗句曰：“富贵不淫贫贱乐，男儿到此是豪雄。”方孝孺也说：“士可贵者，在气节，不在才智。”

苏轼从小时始便特别重视气节。范滂宁愿为正义和真理而殒身，死而无憾，在他心灵中打下深刻的烙印。他在《留侯论》中说：“豪杰之士，必有过人之节。”以为士君子最可宝贵者是“气”，“士以气为主”，而非以其才识学行为主。士君子以道事君，以道义为支撑，必然培养为一种至大至刚的浩然之气。士存高气，则包含宏大，雄节迈伦，有独立不倚之人格精神，于进退出处皆不改其度。这种浩然之气，其至大，塞乎天地之间，而又表现于寻常之中。面对浩然之气，一切所谓值得炫耀的富、贵、智、勇、辩，皆黯然失色。是什么使它具有如此巨大的力量？那就是因为它具有一种“不依形而立，不恃力而行，不待生而存，不随死而亡”的独立不倚的主体精神。而雄节与高气之确立，在于不以世间得失贵贱为忧喜，顺逆进退不撄其心，而能超然游方之外。因此他对欧阳奕（欧阳修次子）不以得丧进退为忧，谋道忧世，而具有豪健之气与独立不惧之人格，以文章道德立于世而光耀家风给予高度赞扬。

苏轼认为，世上所说的幸与不幸，君子的认识，不表现于成败之间，而是表现在穷达的时候。凡是所谓成功的，气在起作用，凡是失败的，都因为气不能控制才，光凭才单独活动，哪能不失败？世上所以失败的人比比皆是，皆因为只知道求才而不懂得养气。

可见，“气”是一种人格力量，是一种藐视一切、俯视一切的自信力，是一种能与天下抗衡、涵盖万物的包容力，是一种应变力，临大事的定力，是一种理性精神，是一种足以支持生命个体、从事崇高伟业的充盈浩大、坚忍之生命的意志能力。

气之特点是动，生命力的特点也是动，气之大小盈虚反映个体生命力之强弱。气作为一种主体面对客体，是与客体（外物、社会）抗衡而战胜之的意志情感心理力量，更是一种清醒的自制力。具备这种理性自制力，逢大事有静气，处变不惊沉着应对。至于气之如何获得，苏轼说“受之于天，得之于不可知之间”“若有鬼神阴相之”。苏轼既论有道义支撑必存高气，又说“气”得之不可知，难以言说其成因，大约前者侧重于后天之道德修养，后者侧重于先天之气质禀赋，两者合而观之，才是苏轼论气之全貌。士存高气，与世俗“难合”则是必然之事。

苏轼强调士以气为主，绝非仅发发高论，而是身体力行，始终实践。他一生之行事，正是有一种独立不惧之高气支撑。先不“惟荆是师”，后不“惟温是随”，以国家和黎民利益为重，不随波逐流和计较个人得失，他在《杭州召还乞郡状》中说：

欲陛下知臣危言危行，独立不回，以犯众怒者，所从来远矣。……臣若贪得患失，随世俯仰，改其常度，则陛下亦安所用。臣若守其初心，始终不变，则群小侧目，必无安理。

在这里，苏轼提出了“守其初心，始终不变”这句话，如今习近平总书记用来教育全党。正因为苏轼有独立不回的高气支撑，他才不患得患失，随世俯仰，改其常度。故苏辙说他：

义气外强，道心内全。百折不摧，如有待然。

据《名贤氏族言行类稿》卷六十引《惠州图经》，有一段对苏轼的评议云：“君子素行乎患难，能困其身而不殒其名。”“方东坡先生自英至惠，自惠之儋，小人挫之唯恐不深，而先生气不少衰，笔力益放，无一毫不满之意介于胸次。孟子所谓浩然之气充塞于天地之间。”

这段话说明苏轼流放岭南期间自信地坚持耿直旷放的风姿。

徐积《节孝集补钞》谓苏轼：

直道谋身少，孤忠为国多。死生公论在，高义出岷峨。

此与李廌所论角度同一，亦以“直道”“孤忠”“高义”称颂苏轼之人格志节。这种直道忠义、坚忍不拔、刚而无馁的浩然之气，正是苏轼文化人格在士大夫中最具感召力、最能针砭不良“士风”而振拔“士气”之处。

刚毅正直，虚静正定

做一个真正的“士君子”，应将气节放在首位，那么与重“气”相联系，性格特征中还要具备什么特质？苏轼认为应主“刚”。

尽管苏轼认为“国家取人之科”，当取“刚柔适中之士”，“太刚则恶其猖狂不审，太柔则畏其选懦不胜。将其二者之中，属之以事；固非一介之贱，所或能当”（《谢制科启二首》），强调需要刚柔兼备，然而论士君子人格，则往往偏重于“刚”，在他看来，御万物振天下有赖于刚健，太柔不行。

苏轼以天之行健、自强为出发点，自然界万物，不仅“其动而不息”，而且“皆生于动”，表现了他具有朴素的辩证唯物主义思想，认为当今“天下独患柔弱而不振，怠惰而不肃”，故天子应“奋其刚明之威”，而士君子当“敢有所发于外而不顾”。如果“抑远天下刚健好名之士，而奖用柔懦谨畏之人”，则天下靡然纲纪日坏（参见《策略》一、二、三、四）。他坚信，振衰救弊需要刚健之士，兴邦立国正赖刚直正气以支撑之。

他的《送蔡冠卿知饶州》诗云：

> 平生傥荡不惊俗，临事迂阔乃过我。
> 横前坑阱众所畏，布路金珠谁不裹。
> ……
> 莫嗟天骥逐羸牛，欲试良玉须猛火。

蔡冠卿时为大理少卿，因审案与王安石不合，据理力争，遂贬知饶州。苏轼以诗送人，而不啻夫子自道。临事迂阔（指不会耍心眼儿、“会来事”，苏轼风趣地说蔡胜过他），实坚持原则，节概乃见。而坚持原则，必定是前路布满坑阱，众人所畏；反之若出卖原则，即可名利禄位双收。利害横于前，而使往昔号称刚强者变化何其速？兰蕙而成萧艾。然此恰是立朝大节、人格力量，“试良玉”于猛火。在经历了政治上的大波大澜、大起大落，九死投荒幸而北归，苏轼晚年特作《刚说》，发挥了孔子“刚毅木讷，近仁”之说，而进一步提出“刚者之必仁”、刚者“其难得”的观点。

苏轼主张刚直，却不是一概否定柔。他曾以水为喻，说明君子宜“柔外刚中”。他在《仁宗皇帝御书颂》中云：“圣人如天，时杀时生。君子如水，因物赋形。天不违仁，水不失平。”

苏门学士张耒在发挥东坡“刚者必仁”之说后谓：“苏公行己可谓刚矣！傲睨雄暴，轻视忧患，高视千古，气盖一世，当与孔北海并驱。”（《书东坡先生赠孙君刚说后》）苏辙为兄作《墓志铭》中道：“其于人，见善称之，如恐不及；见不善斥之，如恐不尽。见义勇于敢为，而不顾其害。用此，数困于世，然终不以为恨。孔子谓伯夷、叔齐，古之贤人，曰：‘求仁而得仁，又何怨？’公实有焉。”苏轼称善斥恶，刚直敢为，不顾其害，虽数困于世而终无怨恨之言，正所谓“求仁而得仁”，此亦“刚者之必仁”之足证。

苏轼于君子既强调刚直果敢，也主张虚静正定。在他看来，刚直才能保持君子的独立人格，而内心虚静，超然物外，不计得失，无爱恶之累，才能真正做到刚直，即“无欲则刚”。他赞子由“木讷刚且静”（《颍州初别子由》，《诗集》卷六），即是将刚与静相联系。他在《江子静字序》中，对“静”有详尽的论述。此文开头“友人江君以其名存之求字于予，予字之曰子静”，即苏轼应求给他取的字是子静，接着道：“夫人之动，以静为主。神以静舍，心以静充，志以静宁，虑以静明。其静有道，得己则静，逐物则动。”

人能虚静明理，无美恶之计较，不以利害祸福蔽其心，临事始能决断，刚直果敢，挺身而出。苏轼在湖州任上获罪遭捕，亲戚故人皆惊散，唯王子立兄弟静定自若，送公出郊，并毅然担负起照顾苏公亲属的责任。苏轼一般不愿为别人作墓志铭，多次婉拒，但破例为王子立作《墓志铭》，其中说：“余得罪于吴兴，亲戚故人皆惊散，独两王子不去，送余出郊，曰：‘死生祸福，天也，公其如天何？’返取余家，致之南都。”

苏轼倡“静”，就性格举止而言，他爱说好动，不像苏辙沉静寡言。宋人《道山清话》载一个生活细节：“范蜀公镇每对客尊严静重，言有条理，客亦不敢慢易。惟苏子瞻则掀髯鼓掌，旁若无人，然蜀公甚敬之。”这个事例颇能反映苏轼的个性与气质。

苏轼对于穷达、祸福，亦处之以静定。《答陈师仲主簿书》云：

> 人生如朝露，意所乐则为之，何暇计议穷达。云能穷人者固谬，云不能穷人者，亦未免有意于畏穷也。

苏轼一辈子立身行事，都是出于为国为民的公心，奉行直道，尽社会责任，从来不考虑后果，计较利害，采取无怨无悔之凛然态度，不以祸患避趋之。正因为他不论巧拙得失，自能刚正静定，存其所养，永远不移其志。

兀傲倔强，铁骨铮铮

君主要治理天下，必知远近之事，这就要有朝廷各部门机构，依赖左右智慧端诚之人。故荀子说："人主必将有便嬖左右足信者，然后可。其知惠足使规物，其端诚足使定物，然后可。"（《荀子·君道》）可悲的是，一些人君不明，宠信权臣；一些佞臣不端，谄事其君，这就疏离了君与贤臣之关系。君臣关系一旦失和，臣之遭受惩罚便必不可免。贬逐、流放便是其中之一。由于臣对君在政治上经济上情感上的依附性，一旦见逐，便惶惶如丧家之犬，悲苦万状，无处倾诉。在宋以前，遭受贬逐而又见之于文且最具代表性的莫过于屈、贾、韩、柳、元、白诸人。

大凡为真理和科学而斗争，是要付出代价的，甚至要献身。世界史上发现自然规律的布鲁诺、伽利略等人都遭到了教会的迫害，便是例子。你得弄明白，你为什么受谪贬和打击？你过去做的对不对？别人为什么要迫害呢？在困境和压力面前，你该有什么样的气魄和心态？在敌人和对手面前，你该怎么表现和宣言？

人家本来就是想惩罚你、整垮你，让你贫穷、潦倒、艰难、困苦、受辱、遭罪，你如果伤悲、哭泣、求饶、哀怜，那正是他们的目的，他们不是在暗中窃喜，而是在朝中传，当众乐，哈哈笑，你为啥没有一点志气、硬气、骨气、傲气呢？苏轼的政敌想以下狱、贬逐置他于死地，而苏轼不但坦然面对，且能傲然视之。出狱当日他即作诗云：

却对酒杯疑是梦，试拈诗笔已如神。
此灾何必深追咎，窃禄从来岂有因。

大灾难并未稍微磨损其锋颖，真所谓“死不改悔”者也！何其倔强！又何其坦然！

苏轼贬琼，吃尽苦头，前有所述。在儋耳，他曾被逐出官屋而露宿于桄榔树下，也常以薯芋、虾蟆充饥，不发怨言，更不弹泪，他的老泪只为朝云逝去而流！

几年后，他又从海外穷荒活着归来。经过半生挫折万里贬逐，鹤骨霜髯，大庾岭上青松今已合抱，树犹如此，人何以堪！南迁逐臣，九死一生，如东坡之生还者能有几人？人害百端，欲置死地而终能再过庾岭乃属天佑，不为悲戚而莞尔一笑，则更见其心态之坦然与生命力之顽强。故坡公自谓：“七年远谪，不知骨肉之存亡；万里生还，自笑音容之改易。”前一句说明遭难深重，令人哀伤；后一句豁达乐观，音容易改却“自笑”，尽显“骨相”。

幽独孤高，坦然超旷

水为何有千姿百态？既有“镜湖俯仰两青天，万顷玻璃一叶船”（宋·陆游）、“风收云散波忽平，倒转青天作湖底”（清·查慎行）的娇美，又有“飞湍瀑流争喧豗，砯崖转石万壑雷”（唐·李白）、“虚空落泉千仞直，雷奔入江不暂息”（唐·徐凝）的势能？此乃风助与落差之故也！关于“落差”也有诗：“五叠六叠势益高，一落千丈声怒号。如旗如布如狂蛟，非雷非电非笙匏。”（清·袁枚《到石梁观瀑布》）

自然界水的状态是如此，由客观规律在支配，那么，有血有肉、有头脑有思维的人呢？如果出现这样的“落差”：昨是朝中臣，今忽锁枷扛；昨嫌“紫蟒长”，今怜“破袄寒”；昨是一太守，今忽成犬鸡；往昔供玉食，此后糟糠野菜长作粮……恐怕谁也不能无动于衷吧？苏轼在突然之间由朝廷命官沦为戴罪之人，驱赶到一个无人相识的穷荒之地，禄廪相绝，亲友疏阔，精神之孤独、生计之困窘以及随之而来的身体之衰病，都是困扰折磨他的实际问题。

苏轼才学横溢，正值壮年有为之时，却遭小人构陷，身系囹圄又贬逐在野，内心满怀不为人知、不为世用的孤独幽怨。他在给友人的信中，每有“以解牢落”“陶泻伊郁”“慰此穷独”“羁孤结恋”之语，足可见出。他在贬逐时期自称“幽人”，既有幽囚之意也有幽独之义，最能反映他的此种心态。《卜算子（黄州定慧院寓居作）》：“谁见幽人独往来？”词中的“幽人”是谁？正是作者的写照。何以为证？其《定惠院寓居月夜偶出》：“幽人无事不出门。”《过江夜行武昌山上，闻黄州鼓角》：“幽人夜度吴王岘。”《和陶读（山海经）》其一：“幽人掩关卧。”《江月五首》其二：“幽人方独夜。”《吾谪海南，子由雷州，被命即行……》：“幽人拊枕坐叹息”等亦同。故此幽人心态正是逐臣心态，是苏髯自身也。

词中作者借孤鸿而写幽人，写幽人孤独冷落寂寞，惊惧不安，无可安身立命，满怀幽恨无人能省，无可托足而又不肯随便栖身，仍保持其孤高贞洁之品性。

黄蓼园评说：“此东坡自写在黄州之寂寞耳。初从人说起，言如孤鸿之冷落；下专就鸿说，语语双关，格奇而语隽，斯为超诣神品。”(《蓼园词选》)所谓“超诣神品”，不过是说这首托物言志之词，能把所托之物同所言之志，化而为一罢了。也就是说，在“孤鸿”身上，融进了词人自己的思想感情、品格与个性，通过描绘“孤鸿”傲岸不群和自甘寂寞的形象，暗喻词人孤高自守，不同流俗的高洁品格，反映了他在政治上失意的孤独与冷寂。

在苏轼幽独孤高的另一面，是他的坦然放旷。苏轼二度遭受迫害，谪贬岭南荒蛮之地，心态亦一如从前。年老多病，孤悬海外，亲人音书极少，心理与情感上的漂泊无依，旅况牢落，再加上物质生活之极端缺乏，如苦行僧。对这种生活、苦难，以厄穷为天命顺之而已，更进而对这一切又以超然旷达态度处之，而最为可贵的是不因种种的厄穷、苦难、压迫、惩罚而“改其度”，而是依然故我，主体并未因客体条件之恶劣与异己力量的摧残、压迫而被动改变自己，表现出一种极为坦然超然、卓然不屈的人格精神。

苏轼在海南贬所作《独觉》诗亦有“回首向来萧瑟处，也无风雨也无晴”句，他颇自赏此语是有原因的，因为这种心态贯穿于他整个逐臣生涯的全程。

苏轼之所以能坦然超然地面对苦难忧患，是因他始终立足于自救自立，保持一种人格的独立。他一方面孤独幽怨困顿牢落，另一方面又善于排解，自救自立，坦然超脱，这两方面合而观之，才是一个真实的完整的苏轼。

真诚直率，仁人爱物

苏轼于士君子中倡真情、近情而深恶不情、矫情、非人情。他对程颐等理学家的多用古礼不近人情深为厌恶，自己就是一个极有真情，极“多情多感”的人。他虽极刚直、极超然而保有一份最深挚的常人的悲欢，而非铁石人不近情者，故使人倍觉亲切。他在《谢监司荐举启》中说：“生而赋朴野之性，愚不识祸福之机。但知任己以直前，不复周防而虑后。动触时忌，言为身灾。”真可谓“文如其人”啊！这段流露心声的话，颇值得研究和深思。

这个从峨眉山下来的饱读诗书、品德善良、秉性“朴野”之书生，满腔热情地想施展抱负，为国家和黎民做一番大事业，到了汴京虽然遇到了如欧阳修等赏识、提携他的恩师，也遇到了入门见嫉、包藏祸心之徒，这些人欺侮他“愚不识祸福”，不知道“周防而虑后”，因此玩弄他于掌心之中，让他“跋前疐后，动辄得咎”，屡次倒霉，吃尽苦头。

真诚坦率之易于招怨、取祸、获罪，使俗世小民也知说话直肠子、“竹筒倒豆子”不行，要吃大亏。故苏轼之抒写腑脏，常要受到亲友的提醒与劝诫。妻子王弗极有洞察世情之慧心，常提醒丈夫注意识别阴险逢迎之小人。弟弟子由与旧友章惇亦时常劝他慎择交、戒口舌之祸。同僚毕仲游《上苏子瞻学士书》以数百言规诫：“足下读书学礼，凡朝廷论议，宾客应对，必思其当而后发，则岂至以口得罪于人哉！……足下职非御史，官非谏臣，不能安其身，与其众自乐于太平，而非人所未非，是人所未是，危身触讳，以抹是非之事，殆犹抱石而救溺也。以足下之天资，挟所有之材学，苟安其身，苟信其众，何为而不成！”（《西台集》卷八）

有论者认为“毕氏之论振振有辞，其告诫子瞻”，语带贬义。其实同僚毕仲游亦乃性情中人，出于至诚相劝诫，书中所论并非不当，苏轼理应善纳且深思之。毕氏进此“忠言”，自然是一片好意，而要苏轼从之，却实在是违心抑性。但若是想贬苏轼，则冷眼旁观、暗中窃喜可也，何用苦口婆心数百言致函？

苏公关爱他人最感人者莫过于在前文写过的无代价地还屋的故事。这实在是坡公文化人格最光彩的最后一章。漂泊颠荡一生，海外归来，一个安定的生活环境，一所栖身寄躯的房屋，对垂老衰病疲惫受伤的身心该是何等重要之事。更何况是倾其所积而得。而坡公闻其泣而动情，听其诉而悲悯，还其屋之自然平静，表现主体所充溢的儒者仁人爱物、佛家悲天悯人之情怀。

苏轼无论在学问、人格、风范、文章、政事等各个方面，确是位全能巨匠，他被称为中华民族五千年文明史上第一人，绝非偶然。因为这样的人太罕见了，太难造就了。鄙人学浅才薄，识低文拙，无言可以表述，便学学鲁迅先生“剥”崔颢《黄鹤楼》诗之法，“剥”陈子昂《登幽州台歌》：前不见古人，后不见来者。念天地之悠悠，难再出此等才！

行藏在我，袖手闲适

苏轼《贾生论》中指出他“不能自用其才”“不善处穷”的弱点是一语中的，他自己在这方面却有过人的素质。请读他的词作《沁园春（赴密州早行马上寄子由）》：“用舍由时，行藏在我，袖手何妨闲处看。身长健，但优游卒岁，且斗樽前。”词中“用舍”，即使用与舍弃，“由时”，取决于时世；“行藏”，指出仕与隐居，语本《论语·述而》：“用之则行，舍之则藏。”关于自己究竟如何看待和处理“行藏”，苏轼在《贺欧阳少师致仕启》中有一段坦陈，译成白话是：

> 我认为贪图安逸是天下的通病，做官还是退隐往往是君子也难决断的事情。对此世人无人不知，人们也因此不断互相取笑。但道义总是不能战胜欲望，人也总是先为自己打算。君臣之间的恩义，在前面牵连；

老婆孩子的打算，在后面扯拉。甚至于久居山林的隐士，也有晚年耐不住寂寞放弃志向以求官禄的；何况久居高位，想让他正官运亨通时辞去职务呢。人在这种事上往往是有那样的言论却没有那样的打算，有那样的打算也没有那样的决心。

苏轼在人生征程中文望与仕路颇有不同，文望可说是声誉鹊起、与日俱升，而仕路则曲折回环、起落不定。可贵的是他奋进不息的淑世精神，和游于物外的旷放襟怀始终如一，毕生不渝。他“自知乐事年年减”，便慕高人“日日闲”，摆脱了无谓的俗事之纷扰，获得一份闲适清静与精神的自由舒展。

有研究者认为：翻开苏轼集就会发现，“闲”字俯拾即是。据沈广斌先生统计（《论苏轼之“闲”》，载《中国苏轼研究》第四辑），“闲”字在苏轼作品中共出现四百多次，遍布于苏轼的诗、词、文、《易传》之中。其中诗集“闲”出现一百八十多次，几乎遍布于诗集的各卷；如果再加上那些描写日常生活、表现闲情逸趣的诗作，那么涉及“闲”的诗作比率是相当高的。

咬文嚼字是必要的，因为它可从本源上弄清含义。“闲”，原为“閒”的假借字，现作简化用。许慎《说文解字》释为：“閒，隙也，从门，从月。”徐锴注：“夫门夜闭，闭而见月光，是有间隙也。”段玉裁注：“閒者，稍暇也，故曰閒暇，今人分别其音为户闲切。”

苏轼之“闲”的含义有多种，包括闲与适，闲与思等。本文重点谈闲适。“適，之也。从走啻声。”（《说文解字》）适是適的简化字，本义是走、去、往，后引申为满意舒适的状态。苏轼或畅游山水，或醉得天全，或吟诗作字，或春睡甜美，借助于自然、酒、艺、书、卧、歇等方式，来实现自我的悠闲自适。

苏轼之闲的意义在于，他把传统的“闲”意识付诸生命实践，较好地处理了“士大夫文人的人格分裂——即人心与文心剥离”这一中国历史上的普遍问题，以自己的生命践履、体证了一种富有文化意蕴的文化人格。同时，苏轼提出“我是天地一闲物”的观点，将官闲转向人闲，将闲由一种生活方式上升到一种生存方式，把闲作为了个体存在的智慧，进而将人与政治的关系推及人与社会、人与自我，将闲适文化推向了历史的高峰。

苏轼的“行藏在我，袖手闲适”也可看作是其文化人格的重要组成部分，因为它实践了儒家倡导的“达则兼济天下，穷则独善其身”。就是想表明，尽管苏轼人生极为坎坷，九死一生，但他屡受挫折不消极和“避世”，能以旷达、乐观、坦荡、闲适来应对，是十分难得的，亦是他人格魅力的充分体现。说到底，他是热爱国家、人民，热爱生活的坚强斗士，虽然偶尔产生“我欲乘风归去”的超脱，但立即坚定“怎比在人间”的信念。这也是苏轼丰富的精神世界、奋厉的人生观念、高尚的道德情操和昂扬的斗争意志，受到历代世人赞扬、钦慕、崇敬的重要原因。

第三十章

巨星陨落

归宿无宅，客死常州

建中靖国元年（1101）正旦刚过，苏轼北返到达大庾岭。

大庾岭，一称南岭，在今江西大庾县南，为“五岭”之一。五岭指横亘在江西、湖南、广东、广西四省间的许多山岭而言，最大的五个岭即大庾岭、骑田岭、萌诸岭、都庞岭和越城岭。由东而西，愈西愈高，有高至二千二百米以上的地方。

苏轼在绍圣元年（1094）九月经此岭赴惠州，度过了长达七年的岭海贬谪生活。如今居然登岭北归，超出预料，实属有幸。他伫立岭上，任早春微寒的清风，拂过全身，撩起飘曳的长衫和已经花白稀疏的须发，前瞻后顾之间，不禁感慨万千，作了一首《过岭》诗：

暂著南冠不到头，却随北雁与归休。
平生不作兔三窟，今古何殊貉一丘。
当日无人送临贺，至今有庙祀潮州。
剑关西望七千里，乘兴真为玉局游。

当时，岭上村店前正坐着一位白发老者，他见苏轼徘徊山岭，若有所思，低声吟哦，觉得好奇，便问随行的仆从：“请问这位官人是谁?”“是苏尚书。”

“他就是大名鼎鼎的苏子瞻先生吗?”老人简直有点不敢相信。仆从点头称是。

老人连忙起身，来到苏轼面前，拱手行礼，由衷地说:“苏大人，您受委屈和受苦了！您被远谪蛮荒，是有人千方百计地陷害您，今日北归，真是天佑善人啊!”

苏轼听了这番慰问话语，十分感慨。在向老人致谢之后，便赋诗《赠岭上老人》题壁:“鹤骨霜髯心已灰，青松合抱手亲栽。问翁大庾岭头住，曾见南迁几个回?”

翻过大庾岭，苏轼一家到了虔州。滞留虔州的日子里，苏轼常携药囊，出入于郡城内外及山寮野市，“遇有疾者，必为发药，并疏方示之”(何薳《春渚纪闻》)，教人如何调治。每从寺庙经过，也必定进去游玩，古刹钟声，让他心有慰藉。

当年同被流放南荒的元祐大臣中，处分最重的，除了苏轼，便是刘安世。他是“老先生”司马光的门生，政治观点与司马光一致。据《宋史》本传记载:“安世仪状魁硕，音吐如钟。”元祐时曾任谏官，号为“殿上虎”。绍圣年间，他一再遭贬，“奉老母以行，途人皆怜之”(邵博《邵氏闻见录》)。此时遇赦北归，与苏轼在虔州相遇。

三月下旬，赣江水涨，租借的船只也到了，苏轼和刘安世二家同发虔州，继续北上。苏轼四月到南昌，五月到金陵，归程何处，必须尽快定夺。

到达金陵后，苏轼已完全放弃了卜居舒州的打算，只在常州与颍昌之间徘徊。五月中旬，苏轼趁有余暇，便约请好友钱济明、亲戚程德孺同游金山寺、登妙高台，开怀畅谈。金山寺里，藏有李公麟所画苏轼像一幅，此次金山之行，苏轼自题一首六言绝句:

> 心似已灰之木，身如不系之舟。问汝平生功业，黄州惠州儋州。
>
> ——《自题金山画像》

一位旷世奇才，满怀“致君尧舜”的赤子，平生功业自谓是“黄州惠州儋州”。浩荡的皇恩，党派争斗的牺牲品，尽在这六个字中，令子孙后代喟叹不已！

表弟程德孺时任浙江转运使，这次金山之行，苏轼从他那里听到不少官方消息。种种不利于元祐诸臣的消息络绎而至。苏轼立即打消了定居颍昌的念头，写信告知弟弟苏辙："今已决计居常州，借得一孙家宅，极佳。恨不得老境兄弟相聚，此天也，吾其如天何！然亦不知天果于兄弟终不相聚乎？"苏轼仕进之志已绝，终于定下了退归的决心。面对外界苏轼将重返朝廷、执掌大政的传闻和百姓的热切期许，苏轼心境恬淡地回答："孤云倦鸟空来往，自要闲飞不作霖。"（《次韵郑介夫》）归老之地，选来选去，苏轼还是倾向于常州。

这时的苏轼已经六十六岁了，单从数字来看，这是一个极为吉利的年龄，"六六大顺"嘛。可事实上，苏轼却不顺。经过长期的颠沛流离，特别是久居瘴疠之地，已身染瘴毒；一年来行走道途，以舟楫为家，生活极不安定，早已精力衰颓、体质虚弱；再加上连日不得安眠，形神交瘁，河道熏污，秽气侵入，他终于病倒了。

建中靖国元年（1101）六月初三，因为冷饮过度，瘴毒大作，腹泻不止，胃部闷胀，不思饮食，也不能平卧。可是苏轼仍然乐呵呵的，他给老朋友米芾的信中道："某食则胀，不食则羸甚，昨夜通宵不交睫，端坐饱蚊子耳。不知今夕如何度？"（《与米元章》）

这样折腾了几天，病情愈见沉重。他预感将不久于人世，于是强支病体，给苏辙写信，嘱托后事："即死，葬我嵩山下，子为我铭。"

此时"河水污浊不流"，熏蒸是病源之一。苏轼便叫船家将船撑往通济亭，泊于闸门之外，希望能"就活水快风，一洗病滞"。此后，病情稍有好转，船继续前行。

六月中旬，舟行赴常州时，正是南方最炎热的日子。苏轼头戴家常便帽，身披短袖坎肩，坐在船舱中。小船徐徐前行。运河两岸，成千上万的百姓追随前行，争睹这位名士的风采。

苏轼对身边的朋友说："莫看杀轼否？"换成四川乡音的口语，便是："是不是要看死我哟！"其情景和气派，宛如元祐初司马光之进京为相。此事见于宋周辉《清波杂志》载："东坡自海外归毗陵，病暑，着小冠，披半臂坐船中。夹运河岸，千万人随观之。坡顾坐客曰：'莫看杀我否？'则素知彼民爱慕，坡亦眷眷此地而不忘。"东坡北归千万人随船观之，而坡公船窗特写镜头配以运河风光，这历史场面至今激动人心。坡公为民爱慕，而他亦眷眷于此地，乃是一种双向的选择与交融。《邵氏闻见后录》的作者邵博在记述了这一动人场景之后，情不自禁地议论道："其为人爱慕如此。"

抵达常州后，苏轼便直接住进了好友钱世雄（字济明）为其租借的孙氏馆。钱济明几乎每天都来探望。

转眼到了七月十二日，苏轼缠绵病榻已有月余，这一天忽觉病势减轻，精神颇佳，便说："今日有意喜近笔砚，试为济明劝书数纸。"于是起床手书《惠州江月五首》，第二天又作《跋桂酒颂》，一并送给钱济明。

不料到了十四日晚上，病情极度恶化，一夜高烧，伴以牙床出血。第二天，他在《与钱济明书》中详述道："某一夜热不可言，齿间出血如蚯蚓者无数，迨晓乃止，困惫之甚。"从病象来看，兼有瘴毒、肠胃、心肺、血液之类的多种疾病。苏轼具有医学知识，此时他自我诊断："细察疾状，专是热毒，根源不浅，当专用清凉药。已令用人参、茯苓、麦门冬三味煮浓汁，渴即少啜之，余药皆罢也。"可是自病自诊，却有失误。"专用清凉药"，虽是对症下药之举，但除"麦门冬"系清凉药外，"人参""茯苓"却是温药，可能为了补气而一并服用。其实应先治"热毒"再作补气。药物无效，气浸上逆，无法平卧，只好日夜倚坐床头。晋陵县令陆元光送来"懒版"，《梁溪漫志》载：

> 东坡北归至仪真得暑疾，止于毗陵顾塘桥孙氏之馆，气寝浸上逆，不能卧。时晋陵邑大夫陆元光获侍疾卧内，辍所御懒版以献，纵横三尺，偃植以受背，公殊以为便，竟据是版而终。后陆君之子以属苍梧胡德辉为之铭曰："参没易箦，由殪结缨。毙而得正，匪死实生。堂堂东坡，斯文栋梁。以正就木，犹不忍僵。昔我邑长，君先大夫。侍闻梦奠，启手举扶。木君戚施，匪屏匪几。诒万子孙，无曰不祥之器。"

“懒版”类似于今日的躺椅，靠在上面，感觉舒服多了。谓其“不祥之器”是迷信。

苏轼自知不起，七月十八日，将三个儿子叫到床前交代后事，他说：“吾生无恶，死必不坠。”

面对死亡，他平静地回顾自己的一生，光明磊落，无怨无悔。他对生命意义的透辟理解，对人类自身终极关怀的深刻领悟，消融了濒死的痛苦和对死亡的恐惧。

七月二十三日，苏轼睡醒过来，看到径山寺长老维琳，得知他冒着暑热远道前来探病，感激不已。两人话题自然集中到生死问题上。

七月二十五日，病情更见加剧，苏轼手书一纸与维琳道别：“某岭海万里不死，而归宿田里，遂有不起之忧，岂非命也夫！然死生亦细故尔，无足道者。维为佛法为众生自重。”（《与径山维琳》）虽然已觉大限将至，但心里非常平静。

七月二十六日他与维琳以偈语应对，他答道：“与君皆丙子，各已三万日。一日一千偈，电往那容诘。大患缘有身，无身则无疾。平生笑罗什，神咒真浪出！”（《答径山琳长老》）

维琳虽也是有文化的和尚，但对苏轼这首偈的最后一句不太理解。苏轼要来笔写道：“昔鸠摩罗什病亟，出西域神咒，三番令弟子诵以免难，不及事而终。”

此段话是说：过去鸠摩罗什病危，他让自己弟子不停念西方的咒语以除病，但最后还是死掉了。“平生笑罗什，神咒真浪出”表达了苏轼弃迷信、了生死的豁达态度。

七月二十八日，苏轼处于弥留状态。

维琳在他耳边大喊：“端明宜勿忘西方！”（东坡你不要忘记西方啊！）

苏轼喃喃回应：“西方不无，但个里着力不得。”（西方也许有，但不能故意去想。）

钱济明也凑近苏轼耳边大声说：“固先生平时履践，今此更须着力！”（先生你平生已做得很好了，要用心地走好最后一程啊！）

苏轼又答道：“着力即差！”（用心就错了！）

此时，长子苏迈含泪上前询问后事，苏轼不再作答，溘然长逝。

一代文豪就此飘离人间，闪耀长空的文曲星陨落了！

葬于他乡，安如故乡

坐落在河南郏县城西北三十五里小峨眉山下的“三苏坟”，是否苏轼的真茔所在？苏轼和弟弟苏辙为何要葬在郏县？八九百年来，人们一直争论不休。苏辙在《亡兄子瞻端明墓志铭》中说：

> 公始病，以书嘱辙，书曰：“即死，葬我嵩山下，子为我铭。”

这说明葬郏是苏轼的遗愿，但没有说明葬郏的原因。有人认为，苏轼卒于常州，按理“得归葬故里”，“奈道途险阻，终不获济，因卜厝于斯焉”。又有人说，当时交通不便是事实，但既能千里迢迢于陆路由常州运郏，由水路运回四川老家眉山也是可以办到的。还有人认为：“当以汴京东近，表恋阙之微诚”。说苏轼葬郏县是因为距京师较近，以此效忠皇上。这只能算是猜测，况且郏县的小峨眉山并不是距汴京最近的地方。再说，几朝皇帝并未厚待他，他从内心不一定有此愚忠。一般是说苏轼看中了郏县小峨眉山这块地方，但理由并不充足。加上清初顺治甲申年（1644）曾发生过一桩盗墓案——土贼吴宗圣等盗掘苏轼、苏辙墓后“无所见”，于是有人就对郏县苏轼墓的真假产生了怀疑。

清初郏县县令张笃行有一篇《苏东坡石刻有记》说：

> 郏治盖有三苏墓。甲申岁，剧贼吴宗圣等发其冢，至底无所见。老泉先生以藏衣冠处仅免。墓周元柏百有八十株悉伐去。丙戌秋，余来令郏，即购贼弃诸市。明年上巳，余往祀，一路荒凉，因口拈一绝曰：峨眉黯黯暮云横，树尽碑残野草生。莫道荒村烟火绝，山家今日是清明。
>
> 去墓半里一废冢，志石外露，则东坡先生孙妇。余疑曰：“两先生之遗骨其在是欤？何盗所伐者无所见也，古人或多智耳。”遂命土人种

柏数百而还。是夕梦一青衣曰："东坡公遣使致谢。"余曰："东坡何在？"曰："在临汝，君至彼可得见也。"至仲秋，有事临汝，忽有青衣款门，遗余一卷，即梦中所见人也。及开卷，乃东坡先生真迹。余惊异良久，始悟前所谓至临汝可见者，即此是也，因勒诸石，并志其事于后。(《郏县顺治县志》)

其实，人们的臆想和张笃行的疑问，都是属于误会，张笃行梦中与"青衣"对话，终归属于梦境，不足为凭。尽管如此，二苏葬郏是不容置疑的，其确凿证据如下：

一、《宋史·苏轼传》："轼卒于常州，（苏）过葬轼汝州郏城小峨眉山。"

二、苏辙《亡兄子瞻端明墓志铭》："先生七月被病，卒于毗陵（常州）。……越明年闰六月二十日，葬于汝州郏城县钧台乡上瑞里嵩阳峨眉山。"

三、明李贽著《藏书·苏轼》："元符三年（1100），大赦，北还，将居许（昌）。暑病暴下，乃止于常。建中靖国元年六月，病遂不起，卒，葬于汝州郏城。"

四、河南地方志和有关著作中对此也有记载。如：元初汝州署丞尚野在《苏坟记》中写道："二苏先生，俱葬汝州郏县眉山。至元间，予倅汝州，因得访焉。"（《正德汝州志》卷三）金、元间的著名诗人元好问在其《中州集》中还收有题为《送诗人秦简夫归苏坟别业》一诗，其中有"石田茅屋连苏坟""袖中知有眉山春"的语句，这说明元以前二苏墓就引人注目。

五、地下文物也可佐证。1973年3月，在三苏陵园外百余米处，发现了苏辙次子苏适（音括）与其妻黄氏的合葬墓，并出土墓志两合，还有尸骨以及苏适的铜制印章等陪葬品。苏适的墓志铭中写道："（苏适）葬于少保（苏辙封号）墓东南隅。"所指方位同实际相符。

据此，苏轼墓应当是真茔。因为苏辙葬郏，完全是由于其兄先葬于此的缘故。这一点，苏辙在《遣适归祭东茔文》中写道："兄轼已没，遗言葬汝，辙与妇夙约归祔。"

那么，盗墓贼为何"无所见者"呢？这是因为：古代官宦人家的墓葬，一般都考虑到防盗问题，墓冢与墓室不相符合的例子也不胜枚举，因此，吴宗圣等也许是挖错了地方，也许是当年筑墓时有意迷惑，自然“无所见者”。此外，张笃行任郏县令时，苏坟被盗事件已经过去了两年，他并未亲自看见二苏墓被盗的情景。据周亮工所著《因树屋书影》载：

> 苏坟之大，著不过三十亩，缭以土垣，古柏三百本。岁甲申，郏县贼尽翦之。其中为老泉。老泉葬蜀，元郏令具衣冠为之，成三苏耳。左子瞻，右子由，相去六七武（古人以六尺为步，半步为武），或云：迈、迨、适俱葬此，而无其冢。……坟（园）之外有二冢，数百年未有知其为苏氏者。南一冢为盗发矣。俯其穴，得志铭，始知为夫人。伤哉！鼎革之事，何代无之？中州之惨，至令子瞻不保其丘墓，不亦甚乎！于草蓬碛魂间，得顶骨二、胫骨三、零骨三十六。丙戌清明，具衣冠而重葬焉。夫人姓梁氏，为宋状元颢之曾孙，适苏迟，为子由之长子。
>
> ——《宋人轶事汇编》卷十二

这段文字，周亮工节选自《茶香室四钞》，原作者为乔钵，清初任郏县典史，在张笃行令郏之前就在郏县任职，他的记载比较可信。他说得很明白，甲申年郏县土贼盗伐的是古柏三百本，盗掘的是苏迟妻梁氏墓，顶胫诸骨，都是梁氏的，并非苏轼的遗蜕。说明二苏墓根本没有被盗伐。文中的“子瞻不保其丘墓”并非指苏轼不保本人之墓，而是不保其家人之墓。

根据以上史料和地下出土文物分析，郏县小峨眉山下的苏轼、苏辙墓确是其真茔。

苏轼遗嘱“葬我嵩山下”，还有一个重要的原因，是苏氏子孙这时多散居在郏城、汝南、颍昌、斜川（今许昌苏县桥镇）等地，离小峨眉山较近，将来归葬、祭祀都比较方便。特别是他的弟弟苏辙、小儿子苏过，分别就在颍昌、斜川定居。而四川眉山老家，已经没有直系亲属了。他决计葬于“嵩山下”（小峨眉山）的时间，是在得重病不治之际，地点在常州。

苏轼兄弟难道不愿魂归故里，随父而葬吗？非也，那是人贵有自知之明，没有办法，随遇而安。回想一下，其父苏洵于英宗治平三年（1066）四月卒于京师开封，治平四年十月由两子与亲人扶柩，葬于四川彭山县安镇乡可龙里苏氏祖茔，是何等荣耀！那时，“三苏”是什么样的声名和社会地位？而在苏轼历尽九死一生，以“罪臣”身份，从蛮荒之地海南遇赦北返，得重病于常州时，身无养家糊口的钱财，居无属于自己的房屋，他怎么能提出死后归葬眉州，给亲人和子孙出这么大的难题呢？后人怎不设身处地去理解苏长公浓浓的乡思和绵绵的遗恨？且看苏轼兄弟的后代曾在墓志铭中有“先人尝患不得归省祖茔”之语。“乐于归葬”，乃是“乐中有悲”。

三苏坟坐落在今河南郏县茨芭乡苏坟村东南隅，距县城三十五华里。此地宋代属汝州郏城钧台乡上瑞里，苏轼、苏辙兄弟葬此后改称苏坟。三苏坟处在许（昌）洛（阳）古道的小峨眉山麓。背靠嵩山奇峰，面临汝水旷川，东西两小山逶迤而下，宛若剑眉。苏轼生前东西来往多次路过此地，见是处山清水秀，景色宜人，“形胜类其乡”，“美似家乡峨眉山”，遂有终焉之志，因号曰小峨眉。

苏轼死前，苏辙即隐居颍昌（今许昌），谢绝宾客，闭门著书。苏轼迁葬小峨眉之后，苏辙仍居许昌，苏过也迁家颍昌之斜川（今苏桥），每年上坟致祭。苏轼、苏辙兄弟一生患难与共，手足情深。辙与妇史氏相约，死后愿与兄长同葬一处，以遂夜雨对床之志。政和二年（1112），苏辙卒于颍昌，其子亦将他葬于此地。

笔者曾于2011年10月专程赴河南郏县拜谒苏轼墓，以表达对这位文化伟人的久仰和崇敬之情。经多方考证，郏县三苏坟实为二苏坟，即苏辙、苏轼实葬于此。现录宋朝司农少卿苑中的《题二苏坟》：

人知两苏文中龙，不知道配义与忠。
危言历历诋时政，要观瘴海蛟螭宫。
归来万里一捧腹，鬓发愈黑气愈充。
死生贵贱皆外物，喜功之辈将安同。
平生雨夜对床约，霜风吹落孤飞鸿。
天涯海落两丘土，玉树并掩佳城中。
举杯三酹不忍去，万叶索索声秋空。

此诗后附“河中屈子元”写的一段跋：

> 文以气为主，气以道为囿，极重指归有无出，于忠、信、仁、义而已，此眉山两苏公所以冠千古而独步。少卿先生今日重为两公拈出，世之学者，文不泥华，气不流暴，则然后可以。少卿语，语之噫少卿之心，两公之心，周孔之心也。吾辈宜式之。延安史学题。

那么，为什么后人又谓郏县有“三苏坟”呢？元至正庚寅冬（1350），郏县县尹杨允，刚走马上任，就去祭祀。三拜九叩之后，在苏氏兄弟坟冢前徘徊良久，沉思道：“两公之学，实出其父老泉先生教也，虽眉汝之茔相望数千里，而其精灵之往来必陟降左右，盖未始相远。”此话的意思是：两公才华固然卓绝，令人景仰，但两公之学实出其父所教。父子三人史称“三苏”，其情密不可分。而汝、眉两地墓茔相望数千里，其精灵往还亦嫌远。于是想到何不“置老泉衣冠瘗诸两公冢右”，成全其父子团圆之情呢？杨允主意一定，立即募捐筹款，设老泉的衣冠冢，又在坟院西南约三百米的苏祠内立三塑像，泥胎金身，老泉居中，轼、辙侍立左右。人往观之，宛若站在三苏面前，倍感亲切。此事，郏县县志卷十一《三苏祠记》有详细记载。

祠前还有广庆寺，有僧主持。至此，这里方有“三苏坟”和“三苏祠”之名。对这一史实，不仅有大量文献佐证，即从现存苏坟寺中的许多碑文亦可知道。明初的碑文往往祭二苏，明中叶以后的碑文则祭三苏。

二苏坟加上杨允新添的苏洵衣冠冢，才称三苏坟。这便是三苏坟的缘起。

北宋灭亡以后，高宗赵构迁都临安（今杭州），苏轼、苏辙之后“散处靡存”，茔域无人管理，日入荒芜。迨元元贞初（1295），元好问之子元叔仪知汝州，因元氏父子十分崇拜苏氏人品文章，故为苏坟封树筑垣。至顺初（1330—1332），监县忽欲里赤又为树碑神道以表之，并置地若干亩，以其租为祀事之费，苏坟稍复旧观。

元末至正年间，县尹杨允因谒庙而创祠，在原广庆寺后面建起了三苏祠，额曰：“三苏先生祠堂。”祠内塑三苏职官像，苏洵像居中，苏轼、苏辙像分列左右。自此广庆寺也改称苏坟寺。元季寺毁，垣墙坍塌，荒草遍地，茔域荒芜尤甚于昔。

明成化丁酉（1477），苏之乡人吴氏行准、行验兄弟相继倡捐重建祠墓，植柏树三万多棵，把里豪所侵占的六顷八十亩坟地重新拨交寺僧，鼎建祠五楹，左右翼两厢各三楹，前立门三楹。塑像整旧如新，三冢加封倍前，周围筑起垣墙，基本上奠定了今天三苏坟的规模。当然，那时坟地的面积要比今天大得多。

明正德年间，郏城学者王尚絅又在飨堂前面建一石坊，额曰："青山玉瘗"。两边石柱上临苏轼笔法，书苏轼狱中寄子由的两句诗："是处青山可埋骨，他年夜雨独伤神。"

明末，李自成率领的农民起义军转战郏县，与官军展开了激烈战斗。也许是战争所需，李的部下吴宗圣等将苏坟古树统统伐去，并掘发了苏轼、苏辙的坟墓，苏洵衣冠冢因藏衣冠得免，这是历史上三苏坟遭破坏最严重的一次。

清顺治初年（1647），知县张笃行复为苏坟植树筑垣，封墓立碑。现在我们看到的苏洵的墓碑就是张笃行所立。随他一起去的主簿乔钵又得苏迟妻梁氏志铭于墓穴，拾其骨，具衣冠义葬于原处，这就是现在的梁氏墓。张笃行之后，清代许多州牧和县令对苏坟都进行过增修和补修，我们现在所看到的陵园和寺院大体都是清代修建的，至今仍保留着清代的样式和规模。至于二苏墓西南的六公子墓，清初已真伪莫辨，张笃行当时就怀疑，"子由墓西有墓四，梁氏墓北有墓一，不知葬何人，过之骨岂在此五墓中欤?"可见只有五墓，且五墓中也并非一定是苏轼的孙子，苏轼的幼子苏过是否也在五墓之中，不得而知。

嘉庆癸酉（1813），河南大饥，僧不能守，近村居民樵林发屋，苏坟又遭厄运。道光癸未（1823），州牧吴慈鹤令郏县知县李虎臣重修苏坟，李始立六公子碑以记之。

北洋军阀和国民党统治时期，由于军阀混战，土匪横行，民不聊生。各级官吏只知搜刮民脂民膏，中饱私囊，苏坟不仅失之管修，而且成了他们侵吞掠夺的对象。陵园面积缩小，柏林屡被砍伐，坟墓几乎踏为平地。

新中国成立后，党和人民政府十分注意文物保护工作，把三苏坟列为省级文物保护单位，1956年、1963年曾两次拨款进行整修。十年动乱中，“三苏”被列为儒家横遭詈骂和批判，苏坟也遭到破坏。建筑物上的装饰被砸毁，围墙的基石被掀掉用来修造大寨田，许多珍贵的石刻被砸断，瓦片脱落，门窗丢失，坟园成了牧场，一片荒凉景象。但是，“世道有升降，人心无古今”，即便在“三苏”遭禁的时代，广大人民群众仍用各种办法保护苏坟，保护曾为人民做过好事、对祖国文化做出过重要贡献的三苏墓葬。

粉碎“四人帮”后，河南省文化厅曾四次拨款维修三苏坟，许昌地区行署和郏县人民政府也数次拨款对三苏坟进行修缮，新建了“三苏文物陈列馆”“东坡塑像”等。昔日郏县八大美景之一的“苏坟夜雨”得以重现。

一代文宗，万众仰慕

无论生前还是身后，苏轼都赢得了巨大的名声和广泛的热爱。真可谓：道德文章，九鼎增重。更重要的是，苏轼不是一颗倏然划过长空随即消逝的彗星，而是一座永远矗立在华夏大地上的巍然丰碑。《东坡事类》卷六王明清《挥麈三录》载：

> 九江有碑工李仲宁，刻字甚工，崇宁初，诏郡国刊元祐党籍姓名，太守呼仲宁，使劖之。仲宁曰：“小人家旧贫窭，止因开苏内翰、黄学士词翰，遂至饱暖。今日以奸人为名，诚不忍下手。”守义之曰：“贤哉！士大夫之所以不及也。”馈以酒肉而从其请。碑工仲宁“不忍下手”之语，诚当世士大夫如林希辈所不及，而九江守受其感动，馈以酒肉而从其请，亦属义而贤者。

《东坡事类》卷二朱弁《曲洧旧闻》载：

> 东坡诗文落笔，辄为人所诵。……崇宁、大观间，海外诗盛行，后生不复有言欧公者。是时，朝廷虽尝禁止，赏钱增至八十万，禁愈严而传愈多，往往以多相夸。士大夫不能诵坡诗，便觉气索，而人或谓之不韵。

坡公之诗文，神宗好之，士大夫好之，愈禁而传愈多，士大夫以不能诵读而自觉气索，可见东坡诗文以其浩气以其正义感召人心振奋士气，影响一代文化其力之巨。

《梁溪漫志》中还有一则史料，题为《禁东坡文》：

> 宣和间，申禁止东坡文字甚严，有士人窃携《坡集》出城，为阍者（按：守门人）所获，执送有司，见集后有一诗云："文星落处天地泣，此老已亡吾道穷。才力谩超生仲达，功名犹忌死姚崇。人间便觉无生气，海内何曾识古风？平日万篇谁护惜？六丁（按：道教神名，火神）收拾上瑶宫。"京尹义其人，且畏累己，因阴纵之。

李廌的《师友谈记》主要记载苏轼、范祖禹、黄庭坚、秦观、晁说之、张耒等所谈。其中有个真实的、令人忍俊不禁的故事："王丰甫言：章元弼顷娶中表陈氏，甚端丽。元弼貌寝陋，嗜学。初，《眉山集》有雕本，元弼得之也，夜观之忘寝。陈氏有言，遂求去，元弼出之。元弼每以此说为朋友言之，且曰缘吾读《眉山集》而致也。"

笔者再以白话解说之：章元弼貌丑而好学，他的妻子陈氏却很美丽端庄。照例说：鲜花插在牛粪上，应该倍加珍爱之。新婚不久，理应欣赏赞美爱妻的画眉深浅入时，钟情相伴，偎依缠绵，细语温存，尽享闺房之乐。谁知他意外得到了一本《眉山集》雕本，喜不自胜，埋头苦读，夜观忘寝，不回洞房。

妻子陈氏独守空房，苦闷蹙眉，孤独难耐，大为不满，隔阂和疑虑顿生，遂至反目，终于离婚。章元弼对朋友说："这都是我读《眉山集》的缘故！"就怪他"不爱美人爱眉山"！

这件事，苏长公恐有不晓，若知之，因自己的诗文拆散了一对夫妻，岂不内疚之至！

苏轼的作品不但风行海内，而且传至域外。苏颂在其诗的自注中说，熙宁年间高丽使者路经杭州，求购苏轼文集以归。子由在元祐年间出使辽国，辽臣告诉他《眉山集》已到达多时。于是苏辙作诗寄给苏轼说："谁将家集

过幽都，逢见胡人问大苏。”（《栾城集》卷十六）

绍圣元年（1094）春，张舜民出使辽国，听说范阳书肆刻苏轼诗数十首，题作《大苏小集》（见王辟之《渑水燕谈录》卷七）。另一位去辽国任大使的张云叟，发现在辽国的一些城市里，墙上多题写有东坡的诗词，他评价说：“子瞻才名重当代，外至夷虏，亦爱服如此。”

苏轼的书画作品也受到广泛的欢迎，无论是精心结撰的碑铭还是随意挥洒的尺牍，苏轼的字都被人们当作墨宝予以珍藏，苏轼所画的墨竹或枯木怪石更被视为稀世之珍。元祐年间苏轼在翰林院供职，闲暇时常常信手挥毫，写字作画，同僚们一等他停笔，便蜂拥而上，争相夺取，连性格严冷的吴安诗都上前力争。还有前述过的好贪嘴的官员韩宗儒，每得到苏轼的一封短简，便拿到酷嗜苏轼书法的殿帅姚麟那儿去换取十来斤羊肉。

士人喜爱苏轼诗文书画作品，对他敬爱如此，平民百姓又何独不然？

元符二年（1099），巢谷不远万里地从眉山徒步前往岭南，到循州见过苏辙后，又欲渡海往儋州探望苏轼，不幸病亡于新州道中。另有一个名叫奉忠的老僧，也专程从眉山前往海南去见苏轼，因途中得病而中止。甚至素不相识的民间妇女也希望一睹苏轼的风采。

熙宁年间，苏轼在杭州任通判。一天苏轼与友人同游西湖，忽然有一艘小舟翩然驶来，舟中有一位美貌女子，自称自幼仰慕苏轼，今已嫁为民妻。听说苏轼游湖，特来献筝一曲，并请苏轼赐词一首以为终身的荣耀。一曲奏毕，苏轼即挥毫写了一首《江神子》赠送给她。此事见载于张邦基《墨庄漫录》卷一、袁文《瓮牖闲评》卷五，内容稍有出入，此据后者。

苏轼一生宦游四海，所到之处，都与当地人民结下深厚的情谊。时人既因其故乡而称他为“苏眉山”，又因其治所而称他为“苏杭州”“苏密州”“苏徐州”“苏扬州”。苏轼赴任登州，到任五天就被朝廷召还，竟有人称他为“苏登州”。如果说上述称呼都是因苏轼曾任当地长官，是出于当时的惯例，那么黄州、惠州、儋州是苏轼的贬谪之所，苏轼是以犯官的身份流放到那些地方的，但人们竟然也称东坡为“苏黄州”“苏惠州”“苏儋州”，这就充分体现出人们对苏轼的爱戴了。

苏轼一生履迹所至，都成为人们追怀其流风遗韵的胜地，都留下了以苏轼或东坡命名的地名或建筑物，有的甚至出于想象或虚构。在神州大地上有关他的名胜古迹多得不胜枚举了。

苏轼的诗句也成为纪念性建筑的名字，嘉兴秀水县有一座“三过堂”，即因苏轼的“三过门间老病死”一句而得名；杭州西湖有“雨亦奇轩”，因苏轼的“山色空濛雨亦奇”一句而得名；惠州的苏轼故居里有一小斋，匾曰“睡美处”，因苏轼的“报道先生春睡美”一句而得名。甚至苏轼所经之地的草木也因他而得嘉名。相传苏轼经过富川（今广西富川南），挥毫题壁时将余墨洒于丛竹，从此那里的竹子枝叶上都带着墨点，人称“东坡竹”。又相传苏轼经过广东新会时，曾采摘荔枝食之，吃完后以指甲掐其核，从此那儿所产的荔枝都带有指甲痕（一说苏轼在该地栽种荔枝）得名“东坡荔”。人们对东坡的仰慕之深，于此可见一斑！

苏轼的影响遍及社会的各个阶层，连盗匪也知道敬重苏轼的遗迹。进入南宋时期，由于金兵入侵，宋王朝失去了北部的半壁江山。江南的统治地域也不稳定，到了所谓“盗贼四起，民不聊生”的地步。据洪迈《夷坚志》记载，南宋绍兴二年（1132），虔州人谢达起兵造反，攻陷惠州，官舍民居焚毁殆尽，唯独对白鹤峰的苏轼故居秋毫无犯，并烹羊致奠。

次年，海盗黎盛攻掠潮州，纵火焚城，但一发现大火燃至吴复古家的“苏内翰藏图书处”，即下令救火，保留了吴子野的“岁寒堂”（苏轼藏书处），借了这个光，附近大片居民的住房宅院都得到了保护。这则史料的原文是:《夷坚志·甲志》卷十“盗敬东坡”条云:“海寇黎盛犯潮州，悉毁城堞，且纵火。至吴子野近居，盛登开元寺塔见之，问左右曰:‘是非苏内翰藏图书处否?’麾兵救之，复料理吴氏岁寒堂，民屋附近者赖以不爇者甚众。”

洪迈发感慨说:“世间的所谓贼人都知道尊敬苏轼先公，知道爱惜他的书籍，可是有的人却下令要烧毁东坡的全部著作，他怎么不知道惭愧呢!”

“江山也要伟人扶”，历史名人的流风遗韵会使江山增色，苏轼就是一个显例。

更值得一提的是：东南形胜之地——杭州，有著名的西湖；西北吉祥之地——凤翔，有著名的东湖。东湖和西湖都是苏轼主持下疏浚、引水和建筑亭榭楼阁的，市民和游客欣赏两湖美景、有关部门盘点旅游收入时，不要忘了苏长公！

黄州的赤壁，本是一座默默无闻的江边小山。自从苏轼在此啸傲风月且写出前、后《赤壁赋》和《念奴娇·赤壁怀古》等千古名篇之后，黄州赤壁不但成为名闻天下的胜地，而且在人们心目中几乎成了真正的三国古战场。正如六百年后的朝鲜诗人尹善道所说："赤壁自古争战地，风流偶与苏仙遇。如无苏仙前后赋，岂得佳名天下布！"清初的顾景星说："公瑾以一旅之师，指挥破敌，实千古之快谈，英雄之盛概。而子瞻仅雍容翰墨，得之'山高月小，水落石出'之间，乃令赤壁著名在此不在彼。嗟乎，贤者于其地，顾不重哉！"

苏轼是"不待生而存、不随死而亡者，将流行充塞于天地间"，所以苏轼偶然经过的地方固然可以理直气壮地建祠纪念，即使是苏轼从未涉足的地方，当地人民也完全可以建立"苏轼纪念馆"，谁曰不然？换句话说，苏公无处不在，人们都有理由怀念他、祭祀他！

建中靖国元年（1101）七月二十八日，苏轼在常州病逝。讣闻传出，举国震悼。吴越百姓在集市上同声痛哭，士大夫则相吊于家。苏轼的亲友、弟子无不悲痛万分。正在荆州的黄庭坚不顾大病初愈，挣扎着前往参加当地士人举行的吊唁仪式，并毛遂自荐，请求为苏轼的墓铭书丹。此后他将苏轼的遗像悬于正厅，每日清晨焚香礼拜。正在颍州的张耒用自己的薪水在佛寺为苏轼荐福，并因此而被朝廷贬往黄州。陈师道、李之仪、道潜、晁说之、潘大临、徐积、王巩、李廌等人写了追挽诗文，以抒哀思。汴京的太学生数百人与苏轼并无师生之谊，却自发集中到慧林寺为苏轼举哀。"文星落处天地泣"，青年诗人施逵的这句唁诗说出了举国同悲的真相，这是对朝廷里正在密谋进一步迫害苏轼等"元祐党人"的黑暗势力的严正抗议。甚至苏轼临终前斜倚着躺卧的那块"懒板"，也得到其主人陆元光家的珍视，刻铭其上，藏作传家之宝。米芾《挽诗五首》其二："忍死来还天有意，免称圣代杀文人。"此语极为沉痛深刻。道潜在《再哭东坡》中说："画图虽不上凌烟，道德芬芳满世间。"

的确，虽然朝廷对苏轼非但无所赠恤，而且继续贬毁，然而公道自在人心，苏轼的嘉言懿行已在人民心中筑就一座丰碑，这是任何丑恶势力也无法摧毁的。

百世之师，名满天下

崇宁元年（1102），朝廷立“元祐奸党碑”，苏轼的姓名赫然列于待制以上官之“首恶”。据《宋大诏令集》卷二百十，朝廷于这一年五月下诏追贬苏轼为崇信军行军司马，还说什么：“推原罪慝，在所当诛，追削故官，置之冗散。”

此时距离东坡去世已近一年，可见徽宗、蔡京这伙丑类丧心病狂到了什么程度！

崇宁二年（1103），朝廷下诏销毁苏轼文集的印版以及苏轼书写的所有碑碣榜额。

崇宁三年（1104），朝廷重定党籍碑，宰执之“首恶”由文彦博变成司马光，苏轼则依然列于待制以上官之“首恶”。

宣和五年（1123），朝廷再次下诏令福建路、四川路等地销毁苏轼文集的印版。苏轼简直成了十恶不赦的反面人物。

然而乾坤朗朗，天道公平，到了南宋建炎二年（1128），朝廷就追复苏轼为端明殿学士，尽还致仕应得恩数。

建炎四年（1130），高宗令苏轼之侄苏迟呈进苏轼著作。

绍兴元年（1131），朝廷特赠苏轼资政殿学士、朝奉大夫。

绍兴九年（1139），朝廷诏令郏城县旌表苏轼坟寺。

在苏轼逝世约七十年后，到了南宋的孝宗皇帝时代，开始研究苏轼的为人和功过。孝宗皇帝根据这一历史时期的考察，根据不少大臣的奏章，以及民间种种对苏轼传说中的佳话，他在南宋的首都杭州，细致地阅读苏轼的作品，特别是他那些奏议和表状。他愈读愈钦佩苏轼的耿耿忠心，品格伟大，文章超绝。他叙述了自己研读苏轼著作的情形：“至于轼所著，读之终日，亹亹（勤勉不懈貌）忘倦。常置左右，以为矜式。”

乾道六年（1170），孝宗颁发圣旨，谥苏轼为“文忠”，追封为最高的荣誉官衔太师。从此苏轼被称为“苏文忠公”，苏轼的盛名和地位达到了顶点。

乾道九年（1173），宋孝宗亲自为苏轼文集撰写序言，表彰苏轼的“忠言谠论，立朝大节，一时廷臣，无出其右”的政治功绩和“雄视百代，自作一家，浑涵光芒，至是而大成矣”的文学业绩，并慨叹说：“敬想高风，恨不同时！”

更值得赞赏的是，宋孝宗在《苏文忠公赠太师制》中写下了一段十分精彩的话，称其：

> 不可夺者，峣然之节；莫之至者，自然之名。经纶不究于生前，议论常公于身后。人传元祐之学，家有眉山之书。

至此，赵宋王朝全面完成了对苏轼的平反昭雪。

其实苏轼哪里需要朝廷来为他平反？苏轼的道德文章早已传遍海内，苏轼的光辉形象早已深入人心，苏轼生前的名声如日中天，苏轼身后的声望也历久不衰。南宋的君臣或许会以为“苏文忠公”的谥号是苏轼的无上荣耀，其实，苏轼与“东坡”这个名字，就是一座永恒的丰碑，他的风流遗韵已经深深地渗入了华夏历史，他的影响必然会绵长久远。

明人董斯张有两句话说得很有趣：

> 大苏死去忙不彻，三教九流都扯拽。

苏轼的思想非常丰富、复杂（按：与“单纯”相对应，非贬语），举凡儒、道、释各家思想中的合理因素，他不但兼收并蓄，而且融会贯通。正因苏轼的思想具有“三教合一”的性质，所以儒、道、释三家都能从中发现与自身合拍的部分，争相“扯拽”，都可以合情合理地把这位名震遐迩的人物罗致麾下，以壮声威。可见，苏轼的崇高声望是一笔可贵的资源，它在政治和思想文化等各个方面都有巨大的价值。

苏轼的影响不但笼罩着宋以后的中国文学史，而且泽流海外，对朝鲜、日本等邻国的影响尤其深远。早在北宋元丰年间，高丽人金觐就为两个儿子取名为“金富轼”“金富辙”，后来金富轼果然成为高丽著名的文人，可见苏轼生前的影响就已远播异国。

据莫励锋先生《东坡漫话》一书第302页注：金富轼生于高丽文宗二十九年（1075），即北宋神宗熙宁八年，其时苏轼四十岁。金富轼之父金觐曾于高丽文宗三十四年（1080，即宋元丰三年）入汴京，其时苏轼年四十五岁。可见金富轼之得名当在元丰年间。“富轼”与“富辙”这两个名字多么意味深长啊！“轼”和“辙”是珍贵无比的宝藏，是取之不竭的精神财富，只要是从中悉心研读和“获取”一点，便可富有，泽及他国。文化伟人苏氏兄弟多么值得中国人骄傲啊！

“苏学”在高丽的影响巨大而深远。及至高丽朝中期，苏轼诗文大行于世，正如朝鲜时代的金宗直所追述的：“丽之中叶，专学东坡。”高丽高宗二十三年（1236，南宋端平三年），《东坡文集》在高丽首次刊行。以李奎报为代表的文人学士莫不熟读东坡，且在诗文写作中模仿东坡的风格。年轻举子一待科举及第，即抛弃应试的时文而改习东坡诗文，洪瑀钦《拟把汉江当赤壁——韩国苏轼研究述略》中记载着当时流传着这样的话：“每岁榜出之后，人人拟为今年又三十东坡出矣。”（载《苏轼研究史》，第571-622页）

这种风气一直延续到其后的朝鲜时代，连著名的性理学者李退溪都写过多首次东坡原韵的诗。由于仰慕东坡，朝鲜时代的诗人还将汉江边上的一处绝壁想象为东坡泛舟的赤壁，并仿效东坡泛舟赏月，久而久之，竟成风气。李荇有诗云：“拟把汉江当赤壁，何妨壬戌作庚辰。”又云：“岁是壬戌也，人如赤壁然。”又云：“佳境向来惟赤壁，兹游倘亦继苏仙。”一唱三叹，可见仰慕之深！这种活动还从文学创作扩展到民俗活动，从而产生了传统民歌《赤壁歌》以及“赤壁船游”的民俗，在大邱的“花园赤壁”和安东的“芙蓉台赤壁”，每逢“七月既望”，人们便乘船游赏来纪念东坡。

“颖士声名动倭国”。苏轼在日本的影响主要体现在学术研究方面，在收藏、翻印苏轼诗文集的同时，日本的学人还亲自动手为苏轼诗作注。在镰仓、室町时代，以“五山”禅僧为主的学人热衷于为苏轼诗作注，先后出现了冠以《翰苑遗芳》《脞说》《天下白》《蕉雨余滴》等书名的苏轼诗注，到后奈良天文三年（1534，明嘉靖十三年），由笑云清三将上述数书合成一编，取“江、河、淮、济之四渎，流入大洋”之义，取名为《四河入海》，成为集大成式的苏轼诗注。《四河入海》中保存了较多的宋人旧注，比如在“王十朋注本”中漏收的赵次公注以及在中国久已亡佚的施宿撰苏轼年谱，非常珍贵。此外，禅僧们自己所作的注中也时见胜义。到了江户时代，学人对苏轼作品的关注又从诗扩展到古文，在多种古文总集中对苏轼古文进行注释、评点，日本池泽滋子《颖士声名动倭国——日本苏轼研究述略》中说：“这种风气一直延续到近代。”

到了近代，东坡在西方国家也是受欢迎的历史人物。清朝末代皇帝宣统的外文老师、英国人庄士敦，是牛津大学的文学硕士。他在中国期间，在所住的北京樱桃沟别墅，对自己所崇拜的世界文化名人都画像供奉，其中有中国的苏轼。

十九世纪生于德国的伟大科学家爱因斯坦，也很欣赏苏东坡的才名和文章。东坡早期曾写过一篇寓言《日喻》，文章以“盲人识日”“北人学水”为比喻，从正反两方面说明学习一种事物，必须亲自实践，逐步掌握；脱离实际，主观臆测，不会求得真知。爱因斯坦所创造和建立的“相对论”是伟大的科学，比较深奥。他就曾引用东坡的这篇寓言来说明一般人对相对论的概念。盲人未见过太阳，有人告诉他太阳像铜盘，盲人敲响铜盘听到声音，以为这就是太阳了。有人告诉他，太阳是发光的，像蜡烛的光一样，盲人摸着蜡烛得到它的形状，摸到笛状的乐器就以为是日头。这当然是大错特错。爱因斯坦利用盲人对两种比喻的演化，来解释人们对“相对论”的理解，形象易懂。

苏轼的另一首诗也被爱因斯坦引证，解释他的“广义相对”。他在讲到“三维空间里的人难以想象出弯曲的三维空间里，两点有一根最‘直’的曲线——短程线”时说：那就像中国宋朝大诗人苏轼所说的“不识庐山真面目，只缘身在此山中”（见秦关根著《爱因斯坦》）。

苏轼的作品在英美也有很多读者。

南宋的楼钥在《东坡画赞》中说：

> 出则凤鸣，处则龙卧。论议触海翻，声名塞天破。百谪九死，一毫

不挫。呜呼！固已知前无古人，殆恐无有过之者也！

在苏轼最困难、最倒霉，甚至可能有杀身之祸的时候，许多朝廷大官、封疆大吏、文化巨子、忠诚朋友，都不避风险，愿意与他同祸福、共患难，这是非常了不起的品格，他们同样受到后人的尊敬与钦佩，且“善有善报”，在青史留下好名声。我们子孙后代也应十分感谢这些好人，没有他们的“调护”、关照、照顾罪臣、迁客苏轼，苏轼可能不能活那么久，早被朝廷这帮小人整死了。

巢谷、卓契顺本是两位名不见经传的平头百姓，但南宋理学家真德秀却对他们深表崇敬：

东坡谪岭南，故旧少通问者。在蜀惟巢元修，在吴则僧契顺，皆徒步万里，访之于荒陬绝徼之外。元修以是登名青史，号称卓行。契顺亦托此以传，真可敬哉！

关于巢谷徒步数千里前往儋州探望东坡的事迹，确有其事，被南宋初年的史学家王僻记入《东都事略》卷一一七《卓行传》，真氏即指此而言。元人所修的《宋史》亦列巢谷于《卓行传》卷四五九。

在漫长的中国历史上，生前做出重大建树、身后受到广泛爱戴的杰出文化人物不在少数，但如果把雅俗共赏、妇孺皆知作为衡量标准的话，苏轼堪称古今第一人。

鄙人的家乡浙东有一句俗话，谓“死人臭，一处臭；活人臭，到处臭”。这是贬损某些缺德之人，走到哪里便臭到哪里，如同瘟神。反过来，如果一个走到哪里，都使哪里增辉添彩，播泽留香，都使哪里文化品位提高，遗迹流芳千古，这样的人还能说不伟大吗？苏轼就是历史上少有的这样的伟人。正如清代诗人江逢辰说：

一自坡公谪南海，天下不敢小惠州。

“判断历史的功绩，不是根据历史活动家没有提供现代所要求的东西，而是根据他们比他们的前辈提供了新的东西。”我们谓苏轼是“全才”，并未断言他是“完人”。评价一位历史人物，总得从当时的时代条件出发，全面、客观、公正，进行实事求是的历史分析，不能攻其一点，不及其余，以偏概全，苛求一位历史人物完美无缺，洁白无瑕。

中华民族拥有苏轼，使中华文化提升到更高的境界，我们就不会妄自菲薄；我们向世界贡献了苏轼，称为“文明古国”就不会愧怍汗颜，而只会感到自豪和骄傲！

附录一

苏东坡年谱

1037 年（宋仁宗景祐三年）	农历十二月十九日（公元 1037 年 1 月 8 日）卯时，苏轼生于四川眉山纱縠行苏宅。字子瞻，一字和仲，后别号东坡。
1039 年（宝元二年）	四岁，弟苏辙生。
1043 年（庆历三年）	八岁，入天庆观北极院读书。
1044 年（庆历四年）	九岁，入乡校读书。
1045 年（庆历五年）	十岁，父苏洵赴京师游学，苏轼自乡校归家，由母亲程氏授书。
1048 年（庆历八年）	十三岁，与弟苏辙拜在刘巨（字微之）门下读书。
1052 年（皇祐四年）	十七岁，读书乡里。
1054 年（至和元年）	十九岁，与王弗结婚。王弗是青神县乡贡进士王方之女，时年十六岁。
1055 年（至和二年）	二十岁，游学成都。
1056 年（嘉祐元年）	二十一岁，与苏辙随父亲苏洵经成都，取道长安赴京参加举人考试。
1057 年（嘉祐二年）	二十二岁，应进士考试，欧阳修得其考卷《刑赏忠厚之至论》，颇为欣赏，取为进士第二，复试春秋对义，居第一。四月，母程氏病故，父子三人奔丧回蜀。
1059 年（嘉祐四年）	二十四岁，在故乡服母丧毕，十月启程还朝，父子三人由眉山乘船出发，经嘉州、忠州，过三峡，岁暮抵荆州（江陵）。其妻王弗随行，长子苏迈生于是年。
1061 年（嘉祐六年）	二十六岁，苏轼与苏辙应才识兼茂科考试，先阁试六论，后殿试制策，苏轼入第三等，苏辙入第四等。苏轼授大理评事签书凤翔府节度判官厅公事。

1065年（宋英宗治平二年）	三十岁，返京，差判登闻鼓院，不久后得职史馆。五月，妻王弗病故，享年二十七岁。
1066年（治平三年）	三十一岁，是年四月苏洵病故，享年五十八岁。苏轼兄弟护送灵柩回蜀。
1068年（宋神宗熙宁元年）	三十三岁，在家居丧。七月丧期满，服除，续娶王闰之为妻。王闰之为王弗堂妹，时年二十一岁。
1069年（熙宁二年）	三十四岁，举家还朝任职史馆，上书皇帝反对王安石变法。
1070年（熙宁三年）	三十五岁，二次上书皇帝反对变法。次子苏迨生。
1071年（熙宁四年）	三十六岁，因与变法派意见不合，求外任，除杭州通判。
1072年（熙宁五年）	三十七岁，在杭州任上，忙于督开运盐河。是年欧阳修去世，苏轼为文祭之。少子苏过生。
1074年（熙宁七年）	三十九岁，罢杭州通判，除太常博士直史馆，改任密州知州。
1076年（熙宁九年）	四十一岁，接诰命，以祠部员外郎移知河中府，年底动身离密州。
1077年（熙宁十年）	四十二岁，接诰命，改知徐州。是年八月徐州遭遇大洪水，苏轼组织筑堤抗洪，历时三月余，洪水退去。
1079年（元丰二年）	四十四岁，罢徐州任，改任湖州知州。四月，何正臣摘苏轼《湖州谢表》中的言语，指斥其“妄自尊大”，舒亶、李定等就其诗文罗织罪名。七月，苏轼在湖州被捕，投入御史台狱，这就是“乌台诗案”。经过多方营救，十二月结案，苏轼被贬谪为黄州团练副使本州安置，不得签书公事。
1080年（元丰三年）	四十五岁，谪居黄州，六月苏辙送苏轼家眷至黄州团聚，兄弟同游数日后，苏辙赴筠州。
1081年（元丰四年）	四十六岁，谪居黄州。因生活窘困，友人马正卿为之请故营地数十亩，苏轼躬耕其中，名其地为“东坡”。
1082年（元丰五年）	四十七岁，建议鄂州知州朱寿昌明立赏禁，变革湖北溺婴恶习。筑东坡雪堂，始号东坡居士，多次泛舟赤壁。
1084年（元丰七年）	四十九岁，接诰命，移汝州团练副使。苏轼与苏辙相会后，七月抵达金陵，与王安石多次相会。十月至扬州，上《乞常州居住表》。
1085年（元丰八年）	五十岁，诰命下，允许苏轼在常州居住。到常州仅半月复接诰命，知登州。十月到达登州，再接诰命，以礼部郎中召还京师，任中书舍人。
1087年（宋哲宗元祐二年）	五十二岁，以翰林学士知制诰。

1088年（元祐三年）	五十三岁，因朝官攻击，上《乞罢学士除闲慢差遣札》。时高太后听政，特召苏轼入内殿，告以神宗生前器重苏轼文才，加以挽留。半年后，苏轼再上《陈情乞郡札》。
1089年（元祐四年）	五十四岁，苏轼加任侍读，进读迩英殿。论及时事，为赵挺之等人攻击。苏轼恐不见容，接连上章乞外放。三月，除龙图阁学士知杭州。是年苏辙出使契丹。
1090年（元祐五年）	五十五岁，在杭州任上，掘西湖，修六井，筑长堤。
1091年（元祐六年）	五十六岁，以翰林学士承旨召还。因苏州、湖州水灾严重，苏轼绕道观察灾情，上书请求赈灾。后，御史贾易等人弹奏苏轼在神宗死后“作诗自庆”，并讽刺熙宁新政。苏轼上札自辩，并再乞外郡，遂除龙图阁学士知颍州。
1092年（元祐七年）	五十七岁，在颍州任上接诰命，改知扬州。八月，以兵部尚书召还。十一月，迁端明殿学士兼翰林侍读学士守礼部尚书。
1093年（元祐八年）	五十八岁，妻王闰之去世，年四十六。苏轼再遭弹劾，出知定州。高太后也于是年卒，哲宗亲政。
1094年（绍圣元年）	五十九岁，屡遭贬谪，最后授建昌军司马惠州安置，不得签书公事。后又贬为宁远军节度副使惠州安置。苏轼遂命次子苏迨携家归宜兴与长子苏迈同住，与少子过、妾朝云谪居惠州。
1096年（绍圣三年）	六十一岁，贬居惠州，七月妾朝云病亡。
1097年（绍圣四年）	六十二岁，长子苏迈携家人赴惠州与苏轼团聚。然朝臣重议苏轼罪，再责授琼州别驾、昌化军安置，不得签书公事。苏轼处置后事，与家人诀别。五月，苏轼与苏辙相会藤州，同行至雷州分别，登船渡海，到达昌化军贬所（今海南儋州）。
1100年（元符三年）	六十五岁，接诰命，以琼州别驾廉州安置，不得签书公事。六月，苏轼渡海抵达雷州，在廉州接诰命，迁舒州团练副使永州（今湖南零陵）居住。十一月再次接到诰命，复朝奉郎，提举成都玉局观任便居住。苏轼遂继续北上。
1101年(宋徽宗建中靖国元年)	六十六岁，七月二十八日，卒于常州。四方震悼。
1102年（崇宁元年）	闰六月，葬于汝州郏城县小峨眉山，苏辙作《亡兄子瞻端明墓志铭》。

附录二

亡兄子瞻端明墓志铭

予兄子瞻，谪居海南。四年春正月，今天子即位，推恩海内，泽及鸟兽。夏六月，公被命渡海北归。明年，舟至淮、浙。秋七月，被病，卒于毗陵。吴越之民，相与哭于市，其君子相吊于家。讣闻四方，无贤愚皆咨嗟出涕。太学之士数百人，相率饭僧慧林佛舍。呜呼！斯文坠矣，后生安所复仰？公始病，以书属辙曰："即死，葬我嵩山下，子为我铭。"辙执书哭曰："小子忍铭吾兄！"

公讳轼，姓苏，字子瞻，一字和仲。世家眉山。曾大父讳杲，赠太子太保。妣宋氏，追封昌国太夫人。大父讳序，赠太子太傅。妣史氏，追封嘉国太夫人。考讳洵，赠太子太师。妣程氏，追封成国太夫人。公生十年，而先君宦学四方。太夫人亲授以书，闻古今成败，辄能语其要。太夫人尝读《东汉史》至《范滂传》，慨然太息。公侍侧曰："轼若为滂，夫人亦许之否乎？"太夫人曰："汝能为滂，吾顾不能为滂母耶？"公亦奋厉有当世志。太夫人喜曰："吾有子矣！"比冠，学通经史，属文日数千言。

嘉祐二年，欧阳文忠公考试礼部进士，疾时文之诡异，思有以救之。梅圣俞时与其事，得公《论刑赏》，以示文忠。文忠惊喜，以为异人，欲以冠多士。疑曾子固所为。子固，文忠门下士也。乃置公第二。复以《春秋》对义，居第一。殿试中乙科，以书谢诸公。文忠见之，以书语圣俞曰："老夫当避此人，放出一头地。"士闻者始哗不厌，久乃信服。丁太夫人忧，终丧。五年，授河南福昌主簿。文忠以直言荐之秘阁。试六论，旧不起草，以故文多不工。公始具草，文义粲然，时以为难。比答制策，复入三等。除大理评事，签书凤翔府判官。长吏意公文人，不以吏事责之。公尽心其职，老吏畏服。关中自元昊叛命，人贫役重，岐下岁以南山木筏自渭入河，经砥柱之险，衙前以破产者相继也。公遍问老校，曰："木筏之害，本不至此。若河、渭未涨，操筏者以时进止，可无重费也。患其乘河、渭之暴，多方害之耳。"公即修衙规，使衙前得自择水工，筏行无虞。乃言于府，使得系籍。自是衙前之害减半。

治平二年，罢还，判登闻鼓院。英宗在藩闻公名，欲以唐故事，召入翰林。宰相限以近例，欲召试秘阁。上曰："未知其能否故试，如苏轼有不能耶?"宰相犹不可。及试二论，皆入三等，得直史馆。丁先君忧，服除。时熙宁二年也，王介甫用事，多所建立。公与介甫议论素异，既还朝，置之官告院。四年，介甫欲变更科举，上疑焉，使两制三馆议之。公议上，上悟曰："吾固疑此，得苏轼议，意释然矣。"即日召见，问："何以助朕?"公辞避久之，乃曰："臣窃意陛下求治太急，听言太广，进人太锐。愿陛下安静以待物之来，然后应之。"上竦然听受，曰："卿三言，朕当详思之。"介甫之党皆不悦，命摄开封推官，意以多事困之。公决断精敏，声闻益远。会上元，有旨市浙灯，公密疏旧例无有，不宜以玩好示人，即有旨罢。殿前初策进士，举子希合，争言祖宗法制非是，公为考官，退拟答以进，深中其病。自是论事愈力，介甫愈恨。御史知杂事者为诬奏公过失，穷治无所得。公未尝以一言自辨，乞外任避之，通判杭州。

是时，四方行青苗、免役、市易，浙西兼行水利、盐法，公于其间，常因法以便民，民赖以少安。高丽入贡使者凌蔑州郡，押伴使臣皆本路管库，乘势骄横，至与钤辖亢礼。公使人谓之曰："远夷慕化而来，理必恭顺。今乃尔暴恣，非汝导之，不至是也。不悛，当奏之。"押伴者惧，为之小戢。使者发币于官吏，书称甲子，公却之曰："高丽于本朝称臣，而不禀正朔，吾安敢受!"使者亟易书，称熙宁，然后受之，时以为得体。吏民畏爱，及罢去，犹谓之学士，而不言姓。

自杭徙知密州，时方行手实法，使民自疏财产以定户等，又使人得告其不实。司农寺又下诸路，不时施行者以违制论。公谓提举常平官曰："违制之坐，若自朝廷，谁敢不从？今出于司农，是擅造律也，若何？”使者惊曰：“公姑徐之。”未几，朝廷亦知手实之害，罢之。密人私以为幸。郡尝有盗窃发而未获，安抚转运司忧之，遣一二班使臣领悍卒数十人，入境捕之。卒凶暴恣行，以禁物诬民，入其家争斗至杀人，畏罪惊散，欲为乱。民诉之，公投其书不视，曰：“必不至此。”溃卒闻之少安，徐使人招出，戮之。

自密徙徐。是时河决曹村，泛于梁山泊，溢于南清河。城南两山环绕，吕梁、百步扼之，汇于城下，涨不时泄。城将败，富民争出避水。公曰：“富民若出，民心动摇，吾谁与守？吾在是，水决不能败城。”驱使复入。公履屦杖策，亲入武卫营，呼其卒长，谓之曰：“河将害城，事急矣，虽禁军宜为我尽力。”卒长呼曰：“太守犹不避涂潦，吾侪小人，效命之秋也。”执梃入火伍中，率其徒短衣徒跣持畚锸以出，筑东南长堤，首起戏马台，尾属于城。堤成，水至堤下，害不及城，民心乃安。然雨日夜不止，河势益暴，城不沉者三板。公庐于城上，过家不入，使官吏分堵而守，卒完城以闻。复请调来岁夫增筑故城，为木岸，以虞水之再至。朝廷从之。讫事，诏褒之，徐人至今思焉。

徙知湖州，以表谢上。言事者摘其语以为谤，遣官逮赴御史狱。初，公既补外，见事有不便于民者，不敢言，亦不敢默视也，缘诗人之义，托事以讽，庶几有补于国。言者从而媒蘖之。上初薄其过，而浸润不止，是以不得已从其请。既付狱，吏必欲置之死，锻炼久之不决。上终怜之，促具狱，以黄州团练副使安置。公幅巾芒屩，与田父野老相从溪谷之间，筑室于东坡，自号“东坡居士”。五年，上有意复用，而言者沮之。上手札徙汝州，略曰：“苏轼黜居思咎，阅岁滋深，人材实难，不忍终弃。”未至，上书自言有饥寒之忧，有田在常，愿得居之。书朝入，夕报可。士大夫知上之卒喜公也。会晏驾，不果复用。

至常，以哲宗即位，复朝奉郎，知登州。至登，召为礼部郎中。公旧善门下侍郎司马君实及知枢密院章子厚，二人冰炭不相入。子厚每以谑侮困君实。君实苦之，求助于公。公见子厚曰：“司马君实时望甚重。昔许靖以虚名无实见鄙于蜀先主，法正曰：‘靖之浮誉，播流四海，若不加礼，必以贱贤为累。’先主纳之，乃以靖为司徒。许靖且不可慢，况君实乎？”子厚以为然，君实赖以少安。既而，朝廷缘先帝意欲用公，除起居舍人。公起于忧患，不欲骤履要地，力辞之，见宰相蔡持正自言。持正曰："公徊翔久矣，朝中无出公右者。"公固辞。持正曰："今日谁当在公前者？"公曰："昔林希同在馆中，年且长。"持正曰："希固当先公耶？"卒不许。然希亦由此继补记注。

元祐元年，公以七品服入侍延和，即改赐银绯。二年，迁中书舍人。时君实方议改免役为差役。差役行于祖宗之世，法久多弊，编户充役不习，官府吏虐使之，多以破产，而狭乡之民或有不得休息者。先帝知其然，故为免役，使民以户高下出钱而无执役之苦。行法者不循上意，于雇役实费之外，取钱过多，民遂以病。若量出为入，毋多取于民，则足矣。君实为人，忠信有余而才智不足，知免役之害而不知其利，欲一切以差役代之。方差官置局，公亦与其选，独以实告，而君实始不悦矣。尝见之政事堂，条陈不可，君实忿然。公曰："昔韩魏公刺陕西义勇，公为谏官，争之甚力，魏公不乐，公亦不顾。轼昔闻公道其详，岂今日作相，不许轼尽言耶？"君实笑而止。公知言不用，乞补外，不许。君实始怒，有逐公意矣，会其病卒，乃已。时台谏官多君实之人，皆希合以求进，恶公以直形己，争求公瑕疵。既不可得，则因缘熙宁谤讪之说，以病公。公自是不安于朝矣。

寻除翰林学士。二年，复除侍读。每进读至治乱盛衰、邪正得失之际，未尝不反复开导，觊上有所觉悟。上虽恭默不言，闻公所论说，辄首肯喜之。三年，权知礼部贡举。会大雪苦寒，士坐庭中，噤不能言。公宽其禁约，使得尽其技。而巡铺内臣伺其坐起，过为凌辱。公以其伤动士心、亏损国体奏之。有旨送内侍省挞而逐之，士皆悦服。尝侍上读祖宗宝训，因及时事，公历言今赏罚不明，善恶无所劝沮，又黄河势方西流，而强之使东；夏人寇镇戎，杀掠几万人，帅臣掩蔽不以闻，朝廷亦不问。事每如此，恐浸成衰乱之渐。当轴者恨之，公知不见容，乞外任。四年，以龙图阁学士知杭州。时谏官言："前宰相蔡持正知安州，作诗借郝处俊事以讥刺时事。"大臣议逐之岭南。公密疏言："朝廷若薄确之罪，则于皇帝孝治为不足；若深罪确，则于太皇太后仁政为小累。谓宜皇帝降敕置狱逮治，而太皇太后内出手诏赦之，则仁孝两得矣。"宣仁后心善公言，而不能用。公出郊未发，遣内侍赐龙茶、银合，用前执政恩例，所以慰劳甚厚。

及至杭，吏民习公旧政，不劳而治。岁适大旱，饥疫并作，公请于朝，免本路上供米三之一，故米不翔贵。复得赐度僧牒百，易米以救饥者。明年方春，即减价粜常平米，民遂免大旱之苦。公又多作饘粥、药剂，遣吏挟医，分坊治病，活者甚众。公曰："杭，水陆之会，因疫病死，比他处常多。"乃裒羡缗得二千，复发私橐，得黄金五十两，以作病坊，稍畜钱粮以待之，至于今不废。是秋复大雨，太湖泛溢害稼。公度来岁必饥，复请于朝，乞免上供米半，又多乞度牒以籴常平米，并义仓所有，皆以备来岁出粜。朝廷多从之。由是吴越之民复免流散。

杭本江海之地，水泉咸苦，居民稀少。唐刺史李泌始引西湖水作六井，民足于水，故井邑日富。及白居易复浚西湖，放水入运河，自河入田，所溉至千顷。然湖水多葑，自唐及钱氏，岁辄开治，故湖水足用。近岁废而不理，至是湖中葑田，积二十五万余丈，而水无几矣。运河失湖水之利，则取给于江潮。潮浑浊多淤，河行阛阓中，三年一淘，为市井大患，而六井亦几废。公始至，浚茅山、盐桥二河。以茅山一河，专受江潮，以盐桥一河，专受湖水，复造堰闸，以为湖水畜泄之限，然后潮不入市。且以余力复完六井，民稍获其利矣。公间至湖上，周视良久曰："今欲去葑田。葑田如云，将安所置之？湖南北三十里，环湖往来，终日不达，若取葑田积之湖中为长堤，以通南北，则葑田去，而行者便矣。吴人种菱，春辄芟除，不遗寸草，葑田若去，募人种菱，收其利，以备修湖，则湖当不复堙塞。"乃取救荒之余，得钱粮以贯石数者万。复请于朝，得百僧度牒以募役者。堤成，植芙蓉、杨柳其上，望之如图画，杭人名之"苏公堤"。

杭僧有净源者，旧居海滨，与舶客交通牟利。舶至高丽，交誉之。元丰末，其王子义天来朝，因往拜焉。至是，源死，其徒窃持其画像，附舶往告。义天亦使其徒附舶来祭。祭讫，乃言国母使以金塔二，祝皇帝、太皇太后寿。公不纳而奏之曰："高丽久不入贡，失赐予厚利，意欲来朝矣，未测朝廷所以待之薄厚，故因祭亡僧而行祝寿之礼。礼意鲜薄，盖可见矣。若受而不答，则远夷或以怨怒；因而厚赐之，正堕其计。臣谓朝廷宜勿与知，而使州郡以理却之。然庸僧猾商，敢擅招诱外夷，邀求厚利，为国生事，其渐不可长，宜痛加惩创。”朝廷皆从之。未几，高丽贡使果至。公按旧例，使之所至吴越七州，实费二万四千余缗。而民间之费不在，乃令诸郡量事裁损。比至，民获交易之利，而无侵挠之害。

浙江潮自海门东来，势如雷霆，百浮山峙于江中，与渔浦诸山犬牙相错，洄伏激射，岁败公私船不可胜计。公议自浙江上流地名石门，并山而东，凿为运河，引浙江及溪谷诸水二十余里以达于江。又并山为岸，不能十里，以达于龙山之大慈浦。自浦北折抵小岭，凿岭六十五丈以达于岭东古河。浚古河数里以达于龙山运河，以避浮山之险。人皆以为便。奏闻，有恶公成功者，会公罢归，使代者尽力排之，功以不成。公复言:“三吴之水，潴为太湖。太湖之水，溢为松江以入海。海日两潮，潮浊而江清，潮水尝欲淤寒江路，而江水清驶，随辄涤去，海口尝通，则吴中少水患。昔苏州以东，公私船皆以篙行，无陆挽者。自庆历以来，松江大筑挽路，建长桥以扼塞江路，故今三吴多水。欲凿挽路为千桥，以迅江势。”亦不果用，人皆恨之。公二十年间，再莅此州，有德于其入，家有画像，饮食必祝，又作生祠以报。

六年，召入为翰林承旨，复侍迩英，当轴者不乐，风御史攻公。公之自汝移常也，授命于宋，会神考晏驾，哭于宋而南至扬州。常人为公买田书至，公喜作诗，有“闻好语”之句。言者妄谓公闻讳而喜，乞加深谴。然诗刻石有时日，朝廷知言者之妄，皆逐之。公惧，请外补，乃以龙图阁学士守颍。先是，开封诸县多水患，吏不究本末，决其陂泽，注之惠民河，河不能胜，则陈亦多水。至是，又将凿邓艾沟与颍河并，且凿黄堆，注之于淮，议者多欲从之。公适至，遣吏以水平准之。淮之涨水高于新沟几一丈，若凿黄堆，淮水顾流浸州境，决不可为。朝廷从之。郡有宿贼尹遇等数人，群党惊劫，杀变主及捕盗吏兵者非一。朝廷以名捕不获，被杀者噤不敢言。公召汝阴尉李直方，谓之曰:“君能擒此，当力言于朝，乞行优赏。不获，亦以不职奏免君矣。”直方退，缉知群盗所在，分命弓手往捕其党，而躬往捕遇。直方有母，年九十，母子泣别而行。手戟刺而获之。然小不应格，推赏不及。公为言于朝，请以年劳改朝散郎阶，为直方赏。朝廷不从。其后吏部以公当迁，以符会公考。公自谓已许直方，卒不报。

七年，徙扬州，发运司旧主东南漕法，听操舟者私物货，征商不得留难。故操舟者富厚，以官舟为家，补其弊漏，而周船夫之乏困，故其所载率无虞而速达。近岁不忍征商之小失，一切不许，故舟弊人困，多盗所载以济饥寒，公私皆病。公奏乞复故，朝廷从之。未阅岁，以兵部尚书召还，兼侍读。是岁，亲祀南郊，为卤簿使，导驾入太庙，有贵戚以其车从，争道不避仗卫。公于车中劾奏之。明日，中使传命申敕有司，严整仗卫。寻迁礼部，复兼端明殿、翰林侍读二学士。高丽遣使请书于朝，朝廷以故事尽许之。公曰："汉东平王请诸子及《太史公书》，犹不肯与。今高丽所请，有甚于此，其可予之乎？"不听。公临事必以正，不能俯仰随俗，乞守郡自效。

八年，以二学士知定州。定久不治，军政尤弛，武卫卒骄堕不教，军校蚕食廪赐，故不敢呵问。公取其贪污甚者配隶远恶，然后缮修营房，禁止饮博，军中衣食稍足。乃部勒以战法，众皆畏服。然诸校多不自安者，有卒史复以赃诉其长。公曰："此事吾自治则可，汝若得告，军中乱矣。"亦决配之，众乃定。会春大阅，军礼久废，将吏不识上下之分，公命举旧典，元帅常服坐帐中，将吏戎服奔走执事。副总管王光祖自谓老将，耻之，称疾不出。公召书吏作奏，将上，光祖震恐而出，讫事，无敢慢者。定人言："自韩魏公去，不见此礼至今矣。"北戎久和，边兵不试，临事有不可用之忧，惟沿边弓箭社兵与寇为邻，以战射自卫，犹号精锐。故相庞公守边，因其故俗，立队伍将校，出入赏罚，缓急可使。岁久法弛，复为保甲所挠，渐不为用。公奏为免保甲及两税，折变科配。长吏以时训劳，不报。议者惜之。

时方例废旧人，公坐为中书舍人日，草责降官制，直书其罪，诬以谤讪。绍圣元年，遂以本官知英州，寻复降一官。未至，复以宁远军节度副使安置惠州。公以侍从齿岭南编户，独以少子过自随，瘴疠所侵，蛮蜒所侮，胸中泊然，无所蒂芥。人无贤愚，皆得其欢心，疾若者畀之药，殒毙者纳之竁。又率众为二桥，以济病涉者。惠人爱敬之。居三年，大臣以流窜者为未足也。四年，复以琼州别驾安置昌化。昌化，非人所居，食饮不具，药石无有。初僦官屋以庇风雨，有司犹谓不可，则买地筑室。昌化士人，畚土运甓以助之，为屋三间。人不堪其忧，公食芋饮水，著书以为乐，时从其父老游，亦无间也。

元符三年，大赦，北还。初徙永，已乃复朝奉郎，提举成都玉局观，居从其便。公自元祐以来，未尝以岁课乞迁，故官止于此。勋上轻车都尉，封武功县开国伯，食邑九百户。将居许，病暑暴下，中止于常。建中靖国元年六月，请老，以本官致仕。遂以不起。未终旬日，独以诸子侍侧曰："吾生无恶，死必不坠，慎无哭泣以怛化。"问以后事，不答，湛然而逝，实七月丁亥也。公娶王氏，追封通义郡君。继室以其女弟，封同安郡君，亦先公而卒。子三人：长曰迈，雄州防御推官，知河间县事。次曰迨，次曰过，皆承务郎。孙男六人，箪、符、箕、籥、筌、筹。明年闰六月癸酉，葬于汝州郏城县钧台乡上瑞里。

公之于文，得之于天，少与辙皆师先君。初好贾谊、陆贽书，论古今治乱，不为空言。既而读《庄子》，喟然叹息曰："吾昔有见于中，口未能言，今见《庄子》，得吾心矣。"乃出《中庸论》，其言微妙，皆古人所未喻。尝谓辙曰："吾视今世学者，独子可与我上下耳。"既而谪居于黄，杜门深居，驰骋翰墨，其文一变，如川之方至，而辙瞠然不能及矣。后读释氏书，深悟实相，参之孔、老，博辩无碍，浩然不见其涯也。先君晚岁读《易》，玩其爻象，得其刚柔远近、喜怒逆顺之情，以观其词，皆迎刃而解。作《易传》，未完。疾革，命公述其志。公泣受命，卒以成书，然后千载之微言，焕然可知也。复作《论语说》，时发孔氏之秘。最后居海南，作《书传》，推明上古之绝学，多先儒所未达。既成三书，抚之叹曰："今世要未能信，后有君子当知我矣。"至其遇事所为诗、骚、铭、记、书、檄、论、撰，率皆过人。有《东坡集》四十卷，《后集》二十卷，《奏议》十五卷，《内制》十卷，《外制》三卷。公诗本似李、杜，晚喜陶渊明，追和之者几遍，凡四卷。幼而好书，老而不倦，自言不及晋人，至唐褚、薛、颜、柳，仿佛近之。

平生笃于孝友，轻财好施。伯父太白早亡，子孙未立，杜氏姑卒，未葬，先君没，有遗言。公既除丧，即以礼葬姑；及官可荫补，复以奏伯父之曾孙彭。其于人，见善称之如恐不及，见不善斥之如恐不尽，见义勇于敢为，而不顾其害。用此数困于世，然终不以为恨。孔子谓伯夷、叔齐古之贤人，曰："求仁而得仁，又何怨?"公实有焉。铭曰：

苏自栾城，西宅于眉。世有潜德，而人莫知。
猗欤先君，名施四方。公幼师焉，其学以光。
出而从君，道直言忠。行险如夷，不谋其躬。
英祖擢之，神考试之。亦既知矣，而未克施。
晚侍哲皇，进以诗书。谁实间之，一斥而疏。
公心如玉，焚而不灰。不变生死，孰为去来。
古有微言，众说所蒙。手发其枢，恃此以终。
心之所涵，遇物则见。声融金石，光溢云汉。
耳目同是，举世毕知。欲造其渊，或眩以疑。
绝学不继，如已断弦。百世之后，岂其无贤？
我初从公，赖以有知。抚我则兄，诲我则师。
皆迁于南，而不同归。天实为之，莫知我哀！

弟　苏辙撰

附录三

主要参考文献

[汉]司马迁:《史记》,中华书局1959年版。

[宋]司马光:《资治通鉴》,中华书局1956年版。

[宋]李焘:《续资治通鉴长编》,中华书局2004年版。

[宋]苏轼著,朱孝臧辑校:《东坡乐府雅集》全四册,北京联合出版公司2018年版。

[宋]费衮著,骆守中注:《梁溪漫志》,三秦出版社2004年版。

[宋]洪迈:《容斋随笔》,时代文艺出版社1993年版。

[宋]邵伯温:《邵氏闻见录》,中华书局1983年版。

[宋]何薳撰,张明华点校:《春渚纪闻》,中华书局1983年版。

[宋]王灼著,岳珍校正:《碧鸡漫志》,巴蜀书社2000年版。

[宋]李廌撰,孔凡礼点校:《师友谈记》,中华书局2002年版。

[宋]朱弁撰,孔凡礼点校:《曲洧旧闻》,中华书局2002年版。

[宋]胡仔撰,廖德明校点:《苕溪渔隐诗话》,人民文学出版社1962年版。

[宋]严羽著,郭绍虞校释:《沧浪诗话校释》,人民文学出版社1983年版。

[宋]张邦基撰,孔凡礼点校:《墨庄漫录》,中华书局2002年版。

[宋]罗大经撰,王瑞来点校:《鹤林玉露》,中华书局1983年版。

[宋]周密撰,张茂鹏点校:《齐东野语》,中华书局1983年版。

[宋]陆游著,刘文忠评注:《老学庵笔记》,学苑出版社1998年版。

[元]脱脱、阿鲁图等撰:《宋史》,中华书局1985年版。

[明]胡应麟:《诗薮》,上海古籍出版社1979年版。

[清]王夫之撰,舒士彦点校:《宋论》,中华书局1964年版。

[清]永瑢等撰:《四库全书总目》,中华书局1965年版。

孔凡礼撰:《苏轼年谱》,中华书局1998年版。

段世伟等主编:《苏东坡全集》,北京燕山出版社2009年版。

徐中玉:《论苏轼的创作经验》，华东师范大学出版社 1981 年版。
余冠英等主编:《唐宋八大家全集》，国际文化出版公司 1998 年版。
傅璇琮等编:《全宋诗》，北京大学出版社 1998 年版。
钱锺书选注:《宋诗选注》，人民文学出版社 1982 年版。
缪钺、霍松林、周振甫、吴调公等撰写:《宋诗鉴赏辞典》，上海辞书出版社 1987 年版。
吴鹭山等合编:《苏轼诗选注》，百花文艺出版社 1982 年版。
戴燕选编:《历代诗典》，浙江文艺出版社 2005 年版。
陈迩冬选注:《苏轼诗词选》，人民文学出版社 2017 年版。
唐圭璋编:《全宋词》，中华书局 1986 年版。
贺新辉主编:《全宋词鉴赏辞典》，中州古籍出版社 2006 年版。
胡云翼选注:《宋词选》，上海古籍出版社 1982 年版。
曾枣庄等编:《全宋文》，巴蜀书社 1988 年版。
陈振鹏、章培恒主编:《古文鉴赏辞典》，上海辞书出版社 1997 年版。
霍旭东主编:《历代辞赋鉴赏辞典》，商务印书馆 2012 年版。
周世闻编著:《苏轼书法经典鉴赏》，四川美术出版社 2015 年版。
杨仁恺主编:《中国书画》，上海古籍出版社 1990 年版。
中国人民大学中文系主办:《苏轼研究》第一至四辑，学苑出版社 2004—2008 年版。
林语堂:《苏东坡传》，百花文艺出版社 2000 年版。
王水照、崔铭:《苏轼传》，天津人民出版社 2013 年版。
王水照、朱刚:《苏轼评传》，南京大学出版社 2004 年版。
祝勇:《在故宫寻找苏东坡》，湖南美术出版社 2017 年版。
达亮:《苏东坡与佛教》，四川大学出版社 2009 年版。
潘殊闲:《叶梦得与苏轼》，巴蜀书社 2009 年版。
中国人民政治协商会议眉山市委员会编著:《千年英雄——苏东坡图传》，四川人民出版社 2007 年版。
董治祥、刘玉芝:《苏轼在徐州》，中国戏剧出版社 2000 年版。
王琳祥:《苏东坡谪居黄州》，华中师范大学出版社 2010 年版。
林冠群编注:《新编东坡海外集》，银河出版社 2006 年版。
林冠群编注:《儋阳东坡遗泽颂》，中州古籍出版社 2015 年版。
韩林元选注:《历代名人谪琼诗选注》，河南大学出版社 1990 年版。
陈弼、苏慎主编:《苏东坡与常州》，中国社会出版社 2001 年版。

后　记

春秋著名乐师、晋大夫师旷曾对晋文公说："少而好学，如日出之阳；壮而好学，如日中之光；老而好学，如秉烛之明。"我多次改行，半路出家从文，不患才之不赡，而患志不高远；不期骐骥捷足，甘学寿龟爬行。干什么，学什么；学什么，写什么；下苦功，踏实地；勤补拙，淡功利。

2008年春，历经数年艰辛后，终于完成《左宗棠全传》，可谓披肝沥胆、心力交瘁。初稿交给出版社审读后，本想歇口气、充充电，接到湖北中山舰博物馆邀请，商议再版《"中山"舰沉浮纪实》事宜。离家出发前，为了途中消遣，随手在书橱抓了本小册子，是徐中玉先生著的《论苏轼的创作经验》，出版于1981年，定价0.42元，全书140页。途中连看两遍，对苏轼顿生敬佩之情，萌发通读其作品并实地考察之念。关于我研读坡公诗文、寻访其足迹的感悟，引言中已作交代。

要写苏轼，首先要读懂苏轼。我体会，苏轼称得上"文、诗、词、赋、书、画、儒、道、佛旷古绝伦全能巨匠"，他的艺文全能在中国文学史上独占鳌头，被誉为"中国千古第一文人""中国文学史上一位十项全能""中华五千年文明史第一大才子"。2000年，法国《世界报》在评选1001—2000年世界级杰出人物活动中，共评出了十二名杰出人物，称为"千年英雄"，苏东坡是唯一一名入选的中国人。文化自信不仅是自立于世界民族之林的底气，更是实现梦想、创造奇迹的伟力。像苏轼这样一位举世罕见的文化伟人，应该成为我们文化自信的杰出代表，成为中华民族推动社会前进的持久动力和取之不竭的精神财富，堪当炎黄子孙的"百世之师"，借以教化、培育、熏陶、感染我们当代和世代后继者。

2012 年 11 月，我到陕西韩城参加司马迁传记文学国际研讨会，有幸结识中国文史出版社第一编辑室主任王文运先生，一见如故，遂成莫逆。此前，文运先生编过一部《欧阳修大传》，听说我在写《苏东坡大传》，颇感兴趣。他在认真阅读初稿后，认为一百四十万字的部头太大，建议我压缩。我经过反复修改，从四十章压至三十章，总字数八十余万字，定稿后交付出版社。

编校过程中，文运先生与我多次沟通、协商，建议再行精炼、打磨书稿，如此更能贴近读者，更有助于传播东坡文化。故决心大刀阔斧删改成一部，遂成目前此稿。深感这样做很有必要，脑中跳出苏公“旧书不厌百回读，熟读深思子自知”的诗句，不禁“剥”之叹曰：“旧著不厌十回改，每改一次增惭怍！”此次付印，仍觉惴惴不安。

采访过程中，有幸得到诸多朋友的帮助：海军副司令员苏士亮将军帮我协调江西庐山、广东惠州、海南儋州等地的采访事宜；四川大学研究苏轼的著名专家曾枣庄先生给予热心指导，并把他多年的研究成果赠送给我；文心出版社主任马保民先生为我周到安排采访河南郏县三苏坟的行程；老同学孙一志女士全程陪同我踏访杭州苏堤和苏东坡纪念馆；我的学生段胜利和牛强为我的西安、宝鸡和凤翔之行提供了很大便利。挚友四川乐山籍雷雨云生前虽已八十五岁高龄，怀着对苏公崇敬的心情，细读压缩前后的两稿，精心细致校正文字。责编王文运先生高度负责，为本书倾注大量心血，多处纠错、指疵、斧正，深为感佩。本书写作过程中，吸收了历代和当今许多学者的研究成果，因篇幅太多，恕不一一点明。成书之际，承蒙郏县丁国辉馆长、徐州雍君主任、黄冈单世卉女士补拍相关纪念地照片，为本书增色不少。对各位师友、同人的鼎力支持，在此一并表示衷心的感谢！

因书稿写作时间长，部分从图书馆借来的书籍随借随还，有的在家无存，故难免有疏漏与差错之处，希望专家学者和广大读者多多指教，以便在再版时改正。

陈明福　谨识

图书在版编目（CIP）数据

苏东坡大传／陈明福著. —北京：中国文史出版社，2017.6

ISBN 978-7-5034-9348-5

Ⅰ.①苏… Ⅱ.①陈… Ⅲ.①苏轼（1036-1101）-传记 Ⅳ.①K825.6

中国版本图书馆 CIP 数据核字（2017）第 150596 号

责任编辑：王文运　　　　装帧设计：杨飞羊　王　琳

出版发行：中国文史出版社

社　　址：北京市海淀区西八里庄路 69 号　　邮编：100142

电　　话：010 - 81136606　81136602　81136603（发行部）

传　　真：010 - 81136655

印　　装：北京温林源印刷有限公司　　邮编：102445

经　　销：全国新华书店

开　　本：787mm × 1092mm　1/16

印　　张：37.25　　插页：16

字　　数：572 千字

版　　次：2020 年 5 月北京第 1 版

印　　次：2020 年 5 月第 1 次印刷

定　　价：98.00 元